La hiérarchie des droits

Convictions religieuses et droits fondamentaux au Canada

P.I.E. Peter Lang

Bruxelles • Bern • Berlin • Frankfurt am Main • New York • Oxford • Wien

Louis-Philippe Lampron

La hiérarchie des droits

Convictions religieuses et droits fondamentaux au Canada

Collection « Diversitas »
n° 12

L'auteur tient à remercier la Faculté de droit de l'Université Laval et le Centre de recherche interdisciplinaire sur la diversité (CRIDAQ) pour le soutien financier apporté pour la publication de cet ouvrage.

Éditions scientifiques internationales
Bruxelles, 2012
1 avenue Maurice, B-1050 Bruxelles, Belgique
www.peterlang.com ; info@peterlang.com

ISSN 2031-0331
ISBN 978-90-5201-777-8
D/2012/5678/24

Ouvrage imprimé en Allemagne

Information bibliographique publiée par « Die Deutsche Nationalbibliothek »

« Die Deutsche Nationalbibliothek » répertorie cette publication dans la « Deutsche Nationalbibliografie » ; les données bibliographiques détaillées sont disponibles sur le site http://d-nb.de.

À ma femme Hélène et mon fils Émile

Table des matières

Remerciements

Le présent ouvrage est tiré d'une thèse de doctorat qui m'a pris plus de cinq années de travail. Avec le recul, je sais très bien que je n'aurais jamais pu la terminer sans le support de plusieurs personnes et quelques institutions. J'aimerais donc souligner leur très importante contribution à cet ouvrage en remerciant tour à tour...

Mon co-directeur de thèse, le professeur Christian Brunelle de l'Université Laval, pour m'avoir « ramené » à l'Université en 2002, donné le goût de la recherche et de l'enseignement universitaires, et pour la confiance qu'il m'a accordée, tout au long de mes études doctorales ;

Ma co-directrice de thèse, la professeure Martine Le Friant de l'Université d'Avignon et des Pays de Vaucluse, pour la très grande qualité de l'encadrement qu'elle m'a fourni depuis le début de mon projet de doctorat et la générosité dont elle a fait preuve à mon égard lors de mes séjours de recherche à Avignon ;

Les membres du jury qui ont évalué ma thèse de doctorat, soit les professeurs Pierre Bosset de l'UQÀM, Henri Brun de l'Université Laval et Marie-Ange Moreau de l'Université de Lyon, pour la qualité des commentaires fournis lors de leurs évaluations et de la soutenance, qui m'ont permis de bonifier ma thèse et ma réflexion sur les suites que j'entends y donner dans le futur ;

Le professeur Alain G. Gagnon, directeur de la collection *Diversitas* et du Centre de recherche interdisciplinaire sur la diversité (CRIDAQ), pour avoir accepté de publier le présent ouvrage ;

La Faculté de droit de l'Université Laval et le CRIDAQ pour avoir supporté financièrement la publication du présent ouvrage ;

Le Conseil de recherche en sciences humaines du Canada (CRSH) et au Centre de recherche interuniversitaire sur la mondialisation et le travail (CRIMT) qui ont cru en mon projet de thèse et ont accepté de me financer pour sa réalisation ;

Le professeur Ghislain Otis, de l'Université d'Ottawa, pour une conversation particulièrement structurante quant à l'orientation que j'ai donnée à mon projet de thèse ;

La professeure Sophie Lavallée, de l'Université Laval, pour m'avoir aidé, en tant que directrice de maîtrise en droit, à obtenir mes premières bourses d'études et donner mes premières communications scientifiques ;

La Faculté de droit de l'Université Laval qui a suffisamment cru en mon potentiel pour m'engager comme professeur de droit public en août 2007, sur la foi de ce qui était alors bien davantage un projet qu'une thèse, et pour m'avoir permis de rencontrer des collègues de travail formidables avec qui j'ai énormément de plaisir à travailler depuis. Je pense d'abord à Eugénie Brouillet, qui m'a grandement aidé à faire évoluer mon projet de thèse au cours des dernières années, ainsi qu'à Georges Azzaria, Geneviève Parent, Fannie Lafontaine, Julie Desrosiers, Sophie Verville, Patrick Taillon, Dominic Roux, Anne-Marie Laflamme, Geneviève Motard... et j'en oublie certainement !

Enfin, je remercie pour leur soutien inconditionnel mes amis Maxime Coulombe, Jocelyn Babin, Maxime Caron, Aude Tremblay et Frédéric Marchand, et mes beaux-parents, Serge Robitaille et Louise Grenier.

Introduction

> Il est un mot qui résonne désagréablement dans une époque de « droits égaux pour tous » : c'est la hiérarchie.
>
> Friedrich NIETZCHE, *La volonté de puissance*[1]

Toute personne ayant à s'intéresser au thème de la religion au XXIe siècle sera inévitablement confrontée à un fascinant paradoxe. En effet, de nos jours, deux tendances aussi fortes qu'opposées se dégagent : alors que, d'un côté, de plus en plus d'individus s'affirment – et/ou s'affichent – comme athées, agnostiques, déistes, « non-pratiquants » ou pratiquant une forme de « religion à la carte »[2], de l'autre émergent une radicalisation des pratiques religieuses traditionnelles[3] et plusieurs « nouveaux mouvements religieux » qui gagnent en popularité[4].

---

1 Tome 2, L. III, section 701, IV-IX, 1885 (réédité : Paris, Gallimard, 1995).

2 Selon l'auteur Jean Delumeau, professeur au Collège de France : « On constate aujourd'hui, en Occident surtout, une mise en cause de la religion traditionnelle, mais aussi un nouveau ferment religieux, un réveil de la spiritualité caractérisé par la juxtaposition d'éléments venus parfois de traditions hétérogènes. On parle alors de "bricolage", de "religion à la carte", de "syncrétisme" à partir d'éléments achetés dans des "supermarchés spirituels" » : Jean DELUMEAU, *Des religions et des hommes*, Paris, Desclée de Brouwer, 1997, p. 460. Voir aussi Frédéric LENOIR, *Les métamorphoses de Dieu : la nouvelle spiritualité occidentale*, Paris, Plon, pp. 17-19 et 42-45. Pour des statistiques concernant la baisse de la pratique religieuse au Canada, voir : PRESSE CANADIENNE, « Un quart des Canadiens ne croient en aucun Dieu », *La Presse Canadienne*, 31 mai 2008 [En ligne : http://www.matin.qc.ca/articles/20080601085607/pres_dun_quart_des_canadiens_croient_aucun_dieu_selon sondage.html], (page consultée le 22 août 2010) et Warren CLARK, « Religion – évolution de la pratique religieuse au Canada », (2003) 68 *Tendances sociales canadiennes* 2.

3 On peut penser par exemple aux intégristes musulmans, aux ultra-orthodoxes juifs ou aux mouvements chrétiens fondamentalistes comme le mouvement états-unien *Born Again Christians*.

4 Quelques exemples de « nouveaux mouvements religieux » ou, d'une manière plus péjorative, « sectes » : les témoins de Jéhovah, l'Église de Scientologie ou les mouvements krishna et raëlien. Mentionnons par ailleurs que la « nouveauté » des « nouveaux mouvements religieux » semble devoir être évaluée par rapport à « l'ancienneté » des grandes religions traditionnelles (christianisme, judaïsme, hindouisme, islam), dont plusieurs sont déjà multimillénaires.

Au Canada, comme au sein de la plupart des autres pays qu'on peut qualifier de « nord-occidentaux »[5], cette dichotomie se trouve renforcée par une dispersion de plus en plus marquée des affiliations religieuses et culturelles. À titre illustratif, le dernier recensement de la population canadienne effectué en 2001 a permis de constater que, même si les individus affirmant appartenir aux différents mouvements chrétiens sont toujours fortement majoritaires[6], les religions non occidentales ont connu une croissance assez impressionnante en moins de dix ans[7]. Il est d'ailleurs plausible de croire que cette diversification religieuse de la population canadienne, mue par la hausse constante du taux d'immigration et l'éclectisme ethnique de ce flux migratoire[8] ainsi que par la

---

5 La définition de l'expression « États occidentaux » la plus généralement admise réfère aux pays qui ont été construits (ou dont la culture dominante est fondée) sur l'héritage des cultures et philosophies grecques et romaines, à l'exception des cultures orientales (voir à ce propos : Pierre ANGRIGNON et Jacques G. RUELLAND, *Civilisation occidentale : histoire et héritages*, Montréal, Éditions de la Chenelière, 1995, pp. 9-14 ainsi que Jean-Louis BODINIER et Jean BRETEAU, *Les fondements culturels du monde occidental*, Paris, Seuil, 1998). Or, la situation socio-économique extrêmement différente entre les pays de l'hémisphère nord, généralement plus riches et moins densément peuplés, et ceux de l'hémisphère sud, généralement plus pauvres et plus densément peuplés (à l'exception sans doute des États de l'Océanie) explique en grande partie le fait que le processus de diversification culturelle et religieuse des populations, mû par un flux d'immigration principalement orienté du Sud vers le Nord, soit plus marqué au sein des pays occidentaux du nord. Voir à ce propos : Gérard-François DUMONT, « Les nouvelles logiques migratoires au XXIe siècle », (2006) 17 *Outre-Terre* 15 ; Odon VALET, « L'émigration redistribue les cartes », dans Jean-Pierre DENIS et Alain FRACHON (dir.), *L'Atlas des religions : pays par pays, les clés de la géopolitique*, coéd. La vie/Le Monde, Paris, Malherbes, 2007, p. 30, aux pp. 30-31 et Laurence LAPORTE (dir.), *L'atlas géopolitique et culturel du Petit Robert des noms propres*, 2e éd., Paris, Dictionnaire le Robert, 2002, pp. 45-49.

6 CENTRE CANADIEN DE LA STATISTIQUE JURIDIQUE, *Les groupes religieux au Canada*, Ottawa, Industrie Canada, 2001, p. 4. Une plus récente étude menée par la Commission des droits de la personne et des droits de la jeunesse du Québec confirmait en 2008 qu'aucune autre statistique canadienne officielle ne pourrait être obtenue en lien avec l'appartenance religieuse des citoyens canadiens avant le recensement de 2011 : CDPDJ, *Portrait ethnoreligieux du Québec en quelques tableaux*, Québec, CDPDJ, 2008, [en ligne : http://www.cdpdj.qc.ca/fr/placedelareligion/docs/portrait_ethnoreligieux.pdf], (page consultée le 3 juin 2010), p. 2.

7 Par exemple, entre 1991 et 2001, le nombre d'individus de religion musulmane a plus que doublé au Canada (passant de 253 300 à 579 600) tandis que le nombre d'individus s'affirmant être de religion sikh et hindoue a augmenté de 89 % (pour atteindre, respectivement, les nombres de 278 400 et 297 200) : STATISTIQUE CANADA, *Recensement de 2001, série « analyses » : les religions au Canada*, Ottawa, Industrie Canada, 2003, p. 8.

8 Canada : STATISTIQUES CANADA, « Recensement de la population : immigration, lieu de naissance et lieu de naissance des parents, citoyenneté, origine ethnique, minorités visibles et peuples autochtones », *Le Quotidien*, 21 janvier 2003, [en ligne : http://www.statcan.ca/Daily/Francais/030121/q030121a.htm], (page consultée le 22 août 2010) ; Québec : GOUVERNEMENT DU QUÉBEC, Ministère des Rela-

tendance de plus en plus lourde à la fragmentation des « communautés de croyants »[9] liées aux divers courants religieux[10], ira en croissant au cours des prochaines décennies.

Ce véritable « éclatement » des croyances et coutumes religieuses entraîne avec lui une augmentation proportionnelle des risques – et de situations avérées – de conflits impliquant une opposition de valeurs entre individus et/ou groupes d'individus au sein des nombreuses zones à l'intérieur desquelles des individus de culture ou de religion différentes sont forcés de cohabiter (pensons par exemple aux milieux de travail, aux institutions scolaires, aux hôpitaux ou aux espaces publics tels que les parcs, marchés, aires communes des organismes de services publics, voies de circulation, etc.)[11].

Cette augmentation des risques et des conflits avérés s'explique en grande partie par une des caractéristiques fondamentales du phénomène religieux, à savoir l'existence d'une dogmatique religieuse, personnelle ou collective, « prescrivant » un ensemble de règles (ou normes) qui doivent être respectées par les adeptes des divers courants religieux. En effet, tout dépendant de l'étendue de leur portée sociale et du « degré

---

tions avec les citoyens et de l'Immigration, Direction de la population et de la recherche, *Caractéristiques de l'immigration au Québec : statistiques*, Québec, Ministère des Relations avec les citoyens et de l'Immigration, 2003, pp. 22-28 ; COMMISSION DE CONSULTATION SUR LES PRATIQUES D'ACCOMMODEMENT RELIÉES AUX DIFFÉRENCES CULTURELLES, *Accommodements et différences / Vers un terrain d'entente : la parole aux citoyens*, document de consultation, Québec, Gouvernement du Québec, 2007, pp. 9-11.

9 Pour reprendre une très belle expression utilisée notamment par les professeures Christelle Landheer-Cieslak, de la Faculté de droit de l'Université Laval dans un ouvrage publié en 2007 (*La religion devant les juges français et québécois de droit civil*, Coll. Minerve, Cowansville, Yvon Blais, 2007, pp. 494-495) et Renata UITZ (*La liberté de religion*, Strasbourg, Éditions du Conseil de l'Europe, 2008, p. 14).

10 Voir notamment à cet égard la très intéressante étude faite par le philosophe Frédéric Lenoir et intitulée : « Religions historiques : réactions conservatrices et conflits politiques », troisième chapitre de son ouvrage *Les métamorphoses de Dieu*, *op. cit.*, note 2, pp. 98-150. Dans le même sens, voir aussi : Francis MESSNER, Pierre-Henri PRÉLOT et Jean-Marie WOEHRLING (dir.), *Traité de droit français des religions*, Paris, Juris-Classeur, 2003, pp. 149-154.

11 Voir notamment à ce sujet : Paul HORWITZ, « The Sources and Limits of Freedom of Religion in a Liberal Democracy : Section 2 (a) and Beyond », (1996) 54 *U.T. Fac. L. Rev.* 1, 3 ; Myriam PENDU, *Le fait religieux en droit privé*, Paris, Defrénois, 2008, p. 193 ; Jean-Marc LAROUCHE, *La religion dans les limites de la cité*, Montréal, Liber, 2008, pp. 10-15 ; Martin LAGASSÉ, « L'obligation d'accommodement raisonnable comme outil d'intégration des québécoises et québécois des minorités ethnoculturelles et religieuses », dans ÉDITIONS DE LA REVUE DE DROIT DE L'UNIVERSITÉ DE SHERBROOKE, *Le droit face aux diversités culturelles et religieuses*, Sherbrooke, R.D.U.S., 1997, p. 83, aux pages 86-88.

d'impérativité »[12] que les adeptes leur confèrent, ces ensembles de règles religieuses, qu'elles soient *matérielles*[13] ou *immatérielles*[14], peuvent atteindre un statut les rendant susceptibles d'entrer en conflit direct avec les normes d'application générale (qu'il s'agisse de lois, règlements, directives, etc.) qui encadrent la cohabitation des individus au sein des différentes zones « publiques »[15] d'un État donné.

Cet état de fait est problématique puisque, même s'il est vrai qu'une grande proportion des prescriptions dogmatiques associées aux différents mouvements religieux peuvent être respectées sans problème au sein d'une société démocratique telle que la société canadienne[16], plusieurs d'entre elles impliquent, directement ou indirectement, une *opposition* avec soit les convictions personnelles d'autres individus, soit – et il s'agit là de la problématique à l'origine de notre projet de recherche – avec les prescriptions séculières de lois, règlements ou directives émanant des institutions politiques et économiques du Canada[17]. Un rapide

12 C'est-à-dire un degré identifiant jusqu'à quel point un adepte d'une religion donnée se sent « obligé » de respecter la règle religieuse prescrite par le dogme propre à cette même religion.

13 Nous définissons les prescriptions religieuses « matérielles » comme celles qui impliquent la réalisation d'un acte particulier par le ou les adeptes de la religion visée. Pensons par exemple aux différents jours sacrés au cours desquels certaines tâches sont soit interdites soit prescrites, aux interdits ou prescriptions alimentaires, aux indications concernant la manière de se vêtir, etc.

14 Nous définissons les prescriptions religieuses « immatérielles » comme celles sur lesquelles se fondent les adeptes pour établir un code de valeurs en fonction duquel ils gouvernent leur vie. Pensons par exemple aux règles religieuses condamnant certains types de comportements (sexe avant le mariage, homosexualité, le fait d'entretenir des rapports avec des membres d'autres confessions, etc.) ou consacrant le droit d'adopter des comportements discriminatoires envers certaines catégories d'individus.

15 Précisons ici que nous n'entendons pas limiter l'adjectif « publiques » au sens étatique du terme, mais bien l'étendre le plus largement possible à l'ensemble des zones dans lesquels doivent/peuvent cohabiter des individus de culture et/ou religion distinctes et qui sont soumises à des « règles d'application générale ».

16 Pour une analyse intéressante des raisons potentielles expliquant pourquoi l'essentiel du droit canadien n'a pas été considéré entrer en contradiction avec les règles de la majorité des citoyens, voir : P. HORWITZ, *loc. cit.*, note 11, 2-3 ; Dans le même sens, mais concernant les différents régimes juridiques occidentaux, voir aussi : Joël-Benoît d'ONORIO (dir.), *L'héritage religieux du droit en Europe : Actes du congrès européen de l'Union internationale des juristes catholiques (Principauté de Monaco, 20-23 novembre 2003)*, Paris, Pierre Téqui, 2004.

17 Pour une série d'exemples généraux illustrant des cas de conflits entre « convictions religieuses » et normes d'application générale voir : M. LAGASSÉ, *loc. cit.*, note 11, aux pages 130-135. En ce qui concerne plus spécifiquement la problématique de la conciliation entre certaines convictions religieuses et le droit à l'égalité entre les hommes et les femmes voir : Louis-Philippe LAMPRON, « Convictions religieuses individuelles versus égalité entre les sexes : ambiguïtés du droit québécois et canadien », dans Paul EID *et al.* (dir.), *Appartenances religieuses, appartenances ci-*

survol des manchettes de l'actualité canadienne des dernières années nous permet d'ailleurs d'identifier plusieurs exemples concrets de ce type de conflits (qu'il s'agisse (1) du droit d'un enfant de religion *sikh* de porter le *kirpan*[18] à l'école primaire publique malgré l'existence d'un *code de vie* interdisant le port de toute arme blanche[19], (2) de l'imbroglio entourant les « pseudo-directives »[20] internes émises par la Société

---

toyennes : un équilibre en tension, Québec, P.U.L., 2009, p. 207 ; Pierre BOSSET, « Accommodement raisonnable et égalité des sexes : tensions, contradictions et interdépendance », dans P. EID *et al.* (dir.), *id.*, p. 181 ; Paul EID, *Les accommodements raisonnables en matière religieuse et les droits des femmes : la cohabitation est-elle possible ?*, Montréal, Commission des droits de la personne et des droits de la jeunesse, 2006 ; CONSEIL DU STATUT DE LA FEMME, *Droit à l'égalité entre les femmes et les hommes et liberté religieuse*, Québec, Conseil du statut de la femme, 2007 ; Sophie GERVAIS et Mélanie ROY, « Au-delà des diversités culturelles et religieuses, la nécessité d'une identité québécoise », dans R.D.U.S., *id.*, p. 1, aux pages 29-33 et Ian FERGUSON et Pamela ELLIS, *La mutilation des organes génitaux féminins : étude de la documentation existante*, Ottawa, Justice Canada, 1996.

18 Selon la définition de l'Office québécois de la langue française, un *kirpan* est une : « petite dague à lame recourbée portée à la ceinture, dans un fourreau, et qui constitue un symbole religieux du mouvement sikhisme [*sic*] » : OFFICE QUÉBÉCOIS DE LA LANGUE FRANÇAISE, *Le grand dictionnaire terminologique*, [en ligne : http://www.granddictionnaire.com/btml/fra/r_motclef/index800_1.asp], (page consultée le 22 août 2010).

19 Ces faits étaient à la base de l'arrêt *Multani* c. *Commission scolaire Marguerite-Bourgeoys*, [2006] 1 R.C.S 256 [ci-après l'arrêt *Multani*]. Cette décision de la Cour suprême du Canada, tout comme celles des instances inférieures, ont d'ailleurs suscité plusieurs réactions négatives au Québec et dans le reste du Canada. Voir entre autres : RADIO-CANADA, « Sondage : le kirpan ne passe pas », [en ligne : http://www.radio-canada.ca/nouvelles/societe/2007/01/31/003-Sondage-charte-ottawa.shtml], (page consultée le 22 août 2010) ; Daniel BARIL, *Tolérer ne veut pas dire se taire (communication présentée au débat-conférence « Kirpan, kippa, voile : la tolérance, jusqu'où ? » le 20 mai 2004)*, [en ligne : http://www.tolerance.ca/Article.aspx?ID=72], (page consultée le 20 juin 2007) ; Jean-Claude HÉBERT, « Le kirpan : un jugement tranchant », *Journal du Barreau du Québec*, vol. 38, n° 4, avril 2006, p. 11 ; Richard MARTINEAU, « À couteaux tirés », *Journal Voir-Québec*, 9 mars 2006, p. 4.

20 L'expression est tirée du rapport de la Commission de consultation sur les pratiques d'accommodements reliées aux différences culturelles [ci-après la *Commission Bouchard-Taylor*] et visait à résumer les importantes nuances apportées quant aux faits qui avaient été publiés dans les différents journaux eu égard aux controverses entourant la SAAQ et le SPVM (voir *infra*, note 21). Voir à cet égard : Gérard BOUCHARD et Charles TAYLOR, *Fonder l'avenir : le temps de la conciliation*, rapport final de la Commission de consultation sur les pratiques d'accommodements reliées aux différences culturelles, Québec, Gouvernement du Québec, 2008, pp. 54, 56, et 70-71. S'agissant de la S.A.A.Q., certains développements postérieurs à la publication du rapport de la *Commission Bouchard-Taylor* permettent désormais de démontrer sans ambiguïté l'existence d'une véritable directive administrative permettant à certains bénéficiaires de refuser, pour des motifs religieux, de passer leur examen de conduite avec un évaluateur de sexe opposé. Voir à cet égard : CDPDJ, *Commentaires sur la politiques d'accommodement appliquée par la société de*

d'assurance automobile du Québec (SAAQ) et le Service de police de la Ville de Montréal (SPVM) à l'intention de leurs employées de sexe féminin et qui leur suggérait de céder leur place à des collègues de sexe masculin lorsque se présentaient des individus à qui leur religion ne permettait pas de traiter avec des femmes[21] ou encore (3) de la possibilité pour un individu de se soustraire partiellement à l'application d'un contrat au nom de ses convictions religieuses[22]) et de constater l'intense controverse que ces derniers ont soulevée au Québec[23] et, dans une certaine mesure, ailleurs au Canada[24].

---

l'assurance-automobile du Québec lors de l'évaluation de conduite, Québec, CDPDJ, Janvier 2009, [en ligne : http://www.cdpdj.qc.ca/fr/publications/docs/accommodements_politique_SAAQ_commentaires_Commission.pdf], (page consultée le 22 août 2010).

21 SAAQ : Tommy CHOUINARD, « Accommodement à la SAAQ : la question soulève un tollé », *Journal La Presse*, 2 février 2007, [en ligne : http://www.vigile.net/Accommodement-a-la-SAAQ-la], (page consultée le 22 août 2010) ; SPVM : Gabriel BÉLAND, « Accommodement raisonnable : les policières invitées à s'effacer devant des hassidim », *Journal La Presse*, 15 novembre 2006, p. A-5. On peut également penser aux revendications de communautés religieuses qui ont demandé – et dans certains cas obtenu – des heures de bain « sexualisées » (au cours desquelles seuls des hommes, puis des femmes pouvaient se baigner) : Annick GERMAIN et Francine DANSEREAU (dir.), *Les pratiques municipales de gestion de la diversité à Montréal*, Montréal, Institut national de la recherche scientifique, 2003, pp. 23 et 33, [en ligne : http://im.metropolis.net/GESTION_DIVERSIT__MONTR_AL_FINAL-030616.pdf], (page consultée le 22 août 2010).

22 Référence aux faits à la base de l'arrêt *Syndicat Northcrest* c. *Amselem*, [2004] 2 R.C.S. 551 [ci-après l'arrêt *Amselem*] où un propriétaire de condominium de religion juive invoquait ses libertés de conscience et de religion pour obtenir une dérogation à une clause du contrat de copropriété qui lui interdisait indirectement de réaliser un rite religieux important, à savoir l'érection d'une *souccah* (soit une « petite hutte ou cabane temporaire close » : *Amselem*, parag. 5) sur son balcon et l'y laisser pendant une période de temps limité.

23 Myriam JÉZÉQUEL, « Vent de colère et accommodements : quand trop… c'est trop ? », *Journal du Barreau*, vol. 39, n° 2, février 2007, p. 1 ; Giuseppe SCIORTINO, « Débat autour de l'accommodement raisonnable : quand on craint pour sa quiétude », *Le Devoir*, 18 janvier 2007, p. A-7 ; Marc-André DOWD, « L'accommodement raisonnable : éviter les dérapages », *Le Devoir*, 21 novembre 2006, p. A-7 ; Alexandre SHIELDS, « Tempête *identitaire* au Québec : Charest affirme que *les Québécois ne sont pas racistes ;* Dumont rejette le *vieux réflexe minoritaire* », *Le Devoir*, 16 janvier 2007, p. A-1 ; J.-M. LAROUCHE, *op. cit.*, note 11, pp. 95-99.

24 Nathalie COLLARD, « Accommodements canadiens », *La Presse*, 9 octobre 2007, [en ligne : http://www.vigile.net/Accommodements-canadiens], (page consultée le 22 août 2010) ; COMMISSION DE CONSULTATION SUR LES PRATIQUES D'ACCOMMODEMENT RELIÉES AUX DIFFÉRENCES CULTURELLES, *op. cit.*, note 8, p. 5 ; Laura BARNETT, *Signes religieux dans la sphère publique et liberté de religion*, Ottawa, Bibliothèque du Parlement, 2008, [en ligne : http://www2.parl.gc.ca/Content/LOP/ResearchPublications/prb0441-f.pdf], (page consultée le 30 octobre 2010), pp. 12-14.

Conséquence probable de la très grande résonance qu'a eue la *Théorie pure du droit* du philosophe Hans Kelsen au sein des différents systèmes juridiques occidentaux[25] (ou sans doute plus justement – si l'on prête foi à cet aspect des travaux de Kelsen – de la structure même de ces différents systèmes juridiques[26]), il est actuellement très difficile d'aborder un conflit de normes autrement qu'en termes « hiérarchiques » :

> En fait, et aussi extraordinaire que cela paraisse, la hiérarchie des normes n'est nulle part décidée. Ou plutôt, elle l'est partout. Tous les acteurs de l'ordre juridique concourent dans une large mesure à une entreprise dont le principe, sinon la direction, paraît incroyablement homogène. *Grosso modo*, on ne conçoit pour les normes que deux types de situation possible : la hiérarchie, ou l'égalité (laquelle est d'ailleurs assez largement traitée comme un cas particulier de l'ordre hiérarchique).[27] [nous soulignons]

La première étape qui doit donc être respectée lorsqu'une personne s'interroge sur la manière de concilier deux normes opposées au Canada est donc de vérifier si ces deux normes jouissent d'une valeur hiérarchique différente au sein de l'ordre juridique canadien. Une réponse positive à cette question simplifiera énormément l'exercice de conciliation en ce sens que, à l'instar des « lois ordinaires »[28] qui entrent en contradiction avec les *chartes* canadienne ou québécoise, un droit hiérarchiquement supérieur doit primer sur un autre en cas de conflit.

Or, en ce début de millénaire, il est impossible de prétendre que les prescriptions normatives des divers dogmes religieux jouissent d'un statut ordinaire au sein des systèmes juridiques occidentaux. En effet, les différents textes consacrant les droits fondamentaux de la personne et

---

25 « Si *l'organisation* constitue bien la question fondamentale de la science moderne, alors la hiérarchie des normes constitue sans doute la question fondamentale de la science juridique.

L'ombre de Kelsen ? Bien sûr. Comment pourrait-il en aller autrement ? D'une manière ou d'une autre, la *Reine Rechstlehre* forme l'axe principal autour duquel se détermine la réflexion juridique continentale dans son entier. Nul n'y peut rien : il faut penser avec, après, ou contre Kelsen » : Denys de BÉCHILLON, *Hiérarchie des normes et hiérarchie des fonctions normatives de l'État*, Paris, Economica, 1996, p. 3.

26 Comme l'a écrit Kelsen lui-même en tentant d'expliquer sa *théorie pure* : « La théorie pure du droit recherche la structure logique des ordres juridiques existants et parvient ainsi à la compréhension de la construction hiérarchisée (de la pyramide) de l'ordre juridique, compréhension qui, pour la connaissance de l'essence du droit, revêt une signification fondamentale » : Hans KELSEN, « Qu'est-ce que la théorie pure du droit ? », (1992) 22 *Droit & Société* 551 (texte original écrit en 1953 – traduction de Philippe Coppens), 556.

27 D. de BÉCHILLON, *op. cit.*, note 25, p. 36. Dans le même sens, voir aussi Joost PAUWELYN, *Conflict of Norms in Public International Law*, Cambridge, Cambridge University Press, 2003, pp. 275-280.

28 Ou : « n'ayant pas de statut constitutionnel ou quasi-constitutionnel ».

applicables au sein des États occidentaux – que ces textes soient d'origine nationale ou trans/inter-nationale – confèrent tous un statut « privilégié » aux diverses facettes qui composent le phénomène religieux. Grossièrement défini, ce statut implique, à plus ou moins forte intensité, que les différents législateurs occidentaux s'abstiennent (ou évitent le plus possible) de porter atteinte aux convictions et préceptes religieux des individus, écartant du même souffle tout raisonnement simpliste qui mènerait automatiquement à la primauté des normes séculières d'application générale en cas de conflit. Conséquence probable de cette consécration de la valeur « fondamentale » des convictions religieuses[29], il est aujourd'hui indéniable que les différents États occidentaux reconnaissent la légitimité (et donc l'octroi) de ce que le philosophe Will Kymlicka désigne sous le vocable de « droits polyethniques » :

> Ces mesures spécifiques à des groupes – que j'appelle « droits polyethniques » – ont pour but de permettre <u>aux groupes ethniques **et aux minorités religieuses** d'exprimer leur particularité et leur fierté culturelle</u> sans que cela diminue leurs chances de succès au sein des institutions économiques et politiques de la société. À l'instar du droit à l'autonomie gouvernementale, on ne conçoit pas que ces *droits polyethniques* soient temporaires, parce que l'on ne veut pas la disparition des différences culturelles qu'ils protègent. <u>Toutefois, contrairement au droit à l'autonomie gouvernementale, les *droits polyethniques* ont pour but de favoriser l'intégration dans la société et non la séparation.</u>[30] [nous soulignons]

Évidemment, si la reconnaissance de tels *droits polyethniques* est acquise et généralisée[31], la portée qui leur est accordée au sein des différentes sociétés occidentales est loin d'être uniforme d'un État à l'autre. Outre les variations découlant directement de contextes politiques ponctuels et particuliers[32], la portée de l'aspect religieux des *droits poly-*

---

29 Et sans doute également de la croissance incessante du taux de diversification culturelle et religieuse des populations des États occidentaux.

30 Will KYMLICKA, *La citoyenneté multiculturelle : une théorie libérale du droit des minorités* [traduit de l'anglais par Patrick Savidan], Montréal, Boréal, 2001, p. 52 (version originale publiée en 1995 : Will KYMLICKA, *The Multicultural Citizenship*, Oxford, Oxford University Press).

31 Comme le confirme le philosophe politique Charles Taylor : « The importance of recognition is now universally acknowledged in one form or another ; on an intimate plan, we are all aware of how identity can be formed or malformed through the course of our contact with significant others. [...] On the social plan, the understanding that identities are formed in open dialogue, unshaped by predefined social script, has made the politics of equal recognition more central and stressful. » : Charles TAYLOR, « The Politics of Recognition », dans Amy GUTMANN (dir.), *Multiculturalism and « the Politics of Recognition »*, Princeton, Princeton University Press, 1992, p. 25, à la page 36.

32 Par exemple, une guerre, qu'on l'entende en son sens « classique » (donc interétatique) ou « post-moderne » (pensons ici à la « guerre contre le terrorisme » menée

ethniques variera en fonction de l'amplitude et de l'orientation nationale qui sont données aux concepts fondamentaux de « tolérance » et de « laïcité ». Compte tenu de la multitude de cultures (et histoires) politiques, juridiques et religieuses, de tels écarts entre États (et donc entre régimes juridiques distincts) ne sont, évidemment, que naturels[33].

En droit québécois, les *Charte canadienne des droits et libertés*[34] (ci-après la *Charte canadienne*) et *Charte des droits et libertés de la personne*[35] (ci-après la *Charte québécoise*) consacrent, respectivement, la nature constitutionnelle et quasi constitutionnelle[36] de la protection accordée aux convictions religieuses des individus. Concrètement (et principalement[37]), cette protection prend la forme de deux *véhicules normatifs* distincts, à savoir : la protection de la liberté de religion[38] et l'interdiction des actes discriminatoires fondés sur la religion ou les convictions religieuses d'une personne[39].

Comme nous l'avons mentionné plus haut[40], certaines revendications fondées sur les convictions religieuses d'un individu donné comportent des aspects qui entrent (ou sont susceptibles d'entrer) en conflit avec les convictions religieuses d'autres individus ou avec les dispositions

---

par les États-Unis depuis les attentats de septembre 2001. Voir à ce sujet : U.S. NATIONAL SECURITY COUNCIL, *National Strategy for combatting terrorism*, Washington, U.S. Government, septembre 2006, [en ligne : http://www.cbsnews.com/htdocs/pdf/NSCT0906.pdf], (page consultée le 22 août 2010)).

33 Le philosophe américain Michael Walzer dresse d'ailleurs une intéressante liste historique des différents régimes nationaux, divisés en fonction de leur rapport institutionnel avec le concept de « tolérance » : Michael WALZER, *Traité sur la tolérance*, Paris, Gallimard, 1998, pp. 32-56.

34 Partie I de la *Loi constitutionnelle de 1982* [annexe B de la *Loi de 1982 sur le Canada* (1982), R.-U., c. 11)].

35 L.R.Q., c. C-12.

36 Le statut « quasi-constitutionnel » des lois protégeant les droits fondamentaux de la personne découle de l'interprétation d'un passage de l'arrêt *Winnipeg School Division n° 1* c. *Craton*, [1985] 2 R.C.S. 150, parag. 8, dans lequel la Cour suprême a notamment affirmé que la « nature spéciale » de ces lois devait faire en sorte que, « à moins qu'une exception [claire] ne soit créée », leurs dispositions devaient prévaloir sur celles des lois « ordinaires » en cas de conflit.

37 En effet, nous verrons au fil du développement que la problématique de la protection des convictions religieuses peut également faire intervenir un ensemble de « droits et libertés fondamentaux » et/ou constitutionnels, comme par exemple la liberté d'expression (articles 2 b) de la *Charte canadienne* et 3 de la *Charte québécoise*) et le droit de maintenir un régime d'enseignement confessionnel au sein des différentes provinces canadiennes (art. 93 de la *Loi constitutionnelle de 1867*, 30 & 31 Vict., R.-U., c. 3 [ci-après : la *L.c. de 1867*].

38 *Charte canadienne* : art. 2 a) ; *Charte québécoise* : art. 3.

39 *Charte canadienne* : art. 15 ; *Charte québécoise* : art. 10.

40 Voir *supra*, texte correspondant aux notes 17 à 24.

séculières de normes d'application générale. Or, ces dispositions d'application générale se trouvent parfois être adoptées en vertu (ou en vue de se conformer à) d'autres droits fondamentaux également protégés par les *chartes* canadienne et québécoise, tels les droits à la sécurité, à la dignité de sa personne, à la sauvegarde de la vie privée, à l'égalité entre les hommes et les femmes, *etc.* Évidemment, si les conflits entre certaines lois ordinaires ou directives émises par un employeur privé et une des dispositions des *Chartes* canadienne ou québécoise ne posent théoriquement pas de problèmes significatifs au sein de la structure constitutionnelle canadienne actuelle (les *chartes*, « supralégislatives », devant prévaloir en cas de conflit), il en va tout autrement lorsque les conflits impliquent l'expression de convictions religieuses individuelles et un autre « objet de protection » consacré au sein de l'ensemble des droits et liberté fondamentaux de nature constitutionnelle au Canada[41].

À cet égard, la Cour suprême du Canada a d'ailleurs très clairement établi qu'il ne devait exister aucune hiérarchie entre les droits et libertés protégés par les *chartes* canadienne et québécoise[42] :

> Il faut se garder d'adopter une conception hiérarchique qui donne préséance à certains droits au détriment d'autres droits, tant dans l'interprétation de la *Charte* que dans l'élaboration de la *common law*. Lorsque les droits de deux individus sont en conflit, [...] les principes de la *Charte* commandent un équilibre qui respecte pleinement l'importance des deux catégories de droits.[43] [nous soulignons]

---

41 Il est à cet égard intéressant de mentionner que la problématique liée à la gestion de tels « conflits de normes » est bien loin de pouvoir être considérée comme une « nouveauté », tirant ses racines de la même période historique que celle qui vit les premiers efforts théoriques (et politiques) visant à séparer les sphères politiques (ou de puissance publique) et religieuses : la période dite « des Lumières ». À titre illustratif, le philosophe Baruch de Spinoza s'était déjà, en 1670, interrogé à propos d'un tel « conflit de normes »Baruch de SPINOZA, *Traité théologico-politique*, 1670, réédité en 1965 : Paris, GF Flammarion, p. 273.

42 Soulignons par ailleurs que cette claire affirmation de non-hiérarchie entre les droits et libertés fondamentaux protégés par un même texte juridique a également été très clairement reconnue pour la totalité des droits fondamentaux protégés en droit international et ce, par l'entremise de la par la *Déclaration et programme d'action de Vienne*, Doc. Off. AG NU, 48e sess., Doc. NU A/CONF.157 (1993) 23, [en ligne : http://www.unhchr.ch/huridocda/huridoca.nsf/%28symbol%29/a.conf.157.23.fr], (page consultée le 14 octobre 2010) [ci-après la *Déclaration de Vienne*]. Comme nous le verrons plus loin (voir *infra*, section 2.2.2), le postulat de non-hiérarchie entre droits fondamentaux est inextricablement lié aux différentes caractéristiques qui furent attribuées à l'ensemble des droits et libertés fondamentaux, lesquels sont réputés être : « universels, indissociables, interdépendants et intimement liés » (art. 5 de la *Déclaration de Vienne*).

43 *Dagenais* c. *Société Radio-Canada*, [1994] 3 R.C.S. 835, parag. 72. Le principe de non-hiérarchie entre les droits et libertés fondamentaux a par la suite été confirmé dans des termes beaucoup plus forts par la Cour suprême dans les arrêts *Renvoi rela-*

La question qui se pose alors est la suivante : s'il n'existe pas de hiérarchie entre les droits et libertés fondamentaux, si tous ces droits sont égaux entre eux, comment est-il possible de concilier deux droits ou libertés fondamentaux qui ont des effets opposés ? Dans l'arrêt *Hunter* c. *Southam*, rendu en 1984, la Cour suprême du Canada a jeté les bases de la méthode devant guider toute instance décisionnelle ayant à interpréter les dispositions de la *Charte canadienne* : la méthode d'interprétation téléologique[44]. Pour reprendre la définition qui en a été donnée par le constitutionnaliste Luc B. Tremblay, cette méthode « est une forme de raisonnement par lequel le sens d'un texte juridique (par exemple, une règle, un principe ou autres normes) est déterminé en fonction de son but, son objet ou sa finalité »[45].

La mise en application de cette méthode d'interprétation implique qu'une liberté ou un droit fondamental protégé par un texte comme la *Charte canadienne* ou la *Charte québécoise* ne pourra être interprété indépendamment du contexte général dans lequel ce même texte a été adopté (dans le présent cas, l'objectif de protéger les droits et libertés fondamentaux des individus) et surtout, des autres droits et libertés qui y sont prévus. Comme l'a clairement affirmé la Cour suprême du Canada :

> [...] il faut faire cette analyse et l'objet du droit ou de la liberté en question doit être déterminé en fonction de la nature et des objectifs plus larges de la *Charte* elle-même, des termes choisis pour énoncer ce droit ou cette liberté, des origines historiques des concepts enchâssés et, s'il y a lieu, en fonction du sens et de l'objet des autres libertés et droits particuliers qui s'y rattachent selon le texte de la *Charte*.[46] [nous soulignons]

L'affirmation de l'égalité hiérarchique des droits et libertés fondamentaux protégés par un même texte de loi combinée à la définition de la méthode d'interprétation téléologique semble donc établir clairement

---

tif au mariage entre personnes du même sexe, [2004] 3 R.C.S. 698, parag. 50 et *Gosselin (Tuteur de)* c. *Québec (Procureur général)*, [2005] 1 R.C.S. 238. Toujours à ce propos, voir aussi : Stéphane BEAULAC, « L'interprétation de la Charte : Reconsidération de l'approche téléologique et réévaluation du rôle du droit international », dans Gérald-A. BEAUDOIN et Errol MENDES (dir.), *Charte canadienne des droits et libertés*, 4e éd., Markham, Lexis Nexis Butterworths, 2005, p. 27, à la p. 37.

44 *Hunter* c. *Southam*, [1984] 2 R.C.S. 145.

45 Luc B. TREMBLAY, « L'interprétation téléologique des droits constitutionnels », (1995) 29 *R.J.T.* 460, 462 : cité dans S. BEAULAC, *loc. cit.*, note 43, à la page 33.

46 *R.* c. *Big M Drug Mart Ltd*, [1985] 1 R.C.S. 295 [ci-après : l'arrêt *Big M Drug Mart*], parag. 117. Voir aussi S. BEAULAC, *id.*, à la page 49 : « Selon les dires mêmes de Driedger, il faut se référer au "grammatical and ordinary sense" des mots utilisés, en prenant en considération "their entire context", ce qui doit se faire "harmoniously with the scheme of the Act, the object of the Act". *Texte, contexte, objet* – les trois pierres angulaires de l'interprétation juridique, et ce, tant pour la *Charte* que pour les textes de loi ordinaires ».

que la protection accordée à une liberté ou un droit fondamental ne peut être définie d'une manière telle qu'elle empiéterait sur un autre droit ou liberté fondamental. Cet état de fait trouve d'ailleurs plusieurs « zones de résonance » en droit canadien, que ces dernières prennent la forme du quatrième considérant du préambule de la *Charte québécoise* (qui prévoit que : « les droits et libertés de la personne humaine sont inséparables des droits et libertés d'autrui et du bien-être général ») ou, en ce qui concerne plus spécifiquement la protection accordée aux convictions religieuses individuelles, des nombreux arrêts où la Cour suprême du Canada (ré)affirma que la liberté de religion et le droit à l'égalité ne constituent pas des « droits absolus », étant nécessairement limités par les autres droits et libertés fondamentaux[47]. Pour autant, il appert que ces clairs énoncés de principe ne trouvent pas une expression aussi manifeste dans la réalité judiciaire canadienne.

En effet, une revue attentive de la jurisprudence pertinente nous a permis d'identifier une certaine réticence – sinon un « certain malaise » – des institutions judiciaires canadiennes à traiter de front différents aspects de la problématique suivante et ce, principalement lorsque les faits du litige impliquent un conflit apparent entre deux droits ou libertés fondamentaux : comment déterminer des limites claires au-delà desquelles les revendications fondées sur les convictions religieuses individuelles ne peuvent plus bénéficier d'une protection constitutionnelle ou quasi constitutionnelle ? Cette « réticence judiciaire » étant toute particulière aux dispositions protégeant les convictions religieuses au Canada, il nous a semblé plausible que ses impacts juridiques soient symptomatiques de l'établissement implicite – mais bien réel – d'une hiérarchie juridique *matérielle*[48] (ou *systémique*[49]) entre les différents droits et

---

47 Liberté de religion : « L'examen des différentes composantes du concept de la liberté de religion pourrait laisser croire que les droits protégés par l'al. 2*a*) de la *Charte* sont absolus, mais tel n'est pas le cas. En effet, cette liberté est limitée par les droits et libertés des autres. La diversité des opinions et des convictions exige la tolérance mutuelle et le respect d'autrui. » [nous soulignons] : *Congrégation des témoins de Jéhovah de St-Jérôme-Lafontaine* c. *Lafontaine (Village)*, [2004] 2 R.C.S. 650 [ci-après l'arrêt *Lafontaine*], parag. 69. Voir également : *Multani*, précitée, note 19, parag. 26 / Droit à l'égalité : « Comme notre Cour l'a affirmé à de nombreuses occasions, il n'existe aucune hiérarchie des dispositions constitutionnelles, et les garanties d'égalité ne peuvent donc pas servir à invalider d'autres droits conférés expressément par la Constitution. Toutes les parties de la Constitution doivent être interprétées globalement. » : *Gosselin (Tuteur de)* c. *Québec (Procureur général)*, précité, note 43.

48 Voir à cet égard : Virginie SAINT-JAMES, « Hiérarchie et conciliation des droits de l'Homme », dans Joël ANDRIANTSIMBAZOVINA *et al.* (dir.), *Dictionnaire des droits de l'Homme*, Paris, PUF, 2008, p. 477, aux pages 478-479 ; Kemal GÖZLER, *Le pouvoir de révision constitutionnelle*, Villeneuve d'Ascq, Presses universitaires du Septentrion, 1997, pp. 320-321 et 331-332 et *infra*, section 2.2.2.

libertés fondamentaux protégés par les *chartes* canadienne et québécoise. Telle est par ailleurs notre hypothèse de recherche principale[50].

Nous fondant sur un cadre d'analyse théorique inspiré par les travaux du professeur Rik Torfs, de la Faculté de droit de l'Université catholique de Louvain, en Belgique (cadre sur lequel nous reviendrons dans notre chapitre préliminaire), *nous entendons démontrer*, au moyen d'une étude focalisée sur le contexte des relations de travail, que l'état actuel du droit canadien et québécois concernant les revendications fondées sur les différentes croyances et coutumes religieuses témoigne de l'application d'un modèle hiérarchique (le « modèle de confiance ») qui assigne aux dispositions concernant la protection des convictions religieuses individuelles une place parmi les plus élevées de cette même hiérarchie[51].

Notre problématique et nos hypothèses de recherche touchant à un éventail extrêmement large de domaines de la vie humaine (pensons notamment aux domaines de l'éducation, de la vie familiale, des règles qui régissent le fonctionnement de l'État, ou de la multitude de relations privées pouvant être établies entre individus ou groupe d'individus, etc.) il nous a semblé contre-productif – voire nuisible – de ne pas limiter la

---

49 Pris dans le sens que la Cour suprême du Canada a donné au terme « systémique » dans l'arrêt *Cie des chemins de fer nationaux du Canada* c. *Canada (Commission canadienne des droits de la personne)*, [1987] 1 R.C.S. 1114, partie IV, parag. 5, une hiérarchie *systémique* peut se définir comme : une hiérarchie « qui résulte simplement de l'application des méthodes établies », lesquelles n'ont pas « été nécessairement conçue[s] pour promouvoir » cette hiérarchie.

50 Il nous apparaît toutefois important de souligner la forte intimité du lien qui unit les deux objectifs qu'on peut déduire de la formulation de notre hypothèse de recherche principale : 1) qu'il existe, *de facto*, une hiérarchie entre les droits et libertés fondamentaux protégés par les *chartes* canadienne et québécoise et (2) que la protection des convictions religieuses individuelles possède actuellement un statut élevé au sein de cette même hiérarchie. En effet, notre démonstration de l'existence d'une « hiérarchie » entre les droits et libertés fondamentaux protégés par les *chartes* canadienne et québécoise se limitera à la preuve que la protection des convictions religieuses jouit d'un statut « privilégié » par rapport à celle d'autres droits ou libertés fondamentaux. La question de l'ordonnancement hiérarchique des différents droits et libertés fondamentaux protégés par ces mêmes *chartes*, les uns par rapport aux autres, représente une problématique prospective beaucoup plus vaste à laquelle nous avons l'intention de nous attaquer à la suite de cet ouvrage.

51 Qu'il nous soit ici permis de souligner que nous avons sciemment choisi de ne pas aborder le sujet de la *hiérarchisation* des droits fondamentaux sous un angle *normatif*. En ce sens, le fait qu'il soit notamment possible de soutenir que l'existence d'une *hiérarchie juridique matérielle* entre droits fondamentaux découle d'une *dérive* jurisprudentielle par rapport à ce qu'impliquent les principes d'indivisibilité, d'indissociabilité et d'interdépendance des droits fondamentaux (*dérive* qui exigerait donc la formulation de certaines propositions de rajustements ou rééquilibrage) constitue une piste de recherche que nous n'exploiterons pas. En ce sens, nos problématique et hypothèse de recherche doivent être considérées comme étant, essentiellement, de nature *démonstrative*.

portée de notre recherche à un domaine plus particulier. Ainsi, le choix de concentrer notre analyse sur les différentes sources du droit touchant aux relations de travail s'explique principalement par l'identification de trois considérations théoriques majeures : 1) les différents milieux de travail constituent une des principales *zones de cohabitation forcée* entre individus de culture ou religion différente au sein d'un État donné, représentant donc un des terreaux les plus fertiles pour valider notre hypothèse de recherche[52] ; 2) l'étude de ces mêmes milieux de travail nous permet une incursion dans les deux grandes sphères du droit (privée et publique), sphères au sein desquelles, comparativement, l'application des droits et libertés fondamentaux de la personne (et particulièrement des dispositions protégeant les convictions religieuses) est loin d'être univoque ; et finalement 3) le choix des relations de travail nous permettra de mettre en évidence les limites que la protection des convictions religieuses individuelles impose aux pouvoirs traditionnellement exercés par les différents types d'employeurs.

D'un point de vue méthodologique, notre choix de procéder par le biais d'une *analyse exégétique traditionnelle*[53] des sources pertinentes à la vérification de notre hypothèse de recherche nous a semblé s'imposer tout naturellement considérant la nature jurisprudentielle du postulat que nous tenterons de déconstruire partiellement au cours du présent ouvrage, soit celui de la « non-hiérarchie » entre les droits et libertés de nature constitutionnelle au Canada. Ce faisant, nous espérons que notre démonstration permettra d'apporter une contribution significative à la *théorie du droit*[54] et ce, par l'atteinte de trois objectifs principaux :

---

52 La fertilité du terreau que représente le domaine des relations de travail en ce qui concerne l'étude des mesures juridiques visant à protéger les convictions religieuses est d'ailleurs fort élégamment dévoilée en quelques lignes par le professeur émérite Jean Savatier, de la Faculté de droit de l'Université de Poitiers, en France : « Les choses seraient si simples si la liberté religieuse se réduisait à l'accomplissement d'actes de culte pendant les heures de liberté du salarié. Il suffirait de distinguer vie professionnelle et vie personnelle du salarié, et d'affirmer que l'employeur ne doit pas s'immiscer dans la vie personnelle du salarié.

Mais la foi religieuse ne se borne pas à l'accomplissement de rites cultuels, ni à une adhésion, au for interne, à certaines doctrines théologiques ou métaphysiques. C'est toute la vie du croyant, dans ses aspects les plus quotidiens et les plus profanes, qui est influencée par sa foi religieuse. » : Jean SAVATIER, « Liberté religieuse et relations de travail », dans Jean-Maurice VERDIER (dir.), *Droit syndical et droits de l'Homme à l'aube du XXIe siècle : Mélanges en l'honneur de Jean-Maurice Verdier*, Paris, Dalloz, 2001, p. 455, à la page 458.

53 La définition des expressions utilisées pour qualifier notre approche méthodologique est principalement fondée sur l'étude suivante : GROUPE CONSULTATIF SUR LA RECHERCHE ET LES ÉTUDES EN DROIT, *Le droit et le savoir : rapport au Conseil de recherches en sciences humaines du Canada*, Ottawa, CRSH, 1983, p. 74.

54 *Ibid.*

1) Établir et mettre en œuvre une méthode permettant d'identifier une *hiérarchie matérielle* entre deux ensembles de droits et libertés fondamentaux ;

2) Mettre à jour l'étroite relation susceptible d'exister entre les différents modèles nationaux de gestion du pluralisme religieux et le concept de *hiérarchie matérielle* entre droits et libertés fondamentaux ;

3) Établir l'existence d'une *hiérarchie matérielle* entre droits et libertés fondamentaux de nature constitutionnelle au Canada, par l'entremise de la démonstration du déséquilibre hiérarchique favorisant les dispositions protégeant les convictions religieuses au sein du plus large ensemble des droits et libertés de nature constitutionnelle au Canada.

Structurellement parlant, nous avons choisi de déployer cet ouvrage selon un plan en deux parties, précédées d'un titre préliminaire. L'insertion d'une forme de prologue avant la démonstration principale se justifie principalement par la nécessité d'identifier et de décrire les fondements conceptuels et théoriques sur lesquels repose l'ouvrage et qui sont essentiels à la bonne compréhension de celui-ci. Ce titre préliminaire nous permettra donc, dans un premier temps, de brosser un bref portrait des principales difficultés définitionnelles propres à l'appréhension du « phénomène religieux » au XXIe siècle avant de nous intéresser, dans un deuxième temps, aux principaux aspects du cadre théorique sur lequel nous avons choisi de faire reposer la démonstration de notre hypothèse de recherche.

Les deux titres principaux, quant à eux, nous ont paru découler logiquement des implications naturelles de notre hypothèse de recherche. En effet, le projet de démontrer qu'il existe une hiérarchie entre les dispositions protégeant les convictions religieuses et les autres droits et libertés fondamentaux sous-entend nécessairement une approche en deux temps : l'un « qualitatif » et l'autre, « comparatif ».

L'aspect « qualitatif » de la *hiérarchie matérielle* structurant la relation entre les dispositions protégeant les convictions religieuses et les « autres droits fondamentaux » canadiens concerne directement le rapport existant entre, d'une part, les repères épistémologiques et sémantiques permettant de définir, en soi, le concept de convictions religieuses (repères qui auront été étudiés lors du titre préliminaire) et, d'autre part, la portée effective qui est conférée aux dispositions protégeant les convictions religieuses au Canada. Tout dépendant du régime juridique étudié, ce rapport oscillera nécessairement entre « générosité » et « restrictivité ». Nous déclinerons l'analyse de cet aspect qualitatif en deux parties principales qui porteront respectivement sur : (1) l'éventail des « convictions religieuses » protégées ; et (2) les modalités propres à l'application/utilisation des deux principaux véhicules normatifs de protection. Et parce que la mise en valeur d'une « qualité » donnée n'est jamais aussi bien assurée que par une comparaison avec un objet/sujet qui possède le défaut inverse, nous avons choisi de « mettre en portefeuille » les approches du droit canadien et du droit français. Cette comparaison avec un régime juridique national dont de nombreuses études ont démontré le caractère opposé au (ou à tout le moins : « plus restrictif que le ») droit canadien en matière d'appréhension des différents aspects du phénomène religieux en tant qu'objet de protection des droits et libertés fondamentaux[55] nous permettra de bien appuyer la nature éminemment « généreuse » du régime juridique canadien en la matière.

L'aspect « comparatif », quant à lui, constituera le cœur du second titre de l'ouvrage et nous permettra de démontrer que l'état actuel du droit canadien se veut bien une mise en application du « modèle de confiance » sur le *spectre de polyethnicité*. Cette démonstration reposera principalement sur une analyse comparative focalisée sur les principales caractéristiques des « autres droits et libertés fondamentaux », qu'il s'agisse de la portée de leur « objet de protection » ou plus particulièrement des résultats concrets des litiges impliquant, en milieu de travail, une opposition entre un de ces « autres droits » et une ou plusieurs convictions religieuses. Divisé en fonction des principaux droits et libertés « concurrents » qui seront examinés, ce second titre nous permettra également de nous attarder spécifiquement aux (et donc de faire ressortir les) principaux aspects des convictions et dogmes religieux – que ces aspects puissent être qualifiés de matériels (voir ci-après les « prescriptions matérielles »[56]) ou immatériels (voir ci-après les « prescriptions immatérielles »[57]) – qui sont susceptibles d'être problématiques en milieu de travail canadien.

---

55 Les études portant sur les différences d'approche entre la France et le Canada ou le Québec relativement à la gestion du pluralisme culturel et religieux sont en effet nombreuses. En ce qui concerne les études focalisées sur les approches juridiques, voir entre autres : C. LANDHEER-CIESLAK, *op. cit.*, note 9 ; Pierre BOSSET, *Le droit et la régulation de la diversité religieuse en France et au Québec : une même problématique, deux approches*, Montréal, CDPDJ, 2004 [en ligne http://www.cdpdj.qc.ca/fr/publications/docs/diversite_religieuse_approches_France-Quebec.pdf], (page consultée le 23 août 2010) ; Anne SARIS, *La compénétration des ordres normatifs : étude des rapports entre les ordres normatifs religieux et étatiques en France et au Québec*, thèse de doctorat, Université McGill, 2005 et Arnaud DECROIX, « La réception de la norme religieuse par les juridictions civiles : l'exemple canadien », (2005) 1 *Annuaire : Droit et religions* 313.

56 Voir *supra*, note 13.

57 Voir *supra*, note 14.

PARTIE PRÉLIMINAIRE

SITUER LE CŒUR DU VORTEX : PROLÉGOMÈNES À L'ÉTUDE DE LA PROTECTION DES CONVICTIONS RELIGIEUSES AU XXIE SIÈCLE

Introduction

> La vie des croyants est une réalité sociale que le droit des États occidentaux ne peut négliger. [...] Dès lors, même si généralement, ils se veulent le plus possible en retrait de la vie religieuse de leurs citoyens, les États occidentaux, en raison des multiples facettes sociales de cette vie, se doivent de définir un *droit des croyants*, c'est-à-dire un ensemble de règles qui a pour objet de reconnaître et d'organiser l'expression de l'identité religieuse des citoyens tant au sein de l'espace public que des espaces privés.
>
> Christelle LANDHEER-CIESLAK, « Jupiter, Hercule et Minerve : trois modèles d'élaboration du droit des croyants par le juge étatique »[58]

La grande majorité – sinon l'ensemble – des différents textes de droit ayant pour vocation de consacrer le caractère fondamental des droits et libertés de la personne contiennent des dispositions protégeant, à plus ou moins forte intensité, les individus appartenant aux différents « courants religieux »[59]. Les principaux instruments internationaux visant à protéger les droits et libertés fondamentaux contiennent tous des dispositions protégeant un ou plusieurs aspects du « phénomène religieux » et les instances responsables de leur mise en application ont toutes, à un moment ou un autre, consacré l'importance « fondamentale » de ces dispositions. Pour reprendre l'explication-synthèse du professeur Jean-François Renucci, ces dispositions sont considérées comme : « l'une des assises de la société démocratique ; d'une façon plus particulière, les

58 (2006) 47 *C. de D.* 623, 625.

59 Comme l'écrit le philosophe politique Jean-Fabien Spitz : « La tolérance religieuse est aujourd'hui l'une des évidences les moins contestables de l'univers intellectuel du libéralisme : dans une société civile, chaque individu est libre de croire ou de ne pas croire en Dieu ; s'il croit, il est libre d'adhérer aux opinions et aux dogmes qui lui paraissent les mieux fondés ou les plus agréables à son Dieu, ainsi que de pratiquer la forme de culte extérieur qu'il préfère » : Jean-Fabien SPITZ, « Introduction », dans John LOCKE, *Lettre sur la tolérance et autres textes*, Paris, GF-Flammarion, 1992, p. 1, à la page 11.

juges voient dans la liberté religieuse un élément vital contribuant à former l'identité des croyants et leur conception de la vie »[60].

Grosso modo, la protection dont jouissent les individus en matière religieuse se décline en deux formes normatives distinctes, inextricablement liées l'une à l'autre : une forme « passive » et une forme « active ». La forme « passive » consacre la liberté (« possibilité, pouvoir d'agir sans contrainte »[61]) de penser et d'agir en matière religieuse. Son caractère « passif » se justifie par son effet principal (i.e. la limitation du champ d'action de l'État et, dans certaines circonstances[62], des autres individus qui, en principe, ne peuvent plus poser d'actes qui auraient pour effet d'entraver la religion d'un ou plusieurs individus) qui n'implique aucune obligation de la part des individus protégés. Elle est généralement consacrée par des dispositions qui protègent la « liberté religieuse », ou plus largement « les libertés de conscience et de religion ».

La forme « active », quant à elle, confère des droits « positifs » aux individus qui doivent ensuite, s'ils veulent en bénéficier, agir pour les *faire valoir*[63]. Le plus généralement reconnu est celui de ne pas faire l'objet de discrimination en vertu de son appartenance ou de ses croyances religieuse(s)[64] mais d'autres « droits fondamentaux » sont également conférés aux adeptes des différents courants religieux, dont le très commun droit des parents d'offrir à leurs enfants une éducation conforme à leurs convictions religieuses[65].

---

60 Jean-François RENUCCI, *Droit européen des droits de l'homme*, Paris, L.G.D.J., 1999, p. 127.

61 « Liberté », dans J. REY-DEBOVE et A. REY (dir.), *op. cit.*, note 16., p. 1451.

62 Principalement lorsque la loi pertinente est applicable aux rapports privés.

63 « I. UN DROIT, DES DROITS. Ce qui est exigible, permis dans une collectivité humaine » : « Droit », dans J. REY-DEBOVE et A. REY (dir.), *op. cit.*, note 16, p. 788.

64 Comme par exemple les articles 15 de la *Charte canadienne*, 10 de la *Charte québécoise* ou L1132-1 du *Code du travail* français que nous analyserons plus en profondeur dans le second chapitre du premier titre. Sur la très grande portée dont bénéficie le droit des individus à n'être pas victime de discrimination fondée sur leur(s) religion et/ou convictions religieuses en droit international, voir notamment la *Déclaration sur l'élimination de toutes les formes d'intolérance et de discrimination fondées sur la religion ou la conviction*, précitée, note 60.

65 Voir notamment : *Déclaration universelle des droits de l'Homme*, Rés. AG 217 (III), Doc. Off. AG NU, 3e sess., supp. n° 13, Doc. NU A/810 (1948) 71, [en ligne : http://www.un.org/fr/documents/udhr/index.shtml], (page consultée le 22 août 2010), art. 26 (3) ; *Pacte international relatif aux droits civils et politiques*, 19 décembre 1966, 999 R.T.N.U. 171, art. 9-14, (entrée en vigueur : 23 mars 1976), [en ligne : http://www.unhchr.ch/tbs/doc.nsf/317ab54d16e0e6aac1256bdd0026bd27/deca71961fe80f9bc1256ea1003679f3/$FILE/G0440940.pdf], (page consultée le 22 août 2010), art. 18 (4) ; *Protocole additionnel à la Convention de sauvegarde des Droits de l'Homme et des Libertés fondamentales tel qu'amendé par le Protocole n° 11*, 20 mars 1952, S.T.E. 9, (entrée en vigueur : 1er novembre 1998), [en ligne :

Prima facie, un analyste néophyte pourrait affirmer sans se tromper que les deux principaux véhicules de protection en matière religieuse jouissent d'une reconnaissance « universelle ». Mais il est clair que cette affirmation générale ne résiste pas à une analyse plus poussée portant sur le fond de la protection. De fait, comme c'est d'ailleurs le cas pour les autres droits et libertés fondamentaux, le seul universalisme qui peut être rattaché à la question religieuse en tant qu'objet de protection visé par les principaux textes nationaux, transnationaux et internationaux consacrant les droits et libertés fondamentaux se limite à un *universalisme de libellé* : formule conceptuelle creuse à l'intérieur de laquelle tourbillonne la multitude d'interprétations différentes que les instances judiciaires responsables de la mise en application des dispositions pertinentes donnent à l'objet de protection concerné[66].

Considérant l'existence de ce vortex conceptuel, toute analyse qui s'intéresse à la question de l'ampleur/restrictivité de la protection qu'un État donné accorde aux différents aspects de la vie religieuse des citoyens – ou, pour reprendre l'expression de la professeure Landheer-Cieslak que nous avons citée en exergue du présent titre, du *droit des croyants* – fait face à deux difficultés épistémologiques qui doivent impérativement avoir été éclaircies au préalable, à savoir : 1) d'un strict point de vue sémantique, qu'est-il possible d'inclure/exclure du phénomène religieux en tant qu'objet de protection des différents *textes sur les droits fondamentaux* ; et 2) sur quelles bases conceptuelles est-il possible de faire reposer un cadre d'analyse théorique qui permettra de situer (et donc comparer) l'importance hiérarchique accordée à la protection des différents aspects du phénomène religieux par rapport à celle des autres droits et libertés fondamentaux. Les deux chapitres de ce titre préliminaire seront donc consacrés à la résolution (ou à tout le moins, à la clarification) des principaux aspects de ces deux difficultés épistémologiques, résolution qui nous permettra ensuite de nous attaquer à la démonstration de notre hypothèse de recherche principale.

---

http://conventions.coe.int/treaty/fr/treaties/html/009.htm], (page consultée le 17 juillet 2009), art. 2 ; *Charte québécoise*, art. 41.

66 Au sujet des importantes variations nationales et internationales qui existent quant à la portée de l'ensemble des droits et libertés protégés par les différents textes nationaux et internationaux, voir notamment : Constance GREWE, « Méthodes d'interprétation », dans J. ANDRIANTSIMBAZOVINA *et al.* (dir.), *op. cit.*, note 48, p. 540, aux pages 540-541 ; Gerald L. NEUMAN, « Human Rights and Constitutional Rights : Harmony and Dissonance », (2002-2003) 55 Stanford L. R. 1882 ainsi que, Jean DHOMMEAUX, « De l'universalité du droit international des droits de l'homme : du pactum ferendum au pactum latum », (1989) 35 *Annuaire français de droit international* 399, 405-408.

CHAPITRE 1

Éclatement des convictions religieuses

Quel impact sur la définition du concept ?

Depuis qu'une certaine frange de l'humanité a admis l'universalité (et donc, l'incidente diversité) du phénomène religieux parmi les différentes populations du monde, l'identification de grandes caractéristiques communes qui permettraient d'en venir à une définition « englobante » de ce même phénomène a toujours posé d'épineuses difficultés aux théoriciens qui se sont penchés sur la question.

Au milieu du XIXe siècle, la problématique de la formulation d'une définition parfaitement inclusive du phénomène religieux posait déjà problème aux premiers penseurs occidentaux s'intéressant à la question[67] alors que, de fait, ils n'étaient concrètement confrontés qu'aux trois grandes religions monothéistes existantes (i.e. christianisme, judaïsme et islam) lesquelles, malgré leurs nombreuses différences, reposent sur un même « tronc commun »[68]. L'émergence rapide du processus de décolonisation qui marqua le XXe siècle[69] et l'incident – et progressif – changement de mentalités quant à la nature de ce qui était jusque-là considéré comme des *us et coutumes* non occidentaux[70] allaient, par l'inclusion des divers courants religieux asiatiques (bouddhisme, taoïsme, confu-

---

67 C'est en effet au milieu du XIXe siècle qu'on situe généralement le début de « l'histoire des religions » en tant que discipline scientifiquement reconnue et admise dans les milieux universitaires occidentaux. Voir à ce sujet : Philippe BORGEAUD, *Aux origines de l'histoire des religions*, Paris, 2004, pp. 207-208 et Angelo BRELICH, « Prolégomènes à une histoire des religions », dans Henri-Charles PUECH (dir.), *Histoire des religions*, tome 1, Paris, Gallimard, 1976, p. 3 qui attribue quant-à-lui les origines de « l'histoire des religions » aux travaux du philologue allemand Max Müller.

68 Soit principalement la croyance en l'existence d'une divinité unique dont découle et/ou qui gouverne toute vie sur Terre.

69 Bernard DROZ, *Histoire de la décolonisation au XXe siècle*, Paris, Le Seuil, 2006 et Marc MICHEL, *Décolonisations et émergence du Tiers-Monde*, Paris, Hachette, 2005, pp. 107 et ss.

70 Comme la rappelle le professeur Angelo BRELICH, *loc. cit.*, note 67, à la page 7 : « Il ne faut pas oublier qu'il y a à peine plus d'un siècle, on affirmait encore de certains peuples primitifs qu'ils étaient « ignorants de tout ce qui ressemble à une religion », tout en décrivant leurs rites, leurs croyances en des êtres imaginaires, etc. »

cianisme, etc.) et « autochtones »[71] dans le corps même du concept de « phénomène religieux », complexifier davantage la tâche des penseurs qui tentaient déjà à grand peine de circonscrire ses principales caractéristiques[72].

La problématique définitionnelle qui touche toutes les disciplines intéressées à la gestion du phénomène religieux se trouve d'ailleurs habilement résumée par le professeur italien Angelo Brelich qui, en introduction du désormais classique *Histoire des religions* publié en 1970, écrivait :

> L'histoire des religions a-t-elle un objet spécifique ? Apparemment la réponse est facile : oui certes ; et l'objet en est, précisément, ces religions dont elle étudie l'histoire. Mais on s'est souvent demandé si la « religion » même est un phénomène autonome, bien distinct des autres phénomènes culturels. N'est-elle pas un mélange hétérogène de doctrines philosophiques et sociales, d'éléments fantastiques, de sentiments et de pratiques de la nature la plus diverse ? [...]
>
> Si l'on veut découvrir quel est l'objet des études de l'histoire des religions, on ne peut éviter de se demander quelle est la définition du concept de religion. Or, ne serait-ce qu'au cours des cent dernières années, plus d'une centaine de définitions ont été proposées, dont aucune ne s'est définitivement imposée. Les raisons de l'échec de ces tentatives sont souvent très simples : ou bien l'on part de présuppositions non scientifiques, ou bien l'on se fonde sur une seule religion ou sur un seul type de religion, et la définition ne s'applique pas aux autres.[73]

---

71 Pour de nombreuses et fort intéressantes études portant sur les diverses religions autochtones, voir les sections « Les religions chez les peuples sans tradition écrite » et « Mouvements religieux nés de l'acculturation », dans Henri-Charles PUECH (dir.), *Histoire des religions*, tome 3, Paris, Gallimard, 1976, aux pages 543-1273.

72 Le principal effet de la reconnaissance des divers courants religieux asiatiques dans le champ du « religieux » a effectivement été de faire tomber le « tronc commun » que constituait la croyance en l'existence d'une divinité (ou « force surnaturelle ») ne tenait plus puisque plusieurs de ces dernières, comme le bouddhisme et le taoïsme, ne sont pas fondées sur de tels préceptes. Voir à ce sujet, notamment : J. DELUMEAU, *op. cit.*, note 2, chapitres 38-39 et J.-P. DENIS et A. FRACHON (dir.), *op. cit.*, note 5, pp. 72-77 et 84.

73 A. BRELICH, *loc. cit.*, note 67, aux pages 4 et 6. Dans le même sens, Cyrille Duvert, Maître de conférences à l'Université Paris 13 écrit : « Le terme *religion* est une catégorie abstraite susceptible de recouvrir une multitude de réalités différentes. En témoigne d'ailleurs la régularité avec laquelle ressurgit périodiquement la question de la définition de la religion, véritable *serpent de mer sociologique* » : Cyrille DUVERT, « Droit et religion(s) : genèse et devenir d'un rapport méconnu » (1996) 3 *R.R.J.* 737, 739-740. Voir aussi M. PENDU, *op. cit.*, note 11, p. 1 ; P. BORGEAUD, *op. cit.*, note 67, pp. 16-20 ainsi que Jeremy GUNN, « The Complexity of Religion and the Definition of « Religion » in International Law », (2003) *Harvard Human Rights J.* 191.

Pour rajouter au casse-tête, ces problèmes définitionnels de base ont été presqu'exponentiellement multipliés depuis le milieu du XXe siècle, période au cours de laquelle on a pu assister à un véritable « éclatement » des différentes formes d'appartenances et de convictions religieuses à travers le monde. En effet, qu'il s'agisse de dissensions au sein des principaux « courants religieux traditionnels »[74], de la tendance de plus en plus lourde qu'on décèle au sein des populations des différents États occidentaux à se composer une forme de « religion à la carte »[75] ou encore de l'explosion du nombre d'individus se déclarant sans religion ou *athées*[76], il est désormais de plus en plus difficile d'identifier (et de quantifier) les différentes appartenances communes qui composent le paysage religieux du XXIe siècle.

Or, ces difficultés conceptuelles ont une acuité bien particulière en matière de protection des droits et libertés fondamentaux[77]. En effet, le phénomène religieux constitue un des objets de protection privilégiés au sein de l'ensemble des droits de nature « supra-législative ». Il découle de cet état de fait que toute appréhension de l'étendue de la protection qui lui est accordée dépend de la possibilité d'identifier les grands critères en vertu desquels un régime juridique donné peut inclure ou exclure certains types de manifestations du giron de protection de ces

---

74 Que ces dissensions prennent la forme de l'éclosion de différents mouvements « sectaires » inspirés ou rattachés aux grands courants religieux traditionnels (pensons par exemple à l'*opus dei* ou à l'*Église adventiste du septième jour* pour le Christianisme, à la *kabbale* pour le judaïsme ou au *wahhabisme* pour l'Islam) et/ou d'une croissante individualisation/personnalisation du choix des règles religieuses qui, parmi celles qui sont prescrites – ou peuvent être interprétées comme telles – par une religion donnée, « méritent » d'être respectées (principe du *pick and choose* à l'intérieur des limites d'une même religion).

75 Voir notamment à ce sujet : J. DELUMEAU, *op. cit.*, note 2, p. 460 ; F. LENOIR, *op. cit.*, note 2, pp. 17-19 et 42-45 et P. BORGEAUD, *op. cit.*, note 67, pp. 16-21.

76 Au niveau international, le *World Factbook* de la CIA (*Central Intelligence Agency*) états-unienne estimait, en 2007, le nombre d'individus « sans religion » et athées à 14,09 % de la population mondiale (voir à cet égard : CIA, *World Factbook*, [en ligne : https ://www.cia.gov/library/publications/the-world-factbook/geos/xx.html# People], (page consultée le 22 août 2010)). Également, pour des statistiques concernant la baisse du nombre d'individus ayant des « convictions religieuses » au Canada, voir : W. CLARK, *loc. cit.*, note 2 ainsi que PRESSE CANADIENNE, *loc. cit.*, note 2.

77 S'agissant des difficultés propres à la définition du concept de religion en droit, voir notamment : M. PENDU, *op. cit.*, note 11, pp. 1-2 ainsi que : Jean-François GAUDREAULT-DESBIENS, « Quelques angles morts du débat sur l'accommodement raisonnable à la lumière de la question du port de signes religieux à l'école publique : réflexions en forme de points d'interrogation », dans Myriam JÉZÉQUEL (dir.), *Les accommodements raisonnables : quoi, comment, jusqu'où ?*, Cowansville, Yvon Blais, 2007, p. 241, aux pages 245-249.

mêmes textes[78]. En d'autres termes, en nous fondant strictement sur la sémantique des termes utilisés pour identifier le phénomène religieux en tant qu'objet de protection des différents *textes sur les droits fondamentaux* et en gardant à l'esprit les particularités propres à la question du phénomène religieux au XXIe siècle, il importe de tirer une ligne médiane, fut-elle approximative ou tracée à gros traits, qui permettra de comparer et qualifier la portée qu'un régime juridique donné accorde à cet objet de protection.

1.1. Du « phénomène religieux » aux « convictions religieuses »

Le débat entre la protection des « droits individuels » et celle des « droits collectifs » a toujours occupé une importance prépondérante dans la théorie des droits et libertés fondamentaux[79]. Les premiers textes internationaux ayant été adoptés à partir de la moitié du XXe siècle (1948 pour la *Déclaration universelle des droits de l'Homme*[80], 1950 pour la *Convention européenne des droits de l'Homme*[81]), la diamétrale opposition qui divisait alors les États dits « occidentaux » et ceux du *Bloc de l'Est* (ou d'un point de vue strictement idéologique, le libéralisme d'une part et le marxisme/communisme, d'autre part) s'est également transposée au sein des différentes instances internationales responsables de l'élaboration et de la gestion des outils internationaux protégeant les droits et libertés fondamentaux, telles que l'ONU. Illustration la plus souvent évoquée du fossé irréconciliable qui opposait les tenants de l'approche « individualiste » et celle de l'approche « collectiviste »,

---

78 Problématique dont les multiples ramifications ont été fort justement résumées par les professeurs Messner, Prélot et le magistrat Woehrling en 2003 : « Dans le domaine des religions comme dans d'autres, le droit ne peut pas ignorer les évolutions affectant le domaine auquel il s'applique. Les juristes sont par ailleurs confrontés à ces évolutions par les sollicitations dont ils sont l'objet : quelle que soit la physionomie du groupe religieux concerné, ses activités doivent s'inscrire dans un cadre juridique et les juristes doivent pouvoir déterminer, en particulier, si un groupe donné relève de la législation des cultes ou d'une autre législation. Problème redoutable puisqu'il peut les amener à devoir trancher la question de savoir ce qu'est le religieux et ce qu'il n'est pas. » [nous soulignons] : F. MESSNER, P.-H. PRÉLOT et J.-M. WOEHRLING (dir.), *op. cit.*, note 10, p. 145.

79 Les fondements théoriques de cette antinomie apparente entre « droits collectifs » et « droits individuels » se trouve d'ailleurs parfaitement résumée par le philosophe politique Will Kymlicka, dans son ouvrage *La citoyenneté multiculturelle*, dans lequel il tente par ailleurs de réconcilier les deux approches en matière de droits et libertés fondamentaux : W. KYMLICKA, *op. cit.*, note 30, pp. 57-58.

80 Précitée, note 65.

81 Précitée, note 60.

l'ONU échoua, en 1952[82], dans sa tentative d'adopter un seul texte sur la protection des droits et libertés fondamentaux et dut adopter séparément ce qui est désormais connu comme les Pactes internationaux relatifs aux droits de la personne (soit le *Pacte international relatif aux droits civils et politiques*[83] et le *Pacte international relatif aux droits économiques, sociaux et culturels*[84]). Bien que l'idée de la reconnaissance de plusieurs aspects de l'approche collectiviste trouve toujours des appuis au sein de la doctrine actuelle[85], la chute de l'Union soviétique en 1990 et l'ouverture de plus en plus grande de la Chine, dernier grand régime officiellement communiste, au libéralisme économique ont réduit comme peau de chagrin le nombre de régimes juridiques qui privilégient une approche « collectiviste » en matière d'interprétation et de protection des droits et libertés fondamentaux[86].

La prévalence de l'approche « individualiste » pose toujours un ensemble de questions en ce qui concerne la protection de différents objets de protection de l'ensemble des « droits et libertés fondamentaux », tels

---

82 *Rédaction de deux projets de Pactes internationaux relatifs aux droits de l'homme*, Nations unies, Assemblée générale, résolution 543 (VI) (1952), [en ligne : http://www.un.org/french/documents/view_doc.asp?symbol=A/RES/543%28VI%29 &Lang=F], (page consultée le 24 octobre 2010).

83 Précité, note 65.

84 993 R.T.N.U. 3, (entrée en vigueur : 3 janvier 1976), [en ligne : http://www.unhcr.org/refworld/pdfid/3ae6b36c0.pdf], (page consultée le 22 août 2010).

85 Pour le cas spécifique du Québec, de nombreux travaux portant sur l'opportunité (et le cas échéant, les meilleurs moyens) de donner une portée (plus) contraignante aux droits et libertés fondamentaux économiques, sociaux et culturels actuellement protégés par le chapitre IV de la *Charte québécoise* (articles 39 à 48) et dont la violation, pour l'instant, ne peut être sanctionnée que par le biais de jugements déclaratoires, tel que l'a établi la Cour suprême dans l'arrêt *Gosselin* c. *Québec (Procureur général)*, [2002] 4 R.C.S. 429, parag. 85-96. Au sujet de la protection juridique accordée aux (ou à certains) droits économiques, sociaux et culturels, voir notamment : Dominic ROUX, *Le principe du droit au travail : juridicité, signification et normativité*, Montréal, Wilson & Lafleur, 2005 ; David ROBITAILLE, « Les droits économiques et sociaux dans les relations État-particuliers après trente ans d'interprétation : normes juridiques ou énoncés juridiques symboliques ? » dans Alain-Robert NADEAU (dir.), *La Charte québécoise : Origines, enjeux et perspectives*, Montréal, Yvon Blais, 2006, p. 455 et Lucie LAMARCHE, « Les droits sociaux et la *Charte canadienne des droits et libertés* : quelques réflexions indisciplinées et prospectives », dans Marc VERDUSSEN (dir.), *Les droits culturels et sociaux des plus défavorisés*, Bruxelles, Bruylant, 2009, p. 495.

86 Comme le résument fort justement les professeurs Messner, Prélot et Woehrling, : « Selon [la logique libérale des régimes démocratiques contemporains], qui sous-tend tout notre régime juridique, l'individu prime l'État. Il existe avant lui, il est situé audessus de lui. Si l'individu accepte d'obéir à la loi pour les besoins de l'existence collective, il ne renonce pas à sa liberté intérieure. » : F. MESSNER, P.-H. PRÉLOT et J.-M. WOEHRLING, *op. cit.*, note 10, p. 403.

que notamment « l'association »[87] et le « phénomène religieux ». En effet, la définition traditionnelle du concept de « religion » renvoie directement à un phénomène « collectif »[88]. Serait-ce donc dire que les différents droits et libertés exprimés par le biais des deux principaux « véhicules normatifs de protection » (« actif » et « passif ») qu'on retrouve dans les *textes sur les droits fondamentaux* protègent autant les individus que les « communautés de *croyants* » en tant que telles ? Même si une réponse précise à cette question dépendra évidemment du régime juridique étudié, il est clair que l'angle en vertu duquel nous avons choisi d'aborder notre sujet de recherche restreint très fortement la pertinence d'analyser l'aspect « collectif » de la protection octroyée au « phénomène religieux » au sein des *lois sur les droits fondamentaux*.

En effet, notre choix de restreindre le cadre de l'analyse au contexte des relations de travail a pour principale conséquence d'exclure du giron de notre analyse certains droits qui pourraient plus facilement être interprétés comme protégeant directement les « communautés de *croyants* », tels que, au Canada, le droit au maintien d'écoles confessionnelles catholiques et protestantes qui est protégé par la Constitution canadienne[89]. En milieu de travail, la protection accordée au phénomène religieux se limite, *grosso modo*, au droit de l'individu à la liberté (de conscience) et de religion et à celui de ne pas faire l'objet de discrimination fondée sur la religion (ce qui comprend à la fois l'appartenance et les croyances religieuses)[90].

Or, d'un point de vue épistémologique, il est indéniable que la portée de ces deux droits fondamentaux – l'un « actif » et l'autre « passif » – repose, malgré les nombreuses différences qui les séparent, sur la définition d'un seul et même concept. En effet, pour qu'elles soient susceptibles de poser un conflit avec un autre droit ou une liberté fondamental, les différentes formes par lesquelles le phénomène religieux est susceptible d'être exprimé ne peuvent être considérées comme ayant une existence propre que dans la mesure où elles sont acceptées – et, mais

---

87 Sur les principales caractéristiques de cet objet de protection des *lois sur les droits fondamentaux* canadienne, voir notamment l'analyse y étant consacrée dans le présent livre : *infra*, section 5.2.

88 Voir *infra*, section 1.2.3.

89 *L.c. de 1867*, précitée, note 37, art. 93.

90 Ces deux « droits fondamentaux » seront d'ailleurs les seuls « droits et libertés octroyés aux adeptes des différents courants religieux » qui feront l'objet de notre analyse. Pour des raisons évidentes de pertinence, les modalités visant exclusivement d'autres types de droits positifs attribués en fonction de convictions religieuses et non applicables dans le contexte des relations de travail, comme par exemple « le droit des parents religieux d'offrir à leurs enfants une éducation conforme à leurs convictions », ne feront pas partie du corps de notre analyse.

pas nécessairement[91], professées – par un ou plusieurs individus. Conséquemment, l'étendue de la protection qu'un régime juridique donné leur accorde dépendra directement de celle qui sera accordée au concept de « convictions religieuses »[92]. Cette appréhension du point focal de la protection offerte au « phénomène religieux » par les *lois sur les droits fondamentaux* est fort bien résumée par la docteure en droit français Myriam Pendu :

> L'émergence du fait religieux individuel dans la sphère juridique se traduit notamment par la diversité des litiges à travers lesquels les individus sollicitent la mise en œuvre d'un mécanisme juridique, en fondant leur prétention sur l'existence de leur foi, comme élément de fait déclencheur de la règle de droit invoquée. [...] Ainsi, l'intégration par le système juridique du fait religieux, *débouche sur la possibilité d'utiliser des mécanismes, qui en dehors de cette considération, ne seraient pas mis en jeu* permettant de ce fait d'assurer l'effectivité de l'intégration du fait religieux individuel.
>
> Quelle que soit la diversité des situations juridiques soumises à l'appréciation des magistrats, elles présentent la similarité de trouver leur source dans l'existence de convictions religieuses chez l'un ou/et l'autre des protagonistes. Elles ne s'éclairent alors pleinement qu'à la lumière de la dimension religieuse qui les caractérise.[93] [nous soulignons]

Ce transfert conceptuel (du « phénomène religieux » vers les « convictions religieuses ») est cependant loin d'être suffisant pour résoudre

[91] « L'appartenance religieuse », en tant que motif de discrimination interdit fait sans doute exception à la règle générale que nous énonçons ici en ce qu'il peut renvoyer directement à une situation mettant en cause l'aspect traditionnel, « collectif », du phénomène religieux. Non pas que « l'appartenance » d'un individu à un courant religieux donné doive nécessairement impliquer que sa foi soit partagée par d'autres individus (d'un strict point de vue sémantique, une personne pourrait très bien affirmer « appartenir » à un mouvement religieux dont elle serait la seule adepte), mais certaines situations de discrimination directe fondées sur « l'appartenance religieuse » pourraient impliquer des institutions/employeurs qui, parce qu'ils ont comme objectif de respecter les préceptes d'un courant religieux donné, n'accepteraient de traiter qu'avec des individus qui partagent la même « appartenance religieuse » qu'eux et/ou s'affichent comme tels.

[92] Il est à ce sujet intéressant de mentionner que la Cour suprême du Canada, dans un des premiers jugements rendus en ce qui concerne la liberté de religion protégée par la *Charte canadienne*, en était d'ailleurs venue au même raisonnement général : « L'alinéa 2*a)* a pour objet d'assurer que la société ne s'ingérera pas dans les croyances intimes profondes qui régissent la perception qu'on a de soi, de l'humanité, de la nature et, dans certains cas, d'un être supérieur ou différent. Ces croyances, à leur tour, régissent notre comportement et nos pratiques. La Constitution ne protège les particuliers et les groupes que dans la mesure où des croyances ou un comportement d'ordre religieux pourraient être raisonnablement ou véritablement menacés. » : *R.* c. *Edwards Books and Art Ltd.*, [1986] 2 R.C.S. 713 [ci-après l'arrêt *Edwards Books*], parag. 97 [nous soulignons].

[93] M. PENDU, *op. cit.*, note 11, pp. 193-194.

les difficultés définitionnelles que nous avions identifiées en début de chapitre. En effet, l'utilisation de ce second concept entraîne également avec lui son lot de difficultés[94] sur lesquelles il importe de nous attarder afin de nous doter des outils nécessaires pour traiter du point focal de l'ouvrage soit, pour le rappeler une fois de plus : la détermination de l'ampleur que le droit canadien accorde à la protection des convictions religieuses par rapport aux autres objets de protection des *lois sur les droits fondamentaux*.

1.2. « Convictions religieuses » : inclusions et exclusions sémantiques

Si l'on en croit la définition du dictionnaire *Petit Robert*, le sens courant des termes « conviction » ou « croyance » fait référence à « l'action, le fait de croire une chose vraie, vraisemblable ou possible », un « Acquiescement de l'esprit… » ou une « opinion assurée »[95]. Quant à l'adjectif « religieux », il désigne ce « qui concerne les rapports entre l'être humain et un pouvoir surnaturel ; qui présente le caractère réservé (*sacré*) et obligatoire d'une religion »[96]. La combinaison de ces définitions usuelles, fort simples en apparence, permet de cerner les trois grands critères en vertu desquels un décideur donné pourra qualifier une « conviction » de religieuse, soit : 1) sa nature éminemment non démontrable, qui relève de la croyance ou *foi* individuelle ; 2) son rapport avec un « pouvoir surnaturel » ou son caractère métaphysique ; et finalement 3) son lien avec une « religion ». L'analyse de ces trois critères nous permettra, à l'instar du sculpteur Michel-Ange face à un bloc de marbre[97], de dégager la portée du concept de « convictions religieuses » en éliminant ce qui n'en fait pas partie.

1.2.1. Un objet de protection « non démontrable »

D'un strict point de vue sémantique, il est de la nature de toute conviction religieuse de ne jamais pouvoir atteindre le statut de « certitude » ou de « connaissance ». En effet, comme en témoignent les définitions

---

94 Plusieurs de ces difficultés définitionnelles sont d'ailleurs soulevées à bon droit par le professeur P. HORWITZ, *loc. cit.*, note 11, 6-11. Dans le même sens, voir aussi les références que nous fournissons plus haut, à la note 73.

95 J. REY-DEBOVE et A. REY (dir.), *op. cit.*, note 16, pp. 536 [conviction] et 593 [croyance].

96 *Id.*, p. 2178.

97 « J'ai vu un ange dans le marbre et j'ai seulement ciselé jusqu'à l'en libérer » : traduction d'une citation attribuée à Michel-Ange par le site Web *Evene*, [en ligne : http://www.evene.fr/celebre/biographie/michel-ange-2234.php], (page consultée le 22 août 2010)

usuelles des concepts de « conviction » ou « croyance »[98], ces deux concepts relèvent du domaine de l'opinion, ce qui les oppose donc directement aux concepts de « certitude » ou de « connaissance » qui, pour leur part, renvoient à des éléments dont la véracité ou l'existence peuvent être vérifiées de manière tangible[99]. Les motifs personnels qui poussent un individu à se conformer à un dogme religieux particulier dans tous, plusieurs ou certains aspects de sa vie ne relèvent, en bout de ligne, que de lui. Plusieurs facteurs (le plus souvent en lien avec son milieu familial[100], l'identité du pays – ou de la culture – au sein duquel il est éduqué[101] ou son niveau d'éducation[102]) ont contribué à le « convaincre » que le fait de se conformer à un type de « modèle social » était « juste » ou « bon », mais aucun argument tangible ou rationnel ne pourra jamais permettre de valider, au sens scientifique ou logique du terme, la justesse de sa conviction. Conséquence principale des bases « friables » sur lesquelles elles reposent, les convictions religieuses individuelles sont

[98] Voir *supra*, texte correspondant à la note 95.

[99] *A contrario*, on parlera ainsi d'éléments *inconnaissables* en ce qu'ils « échappe[nt] à la connaissance humaine » : J. REY-DEBOVE et A. REY (dir.), *op. cit.*, note 16, p. 1304 ou parce que leur existence/véracité/forme/nature est, soit *incertaine* ou « pas nette, claire » : J. REY-DEBOVE et A. REY (dir.), *op. cit.*, note 16, p. 1299.

[100] « Longtemps, cette foi [religieuse] a été encadrée par des traditions familiales et des institutions. On en « hérite » en naissant dans une famille juive, musulmane, hindoue, chrétienne, etc. Elle est alors une adhésion presque naturelle à des croyances surnaturelles et à des rituels auxquels on adhère sans se poser de questions. Aujourd'hui encore, c'est ce modèle qui domine dans la plupart des régions du monde » : affirmation du philosophe Frédéric Lenoir tirée de Pascale SENK, « D'où vient la foi : entrevue avec Frédéric Lenoir », (janvier 2006) *Psychologies magazine*, [en ligne : http://www.psychologies.com/Culture/Philosophie-et-spiritualite/Savoirs/Interviews/D-ou-vient-la-foi], (page consultée le 22 août 2010). Notons d'ailleurs que plusieurs textes juridiques protégeant les droits fondamentaux de la personne, dont l'article 41 de la *Charte québécoise*, protègent d'ailleurs le droit des parents d'assurer une éducation religieuse à leurs enfants.

[101] En effet, les différents territoires nationaux comportent toujours, pour la plupart, de fortes majorités religieuses (voir à ce sujet : Odon VALET, « Les grandes religions planétaires », dans J.-P. DENIS et A. FRACHON (dir.), *op. cit.*, note 5, p. 16, aux pp. 16-17 et Henri TINCQ (dir.), *Larousse des religions*, Paris, Larousse, 2005, p. 371) qui, donc, sont susceptibles d'influencer les différentes formes d'organisations et institutions sociales et, à plus forte raison, l'appartenance religieuse des groupes familiaux et des individus.

[102] Au sujet de l'incompatibilité entre « connaissances/éducation » et « ferveur religieuse » (pris au sens de « foi en un des principaux dogmes religieux existant avec tout ce qu'ils impliquent comme exigences, pratiques et rites »), voir notamment : Luc FERRY et Marcel GAUCHET, *Le religieux après la religion*, Paris, Grasset, 2004, p. 21 (première définition du « religieux »), Baruch de SPINOZA, *Traité théologico-politique*, Paris, Hatier, 2007, pp. 6-7, 9 et 12-13 et Albert JACQUARD, *Dieu ?*, Paris, Stock/Bayard, 2003, pp. 11-23 et Karl MARX, *Contribution à la critique de la « philosophie du droit » de Hegel*, Paris, Aubier-Montaigne, 1971, p. 53.

susceptibles d'évoluer, de se transformer ou même de changer drastiquement au fil du temps, complètement dépendantes de la psyché particulière et des différentes expériences personnelles des individus à qui elles appartiennent.

Cet état de fait nous permet donc d'exclure du champ des convictions religieuses toute forme de « connaissance » vérifiable par le biais d'une démarche scientifique ou logique[103]. De manière évidente, cette exclusion concerne directement l'ensemble des champs traditionnels de connaissance humaine (qu'on pense par exemple aux disciplines de « sciences pures » telles que les mathématiques, la biologie ou la physique ou à d'autres de nature plus « sociales » comme la linguistique, le droit ou l'anthropologie) mais il est intéressant de souligner que la dichotomie croyance/savoir peut également toucher directement la substance même des différentes religions. En effet, si l'on applique la logique de cette exclusion au domaine de la théologie, on doit en venir à la conclusion que la simple « connaissance » des principaux dogmes religieux ne se trouve pas couverte par le champ des convictions religieuses. Un musulman peut très bien connaître les prescriptions qui lui sont imposées par le Coran (pensons par exemple aux cinq piliers de l'Islam[104]), cette seule connaissance ne le rendra en rien différent d'un

---

[103] Il est à ce sujet intéressant de mentionner que la principale faiblesse du raisonnement du philosophe René Descartes dans son *Discours de la méthode* découle de l'impossibilité factuelle de déduire logiquement l'existence ou l'inexistence de Dieu. Confronté à un « doute » susceptible de s'étendre à l'infini, Descartes déduit instinctivement (synonyme de « croit en ») l'existence de Dieu : « Car d'où sait-on que les pensées qui viennent en songe sont plutôt fausses que les autres, vu que souvent elles ne sont pas moins vives et expresses ? Et que les meilleurs esprits y étudient tant qu'il leur plaira, je ne crois pas qu'ils puissent donner aucune raison qui soit suffisante pour ôter ce doute, s'ils ne présupposent l'existence de Dieu. [...] ... si nous ne savions point que tout ce qui est en nous de réel et de vrai vient d'un être parfait et infini, pour claires et distinctes que fussent nos idées, nous n'aurions aucune raison qui nous assurât qu'elles eussent la perfection d'être vraies. » [nous soulignons] : René DESCARTES, *Discours de la méthode*, Anjou, CEC, 1996 (originellement publié en 1637), pp. 57-58. En ce sens, le « pari » de Pascal apparaît plus justifiable d'un strict point de vue logique : « Examinons donc ce point, et disons : « Dieu est, ou il n'est pas ». Mais de quel côté pencherons-nous ? La raison n'y peut rien déterminer : il y a un chaos infini qui nous sépare. Il se joue un jeu, à l'extrémité de cette distance infinie, où il arrivera croix ou pile. Que gagerez-vous ? [...] Puisqu'il faut choisir, voyons ce qui nous intéresse le moins. Vous avez deux choses à perdre : le vrai et le bien, et deux choses à engager : votre raison, votre connaissance et votre béatitude ; [...] Pesons le gain et la perte, en prenant croix que Dieu est. Estimons ces deux cas : si vous gagnez, vous gagnez tout ; si vous perdez, vous ne perdez rien. Gagez donc qu'il est, sans hésiter. » : PASCAL, *Pensées*, Paris, Flammarion, 1976 (texte original publié en 1897), p. 114.

[104] Voir notamment à cet égard : Anne-Marie DELCAMBRE, *L'islam*, Paris, La Découverte, 1999 ; Toufic FAHD, « L'islam et les sectes islamiques », dans H.-C. PUECH

théologien chrétien également au fait de l'existence de ces prescriptions religieuses. Une connaissance religieuse ne peut être assimilable à une conviction religieuse que si l'individu qui en est le détenteur se considère tenu de s'y conformer : c'est la croyance au caractère obligatoire d'une prescription religieuse qui se trouve couverte, pas la prescription religieuse en tant que telle.

1.2.2. Un objet de protection « métaphysique »

Le deuxième critère qui doit être rempli tient au caractère métaphysique de la croyance ou, autrement formulé, à son rapport avec une ou plusieurs divinité(s), « le monde des possibles »[105] ou de manière plus commune : « le sens de la vie ». À cet égard, alors qu'il tente de démontrer que les nombreuses « avancées scientifiques » ont contribué à la diminution/dégradation de la « force sociale » des religions traditionnelles au sein des différentes sociétés en réduisant peu à peu l'intensité et le nombre de « mystères » auxquels étaient confrontés les êtres humains, l'historien et philosophe français Marcel Gauchet offre une très intéressante définition des sources du phénomène religieux dans son ouvrage phare *Le désenchantement du monde* :

> *L'homme nu*, complètement démuni, sans prise sur une nature écrasante, qui peu à peu acquiert, accumule, élargit sa marge de manœuvre à l'égard de l'environnement, se multiplie, voit la complexité de ses institutions s'affirmer jusqu'à ce qu'enfin ce desserrement agi de la contrainte prenne forme de projet conscient, que ce soit dans le registre du rapport aux choses ou dans le registre du lien avec ses semblables. Nous n'avions rien, et force nous était de nous plier à la loi implacable de la rareté. Nous sommes devenus toujours davantage les créateurs de notre propre univers matériel. Là de même où nous avions à nous soumettre à la domination de nos pareils, nous nous sommes reconnus pour les auteurs libres et égaux de la règle collective. La religion, dans ce cadre, apparaît à peu près inévitablement comme la traduction intellectuelle de cette impuissance native, en même temps qu'un moyen de surmonter indirectement par la pensée, en se l'avouant, une situation d'extrême dénuement. L'homme subit des forces qui le dépassent et

---

(dir.), *op. cit.*, note 71, p. 3, aux pages 120-144 et Henri TINCQ (dir.), *op. cit.*, note 101, pp. 226-230.

[105] Pour reprendre la formule utilisée par le philosophe allemand Leibniz (Gottfried Wilhelm von). Voir à ce sujet : Désiré NOLEN, *Leibniz : la monadologie*, Paris, Librairie Germer Baillière et cie, 1881, [en ligne : http://books.google.ca/books?id=x3NkFt3EWhgC&hl=fr], (page consultée le 22 août 2010), p. 139 : « Où l'artiste éternel puise-t-il les matériaux de cette double création, l'idée du poème de la nature et les acteurs chargés de l'interpréter ? Dans le monde des possibles, répond Leibniz. Ce monde mystérieux comprend toutes les combinaisons possibles de la pensée créatrices et aussi toutes les existences possibles » [nous soulignons].

dont il surestime le mystère ; mais il domine à sa façon ce qu'il subit en s'en fournissant une explication.[106] [nous soulignons]

Par définition, le phénomène religieux tire sa source des différents mystères insolubles auxquels sont confrontés les êtres humains depuis des millénaires – l'origine de la vie, les raisons de celle-ci, les conséquences ou suites de la mort d'un individu, etc. – et consiste en la formulation de théories visant à répondre à (ou combler) ces mystères. L'objet de la conviction, pour être « religieux », doit donc être en lien avec l'un de ces « mystères ».

Une appréhension large de ce deuxième critère permet sans l'ombre d'une hésitation d'inclure les diverses croyances en lien avec les différents courants religieux (qu'ils soient traditionnels, sectaires ou syncrétistes) ou areligieux (athéisme, agnosticisme). En effet, confronté au « dilemme de Pascal »[107], un individu a deux seules options : soit il croit qu'il existe une « force extérieure » qui est à l'origine et/ou en fonction de laquelle il doit se gouverner pendant la durée de sa vie (religiosité), soit il croit qu'il n'en existe pas (areligiosité). L'areligiosité, tout comme la religiosité, est une *foi*[108].

S'agissant des exclusions, ce second critère discrimine clairement les « opinions politiques » ou ayant trait aux différents modes de « gouvernance » actuelle (qu'ils soient de nature individuelle ou institutionnelle[109]) mais pose problème en ce qu'il ne permet pas, en soi, de distinguer les « convictions religieuses » de certaines « convictions philosophiques ».

---

106 Marcel GAUCHET, *Le désenchantement du monde : une histoire politique de la religion*, Paris, Gallimard, 1985, pp. 15-16. Dans le même sens, voir aussi : Didier JULIA, *Dictionnaire de la philosophie*, Paris, Larousse, 2006, pp. 243-245 (« Religion »).

107 Lequel se trouve très bien illustré par le passage suivant : « Comme je ne sais d'où je viens, aussi je ne sais où je vais ; et je sais seulement qu'en sortant de ce monde je tombe pour jamais ou dans le néant, ou dans les mains d'un Dieu irrité, sans savoir à laquelle de ces deux conditions je dois être éternellement en partage. Voilà mon état, plein de faiblesse et d'incertitude. » : PASCAL, *op. cit.*, note 103, p. 105.

108 Comme l'a d'ailleurs souligné, en d'autres termes, l'essayiste québécois Pierre Vadeboncœur : « Le scepticisme et son contraire sont des actes de foi dont l'un, contrairement à l'autre, est un acte d'incrédulité. L'acte d'incrédulité doit être regardé comme un acte de foi à l'envers, et il n'est, comme l'autre, que croyance. Rien de plus » : Pierre VADEBONCŒUR, *Essais sur la croyance et l'incroyance*, coll. Bellarmin, Montréal, Fides, 2005, pp. 14-15. Dans le même sens, voir aussi : A. BRELICH, *loc. cit.*, note 67, aux pages 12-14.

109 Le lecteur prendra toutefois note de nos développements ultérieurs (section 5.4) où nous affirmons que certaines convictions « politiques », si elles sont suffisamment structurantes pour l'individu, pourraient bénéficier de la protection de la très large « liberté de conscience ».

Cette difficulté d'ordre épistémologique repose sur trois postulats. D'une part, l'areligiosité est, comme nous l'avons vu plus haut, une des deux seules manières de faire face aux mystères étant à la source du phénomène religieux. D'autre part, une grande part des thèses philosophiques – sinon la plupart – proposent aux individus des schèmes de pensée en fonction desquels ils peuvent structurer le sens de leur vie. Finalement il est tout à fait possible (et plausible) que deux individus, l'un areligieux et l'autre religieux, croient tout aussi sincèrement et intensément devoir gouverner leur vie en vertu des valeurs qui leur sont propres.

Conséquence de ces trois postulats, la question qui s'impose est la suivante : est-il possible (et si oui, comment ?) de départager des valeurs qui se trouvent proposées par des thèses philosophiques et d'autres qui le sont par différents dogmes religieux « positifs » ? En fait, l'existence de critères permettant à un décideur de ne pas considérer comme « religieuses » les convictions d'un existentialiste[110], d'un pacifiste ou même d'un ardent militant écologiste[111] dépendront presqu'exclusivement de la portée que le système juridique ou politique dans lequel il évolue accordera au troisième critère permettant de qualifier une conviction de « religieuse », à savoir : son lien avec une « religion ».

1.2.3. Un objet de protection lié à une « religion »

En se limitant à l'aspect métaphysique du terme[112], il existe actuellement deux grands axes de définitions du terme « religion » : individuel et/ou collectif. Cet état de fait se trouve d'ailleurs extrêmement bien illustré par la définition de ce terme par le dictionnaire *Petit Robert* :

---

[110] L'existentialisme est, selon la définition du *Petit Robert*, une « doctrine philosophique selon laquelle l'homme n'est pas déterminé d'avance par son essence, mais est libre et responsable de son existence » : J. REY-DEBOVE et A. REY (dir.), *op. cit.*, note 16, p. 978.

[111] L'exemple du débat virulent entourant le concept de réchauffement climatique est, en ce sens, extrêmement intéressant. En effet, considérant l'absence de consensus scientifique sur les causes ou les conséquences du phénomène (mystère) et l'importance que celles-ci (les conséquences) pourraient avoir pour la survie de la race humaine, il est extrêmement difficile de déceler des critères permettant de distinguer entre des convictions « religieuses » et les convictions d'un militant écologiste (qui se fonderait exclusivement ou principalement sur la thèse scientifique affirmant que la « survie de la race humaine » passe par le rejet du *statu quo*) gouvernant sa vie de manière à réduire au minimum les impacts environnementaux liés à son style de vie.

[112] À l'exclusion des dérives « sécularisées » du terme « religion » qui peut servir à décrire un fort sentiment d'appartenance à un mouvement, une idée ou une institution. Par exemple : « la religion de l'avenir sera le pur humanisme » ou « J'ai la religion du travail, je crois qu'il faut mériter mon pain » (exemples tirés de : J. REY-DEBOVE et A. REY (dir.), *op. cit.*, note 16).

« **I.** [individuel] LA RELIGION ■ **1.** (fin XIIe s.) Reconnaissance par l'être humain d'un pouvoir ou d'un principe supérieur de qui dépend sa destinée et à qui obéissance et respect sont dus ; attitude intellectuelle et morale qui résulte de cette croyance, en conformité avec un modèle social, et qui peut constituer une règle de vie [...] **II.** [collectif] UNE RELIGION (milieu XIIe s.) : système de croyances et de pratiques, impliquant des relations avec un principe supérieur, et propre à un groupe social ».[113] [nos rajouts en soulignés]

Le choix d'un de ces deux grands axes définitionnels produira inévitablement des effets sur les types de convictions qui pourront être exclues du champ des « convictions religieuses ». Ainsi, une définition collective permettra, à plus ou moins forte intensité[114], d'avoir recours à une évaluation « objective » du dogme religieux invoqué, évaluation fondée sur l'ensemble de règles que les adeptes de cette religion ont accepté de respecter. Par exemple, le phénomène de « syncrétisme » religieux décelé en tant que tendance lourde au sein des différentes sociétés occidentales[115], pourrait se trouver à la base de « convictions » qui, tout dépendant des contextes et des instances décisionnelles devant qui elles seraient invoquées, pourraient ne pas être considérées comme des « convictions religieuses »[116].

[113] *Ibid.* Voir aussi la réserve exprimée quant à la distinction religion (collective) – religiosité (individuelle) par le professeur Angelo BRELICH, *loc. cit.*, note 67, aux pages 32-34.

[114] Tout dépendant de la taille du groupe jugée nécessaire pour pouvoir traiter de « collectif » : deux personnes ? Cent ? Cent mille ? *Etc.*

[115] Voir notamment : Jean-Marie DONEGANI, « Le religieux *à la carte* : une individualisation des pratiques et des croyances », dans Philippe TRONQUOY (dir.), *Les religions dans la société*, Paris, La Documentation française, 2007, p. 45 ; Reginald Wayne BIBBY, « La religion à la carte : pauvreté et potentiel de la religion au Canada, Montréal, Fides, 1988 ; J. DELUMEAU, *op. cit.*, note 2.

[116] S'agissant de la question du syncrétisme religieux, l'auteur Yann Martel a su, en un seul passage de son *Histoire de Pi*, résumer à la fois les motivations pouvant pousser, au XXIe siècle, un individu à « se composer une religion » ainsi que le rejet par les adeptes et *leaders* des religions traditionnelles des convictions résultant de cette tendance au syncrétisme religieux : « Le pandit parla en premier. "Monsieur Patel, la piété de Piscine est admirable. En ces temps agités, il est réconfortant de voir un garçon qui tient tant à Dieu. Nous sommes tous d'accord là-dessus". L'imam et le prêtre approuvèrent. "Mais il ne peut pas être hindou, chrétien *et* musulman. C'est impossible. Il faut qu'il choisisse."

[...]

"Alors Piscine ?" Ma mère me poussa légèrement. "Qu'est-ce que tu penses de cette question ?

– Bapu Gandhi a dit *toutes les religions sont vraies*. Je veux simplement aimer Dieu" aie-je laissé tomber et j'ai regardé le sol, le visage empourpré. » : Yann MARTEL, *Histoire de Pi*, Montréal XYZ, 2003, p. 82. Voir aussi : J. DELUMEAU, *op. cit.*, note 2, pp. 462-467 et H. TINCQ (dir.), *op. cit.*, note 101, pp. 347-349.

Au contraire de l'approche « collectiviste », l'interprétation individualiste du terme « religion » rend, quant à elle, extrêmement difficile – voire impossible dans certains cas – toute évaluation du dogme religieux dont il est question puisque celui-ci relève exclusivement de la conscience de l'individu qui le respecte. Conséquence directe de cet état de fait (surtout dans les cas où la « religion » d'un individu est créée de toute pièce par ce dernier, ne reposant même pas sur une interprétation d'un – ou d'autres – dogme(s) religieux existant(s)), les règles dogmatiques qu'il croit devoir respecter n'ont pas besoin d'avoir été « codifiées » ou « extériorisées » d'aucune manière. Dans de telles circonstances, l'individu devient à la fois l'adepte, le gardien et le *leader* de sa religion. Comme nous le verrons lors du premier titre du présent livre, c'est cette seconde approche qui fut « retenue » par le système judiciaire canadien.

CHAPITRE 2

Variations transnationales concernant l'ampleur des droits polyethniques et hiérarchie de droits

Quel cadre théorique ?

Depuis la constitution des premières formes de société, l'édiction de normes sociales d'application générale (qu'on finira peu à peu par désigner sous l'appellation : « Droit ») s'est toujours entrecroisée avec les différentes conceptions de la « morale publique », que cette morale désigne celle de la seule classe dirigeante (systèmes monarchiques, totalitaires, théocratiques, etc.) ou celle de la majorité de la population (systèmes démocratiques). Tentant de les différencier, le célèbre philosophe juridique Hans Kelsen n'y est arrivé qu'en vertu du caractère « [*officiellement*] contraignant » du Droit :

> Droit et morale ne se laissent pas non plus distinguer essentiellement sur le point de la création de leurs normes, ni sur celui de leur application. De même que les normes du droit, les normes de la morale sont créées soit par la coutume, soit par une édiction consciente, œuvre par exemple d'un prophète ou d'un fondateur de religion, tel que Jésus. [...]
>
> Le droit ne peut être distingué essentiellement de la morale que si [...] on le conçoit comme un ordre de contrainte, c'est-à-dire comme un ordre normatif qui cherche à provoquer des conduites contraires à des actes de contrainte, socialement organisés, alors que la morale, elle, est un ordre social qui n'établit pas de semblables sanctions, mais dont les sanctions se trouvent uniquement dans l'approbation des conduites conformes aux normes et la désapprobation des conduites contraires aux normes, l'emploi de la force physique n'entrant par conséquent absolument pas en ligne de compte.[117] [nous soulignons]

Autrement formulé, la seule distinction décelée par Kelsen entre les concepts de Droit et morale tient à ce que le premier, contrairement au second, offre la possibilité d'avoir recours aux autorités publiques pour obliger qu'il soit respecté et/ou punir ou rectifier toute éventuelle trans-

---

[117] Hans KELSEN, *Théorie pure du droit*, 2e éd., Paris, Dalloz, 1962 (traduction par Charles Eisenmann), pp. 85-86.

gression des règles édictées sous son égide. On constate également que les religions jouissent d'un statut particulier au sein du concept « moral » tel qu'il est envisagé par Kelsen, statut qui découle du fait qu'elles constituent une forme d'*édiction consciente* de normes morales.

Longtemps considérées comme la principale source de la légitimité du pouvoir public au sein des différentes nations occidentales, les religions (principalement chrétiennes[118]) et les institutions religieuses responsables de leur diffusion se sont longtemps confondues avec le droit et les divers paliers de l'« autorité publique » régissant le fonctionnement des États occidentaux et promulguant les principales normes d'application générale devant être respectée par leur population[119]. Ce n'est qu'en 1598, avec la promulgation de l'*Édit de Nantes* par le roi Henri IV, qu'on put assister à un premier effort concret pour séparer les autorités politiques et religieuses[120]. Le processus de sécularisation des sociétés occidentales n'a cessé de progresser depuis lors – à des degrés

---

118 L'emploi du terme « principalement » vise surtout à permettre l'inclusion des religions grecques et romaines qui ont précédé le christianisme en tant que « religions d'État » au sein du monde occidental (voir notamment à ce sujet : Francis VIAN, « La religion grecque à l'époque archaïque et classique », dans H.-C. PUECH (dir.), *op. cit.*, note 67, p. 489, aux pages 524-546 ; Raymond BLOCH, « La religion romaine », dans H.-C. PUECH (dir.), *op. cit.*, note 67, p. 874, aux pages 917-919 de même que Jean-Claude GENIN, « État et religion dans les civilisations de l'Antiquité », dans Gilles BOLLENOT (dir.), *Religions, Églises et droit : Actes des journées d'études qui se sont déroulées à Saint-Étienne – juin décembre 1989*, Saint-Étienne, Presses de l'Université de Saint-Étienne, 1990, p. 33) ainsi que les conséquences liées aux conquêtes musulmanes du Moyen-Âge sur les territoires européens conquis (voir notamment à ce sujet : Robert MANTRAN, *L'expansion musulmane : VII-XIe siècle*, Paris, PUF, 2001).

119 Cette adéquation entre « foi religieuse » et « légitimité du pouvoir public » se trouve habilement résumée par la professeure Blandine Chélini-Pont qui écrivait en 2005 : « Jusqu'en 1789, la France, à l'instar de nombreux pays européens, vit sous un régime « universel » d'intolérance religieuse, selon l'adage *un Roi, une Foi, une Loi* » : Blandine CHÉLINI-PONT, « L'héritage culturel français face au pluralisme religieux », (2005) 1 *Annuaire : Droit et religions* 293, 301. Dans le même sens, voir aussi : Laurent WAUQUIEZ-MOTTE, « Laïcité et neutralité de l'État », (avril 2004) *Cahiers de la fonction publique* 7.

120 Janine GARISSON-ESTEBE, *L'édit de Nantes et sa révocation : histoire d'une intolérance*, Paris, Seuil, 1985, p. 13-21. Notons par ailleurs que deux édits « mineurs » avaient auparavant été promulgués en France consacrant la « liberté de culte » aux catholiques et protestants (*Édit de St-Germain* 1562 et *Édit d'Ambroise* 1563) mais les nombreuses restrictions qu'ils contenaient (tant géographiques que *ratione personae*) et le fait qu'ils n'aient pas vraiment été respectés ont fait en sorte de laisser à l'*Édit de Nantes* la primauté historique en ce qui a trait à la séparation entre la religion et l'État. Voir à ce sujet : André STEGMANN, *Édits des guerres de religion*, Paris, Librairie philosophique J. Vrin, 1979, pp. 15-19, 32-37 et 237-242.

de vitesse extrêmement variables[121] – jusqu'à constituer l'actuelle norme au sein de la plupart de ces différentes sociétés[122].

Pourtant, si le principe de la séparation des autorités publiques et religieuses constitue dorénavant un point commun permettant de caractériser la majorité des sociétés occidentales modernes, la teneur de cette « séparation » varie énormément d'un État à l'autre. Ces variations sont étroitement liées aux contextes historiques, politiques, culturels et religieux dans lesquels le processus de sécularisation s'est déroulé. Les institutions françaises, pour reprendre l'exemple de la première nation occidentale à avoir adopté un instrument juridique dans lequel il était possible de déceler les germes de la séparation officielle du religieux et du public[123], pour un ensemble de raisons dont l'une des principales constitue les cas de conflits et de violences internes pour des motifs

---

121 Par exemple, tandis que la France adoptait, en 1905, une loi consacrant le principe de la séparation des Églises et de l'État (*Loi du 9 décembre 1905 concernant la séparation des Églises et de l'État*, J.O. 11 décembre 1905, p. 7205), au Canada, la loi fédérale sur l'observance du dimanche (*Loi sur le dimanche*, S.R.C. 1970, chap. L-13), ayant pour objectif de faire respecter par l'ensemble de la population le caractère sacré du dimanche au sein de la religion chrétienne, était toujours en vigueur en 1985 et n'a été mise « hors de service » que par l'intervention de la Cour suprême du Canada dans l'arrêt *Big M Drug Mart*, précité, note 46. Dans le même ordre d'idée, l'article 5 de la *Loi sur l'instruction publique québécoise*, L.R.Q. c. I-13.3 prévoyait jusqu'au premier juillet 2008 (voir : *Loi modifiant diverses dispositions législatives de nature confessionnelle dans le domaine de l'éducation*, L.Q. 2005, c. 20, art. 20) que les étudiants (ou leurs parents) fréquentant les établissements scolaires publics de niveaux primaire et secondaire puissent « exiger » des cours d'enseignement religieux. Au sujet de l'ancienne mouture de la *Loi sur l'instruction publique* du Québec, voir notamment : Pierre BOSSET, *op. cit.*, note 55, p. 7.

122 En effet, certains États européens (ou certaines régions nationales particulières, comme par exemple l'Alsace-Moselle en France : voir notamment à ce sujet Nicole GUIMEZANES, *Introduction au droit français*, Auflage, Baden-Baden, 1999, p. 82 ; Jacques MIET, « Le droit local des cultes en Alsace-Moselle », (avril 2004) *Cahiers de la fonction publique* 14 et F. MESSNER, P.-H. PRÉLOT et J.-M. WOEHRLING, *op. cit.*, note 10, pp. 125-142) entretiennent toujours des liens étroits avec une religion d'État officielle, que ces liens s'expriment par l'entremise de la reconnaissance d'une *religion d'État* (comme l'anglicanisme au Royaume-Uni ou l'Église luthérienne en Norvège, Islande et au Danemark) ou l'octroi de ce que le professeur Pierre Bosset, de l'Université du Québec à Montréal, résume comme étant des « privilèges à une religion dominante » : P. BOSSET, *id.*, p. 1 (comme c'est le cas pour le catholicisme en Irlande et au Luxembourg ou le christianisme orthodoxe en Grèce). Pour une revue exhaustive du contexte religieux propre à chaque pays euopéen, le lecteur pourra consulter la page Web du projet EUREL, dirigé par « une unité mixte de recherches de l'Université Robert Schuman et du CNRS » : PRISME, SOCIÉTÉ, DROIT ET RELIGION EN EUROPE, *Projet EUREL*, [en ligne : http://www.eurel.info/FR/index.php], (page consultée le 22 août 2010).

123 En effet, l'appellation séparation de « l'Église » (chrétienne) et de l'État est plus pertinente lorsqu'on traite de l'*Édit de Nantes* qui ne concernait, somme toute, que « l'égalité » entre deux religions chrétiennes : le catholicisme et le protestantisme.

religieux (pensons par exemple aux conflits interconfessionnels qui ont mené au – et suivi le – massacre de la St-Barthélémy en 1572[124] ou aux excès de Robespierre liés à la mise en œuvre de la « religion civile » sous-tendant la Première République[125]) ont toujours conservé une sensibilité extrêmement forte face aux manifestations du pluralisme religieux au sein de la sphère publique et en tant que facteur permettant de distinguer les citoyens français entre eux[126].

Au contraire le Canada et les États-Unis, « sociétés d'immigration »[127] dont l'histoire (relativement récente si on la compare avec celle des sociétés européennes) n'a pas été marquée par un passé de violences interconfessionnelles, se montrent aujourd'hui beaucoup plus ouverts aux manifestations découlant du « pluralisme religieux » de la population qui les composent. Qu'on prenne pour exemple le libellé des articles 3 de la *Loi canadienne sur le multiculturalisme* et 27 de la *Charte canadienne*, qui établissent la reconnaissance du « multiculturalisme »

---

124 Janine GARISSON-ESTEBE, *1572 : la Saint-Barthélémy*, Bruxelles, Complexe, 1998 ; Philippe ERLANGER, *Le massacre de la Saint-Barthélémy : 15 août 1572*, Paris, Gallimard, 1960.

125 Voir notamment : Roger BARNY, « Robespierre, Rousseau et le problème religieux : De la « religion civile » à l'époque révolutionnaire », (1993) 293 *La Pensée* 5 ainsi que Robert R. PALMER, *Le gouvernement de la Terreur : l'année du Comité de salut public*, Paris, A. Colin, 1989.

126 Cette tendance s'est d'ailleurs trouvée, à notre sens, parfaitement cristallisée par le polémiste Régis Debray qui écrivait dans le *Nouvel Observateur*, le 30 novembre 1989 : « En république, chacun se définit comme citoyen, et tous les citoyens composent *la nation*, ce *corps d'associés vivant sous une loi commune et représenté par le même législateur* (Sieyés). En démocratie, chacun se définit par sa *communauté*, et l'ensemble des communautés fait *la société*. Ici les hommes sont frères parce qu'ils ont les mêmes droits, et là parce qu'ils ont les mêmes ancêtres. Une république n'a pas de maires noirs, de sénateurs jaunes, de ministres juifs, ou de proviseurs athées. C'est une démocratie qui a des gouverneurs noirs, des maires blancs et des sénateurs mormons. Concitoyen n'est pas coreligionnaire » : Régis DEBRAY, « Êtes-vous démocrates ou républicain ? », 30 novembre 1989, *Nouvel Observateur*, p. 49. Pour des attestations de cette forte sensibilité française en ce qui a trait à la prise en considération des différences religieuses au sein de la sphère publique, voir aussi : Pierre-Henri PRÉLOT, « Définir juridiquement la laïcité », dans Gérard GONZALEZ (dir.), *Laïcité, liberté de religion et Convention européenne des droits de l'Homme*, Bruxelles, Bruylant, 2006, p. 115, aux pages 128-133 ; B. CHÉLINI-PONT, *loc. cit.*, note 119, 303 ainsi qu'*infra*, note 346.

127 Le philosophe politique Michael Walzer définit ainsi les « sociétés d'immigration » auxquelles sont traditionnellement assimilées les États-Unis, le Canada et les différents États de l'Océanie : « Le cinquième modèle de coexistence et de tolérance possible est représenté par la société d'immigration. Les membres des différents groupes qui la composent ont abandonné leur base territoriale, et laissé leur patrie derrière eux ; ils sont venus seuls ou en famille, un par un, dans un pays nouveau où ils se sont éparpillés. Arrivés par vagues successives, mis en mouvement par un même type de pressions politiques et économiques, ils ne constituent jamais des groupes organisés » : M. WALZER, *op. cit.*, note 33, p. 52.

en tant qu'élément fondamental de l'approche générale du Canada en matière d'intégration et de gestion du pluralisme culturel et religieux :

> *Loi canadienne sur le multiculturalisme*
>
> Article 3. (1) La politique du gouvernement fédéral en matière de multiculturalisme consiste :
>
> a) à reconnaître le fait que le multiculturalisme reflète la diversité culturelle et raciale de la société canadienne et se traduit par la liberté, pour tous ses membres, de maintenir, de valoriser et de partager leur patrimoine culturel, ainsi qu'à sensibiliser la population à ce fait ;
>
> b) à reconnaître le fait que le multiculturalisme est une caractéristique fondamentale de l'identité et du patrimoine canadiens et constitue une ressource inestimable pour l'avenir du pays, ainsi qu'à sensibiliser la population à ce fait ; [...]
>
> d) à reconnaître l'existence de collectivités dont les membres partagent la même origine et leur contribution à l'histoire du pays, et à favoriser leur développement ;
>
> e) à faire en sorte que la loi s'applique également et procure à tous la même protection, tout en faisant cas des particularités de chacun.
>
> *Charte canadienne*
>
> Article 27. Toute interprétation de la présente charte doit concorder avec l'objectif de promouvoir le maintien et la valorisation du patrimoine multiculturel des Canadiens.[128]

D'un point de vue juridique, l'identification de ces variations nationales au sein des politiques publiques visant à exprimer/affirmer la portée et l'orientation nationales qui sont données aux concepts de « tolérance » et « d'intégration », pour toute intéressante qu'elle soit sur le plan socio-politique, ne permet pas d'en venir à une conclusion valable en ce qui a trait à l'évaluation de l'ampleur/restrictivité de la protection accordée aux convictions religieuses en tant qu'objet de protection des *lois sur les droits fondamentaux*. Le défi initial qui nous est posé – lequel vise non seulement à démontrer que la protection des convictions

---

128 Bien que les tribunaux canadiens aient généralement conféré une portée interprétative à l'article 27 de la *Charte canadienne*, un récent *obiter dictum* d'une majorité de juges de la Cour suprême du Canada semble laisser une porte ouverte à la reconnaissance d'une certaine portée substantive à ce même article : « Le Canada est fier avec raison de sa tolérance évolutive à l'égard de la diversité et du pluralisme. Au fil des ans, l'acceptation du multiculturalisme n'a cessé de croître et l'on reconnaît que les différences ethniques, religieuses ou culturelles seront acceptées et respectées. Confirmé dans des textes de loi, que ce soit par des mesures de protection figurant dans les codes des droits de la personne ou par son inscription dans la *Charte canadienne des droits et libertés*, le droit de chacun de s'intégrer dans la société canadienne avec ses différences – et malgré celles-ci – est devenu un élément déterminant de notre caractère national » : *Bruker* c. *Marcovitz*, [2007] 3 R.C.S. 607, parag. 1.

religieuses au Canada est « généreuse », mais que cette même « générosité » est telle qu'elle implique l'établissement d'une hiérarchie matérielle favorisant les convictions religieuses par rapport aux autres objets de protection des *lois sur les droits fondamentaux* – est donc d'identifier et de structurer les fondements théoriques en vertu desquels il pourrait être possible de catégoriser (et incidemment comparer) les différentes approches juridiques en matière de protection des convictions religieuses.

2.1. Quelles bases théoriques pour une appréhension des différentes approches juridiques en matière de protection des convictions religieuses ?

Plusieurs auteurs se sont intéressés à la question de l'identification et la catégorisation des principales caractéristiques propres aux différentes approches étatiques concernant la gestion du pluralisme religieux au sein d'un territoire donné. Bien que convergeant sur plusieurs points importants – ne serait-ce que sur l'existence d'écarts majeurs entre les différentes approches nationales – les positions de ces mêmes auteurs sont difficilement conciliables lorsqu'on s'attarde à leurs choix épistémologiques et/ou méthodologiques. À titre illustratif, certaines de ces positions doctrinales méritent d'être analysées.

Pour le philosophe politique canadien Charles Taylor, la problématique doit être abordée sous l'angle individuel des multiples « identités »[129] qui composent désormais les sociétés occidentales modernes et qui doivent être reconnues[130]. Dans un de ses plus importants articles, « The Politics of Recognition » publié en 1992, Taylor regroupe en deux catégories les différentes approches étatiques en matière de gestion du pluralisme « identitaire » (et donc, culturel et religieux) dans la sphère publique : (1) celle fondée sur le principe d'une dignité égale pour les individus (« politics of equal dignity ») qui vise à empêcher que certains citoyens aient plus de « droits » que d'autres sur la base de caractéristiques personnelles[131] et (2) celle fondée sur le respect des différences

129 « Consider what we mean by *identity*. It is who we are, "where we're coming from". As such, it is the background against which our tastes and desires and opinions and aspirations make sense. If some of the things I value most are accessible to me only in relation to the person I love, then she becomes part of my identity » : C. TAYLOR, *loc. cit.*, note 31.

130 Taylor considère en effet que la « reconnaissance » des différences identitaires est un « besoin humain vital » [traduction libre de l'expression utilisée : « vital human need »] : *id.*, à la page 26.

131 *Id.*, aux pages 37-38 et 41.

individuelles et culturelles (« politics of difference »)[132]. Toujours selon Taylor, ces deux formes d'approches sont éminemment contradictoires :

> These two modes of politics, then, both based on the notion of equal respect, come into conflict. For one, the principle of equal respect requires that we treat people in a difference-blind fashion. The fundamental intuition that humans command this respect focuses on what is the same in all. For the other, we have to recognize and even foster particularity. The reproach the first make to the second is just that it violates the principle of non-discrimination. The reproach the second makes to the first is that it negates identity by forcing people into a homogeneous mold that is untrue to them.[133]

Toujours selon une approche « individualiste », le politologue états-unien William Galston reprend l'approche « dichotomique » de Taylor, mais l'oriente sur la portée « effective » du droit étatique. Dans un article publié en 2004, Galston résume sa thèse selon laquelle les approches étatiques concernant la gestion du pluralisme religieux peuvent être distinguées en fonction de l'étendue du domaine d'application du droit étatique – et donc des droits et libertés fondamentaux – au sein des différentes « sphères » sociales. D'un côté, Galston classe les États qui font preuve d'un certain degré de « totalitarisme civique »[134] en considérant, à plus ou moins forte intensité, toutes les sphères de la société (même les privées) comme uniformes et susceptibles de faire l'objet de régulation étatique alors que, de l'autre, Galston regroupe les États qui admettent l'existence de sphères d'autonomie individuelle et collective (pensons par exemple aux institutions religieuses) au sein desquelles le droit étatique ne peut s'ingérer ou ne le fait, que de manière très restrictive[135].

---

132 *Id.*, aux pages 38-40 et 42.

133 *Id.*, à la page 43.

134 Traduction libre de l'expression : *civic totalism* : William GALSTON, « Religion and the limits of Liberal Democracy », dans Douglas FARROW (dir.), *Recognizing Religion in a secular society : Essays in Pluralism, Religion and Public Policy*, Montréal, McGill University Press, 2004, p. 41, à la page 43.

135 « Political pluralism understands life as consisting in a multiplicity of spheres, some overlapping, with distinct natures and/or inner norms. Each sphere enjoys a limited but real autonomy. It rejects any account of political community that creates a unidimensional hierarchical ordering among these spheres of life ; rather different forms of association and activity are complexly interrelated. […] For these reasons, among others, political pluralism does not seem to overcome, but rather, endorses the post-pagan diremption of human loyalty and political authority created by the rise of revealed religion. That this creates problems of practical governance cannot be denied. But pluralists refuse to resolve these problems by allowing public authorities to determine the substance and scope of allowable belief (Hobbes) or by reducing faith to civil religion and elevating devotion to the common civic good as the highest human value (Rousseau) » : *id.*, aux pages 46-47.

Certains auteurs axent davantage leur analyse sur l'existence des nombreux types de minorités collectives localisées au sein des différents territoires étatiques[136]. C'est le cas du philosophe canadien Will Kymlicka qui, dans son ouvrage *La citoyenneté multiculturelle*, classifie ces mêmes minorités en deux catégories distinctes : les **« minorités nationales »**[137] (comme les Basques (Espagne) et les Québécois (Canada)) et les **« minorités ethniques »** ou **« groupes ethniques »**[138] (comme les « Italo-Américains » ou « Gréco-Canadiens »). Pour Kymlicka, la qualification et la légitimité des différentes approches étatiques en matière de gestion du pluralisme culturel et religieux sont – au même titre que pour les approches relatives aux revendications « d'autonomie gouvernementale » ou de « représentation politique »[139] – directement liées aux statuts des minorités (nationales, ethniques, ou résultant d'une combinaison des deux) qui se retrouvent sur leur territoire et desquelles émanent (collectivement ou individuellement) les revendications :

> Presque toutes les démocraties libérales sont soit multinationales, soit polyethniques, soit les deux. Prendre en compte ces différences nationales et ethniques d'une façon moralement légitime et non propice à l'instabilité, tel est le « défi du multiculturalisme » (Gutman, 1993). [...]

---

136 Pensons par exemple à : Alain DIECKHOFF, *La nation dans tous ses États : les identités nationales en mouvement*, Paris, Flammarion, 2000, pp. 191-244 (chapitre VI : gérer la pluralité nationale) ou à Michel SEYMOUR, *De la tolérance à la reconnaissance*, Montréal, Boréal, 2008.

137 C'est-à-dire : « cultures intégrées [... souhaitant] de façon caractéristique se maintenir comme sociétés distinctes parallèles à la culture majoritaire, et exige[ant] leur autonomie sous une forme ou sous une autre afin d'assurer leur survie en tant que sociétés distinctes. » : W. KYMLICKA, *op. cit.*, note 30, p. 24.

138 C'est-à-dire des groupes qui, « même [s']ils recherchent fréquemment une certaine reconnaissance de leur identité ethnique [...ne visent pas à] devenir une nation séparée et autonome par rapport à la société d'accueil, mais d'en modifier les institutions et les lois afin qu'elles soient mieux adaptées aux différences culturelles » : *ibid.*

139 Kymlicka a classé les différentes revendications émanant de minorités culturelles en trois grandes catégories comprenant : **(1) « les droits à l'autonomie gouvernementale »** (i.e. revendications visant l'obtention d'une « certaine forme d'autonomie gouvernementale ou [... la reconnaissance d']une certaine autorité territoriale afin d'assurer le libre et plein développement de leurs cultures et de leurs intérêts » : *id.*, p. 46), **(2) « les droits polyethniques »** (i.e revendications visant à permettre aux groupes ethniques et aux minorités religieuses d'exprimer leur particularité et leur fierté culturelle sans que cela diminue leurs chances de succès au sein des institutions économiques et politiques de la société. : *id.*, p. 52) à l'intérieur desquels on peut situer les revendications fondées sur des convictions religieuses et finalement **(3) « les droits spéciaux de représentation politique »** (i.e. revendications visant l'obtention de mesures spéciales et temporaires permettant de rétablir l'actuelle « sous-représentation des groupes défavorisés » au sein des institutions politiques des pays occidentaux : *id.*, pp. 52-54).

> … dans de nombreux pays, on admet de plus en plus souvent que certaines formes de différence culturelle ne peuvent être prises en compte que par l'adoption de mesures législatives et constitutionnelles spéciales, dépassant les droits communs de la citoyenneté. Pour que certaines formes de différences déterminées par l'appartenance à des groupes soient prises en compte, il faut que les membres de ces groupes disposent de droits qui soient spécifiques (*group-differenciated rights*)…[140]

Parmi les tenants d'une approche plus « collectiviste », plusieurs auteurs orientent leur analyse en fonction d'un filtre conceptuel particulier. C'est le cas du philosophe états-unien Michael Walzer qui, à l'instar de John Locke[141] et de Voltaire[142], aborde la problématique en s'intéressant principalement à la signification du concept de « tolérance »[143] et à la manière dont, institutionnellement parlant, celui-ci s'est trouvé (ou se trouve actuellement) mis en application par les différents ensembles politiques de la planète.

Dans son ouvrage *On Toleration*, Walzer catégorise ces différents États (ou associations d'États) en fonction de la mesure selon laquelle

---

140 *Id.*, pp. 44-45.

141 Le philosophe anglais, considéré comme un des « pères du libéralisme » (voir notamment « Locke, John », dans Alain REY (dir.), *Le Petit Robert des noms propres*, Paris, Le Robert, 2006, p. 1285 et Jean-François COLLANGE, *Théologie des droits de l'Homme*, Paris, Cerf, 1989, p. 68) a rédigé deux ouvrages fondamentaux en matière de « tolérance religieuse » vers la fin du XVIIe siècle : *Essai sur la tolérance* (1667) et *Lettre sur la tolérance* (1686) : John LOCKE, *Lettre sur la tolérance et autres textes*, Paris, GF-Flammarion, 1992.

142 Le prolifique auteur avait en effet été l'un des premiers à s'intéresser d'une manière aussi « moderne » aux différents enjeux entourant la « tolérance religieuse » au sein d'un même État lorsqu'il a publié, en 1763, son *Traité sur la tolérance*, réédité à de nombreuses reprises dont récemment en 2004. Entre autres passages toujours criant d'actualité, l'auteur écrit : « Le droit de l'intolérance est donc absurde et barbare : c'est le droit des tigres, et il est bien horrible, car les tigres ne déchirent que pour manger, et nous nous sommes exterminés pour des paragraphes [de la Bible]. » : VOLTAIRE, *Traité sur la tolérance*, Paris, Gallimard, 2004, p. 41.

143 Pour Walzer, qui postule que « la coexistence pacifique (d'un certain type : [excluant] celle qui peut s'établir entre le maître et l'esclave) est toujours une bonne chose », la tolérance représente « la condition même de la vie, parce que son contraire mène souvent à la mort ; elle est également la condition de la vie collective au sein desquelles nous vivons. La tolérance rend possible l'existence des différences ; les différences rendent nécessaires l'exercice de la tolérance » : M. WALZER, *op. cit.*, note 33, pp. 14 et 10. Il est toutefois intéressant de noter que l'agrégat « coexistence pacifique/tolérance » (qu'on peut résumer par la phrase suivante : le maintien (fondamental) de la coexistence pacifique passe par (et légitime donc) un important degré de tolérance envers la/les différence(s) de l'Autre), en voie de devenir un lieu commun pour plusieurs, a récemment été mis à mal par certains intellectuels renommés dont : Slavoj ZIZEK, *Plaidoyer en faveur de l'intolérance*, Paris, Flammarion, 2007 et Robert D. PUTNAM, « *E Pluribus Unum* : Diversity and Community in the Twenty-first Century », (2007) 30 *Scandinavian Political Studies* 137.

les institutions politiques traditionnelles permettaient (ou permettent) une « liberté d'action » aux membres des différentes minorités culturelles localisées sur le territoire de ces mêmes États. À son avis, l'histoire humaine a vu défiler cinq grands types de « régimes de tolérance », soit : (1) les *empires multinationaux* (dans lesquels les groupes culturels et religieux sont « constitués en communautés autonomes ou semi-autonomes [...] qui se gouvernent elles-mêmes à travers un vaste champ d'activités propres »[144]) ; (2) la *société internationale* (régime « externe »[145] dont la « grande tolérance » envers la diversité des pratiques culturelles et religieuses au sein des États qui la composent est liée à « sa profonde faiblesse » sur le plan coercitif[146]) ; (3) les *consociations* (régimes plurinationaux – l'auteur donne l'exemple de la Belgique ou de la Suisse – au sein desquels les groupes nationaux – et donc, souvent, culturels et religieux – « sont tenus à la tolérance réciproque et à la mise en œuvre par eux-mêmes, et pour eux-mêmes des termes de leur coexistence »[147] ; (4) les *États-nations* (régimes au sein desquels un « groupe dominant unique organise la vie commune selon son histoire et sa culture propres, avec pour objet de voir [...] se poursuivre cette histoire, se pérenniser cette culture »[148]) ; et finalement (5) les *sociétés d'immigration* (régimes applicables au sein des États dont la population *originelle*[149] est composée de « membres de différents groupes qui [...] ont abandonné leur base territoriale, et laissé leur patrie derrière eux »[150] et au sens desquels la « tolérance » ne porte *grosso modo* que sur ce « qui relève des choix et des actions individuels »[151]).

Pour la sociologue française Dominique Schnapper, le centre d'intérêt de l'analyse des différentes approches potentielles en matière de gestion du pluralisme culturel se résume plutôt à l'importance que les majorités nationales[152] accordent à la protection/préservation des valeurs

---

144 M. WALZER, *id.*, p. 30. Voir aussi les pp. 31-36.

145 « La société internationale constitue ici une anomalie, dans la mesure où elle n'est évidemment pas un régime interne, d'aucuns n'hésitant pas à lui dénier le nom même de régime, pour n'y voir qu'un espace caractérisé par l'anarchie et le dérèglement. » : *id.*, pp. 36-37.

146 *Id.*, p. 40. Voir aussi les pp. 36-39.

147 *Id.*, p. 41. Voir aussi les pp. 40-44.

148 *Id.*, p. 44. Voir aussi les pp. 45-52.

149 Si l'on fait abstraction des aborigènes et des autochtones.

150 *Id.*, p. 52.

151 *Id.*, p. 53. Walzer explique cet énoncé par le fait que, dans ces régimes : « L'État revendique l'exclusivité des droits de juridiction, considérant tous les citoyens comme individus plutôt que comme membres de groupes » : *Id.*, p. 53. Voir aussi : pp. 52-58.

152 L'auteure s'intéresse en effet aux phénomènes « nationaux » dans un sens large, non dans le sens strictement étatique auquel on pourrait les confiner : « Une fois qu'on a distingué de manière rigoureuse la nation en tant que communauté de citoyens des

communes (*lien social*) qui les définissent/unissent. En effet, le propre des entités nationales étant, pour Schnapper, de « *transcender par la citoyenneté des appartenances particulières*, biologiques (telles du moins qu'elles sont perçues), historiques, économiques, sociales, religieuses ou culturelles »[153], la seule manière de comparer les approches nationales entre elles repose exclusivement sur l'étendue couverte par les « valeurs communes nationales »[154] et l'intensité en vertu de laquelle ces mêmes nations admettent l'existence de particularismes culturels et/ou religieux pouvant entrer en contradiction avec ces mêmes valeurs[155].

Paradoxalement, l'existence d'un tel éventail qualificatif et méthodologique n'a pas pour autant facilité l'identification de la thèse qui servirait à l'établissement d'un cadre théorique propre au traitement juridique de la problématique. La principale difficulté relevait de ce que la plupart des thèses pertinentes sont difficilement (ou pas du tout) compatibles avec la principale caractéristique propre à notre angle d'analyse, à savoir : le caractère central devant être réservé à la théorie des droits et libertés fondamentaux et, donc, au concept de « hiérarchie de droits »[156].

En effet, la coloration « hiérarchisée » des interrelations existant entre les différentes normes a nécessairement un impact direct sur la méthodologie sous-jacente à une analyse juridique portant sur un sujet aussi largement couvert par la théorie des droits et libertés fondamentaux que celui de la reconnaissance et/ou de la protection des *droits polyethniques* (ou droits différenciés) en matière religieuse. Considérant, comme nous l'avons vu plus haut, que le caractère « supra-législatif » des droits et libertés fondamentaux a été *universellement* reconnu[157], que l'ensemble

---

autres formes de collectivités historiques et culturelles (ethnies) et de l'État, on peut analyser la tension constitutive de l'idée de nation… » [nous soulignons] : Dominique SCHNAPPER, *La communauté des citoyens : sur l'idée moderne de nation*, Paris, Gallimard, 1994, p. 24.

153 *Id.*, p. 49.

154 Schnapper considère ces valeurs communes nationales comme, *grosso modo*, une déclinaison des « valeurs universelles auxquelles se réfèrent les sociétés démocratiques » : « C'est en termes objectifs et non moraux ou militants qu'on peut analyser la tension, inhérente à la nation, […] entre les valeurs universelles auxquelles se réfèrent les nations démocratiques et les intérêts nationaux, donc particuliers, que défendent inévitablement leurs dirigeants » : *Id.*, p. 23.

155 « La diversité culturelle *en tant que telle* n'interdit pas la création d'une nation. Le dépassement des enracinements particuliers par une société politique, abstraite et impersonnelle n'implique pas la suppression de ces enracinements – ce n'est sans doute ni possible ni souhaitable. […] L'existence des nations dépend de la capacité du projet politique à résoudre les rivalités et les conflits entre groupes sociaux, religieux, régionaux ou ethniques selon les règles reconnues comme légitimes » : *Id.*, p. 140. Voir aussi les pages 99-101.

156 Voir *supra*, texte correspondant aux notes 25 à 27.

157 Voir *supra*, texte correspondant aux notes 28 à 31.

des textes juridiques protégeant ces mêmes droits et libertés comprennent des dispositions relatives aux convictions religieuses individuelles – ou plus largement, à certains aspects du « phénomène religieux » – et que plusieurs aspects des différents dogmes ou convictions religieuses entrent (ou sont susceptibles d'entrer) en contradiction avec d'autres droits ou libertés protégés par ces mêmes textes, il est indéniable qu'une analyse juridique des différentes approches nationales en matière de gestion du pluralisme religieux exige l'élaboration d'un cadre d'analyse théorique focalisé sur la théorie des droits et libertés fondamentaux et permettant d'évaluer « l'importance » de la protection accordée aux différentes convictions religieuses par rapport aux autres droits et libertés fondamentaux.

C'est donc en gardant en tête cet aspect primordial du traitement juridique de la problématique que nous avons arrêté notre choix sur les différentes catégories établies, en 1999, par Rik Torfs, professeur de droit à l'Université catholique de Louvain, en Belgique. Ce choix fut en grande partie motivé par le fait que, à notre avis, l'établissement d'un « spectre hiérarchique » constituait le meilleur – sinon le seul – outil théorique permettant de comparer, entre elles, l'ensemble des différentes approches étatiques concernant la gestion du pluralisme religieux et la reconnaissance des *droits polyethniques*. En ce sens, les catégories établies par le professeur Torfs nous semblaient les plus à même de servir de fondements à l'établissement d'un tel spectre[158].

Pour Torfs, les approches étatiques relatives à la gestion du pluralisme religieux peuvent être regroupées en trois « modèles » distincts :

> **Modèle de confiance** : la liberté religieuse s'y trouve accentuée de façon plus convaincante et plus déterminée que les éventuelles mesures nécessaires cherchant à protéger la société. Ce modèle est caractérisé par une plus grande simplicité. L'État de droit démocratique et son législateur ne s'inquiètent pas trop du phénomène [...] religieux. Le système et les institutions inspirent la confiance.
>
> **Modèle de vigilance** : tout en partant de la liberté de religion, [ce modèle] s'avère conscient d'abus possibles. Des mesures tendant à protéger la socié-

[158] Sous réserve du commentaire formulé à la note 162 concernant les travaux de la professeure Christelle Landheer-Cieslak. Notons également que nous avons étendu à « l'ensemble des religions » la portée des trois modèles établis par le professeur Torfs qui visaient à classifier, plus restrictivement, les réactions étatiques concernant l'émergence des « nouveaux mouvements religieux » (ou sectes). Également, il nous semblait important de mentionner que le simple fait d'avoir considéré que les « modèles » établis par le professeur Torfs étaient plus « compatibles » avec une étude axée sur les droits et libertés fondamentaux ne fait pas en sorte que nous partageons nécessairement les conclusions auxquelles il a pu (ou pourrait) en arriver concernant la qualification de certaines approches étatiques en fonction d'un ou plusieurs de ses modèles.

té sont clairement ou tacitement mises en perspective. L'équilibre entre la liberté religieuse et la protection de la société est important. Ni l'un ni l'autre n'a le droit d'éclipser son pendant.

Modèle de scepticisme structurel : se présente comme l'image inverse du modèle de confiance. La protection de la société s'annonce comme le facteur déterminant. Si à cause de cet angle, la liberté se voit limitée, il faudra, avec peut-être quelques regrets, en accepter les conséquences. La protection de la population est prioritaire.[159]

Les modèles de Torfs nous semblaient donc pouvoir être assimilés à trois bornes délimitant les extrêmes et le centre d'un même « spectre » permettant de situer et comparer la mesure dans laquelle les différents États (et régimes juridiques nationaux) admettent que les revendications fondées sur les « convictions religieuses » individuelles puissent justifier l'attribution de *droits polyethniques* particuliers. Il nous est apparu possible de schématiser ce spectre (que nous avons choisi de nommer *spectre de polyethnicité*[160]) de la manière suivante :

Spectre de polyethnicité

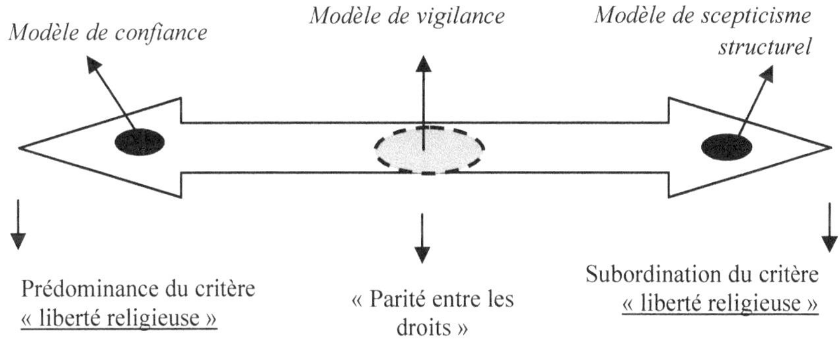

Cette schématisation du *spectre de polyethnicité* nous permet de constater visuellement que deux de ses trois bornes sont aisément définissables. Ainsi, en prenant l'exemple d'un conflit entre normes ou convictions religieuses particulières et normes séculières fondamen-

---

159 Rik TORFS, « Les nouveaux mouvements religieux et le droit dans l'Union européenne », dans CONSORTIUM EUROPÉEN POUR L'ÉTUDE DES RELATIONS ÉGLISES-ÉTAT, *Les nouveaux mouvements religieux et le droit dans l'Union européenne*, Milan, Giuffrè, 1999, p. 37, à la page 39.

160 En référence au concept de « droits polyethniques » tel que défini par le philosophe politique Will Kymlicka : voir à ce sujet la citation correspondant à la note 30.

tales[161], il est clair que l'application d'un « modèle de confiance » absolu accorderait systématiquement préséance aux normes religieuses tandis qu'un « modèle de scepticisme structurel » poussé à l'extrême ne leur accorderait aucun poids[162]. Évidemment, l'étendue du « modèle de vigilance », modèle médian du spectre de polyethnicité, est beaucoup moins aisément saisissable.

L'intérêt principal des trois bornes du *spectre de polyethnicité* tient à ce qu'elles reproduisent (ou permettent de situer) les trois réponses possibles aux différents conflits impliquant les droits protégeant les convictions religieuses et les autres droits et libertés fondamentaux : soit les « droits religieux » (1) prévaudront (*modèle de confiance*), (2) feront l'objet d'une pondération (*modèle de vigilance*) ou (3) s'inclineront (*modèle de scepticisme structurel*) face aux autres droits ou libertés fondamentaux.

La détermination des différents « pôles » d'un spectre hiérarchique en fonction duquel on entend situer (et donc comparer) les différents droits et libertés fondamentaux sous-entend nécessairement l'obligation de définir le type de « hiérarchie » dont il est question et, incidemment, d'élaborer sur les éléments en vertu desquels il sera possible d'attribuer à ces mêmes droits et libertés leur « valeur hiérarchique ».

---

161 À savoir tout droit ou liberté protégé par les textes relatifs aux droits fondamentaux.

162 Cette extrapolation peut également être déduite des travaux de la professeure Christelle Landheer-Cieslak qui, se fondant sur une rigoureuse analyse comparative entre la jurisprudence civiliste française et québécoise, a identifié trois « modèles » en fonction desquels il était possible de définir le rôle dont étaient (ou se croyaient) investis les magistrats français et québécois au moment de disposer d'un litige impliquant des revendications fondées sur des convictions religieuses particulières. Ces trois « modèles » peuvent, à l'instar des trois modèles identifiés par le professeur Rik Torfs, être aisément convertis en « pôles » d'un même spectre d'intensité, « Minerve » se trouvant au point médian entre « Hercule » et « Jupiter ». Toutefois, malgré la similarité de ces deux propositions, une dissonance majeure nous a empêché de privilégier sur les modèles identifiés par la professeure Landheer-Cieslak. En effet, le postulat de base sur lequel nous fondons notre analyse – selon lequel la protection des convictions religieuses doit être considérée, en 2010, comme relevant, à plus ou moins forte intensité, du domaine « supra-législatif » (voir *supra*, texte correspondant aux notes 28 à 31) – est incompatible avec les modèles identifiés par la professeure Landheer-Cieslak, qui opposent la prééminence des « lois ordinaires » (Jupiter) à celle des mécanismes de protection des convictions religieuses (Hercule) (voir : C. LANDHEER-CIESLAK, *loc. cit.*, note 58, 662-663). Notre hypothèse de recherche principale impliquant plutôt une opposition entre les mécanismes de protection des convictions religieuses et les mécanismes de protection des autres droits et libertés fondamentaux (ce qui aurait pour effet de nous cantonner à l'intérieur du modèle herculéen de la professeure Landheer-Cieslak), le choix de fonder notre cadre d'analyse sur les modèles identifiés par le professeur Torfs s'est imposé de lui-même.

2.2. Les fondements du spectre de polyethnicité : quelle hiérarchie ?

S'agissant de la définition du concept « hiérarchique » sur lequel nous entendons fonder le *spectre de polyethnicité*, il nous est apparu utile de revenir à la définition courante du terme « hiérarchie » que le *Petit Robert* désigne comme une « organisation d'un ensemble en une série où chaque terme est supérieur au terme suivant, par un caractère de nature normative. »[163] La question qui se pose alors est : comment évaluer la « supériorité » d'une norme sur l'autre en fonction de critères concrets et, surtout, pouvant être appréhendés juridiquement ? La présente section nous servira donc (2.2.1) à distinguer entre les formes « juridiques » et « morales » de hiérarchie, (2.2.2) à identifier les deux grandes voies menant à l'établissement d'une hiérarchie juridique entre droits et libertés fondamentaux et, finalement, (2.2.3) à mettre en place les principaux jalons méthodologiques permettant l'identification d'une *hiérarchie matérielle* entre droits et libertés fondamentaux.

2.2.1. Hiérarchies juridique versus morale

Le constitutionnaliste Kemal Gözler, professeur à la Faculté de droit de l'Université *Uludag*, en Turquie, nous semble avoir très bien défini les deux grands types de « hiérarchies » en vertu desquelles les juristes qui s'intéressent à la question de la « valeur » des différents droits et libertés fondamentaux (ou qui militent en faveur de la prédominance d'un de ceux-ci par rapport aux autres) peuvent actuellement « classer » les droits et libertés fondamentaux de la personne :

> ... il faut faire une distinction entre la « hiérarchie juridique proprement dite » et la « hiérarchie purement morale ou politique ».
>
> La *hiérarchie juridique* est celle qui est définie par la relation de validité entre les normes hiérarchisées les unes par rapport aux autres. [...]
>
> Cependant, on peut voir aussi une *hiérarchie purement morale ou politique* entre les normes constitutionnelles. Car il est certain que, comme l'affirme le doyen Vedel, « toutes les dispositions de valeur constitutionnelle n'ont pas la même importance ni la même dignité morale ou politique » [Georges VEDEL, « Souveraineté et supraconstitutionnalité », (1993) 67 *Pouvoirs* 80, 84]. Par exemple, on peut dire que la disposition qui prohibe la censure de la presse (art. 11 de la Déclaration de 1789) est plus « importante » que celle qui interdit le cumul de la fonction ministérielle et d'un mandat parlementaire (art. 23 de la Constitution de 1958).[164] [nous soulignons]

---

[163] J. REY-DEBOVE et A. REY (dir.), *op. cit.*, note 16, p. 1236.

[164] Kemal GÖZLER, « La question de la hiérarchie entre les normes constitutionnelles », (1998) 48 *Annales de la Faculté de droit d'Istambul*, 65, [en ligne : http://www.anayasa.gen.tr/hierarchie.htm], (page consultée le 23 août 2010).

Ces deux catégories sont extrêmement utiles en ce qu'elles nous permettent d'identifier le piège dans lequel une mauvaise définition (*subjective*) du concept hiérarchique serait susceptible de nous faire tomber. Pour être effective, la définition de la hiérarchie juridique devra reposer sur des éléments « systémiques »[165] propres à l'ensemble du régime juridique étudié et non pas uniquement sur des prétentions « morales » ou « philosophiques » qui, pour fascinantes qu'elles soient sur le plan intellectuel, auraient pour effet d'affaiblir grandement les prétentions scientifiques de notre analyse[166].

Conformément à la thèse kelsénienne de la « pyramide des normes », l'évaluation de la « valeur » d'un droit ou d'une liberté fondamental au sein d'une quelconque *hiérarchie juridique* ne pourra être faite que par l'évaluation de la mesure dans laquelle un régime juridique donné admet que ce droit ou cette liberté fondamental puisse « exclure » l'application des autres droits ou libertés fondamentaux :

> Pour exprimer la relation en question, on peut utiliser l'image spatiale de la hiérarchie, du rapport de supériorité-subordination : la norme qui règle la création est la norme supérieure, la norme créée conformément à ses dispositions est la norme inférieure. *L'ordre juridique n'est pas un système de normes juridiques placées toutes au même rang, mais un édifice de plusieurs étages superposés, une pyramide ou hiérarchie formée (pour ainsi dire) d'un certain nombre d'étages ou couches de normes juridiques.* Son unité résulte de la connexion entre éléments qui découle du fait que la validité d'une norme qui est créée conformément à une autre norme repose sur celle-ci ; qu'à son tour, la création de cette dernière a été elle aussi réglée par d'autres, qui constituent à leur tour le fondement de sa validité ; et cette démarche régressive débouche finalement sur la norme fondamentale – norme supposée.[167] [nous soulignons]

Une fois exclue la possibilité de recourir au très fuyant concept de « hiérarchie morale » comme point d'ancrage théorique de notre démonstration, la question qui se pose est la suivante : comment est-il possible de faire coexister l'objectif principal de notre projet de recherche – qui est précisément de démontrer l'existence d'une *hiérarchie juridique* entre deux groupes de droits et libertés de nature constitutionnelle au Canada – et le postulat maintes et maintes fois réaffirmé par la Cour suprême du Canada, selon lequel il n'existe aucune hiérarchie entre de tels *droits et libertés fondamentaux* au Canada ? L'existence de l'un n'a-t-il pas pour effet d'exclure la possibilité qu'existe l'autre et

165 Voir *supra*, note 49

166 L'importance que les chercheurs en droit distinguent entre le « juridique » et le « moral » (ou « social ») a d'ailleurs été souligné par Kelsen dans sa *Théorie pure* : H. KELSEN, *op. cit.*, note 117, p. 80.

167 *Id.*, p. 299.

vice-versa ? La réponse à ces questions repose à notre avis sur l'identification de deux formes différentes de *hiérarchie juridique* entre droits et libertés fondamentaux, sous-ensembles ayant été fort adroitement circonscrits par la docteure en droit Virginie Saint-James : la **hiérarchie juridique** ***formelle*** et la **hiérarchie juridique** ***matérielle (ou fonctionnelle)***[168].

2.2.2. Les deux grandes formes de hiérarchie juridique : hiérarchies formelle et matérielle

Unies par leurs effets concrets sur un régime de droit donné, ces deux sous-catégories du plus large ensemble de la « hiérarchie juridique » ne se trouvent en fait séparées que par leurs origines distinctes et l'impact – théorique – de celles-ci sur les décideurs saisis d'un litige internormatif impliquant l'une et l'autre de ces formes de hiérarchie juridique. S'agissant d'abord de leurs origines distinctes, l'établissement d'une *hiérarchie formelle* entre deux droits et libertés fondamentaux, contrairement à une *hiérarchie matérielle*, résultera le plus souvent de l'action des législateurs ou Constituants nationaux. Pour utiliser un exemple tiré du régime juridique canadien, le statut constitutionnel conféré à la *Charte canadienne* implique que les droits et libertés protégés par cette même *Charte* auront systématiquement préséance en cas de conflit avec un « droit fondamental » consacré dans une des autres *lois*

---

[168] « Que l'on raisonne en termes de droits de l'homme, de libertés publiques voire de droits fondamentaux, on établit toujours des catégories qui sont autant d'incitations à établir une hiérarchie entre les droits, d'autant qu'ils se multiplient, réclamant ainsi une mise en ordre que l'on peut souhaiter établir sur le mode de la prévalence de certains sur d'autres. On peut alors établir des hiérarchies formelles ou des hiérarchies [matérielles ou] fonctionnelles.

Hiérarchies formelles. – Les modes de hiérarchisation formelle résultent des textes qui établissent des rangs dans la hiérarchie de type kelsenien.

Les droits et libertés trouvant souvent à l'époque moderne, leur expression dans des textes de valeur constitutionnelle, l'une des méthodes employées consiste à placer certains d'entre eux ou certaines de leurs garanties en surplomb dans le texte.

[...]

Hiérarchies matérielles ou fonctionnelles. – On peut aussi choisir d'établir une hiérarchie plus conforme au droit positif c'est-à-dire qui ne repose pas sur le texte mais sur la valeur qu'il revêt dans la société. Il s'agit là d'une hiérarchie fonctionnelle ou matérielle » : V. SAINT-JAMES, *loc. cit.*, note 48, aux pages 477-478. Dans le même sens, voir également : Kemal GÖZLER, *Le pouvoir de révision constitutionnelle*, Villeneuve d'Ascq, Presses universitaires du Septentrion, 1997, pp. 320-321 et 331-332. Soulignons par ailleurs que nous avons également qualifié le second niveau au sein du plus large ensemble de la « hiérarchie juridique » en utilisant l'expression : « hiérarchie systémique » lors de l'introduction : voir *supra*, note 48. Le lecteur prendra note que, bien que ces trois expressions (matérielle, fonctionnelle et systémique) nous semblent interchangeables pour qualifier ce même second niveau, nous nous bornerons à utiliser l'expression « hiérarchie matérielle » pour le qualifier.

sur les droits fondamentaux canadiennes (comme par exemple la *Charte québécoise*) ; ces autres *lois* étant de valeur hiérarchique « inférieure » au sein de l'ordre constitutionnel canadien[169]. La nature de l'autre sous-ensemble hiérarchique identifié par Virginie Saint-James est fort différente en ceci que, alors que la prévalence d'un texte constitutionnel sur toute autre « loi ordinaire » en vigueur sur un territoire étatique donné découlera uniquement du statut juridique conféré à chacun de ces différents textes juridiques, une *hiérarchie matérielle* entre droits fondamentaux consacrés par un même texte de loi ne pourra, quant à elle, découler que de la mise en œuvre de ces mêmes droits et, donc, de l'interprétation « officielle » qui en sera faite par les différents tribunaux compétents au sein de ces mêmes États. En peu de mots comme en cent, alors que l'établissement d'une *hiérarchie formelle* relève généralement de l'action des législateurs et/ou Constituants nationaux, l'établissement d'une *hiérarchie matérielle* relève plutôt du droit prétorien.

Il nous semble donc clair que le postulat établi par la jurisprudence canadienne[170] – selon lequel il n'existe pas de hiérarchie entre les droits et libertés fondamentaux de nature constitutionnelle au Canada – concerne directement le sous-ensemble de la *hiérarchie formelle*. Découlant logiquement des principes d'*universalité*, *indivisibilité* et *interdépendance* des dispositions composant l'ensemble des droits et libertés fondamentaux consacrés en droit international (en vertu desquels, pour le résumer brièvement, il est illégitime d'opérer une quelconque « sélection » des droits qui mériteraient une *meilleure* protection que d'autres[171]), ce postulat non hiérarchique a pour principale conséquence de permettre, théoriquement, que les décideurs saisis d'un litige opposant deux droits fondamentaux de nature constitutionnelle puissent faire

---

[169] Au Canada, cette *infériorité hiérarchique* des normes juridiques canadiennes (qu'elles soient de nature fédérale ou provinciale) a par ailleurs été très clairement établie au paragraphe 52 (1) de la *Loi constitutionnelle de 1982*, précitée, note 37, qui prévoit que : « 52 (1) La Constitution du Canada est la loi suprême du Canada ; elle rend inopérantes les dispositions incompatibles de toute autre règle de droit. » Dans le même sens, voir également : Henri BRUN, Guy TREMBLAY et Eugénie BROUILLET, *Droit constitutionnel*, 5e éd., Cowansville, Yvon Blais, 2008, pp. 11-14 et 76.

[170] Et fortement appuyé par les principes de droit international en la matière : voir *supra*, note 42.

[171] La portée de ces principes, et leur origine, ont été fort justement décrites par plusieurs auteurs dont notamment : Patrice MEYER-BISCH, « Indivisibilité des droits de l'Homme », dans J. ANDRIANSTSIMBAZOVINA *et al.* (dir.), *op. cit.*, note 48, p. 519 ; Jack DONNELLY, *Universal Human Rights in Theory and Practice*, 2e éd., Ithaca, Cornell University Press, 2003, pp. 27-33 ; Daniel J. WHELAN, *Indivisible Human Rights : a History*, Philadelphia, University of Pennsylvania Press, 2010, pp. 1-10 et 207-214 et Mélanie BEAUDOIN, « Droits et libertés : deux écoles de pensée s'affrontent », *Journal du Barreau*, vol. 42, n° 4, (avril 2010), p. 5.

prévaloir chacun de ces droits sur un autre en fonction de la trame factuelle et du contexte sous-tendant le litige et ce, en toutes circonstances. C'est d'ailleurs cette simple possibilité, toute théorique qu'elle puisse être en certaines circonstances[172], qui distingue les catégories de la *hiérarchie formelle* et de la *hiérarchie matérielle*.

Pour illustrer notre propos à l'aide d'un exemple tiré d'une récente proposition du Conseil du statut de la Femme québécois émise dans la foulée des travaux de la *Commission Bouchard-Taylor*[173] : l'établissement législatif d'une *hiérarchie formelle* favorisant le droit à l'égalité entre les hommes et les femmes sur les dispositions protégeant les convictions religieuses[174] aurait pour effet de « lier les mains » des décideurs saisis de litiges opposant ces deux droits fondamentaux ; ces derniers n'ayant alors pas d'autre choix que de faire prévaloir le droit à l'égalité entre les hommes et les femmes. À l'opposé, l'identification d'une *hiérarchie matérielle* entre certains droits et libertés fondamentaux de nature constitutionnelle aura quant à elle pour effet d'amplifier – à plus ou moins forte intensité – le caractère « théorique » de la liberté d'action qui est conférée à ces mêmes décideurs. Essentiellement fondé sur une analyse « objective » des critères définitionnels propres à chacun des *objets de protection* étudiés dans le but de faire ressortir les avantages systémiques susceptibles de favoriser l'un ou l'autre de ces *objets*, le processus d'identification d'une *hiérarchie juridique matérielle*, contrairement à celui d'une *hiérarchie formelle*, n'exige pas de prendre en considération l'intention des acteurs institutionnels impliqués.

2.2.3. L'identification d'une hiérarchie matérielle entre droits et libertés fondamentaux : quelques jalons méthodologiques

L'identification et la qualification de la relation hiérarchique *matérielle* existant entre différents droits et libertés fondamentaux impliqueront une approche en deux temps, résonance directe des deux différentes étapes en vertu desquelles il est possible de déterminer si l'application d'un droit ou d'une liberté fondamental « exclut » l'application des

---

[172] À cet égard, la simple perspective d'un conflit potentiel entre l'exercice du droit de vote d'un individu (protégé à l'article 3 de la *Charte canadienne*) et le droit à l'intégrité physique d'un autre individu (protégé à l'article 7 de cette même *Charte*) et l'impossibilité concrète d'imaginer une situation où un décideur rationnel pourrait décider de faire prévaloir le droit de vote sur le droit à la sécurité témoigne, à sa manière, du caractère parfois purement théorique de la « totale liberté de choix » qui aurait été laissée aux décideurs pertinents en matière de conflits entre droits fondamentaux de nature constitutionnelle au Canada.

[173] Voir *infra*, note 914.

[174] *Hiérarchie formelle* qui pourrait tout aussi bien découler d'une claire affirmation, par la Cour suprême du Canada, de la « prévalence automatique » du droit à l'égalité entre les hommes et les femmes sur les autres droits fondamentaux en cas de conflit.

autres : (1) la dichotomie large/restrictive liée à la détermination du champ d'application des dispositions protégeant les convictions religieuses et (2) une comparaison avec la portée d'application des « autres droits et libertés fondamentaux » ; cette comparaison devant être fondée, non seulement sur le simple résultat concret des litiges opposant les deux ensembles de droits et libertés fondamentaux étudiés, mais plus largement sur l'étude de la même dichotomie large/restrictive. Appliquant cette théorie générale à la comparaison qui nous intéresse plus particulièrement (soit la comparaison entre les dispositions qui protègent les « convictions religieuses » et celles qui protègent les autres « droits et libertés fondamentaux ») et à l'incident « spectre de polyethnicité », il est possible de schématiser le processus de détermination des différents modèles applicables à l'aide du graphique suivant :

Repères pour les modèles du *spectre de polyethnicité*

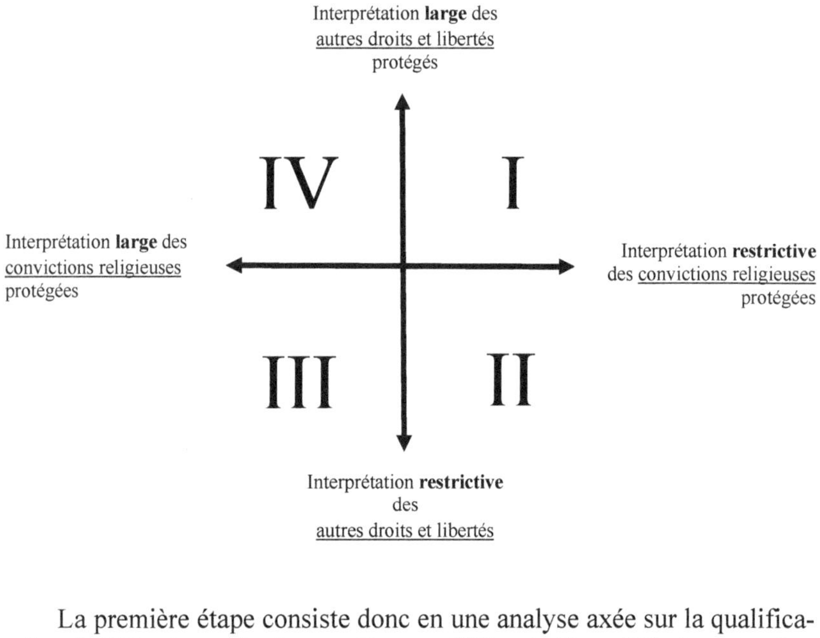

La première étape consiste donc en une analyse axée sur la qualification de l'étendue qui est accordée aux différents dispositifs de protection des convictions religieuses. Autrement dit, il importe d'examiner les différents aspects permettant de déterminer la portée que les différentes instances judiciaires canadiennes ont conférés aux « convictions religieuses » en tant qu'objet de protection des *lois sur les droits fondamentaux* et de qualifier, en fonction des difficultés définitionnelles que nous avons identifiées et étudiées au chapitre précédent, leur générosité (quadrants IV et III) ou restrictivité (quadrants I et II).

La seconde étape permet de se rapprocher plus concrètement de la définition kelsénienne de « hiérarchie juridique », selon laquelle une norme sera considérée « hiérarchiquement supérieure » à une autre si la validité de la seconde dépend de l'existence de la première. Ramenée à sa plus simple expression, la définition de Kelsen implique que, dans le cas d'un conflit entre droits et libertés fondamentaux, le droit fondamental hiérarchiquement supérieur supplantera celui qui lui est inférieur. Or, d'un point de vue « hiérarchique », il est clair qu'une disparité systémique de traitement concernant la portée d'un droit ou d'une liberté fondamental par rapport aux autres (interprétation plus ou moins restrictive/généreuse) aura pour effet de faciliter/rendre plus difficile « l'exclusion de ce droit par les autres » et aura donc, si cette disparité de traitement est généralisée, un impact direct sur sa « valeur hiérarchique ».

Précisons une fois de plus que l'identification de la « valeur hiérarchique » d'un droit fondamental par rapport aux autres, pour être valable, ne pourra résulter d'une simple analyse des résultats concrets sur lesquels ont débouché les différents litiges opposant les deux ensembles de droits et libertés comparés (par exemple : le plaignant ayant fondé son recours sur la liberté de religion l'a-t-il emporté sur le moyen de défense qui reposait sur l'application d'un autre droit ou liberté fondamental ?). Bien au contraire, cette analyse devra être plus largement focalisée sur les différentes tendances systémiques propres à la détermination de l'objet de protection des « autres droits et libertés fondamentaux ».

C'est donc la détermination de la portée large ou restrictive des « autres droits et libertés fondamentaux » qui permettra d'identifier le « modèle juridique » grâce auquel il sera possible de qualifier le régime juridique étudié. *De visu*, on constate que les « modèles de confiance » et de « scepticisme structurel » correspondent respectivement aux quadrants III et I, alors que le « modèle de vigilance » correspond de son côté aux quadrants II (interprétation restrictive de l'ensemble des droits et libertés fondamentaux étudiés) et IV (interprétation large de l'ensemble des droits et libertés fondamentaux étudiés).

Première partie

L'ampleur de la protection accordée aux convictions religieuses en droit canadien : poids lourd ou poids léger ?

Introduction

> La nature n'a rien fait d'égal ; sa loi souveraine est la subordination et la dépendance.
>
> VAUVENARGUES, *Réflexions et Maximes*[175]

« L'inégalité naturelle » dont traite le philosophe Vauvenargues se retrouve partout et touche à l'ensemble des caractéristiques qui déterminent les êtres, les choses et les idées. Aléatoirement réparties entre les différentes composantes de la nature (ou des « choses sensibles » pour reprendre une image utilisée par le philosophe René Descartes[176]), ces mêmes caractéristiques peuvent en effet toutes être qualifiées en vertu de la multitude de qualificatifs dichotomiques qui sont compris par le langage (tels que beau/laid, fort/faible, dur/mou, grand/petit, etc.).

Le jeu des comparaisons se trouvant grandement complexifié par l'existence de trop grandes et/ou nombreuses différences entre les objets concernés[177], « l'inégalité naturelle » entre les êtres/choses/idées se trouve être encore plus distinctement perceptible au sein de catégories fondées sur l'existence de similitudes entre ces mêmes objets : les classes, les familles, les espèces, les genres, etc.

Or, au sein d'une catégorie donnée d'objets similaires, le concept d'inégalité renvoie directement, par sa connotation quantitative et/ou qualitative (qui peut donc être exprimée par le biais du couple dichotomique : « plus que »/« moins que »), à celui de hiérarchie. Prenons l'exemple de deux individus pratiquant un même sport : la boxe. Des multiples caractéristiques qui peuvent faire l'objet d'une comparaison entre les deux boxeurs (qualité et durée de l'entraînement, vitesse d'exécution, talent, etc.) l'une des plus intéressantes est sans doute celle qui permet – le plus souvent – à un individu d'en dominer un (ou de gagner sur l') autre dans le cas d'un affrontement *mano a mano*, à savoir le duo : poids/taille, en fonction duquel varieront les chances/probabilités de remporter un combat. Même si, dans le cas qui nous intéresse, il est

---

175 1746, cité dans Maurice MALOUX, *Dictionnaire des proverbes, sentences et maximes*, Paris, Larousse, 2006, p. 152.

176 R. DESCARTES, *op. cit.*, note 103, pp. 55-56.

177 Un vieux proverbe grec n'énonce-t-il pas qu'*on ne compare pas un moustique avec un éléphant* : M. MALOUX, *op. cit.*, note 175, p. 99.

indéniable qu'un « poids léger » n'aura aucune chance de remporter un combat face à un « poids lourd », sa « faiblesse » ne pourra être saisie (ou affirmée) qu'en se référant à la « force » d'autres individus pratiquant le même sport que lui, tels que les poids lourds. Il est impossible – et imprudent ! – d'affirmer qu'un poids léger est « faible » en soi. Il ne pourra être que « plus faible que », par exemple, un poids lourd qui se trouvera donc, en ce qui concerne la caractéristique faisant l'objet de la comparaison, lui être supérieur.

La métaphore d'un « combat » potentiel[178] entre un poids lourd et un poids léger est particulièrement intéressante pour un ouvrage qui, comme le nôtre, se trouve focalisé sur la question de la hiérarchie matérielle pouvant exister entre des droits et libertés fondamentaux (concepts similaires et, théoriquement, « égaux ») protégés par un même texte de loi. En effet, combinée à la thèse de « l'inégalité naturelle »[179], elle permet d'illustrer l'existence d'une des caractéristiques en vertu de laquelle il est possible de départager ces concepts en cas de conflit, soit la portée dont ils bénéficie(ro)nt.

L'identification de cette portée n'est cependant pas chose aisée. Contrairement aux boxeurs dont on peut jauger les attributs physiques par la seule observation **directe**, le « poids » et la « taille » des différents droits et libertés fondamentaux ne sont pas saisissables à l'œil nu. En effet, les droits et libertés fondamentaux étant, par nature, libellés d'une manière large et générale[180], leur véritable portée ne pourra être décelée

---

178 Il faudrait en effet supposer qu'un poids léger soit assez inconscient – ou téméraire – pour décider de s'attaquer à un poids lourd. Imaginons le massacre qui résulterait d'un affrontement entre Oscar de la Hoya (5 pieds 11 pouces, 147 livres) et Muhammad Ali (6 pieds trois pouces, 225 livres) !

179 Qui n'a évidemment pas été défendue uniquement par le philosophe Vauvenargues : voir notamment : Jean-Jacques ROUSSEAU, *Discours sur l'origine et les fondements de l'inégalité parmi les hommes*, Paris, Nathan, 1998 (texte original publié en 1755) ; Émile DURKHEIM, *De la division du travail social*, Paris, PUF, 1986 (texte original publié en 1893) ; John RAWLS, *A Theory of Justice*, Cambridge, Belknap Press, 2005 (texte original publié en 1971) ainsi que la très intéressante lecture qui en a été faite par Michael GORR, « Rawls on Natural Inequality », (1983) 33 *The Philosophical Quarterly* 1. D'un point de vue juridique, la difficulté théorique propre à la manière de gérer les conflits potentiels entre normes de même palier hiérarchique constitua sans doute la principale difficulté théorique (certaines parleront de « faiblesse ») à laquelle fut confronté le philosophe Hans Kelsen lorsqu'il élabora sa *Théorie pure du droit* (voir *supra*, note 117), tel que cela nous est brillamment résumé par le philosophe Michel VAN DE KERCHOVE, *Théorie pure du droit : l'influence de Kelsen sur les théories du droit dans l'Europe francophone*, Neufchâtel, La Baconnière, 1988 (reproduit dans les notes de cours *Épistémologie juridique* du professeur Bjarne Melkevik, Québec, Université Laval, hiver 2006), pp. 145-146.

180 Voir notamment à cet égard : S. BEAULAC, *loc. cit.*, note 43, aux pages 43-44. et Rhona K.M. SMITH, *Textbook on International Human Rights*, Oxford, Oxford University Presse, 2007, p. 171.

par la simple lecture des dispositions qui les contiennent/prévoient et, donc, dépendra directement de l'interprétation qui en sera (ou aura été) faite par les principales institutions judiciaires qui sont responsables de leur mise en application ; institutions dont fait évidemment partie, en ce qui concerne le droit canadien, la Cour suprême du Canada.

Le processus par le biais duquel ces instances décisionnelles déterminent la portée des différents droits et libertés fondamentaux se résume par les deux questions suivantes : (1) quelle définition donner à l'objet de la protection (assimilable au « poids » des boxeurs, dont dépend la « force » des coups qu'ils donneront) et (2) jusqu'où étendre (ou, formulé *a contrario*, quoi exclure du champ de) cette même protection (assimilable à la « taille » des boxeurs, dont dépend la portée des coups) ? À l'instar des conséquences hiérarchiques découlant des différences de poids et de taille entre les boxeurs, il nous semble clair que le principe de non-hiérarchie entre les droits et libertés fondamentaux protégés par un même texte de loi sera directement affecté par l'existence de dissemblances entre la générosité / parcimonie des réponses qui s(er)ont données à ces deux questions pour des groupes distincts de droits et libertés (dans le cas qui nous intéresse : les dispositions protégeant les convictions religieuses d'un côté et les « autres droits et libertés fondamentaux » de l'autre).

Première étape de notre démonstration en vertu du *spectre de polyethnicité*, le présent titre visera donc à démontrer que la portée qui a été accordée au concept de « convictions religieuses » en tant qu'objet de la protection par les *lois sur les droits fondamentaux* témoigne, en soi, de la première caractéristique du « modèle de confiance », à savoir une très grande « générosité » dans l'inclusion des différents aspects du « phénomène religieux » au sein du concept de « convictions religieuses » protégées et la définition de l'étendue de protection dont ces mêmes convictions sont susceptibles de bénéficier.

Les précisions épistémologiques générales concernant les difficultés définitionnelles posées par l'utilisation du concept de « convictions religieuses » ayant été établies et discutées dans le premier chapitre du titre préliminaire, nous pouvons à présent nous aventurer dans la délicate entreprise qui nous permettra d'évaluer l'ampleur de la portée qui a été octroyée à ce même concept en tant qu'objet de protection des *lois sur les droits fondamentaux* au Canada.

Cette évaluation sera menée selon un processus en trois étapes distinctes, étapes nécessaires à la saisie de l'ensemble des caractéristiques permettant de qualifier « l'ampleur » (ou la générosité) de la portée octroyée au concept de « convictions religieuses » en droit canadien. Ainsi, nous nous intéresserons d'abord aux caractéristiques générales du concept de « convictions religieuses » tel qu'il est actuellement reconnu

– et protégé – au sein du régime juridique canadien, avant de nous attarder, dans un deuxième et troisième temps, aux caractéristiques propres aux deux « véhicules normatifs » de protection applicables en matière de relation de travail : la liberté de religion et le droit de ne pas être victime de discrimination fondée sur ses convictions (ou son appartenance) religieuses. Chacune de ces étapes sera accompagnée d'un volet comparatif important avec le régime juridique français dont les caractéristiques, parce qu'elles sont plus près du modèle de « scepticisme structurel » sur le *spectre de polyethnicité*[181], permettront de bien faire ressortir l'ampleur/générosité de la portée octroyée aux « convictions religieuses » par les *lois sur les droits fondamentaux* au Canada.

---

[181] En nous référant aux « quadrants fonctionnels » du spectre de polyethnicité (voir *supra*, section 2.2.3), nous considérons que le droit français se trouve dans la portion « restrictive » de la protection octroyée aux convictions religieuses (quadrants I et II), alors que le droit canadien se retrouve dans la portion « large » (quadrants III et IV).

CHAPITRE 3

Éventail des convictions religieuses protégées

3.1. La « confiance » canadienne

En droit canadien et québécois, l'analyse de la protection octroyée aux convictions religieuses en milieu de travail implique nécessairement un transfert vers l'étude, non pas des lois du travail « traditionnelles » (telles que le *Code du travail*[182] ou la *Loi sur les normes du travail*[183]), mais plus largement des *lois sur les droits fondamentaux* applicables sur le territoire canadien. En effet, au Canada, la plupart des *lois sur les droits fondamentaux* en vigueur sont applicables – dans leur champ de compétence particulier (provincial ou fédéral) – tant aux litiges « publics » que « privés » (qui peuvent être définis comme des litiges n'impliquant que des particuliers et/ou institutions privées, sans aucune action « publique » ou « gouvernementale ») et donc, à l'ensemble de l'éventail des relations de travail faisant l'objet de notre analyse[184]. En fait, seules la *Charte canadienne* et la *Déclaration canadienne des droits*[185] ne sont applicables qu'à une sphère plus restreinte de relations de travail, soit celles qui impliquent un acteur ou une action gouvernemental(e) suffisant(e)[186].

Conséquence de cet état de fait, l'ensemble de la jurisprudence rendue en matière de protection des convictions religieuses, peu importe le contexte et/ou la *loi sur les droits fondamentaux* qu'elle fait intervenir,

---

182 L.R.Q., c. C-27.

183 L.R.Q., c. N-1.1.

184 Voir notamment : les articles 55 et 56 de la *Charte québécoise* de même que : Guy SCOFFONI, « L'actualité constitutionnelle dans les pays de common law et de droit mixte (janvier-juin 2002) : Canada, Royaume-Uni », (2003) 53 *Revue française de droit constitutionnel* 1, 4.

185 L.R.C. (1985), app. III.

186 En vertu, respectivement, des articles 2 de la *Déclaration canadienne des droits* (tel qu'il fut interprété par l'arrêt *Authorson* c. *Canada (Procureur général)*, [2003] 2 R.C.S. 40 [ci-après l'arrêt *Authorson*], de la Cour suprême du Canada) et 32 de la *Charte canadienne* (tel qu'il fut interprété, notamment, dans les arrêts *SDGMR* c. *Dolphin Delivery Ltd.*, [1986] 2 R.C.S. 573 [ci-après l'arrêt *Dolphin Delivery*] et *Eldridge* c. *Colombie-Britannique (Procureur général)*, [1997] 3 R.C.S. 624 [ci-après l'arrêt *Eldridge*] de la Cour suprême du Canada).

devra faire l'objet de l'analyse visant à déterminer la portée des convictions religieuses en tant qu'objet de protection des *lois sur les droits fondamentaux*. Par exemple, l'argument selon lequel la *Charte canadienne* n'est pas applicable à un éventail aussi large de milieux de travail que pourraient l'être la *Charte québécoise* et/ou la *Loi canadienne sur les droits de la personne*[187] ne changera rien à la pertinence des jugements rendus en vertu de cette première loi. Bien au contraire, l'interdépendance des dispositions protégeant les convictions religieuses au sein des différentes *lois sur les droits fondamentaux* applicables au Canada et le fait que, en vertu de son statut constitutionnel, la *Charte canadienne* peut à bon droit être considérée comme « la première des *lois sur les droits fondamentaux* »[188] auront pour effet de décupler l'importance de la jurisprudence rendue en vertu des articles 2a) et 15 de cette même *Charte* dans le processus permettant de déterminer l'ampleur de la protection accordée aux convictions religieuses en milieu de travail[189].

C'est d'ailleurs l'adoption de la *Charte canadienne*, en 1982, qui a été l'élément déclencheur d'une véritable « révolution » concernant la place réservée à la « religion » au sein des systèmes politiques et juridiques canadiens. Rompant avec l'interprétation extrêmement restrictive qui avait été octroyée à l'ensemble des droits protégés par la *Déclaration canadienne des droits* en 1960[190], première *loi sur les droits fondamentaux* à être promulguée en droit fédéral canadien, la Cour suprême du Canada allait se saisir d'une des premières opportunités qui lui furent données d'interpréter une disposition de la *Charte canadienne* (en

---

187 L.R.C. (1985), c. H6.

188 L'article 52 la *Loi constitutionnelle de 1982*, [annexe B de la *Loi de 1982 sur le Canada* (1982), R.-U., c. 11)] [ci-après la *L.c. de 1982*] affirme en effet que toutes ses dispositions (ce qui inclut donc celles de la *Charte canadienne*) : « rend[ent] inopérantes les dispositions incompatibles de toute autre règle de droit ». Ceci-étant, malgré le statut particulier – ou *quasi-constitutionnel* – qui a été attribué aux autres *lois sur les droits fondamentaux* applicables sur le territoire canadien (voir *supra*, note 36), il demeure que le seul texte juridique protégeant les droits et libertés fondamentaux qui jouit d'une primauté absolue sur toute règle de droit « ordinaire » (ou non-constitutionnelle) au Canada, que ces règles soient de nature fédérale ou provinciale, est la *Charte canadienne*.

189 Mentionnons également que cette observation s'appliquera également aux passages où nous tenteront de déterminer la « portée » des autres objets de protection des *lois sur les droits fondamentaux*. Voir à cet égard l'importance fondamentale accordée à la *Charte canadienne* pour l'identification des « autres droits fondamentaux » qui feront l'objet de l'analyse *comparative* lors du second titre.

190 L.R.C. (1985) App. III. La Cour suprême a d'ailleurs explicitement consacré cette « rupture » (ou revirement jurisprudentiel, selon l'interprétation) dans l'arrêt *Singh*, rendu en 1985 et dont la portée est transposable pour l'ensemble des lois sur les droits fondamentaux applicables sur le territoire canadien : *Singh* c. *Ministre de l'emploi et de l'Immigration*, [1985] 1 R.C.S. 177, parag. 50.

l'occurrence la liberté de religion protégée par l'alinéa 2a) de cette même *Charte*) pour retirer toute pertinence à un principe constitutionnel dont la légitimité n'avait jusque-là pas pu être remise en cause. En effet, jusqu'au renversement opéré par l'arrêt *R.* c. *Big M Drug Mart* en 1985[191], il était reconnu que la compétence constitutionnelle du gouvernement fédéral en matière criminelle[192] lui reconnaissait celle de s'assurer que certaines des obligations chrétiennes qui étaient considérées comme « sacrées » soient respectées par l'ensemble de la population canadienne.

> On a jugé « depuis longtemps, régulièrement et récemment » que la *Loi sur le dimanche* porte sur une matière qui relève du droit criminel du fait qu'elle rend obligatoire, sous peine de sanction, l'observance d'une prescription religieuse, plus précisément la sanctification du sabbat chrétien. Étant donné qu'elle vise à préserver l'ordre et la moralité publics, la *Loi sur le dimanche* porte sur une matière qui relève du par. 91(27) qui énonce l'un des chefs de compétence exclusive du Parlement. [...] Il ne fait aucun doute qu'une loi comme la *Loi sur le dimanche*, qui a pour objet de rendre obligatoire l'observance religieuse, vise à préserver la moralité publique. [...]
>
> La *Loi sur le dimanche* a été adoptée conformément à la compétence en matière de droit criminel que confère le par. 91(27) de la *Loi constitutionnelle de 1867*. En prévoyant l'observance obligatoire de l'institution religieuse du sabbat (dimanche), la Loi, et en particulier son art. 4, empiète sur la liberté de conscience et de religion garantie par l'al. 2*a*) de la *Charte canadienne des droits et libertés* et cet empiétement ne peut être justifié compte tenu de l'art. 1 de la *Charte*. Je suis d'avis de déclarer la *Loi sur le dimanche* inopérante en raison du par. 52(1) de la *Loi constitutionnelle de 1982*.[193]

Dans ce même arrêt *Big M Drug Mart*, la Cour suprême du Canada établit le principe-phare qui allait servir de tremplin aux tribunaux dans l'interprétation des dispositions protégeant les convictions religieuses au Canada : « Une majorité religieuse, ou l'État à sa demande, ne peut, pour des motifs religieux, imposer sa propre conception de ce qui est bon et vrai aux citoyens qui ne partagent pas le même point de vue. La *Charte* protège les minorités religieuses contre la menace de « tyrannie de la majorité »[194] [nous soulignons]. Le respect de ce principe allait mener les tribunaux canadiens à interpréter les différentes *lois sur les droits fondamentaux* en vigueur au Canada comme protégeant un éventail extrêmement varié de « convictions religieuses ». Conséquence potentielle de la multiplication et/ou la fragmentation des différents types de « communautés de croyants » dont nous avons discuté lors du titre

---

191 Précité, note 46.

192 *L.c. de 1867*, précitée, note 37, art. 91 (27).

193 *Big M Drug Mart*, précité, note 46, parag. 146 et 150.

194 *Id.*, parag. 96.

préliminaire[195], les tribunaux canadiens ont choisi de définir la portée des « convictions religieuses » protégées selon une conception individualiste – et donc, extrêmement large – du concept de « religion » ; le critère principal sur lequel les instances judiciaires canadiennes fondent leur analyse est inextricablement lié à la perspective individuelle de celui/ceux qui détien(nen)t et/ou professe(nt) les « convictions religieuses » dont il est question.

Après plusieurs arrêts laissant présumer du caractère extrêmement large octroyé aux « convictions religieuses » en tant qu'objet de protection des *lois sur les droits fondamentaux* canadiennes[196], la Cour suprême du Canada a, dans l'arrêt *Syndicat Northcrest* c. *Amselem*[197] rendu en 2004, rassemblé, résumé et précisé les différents principes applicables en la matière depuis l'adoption de la *Charte canadienne*[198]. Ce faisant, elle s'est trouvée à élaborer (ou plutôt consacrer) un double critère purement subjectif pour déterminer si une conviction donnée mérite d'être couverte par les dispositions protégeant les convictions religieuses au sein des *lois sur les droits fondamentaux*. Ces deux critères, dont les principales caractéristiques nous ont d'ailleurs été très habilement résumées par les co-présidents de la *Commission Bouchard-Taylor* dans leur rapport final, sont ceux de : (1) la religion personnelle et (2) la « croyance sincère » :

> La liberté de religion permet donc aux personnes d'adopter les croyances religieuses de leur choix et, le cas échéant, de les mettre en pratique. [...]
>
> L'essentiel pour la cour est que le demandeur croie sincèrement que sa religion lui prescrit une pratique ou un acte donné. Nul besoin que des représentants religieux autorisés ou des experts confirment l'existence du précepte invoqué pour qu'une demande d'accommodement fondée sur la liberté de religion soit prise en délibéré. Le critère retenu par la cour est celui de la sincérité de la croyance : <u>le demandeur doit démontrer qu'il croit véritablement être tenu de se conformer au précepte religieux en cause. Il s'agit là de</u>

195 Voir *supra*, introduction et début du chapitre 1 du titre préliminaire.

196 Notamment dans les premiers arrêts de la Cour suprême du Canada rendus sur la question, soit *Big M Drug Mart*, précité, note 46, parag. 93-98, 123-125 et 133 ainsi que *Edwards Books*, précité, note 92, parag. 96-97.

197 Précité, note 22.

198 Comme l'ont d'ailleurs souligné avec justesse les auteurs Brad A. ELBERG et Mark C. POWER, « Freedom of Conscience and Religion », dans G.-A. BEAUDOIN et E. MENDES (dir.), *op. cit.*, note 43, p. 219, à la page 225 : « The Supreme Court of Canada in *Big M*, *Edwards Books & Art Ltd.* v. *R.*, *B. (R.)* v. *Children's Aid Society of Metropolitan Toronto*, and *Ross* v. *New Brunswick School District n° 15* explained the basic principles underlying freedom of religion. The Supreme Court, in *Syndicat Northcrest* v. *Amselem* summarized those principles… »

ce que la cour a appelé une « conception personnelle et subjective de la liberté de religion.[199] [nous soulignons]

Comme nous le verrons au fil des pages qui suivent, la principale conséquence de la très grande « subjectivité » du double critère établi par la Cour suprême du Canada est qu'elle rend extrêmement difficile toute possibilité d'intervention judiciaire dans le but de valablement évaluer – et, dans certains cas, contredire – la parole d'un requérant qui alléguerait que la croyance (et/ou la pratique qui en découle) qu'il entend faire respecter peuvent, effectivement, être couvertes par la définition de « convictions religieuses ». En d'autres termes : malgré les efforts de catégorisation (et donc de distinction) qu'il est possible d'identifier dans le corps de la jurisprudence pertinente, force est de constater que la portée octroyée aux convictions religieuses en tant qu'objet de protection des *lois sur les droits fondamentaux* est presqu'impossible à départager de l'ensemble, plus large, des « convictions personnelles ».

3.1.1. Le double critère : religion personnelle / croyance sincère

La définition que la Cour suprême du Canada a faite des « convictions religieuses » protégées au Canada repose sur deux « balises » extrêmement larges, dont les principales caractéristiques nous sont d'ailleurs fidèlement rapportées (et résumées) dans l'extrait qui suit :

> La religion, essentiellement, est l'ensemble des croyances profondes qui se rattachent à la foi spirituelle de l'individu et qui sont liées à la façon dont celui-ci se définit et s'épanouit spirituellement. Les pratiques de cette religion permettent à l'individu de communiquer avec l'être divin ou avec le sujet ou l'objet de cette foi spirituelle.
>
> La liberté de religion garantie par les Chartes québécoise et canadienne a pour objet les croyances et les pratiques qui sincèrement, ont pour but la communication avec une entité divine ou encore entrent dans le cadre de la foi spirituelle, et cela indépendamment de l'existence de quelque obligation, exigence ou précepte religieux objectif. C'est le caractère religieux ou spirituel de l'acte qui entraîne la protection, non le fait que son observance soit obligatoire ou perçue comme telle. L'État n'est pas en mesure d'agir comme arbitre des obligations religieuses.[200] [nous soulignons]

Nous constaterons dans cette partie comment, et pour quelles raisons, l'affirmation de tels critères définitionnels a, dans les faits, empêché les tribunaux canadiens d'exclure presque toute forme de conviction per-

---

[199] G. BOUCHARD et C. TAYLOR, *op. cit.*, note 20, p. 176.

[200] Henri BRUN, Pierre BRUN et Fannie LAFONTAINE, *Chartes des droits de la personne : législation, jurisprudence, doctrine*, coll. Alter Ego, Montréal, Wilson & Lafleur, 2009, p. 94, parag. 2a/15 (en résumé des arrêts *Amselem*, précité, note 22, *Multani*, précité, note 19 et *Ross* c. *Conseil scolaire du district n° 15 du Nouveau-Brunswick*, [1996] 1 R.C.S. 825 [ci-après : l'arrêt *Ross*]).

sonnelle du giron de protection offert aux convictions religieuses par les *lois sur les droits fondamentaux*.

La religion personnelle

Ce premier critère repose sur la définition que la Cour suprême du Canada (dans un contexte où cette dernière affirmait pourtant vouloir distinguer les convictions religieuses des « convictions qui possèdent une source séculière ou sociale ou qui sont une manifestation de la conscience de l'intéressé »[201]) a offerte quant à ce qui devait être considéré comme une « religion » en droit canadien :

> Une religion s'entend **typiquement** d'un système particulier et complet de dogmes et de pratiques. En outre, une religion comporte **généralement** une croyance dans l'existence d'une puissance divine, surhumaine ou dominante. **Essentiellement**, la religion s'entend de profondes croyances ou convictions volontaires, qui se rattachent à la foi spirituelle de l'individu et qui sont intégralement liées à la façon dont celui-ci se définit et s'épanouit spirituellement, et les pratiques de cette religion permettent à l'individu de communiquer avec l'être divin ou avec le sujet ou l'objet de cette foi spirituelle.[202] [nos soulignés et caractères gras]

Ainsi, après avoir énoncé que, « typiquement » et « généralement » (et donc : « non-exclusivement »), le concept de « religion » renvoyait à l'existence d'un dogme (collectif) et à la croyance en une entité similaire à une « divinité », la Cour suprême affirme/confirme que les dispositions protégeant les convictions religieuses comprises au sein des *lois sur les droits fondamentaux* ne peuvent se limiter à cette approche traditionnelle/collectiviste[203]. En faisant reposer le cœur de la définition de la religion sur les concepts de « foi » et de « définition »/« d'épanouissement » spirituels des individus qui la pratiquent, cette même cour s'est trouvée à opérer une forme de transfert du « religieux » vers le « spirituel » et, du même coup, à ouvrir les dispositifs de protection à toutes les formes de convictions pouvant participer à l'élaboration de la multitude de systèmes de valeurs individuels qu'on retrouve au sein de sociétés modernes telles que la société canadienne. En effet, contraire-

---

201 « Pour définir la liberté de religion, il faut d'abord se demander ce que l'on entend par *religion*. Bien qu'il ne soit peut-être pas possible de définir avec précision la notion de religion, une définition générale est utile puisque seules sont protégées par la garantie relative à la liberté de religion les croyances, convictions et pratiques tirant leur source d'une religion, par opposition à celles qui soit possèdent une source séculière ou sociale, soit sont une manifestation de la conscience de l'intéressé. » : *Amselem*, précité, note 22, parag. 39 [nous soulignons].

202 *Ibid.*

203 Cette conception « individuelle » du concept de religion pouvait en effet être décelée dès les tous premiers jugements rendus en vertu de la *Charte canadienne*. Voir par exemple : *Big M Drug Mart*, précité, note 46 et *Edwards Books*, précité, note 92.

ment au concept de « religion » qui peut, comme nous l'avons vu[204], avoir une connotation « collective », les définitions des termes « spiritualité » et « spirituel » renvoient directement – voire exclusivement – à une perception individuelle du rapport aux « mystères » qui sont à la base du phénomène religieux/superstitieux[205].

La très grande ouverture du critère de la « religion personnelle », tel qu'il est défini dans l'arrêt *Amselem*, se trouve à avoir deux impacts majeurs et interdépendants. Premièrement, il nous semble permettre l'inclusion des convictions « areligieuses » au sein de l'ensemble des « convictions religieuses » protégées, ce qui n'avait encore jamais été officiellement admis en droit canadien. En effet, outre quelques *obiter dicta* (dont celui formulé dans l'opinion majoritaire de l'arrêt *P (D)* c. *S. (C.)*[206], qui laisse clairement sous-entendre que l'athéisme doit être considéré comme une forme de « convictions religieuses »[207]), la Cour suprême ne s'était encore jamais prononcée directement sur la question. En tout et pour tout, le seul postulat qu'il est possible de faire ressortir avec certitude des quelques rares arrêts où la question des convictions areligieuses a été traitée par la Cour suprême se veut une confirmation que ces dernières se trouvent effectivement incluses dans la sphère de

---

204 Voir *supra*, section 1.2.3.

205 « **Spiritualité** [...] ■ **1.** *Philosph.* Caractère de ce qui est spirituel (I), indépendant de la matière. *La spiritualité de l'âme.* ■ **2.** Ensemble des croyances, des exercices qui concernent la vie spirituelle ; forme particulière que prennent ces croyances et ces pratiques. [...]

Spirituel [...] **I.** ■ **1.** *Philosoph.* Qui est esprit, de l'ordre de l'esprit considéré comme un principe indépendant. ▶ **Immatériel, incorporel.** *L'âme conçue comme réalité spirituelle.* ■ **2.** Propre ou relatif à l'âme, en tant qu'émanation et reflet d'un principe supérieur, divin. *Vie spirituelle. Exercices spirituels.* ■ **3.** Qui est d'ordre moral, n'appartient pas à la nature sensible, au monde physique. *Pouvoir spirituel* (Église) *et pouvoir temporel* (État). » : J. REY-DEBOVE et A. REY (dir.), *op. cit.*, note 16, p. 2423.

206 [1993] 3 R.C.S. 141.

207 « L'appelant a aussi soutenu que l'ordonnance contestée violait son droit à l'égalité à l'encontre du par. 15(1) de la *Charte*. Non seulement la *Charte* n'a-telle pas d'application à l'ordonnance, mais, au surplus, l'appelant n'a apporté aucun argument au soutien de cette prétention. Il s'est contenté de citer plusieurs décisions et auteurs et de faire un bref survol historique pour appuyer sa prétention que les Témoins de Jéhovah ont été victime de discrimination en tant que groupe. Ce n'est aucunement la question dont nous sommes saisis et ces arguments, pour valides qu'ils puissent être dans un autre contexte, n'ont aucune application à l'espèce. Se serait-il agi [sic !] de l'exercice par un catholique, un protestant ou un **athée, pour ne nommer que ces croyances religieuses**, que la décision serait la même... » [nos soulignés et caractères gras] : *id.*, mentionnons également l'existence d'un *obiter dictum* d'une minorité de juges dans l'arrêt *B (R.)* c. *Children's aid Society of Metropolitan Toronto*, [1995] 1 R.C.S. 315 [ci-après l'arrêt *Children's Aid*], parag. 231, qui tendait à assimiler les convictions areligieuses à une forme d'expression de la « conscience individuelle » des individus.

protection de la « liberté de conscience et de religion », sans pour autant savoir si cette inclusion relève de la « liberté de religion » ou de la « liberté de conscience ». Cet état de fait se trouve parfaitement illustré par cet extrait désormais classique de l'arrêt *Big M Drug Mart*, dans lequel la Cour suprême établit la portée conférée aux dispositions protégeant simultanément les libertés de conscience et de religion au Canada :

> L'intimée soutient que la loi en cause est inconstitutionnelle parce qu'elle porte atteinte à la liberté de religion – si cette loi porte atteinte à la liberté de religion, il n'importe pas de se demander si la compagnie peut avoir des croyances religieuses. Un athée pourrait tout autant contester une accusation portée en vertu de la Loi. Cette question ne pourrait être pertinente que si l'al. 2*a*) était interprété comme ne protégeant que les personnes qui peuvent démontrer qu'elles ont véritablement des croyances religieuses. [...]
>
> ... la loi qui porte atteinte à la liberté de religion est, de ce seul fait, incompatible avec l'al. 2*a*) de la *Charte* et il n'importe pas de savoir si l'accusé est chrétien, juif, musulman, hindou, bouddhiste, athée ou agnostique, ou s'il s'agit d'une personne physique ou morale. [...]
>
> Historiquement, la foi et la pratique religieuses sont, à bien des égards, des archétypes des croyances et manifestations dictées par la conscience et elles sont donc protégées par la *Charte*. La même protection s'applique, pour les mêmes motifs, aux expressions et manifestations d'incroyance et au refus d'observer les pratiques religieuses.[208] [nous soulignons]

Or, pour les motifs que nous avons examinés plus haut[209], le choix de retenir une interprétation purement subjective et individualiste du concept de religion (en faisant notamment reposer le cœur de la définition sur la notion pour le moins aléatoire de « spiritualité ») rend extrêmement hasardeuse l'identification de critères en vertu desquels il serait possible de distinguer les « convictions religieuses » des convictions d'ordre philosophique ou moral sur lesquels se fondent les individus areligieux pour structurer le sens de leur vie [ci-après : les « convictions areligieuses structurantes »][210]. Découle donc de cet état de fait l'évidence que les seules convictions qui peuvent être intrinsèquement exclues par le biais du critère de la religion personnelle (en tant que « convictions qui possèdent une source séculière ou sociale »[211] ou, pour reprendre les termes de l'alinéa 2*a*) de la *Charte canadienne*, qui repo-

---

208 *Big M Drug Mart*, précité, note 46, parag. 40-41 et 123.Voir aussi : B. ELBERG et M. POWER, *loc cit.*, note 198, aux pages 229-231 et David M. BROWN, « Neutrality or Privilege ? : A comment on Religious Freedom », (2005) 29 *S.C.L.R.* (2d) 221, 227-229.

209 Voir *supra*, sections 1.2.2 et 1.2.3.

210 Pour une mise en contexte de telles convictions, voir *supra*, section 1.2.2.

211 Voir *supra*, note 201.

sent sur la « conscience » individuelle) se trouvent être les convictions politiques et/ou sociales exclusivement fondées sur les différentes disciplines scientifiques[212], de même que celles qui relèvent davantage du domaine de la « connaissance » que de la « conviction »[213]. En effet, même le postulat le plus « restrictif » pouvant être tiré de la définition de la religion fournie – et non contredite depuis – par la Cour suprême dans l'arrêt *Amselem*, postulat selon lequel « les pratiques de [la] religion permettent à l'individu de communiquer avec l'être divin ou avec le sujet ou l'objet de cette foi spirituelle », ne permet d'exclure d'autres types de convictions puisque celui-ci : 1) a également été doté d'un statut clairement non exclusif par l'emploi du terme « essentiellement » avant son énoncé[214] ; et 2) ne constitue pas un fondement conceptuel suffisamment clair pour exclure les prétentions, par exemple, d'un ardent *existentialiste* qui prétendrait devant un tribunal que le respect de la philosophie de Jean-Paul Sartre aurait acquis un statut « spirituel » et l'obligerait à respecter certaines obligations ou poser certains gestes[215].

L'autre impact majeur découlant de la très large définition du critère de la « religion personnelle » est directement lié à la fracture que la Cour suprême a imposée, depuis l'adoption de la *Charte canadienne*, entre les « convictions religieuses » et les « dogmes religieux » se trouvant à la base de celles-ci. Le refus catégorique d'exiger, dans le processus visant à déterminer si une conviction donnée pouvait être qualifiée de « religieuse », la preuve de l'existence d'un dogme religieux quelconque sur lequel pourrait être fondée la conviction faisant l'objet de l'évaluation[216]

---

212 Qu'il s'agisse de disciplines liées aux « sciences pures » (comme les mathématiques, la biologie ou la chimie) ou, plus largement, aux « sciences humaines » (comme l'anthropologie, la sociologie ou les sciences politiques). Nous avons cru bon de n'exclure que les convictions politiques « exclusivement » fondées sur ces disciplines puisque, dans l'éventail des motifs pouvant motiver un engagement politique, plusieurs de ceux-ci reposent clairement sur des prises de position correspondant à certaines « convictions religieuses » (qu'on pense simplement aux différents aspects du droit criminel ou aux aspects du « droit à la vie » qui touchent la question de l'euthanasie et de l'avortement).

213 Voir *supra*, section 1.2.1.

214 Voir *supra*, citation correspondant à la note 21.

215 Il nous semble d'ailleurs que la principale « interrogation » soulevée par les commissaires Gérard Bouchard et Charles Taylor dans leur rapport final à propos de la *subjectivité* des critères établis pour définir les convictions religieuses protégées va tout à fait dans le sens de notre énoncé : voir *infra*, citation correspondant à la note 42.

216 « Pour résumer, la jurisprudence de notre Cour et les principes de base de la liberté de religion étayent la thèse selon laquelle la liberté de religion s'entend de la liberté de se livrer à des pratiques et d'entretenir des croyances ayant un lien avec une religion, pratiques et croyances que l'intéressé exerce ou manifeste sincèrement, selon le cas, dans le but de communiquer avec une entité divine ou dans le cadre de sa foi spirituelle, indépendamment de la question de savoir si la pratique ou la croyance est

constitue la conséquence d'une position maintes fois réaffirmée depuis l'arrêt *R.* c. *Jones*[217] selon laquelle il n'est pas du ressort des tribunaux (ou de l'État) d'évaluer la « raisonnabilité » ou la validité des convictions religieuses invoquées devant eux : « Si l'on présume que ses convictions soient sincères, je serais d'accord pour dire que la [loi] porte jusqu'à un certain point atteinte à la liberté de religion de l'appelant. Un tribunal n'est pas en mesure de mettre en question la validité d'une croyance religieuse, même si peu de gens partagent cette croyance. »[218]

Ce faisant, la Cour suprême se trouve à admettre dans l'ensemble des « convictions religieuses » protégées au Canada toute interprétation personnelle des différents mouvements et dogmes religieux s'affichant comme tels, sans égard à la valeur historique de ceux-ci[219] et/ou tout éloignées que ces interprétations soient de la position généralement respectée par les communautés de croyants ou, dans le cas des religions pour lesquelles un tel énoncé s'applique (pensons par exemple à l'Église catholique romaine) des « interprétations officielles » du dogme religieux. Qui plus est, le principe du rejet de toute preuve relative à l'existence d'un dogme ou de principes communs sur lesquels se fonderait la conviction faisant l'objet de l'examen se trouve à élargir la problématique – déjà importante – découlant de l'absence de critères permettant de distinguer entre *convictions areligieuses structurantes*[220] et « convictions religieuses ». En effet, ce principe implique également que les convictions relevant de la plus pure création personnelle[221] puissent être

---

prescrite par un dogme religieux officiel ou conforme à la position de représentants religieux. [...]

Il s'agit là d'un aspect fondamental de l'interprétation de la liberté de religion selon laquelle le demandeur qui invoque cette liberté n'est pas tenu de prouver l'existence de quelque obligation, exigence ou précepte religieux objectif. Pareille démarche serait incompatible avec les objets et principes qui sous-tendent la liberté de religion [...] et qui sont axés sur le choix personnel » [nous soulignons] : *Amselem*, précité, note 22, parag. 46 et 48. Cette position a été confirmée par la Cour suprême du Canada dans l'arrêt *Multani*, précité, note 19, au parag. 35. Dans le même sens, voir notamment : Sébastien LEBEL-GRENIER, « La religion comme véhicule d'affirmation identitaire : un défi à la logique des droits fondamentaux », dans Paul EID *et al.* (dir.), *op. cit.*, note 17, p. 123, aux pages 127-129.

217 [1986] 2 R.C.S 284.

218 *Ibid.* Voir aussi : *Ross*, précité, note 200, parag. 70-72 ; et *Amselem*, précité, note 22, parag. 49-51.

219 En effet, l'extension du critère de la « religion personnelle » fait en sorte que toutes les « convictions religieuses », à partir du moment où elles sont reconnues comme telles par un tribunal, jouissent d'une égale protection juridique au Canada et ce, peu importe qu'elles reposent sur des dogmes datant de plus de 1 000 ans ou qu'elles aient émergé tout récemment.

220 Voir *supra*, note 210.

221 Ou ne reposant sur aucun « dogme » ou « fondement philosophique » donnés.

considérées – en autant, évidemment, qu'elles visent à répondre aux « mystères religieux »[222] et qu'elles respectent les différentes modalités du critère de la « croyance sincère » que nous analyserons dans les pages qui suivent – comme des « convictions religieuses » protégées en droit canadien. Cette possibilité avait d'ailleurs été spécifiquement évoquée par les commissaires Gérard Bouchard et Charles Taylor dans leur rapport final comme une des « plus importantes interrogations » soulevées par le choix de la conception subjective de la religion comme méthode d'évaluation retenue par les tribunaux canadiens :

> Malgré les avantages qu'elle revêt, la conception subjective de la religion soulève aussi son lot d'interrogations. La plus importante parmi celles-ci concerne la possibilité que la liberté de religion soit invoquée de façon opportuniste ou frauduleuse. Pour justifier une requête, le demandeur, n'ayant pas à prouver l'existence objective de sa croyance, pourrait plus facilement invoquer une croyance religieuse fictive ou une croyance à laquelle il n'adhère pas sincèrement. Cette possibilité est d'autant plus grande que le test de sincérité auquel s'en remettent les tribunaux ne doit pas être trop astreignant et doit admettre que les croyances et la pratique religieuses d'un individu puissent changer avec le temps. La conception subjective de la liberté de religion ne risque-t-elle donc pas d'ouvrir la voie à des abus et à une multiplication incontrôlable des demandes ?
>
> Ce problème est sérieux, mais nous ne croyons pas qu'il compromette de façon décisive la conception subjective de la liberté de religion.[223] [nous soulignons]

La croyance sincère

Le minimalisme des « limites intrinsèques » imposées aux convictions religieuses en tant qu'objet de protection des *lois sur les droits fondamentaux* découle également de la définition du **critère de la « croyance sincère »**. Les principales implications de ce second critère ont été fort bien résumées par les auteurs Henri Brun, Fannie Lafontaine et Pierre Brun qui indiquent que : (1) une croyance sincère est une croyance « honnête » (2) dont l'évaluation n'exige aucune preuve par expert ni (3) d'analyse rigoureuse des pratiques antérieures du « croyant »[224]. Mentionnons également que la Cour suprême, dans l'arrêt

---

[222] Voir *supra*, section 1.2.2.

[223] G. BOUCHARD et C. TAYLOR, *op. cit.*, note 20, pp. 176-177. Dans le même sens, voir également : J.-F. GAUDREAULT-DESBIENS, *loc. cit.*, note 77, aux pages 264-267.

[224] « Une croyance sincère est une croyance honnête ; un tribunal doit s'assurer qu'elle invoquée de bonne foi, qu'elle n'est pas un artifice. Il s'agit là d'une question de fait reposant notamment sur la crédibilité du témoignage du demandeur et sur les pratiques religieuses courantes de celui-ci. Comme cet examen a pour objet la conception subjective que se fait le demandeur **de ses obligations religieuses**, aucune

Amselem, avait aussi soulevé deux autres caractéristiques que les convictions, pour être qualifiées de « sincères », ne devaient pas posséder : « De fait, dans l'appréciation de la sincérité, le tribunal doit uniquement s'assurer que la croyance religieuse invoquée est avancée de bonne foi, [1] qu'elle n'est ni fictive ni arbitraire et [2] qu'elle ne constitue pas un artifice. »[225] [nos rajouts et soulignés]

Le premier constat qu'on doit déduire des caractéristiques du critère de la « croyance sincère » tient à la distinction entre les prescriptions religieuses « facultatives » et celles qui sont « obligatoires ». Ainsi, la définition que la Cour suprême du Canada a faite de ce critère sous-entend non seulement la démonstration que l'individu croit sincèrement (ou « honnêtement »[226]) à un ou plusieurs principe(s) religieux donné(s), mais que ce(s) principe(s) religieux entraîne(nt) une « obligation religieuse » ou, pour reprendre les termes de cette même Cour suprême dans l'arrêt *Multani*, « lui impose[(nt)] une certaine croyance ou pratique »[227] [nous soulignons].

Cette distinction permet en théorie[228] d'exclure du champ des convictions religieuses couvertes les revendications qui seraient fondées sur un

---

preuve par expert n'est requise. Enfin, l'examen de la sincérité doit viser la croyance au moment de l'atteinte à la liberté ; aussi ne convient-il pas que le tribunal analyse rigoureusement les pratiques antérieures du demandeur » [nos soulignés et caractères gras] : H. BRUN *et al.*, *op. cit.*, note 200, p. 94.

225 *Amselem*, précité, note 22, parag. 52.

226 *Id.*, parag. 51.

227 *Multani*, précité, note 19, parag. 35. Voir aussi : « ... [lorsque le] précepte religieux est purement permissif, il n'entre pas en conflit avec la règle de droit qui prohibe ce qu'il autorise. Ainsi, le fait qu'une religion permette l'avortement ne la met pas en conflit avec une disposition du *Code criminel* qui prohibe l'interruption de grossesse [le professeur Woehrling réfère ici aux décisions *R.* c. *Morgentaler*, (1986) 52 O.R. (2e) 353 et *Québec (Procureur général)* c. *Église de scientologie du Québec*, [1995] R.J.Q. 2526 (C.Q.)] ; le fait qu'une religion autorise la polygamie ne la rend pas incompatible avec une loi qui l'interdit » : José WOEHRLING, « L'obligation d'accommodement raisonnable et l'adaptation de la société à la diversité religieuse », (1998) 43 *R.D. McGill* 325, 395. Voir toutefois notre commentaire sur la position des professeurs Henri Brun, Guy Tremblay et Eugénie Brouillet, *infra*, note 230.

228 Nous utilisons ici le terme « théorie » à escient puisqu'il nous semble que la très grande subjectivité du double critère établi par la Cour suprême pour définir les « convictions religieuses » comme objet de protection des *lois sur les droits fondamentaux* est de nature à soulever de très importantes réserves quant à la possibilité concrète d'exclure des convictions dont le respect serait « facultatif » pour l'individu qui les fait valoir. En effet, comme ce double critère empêche les tribunaux de pouvoir évaluer la conviction pertinente en fonction de critères objectifs (par exemple, en vertu d'un « dogme religieux » sur lequel elle serait fondée) et que, donc, la distinction *facultatif-obligatoire* tombe dès qu'un individu se déclare sincèrement tenu à la réalisation d'un acte ou au respect d'une valeur par sa « conviction », il nous semble permis de nous demander jusqu'à quel point cette distinction n'a pas une valeur principalement (voire purement) esthétique.

aspect (ou une prescription) donné de la religion dont l'individu fait (ou s'estime faire) partie sans que ce même individu ne se sente personnellement lié par cet aspect ou cette prescription. En guise d'exemple de l'application concrète de l'exclusion intrinsèque des convictions religieuses *facultatives*, nous pourrions penser au cas particulier du « canthéisme », mouvement spirituel qui, en guise de dogme collectif, prône le respect des différentes vertus du cannabis. Les principaux rites de ce mouvement spirituel, qui incluent notamment la consommation régulière de cannabis, sont définis par le Site Web officiel du mouvement comme étant « beneficial but not mandatory »[229]. En conséquence, un adepte du canthéisme qui respecterait la lettre collective de son dogme ne pourrait donc bénéficier de la protection de la liberté de religion au Canada pour la réalisation des rites canthéistes, ces derniers n'ayant pas de statut « obligatoire » pour ce même adepte[230].

Toutefois, malgré les quelques « exclusions intrinsèques » qu'il est possible de déduire de la distinction *facultative-obligatoire*[231], il appert que le critère de la « croyance sincère », tel qu'il est appliqué actuellement, a pour effet de restreindre considérablement la marge de ma-

---

[229] CANTHEISM, *What is Cantheism ?*, [en ligne : http://cantheism.com/aboutus.aspx], (page consultée le 22 août 2010).

[230] Qu'il nous soit ici permis de traiter de la très intéressante analyse des professeurs Henri Brun, Guy Tremblay et Eugénie Brouillet, qui affirment que le critère de la religion personnelle, tel qu'il fut appliqué dans l'arrêt *Amselem*, précité, note 22, permettrait même d'exclure l'exigence selon laquelle la conviction religieuse alléguée par un individu, pour être protégée en vertu des *lois sur les droits fondamentaux* canadiennes, devrait impliquer pour lui une forme d'*obligation* : H. BRUN, G. TREMBLAY et E. BROUILLET, *op. cit.*, note 169, p. 1082. La relecture des paragraphes pertinents des motifs de la majorité dans l'arrêt *Amselem* – que les trois constitutionnalistes citent à l'appui de leur affirmation – tend effectivement à confirmer cette interprétation : *Amselem*, précité, note 22, parag. 47 et 69. Même si cette plus grande ouverture du critère de la *religion personnelle* aurait apporté de l'eau au moulin de notre démonstration, il nous semble toutefois que la lecture des professeurs Brun, Tremblay et Brouillet, pour toute justifiée qu'elle puisse être si on s'en tient à la seule lecture de l'arrêt *Amselem*, a été en majeure partie contrecarrée par une affirmation très claire de la majorité de cette même Cour suprême dans l'arrêt *Multani*, précité, note 19, parag. 35, selon laquelle : « Le fait que plusieurs personnes pratiquent la même religion de façon différente n'invalide pas pour autant la demande de celui qui allègue une violation à sa liberté de religion. Ce qui importe, c'est que cette personne démontre **qu'elle croit sincèrement que sa religion lui impose** une certaine croyance ou pratique » [nos soulignés et caractères gras].

[231] S'agissant de l'application concrète de la distinction *facultative-obligatoire* quant à la croyance invoquée, il est intéressant de souligner une décision de la Cour du Québec, confirmée pour la portion pertinente en Cour supérieure (*Église de scientologie* c. *L'Office de la protection du consommateur et Québec (Procureur général)*, [1997] R.J.Q. 2233, (C.S.)) et réglée hors cours en appel ((C.A., 2003-02-26), 200-10-000552-971), qui concernait directement cette distinction : *Québec (Procureur Général)* c. *Église de scientologie de Québec*, précité, note 227.

nœuvre (déjà très mince) qui est laissée aux tribunaux par le critère de la religion personnelle en ce qui a trait à la possibilité d'exclure intrinsèquement une conviction donnée du champ des « convictions religieuses » protégées[232]. Tout d'abord, même si ce critère laisse en principe aux tribunaux une certaine latitude quant à l'appréciation de la sincérité (ou l'honnêteté) de la conviction faisant l'objet de l'examen, il se trouve également à leur couper littéralement l'herbe sous le pied en excluant l'un des principaux (voir le seul) moyens permettant à un juge de contre-vérifier la parole d'un individu donné, soit l'évaluation de la conformité des actes antérieurs avec les prétentions avancées.

En effet, les principes jurisprudentiels interdisent aux tribunaux d'exiger la preuve d'une pratique constante au cours des années qui ont précédé la requête, l'évaluation de la croyance devant être faite « au moment de l'atteinte à la liberté ». *Grosso modo*, il suffit donc qu'un individu fasse la démonstration que, au moment où les faits qui ont donné naissance au litige sont survenus, il croyait sincèrement que sa foi spirituelle l'obligeait à réaliser (ou s'abstenir de réaliser) certains rites ou actions ou à respecter certaines valeurs, sans que l'évaluation de cette affirmation ne puisse porter sur autre chose que la « crédibilité » de cet individu[233]. Bien que cet énoncé de principe ait le mérite de couvrir, conformément aux principes du droit international en la matière[234], les

---

232 Ce postulat est d'ailleurs partagé par le professeur Richard MOON, « Religious Commitment and Identity : *Syndicat Northcrest* v. *Amselem* », (2005) 29 *Sup. Ct. L. Rev.* 201, 218-219.

233 À cet égard, il nous semble d'ailleurs opportun de souligner que la revue de la jurisprudence rendue en matière de protection des convictions religieuses depuis l'élaboration du critère de la « croyance sincère » ne nous a permis de déceler qu'un seul arrêt dans le cadre duquel la Cour suprême du Canada a rejeté un recours au motif que la « croyance religieuse » du plaignant ne pouvaient être considérée comme « sincère » : l'arrêt *Bruker* c. *Marcovitz*, précité, note 128, parag. 68-70. Or, hasard ou providence, cet arrêt nous semble devoir être considéré comme un *ovni* en matière de protection des convictions religieuses, puisque la majorité de la Cour suprême du Canada a dérogé à une de ses règles générales (selon laquelle un tribunal n'a pas la légitimité d'évaluer une conviction religieuse donnée en fonction du « dogme religieux » qui est à sa base), se justifiant d'agir ainsi par le fait que le litige portait sur un « contrat » ayant un objet religieux : *Bruker* c. *Marcovitz*, précité, note 128, parag. 45-46. Pour un développement plus approfondi de cette hypothèse, voir : Louis-Philippe LAMPRON, « La résolution du conflit entre la liberté religieuse et l'égalité des hommes et des femmes : occasion manquée ou manœuvre d'évitement réussie ? », dans Louise LANGEVIN *et al.*, « L'affaire *Bruker* c. *Marcovitz* », (2008) 49 *C. de D.* 655, 678.

234 Les principaux instruments internationaux de protection des droits et libertés fondamentaux prévoient en effet que la liberté de conscience et de religion doit également protéger la liberté de changer de croyance ou de religion. Voir à ce sujet le paragraphe 9 (1) de la *Convention européenne des droits de l'Homme*, précitée, note 60 : « **Art. 9** (1) Toute personne a droit à la liberté de pensée, de conscience et de religion ; ce droit implique la liberté de changer de religion ou de conviction… » [nous

cas où les convictions d'un individu « migrent » d'un courant religieux à un autre[235], aucune instance canadienne n'a encore donné d'appréciation précise quant à la durée requise pour que la « conversion » en question puisse produire des effets juridiques. Quoi qu'il en soit, la très grande ouverture des balises subjectives actuellement définies par la Cour suprême ne nous semblent pas permettre d'exclure, en fonction du critère de la « croyance sincère », les « convictions religieuses » très récentes, même celles datant de quelques jours.

Dans le même sens, il nous semble que le principe selon lequel il n'est pas nécessaire de démontrer le fondement « dogmatique » d'une conviction donnée où de la lier à un comportement antérieur de la personne qui allègue en être la détentrice court-circuite d'emblée toute interprétation qui aurait permis de plaider que les convictions relevant de la plus pure création personnelle et individuelle puissent être considérées comme « fictives » ou « arbitraires » (selon les termes employés dans l'arrêt *Amselem*[236]) et, conséquemment, exclues du champ de protection des « convictions religieuses » puisque ne respectant pas le critère de la « croyance sincère ».

Ainsi, tel que nous l'annoncions au début du point 3.1.1, l'analyse du double critère *religion personnelle/croyance sincère* – sur lesquels la Cour suprême du Canada a décidé de faire reposer la définition des « convictions religieuses » – ne permet concrètement d'exclure qu'une quantité infime de convictions du domaine couvert par ce même objet de protection. Pour résumer, il est possible de dire que, dès qu'une croyance ou conviction relève de la sphère de l'indémontrable et est (sincèrement) considérée comme structurante pour l'individu qui la détient, elle se trouve être couverte en tant que conviction religieuse protégée par les

---

soulignons] ; l'article 18 de la *Déclaration universelle des droits de l'Homme*, précitée, note 65 : « **Article 18** Toute personne a droit à la liberté de pensée, de conscience et de religion ; <u>ce droit implique la liberté de changer de religion ou de conviction</u> ainsi que la liberté de manifester sa religion ou sa conviction seule ou en commun, tant en public qu'en privé, par l'enseignement, les pratiques, le culte et l'accomplissement des rites » [nous soulignons] ; et finalement l'article 18 du *Pacte international relatif aux droits civils et politiques*, précité, note 65 : « **Article 18** 1. Toute personne a droit à la liberté de pensée, de conscience et de religion ; <u>ce droit implique la liberté d'avoir ou d'adopter une religion ou une conviction de son choix</u>, ainsi que la liberté de manifester sa religion ou sa conviction, individuellement ou en commun, tant en public qu'en privé, par le culte et l'accomplissement des rites, les pratiques et l'enseignement. »

2. <u>Nul ne subira de contrainte pouvant porter atteinte à sa liberté</u> d'avoir ou <u>d'adopter une religion ou une conviction de son choix</u> » [nous soulignons].

[235] On parlera plus souvent de *conversion*, au sens général du terme : « **Conversion** [...] Le fait d'adopter une croyance religieuse ou de passer d'une croyance à une autre » : J. REY-DEBOVE et A. REY (dir.), *op. cit.*, note 16, p. 535.

[236] Voir *supra*, citation correspondant à la note 225.

lois canadiennes sur les droits fondamentaux (tel qu'illustré schématiquement à la figure suivante).

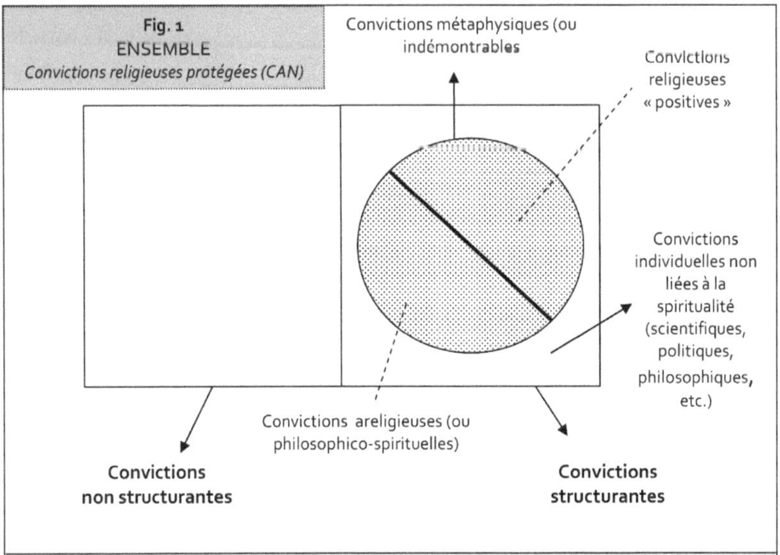

Légende

= convictions considérées comme des convictions religieuses protégées en droit canadien

Toutefois, même si le point focal de la définition est fixé sur ce double critère, la circonscription de la portée attribuée aux convictions religieuses au sein de l'ensemble des objets de protection couverts par les *lois sur les droits fondamentaux* au Canada, pour être complète, ne peut s'y limiter. En effet, malgré la règle générale applicable au Canada en matière de conciliation entre deux droits et/ou libertés opposés[237], les tribunaux ont admis la possibilité de limiter intrinsèquement la portée de certains droits ou libertés fondamentaux dans l'éventualité où l'exercice d'un (ou de plusieurs) de ceux-ci aurait pour conséquence de porter lourdement atteinte aux droits et libertés d'une autre personne[238]. Il

[237] Règle en vertu de laquelle les conflits entre droits fondamentaux opposés doivent être « gérés », non pas à l'étape de la violation du droit fondamental invoqué par le plaignant, mais plutôt à l'étape ultérieure de la justification de l'atteinte au droit fondamental. Voir à cet égard, *infra*, note 251.

[238] À titre illustratif, la Cour suprême du Canada a reconnu, dans l'arrêt *Irwin Toy Ltd* c. *Québec (Procureur général)*, [1989] 1 R.C.S. 927 [ci-après l'arrêt *Irwin Toy*], qu'un acte qui aurait toutes les caractéristiques d'un « acte expressif » protégé par la liberté d'expression devrait être exclu du giron de protection de cette même liberté s'il était

s'agit maintenant de déterminer dans quelle mesure cette possibilité a été admise par rapport à la protection initiale conférée aux « convictions religieuses ».

3.1.2. Limites intrinsèques découlant de l'opposition avec un autre droit ou liberté fondamental

Illustration de l'adage : « les droits des uns finissent là où commencent ceux des autres », lequel tire sa source de l'article 4 de la *Déclaration des droits de l'homme et du citoyen* de 1789[239], la possibilité de recourir à ce type de limitation intrinsèque a toujours été évoquée, de manière générale ou indirecte[240], par les tribunaux canadiens depuis l'adoption de la *Charte canadienne*. Toutefois, les choix de privilégier la méthode d'*interprétation large et libérale* pour la détermination de la portée des droits et libertés fondamentaux[241] et de séparer en deux étapes distinctes l'analyse de la violation à un droit ou une liberté et celle de sa potentielle justification[242] ont mené à une restriction importante du type

---

« physiquement violent » ou susceptible de porter atteinte à l'intégrité physique d'un autre individu. Voir à ce sujet : *infra*, section 5.1.1.

239 [En ligne : http://www.legifrance.gouv.fr/html/constitution/const01.htm], (page consultée le 7 juin 2010) : « Article 4. La liberté consiste à pouvoir faire tout ce qui ne nuit pas à autrui : ainsi, l'exercice des droits naturels de chaque homme n'a de bornes que celles qui assurent aux autres Membres de la Société la jouissance de ces mêmes droits ». Notons qu'on retrouve également un libellé semblable dans le préambule de la *Charte québécoise* qui prévoit que : « ...les droits et libertés de la personne humaine sont inséparables des droits et libertés d'autrui et du bien-être général ». Dans le même sens, voir aussi : John Stuart MILL, *De la liberté*, Paris, Gallimard, 1990 (texte original paru en 1859), pp. 176-180.

240 En effet, dès les premiers jugements, la Cour suprême du Canada n'a cessé de réaffirmer le caractère non absolu des droits et libertés protégés par la *Charte canadienne*, lesquels devaient notamment : (1) être exercés par le titulaire d'une manière qui « ne lèse pas ses semblables » : *Big M Drug Mart*, précité, note 46, parag. 123 ; (2) « être limités afin de préserver la structure sociale dans laquelle chaque droit peut être protégé sans porter atteinte indûment aux autres » : *Commission Ontarienne des Droits de la Personne* c. *Simpsons-Sears*, [1985] 2 R.C.S. 536, parag. 22 [ci-après l'arrêt *Simpson-Sears*] ; (3) « être définis à la lumière des revendications opposées » : *R.* c. *Mills*, [1999] 3 R.C.S. 668, parag. 61 ; (4) [s'agissant de la liberté de religion] être « restreinte par le droit des autres personnes d'embrasser et de professer leurs propres croyances et opinions, et de ne pas être lésées par l'exercice de la liberté de religion d'autrui » : *Ross*, précité, note 200, parag. 72 et *Young* c. *Young*, [1993] 4 R.C.S. 3. Dans le même sens, voir aussi : B. ELBERG et M. POWER, *loc. cit.*, note 198, aux pages 226-227.

241 Voir notamment à cet égard : *R.* c. *Dyment*, [1988] 2 R.C.S. 417, parag. 15 ; H. BRUN *et al.*, *op. cit.*, note 200, pp. 34-35 ; S. BEAULAC, *loc. cit.*, note 43, à la page 37 et H. BRUN, G. TREMBLAY et E. BROUILLET, *op. cit.*, note 169, pp. 954-957.

d'atteintes pouvant être potentiellement constitutives d'une limitation intrinsèque à ces mêmes droits et libertés protégés.

En ce qui concerne spécifiquement les dispositions protégeant les convictions religieuses et le cas du respect de celles qui, si elles sont mises en pratique, sont susceptibles de porter atteinte à un autre droit fondamental protégé par les *lois sur les droits fondamentaux* [ci-après : *les convictions religieuses préjudiciables*], le débat propre à la « limitation intrinsèque » des dispositions a principalement porté sur la question de l'atteinte (ou risque d'atteinte) à l'intégrité physique d'un autre individu[243]. Autrement formulé, la question qui s'est posée devant les tribunaux était la suivante : les dispositions protégeant les convictions religieuses couvrent-elles l'éventualité où le respect d'une de ces convictions religieuses aurait pour conséquence de porter atteinte à l'intégrité physique d'un autre individu ?

Nous analyserons la réponse que les tribunaux canadiens ont jusqu'ici fournie à cette question par le biais d'une approche en deux volets qui nous permettra d'aborder, dans un premier temps, l'énoncé du principe de l'inclusion/exclusion de ce type de convictions du champ des « convictions religieuses » couvertes par les *lois sur les droits fondamentaux* et, en deuxième lieu, la « porte de sortie » offerte par l'existence d'un lien entre la mise en application de *convictions religieuses préjudiciables* et la liberté d'expression.

S'agissant du premier aspect de la question, il est désormais clair que l'existence d'un risque d'atteinte à l'intégrité physique individuelle (même très sérieux[244]) n'est pas, en soi, suffisante pour exclure une

---

[242] Les raisons motivant (et conséquences découlant de) ce « choix » ont d'ailleurs fait l'objet d'une analyse collective extrêmement intéressante en 2009 dans l'ouvrage suivant : Luc B. TREMBLAY et Grégoire C. N. WEBBER (dir.), *Les limitations des droits de la Charte : essais critiques sur l'arrêt R. c. Oakes*, Montréal, Thémis, 2009.

[243] Les convictions personnelles impliquant une atteinte potentielle à l'intégrité physique individuelle de la personne qui en est la titulaire (par exemple : le refus de consentir à certains soins de santé jugés « nécessaires » pour sa propre survie) ont été, à certaines conditions et sauf exceptions (pensons par exemple à l'interdiction de vendre ses organes : *Code civil du Québec*, L. Q. 1991, c. 64, art. 25 (1)), reconnues comme protégées par le régime des *lois sur les droits fondamentaux* au Canada. Voir à ce sujet l'excellente et exhaustive étude suivante : Maxime LAMOTHE, *La renonciation à l'exercice des droits et libertés garantis par les chartes*, Cowansville, Yvon Blais, 2007, et plus particulièrement les pages 52-55 et 62-68 ainsi que *Rodriguez* c. *Colombie-Britannique*, [1993] 3 R.C.S. 519 [ci-après l'arrêt *Rodriguez*], parag. 137.

[244] L'arrêt *Children's Aid*, précité, note 207, ne nous permet pas de conclure autrement puisque le refus de deux Témoins de Jéhovah, au nom de leurs convictions religieuses, de permettre que leur enfant reçoive une transfusion sanguine a été jugé couvert par la liberté de religion, même si ce refus était susceptible d'être « fatal » à l'enfant (voir parag. 44 et 123 de la décision).

prescription religieuse du champ de la protection[245]. Ce critère d'atteinte à l'intégrité physique des individus a pourtant bien failli être considéré comme une limite intrinsèque aux dispositions protégeant les convictions religieuses. En effet, dans l'arrêt *B. (R.)* c. *Children's Aid*, rendu en 1995, la Cour suprême du Canada était saisie d'un litige dans le cadre duquel les parents d'un nouveau-né s'opposaient, au nom de leurs convictions religieuses (ils étaient Témoins de Jéhovah) à ce que les membres du personnel médical puissent mettre en application leurs conclusions selon lesquelles l'état de santé du bébé exigeait qu'il reçoive une transfusion sanguine. Sur les neuf juges de la Cour suprême qui rendirent la décision, quatre en vinrent à la conclusion que :

---

[245] Notons que la Cour suprême ne s'est pas encore prononcée directement sur la question des convictions religieuses dont le respect aurait nécessairement pour effet de causer une atteinte directe à l'intégrité physique d'un individu. Sous réserve des commentaires formulés concernant le « transfert » de l'objet du litige de la protection des « convictions religieuses » vers celle de la « liberté d'expression » (voir *infra*, texte correspondant aux notes 256 à 264) et malgré la force avec laquelle a été affirmé le principe voulant que la conciliation entre « convictions religieuses » et autres droits fondamentaux doive être réalisée à l'étape des dispositions justificatives dans les arrêts *Ross* et *Multani* (voir *infra*, note 251), la possibilité d'imposer une limitation intrinsèque à la protection offerte aux convictions religieuses, qui exclurait d'emblée le respect de telles prescriptions religieuses, est donc toujours ouverte (voir toutefois notre commentaire subséquent : *infra*, note 255). À cet égard, notons que l'exclusion intrinsèque des pratiques ayant pour effet de causer une atteinte à l'intégrité physique d'un autre individu irait dans le sens de la jurisprudence canadienne qui – sauf quelques petits « accidents de parcours » telles que la décision *R.* c. *A.N.*, C.Q. Montréal (Chambre criminelle), n° 500-01-003139-927, 13 janvier 1994, j. Verreault – est généralement réticente à l'idée de relativiser l'application des dispositions criminelles en fonction du contexte culturel des contrevenants. Le litige de l'affaire *R.* c. *A.N.* impliquait un homme ayant abusé sexuellement de sa belle-fille pendant une période de deux ans, alors qu'elle avait entre 9 et 11 ans. Il fut mis en preuve que l'accusé avait, au cours de cette période, sodomisé sa jeune victime au moins vingt fois et que, tant la victime que l'agresseur étaient adeptes de l'Islam. Justifiant une sentence réduite de 23 mois de réclusion, la juge affirma que : « Les facteurs atténuants sont l'absence… pardon, le fait que l'accusé n'ait pas eu de relations sexuelles normales et complètes avec la victime, c'est-à-dire des relations sexuelles vaginales, pour être plus précis, de sorte que celle-ci puisse préserver sa virginité, ce qui semble être une valeur très importante dans leurs religions respectives. » Cette décision fut renversée en appel : *R.* c. *A.N.*, [1994] J.Q. n° 522 (Quicklaw) (C.A.). S'agissant de la réticence judiciaire en ce qui concerne la relativisation de dispositions criminelles au moyen d'arguments culturels, voir notamment : *R.* c. *Church of Scientology of Toronto*, (1988) 30 C.R.R. 238 (C.A. Ont.) (l'exercice de la religion est soumis au *Code criminel*) ; *R. c. Ly*, (1987) 33 C.C.C. (3d) 31 (B.C.C.A.) (les arguments culturels/religieux sont irrecevables en tant que facteurs atténuants dans les cas de meurtre) ; *R. c. Lucien*, [2000] A.Q. n° 2 (Quicklaw) (C.A.) (idem dans le cas d'agression sexuelle de même que Marie-Pierre ROBERT, *La défense culturelle : un moyen de défense non souhaitable en droit pénal canadien*, Cowansville, Yvon Blais, 2004, pp. 1-3 et 113-117.

> Bien que l'article premier puisse convenir pour évaluer les intérêts de l'État en fonction de la violation des droits de l'individu lésé, cette évaluation n'est pas nécessaire en l'espèce. Le nœud de l'évaluation se situe entre le droit de Sheena à la vie et à la sécurité de sa personne et le droit de ses parents à la liberté de religion. Nous ne sommes pas convaincus que l'article premier devrait être le seul instrument d'évaluation des libertés positives et négatives de deux individus. [...]
>
> ... nous concluons par analogie que ni l'al. 2*a*) ni le droit à la liberté garanti par l'art. 7 n'autorisent les parents à mettre en danger la vie de leurs enfants. En toute déférence, étendre les garanties de droits substantiels à une telle activité les dénuerait de tout sens en raison de l'absence de définition. Il n'est pas nécessaire d'effectuer ce genre d'analyse seulement parce qu'il est évident en soi que la restriction d'un droit doit être maintenue si elle est conforme à la justice fondamentale ou à l'article premier.[246] [nous soulignons]

Malheureusement pour les tenants d'une telle position, les juges de la majorité suivirent une construction argumentative différente. Même s'ils en vinrent malgré tout à la conclusion que la protection du droit à la vie, à la liberté et à la sécurité de l'enfant (Sheena) justifiait, en l'espèce, l'atteinte constatée à la liberté religieuse de ses parents[247], ils ne jugèrent pas pertinent – et jugèrent même dangereux[248] – d'exclure intrinsèquement du champ de protection de l'alinéa 2*a*) de la *Charte canadienne* la prescription religieuse sur laquelle ces mêmes parents se fondaient pour justifier leur refus[249].

Les arrêts *Multani*, *Ross* et *Université Trinity Western*[250] sont depuis venus confirmer la position majoritaire de l'arrêt *Children's Aid* en consacrant le principe selon lequel, lorsque les tribunaux se trouvent saisis d'un litige impliquant des convictions religieuses ayant pour effet d'« entrer en conflit avec d'autres droits constitutionnels [ou quasi-

---

246 *Children's Aid*, précité, note 207, parag. 233-234. Cette dissidence extrêmement forte avait d'ailleurs été précédée, au Québec, d'une décision portant sur des faits similaires et allant dans le même sens : *Protection de la jeunesse – 224*, (1986) R.J.Q. 2711 (T.J.). Voir à ce propos : H. BRUN *et al.*, *op. cit.*, note 200, p. 796.

247 *Children's Aid*, *id.*, parag. 112-113.

248 En effet, dans un addenda rédigé après lecture des motifs de la dissidence, les juges de la majorité de l'arrêt *Children's Aid* affirment leur inquiétude quant à l'éventualité qu'on puisse limiter intrinsèquement la portée du droit à la liberté de conscience et de religion : « Si mes collègues sont préoccupés par ma façon de procéder – celle-là même, si je puis dire, à laquelle notre Cour a traditionnellement eu recours depuis ses toutes premières décisions fondées sur la *Charte* –, je m'inquiète de leur façon de restreindre un droit constitutionnel en fonction d'un autre droit sans rapport avec le contexte. » : *Id.*, parag. 114.

249 *Id.*, parag. 109-111.

250 *Université Trinity Western* c. *College of Teachers*, [2001] 1 R.C.S. 772 [ci-après l'arrêt *Trinity Western*].

constitutionnels] », l'exercice de conciliation doit être effectué en vertu des « dispositions justificatives » telles que l'article premier de la *Charte canadienne* ou 9.1 de la *Charte québécoise*[251].

Le principe selon lequel on ne peut exclure intrinsèquement du champ des convictions religieuses protégées aucune des *convictions religieuses préjudiciables* est formulé de manière tellement large qu'il semble même empêcher l'exclusion de celles dont le respect implique, non pas un simple risque, mais une atteinte directe à l'intégrité physique des individus, telles que l'excision[252], l'infibulation[253], le *sati*[254], ou encore les cas où le recours à des actes de violence physique est « autorisé » par des règles religieuses (que ce soit entre conjoints, des parents envers les enfants ou des adeptes envers les non-adeptes).

Bien que la Cour suprême ne se soit jamais prononcée directement sur la question[255], l'état actuel des choses laisse croire que la seule manière au moyen de laquelle les tribunaux canadiens pourraient fonder l'exclusion intrinsèque de telles pratiques religieuses serait par l'entremise d'un « transfert » vers les limitations intrinsèques qui ont été imposées à la liberté d'expression, et qui excluent d'emblée les actes « physi-

---

251 « Cette Cour a souvent affirmé, avec raison, que la liberté de religion n'est pas absolue et peut entrer en conflit avec d'autres droits constitutionnels. Toutefois, depuis l'élaboration dans l'arrêt *Oakes* du critère encadrant la restriction des droits, elle n'a pas remis en question qu'en principe les droits sont conciliés au regard de la justification constitutionnelle que commande l'article premier de la Charte canadienne. À cet égard, la portée de l'arrêt *Big M Drug Mart*, précité, note 46, rendu avant l'arrêt *Oakes*, a été examinée dans l'arrêt *Children's Aid*, précité, note 207, par. 110-111 » [nous soulignons] : *Multani*, précité, note 19, parag. 30. Voir aussi : *Ross*, précité, note 200, parag. 73 ainsi que *Trinity Western*, *id.*, parag. 29-35. Sur cette question, voir notamment : J.-F. GAUDREAULT-DESBIENS, *loc. cit.*, note 77, aux pages 268-272.

252 « **Excision** [...] Ablation rituelle du [...] clitoris (clitoridectomie) et parfois des petites lèvres dans certaines sociétés. *Rites d'excision* » : J. REY-DEBOVE et A. REY, *op. cit.*, note 16, p. 968.

253 « **Infibulation** [...] Mutilation sexuelle féminine qui consiste à coudre les grandes lèvres dans le but d'empêcher les relations sexuelles » : *id.*, p. 1325.

254 « **Sati** [...] Veuve qui s'immolait rituellement sur le bûcher funéraire de son mari, en Inde. [...] **2. n.m.** Le rite lui-même » : *id.*, p. 2311.

255 Il nous apparaît ici important de mentionner que, à moins d'un revirement jurisprudentiel qui serait aussi important que surprenant, il est clair que jamais la Cour suprême du Canada n'acceptera que de telles pratiques religieuses puissent, en bout de course, être protégées (et donc sauvegardées) par un examen fondé sur une des *lois sur les droits fondamentaux*. Toutefois, le fait que les principes jurisprudentiels actuellement établis ne permettent pas de conclure clairement à l'exclusion intrinsèque de pratiques religieuses aussi lourdement attentatoires à l'esprit et à la lettre de ces mêmes *lois sur les droits fondamentaux* nous semblait particulièrement pertinent dans le cadre de la thèse que nous tentons de démontrer.

quement violents » de la sphère de protection de cette liberté fondamentale[256].

C'est d'ailleurs ce procédé qui a été utilisé, en 2002, par le juge Cheverie de la Cour suprême de l'Île-du-Prince-Édouard dans la décision *Director of Child Welfare (P.E.I.)* v. *S.P.L and H.L.*[257] Dans cette affaire, le tribunal était saisi d'une requête du directeur de la protection de la jeunesse de l'Île-du-Prince-Édouard qui demandait que la garde de deux enfants, âgés de huit et treize ans, soit retirée à leurs parents principalement pour cause de mauvais traitements. Ces parents faisaient partie d'une communauté affiliée au mouvement *Born again christians*, laquelle préconisait un mode de vie strict qui incluait, entre autres, l'utilisation d'une verge de bois pour corriger les enfants qui auraient désobéi aux « règles communautaires »[258]. Le principal moyen de défense opposé à la demande du directeur de la protection de la jeunesse reposait sur la protection de la liberté de religion des parents : puisque leurs convictions religieuses sincères les enjoignaient à corriger leurs enfants à l'aide d'une verge de bois lorsque ceux-ci désobéissaient aux règles et que la demande de retrait de la garde était principalement fondée sur les conséquences de cette croyance, celle-ci devait être rejetée[259].

Rendant sa décision sur l'argument constitutionnel avancé par les parents, le juge Cheverie, après avoir mentionné le passage de principe de l'arrêt *Big M Drug Mart* quant au caractère « non absolu » de la liberté de religion, a opéré un transfert du point focal de son analyse de la protection des « convictions religieuses » vers celle de « l'expression de ces convictions ». Ce procédé lui a permis d'appliquer, par analogie, le raisonnement employé lors de la définition des limites à la portée de la liberté d'expression et de justifier sa décision d'imposer des limites internes à la protection de « l'expression des convictions religieuses » :

> At para. 133 of the *Big M. Drug Mart* case, Dickson C.J. goes on to point out that in his view :
>
> > ... the guarantee of freedom of conscience and religion prevents the government from compelling individuals to perform or abstain from performing otherwise harmless acts because of the religious significance of those acts to others.

---

256 Voir *infra*, section 5.1.1.

257 (2002) Nfld & P.E.I.R. 197 (C.S. Î.P.E.).

258 « One common thread which is interwoven throughout this lifestyle is the use of the rod on the children [...] The rod is used for a violation of the "rules". [...] The list of transgressions for which the rod is received were many and varied. Very often the children were not sure why they were receiving it. Historically, the number of times a child would be struck with the rod ranged from 3 to 39 » : *Id.*, parag. 10.

259 *Id.*, parag. 3, 12 et 14.

I note his use of the phrase « otherwise harmless acts ». The guarantee of freedom of conscience and religion serves to keep government out of the exercise of that right as long as those acts complained of are « otherwise harmless ». One might conclude that if the acts are not « otherwise harmless », then they do not have Charter protection. Support for this conclusion is found in the case of *Libman et al. v. Attorney General of Quebec* [...], a decision of the Supreme Court of Canada. At para. 31 the Court had this to say :

> Unless the expression is communicated in a manner that excludes the protection, such as violence, the Court recognizes that any activity or communication that conveys or attempts to convey meaning is covered by the guarantee of s. 2(b) of the Canadian Charter (*Irwin Toy, supra*, at p. 970...).

Therefore, freedom of thought, belief, opinion and expression which are guaranteed by s. 2(b) of the Charter are removed from that guarantee if the expression is communicated in a violent manner. The Charter does not say the fundamental freedoms which are guaranteed therein are unfettered. In fact, the Supreme Court of Canada has clearly indicated that individual freedoms may be subject to constraints for the common good. The state has the right to impose many types of restraints on individual behavior, and not all such limitations will attract Charter scrutiny. [...]

There is, then, no absolute right to religious practices when they impact on the fundamental rights and freedoms of others, like M.L. and E.L. It is not the religious belief of the defendants that is at issue here. It is the manifestation of the practise of those beliefs as it infringes on the rights of their children. Put another way, the defendants' use of the rod in conjunction with their other chosen lifestyle, is not something which is protected by the Charter.[260] [nous soulignons]

Bien que ce raisonnement puisse, à première vue, paraître logique et conforme au corps jurisprudentiel pertinent en matière de droits et libertés fondamentaux, il est troublant de constater que le juge Cheverie n'a jamais clairement affirmé que la limitation intrinsèque imposée à la liberté d'expression devait également être imposée à la liberté de religion ou, plus largement, aux « convictions religieuses » en tant qu'objet de protection des *lois sur les droits fondamentaux*. En rendant sa décision sous l'égide de l'alinéa 2b) de la *Charte canadienne* (qui protège la liberté d'expression), le juge s'est en fait trouvé à rompre avec la jurisprudence antérieure rendue en matière de protection des convictions religieuses qui, depuis l'adoption de la *Charte canadienne* en 1982, a toujours reconnu que l'expression des convictions religieuses faisait partie intégrante de cette protection :

---

[260] *Id.*, parag. 17-18.

> Le concept de la liberté de religion se définit essentiellement comme le droit de croire ce que l'on veut en matière religieuse, le droit de professer ouvertement des croyances religieuses sans crainte d'empêchement ou de représailles et le droit de manifester ses croyances religieuses par leur mise en pratique et par le culte ou par leur enseignement et leur propagation.[261] [nous soulignons]

Ce « flou jurisprudentiel » quant à l'exclusion/inclusion des convictions religieuses impliquant une atteinte directe à l'intégrité physique d'un autre individu du champ de protection général des « convictions religieuses » se trouve d'ailleurs être conforté par l'analyse concurrente de certains passages de l'arrêt *Ross*. En effet, après avoir affirmé avec force que, conformément aux principes établis par la majorité de la Cour suprême du Canada dans l'arrêt *Children's Aid*, les convictions religieuses en tant qu'objet de protection des *lois sur les droits fondamentaux* ne devaient souffrir aucune limitation intrinsèque découlant d'une potentielle opposition avec un autre droit ou liberté fondamental[262], les juges de la Cour suprême réaffirment le principe énoncé par le juge Dickson dans l'arrêt *R. c. Keegstra* qui, bien que reconnaissant/soulignant le caractère « pratique » des dispositions justificatives pour le processus de conciliation entre droits et libertés fondamentaux opposés[263], admet la possibilité que les libertés fondamentales soient limitées intrinsèquement dans certaines circonstances[264].

---

[261] *Big M Drug Mart*, précité, note 46, parag. 94. Voir aussi : *Renvoi relatif au mariage entre personnes du même sexe*, précité, note 43, parag. 57-58.

[262] *Ross*, précité, note 200, parag. 73-74.

[263] « Je renvoie encore là aux remarques du juge en chef Dickson dans l'arrêt *Keegstra*, selon lesquelles bien qu'il ne soit pas logiquement nécessaire d'écarter des limites internes à l'art. 2, il est pratique de le faire sur le plan analytique » : *Id.*, parag. 75. Voir aussi *R. c. Keegstra*, précité, note 238, parag. 40.

[264] La Cour n'a-t-elle pas, dans cet arrêt, reconnu l'existence et précisé l'étendue d'une limite intrinsèque importante à la portée de « l'expression » protégée par l'alinéa 2b) de la *Charte canadienne*, soit les actes physiquement violents ? Voir à ce sujet : *R.* c. *Keegstra*, *id.*, parag. 33-36. La principale caractéristique de cette limite intrinsèque à la protection offerte par la liberté d'expression (soit le fait qu'elle découle d'une atteinte importante au droit à la vie, à la liberté et à la sécurité) détone étonnamment avec celles qui sont mentionnées par les juges de la Cour suprême dans l'arrêt *Ross* pour illustrer les cas où il serait possible de « limiter intrinsèquement » la portée des convictions religieuses protégées par les *lois sur les droits fondamentaux* : « Cependant, il vaut la peine de souligner que, suivant l'arrêt *B. (R.)* tout comme l'arrêt *Young*, il se peut qu'il ne soit pas toujours nécessaire de recourir à toute la panoplie des critères établis dans l'arrêt *Oakes*. Comme je l'affirme, à la p. 385 de l'arrêt *B. (R.)* : *Cela ne signifie pas qu'il sera toujours nécessaire de procéder à un examen approfondi des critères établis dans l'arrêt R. c. Oakes, précité. L'effet sur les croyances religieuses sera souvent si négligeable, eu égard à la nature de la mesure législative en cause, que les préoccupations fondées sur la Charte seront de toute évidence supplantées* » [nous soulignons] : *Ross*, *id.*, parag. 74.

Le paradoxe résultant de l'affirmation simultanée, d'une part, du principe de l'absence de limites intrinsèques aux « convictions religieuses » en tant qu'objet de protection des *lois sur les droits fondamentaux* et, d'autre part, de la reconnaissance qu'il soit possible de limiter intrinsèquement certaines libertés fondamentales nous semble symptomatique de la thèse que nous tentons de démontrer, selon laquelle, malgré les affirmations de principe voulant qu'il n'existe pas de hiérarchie entre les droits et libertés protégés par les *lois sur les droits fondamentaux*, l'état actuel du droit canadien octroie un statut privilégié aux dispositions protégeant les convictions religieuses par rapport aux autres droits et libertés fondamentaux.

En bout de course, s'il est possible de croire fermement que les *convictions religieuses préjudiciables* impliquant une atteinte directe à l'intégrité physique d'un autre individu seront intrinsèquement exclues de la protection des *lois sur les droits fondamentaux*, il est impossible, dans l'état actuel des choses, de déterminer si cette exclusion intrinsèque tire sa source : a) des dispositions protégeant les convictions religieuses ; ou b) des dispositions protégeant la liberté d'expression.

Ceci conclut donc l'examen des critères permettant de définir la portée des « convictions religieuses » en tant qu'objet de protection des *lois sur les droits fondamentaux* au Canada. Bien que l'ampleur accordée par le droit canadien au concept de « convictions religieuses » ne pourra être bien saisie qu'après une comparaison avec celle d'un régime juridique adoptant une position plus restrictive (ou plus près des caractéristiques du « modèle de scepticisme structurel » du *spectre de polyethnicité*[265]), il est déjà indéniable que la liste des limitations intrinsèques imposées à cet objet de protection des *lois sur les droits fondamentaux* canadiennes est extrêmement mince. Dans le but de pouvoir mieux saisir la très large portée accordée aux convictions religieuses en tant qu'objet de protection des *lois sur les droits fondamentaux* au Canada, nous analyserons maintenant celle, plus restrictive, qui est accordée à ce même objet de protection au sein du régime juridique français.

3.2. Le scepticisme du « reflet français »

Les études venant affirmer le caractère éminemment distinct – voire opposé – des approches canadienne et française en matière de gestion du pluralisme religieux et culturel au sein de leurs populations respectives ne manquent pas[266]. En soi, et comme le résume habilement Blandine Chélini-Pont, les systèmes politiques et juridiques français dénotent, conformément à la place que nous leur avions instinctivement attribuée

---

[265] Voir *supra*, section 2.1.

[266] Voir *supra*, note 55.

sur le *spectre de polyethnicité*, d'importantes réserves – voire une réelle *méfiance* – quant à la prise en compte, reconnaissance et protection des différentes convictions religieuses détenues par les citoyens français ainsi que des modalités propres à leur expression dans les nombreuses sphères sociales[267].

> La France est-elle un pays discriminant en matière religieuse ? Si le terme de discrimination – juridique – paraît inapproprié [...] force est de reconnaître que, quand il s'agit de « religion », les Français sont facilement méfiants et que cette méfiance peut avoir des répercussions dans la gestion médiatique et politique du pluralisme religieux. [...]
>
> La liberté de religion et de croyance est un concept « extérieur » à la culture intellectuelle et juridique française, alors que la liberté d'opinion et le rejet de la croyance religieuse, en sont fondateurs. La tradition libérale française s'est construite sur le refus de la normativité religieuse. La liberté de religion et de croyance s'ingère donc sur le tard dans l'histoire de la laïcité française, ce qui explique que la France a beaucoup de mal à accepter la différence religieuse, 1) parce que sa *religion civique* [l'auteure désigne ici le concept de « laïcité » tel qu'il est considéré en France] est celle d'une libération de la religion ; 2) parce que la profession de religions récentes est ressentie comme une atteinte à cet héritage, et déclenche un réflexe de combat et de défense.[268]

Cette méfiance généralisée des institutions françaises à l'égard des différentes convictions religieuses s'est traduite, juridiquement, par la mise en place d'une approche restrictive en matière de protection des convictions religieuses. Nous analyserons ici les deux principales caractéristiques de cette approche *sceptique* du droit français qui, si on la compare à l'approche canadienne : 1) a privilégié une définition plus « objective » des convictions religieuses ; et 2) admet un plus grand nombre de « limitations intrinsèques » fondées sur une opposition de la conviction religieuse invoquée avec un autre droit ou liberté protégé par

---

[267] Cette *méfiance institutionnelle* a même été intégrée à l'intérieur d'un des textes fondateurs de la discipline des droits et libertés fondamentaux de la personne, à savoir la *Déclaration des droits de l'Homme et du citoyen de 1789*, précitée, note 239. En effet, la simple lecture de l'article 10 de cette même déclaration, qui consacre la liberté d'opinion, permet sans l'ombre d'une hésitation de déduire que les convictions religieuses ne jouissaient pas, à l'époque, d'un statut particulièrement reluisant au sein des institutions françaises : « Article 10. Nul ne doit être inquiété pour ses opinions, même religieuses, pourvu que leur manifestation ne trouble pas l'ordre public établi par la Loi ».

[268] B. CHÉLINI-PONT, *loc. cit.*, note 119, 293 et 302-303. Dans le même sens, voir également : Dominique KOUNKOU, *La religion, une anomalie républicaine ?*, Paris, L'Harmattan, 2003 ; Emmanuel TAWIL, *Norme religieuse et droit français*, Aix-en-Provence, Presses universitaires d'Aix-Marseille, 2005, pp. 16-18 ; William F. EDMISTON et Annie DUMÉNIL, *La France contemporaine*, 4e éd., Boston, Heingle, 2009, pp. 219-223.

un autre texte juridique, qu'il soit de niveau hiérarchique égal ou inférieur.

3.2.1. L'approche « objective » du droit français

Comme l'a si bien résumé la professeure Christelle Landheer-Cieslak, de la Faculté de droit de l'Université Laval, la méthode d'interprétation avec laquelle les tribunaux français abordent la définition des « convictions religieuses » en tant qu'objet de protection législatif s'oppose d'abord à la *canadienne* par la sélection d'une approche « objective » du concept de religion :

> Le juge français détermine la religion de l'adulte de manière objective. Pour identifier une religion d'une partie, il s'efforce de caractériser une appartenance religieuse constante, voire, dans certains cas, intense et publique. Au contraire, le juge québécois détermine la religion de l'adulte de manière subjective. Il s'efforce de comprendre et d'analyser le sentiment d'identité religieuse de la partie et s'il établit des liens entre cette dernière et une communauté de croyants déterminée, c'est toujours en s'efforçant de déterminer la nature et la particularité des liens que la partie a choisi de construire avec cette communauté.[269] [nous soulignons]

Cette approche objective retenue par le droit français a pour conséquence principale de limiter les types de convictions visées par les dispositions protégeant les convictions religieuses, à tout le moins si l'on compare avec les deux critères en vertu desquels le droit canadien définit ce qu'est une « conviction religieuse protégée » par les *lois sur les droits fondamentaux* applicables sur son territoire. Pour les tribunaux français, qui ont longtemps refusé d'offrir une définition formelle du concept de « religion »[270], l'existence juridique d'une « conviction religieuse » dépend de deux grands critères reposant sur une conception collective du phénomène religieux. Nous analyserons ces critères en les confrontant aux critères individuels canadiens de la « religion personnelle » et de la « croyance sincère ».

Le professeur Jacques Robert, de la faculté de droit de l'Université Panthéon-Assas (Paris II), nous résume les deux critères qui devront être vérifiés par un tribunal français pour déterminer si les convictions

---

[269] C. LANDHEER-CIESLAK, *op. cit.*, note 9, p. 277 (parag. 241).

[270] En fait, selon un rapport du Conseil constitutionnel français publié en 1998, ce n'est qu'en 1997 qu'une cour d'importance s'est risquée à définir le concept de religion : Brigitte GAUDEMET-BASDEVANT et Jean MONNET (dir.), *La jurisprudence constitutionnelle en matière de liberté confessionnelle et le régime juridique des cultes et de la liberté confessionnelle en France*, Rapport du conseil constitutionnel français, Paris, Conseil constitutionnel, 1998, p. 25, à propos de l'arrêt : C.A. Lyon, 28 juillet 1997, *D.* 1997, p. 197.

faisant l'objet d'un litige sont « religieuses » au sens juridique du terme :

> On pourrait dire que la religion se définit par deux éléments : *l'un objectif, l'autre subjectif.*
>
> – *L'élément objectif* est fourni par l'existence d'une communauté. Une communauté, ce n'est pas un simple agrégat d'individus ; c'est un groupe cohérent, un « être normal ».
>
> *La religion est un phénomène collectif ; ce n'est pas nécessairement un phénomène de masse.* [...]
>
> – Le second élément, *l'élément subjectif*, c'est la foi. La foi a son siège dans la conscience individuelle. Néanmoins, ce n'est pas une conscience solitaire mais la réciprocité des consciences qui fait la religion. En quoi ces deux éléments, objectif et subjectif, sont indissociables. *Il faudra la foi pour donner un sens au groupe, mais il fallait un groupe, si restreint qu'il fut, pour faire sortir la foi d'une intériorité que le droit n'aurait pu saisir.*[271] [nous soulignons]

À première vue, dans un contexte où toute définition juridique du concept de « convictions religieuses » repose sur un ensemble d'*a priori* qui sont nécessairement similaires d'un État à un autre (par exemple, la distinction entre « conviction » et « connaissance »[272] ou le lien du « religieux » avec l'un ou l'autre de ce que nous avons désigné comme les « mystères religieux »[273]) et où l'analyse comparative est axée sur l'approche canadienne en la matière, l'articulation particulière des deux critères en vertu desquels les « convictions religieuses » sont circonscrites comme objet de protection du droit français aurait tout à fait pu justifier qu'on en traite comme un seul. En effet, le moins avisé des lecteurs aura facilement remarqué qu'une seule caractéristique distingue ces deux critères du double critère canadien de la religion personnelle et de la croyance sincère, soit : le rattachement de la conviction à un dogme religieux (ou une « religion ») de nature « collective ». Toutefois, parce que la simple – mais efficace – mise en miroir des critères canadiens et français nous semblait plus à même de faire ressortir la « générosité » du

---

271 Jacques ROBERT, « La liberté de religion, de pensée et de croyance », dans Rémy CABRILLAC, Marie-Anne FRISON-ROCHE et Thierry REVET (dir.), *Libertés et droits fondamentaux*, 11e éd., Paris, Dalloz, 2005, p. 350, à la page 356. Dans le même sens voir aussi : Vincente FORTIER, *Justice, religions et croyances*, Paris, CNRS, 2000, pp. 22-24 ; Claire BRISSEAU, « La religion du salarié », (2008) 9/10 *Droit social* 969 ainsi que C.A. Lyon, 28 juillet 1997, précitée, note 270 (décision non contredite en appel : C. Cass., 30 juin 1999, *D.* 2000, p. 655, note Bénédicte Giard). S'agissant d'une définition encore plus restrictive du concept de « religion » qui est encore considérée par certains auteurs de doctrine française (limitée à ce qui touche un « culte » particulier), voir : M. PENDU, *op. cit.*, note 11, p. 2.

272 Voir *supra*, section 1.2.1.

273 Voir *supra*, section 1.2.2.

droit canadien en matière de protection des convictions religieuses, nous avons préféré résister à la tentation de regrouper les deux critères français en un seul et plutôt choisi de retenir la division dualiste résumée par le professeur Jacques Robert.

L'identification d'une « communauté de croyants »

En vertu du premier critère, l'existence juridique d'une religion (et donc la protection des convictions qui en découlent) ne sera admise par le droit français qu'à la condition que le dogme (ou l'ensemble de valeurs/croyances) véhiculé par celle-ci soit partagé par « une communauté de croyants existant au sein de la société »[274]. Dans un ouvrage publié en 2008, la docteure en droit Myriam Pendu précisait la portée que le droit français confère à ce critère initial de l'existence d'une « communauté de croyants » en ces termes :

> La condition préalable à toute existence du fait religieux suppose de permettre aux individus de satisfaire librement à leurs exigences de spiritualité, par l'adhésion au mouvement religieux de leur choix, puisqu'*à la base de l'appartenance à une religion, il y a nécessairement un acte personnel d'adhésion au système du monde qu'elle propose, acte qui a d'autant plus de valeur et de signification qu'il est plus libre.* [...] Les convictions religieuses individuelles naissent, ainsi, de l'adhésion en conscience à une religion quelconque, qui a vocation à proposer tout un ensemble de règles, dont celles qui traduisent les préceptes révélant sa dimension spirituelle et dont l'intégration par chacun est susceptible d'orienter et de diriger les conduites humaines.[275] [nous soulignons]

---

[274] C. LANDHEER-CIESLAK, *op. cit.*, note 9, pp. 262-263.

[275] M. PENDU, *op. cit.*, note 11, p. 153. Dans le même sens, voir aussi les pp. 2-3 du même ouvrage. Selon une analyse *a contrario*, les professeurs Messner, Prélot et Woehrling après avoir résumé l'approche théorique de « l'autocompréhension » (ou « autoréférenciation ») des obligations religieuses d'un individu dans le processus visant à déterminer l'ouverture des dispositions protégeant les convictions religieuses – par ailleurs très proche de l'approche actuellement suivie par la jurisprudence canadienne – en font une critique assez importante et évaluent la réception de cette approche par les différentes juridictions nationales françaises : « La thèse de l'autocompréhension comprend encore un défaut plus fondamental : sans aucune référence collective, il est impossible pour des individus de déterminer subjectivement si leur pratique est religieuse ou pas. Le sentiment de participer à une religion suppose qu'une définition de l'activité religieuse ait été donnée au préalable. Par conséquent, l'autoréférenciation ne peut constituer un critère unique de la définition de la religion. Elle peut seulement être utilisée comme condition nécessaire, mais non suffisante de l'activité religieuse.

Pour ces différentes raisons, le critère de l'autoréférenciation paraît n'avoir été retenu de manière déterminante dans aucune jurisprudence nationale [française] » [nous soulignons] : F. MESSNER, P.-H. PRÉLOT et J.-M. WOEHRLING (dir.), *op. cit.*, note 10, p. 33.

Une rapide comparaison de ce premier critère (français) avec le critère canadien de la « religion personnelle » – qui admet sans distinction les convictions spirituelles purement individuelles ou partagées par d'autres adeptes de la même religion[276] – démontre clairement, *a contrario*, la très grande générosité (voire la quasi-absence de limites) en vertu de laquelle le droit canadien aborde l'admissibilité des différentes *convictions structurantes* au sein du groupe des « convictions religieuses protégées ». La plus grande restrictivité du droit français à cet égard s'exprime d'ailleurs sous deux aspects principaux, soit : 1) la proportion moins importante de convictions personnelles qui se trouvent protégées en tant que « convictions religieuses » ; et 2) la moins grande latitude qui est octroyée aux juges (en principe) pour vérifier si la conviction qu'un individu invoque est, effectivement, rattachée à un dogme (ou système de valeurs) religieux.

S'agissant d'abord de la plus grande proportion d'exclusions intrinsèque en vertu du critère français de la « communauté de croyants », celle-ci concerne deux grands ensembles de convictions personnelles qui se trouvent couvertes par le critère canadien de la « religion personnelle », soit : 1) les convictions relevant de la création individuelle, ou dont l'existence ne repose pas sur un « dogme » partagé par d'autres adeptes ; et 2) les convictions *déistes*[277] et areligieuses du champ de protection des convictions religieuses. Si la première exclusion peut facilement être déduite de l'application d'une approche « collective » du concept de religion en droit français, la seconde mérite qu'on s'y attarde davantage.

Ainsi, les *déistes* et les « non-croyants » se trouvent *ipso facto* exclus du champ de protection des convictions religieuses en droit français et ce, pour la seule et bonne raison que leur irréligiosité (ou, pour les déistes, « spiritualité ») est uniquement rattachée à leur conscience individuelle. Confrontés aux différents « mystères religieux », ces individus, même s'ils offrent des « réponses » diamétralement opposées (les uns ont en effet choisi de croire à l'existence d'une quelconque entité, force ou *continuité de la vie après la mort* et les autres, de ne pas y croire), sont en effet unis par la principale caractéristique de leur « foi », soit qu'elle se définit indépendamment de toute adhésion à un quelconque ensemble ou système (collectif) de valeurs, prescriptions et/ou croyances. Dans un cas comme dans l'autre, la nature individuelle de leurs croyances empêche de les lier à une quelconque « communauté de

---

276 Voir *supra*, section 3.1.1.

277 Soit le qualificatif utilisé pour désigner les personnes qui professent le « déisme », soit la « position philosophique de ceux qui admettent l'existence d'une divinité, sans accepter de religion révélée ni de dogme » : J. REY-DEBOVE et A. REY, *op. cit.*, note 16, p. 657.

croyants » (pris au sens « organique » défini par la jurisprudence et la doctrine[278]) ce qui a pour effet de les exclure intrinsèquement du domaine des « convictions religieuses » en tant qu'objet de protection du droit français[279]. En nous fiant à l'énumération faite par la Cour d'appel de Paris en 1912 pour énumérer les différents types de « convictions structurantes » pouvant tomber sous l'égide de la « conscience individuelle »[280] (et qui associent les convictions areligieuses aux convictions dites « philosophiques »[281]), la séparation des convictions religieuses et areligieuses en tant que deux groupes distincts permet d'illustrer visuellement la plus grande restrictivité de la protection que le droit français accorde aux « convictions religieuses ».

Le second aspect qui permet d'affirmer que le critère français de la « communauté de croyants » est plus restrictif que celui, canadien, de la « religion personnelle » tient au fait que le droit français permet une certaine latitude aux juges devant faire face aux cas d'individus qui invoqueraient une conviction de nature purement individuelle ou dont le contexte, à première vue, pourrait laisser penser que la conviction alléguée est, en fait, fictive. Les commissaires Gérard Bouchard et Charles Taylor, dans le rapport final de la *Commission de consultation sur les pratiques d'accommodements reliées aux différences culturelles* publié en 2008, avaient d'ailleurs circonscrit la « faiblesse » inhérente du critère canadien de la « religion personnelle » face à de telles situations, faiblesse expliquée par le fait que ce même critère n'offrait aux juges concernés aucune autre option que de présumer que la conviction « douteuse » respectait le premier critère en vertu duquel il est possible de définir ce qu'est une « conviction religieuse protégée » au Canada[282].

---

278 En effet, pour être reconnue comme tel, la « communauté de croyants » doit fonctionner, pour reprendre l'expression utilisée par le professeur Jacques ROBERT (voir *supra*, citation à la note 271), comme « un être normal », c'est-à-dire en fonction de règles de fonctionnement préétablies.

279 Quant au caractère essentiellement « positif » (couvrant la croyance en un dogme religieux, mais non les autres formes de croyances ou la non-croyance) de la définition de religion en droit français, le professeur Robert écrit : « Il faut donc remonter à l'objet de la croyance. Toute conviction n'est pas une foi : un parti politique, une école philosophique ne font pas une religion. » : J. ROBERT, *id.*, p. 357.

280 Voir *infra*, citation correspondant à la note 287.

281 Voir à ce sujet l'article du professeur J. ROBERT, *loc. cit.*, note 271, qui, à la page 357, oppose « l'invocation du surnaturel – qui est religion – et la spéculation sur la métaphysique – qui n'est que philosophie ».

282 Voir *supra*, citation correspondant à la note 223.

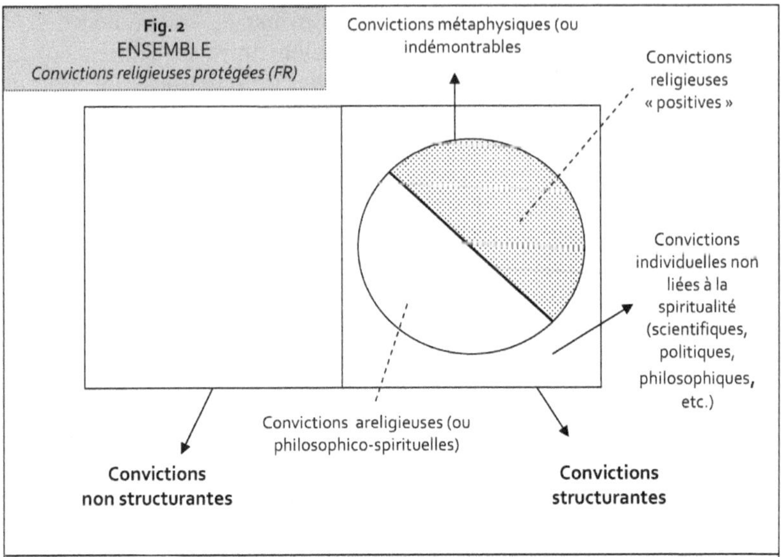

Fig. 2
ENSEMBLE
Convictions religieuses protégées (FR)

Légende

= convictions considérées comme des convictions religieuses protégées en droit français

Ainsi, outre la plus grande proportion d'exclusions intrinsèques qu'il implique, le critère français de la « communauté de croyants » doit également être considéré comme étant « plus restrictif » que le critère qui lui correspond en droit canadien et ce, parce qu'il permet aux magistrats de vérifier si la conviction faisant l'objet du litige est enracinée dans un quelconque dogme religieux collectif[283]. Cette possibilité permet donc aux magistrats français « d'enquêter » pour déterminer si la conviction alléguée devant eux appartient à un « ensemble de règles religieuses » cohérent et partagé par plusieurs adeptes. Les principaux

[283] Comme le résume adroitement la docteure en droit français Myriam Pendu : « Le fait religieux ne s'analyse pas uniquement à travers une logique individuelle et trouve son prolongement dans une dimension collective, où il s'appréhende moins en tant qu'émanation d'une conscience individuelle, que comme fait social. En effet, d'une part, l'aspect dogmatique des différentes confessions qui fonde l'attachement d'une foi individuelle, est un élément extérieur à la volonté des individus, accessible à tous, et orienté, enfin, vers une certaine universalité. De ces différents éléments, naît la vocation du fait religieux à être partagé par un ensemble indéterminé de personnes réunies abstraitement sur la base de l'existence d'une foi commune. D'autre part, l'existence même de ce groupe est soumise à l'identification de l'élément qui le fédère, à savoir l'existence d'un référentiel religieux commun. […] Au-delà *d'une croyance abstraite et désincarnée*, les religions existent socialement, tant pour l'État que pour leurs membres, comme système organisé » : M. PENDU, *op. cit.*, note 11, p. 3.

impacts découlant de la plus grande latitude octroyée au juge français quant à la vérification des fondements de la conviction religieuse individuelle ont été fort justement décrits, en 2007, par la professeure Christelle Landheer-Cieslak :

> Pour le juge français, la soumission de la partie aux règles de la communauté de croyants est systématique. À la différence du juge québécois, il n'envisage pas la possibilité que la partie ait pu les soumettre à un examen personnel, prenant ses distances par rapport aux interprétations des autorités religieuses qui ont édicté ces règles. En outre, si le juge français retient une appréhension objective de la règle religieuse, sa prise en considération des règles religieuses ne le conduit généralement pas à recourir à des experts. [Les juges français] s'en tiennent à la preuve du contenu de la règle apportée par les parties et à sa propre connaissance des communautés de croyants dont les préceptes sont contestés.
>
> Lors de l'identification des règles religieuses applicables à la partie, il importe aussi pour le juge français d'identifier le degré d'attachement de la partie à ce corps de « règles religieuses ». La soumission de la partie est-elle *raisonnable* ou *normale* c'est-à-dire la partie respecte-t-elle les règles de sa communauté en les conciliant avec les autres impératifs qui pèsent sur elle tant dans son milieu familial que professionnel. Ou au contraire, la soumission de la partie est-elle *excessive* c'est-à-dire les règles religieuses s'imposent-elles dans sa vie avec une telle force que la partie néglige tous ses autres impératifs pour respecter les règles de sa communauté de croyants ?[284] [nous soulignons]

Le lien de la croyance avec une foi religieuse

Les assises « collectives » des critères permettant de distinguer les « convictions ordinaires » des convictions religieuses » en droit français ont également une résonnance importante sur le second élément qui doit être considéré pour déterminer si une conviction donnée sera protégée ou non par les dispositions protégeant les convictions religieuses, soit l'existence d'une « foi religieuse ». D'entrée de jeu, soulignons que la portée qui a été conférée à ce second critère par les tribunaux français est, malgré certaines dissemblances restrictives que nous analyserons un peu plus loin, similaire à celle établie par les tribunaux canadiens sous deux aspects principaux : 1) elle exclut les prescriptions religieuses

---

[284] C. LANDHEER-CIESLAK, *op. cit.*, note 9, pp. 494-495. Dans le même sens, voir aussi : Alain GARAY, « Régulation étatique et groupes religieux en France », dans Pauline CÔTÉ et T. Jeremy GUNN (dir.), *La nouvelle question religieuse : Régulation ou ingérence de l'État ?*, coll. Dieux, Hommes et Religions, Bruxelles, PIE Peter Lang, 2006, p. 195, aux pages 218-219 et F. MESSNER, P.-H. PRÉLOT et J.-M. WOEHRLING (dir.), *op. cit.*, note 10, pp. 27 et 29-33.

« facultatives » ou que l'adepte ne se sent pas tenu de respecter[285] ; et 2) elle ne permet pas que les tribunaux fondent leur décision d'inclure une conviction religieuse donnée au champ de protection offert par le droit (ou de l'en exclure) sur une évaluation du caractère « raisonnable » de cette même conviction par rapport au dogme religieux dont elle est supposée tirer sa source[286]. Nous retrouvons une synthèse de ces deux similarités de la protection offerte aux convictions religieuses par les droits français et canadien dans un arrêt de principe de la Cour d'appel de Paris, rendu en 1912. Les magistrats de la Cour d'appel utilisent d'ailleurs une terminologie qui, considérant le large fossé séparant les approches juridiques française et canadienne en matière de gestion du pluralisme religieux, est pour le moins surprenante en raison de la très grande proximité avec celle qui sera retenue, plus de soixante-dix ans plus tard, par la Cour suprême du Canada pour établir les modalités du critère de la « croyance sincère » : « Toutes les croyances religieuses, scientifiques ou philosophiques sont essentiellement respectables, pourvu qu'elles soient sincères et de bonne foi, et il n'appartient pas à des juges civils, quelles que soient par ailleurs leurs opinions ou croyances personnelles, de les railler, critiquer ou condamner »[287] [nous soulignons].

À cet égard, et même s'il est toujours possible de déceler dans la doctrine française une certaine tendance à l'établissement de critères qui permettraient d'exclure certaines croyances de la portée de la protection qui est octroyée aux convictions religieuses au sens large simplement parce qu'elles émanent, ou sont reliées à l'un des « nouveaux mouvements religieux »[288], il semble nécessaire de préciser que la jurispru-

---

[285] En effet, l'exigence de démontrer sa « *foi* religieuse » sous-entend nécessairement que l'adepte croie devoir respecter une (ou plusieurs) prescription(s) données. En ce sens, la définition du terme « foi » laisse peu de place à une autre interprétation : « **I** [...] **1.** Assurance donnée d'être fidèle à sa parole, d'accomplir exactement ce que l'on a promis. [...] **2.** Garantie résultant d'un serment, d'une promesse. [...] **II** [...] **3.** Le fait de croire à un principe par une adhésion profonde de l'esprit et du cœur qui emporte la certitude » : J. REY-DEBOVE et A. REY, *op. cit.*, note 16, p. 1065.

[286] Sous réserve, évidemment, des observations que nous formulons un peu plus loin (voir *infra*, section 3.2.2) quant au statut particulier réservé aux convictions religieuses émanant des « sectes » ou « nouveaux mouvements religieux ».

[287] C. appel Paris, 4 décembre 1912, *D.* 1914, p. 213, cité dans Vincente FORTIER, « Le juge, gardien du pluralisme confessionnel », (2006) 3 *R.R.J.* 1, 7 ainsi que dans J. ROBERT, *loc. cit.*, note 271, p. 356.

[288] L'expression « nouveaux mouvements religieux » aurait peu à peu remplacé l'expression « secte », plus péjorative, au sein de la communauté scientifique francophone. Voir à ce sujet : Nicolas GUILLET, *Liberté de religion et mouvements à caractère sectaire*, Paris, LGDJ, 2003, pp. 4-6. Concernant plus largement notre énoncé concernant la tendance de la doctrine française, voir à cet égard la discussion que

dence française, comme la canadienne, n'opère pas, en principe, de distinction entre les pratiques/convictions émanant des grandes religions traditionnelles et celles des autres « communautés de croyants »[289]. La meilleure illustration de cet état de fait en milieu de travail est sans contredit l'arrêt *M Crouzat*, rendu par la Cour administrative d'appel (ci-après la C.A.A.) de Paris le 22 mars 2001[290], relatif au cas d'un gardien de la paix raëlien (travaillant à la préfecture de police de Paris) qui s'était vu refuser une autorisation d'absence pour respecter une fête religieuse. La raison pour laquelle son employeur avait refusé d'accorder l'autorisation était que, selon son interprétation, la réglementation applicable limitait la possibilité d'octroi de « ce type d'exemption [...] aux cultes orthodoxes, musulman et juif »[291]. Les principaux points du jugement rendu par la Cour administrative d'appel nous sont rapportés par Nicolas Guillet, dans son ouvrage *Liberté de religion et mouvements à caractère sectaire* :

> Pour le Conseil d'État, « l'institution par la loi de fêtes légales ne fait pas, par elle-même, obstacle à ce que, sous réserve des nécessités du fonctionnement normal du service, des autorisations d'absence soient accordées à des agents publics pour participer à des fêtes religieuses correspondant à leur confession » [référence faite à l'arrêt CE, 12 février 1997, *Mlle Henny*, *PA* 12 janvier 1998, n° 5, p. 8, note F. BOUSCAU]. [Selon la CAA] En rejetant la demande d'un gardien de la paix de la préfecture de police de Paris appartenant au mouvement raëlien, « alors qu'aucun texte ne permet de limiter aux fonctionnaires croyants, de l'un de ces trois cultes, la possibilité de bé-

---

nous tenons sur l'appréhension historiquement négative que les institutions françaises réservent aux « sectes » depuis le début des années 1960 : *infra*, section 3.2.2.

289 Ce paradoxe se trouve très bien résumé par l'auteure Blandine Chélini-Pont : « La loi en France ne définit, à l'instar de tous les textes internationaux, ni la religion ni la secte religieuse. Et pour cause. Cette tentative est nécessairement subjective et dépend très étroitement du contexte et des traditions culturelles et religieuses de chaque pays. Cependant une commission d'enquête parlementaire a pu publier une liste où se trouvaient regroupés des mouvements hétéroclites en fonction de leurs méthodes, de leurs croyances supposées et principalement de leur dangerosité » : B. CHÉLINI-PONT, *loc. cit.*, note 119, 307. Voir aussi : V. FORTIER, *op. cit.*, note 271, pp. 17-25.

290 C.A.A. Paris, 22 mars 2001, *M. Crouzat*, *RFD Admin* 2001, p. 938.

291 Patrick BANON, *Dieu et l'entreprise : comprendre et gérer les cultures religieuses*, Paris, D'Organisation, 2006, p. 157. Le « texte » sur lequel s'était appuyé la préfecture de police pour refuser l'autorisation d'absence pour motifs religieux au gardien de paix raëlien était en fait une « note de service » devant être publiée par les chefs de service des différentes institutions publiques en France à chaque année pour : « égrener *à titre indicatif, les dates des principales cérémonies propres à certaines confessions* pouvant faire l'objet d'un congé. [... depuis l'arrêt *M Crouzat*, *id.*] Les chefs de service doivent examiner les autres demandes présentées par des agents appartenant à des confessions non-citées » : Gérard GONZALEZ, « L'exigence de neutralité des services publics », dans G. GONZALEZ (dir.), *op. cit.*, note 126, p. 153, aux pages 184-185.

néficier d'absence pour fêtes religieuses [...] le préfet de police a entaché sa décision d'une erreur de droit.[292] [nous soulignons]

Le raisonnement suivi par la C.A.A. de Paris dans cet arrêt – au moyen duquel elle reconnaissait que les convictions raëliennes rencontraient le critère générique de « *foi* religieuse » et pouvaient, conséquemment, être protégées en tant que « convictions religieuses » par le droit français – est d'ailleurs compatible avec les principes généraux qui avaient été énoncés quelques années plus tôt par les magistrats de la Cour d'appel de Lyon lesquels, dans un arrêt rendu le 28 juillet 1997, avaient reconnu que les convictions des adeptes de l'Église de Scientologie, un nouveau mouvement religieux pour le moins controversé[293], devaient être reconnues comme étant, en elles-mêmes, des « convictions religieuses » au sens du droit français :

> ... il est vain [...] de s'interroger sur le point de savoir si l'Église de Scientologie constitue une secte ou une religion, la liberté de croyance étant absolue ; que dans la mesure où une religion peut se définir par la coïncidence de deux éléments, un élément objectif, l'existence d'une communauté même réduite et un élément subjectif, une foi commune, l'Église de Scientologie peut revendiquer le titre de religion et développer en toute liberté, dans le

---

292 N. GUILLET, *op. cit.*, note 288, p. 287. Commentant l'impact de cette décision, l'auteur Patrick Banon écrit : « Le pouvoir d'appréciation dont dispose l'administration ne pouvait être ici utilement invoqué devant le juge. Que le mouvement raëlien soit classé comme secte par un rapport parlementaire n'était donc pas un motif suffisant pour refuser un traitement égal aux membres des cultes religieux "*reconnus*" » : P. BANON, *id.*, p. 158.

293 En effet, non seulement les ouvrages/études/témoignage dénonçant la dangerosité de certaines pratiques de l'Église de Scientologie sont légions (voir notamment : François KOCH, « Scientologie : enquête sur une secte qui fait peur », 13 mai 2009, *L'Express*, [en ligne : http://www.lexpress.fr/actualite/societe/enquete-sur-la-scientologie-une-secte-qui-fait-peur_760242.html&cid=1303155042&ei=LOoKSua SCaC4MYPxme4G&usg=AFQjCNE0KjN1X1DSU9D1ZTGGo54_WP_HRw], (page consultée le 22 août 2010) ; ANONYMOUS, *Pourquoi manifestons-nous ?*, [en ligne : http://www.whyweprotest.net/fr/], (page consultée le 22 août 2010) ; Julia DARCONDO, *La pieuvre scientologique : toutes les techniques de contrôle mental et de manipulation de l'Église de Scientologie*, Paris, Fayard, 1998 ; Paul RANC, *Une secte dangereuse : la Scientologie*, Saint-Léger, Contrastes, 1993 ; Jean-Paul DUBREUIL, *La Scientologie : facile d'y entrer, difficile d'en sortir*, Sherbrooke, compte d'auteur, 1994), mais les adeptes de la scientologie ont été (et sont toujours) au cœur d'un très grand nombre de litige ayant nécessité l'intervention des tribunaux au cours des deux dernières décennies. Voir à cet égard : James T. RICHARDSON, « Scientology in Court : A look at some Major Cases from Various Nations », dans James R. LEWIS, *Scientology*, Cambridge, Oxford University Press, 2009, p. 283 ; AFP, « Procès de la Scientologie pour escroquerie : jugement rendu le 27 octobre [2009] », 17 juin 2009, *Le Point*, [en ligne : http://www.lepoint.fr/actualites-societe/2009-06-17/proces-de-la-scientologie-pour-escroquerie-jugement-rendu-le-27-octobre/920/0/353349], (page consultée le 22 août 2010).

cadre des lois existantes, ses activités y compris ses activités missionnaires, voire de prosélytisme.[294] [nous soulignons]

Cependant, même si les similarités que nous venons d'évoquer entre le critère français de la « foi religieuse » et celui, canadien, de la « croyance sincère » sont loin d'être négligeables, l'analyse comparative complète de ces deux critères tend également à valider la thèse selon laquelle le droit canadien est largement plus « généreux » que le droit français en ce qui a trait à la définition des convictions religieuses protégées en milieu de travail. En effet, la mise en œuvre du second critère par les tribunaux français se distingue de l'approche canadienne en ce qu'elle permet aux magistrats français d'exiger une preuve de « constance » du comportement antérieur des individus qui entendent invoquer le respect de leurs convictions religieuses actuelles pour se voir exemptés de l'application d'une norme d'application générale qui, selon eux, entrave cette même conviction[295]. Cette possibilité offerte aux magistrats français est clairement aux antipodes de la règle canadienne qui, rappelons-le, interdit aux tribunaux d'exiger une telle preuve et ce, peu importe que l'individu en question vienne de se convertir à une religion différente ou qu'il ait toujours eu les mêmes convictions religieuses[296].

---

[294] C.A. Lyon, 28 juillet 1997, précitée, note 270. Voir aussi à ce sujet : V. FORTIER, *op. cit.*, note 271, pp. 22-24 ainsi que M. PENDU, *op. cit.*, note 11, p. 2.

[295] Comme l'écrit à ce sujet la professeure Christelle Landheer-Cieslak : « En premier lieu, pour le juge français, la qualité essentielle de l'appartenance religieuse d'une partie doit être la constance. Le juge français considère que la revendication positive de la religion d'une partie n'est légitime que dans la mesure où la partie a établi un lien durable et régulier avec une communauté de croyants particulière. [...]

Enfin, sans que cette exigence se retrouve au cœur de toutes les décisions, l'appartenance religieuse de la partie doit parfois être publique c'est-à-dire susceptible d'être reconnue par tout regard extérieur. Notamment, dans certaines décisions, le juge français a accordé de l'intérêt aux témoignages qui confirmaient la régularité et la ferveur de la pratique de certaines parties. [...]

Lorsque le juge français de droit civil détermine la religion d'une partie, il [...] recherche le lien qui [l']unit à une communauté de croyants et s'efforce de définir si ce lien est constant, voire, dans certains cas, intense et public avant de déduire des effets de droit de la religion des parties. [nous soulignons] : C. LANDHEER-CIESLAK, *op. cit.*, note 9, pp. 265-267. Dans le même sens, voir aussi la critique indirecte formulée quant à l'approche canadienne par les professeurs Messner, Prélot et Woehrling qui affirment qu'une approche fondée sur « l'autocompréhension » des obligations religieuses doit être subordonnée à *l'indispensable* vérification « que l'élément subjectif d'appartenance à une religion est réellement présent chez le sujet qui s'en réclame. [...] Notamment, il faut que la personne qui s'en prévaut puisse décrire et expliquer avec une précision suffisante la nature de cette croyance et établir que celle-ci correspond à une démarche intérieure construite » : F. MESSNER, P.-H. PRÉLOT et J.-M. WOEHRLING (dir.), *op. cit.*, note 10, p. 33.

[296] Voir *supra*, section 3.1.1.

S'agissant donc de la mise en œuvre du critère français, une revue de la jurisprudence pertinente en contexte de relations de travail permet en effet de constater que, pour les litiges entre employeurs et (ex-)salariés dont les convictions religieuses avaient, soit changé en cours d'emploi, soit été divulguées après leur embauche, les différentes instances juridictionnelles françaises impliquées ont, à plusieurs reprises, rejeté les demandes des plaignants qui alléguaient qu'une décision de leurs (ex-)employeurs avait eu pour effet de brimer leurs convictions religieuses. Le raisonnement par l'entremise duquel les instances françaises justifient le rejet de ces plaintes se résume principalement à l'argument voulant que, comme les employeurs n'étaient pas conscients des « obligations religieuses » devant être respectées par leurs salariés lorsqu'ils les ont embauchés, les plaignants ne pouvaient raisonnablement leur opposer les modalités propres au respect de ces « nouvelles croyances ». Ainsi, dans de telles circonstances, et comme le résume justement le Conseil d'État français dans un rapport publié en 2004 dans la foulée de la commémoration du centenaire de la *Loi du 9 décembre 1905 concernant la séparation des Églises et de l'État*[297], c'est le contrat de travail (et la nature des tâches pour lesquelles le salarié a été embauché) qui primera :

> La liberté religieuse est protégée par la prohibition de toute discrimination sur ce fondement, de l'embauche à la rupture du contrat. [...]
>
> Toutefois, une fois conclu, l'engagement contractuel d'exécuter une prestation l'emporte sur l'invocation de prescriptions religieuses. [...]
>
> L'employeur est donc en droit d'exiger l'exécution de la tâche sans être tenu de respecter sinon dans d'étroites limites les convictions religieuses des salariés. Une conciliation est en effet nécessaire entre l'interdiction de prendre en compte les convictions religieuses du salarié à l'embauche et le droit pour lui d'exiger l'exécution du contrat sans que ces mêmes convictions puissent lui être opposées.[298]

L'arrêt de principe à ce sujet a été rendu en 1998 par la Cour de cassation et concernait le cas d'un boucher musulman licencié pour avoir, après deux ans de service continu auprès du même employeur, refusé de travailler avec de la viande de porc. Le motif qu'il alléguait pour justifier son refus d'exécuter cette portion de travail était que ses convictions religieuses (rattachées à la foi musulmane depuis le début de sa relation d'emploi avec son employeur) lui interdisaient un tel type de tâche. La Cour de cassation, prenant notamment en considération le fait que ledit salarié avait accepté pendant deux ans de travailler comme boucher et, donc, devait savoir que l'emploi pour lequel il avait été embauché

---

[297] Précitée, note 121.

[298] CONSEIL D'ÉTAT FRANÇAIS, *Rapport public : un siècle de laïcité*, Paris, La Documentation française, 2004, p. 343.

l'amènerait à être régulièrement en contact avec différents types de viandes (dont la viande de porc)[299], refusa d'accueillir la plainte pour discrimination religieuse du plaignant. La Cour affirma le principe, qui fait toujours autorité en France, selon lequel : « S'il est exact que l'employeur est tenu de respecter les convictions religieuses de son salarié, celles-ci, sauf clause expresse, n'entrent pas dans le cadre du contrat de travail et l'employeur ne commet aucune faute en demandant au salarié d'exécuter la tâche pour laquelle il a été embauché, dès l'instant que celle-ci n'est pas contraire à une disposition d'ordre public »[300] [nous soulignons].

Une seconde décision, rendue en 2002 par le Conseil des Prud'hommes de Paris et confirmée en 2003 par la Cour d'appel de Paris[301], illustre bien comment ce même principe d'opposabilité des

---

[299] « Attendu que M. Y…., employé depuis huit ans par M. X… qui exploite à Mamoudzou un magasin d'alimentation de détail a été affecté en 1992 au rayon boucherie, en qualité de boucher ; qu'après deux années passées dans ce rayon, il s'est avisé qu'il était en contact avec de la viande de porc…[…] alors que le travail demandé à M. Y… correspondait à celui d'un boucher, poste qu'il avait accepté d'occuper, et alors que le salarié n'a jamais soutenu qu'une clause de son contrat de travail ou une disposition du statut local prévoyait qu'en raison de ses convictions religieuses il serait dispensé de traiter la viande de porc… » : Cass. soc., 24 mars 1998, *Droit social* 1998, p. 614, note J. Savatier.

[300] *Ibid.* Sur cet arrêt, voir aussi : P. BANON, *op. cit.*, note 291, p. 168 et V. FORTIER, *loc. cit.*, note 287, 4-5. Ce principe de la subordination des convictions religieuses individuelles aux différentes dispositions contractuelles valides a par la suite été confirmé par quelques arrêts de la Cour de cassation, dont deux ont été identifiés dans C. BRISSEAU, *loc. cit.*, note 271, 972 (note 37), soit : « C. Cass. 3e civ., 18 décembre 2002, *Bull. 2002 III*, n° 262, p. 227 (à propos de l'installation par un propriétaire de digicodes incompatibles avec les exigences de la religion juive de 23 de ses locataires) ; [et] C. Cass. 3e civ., 8 juin 2006, *Bull.* 2006 III, n° 140, p. 115, [texte intégral de l'arrêt disponible en ligne : http://www.legifrance.gouv.fr/affichJuriJudi.do?oldAction=rechJuriJudi&idTexte=JURITEXT000007052832&fastReqId=1048251366&fastPos=1], (page consultée le 7 juin 2010), (concernant l'installation d'une cabane sur une terrasse, à l'occasion [d'une] fête hébraïque, s'avérant incompatible avec les dispositions d'un règlement de copropriété) ». Toujours dans le même sens, voir également : C.A. Pau, 18 mars 2002, *jurisdata* n° 189986 (à propos d'une cuisinière qui, devenue musulmane, refusait notamment de goûter des plats contenant de la viande non *hallal*).

[301] Trib. prud. Paris, 17 décembre 2002, *Droit social* 2004, n° 4, p. 360, note J. Savatier, confirmé en appel : C.A. Paris, 19 juin 2003, *RJS* oct. 2003, n° 1116. Concernant ces deux décisions, voir aussi : Jean SAVATIER, « Conditions de licéité d'un licenciement pour port du voile islamique » (2004) 4 *Droit social* 354 ; CONSEIL D'ÉTAT FRANÇAIS, *op. cit.*, note 298, p. 344 ; Simona TERSIGNI, « Prendre le foulard : les logiques antagoniques de la revendication », (2003) 30 *Mouvements* 116, 119-120, [en ligne : http://www.cairn.info/article.php? ID_REVUE=MOUV&ID_NUMPUBLIE=MOUV_030&ID_ARTICLE=MOUV_030_0116], (page consultée le 22 août 2010) et Var IDRISSA, « Voile islamique : Dalila réintégrée avec son

convictions/obligations religieuses divulguées et/ou connues de l'employeur lors de l'embauche peut, *a contrario*, permettre à un salarié de faire annuler son licenciement si celui-ci est fondé uniquement sur une incompatibilité alléguée entre la nature de l'emploi et une de ces convictions/obligations[302]. Cette affaire concernait le cas de Mme Dalila Tahri, une salariée musulmane qui avait été embauchée en 2001 comme téléphoniste par la compagnie française *Téléperformance*, œuvrant dans le domaine du télémarketing. Lors de l'entretien d'embauche, sur ses photos d'identité et jusqu'à ce qu'elle soit transférée, en 2002, pour occuper un nouveau poste au siège social de l'entreprise, Mme Tahri avait toujours porté un *hijab* intégral, soit un voile qui dissimulait l'entièreté de ses cheveux, son cou et ses oreilles. Or, à la suite du transfert qui lui fut imposé en 2002, l'employeur demanda à la salariée de porter son *hijab* « un peu plus discrètement » lorsqu'elle était sur le lieu de travail, par exemple, *en le nouant en bonnet sur sa tête*. Cette dernière refusa d'obtempérer et l'employeur la licencia pour insubordination.

Devant trancher quant à la validité du licenciement, le Conseil des Prud'hommes de Paris a considéré que celui-ci était injustifié pour le motif principal que l'employeur n'avait amené en preuve aucun motif sérieux pouvant justifier que le nouvel emploi de la salariée musulmane licenciée était incompatible avec le port du voile islamique. Or, dans le raisonnement suivi par le Conseil des Prud'hommes pour en venir à cette conclusion, celui-ci accorda une importance toute particulière au fait que l'employeur, dès l'entretien d'embauche, avait été mis au courant de la manière dont Mme Tahri vivait sa foi religieuse et que celle-ci l'enjoignait à porter son *hijab* de manière à ce qu'il couvre entièrement ses cheveux, son cou et ses oreilles. Dès lors il ne pouvait pas, pour des velléités en lien avec ce seul motif, mettre fin au contrat de travail qui l'unissait à elle[303]. Les grandes lignes de ce raisonnement ont

---

voile », *Journal Fidès.com*, 19 juin 2003, [en ligne : http://fidesjustice.free.fr/html/voile3.html#], (page consultée le 22 août 2010).

302 Comme le résumait fort justement le professeur François Gaudu dans un article paru en 2008 : « Si l'employeur recrute, en connaissance de cause, un salarié qui manifeste de façon très visible son appartenance religieuse, il ne peut se raviser, à moins que des éléments objectifs étrangers à toute discrimination tirés de l'intérêt de l'entreprise ne justifient sa décision » : François GAUDU, « Droit du travail et religion », (2008) 9-10 *Droit social* 959, 966.

303 Considérant le fait que c'est le caractère « islamique » du voile qui lui posait problème (et non pas le simple fait de porter un voile qui aurait fait intervenir le droit de se vêtir à sa guise – ou liberté vestimentaire – qui, même si elle n'est pas reconnue comme une liberté fondamentale en France est malgré tout protégée en tant que « liberté individuelle » : voir à ce sujet : Pascal LOKIEC, « Tenue correcte exigée : des limites à la liberté de se vêtir à sa guise », (Fév. 2004) 2 *Droit social* 132 ainsi que Philippe WAQUET, « Le bermuda ou l'emploi, Cour de cassation, ch. sociale 28 mai 2003 », (Sept.-oct. 2003) 9-10 *Droit social* 808) et indépendamment du fait que le

d'ailleurs été résumées dans un fascicule publié en 2009 sur le portail électronique des éditions *Lamy – Liaisons sociales* « dédié aux acteurs [français] des ressources humaines »[304] :

> ...le licenciement a été jugé injustifié dans le cas d'une salariée travaillant dans un centre d'appel et portant un foulard lui cachant les cheveux, les oreilles, le cou et la moitié du front : elle avait été embauchée avec ce même voile et son contrat de travail comportait dès sa conclusion une clause de mobilité lui permettant d'aller directement chez les clients ; or, si cela n'avait soulevé aucune difficulté tant qu'elle occupait un poste d'études et de sondage, il lui avait été demandé de nouer son voile en « bonnet » dès sa mutation sur un poste de télémarketing en lien régulier avec des clients se rendant dans les locaux de l'entreprise ; ce qu'elle était en droit de refuser.[305]

Force est donc de constater que la mise en œuvre du critère français de la « foi religieuse » est beaucoup plus restrictive que l'approche canadienne concernant le critère de la « croyance sincère », en vertu de laquelle les tribunaux, non seulement ne peuvent appliquer le principe de la primauté systématique des principales caractéristiques du contrat de travail sur les convictions religieuses contradictoires invoquées par le salarié, mais ne peuvent, de surcroît, accorder aucun poids au fait que ces mêmes convictions aient pu être « divulguées » (et/ou acquises) après le début de la relation d'emploi. En droit canadien, les convictions religieuses sont protégées « au moment du litige » ou, autrement formu-

---

litige ait été tranché en vertu du véhicule normatif de protection « passif » ou « actif », l'employeur aurait dû, pour pouvoir valablement exiger de la salariée qu'elle porte son voile plus discrètement, apporter une preuve justifiant que cette exigence était « justifiée » par rapport à certaines caractéristiques particulières du nouveau poste qu'elle occupait ; ce qu'il n'a pas fait en l'espèce : « La référence claire aux convictions religieuses de Mlle Tahri et à son apparence physique laisse supposer l'existence d'une discrimination de telle sorte que la formation de référé du conseil de prud'hommes est compétente pour rechercher si le trouble causé est manifestement illicite... [...]

Le refus de se conformer à la demande de l'employeur ne peut constituer un élément objectif. En effet, il ne serait fautif que si l'injonction de l'employeur était licite c'est-à-dire si l'atteinte qu'il portait ainsi à la liberté religieuse [...] était justifiée par la nature de la tâche à accomplir et proportionnée au but recherché. [...]

En l'absence d'élément objectif étranger à toute discrimination justifiant la décision de l'employeur, il convient de retenir que la société Téleperformance-France a licencié Mlle Tahri en raison de [...] ses convictions religieuses... Il y a donc lieu de constater l'existence d'un trouble manifestement illicite et la nullité du licenciement de Mlle Tahri. » : Trib. prud. Paris, 17 décembre 2002, précité, note 301.

304 [en ligne : http://www.wk-rh.fr/], (page consultée le 24 juin 2009).

305 LAMY-LIAISONS SOCIALES, « Convictions religieuses : dans quelle mesure peuvent-elles s'exprimer dans l'entreprise ? » (2009) 524 *Social Pratique* 2, 4, [en ligne : http://www.wk-rh.fr/actualites/upload/SPR524_halde.pdf], (page consultée le 22 août 2010). Dans le même sens voir aussi : P. BANON, *op. cit.*, note 291, p. 56 et CONSEIL D'ÉTAT FRANÇAIS, *op. cit.*, note 298, p. 344.

lé, au moment où le conflit avec la prescription religieuse est soulevé par le salarié[306]. Pour reprendre l'exemple du boucher musulman qui, après avoir travaillé plus de deux ans avec de la viande de porc, refuserait subitement une telle tâche au nom du respect de ses convictions religieuses, la mise en œuvre du critère de la « croyance sincère » ne permettrait pas aux juges canadiens, contrairement à leurs homologues français, d'écarter la revendication au motif qu'elle : 1) n'est pas conforme aux principales tâches du contrat de travail ; ou 2) qu'elle n'est pas conforme à la manière qu'avait eue, antérieurement, le salarié de « vivre sa foi religieuse ». En effet, telle qu'elle est actuellement formulée, la règle canadienne interdit aux magistrats canadiens d'exiger toute preuve que ce soit en rapport avec le comportement antérieur du salarié et ce, peu importe que l'objectif poursuivi soit de vérifier l'importance de la croyance/obligation alléguée dans la vie de l'individu (par exemple, le salarié a-t-il posé des gestes dans le passé qui pourraient démontrer qu'il « tolérait » certains écarts à la pratique religieuse alléguée) ou, plus largement, le fait que cette croyance soit effectivement détenue par l'individu (par exemple, une vérification que les allégations faites par le salarié sont bien conformes avec son comportement antérieur dans la vie de tous les jours).

À cet égard, en limitant le champ de notre analyse aux seules décisions judiciaires canadiennes relatives à des litiges impliquant la protection de convictions religieuses en milieu de travail, il est clair que le recours au critère français de la « foi religieuse » tel qu'il est actuellement appliqué aurait mené au rejet initial de plusieurs plaintes qui ont été jugées recevables, dont certaines se trouvent au cœur d'arrêts de principe rendus par la Cour suprême du Canada en matière de protection des convictions religieuses ; les plus célèbres étant sans contredit les arrêts *Simpson-Sears* et *Central Alberta Dairy Pool* qui impliquaient tous deux les revendications d'employés qui s'étaient convertis, en cours d'emploi, à une autre foi religieuse que celle qui était la leur au moment de leur embauche[307].

---

306 Comme l'écrit Claire Brisseau à ce sujet : « On observera que [les] solutions [retenues par les instances décisionnelles françaises compétentes en matière de relations de travail], n'admettant la possibilité de prendre en considération les convictions religieuses que lorsqu'elles sont révélées dès la formation des rapports contractuels, laissent peu de place à la liberté pour le salarié de changer de religion, ou encore d'extérioriser sa foi selon ses besoins spirituels immédiats » : C. BRISSEAU, *loc. cit.*, note 271, 973. Dans le même sens, l'auteur Patrick Banon s'interroge également quant à la cohérence de l'approche française concernant la protection des salariés dont la foi change en cours d'emploi : P. BANON, *op. cit.*, note 291, p. 47.

307 Alors que l'arrêt *Simpson-Sears*, précité, note 240, rendu en 1985, concernait le cas d'une employée qui, après 7 ans de services continus auprès du même employeur, s'était convertie à l'Église adventiste du septième jour, l'arrêt *Central Alberta Dairy*

L'analyse des différents aspects de cette manière plus restrictive de mettre en œuvre le second critère en vertu duquel les tribunaux français déterminent s'ils sont confrontés à une « conviction religieuse » protégée (par rapport à l'application du critère canadien de la « croyance sincère ») conclut donc la section portant sur les principales caractéristiques de l'approche « objective » du droit français en ce qui concerne la protection des convictions religieuses (3.2.1). De surcroît, elle constitue également une bonne entrée en matière pour l'analyse du second grand facteur tendant à démontrer qu'en soi, l'appréhension française des convictions religieuses protégées est plus restrictive que la canadienne, soit : le droit français admet plus facilement qu'une opposition avec un autre droit et/ou liberté fondamental (ou plus largement, la notion « d'ordre public ») peut justifier qu'une conviction religieuse donnée (et évidemment, les pratiques inhérentes au respect de celle-ci) soit exclue du champ de protection prévu par le droit.

3.2.2. La prédominance de l'ordre public sur les convictions religieuses

En principe, les régimes juridiques canadien et français offrent la même latitude aux magistrats et instances décisionnelles pertinentes en ce qui concerne l'exclusion de *convictions religieuses préjudiciables*, en particulier lorsque ces dernières impliquent un (ou plusieurs) aspect(s) entrant en opposition directe avec l'un et/ou l'autre de l'ensemble des « autres droits et libertés fondamentaux ». En effet, comme nous le mentionnions précédemment, la Cour suprême du Canada a réitéré à de nombreuses reprises que la protection conférée aux convictions religieuses, tout comme celle l'étant aux autres objets de protection des *lois sur les droits fondamentaux* comme l'égalité, l'expression ou l'association, n'était pas absolue et pouvait être, en soi, limitée dans certaines circonstances particulières[308]. Ces nombreux énoncés de principe de la plus haute instance judiciaire canadienne se comparent pratiquement en tous points à ceux, généraux, qui ont été énoncés par les différentes instances politiques, judiciaires et administratives françaises compétentes quant à l'édiction et/ou la mise en œuvre de mesures ayant pour objectif la protection des convictions religieuses en milieu de travail. Comme le résume Edwige Belliard, qui fut notamment rapporteuse désignée par le Conseil d'État français pour dresser un bilan du concept juridique de

---

Pool c. *Alberta (Human Rights Commission)*, [1990] 2 R.C.S. 489 [ci-après l'arrêt *Central Dairy Pool*], concernait quant à lui celui d'un employé qui, après deux années et demi de services, s'est converti à la World Wide Church of God. Dans les deux cas, les revendications des salariés, fondées sur leurs « nouvelles convictions », ont été jugées comme étant « opposables » aux employeurs.

[308] Voir *supra*, section 3.1.2.

laïcité en France cent ans après la promulgation de la *Loi du 9 décembre 1905 concernant la séparation des Églises et de l'État*[309], le concept de la liberté religieuse en France ne peut permettre à quiconque d'empiéter sur les exigences propres au maintien de « l'ordre public » :

> ... comme pour toute liberté fondamentale, l'exercice de la liberté de religion n'est pas sans limite. Tant le Conseil d'État que le Conseil constitutionnel considèrent, selon une jurisprudence ancienne, que l'exercice des libertés fondamentales doit se concilier avec les nécessités de l'ordre public. Le juge administratif, dans la ligne de la jurisprudence *Benjamin* (CE 19 mai 1933), veille à ce que les mesures prises soient proportionnées. Seules des circonstances exceptionnellement graves permettent que l'exercice des libertés fondamentales soit restreint.[310]

Or, à l'instar des seconds critères en vertu desquels les régimes juridiques français et canadien, respectivement, appréhendent ce qui constitue une conviction religieuse protégée (« foi religieuse » *vs* « croyance sincère »), la similarité des préceptes théoriques ne trouve pas une expression conséquente dans la pratique. En effet, tandis que la Cour suprême du Canada n'a jamais exclu intrinsèquement une conviction religieuse du domaine de protection octroyé par les *lois sur les droits fondamentaux* pour le seul motif qu'elle(s) comporte(nt) un ou plusieurs aspect(s) conflictuel(s) avec une liberté ou un droit fondamental donné[311], l'approche retenue en droit français, conformément à l'emplacement que les nombreuses études comparatives faites sur le sujet semblent vouloir lui assigner sur le *spectre de polyethnicité*, donne beaucoup plus d'importance à la protection des « autres droits et libertés fondamentaux » ou, comme on le verra, de « l'ordre public » au sens large.

Cet état de fait prend deux formes dans la jurisprudence et doctrine françaises qui, malgré leur interdépendance manifeste, sont distinctes l'une de l'autre : 1) l'analyse de la jurisprudence pertinente révèle que le droit français est beaucoup plus enclin à ne pas reconnaître de protection (fut-elle initiale) à des convictions religieuses dont le respect impliquerait la réalisation d'une action, manifestation ou expression comportant en soi un aspect conflictuel avec un autre droit ou liberté fondamental[312] ; et 2) malgré les nombreux énoncés de principe à l'effet contraire,

---

[309] Précitée, note 121.

[310] CONSEIL D'ÉTAT FRANÇAIS, *op. cit.*, note 298, p. 49. Pour les modalités/nuances propres à la transposition du concept « d'ordre public » dans les litiges contractuels purement privés, voir *infra*, section 3.2.2.

[311] Voir *supra*, section 3.1.2.

[312] Le lecteur prendra note du fait que nous reviendrons brièvement, lors de cette première partie, sur la règle générale établissant le principe de la primauté des dispositions contractuelles sur les convictions religieuses individuelles des co-contractants (en autant, évidemment, que ces mêmes convictions religieuses n'aient pas été inté-

il est toujours possible d'identifier une certaine variation quant à l'intensité de la protection dont bénéficient les convictions religieuses en fonction du « statut » du dogme sur lequel elles reposent : les religions traditionnelles jouissant d'un préjugé favorable par rapport aux « nouveaux mouvements religieux » ou sectes.

Le cas particulier des convictions religieuses préjudiciables

Avant de nous attaquer à l'analyse de la thématique principale de la présente section, quelques remarques préliminaires s'imposent à propos des deux ensembles de droits et libertés fondamentaux qui s'opposent lorsqu'un litige implique ce que nous avons défini en première partie comme des *convictions religieuses préjudiciables* (soit les dispositions protégeant les convictions religieuses d'un côté et celles protégeant les « autres droits et libertés » de l'autre). Ces observations sont doublement pertinentes en ce qu'elles permettront à la fois de préciser le cadre théorique nécessaire à la bonne réalisation de la présente analyse comparative et, plus particulièrement, de rajouter de l'eau au moulin de la démonstration visée par celle-ci.

Variation française du concept de convictions religieuses préjudiciables

Réalisée en fonction de l'approche canadienne en matière de protection des convictions religieuses individuelles, notre définition de ce type de convictions exige, faut-il le rappeler, que celles-ci (ou plutôt, les pratiques/obligations qu'elles induisent) entrent en opposition avec un autre droit et/ou liberté fondamental qui doit, pour être considéré, être *de niveau hiérarchique égal* avec les dispositions protégeant les convictions religieuses. Or, la structure particulière du régime juridique français implique que, dans les faits, les dispositions pertinentes à la protection juridique des convictions religieuses en milieu de travail ne jouissent, contrairement à la situation qui prévaut en droit canadien, d'aucun statut *supralégislatif* particulier[313] ; la protection de ces mêmes convictions se trouve assurée, en somme, par des dispositions législatives « ordinaires ». Cette particularité du droit français a donc une répercussion importante sur la circonscription de l'ensemble des « autres droits et libertés » qui sera considéré en l'espèce puisque l'exigence d'égalité hiérarchique des normes étatiques en cause (à tout le moins théorique) nous amène, contrairement au droit canadien, à prendre en considération

grées, d'une manière ou de l'autre, au contrat en question) et dont nous avons déjà traité, dans une autre optique, dans la section 3.2.1. Sur ce principe, voir également les nuances décrites et analysées dans la section 4.2.2., où nous traitons du cas particulier des « entreprises de tendance ».

[313] Voir *supra*, texte correspondant aux notes 208 et 300 ainsi que : F. MESSNER, P.-H. PRÉLOT et J.-M WOEHRLING (dir.), *op. cit.*, note 10, p. 446.

l'entièreté du corps législatif français dans notre appréhension de ce qui constitue une *conviction religieuse préjudiciable* pour les juges français. Comme le résume bien Alain Garay :

> On l'aura compris, en France, le législateur est le pivot du système des libertés, juge et partie de l'établissement, « établi par la loi » et de la détermination, « déterminés par la loi » des limites et des abus de celle-ci. [...]
>
> Le législateur est donc fondé à « imposer », aux « ordres établis » et aux citoyens, des libertés et des restrictions correspondantes en opérant une conciliation, sous le contrôle du Conseil constitutionnel, entre le respect des libertés et la sauvegarde de l'ordre public. À cette conception institutionnelle de l'ordre public, justificative de l'intervention étatique dans le champ des pratiques religieuses, se juxtapose aujourd'hui de nouveaux modes de régulation influents qui échappent à la norme et au cadre strictement juridique et légal.[314]

En soi, cette plus large appréhension des « autres droits et libertés » (ou formulé selon une perspective moins axée sur l'approche canadienne : du « champ normatif ») en vertu desquels/duquel une conviction religieuse donnée peut être considérée comme étant, selon notre définition, « préjudiciable » sous-tend un important argument initial en faveur de la thèse voulant que les règles du droit français soient plus restrictives que les canadiennes en ce qui a trait à la protection des convictions religieuses en général. En effet, dès qu'il peut être démontré – comme nous entendons le faire dans la présente section – que le droit français permet aux magistrats de ne pas accorder de protection aux convictions religieuses préjudiciables, le seul fait d'identifier une quantité plus importante d'autres « droits et libertés » avec lesquels une conviction religieuse devrait entrer en conflit pour être considérée comme « préjudiciable » démontre clairement, qu'en principe, le droit français protège une proportion moins importante de convictions religieuses ; le potentiel de conflit ou d'opposition augmente évidemment de manière proportionnelle à l'étendue du corps législatif concerné par l'analyse. Les

[314] A. GARAY, *loc. cit.*, note 284, aux pages 201-202. Cet état de fait (prédominance des dispositions législatives « ordinaires » sur les convictions religieuses protégées) semble d'ailleurs tout à fait compatible avec les dispositions des textes de droit international généralement applicables en matière de protection des convictions religieuses qui prévoient tous expressément, contrairement aux dispositions des *lois sur les droits fondamentaux* canadiennes, des clauses de « réserve » à la protection des convictions religieuses au sens large ou, autrement dit, l'affirmation que la protection des convictions religieuses, en tant qu'objet de protection fondamental, varie en fonction de modalités législatives propres au maintien (et bon ordre) des régimes juridiques de chaque État. Voir notamment : *Déclaration universelle des droits de l'Homme*, précitée, note 65, article 29 (2) ; *Convention européenne des droits de l'Homme*, précitée, note 60, article 9 (2) et *Pacte international relatif aux droits civils et politiques*, précité, note 65, article 18 (3).

principales modalités du précédent argument se trouvent illustrées dans le graphique suivant :

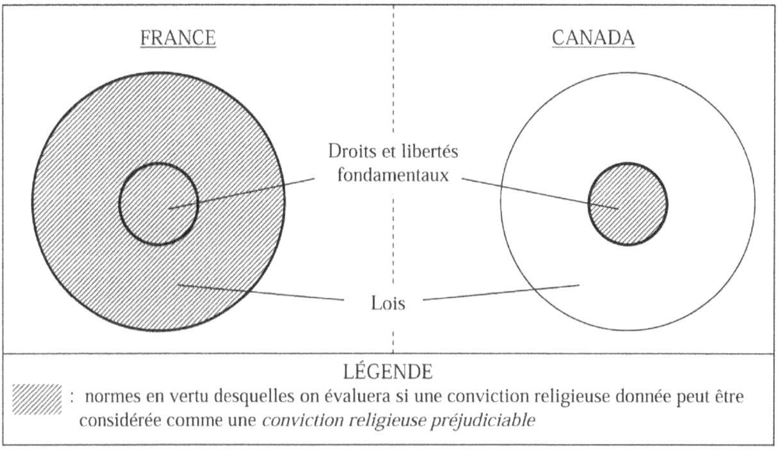

Ainsi, advenant le cas où la Cour suprême du Canada devait opérer un renversement de la jurisprudence actuelle et établir que certaines *convictions religieuses préjudiciables* ne peuvent, intrinsèquement, être couvertes par la sphère de protection des convictions religieuses au sens large, la protection accordée aux convictions religieuses (au sens large) en milieu de travail devrait malgré tout être considérée comme étant « plus restrictive » en droit français et ce, de par la seule étendue des normes étatiques considérées dans l'analyse[315]. Ces observations initiales une fois derrière nous, il nous est maintenant possible de nous pencher plus avant sur la tendance suivie par les différents tribunaux français lorsqu'ils sont confrontés à une *conviction religieuse préjudiciable* en milieu de travail.

L'exclusion intrinsèque des convictions religieuses préjudiciables

Que nous nous trouvions sous l'égide du droit français ou du droit canadien, les convictions religieuses en tant que telles, pour toutes opposées qu'elles puissent être avec une liberté ou un droit fondamental (ou plus largement, dans le cas du droit français, une disposition législative claire), ne seront jamais exclues intrinsèquement du domaine de protection accordé par le droit. Bien que cet énoncé puisse constituer une lapalissade pour certains lecteurs, la tendance à faire prévaloir le

[315] En effet, indépendamment des variations transnationales qui existent entre les différents régimes juridiques nationaux, il est en effet évident que les « lois étatiques » sont de loin plus nombreuses (et donc, diverses) que les « droits et libertés fondamentaux ».

maintien de l'ordre public démontrée par les différentes instances décisionnelles françaises responsables de la mise en œuvre des dispositions législatives protégeant les convictions religieuses est d'une telle importance qu'elle a malgré tout amené certains auteurs à s'interroger (et dans certains cas se positionner) sur la légitimité de l'action étatique pour réprimer des *convictions religieuses préjudiciables* en tant que telles, sans qu'elles aient à s'exprimer par une manifestation ou un comportement particuliers. Commentant une décision rendue en 2005 par le Tribunal correctionnel de Lyon, l'auteur Patrick Banon s'interroge d'ailleurs sur le sujet en ces termes :

> L'acquittement, le 21 juin 2005 de l'ancien imam de Vénissieux qui avait affirmé dans le mensuel *Lyon mag* de mars 2004 : « *battre sa femme est autorisé par le Coran, notamment si la femme trompe son mari* » et ajouté qu'un homme « *peut frapper fort pour faire peur à sa femme afin qu'elle ne recommence pas* » a surpris tous les partis concernés. Le président du Tribunal correctionnel de Lyon, s'appuyant sur différentes décisions de justice dont celles de la Cour européenne des droits de l'homme a tenu à motiver son jugement : « *Il n'appartient pas à un tribunal de faire une intrusion dans le domaine de la conscience religieuse. Une référence à un texte du Coran ne constitue pas un appel à une atteinte à l'intégrité d'une personne.* La justice a choisi ici avec prudence de ne pas accepter de juger la pertinence d'une conscience religieuse. Néanmoins, certaines obligations collectives ne sont-elles pas prioritaires aux obligations individuelles d'ordre spirituel ? Et n'est-ce pas à la Justice de rappeler certaines lois fondamentales de la démocratie, comme l'égalité entre femme et homme ?[316] [nous soulignons]

Malgré ces interrogations doctrinales, la position officielle du droit français en la matière est d'opérer une distinction stricte entre, d'une

---

[316] Patrick BANON, *op. cit.*, note 291, p. 14, à propos de la décision : Trib. corr. Lyon, 21 juin 2005, inédite (infirmée en appel par : C.A. Lyon, 14 octobre 2005, inédite) – référence à ces deux décisions : TF1 NEWS, « Six mois avec sursis pour l'ex-imam de Vénissieux », 14 octobre 2005, [en ligne : http://lci.tf1.fr/france/2005-10/six-mois-sursis-contre-imam-venissieux-4860052.html], (page consultée le 7 juillet 2010) et Sophie LANDRIN, « Six mois de prison avec sursis pour Abdelkader Bouziane, *Le Monde*, 16 octobre 2005, [en ligne : http://www.lemonde.fr/cgi-bin/ACHATS/acheter.cgi?offre=ARCHIVES&type_item=ART_ARCH_30J&objet_id=919143&clef=ARC-TRK-NC_01], (page consultée le 7 juillet 2010). Pour une position similaire à celle de Patrick Banon, voir : J. ROBERT, *loc. cit.*, note 271, pp. 362-363 (dans lesquelles pages le professeur Robert s'interroge sur la légitimité que des Églises – ou mouvements religieux – puissent prendre des positions publiques qui vont à l'encontre de lois votées et promulguées.) ; *A contrario*, voir la « laïcité interculturelle » dont traite le sociologue Jean Beaubérot, notamment dans une entrevue menée pour le compte du journal québécois *Voir* : Elias LEVY, « Jean Beaubérot : Liberté, Laïcité, diversité », *Voir*, 29 mai 2008, [en ligne : http://www.voir.ca/publishing/article.aspx?zone=1&section=11&article=58533], (page consultée le 7 juillet 2010).

part, les convictions religieuses en tant que telles et, d'autre part, les manifestations, actes ou comportements particuliers que ces mêmes convictions sont de nature à induire chez leurs détenteurs. Alors que, pour le premier groupe, les instances décisionnelles françaises conféreront une *liberté absolue*, pour reprendre les mots de Myriam Pendu[317], le second sera soumis à un strict contrôle de « conformité » avec le concept flou de « l'ordre public » français[318], l'expression duquel concept variant – en matière de relations de travail – en fonction de la nature publique ou privée de l'employeur concerné. Car si la notion « d'ordre public » au sens classique du terme peut davantage être invoquée dans le cadre des aspects « étatiques » de litiges susceptibles de survenir en milieu de travail (pensons par exemple au traitement particulier réservé aux convictions religieuses d'employés dans la fonction publique française[319] ou au cas où la constitutionnalité d'une disposition particulière du droit du travail devrait être vérifiée[320]) les litiges n'impliquant que deux parties de droit privé (un employeur et un salarié) peuvent malgré tout bénéficier d'un corollaire (ou sous-principe) à cet « argument de puissance publique », à savoir le principe de la primauté des dispositions contractuelles sur tout autre aspect non prévu dans le contrat, ce qui comprend le plus souvent les convictions religieuses individuelles[321].

Ce principe de la primauté des dispositions contractuelles sur les éléments propres à la personnalité/identité des co-contractants, mais qui

---

317 M. PENDU, *op. cit.*, note 11, pp. 12-13. En d'autres termes, l'expression « liberté absolue du for interne » sous-entend la reconnaissance de l'ineffectivité (voire plus largement de l'absence de légitimité) de l'action étatique, publique et/ou gouvernementale pour régir quelque aspect que ce soit de la spiritualité des individus. Dans le même sens, voir aussi : A. GARAY, *loc. cit.*, note 284, aux pages 218-219 ; F. MESSNER, P.-H. PRÉLOT et J.-M. WOEHRLING, *op. cit.*, note 10, pp. 404-405.

318 Pour une critique du caractère indéfinissable (et donc, élastique) de « l'ordre public » et aux conséquences de cette indéfinition en droit français, voir notamment : A. GARAY, *id.*, à la page 204 ; Marie-Joelle REDOR (dir.), *Ordre public ou ordres publics ? Actes du colloque de Caen, les 11 et 12 novembre 2000*, Bruxelles, Bruylant, 2001 et Alain PLANTEY, « Définition et principes de l'ordre public », dans Raymond POLIN (dir.), *Ordre public : actes du colloque tenu à Paris, les 22 et 23 mars 1995*, Paris, PUF, 1996, p. 27.

319 Voir *infra*, section 4.1.2.

320 Cas qui devraient, pour être valables avant la mise en œuvre de la réforme constitutionnelle de 2008, respecter les conditions imposées par l'article 61 de la *Constitution de 1958*.

321 S'agissant de ce principe, voir : « Cette question [celle de l'interaction entre « religion » et « entreprise »] est liée à celle, plus générale, de la **conciliation entre la force obligatoire d'un contrat** et **la liberté de culte**. La Cour de cassation, sauf disposition législative particulière, fait en principe prévaloir la première, principe fondamental du droit des obligations, en transposant dans l'ordre contractuel le principe de laïcité sous forme de neutralité du contrat. » [nous soulignons] : CONSEIL D'ÉTAT FRANÇAIS, *op. cit.*, note 298, p. 342. Voir également *supra*, section 3.2.1.

n'ont pas été intégrés aux contrats concernés, constitue d'ailleurs un principe général du droit civil français, lequel s'est trouvé consacré, en 2006, par un arrêt de la Cour de cassation[322]. Cet arrêt est extrêmement intéressant dans le cadre de notre analyse comparative en ce qu'il est diamétralement opposé à un arrêt de la Cour suprême du Canada rendu en vertu d'une trame factuelle grandement similaire, l'arrêt *Amselem*[323]. Dans ces deux affaires, il s'agissait de copropriétaires qui entendaient, en vertu de leurs convictions religieuses juives, obtenir le droit d'ériger une *souccah*[324] sur le balcon de leur copropriété et ce, malgré le fait que le règlement de copropriété qui leur était applicable interdisait formellement toute construction sur tous les balcons de l'immeuble.

Alors qu'une majorité de juges de la Cour suprême du Canada a donné raison aux plaignants juifs et leur a conséquemment rendu inapplicable la disposition contractuelle contestée[325], la Cour de cassation française a débouté les plaignants qui avaient fait appel devant elle, confirmant (voire renforçant) du même souffle le principe général de la primauté des dispositions contractuelles valides sur les convictions religieuses individuelles :

> Attendu que les époux X... font grief à l'arrêt de les débouter de leur demande, alors, selon le moyen : [...]
>
> ... que les clauses d'un règlement de copropriété ne peuvent avoir pour effet de priver un copropriétaire de la liberté d'exercice de son culte, en l'absence de toute nuisance pour les autres copropriétaires ; qu'en refusant à des copropriétaires le droit d'exercer leur culte par l'édification sur leur balcon,

---

322 C. Cass. civ., 8 juin 2006, précité, note 300.

323 Précité, note 22.

324 Définie par la Cour suprême du Canada comme : « une petite hutte ou cabane temporaire close [...] faite de bois ou d'un autre matériau robuste, comme une grosse toile fixe, et [dont le] toit doit laisser entrevoir le ciel » : *Amselem*, *id.*, parag. 5.

325 Les cinq juges majoritaires (sur neuf) ont en effet conclu que : « À la lumière de l'analyse qui précède, j'estime que les clauses contestées de la déclaration de copropriété prohibant les constructions sur les balcons des appelants portent atteinte à la liberté de religion garantie à ceux-ci par la *Charte* québécoise. Je suis également d'avis qu'il est impossible d'affirmer que, en signant la déclaration de copropriété, les appelants ont renoncé à leur droit à la liberté de religion ou qu'ils ont implicitement accepté de ne pas installer de souccahs sur leur balcon respectif durant la période prescrite par leur religion. Dans les circonstances, j'estime que les raisons invoquées par l'intimé pour justifier cette atteinte au droit des copropriétaires ne sont pas fondées ; les inquiétudes exprimées relativement à la sûreté personnelle des copropriétaires ont été largement dissipées et l'atteinte causée à leurs droits de propriété est tout au plus minime. Les appelants ont donc légalement le droit d'installer une souccah sur leur balcon respectif uniquement pendant la période correspondant à la fête du Souccoth, dans la mesure où la structure laisse un passage suffisant pouvant servir de voie d'évacuation en cas d'urgence et s'intègre le plus possible avec l'apparence générale de l'immeuble » : *Amselem*, *id.*, parag. 103.

pendant une semaine, d'une cabane précaire et temporaire, au seul motif que cette construction serait contraire aux dispositions du règlement de copropriété, la cour d'appel a violé les articles 9 du Code civil et 9 de la Convention européenne de sauvegarde des droits de l'homme et des libertés fondamentales du 4 novembre 1950 [...]

Attendu, d'autre part, qu'ayant retenu à bon droit que la liberté religieuse, pour fondamentale qu'elle soit, ne pouvait avoir pour effet de rendre licites les violations des dispositions d'un règlement de copropriété et relevé que la cabane faisait partie des ouvrages prohibés par ce règlement et portait atteinte à l'harmonie générale de l'immeuble puisqu'elle était visible de la rue, la cour d'appel, qui n'était pas tenue de procéder à une recherche que ses constatations rendaient inopérante, en a exactement déduit que l'assemblée générale était fondée à mandater son syndic pour agir en justice en vue de l'enlèvement de ces objets ou constructions ; [...]

PAR CES MOTIFS :

REJETTE le pourvoi[326] [nous soulignons]

En recentrant notre propos sur l'identification et le traitement réservé aux *convictions religieuses préjudiciables* en milieu de travail français, nous pouvons clairement constater (et affirmer) que les salariés embauchés au sein d'entreprises françaises et qui désirent faire respecter certaines manifestations ou comportements liés à leurs convictions religieuses individuelles ne pourront bénéficier de la protection du droit français que si, d'une part, ces manifestations/comportements n'entrent pas en opposition : 1) avec une loi ou un règlement étatique[327] ; et 2) avec les dispositions, qui doivent par ailleurs être valides d'un point de vue légal, de leurs contrats de travail[328].

---

326 C. Cass. civ., 8 juin 2006, précité, note 300.

327 Comme le résume Claire Brisseau : « ... il n'existe aucune disposition générale permettant au salarié d'opposer à toute obligation légale ou contractuelle ses convictions ou obligations religieuses. S'agissant de l'incompatibilité des obligations religieuses avec des dispositions impératives légales et réglementaires, la jurisprudence a clairement tranché la question. En effet, la Cour de cassation a rappelé à plusieurs reprises, à propos de la visite médicale obligatoire, que le salarié ne pouvait se soustraire à l'application des dispositions impératives » : C. BRISSEAU, *loc. cit.*, note 271, 972. Dans le même sens, voir aussi : C. Cass soc., 29 mai 1986, *Bull. V*, n° 262, p. 261 (cité dans Janine DUFAUX *et al.*, *Liberté religieuse et régimes des cultes en droit français : textes, pratique administrative, jurisprudence*, Paris, Éditions du Cerf, 2005, pp. 1311-1312) et HALDE, *Délibération n° 2009-117 du 6 avril 2009*, [en ligne : http://www.halde.fr/Deliberation-relative-aux-regles.html], (page consultée le 7 juillet 2010).

328 S'agissant de la primauté, *de facto*, des dispositions contractuelles sur les convictions religieuses individuelles n'y ayant pas été intégrées, le professeur Jean Savatier, de la Faculté de droit de l'Université de Poitiers écrivait : « Même quand elles n'ont rien d'illicite, les prestations demandées au salarié peuvent lui poser des problèmes de

Pour conclure cette sous-section, il nous semble utile de souligner que les principales différences entre les régimes juridiques français et canadien en matière de gestion des *convictions religieuses préjudiciables* se résument, *grosso modo*, à la position diamétralement opposée qui se trouve attribuée aux « convictions religieuses individuelles » dans le système hiérarchique au sein duquel interagissent les trois « ordres normatifs » qui sont susceptibles d'être sollicités dès qu'un tribunal doit faire face à une revendication concernant une conviction religieuse particulière (soit le législatif, le contractuel et le religieux). Tandis qu'au Canada, aucune conviction religieuse ne peut être intrinsèquement exclue du champ de protection offert par les *lois sur les droits fondamentaux* (même en cas de conflit direct avec un « autre droit ou liberté fondamental ») et que ces mêmes *lois* jouissent d'un statut *supralégislatif* par rapport aux autres lois du travail – dites « ordinaires » – et dispositions contractuelles applicables, le régime juridique français soumet la recevabilité des convictions religieuses individuelles à leur conformité avec les dispositions législatives et/ou contractuelles[329] applicables (tel qu'illustré à la figure suivante).

---

conscience. Si elles correspondent à la nature de l'emploi que le travailleur a accepté d'occuper, il est tenu d'exécuter ces prestations de travail même si leurs modalités rendent difficile de se soumettre à des prescriptions de sa religion. Dans un État laïque, il ne peut demander au juge de faire prévaloir des obligations religieuses sur des obligations contractuelles librement acceptées par lui. » [nous soulignons] : J. SAVATIER, *loc. cit.*, note 52, à la page 462. Dans le même sens, Claire Brisseau avait aussi cette formule très intéressante : « L'autorisation de l'employeur est indispensable au salarié qui souhaite pouvoir opposer à ses engagements contractuels ses obligations religieuses. Elle peut se concrétiser par l'insertion d'une clause expresse au contrat. En l'absence d'autorisation, le salarié est tenu au respect de ses engagements professionnels » [nous soulignons] : C. BRISSEAU, *id.*, 972. Dans ce même article, à la p. 973, l'auteure énumère ensuite une liste (et résume les grands aspects) de quelques arrêts français rendus en matière de relations de travail et illustrant le principe de la primauté, en soi, des dispositions contractuelles sur les convictions religieuses individuelles dont : T. Prud. Lunéville, 13 jan. 1984, *Les Petites affiches*, 15 octobre 1986, n° 124 (un témoin de Jéhovah ne peut refuser une nouvelle affectation contraire au caractère pacifiste de ses convictions religieuses sans commettre une faute) ; C.A. soc. Grenoble, 26 mai 1986, *Jurisdata*, n° 047998 (« un salarié à qui ses supérieurs demandent, dans l'exécution de sa prestation de travail, de dire aux clients qu'ils sont absents, qu'ils le soient ou non effectivement, ne peut s'y soustraire en alléguant que sa religion musulmane lui interdit de mentir »).

329 Sous réserve évidemment de certaines nuances que nous étudierons plus en profondeur dans les sections ultérieures où nous traiterons des deux grands véhicules normatifs par lesquels s'exprime la protection octroyée aux convictions religieuses (la liberté de conscience et de religion et les dispositions interdisant la discrimination fondée sur les convictions religieuses) : voir *infra*, chapitre 4.

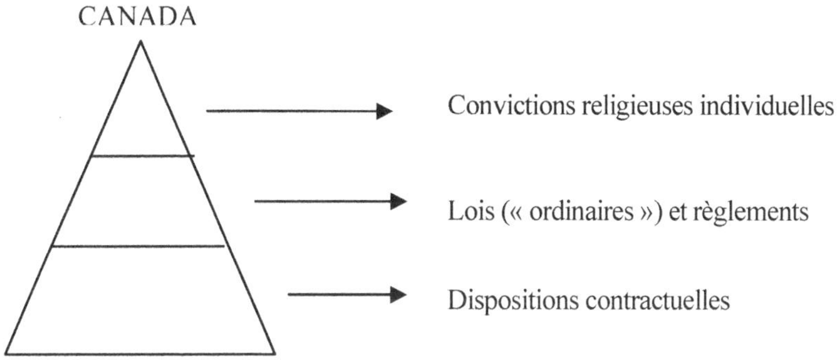

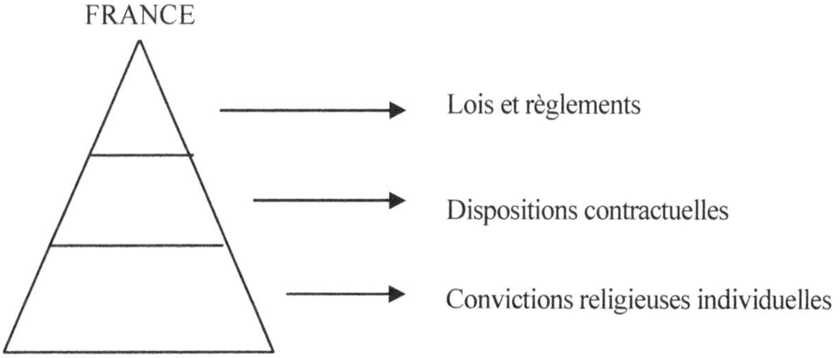

Le cas particulier des convictions religieuses émanant de « nouveaux mouvements religieux »

L'histoire française est, depuis l'époque des *Lumières*, marquée par une certaine méfiance collective (ou institutionnelle) par rapport aux différents aspects du phénomène religieux au sens large[330]. Or, comme l'ont fait remarquer plusieurs auteurs[331], l'expression de cette méfiance (ou *scepticisme* pour utiliser un synonyme opportun) semble connaître son paroxysme lorsque les convictions religieuses impliquées émanent de ce qu'il est désormais convenu de désigner sous le vocable de « nouveaux mouvements religieux » ou « mouvements à caractère sectaire »[332].

---

330 Voir *supra*, début de la section 3.2.

331 Pensons notamment au texte intitulé : « Les causes de la méfiance française face à la nouveauté religieuse » qui se trouve être la seconde partie d'un article publié en 2005 par Blandine CHÉLINI-PONT, *loc. cit.*, note 119, 295-304, de même que : C. LANDHEER-CIESLAK, *op. cit.*, note 9, pp. 51-55 ; V. FORTIER, *loc. cit.*, note 287, 7-9 et N. GUILLET, *op. cit.*, note 288.

332 Pour une définition de ce que nous entendons par ces deux expressions, voir *supra*, notes 4 et 288.

En effet, les dernières décennies ont été le théâtre d'une multiplication des efforts institutionnels directement orientés vers la « lutte » contre certains aspects des « nouveaux mouvements religieux » ; voire dans certains cas, contre ces « nouveaux mouvements » en tant que tels. Mues par la survenance de plusieurs événements dramatiques impliquant les membres de « nouveaux mouvements religieux » au cours des dernières décennies, dont notamment les suicides collectifs des membres du *Temple du peuple* (Jonestown)[333] et de l'*Ordre du Temple solaire*[334] de même que les attentats au gaz sarin perpétrés au Japon par les membres de la *Secte Aum*[335], les institutions françaises ont, en quelque sorte, servi de courroie de transmission à la sensibilité exacerbée de l'opinion publique et ont mis sur pied d'importants processus d'études et de recherches portant sur l'opportunité et, le cas échéant, l'identification des meilleures mesures pour contrôler les activités socialement répréhensibles des « sectes » ou « mouvements à caractère sectaire ». C'est ainsi qu'ont vu le jour : la Mission interministérielle de vigilance et de lutte contre les dérives sectaires (MILIVUDES[336]), plusieurs commissions d'enquête publique portant sur le phénomène sectaire en France[337] et qu'ont eu lieu différents débats animés au sein des diffé-

333 Voir notamment : David CHIDESTER, *Salvation and Suicide : Jim Jones, the Peoples Temple, and Jonestown*, Bloomington, Indiana University Press, 2003 et Marc DERN, *Jim Jones : le démon de Guyana*, Paris, Henri Veyrier, 1979.

334 Voir notamment : James R. LEWIS, *The Order of the Solar Temple : the temple of death*, Aldershot, Ashgate, 2006 ; Roland CAMPICHE, *Quand les sectes affolent : Ordre du temple solaire, médias et fin de millénaire*, Genève, Labor et Fides, 1995 et CBC, *Solar Temple : a cult gone wrong*, mars 1993, [en ligne : http://archives.cbc.ca/society/crime_justice/topics/501/], (page consultée le 7 juin 2010).

335 Ian READER, *Religious Violence in Contemporary Japan : The Case of Aum Shinrikiô*, Surrey, Curzon Press, 2000 et Hiroshi HIYAMA, « Quinze ans après, un film hommage aux victimes de la secte Aum au Japon », *Le Point.fr*, 18 mars 2010, [en ligne : http://www.lepoint.fr/culture/2010-03-18/quinze-ans-apres-un-film-hommage-aux-victimes-de-la-secte-aum-au/249/0/435028], (page consultée le 7 juin 2010).

336 Antérieurement nommé *Observatoire interministériel sur les sectes* (de 1996 à 1998), puis *Mission interministérielle de lutte contre les sectes* (de 1998 à 2002) cet organisme a pour objectif principal de : « D'observer et d'analyser le phénomène des mouvements à caractère sectaire dont les agissements sont attentatoires aux droits de l'homme et aux libertés fondamentales ou constituent une menace à l'ordre public ou sont contraires aux lois et règlements » : MILIVUDES, « La Mission interministérielle : présentation », [en ligne : http://www.miviludes.gouv.fr/], (page consultée le 22 août 2010).

337 Entre autres celles qui ont mené au dépôt des rapports suivants : Georges FENECH (dir.), *La justice face aux dérives sectaires : réflexion et évaluation des dispositifs judiciaires de lutte contre les dérives sectaires*, Paris, La documentation française, 2008 ; Alain GEST et Robert GUYARD (dir.), *Les sectes en France : rapport de la Commission d'enquête parlementaire sur les sectes en France*, Paris, P. Banon, 1996 (dans lequel se trouvait annexé une liste de plus d'une centaine de groupes présents

rentes assemblées gouvernementales concernant l'adoption de lois visant à contrôler l'activité de ces mouvements en émergence[338]. Les principales raisons évoquées par les nombreux acteurs favorables à cette approche pour expliquer/justifier pourquoi l'appréhension du phénomène des « nouveaux mouvements religieux » mérite, en soi, un traitement différencié par rapport à la question générale de la protection des convictions religieuses se trouvent adroitement résumées par l'auteur Nicolas Guillet :

> La sociologie (des religions) se voit soumise à une critique nourrie. Parce qu'elle étudie les sectes en tant que fait social représentatif d'une transformation du paysage religieux, elle semble ne pas rendre compte des dangers que recèlent aussi bien leurs croyances que leurs comportements. Les sectes ne seraient analysées que comme une nouvelle vague de religions émergentes. [...]
>
> L'approche des sectes centrée sur la question religieuse n'est [...] pas la plus pertinente en droit. [...]
>
> Les sectes sont en effet des groupements d'un type particulier en raison de leurs activités et pratiques, ce qui justifie une approche spécifique du phénomène qui ne serait pas uniquement centrée sur la question de l'exercice des libertés religieuses. Pour les pouvoirs publics, c'est la *dangerosité à caractère sectaire* qu'il faut saisir et combattre. En conséquence, la problématique se situe bien plus en termes de respect des principes de l'État de droit républicain – protection des droits de l'homme et de l'ordre public – qu'en termes des libertés religieuses.[339] [nous soulignons]

---

en France qui devraient être considérés, selon la Commission, comme des « sectes ». Cette liste est d'ailleurs disponible sur le Web : [en ligne : http://www.vigi-sectes.org/liste/liste_sectes.html], (page consultée le 22 août 2010)) ; Robert GUYARD (dir.), *Les sectes et l'argent : rapport fait au nom de la Commission d'enquête sur la situation financière, patrimoniale et fiscale des sectes, ainsi que sur leurs activités économiques et leurs relations avec les milieux économiques et financiers*, Paris, Assemblée Nationale, 1999 ainsi que Georges FENECH et Philippe VUILQUE (dir.), *Rapport de la commission d'enquête relative à l'influence des mouvements à caractère sectaire et aux conséquences de leurs pratiques sur la santé physique et mentale des mineurs*, Paris, Assemblée Nationale, 2006, [en ligne : http://www.assemblee-nationale.fr/12/rap-enq/r3507.asp], (page consultée le 22 août 2010).

338 Voir notamment les travaux préparatoires de l'Assemblée Nationale française qui ont précédé l'adoption de la *Loi n° 2001-504 du 12 juin 2001 tendant tendant à renforcer la prévention et la répression des mouvements sectaires portant atteinte aux droits de l'homme et aux libertés fondamentales* (aussi appelée la *Loi About-Picard*), J.O. 13 juin 2001, p. 9337 : ASSEMBLÉE NATIONALE, *Archives de la XIe législature : Loi n° 2001-504*, [en ligne : http://www.assemblee-nationale.fr/11/dossiers/sectes_pn.asp], (page consultée le 22 août 2010) ainsi que : Gilbert KLEIN, *Les sectes et l'ordre public*, Besançon, Presses universitaires de Franche-Comté, 2005, pp. 15-26.

339 N. GUILLET, *op. cit.*, note 288, pp. 7 et 16-17. Dans le même sens, voir aussi : F. MESSNER, P.-H. PRÉLOT et J.-M. WOEHRLING, *op. cit.*, note 10, pp. 156-158.

Officiellement, ces différentes initiatives n'ont pas eu d'effet concret sur le régime juridique français de protection des convictions religieuses qui protège autant les convictions religieuses « classiques » (telles que le Judaïsme, l'Islam ou le Catholicisme) que celles émanant des « nouveaux mouvements religieux »[340]. Toutefois, malgré l'existence de ces énoncés de principe clairs, il est toujours possible de déceler une certaine variation entre l'intensité de la protection qui est octroyée aux convictions religieuses émanant d'une des grandes religions traditionnelles et celle qui concerne les « nouveaux mouvements religieux »[341].

---

340 Voir *supra*, section 3.2.1. À cet égard il est intéressant de souligner deux décisions officialisant le principe selon lequel les conclusions émises par les différentes commission d'enquête sur le phénomène sectaire – et plus particulièrement la liste de groupes sectaires établie dans le rapport publié en 1996 (voir A. GEST et R. GUYARD (dir.), *op. cit.*, note 337) – n'ont, en France, aucune portée juridiquement contraignante : Trib. admin. de Rennes, ordonnance n° 02507 du 21 février 2002, *Association locale pour le culte des Témoins de Jéhovah de Lorient* ainsi que Trib. admin. de Poitiers, 1re chambre, ordonnance n° 013040 du 13 juin 2002, *Association locale pour le culte des Témoins de Jéhovah de La Rochelle c. Commune de La Rochelle*. Dans ces deux affaires, les tribunaux administratifs ont renversé des décisions municipales qui avaient été rendues à l'encontre d'adeptes de Témoins de Jéhovah pour le seul motif que, selon le rapport de 1996, leur croyance était non pas religieuse, mais « sectaire ». Voir à ce sujet : TÉMOINS DE JÉHOVAH EN FRANCE, « Extrait de l'ordonnance du tribunal administratif de Rennes en date du 21 février 2002 », [en ligne : http://www.temoinsdejehovah.org/page.aspx?REF=fca73020-1ad3-473c-8e0e-0d9ca9f17ef8], (page consultée le 22 août 2010) ainsi que TÉMOINS DE JÉHOVAH EN FRANCE, « Extrait de l'ordonnance du tribunal administratif de Poitiers en date du 13 juin 2002 », [en ligne : http://www.temoinsdejehovah.org/page.aspx?REF=2f2af5f5-a67b-4d51-b767-7e4b3ca82ef5], (page consultée le 22 août 2010).

341 Notons par ailleurs que, comme l'écrivait l'auteur Patrick Banon en 2006, il est également possible d'associer aux « nouveaux mouvements religieux » les appréhensions radicales – ou fondamentaliste/intégriste – de certaines pratiques religieuses étant liées à la *foi* d'une des grandes religions traditionnelles : P. BANON, *op. cit.*, note 291, pp. 162-166. Cette assimilation a d'ailleurs été explicitement intégrée par le Conseil d'État qui, dans un arrêt rendu en 2008, a justifié de la manière suivante sa décision de confirmer la validité d'un refus, opposé par le Ministre français de l'Intérieur, d'octroyer la nationalité française à une femme musulmane qui portait la *burqa* :

Considérant qu'il ressort des pièces du dossier que, si Mme A possède une bonne maîtrise de la langue française, elle **a cependant adopté une pratique radicale de sa religion**, incompatible avec les valeurs essentielles de la communauté française, et notamment avec le principe d'égalité des sexes ; qu'ainsi, elle ne remplit pas la condition d'assimilation posée par l'article 21-4 précité du code civil. […]

Considérant que le décret attaqué du 16 mai 2005 [par le biais duquel le ministre français avait officialisé son refus] n'a ni pour objet ni pour effet de porter atteinte à la liberté religieuse de l'intéressée ; que, par suite, il ne méconnaît ni le principe constitutionnel de liberté d'expression religieuse, ni les stipulations de l'article 9 de la convention européenne de sauvegarde des droits de l'homme et des libertés fondamentales. […]

Grosso modo, cette variation s'exprime surtout par le biais de prises de positions et jugements de valeurs négatifs concernant la « religiosité » (ou « normalité ») ou non d'une conviction donnée. Analysant la jurisprudence française rendue dans des litiges qui impliquaient la protection (ou simplement reconnaissance) de convictions religieuses individuelles en domaine privé, la professeure Christelle Landheer-Cieslak a brillamment résumé les principaux aspects de cet « écart » entre théorie et pratique pour les adeptes d'un des nombreux « nouveaux mouvements religieux » :

> *A priori*, pour le juge français, l'appartenance à la communauté juive, catholique ou musulmane est digne de respect. Elle est l'expression d'un choix en faveur d'une religion notoire, centenaire, structurée et organisée, n'ayant plus à mobiliser ses membres de manière excessive pour s'imposer au sein de la société. Le juge français présume que cette appartenance induit des comportements religieux « normaux ». [...]
>
> Pour le juge français de droit civil, l'appartenance d'une partie à une « secte » comme, par exemple, les Témoins de Jéhovah, l'Église de Scientologie ou le Mouvement raëlien, suscite de l'inquiétude. Pour lui, le choix d'une telle appartenance n'est pas l'expression d'un choix raisonnable. [...] Pour le juge français, l'appartenance à une « secte » laisse donc présumer que la partie n'adopte pas des comportements religieux « normaux » et a choisi des pratiques qu'il présume *excessives.*[342]

Considérant le très clair énoncé de principe, maintes fois répété, établissant l'égalité de toute croyance religieuse objective en droit français dès que l'adepte qui tente d'en faire valoir certains aspects réussit à démontrer les deux critères sous-jacents à l'existence d'une conviction religieuse individuelle (soit l'existence d'une « communauté de croyants » et d'une « foi religieuse » collective[343]), l'impact direct de cet état d'esprit institutionnel généralement défavorable aux nouveaux mouvements religieux est fort difficile à quantifier[344]. Toutefois, il est

---

La requête de Mme A est rejetée » [nos soulignés et caractères gras] : Cons. d'État, 27 juin 2008, n° 286798, [en ligne : http://www.legifrance.gouv.fr/affichJuriAdmin.do?oldAction=rechJuriAdmin&idTexte=CETATEXT000019081211&fastReqId=1273356285&fastPos=1], (page consultée le 7 juin 2010). Au sujet de cet arrêt du Conseil d'État, voir notamment : Stéphanie LEBARS, « Une marocaine en burqa se voit refuser la nationalité française », *Le Monde*, 11 juillet 2008, [en ligne : http://www.lemonde.fr/societe/article/2008/07/11/une-marocaine-en-burqa-se-voit-refuser-la-nationalite-francaise_1072401_3224.html], (page consultée le 7 juillet 2010) et W. F. EDMISTON et A. DUMÉNIL, *op. cit.*, note 268, p. 223.

342 C. LANDHEER-CIESLAK, *op. cit.*, note 9, pp. 337 et 340.

343 Voir *supra*, section 3.2.1.

344 Tout au plus est-il possible de conclure, à l'instar du professeur Vincente Fortier, que : « Malgré l'extrême diversité des croyances en cause et des faits en débats, il est

raisonnable de penser qu'un salarié qui tenterait de faire valoir une conviction religieuse affiliée à un « mouvement à caractère sectaire » aura, intrinsèquement et indépendamment des distinctions générales que nous avons déjà identifiées, plus de difficultés à réussir son projet dans le cas où son milieu de travail se trouve en France plutôt qu'au Canada et ce, tant pour le véhicule passif (liberté de religion) qu'actif (dispositions interdisant la discrimination fondée sur les convictions religieuses) de protection des convictions religieuses[345].

---

possible de tirer plusieurs enseignements de cette jurisprudence foisonnante quant à [la privatisation du religieux] :

– incontestablement, le juge fait de la croyance une affaire privée, affirmant sans ambiguïté qu'elle relève du for interne et que, partant, elle échappe en principe à tout jugement.

– cependant et alors même qu'il s'interdit de juger la croyance dans son ensemble, le juge se livre dans certains cas à une évaluation de l'option religieuse.

Le pluralisme confessionnel en sort alors affaibli au moins pour deux raisons : d'une part, parce que, pour une partie des décisions, la privatisation du religieux n'est que clause de style, sorte de paravent juridique lorsque la croyance en cause est socialement *dérangeante*. Et d'autre part, parce que les croyances ne bénéficient pas, selon les juridictions, d'une égale indifférence qui devrait être la règle s'agissant de l'essence de la croyance. » : V. FORTIER, *loc. cit.*, note 287, 9.

[345] En effet, sans égard aux principes généraux du droit français dont nous avons préalablement traité et qui ne permettent pas de distinguer les religions traditionnelles des sectes lors de la mise en œuvre des dispositions visant à protéger les « convictions religieuses » (voir *supra*, section 3.2.1), certaines décisions judiciaires françaises ont effectué de telles distinctions. Par exemple, une décision du Tribunal administratif de Paris, 3 juin 1999, n° 9602510/5 (par la suite renversée par la Cour Administrative d'Appel de Paris, 22 mars 2001, précité, note 290) avait validé le refus d'un congé religieux à un policier pour la seule raison qu'il était raëlien et non pas membre d'une religion « reconnue ». Dans le même sens, la décision du Tribunal administratif de Versailles, 7 février 1997, *Mme G.*, n° 954414 établit que : « le retrait d'un agrément d'assistante maternelle par un président de Conseil général à une personne pratiquant le prosélytisme sectaire ne *méconnaît ni la liberté de religion ni le principe de laïcité* » : Résumé de la décision par P. BANON, *op. cit.*, note 291, p. 159. Pour d'autres exemples de décisions jurisprudentielles où le rattachement de la « conviction religieuse » invoquée par un plaignant à un des « nouveaux mouvements religieux » fut de nature à lui imposer des obstacles supplémentaires, voir notamment : N. GUILLET, *op. cit.*, note 288, pp. 272-273. Pour finir, la professeure Christelle Landheer-Cieslak nous semble avoir parfaitement résumé les raisons pour lesquelles l'adepte d'une « secte » risque d'éprouver plus de difficultés à faire reconnaître judiciairement son droit à la protection de ses convictions religieuses qu'un adepte d'une des grandes « religions traditionnelles » : « La définition jurisprudentielle de la *religion* se déduit *a contrario* de la définition de la *secte*. Pour le juge français, une *religion* est une communauté de croyants constituée depuis des centaines d'années, implantée le plus souvent de longue date sur le territoire national, qui m'est pas présumée adopter des activités répréhensibles à l'encontre de ses membres et de leur patrimoine, voire de la société dans son ensemble et qui, du fait de son caractère établi, n'emploie plus de méthodes actives de prosélytisme. De plus, lorsque le juge français envisage les effets de la *religion* sur ses membres, [il] pré-

Cet état de fait oppose une fois de plus les régimes juridiques canadien et français puisque les structures particulières des régimes politique et juridique français, fondées sur le *républicanisme*, impliquent que, pour un ensemble de raisons, le statut de minorité religieuse (ou de membre de cette minorité) est bien loin de représenter un avantage qui permettrait de bénéficier plus facilement de la protection que le droit accorde aux convictions religieuses en tant que telle[346]. La situation est évidemment bien différente au Canada où le régime juridique, faut-il le rappeler, non seulement n'opère aucune distinction entre les différents mouvements religieux desquels émanent les convictions religieuses individuelles, mais favorise plutôt la protection des convictions religieuses « minoritaires »[347].

Cette observation sur la tendance généralement défavorable aux convictions religieuses issues de « nouveaux mouvements religieux » qui a toujours cours au sein des différentes institutions publiques françaises (y compris celles responsables de la mise en œuvre des dispositions visant à assurer la protection des convictions religieuses individuelles en milieu de travail) conclut donc ce chapitre. Quoique les résultats du premier chapitre puissent sembler probants en eux-mêmes quant à la démonstra-

---

sume le caractère raisonnable de leur appartenance puisqu'elle n'altère ni leur libre arbitre, ni leur capacité d'analyse et qu'elle n'implique *a priori* ni fanatisme religieux, ni prosélytisme incessant. En d'autres termes, si l'appartenance à une *secte* est présumée dangereuse pour ses adeptes, l'appartenance à une *religion* est envisagée comme l'expression d'un choix raisonnable. » : C. LANDHEER-CIESLAK, *op. cit.*, note 9, p. 384.

346 Voir à cet égard : « Le droit français des minorités religieuses est un « non-sujet » car ce droit refuse le concept des minorités notamment religieuses. Mais cette négation ne fait pas disparaître la réalité de groupements religieux ni même le traitement juridique de ceux-ci. La non-reconnaissance des minorités religieuses appelle dès lors des critiques d'ordre théorique et pratique, même s'il n'est pas aisé de préciser en quoi consisterait effectivement une reconnaissance juridique » : Jean-Marie WOEHRLING, « Les minorités religieuses en droit français », dans Jean-Pierre BASTIAN et Francis MESSNER, *Minorités religieuses dans l'espace européen : approches sociologiques et juridiques*, Paris, PUF, 2007, p. 131. Dans le même sens, voir également : Jean MORANGE, *Manuel des droits de l'Homme et libertés publiques*, Paris, PUF, 2007, pp. 256-257.

347 La Cour suprême du Canada a en effet affirmé maintes fois que la protection des minorités « désavantagées ou faisant l'objet de stéréotypes » se trouvait au cœur des *lois sur les droits fondamentaux* canadiennes. À cet égard, voir notamment nos développements sur « l'objet » du droit à l'égalité consacré à l'article 15 de la *Charte canadienne* (*infra*, sections 4.2.1. et 4.2.1). S'agissant spécifiquement de la grande importance accordée à la protection des « minorités religieuses », quelles qu'elles soient, qu'il nous suffise de rappeler ce passage classique de l'arrêt *Big M Drug Mart*, précité, note 46, parag. 96 : « Une majorité religieuse, ou l'État à sa demande, ne peut, pour des motifs religieux, imposer sa propre conception de ce qui est bon et vrai aux citoyens qui ne partagent pas le même point de vue. La *Charte* protège les minorités religieuses contre la menace de *tyrannie de la majorité* » [nous soulignons].

tion du caractère intrinsèquement généreux de l'approche actuellement privilégiée en droit canadien, ils ne peuvent être considérés qu'en tant que résultats préliminaires. En effet, la circonscription de la portée conférée aux « convictions religieuses » en tant qu'objet de protection des *lois sur les droits fondamentaux* nécessite également une analyse approfondie des modalités des deux principaux véhicules normatifs (« passif » : la liberté de religion ; et « actif » : l'interdiction des actes de discrimination fondés sur les convictions religieuses) par le biais desquels s'exprime cette même protection et qui posent, en soi, certaines balises importantes. Le second chapitre du présent titre sera en conséquence consacré à la réalisation de cette entreprise.

CHAPITRE 4

Liberté de religion et droit à la non-discrimination fondée sur les convictions religieuses

Caractéristiques propres aux modes *passifs* et *actifs* de protection

En se limitant à leur dimension individuelle, les droits fondamentaux de la personne peuvent être séparés en deux grandes catégories théoriques distinctes : les *libertés*, par l'entremise desquelles l'État force les institutions visées à respecter une sphère d'autonomie personnelle pour les justiciables au sein de laquelle elles n'ont pas le droit de s'ingérer (passifs)[348] ; et les *droits* qui exigent, pour être respectés, que les institutions visées mettent en place des mécanismes permettant leur exercice effectif (actifs)[349].

---

348 Rappelons-nous par ailleurs la très intéressante définition qui avait été donnée du concept de « liberté » par la Cour suprême du Canada dans l'arrêt *Big M Drug Mart*, précité, note 46, parag. 95 : « La liberté peut se caractériser essentiellement par l'absence de coercition ou de contrainte. Si une personne est astreinte par l'État ou par la volonté d'autrui à une conduite que, sans cela, elle n'aurait pas choisi d'adopter, cette personne n'agit pas de son propre gré et on ne peut pas dire qu'elle est vraiment libre. L'un des objectifs importants de la *Charte* est de protéger, dans des limites raisonnables, contre la coercition et la contrainte. La coercition comprend non seulement la contrainte flagrante exercée, par exemple, sous forme d'ordres directs d'agir ou de s'abstenir d'agir sous peine de sanction, mais également les formes indirectes de contrôle qui permettent de déterminer ou de restreindre les possibilités d'action d'autrui. » Voir aussi, *infra*, début de la section 4.1.

349 Le professeur Christian Brunelle fournit quelques exemples illustrant de manière très claire le caractère « actif » sous-jacents au respect des *droits* fondamentaux : « Par exemple, le *droit de vote* exige du gouvernement qu'il tienne des élections et implante un système électoral [...] pour favoriser le plein exercice de ce droit démocratique. Le droit à un procès équitable requiert, en certaines circonstances, que l'État assume le coût des honoraires d'avocat lorsqu'un accusé indigent ne dispose pas de ressources financières suffisantes pour s'offrir les services d'un procureur. De même, l'État est tenu d'assumer le coût des services d'un interprète pour la personne qui n'est pas en mesure de parler ou comprendre la langue des procédures ou la nature des traitements médicaux qui lui seront administrés » : Christian BRUNELLE, « Les droits et libertés fondamentaux », dans BARREAU DU QUÉBEC, *Droit public et administratif, vol. 7, Collection de droit 2008-2009*, Cowansville, Yvon Blais, 2009-2010, p. 19, à la page 41.

Bien que l'étanchéité « pratique » des distinctions conceptuelles entre *droits* et *libertés* fondamentaux puisse être mise à rude épreuve par une multitude de cas d'espèce permettant d'attribuer à un groupe certains attributs de l'autre et *vice-versa*[350], ces dernières permettent malgré tout de qualifier respectivement les deux principaux véhicules normatifs de protection par l'entremise desquels les convictions religieuses individuelles bénéficient d'une protection au sein de la plupart des textes juridiques consacrant les droits et libertés fondamentaux, soit : (4.1) la liberté religieuse et (4.2) l'interdiction de discriminer une personne en vertu de sa religion ou de ses convictions religieuses personnelles.

4.1. La protection « passive » : la liberté de religion

Les différentes implications juridiques de la « liberté individuelle », l'une des grandes pierres d'assises des différents courants de la philosophie libérale[351], ont fait l'objet d'un très intéressant et exhaustif exercice de synthèse de la part du professeur Gilles Lebreton, professeur de droit à l'Université du Havre :

> Sur le plan ontologique, c'est-à-dire sous l'angle du rapport de l'homme et du monde, la liberté est un pouvoir d'autodétermination, en vertu duquel l'homme choisit lui-même son comportement personnel. Elle consiste donc à opérer des choix entre plusieurs possibilités [...]
>
> Sur le plan politique, c'est-à-dire sous l'angle du rapport de l'homme et du pouvoir, la liberté est la sphère d'action qui échappe à la contrainte sociale. Ainsi définie, elle s'oppose donc à la servitude. À partir de là, elle peut être conçue de deux façons différentes.

---

350 Voir à cet égard ce passage éclairant de la dissidence du juge Dickson de la Cour suprême du Canada dans le *Renvoi relatif à la Public Service Employee Relations Act (Alb.)*, [1987] 1 R.C.S. 313, parag. 77 : « L'article 2 de la *Charte* garantit des "libertés" fondamentales et non des "droits". Si parfois ces deux termes sont utilisés indifféremment, une distinction d'ordre conceptuel est souvent faite entre les deux. On dit au sujet des "droits", qu'ils imposent à une autre partie une obligation correspondante de protéger le droit en question, alors qu'on dit au sujet des "libertés", qu'elles comportent simplement une absence d'intervention ou de contrainte. Cette conception de la nature des "libertés" est peut-être trop étroite étant donné qu'elle ne reconnaît pas l'existence de certains cas où l'absence d'intervention gouvernementale est effectivement susceptible de porter atteinte sensiblement à la jouissance de libertés fondamentales (par exemple, une réglementation limitant la monopolisation de la presse peut être nécessaire pour assurer la liberté d'expression et de presse) ». Sur le même sujet, voir également : C. BRUNELLE, *loc. cit.*, note 349, aux pages 41-42.

351 Voir notamment à ce sujet : Lucien JAUME, *La liberté et la loi*, Paris, Fayard, 2000, pp. 12 et 15 ; Alain LAURENT, *La philosophie libérale : histoire et actualité d'une tradition intellectuelle*, Paris, Les belles lettres, 2002, pp. 51-59 ; Alain LAQUIÈZE, « Libérales (Les doctrines – classiques et les droits de l'homme, 1789-1914) », dans J. ANDRIANTSIMBAZOVINA *et al.* (dir.), *op. cit.*, note 48, p. 613 ; Mikaël GARANDEAU, *Le libéralisme*, Paris, Flammarion, 1998, pp. 23, 26-30 et 36-37.

> On peut d'abord la percevoir comme une *liberté-participation*, c'est-à-dire comme la faculté pour le gouverné de devenir gouvernant en participant à la prise de décision politique. [...]
>
> Mais on peut aussi la concevoir comme une *liberté-autonomie*, c'est-à-dire comme la sphère d'autonomie individuelle du gouverné, résultant de l'interdiction faite au gouvernant de franchir certaines limites.[352]

Focalisées autour du concept de « choix individuel » et de l'obligation faite aux institutions susceptibles d'exercer une certaine forme de « contrainte » sur les individus[353] de ne pas s'ingérer au sein d'une sphère « d'autonomie personnelle » (à géométrie variable), les différentes variantes définitionnelles de la liberté individuelle ont été spécifiquement consacrées par les différents textes garantissant les droits et libertés fondamentaux de la personne par l'entremise de ce que la *Charte canadienne* a regroupé sous l'intitulé : *libertés fondamentales*[354].

---

352 Gilles LEBRETON, « Liberté », dans J. ANDRIANTSIMBAZOVINA *et al.* (dir.), *op. cit.*, note 48, p. 619, aux pages 619 et 620. Dans le même sens, voir aussi comment le philosophe John Stuart Mill définissait la liberté individuelle en son sens social : « Le sujet de cet essai n'est pas ce qu'on appelle le libre arbitre – doctrine opposée à tort à la prétendue nécessité philosophique –, mais la liberté sociale ou civile : la nature et les limites du pouvoir que la société peut légitimement exercer sur l'individu. » : J. S. MILL, *op. cit.*, note 239, p. 61 ainsi que D. JULIA, *op. cit.*, note 106, p. 154.

353 Institutions pouvant être de nature tant étatique que strictement privée ou économique (i.e. un employeur privé), tout dépendant du champ d'applicabilité des *lois sur les droits fondamentaux* concernées. Par exemple, la *Charte québécoise* s'appliquant tant à l'action publique que privée sur le territoire québécois (voir *infra*, note 749) tant les employeurs publics (institutions étatiques) que privés (institutions strictement privées ou économiques) devront respecter les grandes « libertés fondamentales » à l'égard de leurs employés.

354 *Charte canadienne*, précitée, note 34, article 2. Il est par ailleurs à noter que, bien que les rédacteurs de la *Convention européenne des droits de l'homme*, précitée, note 60, (préambule) et de la *Déclaration universelle des droits de l'Homme*, précitée, note 65, (préambule) aient également eu recours à l'expression « libertés fondamentales », aucun article de ces mêmes textes ne définit précisément cette même expression. Il semble également que, pour une certaine doctrine française, l'expression « libertés fondamentales » (et même l'expression « libertés publiques ») désigne plutôt l'ensemble des droits et libertés fondamentaux de nature supralégislative sur un territoire national (ou transnational) donné : « Le titre *droit des libertés fondamentales* donné ici à l'ouvrage [...] opère la synthèse de trois expression courantes, *libertés publiques*, *droits fondamentaux*, *droits de l'Homme* » : Pierre-Henri PRÉLOT, *Droit des libertés fondamentales*, Paris, Hachette, 2007, p. 13. Dans le même sens, voir aussi : Dominique TURPIN, *Libertés publiques et droits fondamentaux*, Paris, Le Seuil, 2004, pp. 7-10 et Christophe MONDOU, *Droit des libertés fondamentales*, Paris, Ellipses, 2005, pp. 7-11. Nous rejetons cette définition, que nous considérons être trop englobante, et le lecteur prendra note que notre emploi de l'expression « libertés fondamentales » désigne les grandes libertés qui se trouvent mentionnées (et protégées) à l'article 2 de la *Charte canadienne*.

Ces grandes libertés incluent notamment la liberté d'expression, la liberté religieuse, et la liberté d'association[355]. En tant que premier véhicule normatif de protection des convictions religieuses, les dispositions consacrant la liberté de religion feront, au cours de prochaines pages, l'objet d'une analyse comparative cadrée sur leur mise en application au sein des régimes juridiques canadien et français.

4.1.1. L'état du droit canadien

La plupart des *lois sur les droits fondamentaux* canadiennes contiennent des dispositions qui protègent, dans des termes assez similaires, le volet passif de la protection des convictions religieuses, à savoir : la liberté de religion[356]. S'agissant des deux lois les plus souvent invoquées sur le territoire québécois, soit la *Charte canadienne* et la *Charte québécoise*, les dispositions pertinentes sont ainsi libellées :

Charte canadienne des droits et libertés :

Art. 2

Chacun a les libertés fondamentales suivantes :

---

[355] « Les *libertés fondamentales* que protègent les Chartes sont à toute fin pratique au nombre de trois : la liberté d'expression, la liberté d'association et la liberté de religion. Les Chartes énoncent aussi, parfois, certains préalables et certains corollaires de ces trois droits, comme par exemple la liberté de pensée et la liberté de la presse par rapport à la liberté d'expression » : H. BRUN, G. TREMBLAY et E. BROUILLET, *op. cit.*, note 169, p. 1055. Dans le même sens, voir également : C. BRUNELLE, *loc. cit.*, note 349, à la page 49 ainsi que Noel LYON, « The Teological Mandate of the Fundamental Freedoms Guarantee : what to do with Vague but Meaningful Generalities », (1982) 4 *S.C.L.R.* 57. Le lecteur prendra également note que nous avons inséré dans la catégorie des *libertés fondamentales* canadiennes l'hybride que représente le « droit à la liberté de circulation » consacré par l'article 6 de la *Charte canadienne* : voir à cet égard, *infra*, section 5.3.

[356] **Alberta** : *Alberta Bill of Rights*, R.S.A. 2000, c. A-14, art. 1 c) (« freedom of religion ») ; **Fédéral** *Déclaration canadienne des droits*, précitée, note 185, art. 1 c) (« freedom of religion ») ; *Loi sur le multiculturalisme canadien*, L.R.C (1985), ch. 24 (4e suppl.), préambule (« Attendu que [...] chacun a la liberté de conscience et de religion... ») ; **Ontario** : *Religious Freedom Act*, R.S.O. 1990, c. R.22, art. 1 (« free exercise and enjoyment of religious profession and worship ») ; **Saskatchewan** : *Saskatchewan Human Rights Code*, S.S. 1979, c. S-24.1, art. 4 (« freedom of conscience, opinion and belief ») ; **Territoires-du-Nord-Ouest** : *Human Rights Act*, S.N.W.T. 2002, c. 18, préambule (par renvoi aux libertés fondamentales protégées par la *Charte canadienne*) ; **Yukon** : *Human Rights Act*, R.S.Y. 2002, c. 116, art. 3 (les particuliers et les groupes ont la « liberté de religion, de conscience, d'opinion et de croyance »). Les autres lois pertinentes des provinces canadiennes visent essentiellement, à l'instar de la *Loi canadienne sur les droits de la personne*, précitée, note 187, à proscrire les actes de discrimination fondés, notamment, sur les convictions religieuses d'individus et/ou de groupe(s) d'individus. En conséquence, elles ne contiennent pas de dispositions assimilables au volet « passif » de la protection des convictions religieuses. Voir à ce sujet : *infra*, début de la section 4.2.

a) liberté de conscience et de religion » [nous soulignons]

Charte des droits et libertés de la personne :

Art. 3

Toute personne est titulaire des libertés fondamentales telles la liberté de conscience, la liberté de religion, la liberté d'opinion, la liberté d'expression, la liberté de réunion pacifique et la liberté d'association. [nous soulignons]

Concrètement, cette liberté fondamentale impose à l'État (ou aux institutions privées non liées à la réalisation d'objectifs religieux[357] et situées sur le territoire d'application de la loi pertinente lorsque celle-ci, comme la *Charte québécoise*, est également applicable au domaine privé[358]) une « obligation de neutralité à l'égard de l'ensemble des religions »[359]. *A contrario*, et considérant la structure *binaire* des *lois sur les droits fondamentaux* au Canada[360], on peut résumer l'impact produit par la liberté de religion sur les institutions qui y sont soumises comme

---

357 Les activités des institutions liées à la réalisation d'objectifs religieux, comme les établissements d'enseignement confessionnels ou les organisations religieuses, sont en effet soumises à un régime différencié qui les soustrait de l'application de plusieurs règles du droit étatique. Voir à cet égard, et sans s'y limiter, les articles 20 de la *Charte québécoise* et 93 de la *L.c. de 1867*, précitée, note 37. Notons par ailleurs que l'évaluation des conséquences de ce régime différencié quant à l'établissement d'une hiérarchie matérielle entre les dispositions protégeant les convictions religieuses et les autres droits et libertés fondamentaux protégés par les *lois sur les droits fondamentaux* fera l'objet d'une analyse plus approfondie au chapitre 2 du présent titre.

358 « En effet, [la *Charte québécoise*] [...] entend manifestement protéger les droits et libertés de la persone « contre toute violation », qu'elle ait cours dans la sphère privée ou publique » : Christian BRUNELLE, *Discrimination et obligation d'accommodement en milieu de travail syndiqué*, Cowansville, Yvon Blais, 2003, pp. 114-115. À cet égard, voir également : H. BRUN, G. TREMBLAY et E. BROUILLET, *op. cit.*, note 169, pp. 923 et 945.

359 Pour une intéressante discussion sur la portée de cette « obligation de neutralité », voir : Bruce RYDER, « State Neutrality and Freedom of Conscience and Religion », (2005) 29 *Sup. Ct. L. Rev.* 169, 171-179.

360 Comme le résument justement les professeurs Brun, Tremblay et Brouillet de la Faculté de droit de l'Université Laval : « ... il y a lieu de procéder à la résolution des questions de Charte en deux étapes, que la Cour suprême dit devoir être rigoureusement distinctes. Dans un premier temps, il faut prouver l'existence d'une atteinte aux droits, ce qui met en cause la définition des droits ; dans un second temps il faut prouver que cette atteinte est ou n'est pas raisonnable, ce qui met en cause la limitation des droits. Ce qui a trait à la raisonnabilité n'est pas censé, en principe, servir à prouver qu'il n'y a pas eu d'atteinte : *R.* c. *Turpin*, [1989] 1 R.C.S. 1296, 1325. » H. BRUN, G. TREMBLAY et E. BROUILLET, *op. cit.*, note 169, p. 969. Dans le même sens, voir également : Brian SLATTERY, « The Pluralism of the *Charter* : Revisiting the *Oakes* Test », dans L.B. TREMBLAY et G. C.N. WEBBER (dir.), *op. cit.*, note 242, p. 13, aux pages 23-24.

une obligation de justifier raisonnablement toute contrainte imposée à l'exercice des différents actes religieux, qu'ils soient *croyants* ou *incroyants*[361]. Les implications de la liberté de religion ont été habilement résumées par l'honorable juge Louis LeBel, de la Cour suprême du Canada, dans un avis dissident de l'arrêt *Lafontaine* :

> [La liberté de conscience et de religion] conserve un caractère essentiellement négatif. En règle générale, l'État s'abstient d'agir sur le plan religieux. Il lui appartient tout au plus de mettre en place un cadre social et juridique où les consciences seront respectées... [...] La municipalité [ou l'institution], tenue de faire preuve de neutralité religieuse, doit veiller à aménager sa réglementation afin d'éviter d'imposer des obstacles inutiles à l'exercice des libertés religieuses.[362] [nos rajouts]

De toutes les modalités de ce véhicule « passif » de protection des convictions religieuses[363], trois sont particulièrement pertinentes pour

---

361 Les actes de **croyance** (ou « positifs ») désignent, principalement, les différentes réponses qu'un individu peut opposer aux « mystères religieux » dont nous avons précédemment traité (voir *supra*, section 1.2.2) Ainsi, tant le fait de « croire » (ou non) à l'existence d'une force supérieure et/ou divine ou – plus simplement – à un dogme religieux donné que les différentes formes de mise en application de cette croyance seront protégés. Quant aux actes d'**incroyance** (ou « négatifs »), leur protection se résume au principe selon lequel un individu n'a pas à être soumis à des principes religieux auxquels il n'a pas choisi, volontairement, d'adhérer. Voir à ce sujet : J. WOEHRLING, *loc. cit.*, note 112, 371 ; B. ELBERG et M.C. POWER, *loc. cit.*, note 198, à la page 222.

362 *Lafontaine*, précité, note 47, parag. 68 et 71. Dans le même sens, voir aussi J. WOEHRLING, *id.*, 371-372.

363 Entre autres choses, il a été clairement établi par la jurisprudence pertinente que la liberté de religion n'impliquait pas, *prima facie*, d'obligation positive de la part des institutions qui y étaient soumises (qu'il s'agisse de l'État par rapport à ses citoyens ou de l'employeur par rapport à ses employés) pour assurer – ou faciliter – le libre exercice des différentes religions (voir à ce sujet : B. RYDER, *loc. cit.*, note 359, 179-180 ; *Edwards Books*, précité, note 92, parag. 114 ainsi que l'*obiter dictum* rédigé par le juge LeBel dans son avis dissident de l'arrêt *Lafontaine*, *id.*, parag. 76-79). La violation de la liberté de religion implique nécessairement une action positive préalable de la part d'une institution soumise au respect de cette même liberté. En ce sens, il semble utile de rappeler le principe suivant, identifié et énoncé par le professeur José Woehrling, et qui permet de distinguer entre les types d'actes qui peuvent entraîner une violation de la liberté de religion (véhicule « passif » de protection) et ceux qui peuvent déclencher le mécanisme de protection des dispositions antidiscrimination (véhicule « actif » de protection) : « ... à notre avis, seules des normes coercitives, qui obligent à faire ou à ne pas faire, peuvent contrarier la liberté de conscience et de religion ; par contre, une norme permissive, qui autorise un comportement, ne saurait entraîner une limitation de cette liberté. Pour [donner] un exemple [...], le règlement qui donne accès aux piscines municipales aux personnes des deux sexes dans les mêmes conditions et aux mêmes heures ne saurait être considéré comme limitant la liberté de religion de celles dont les préceptes empêchent les deux sexes de se baigner ensemble ; ici, l'empêchement de se baigner provient de la religion elle-même. Par contre, [...] on pourrait considérer que le règlement en cause

l'évaluation de l'ampleur que le droit canadien a octroyée à cet objet de protection des *lois sur les droits fondamentaux*, soit : 1) les conséquences découlant de la coprotection (ou l'amalgame) des libertés de conscience et de religion ; 2) l'inclusion du critère de « l'atteinte minimale aux convictions religieuses » dans le processus visant à déterminer si une conviction religieuse donnée peut, dans un contexte particulier, bénéficier de la protection des dispositions protégeant la liberté de religion ; et 3) le transfert de l'obligation d'accommodement raisonnable développée en vertu des articles protégeant l'égalité et interdisant les actes discriminatoires fondés, entre autres, sur les convictions religieuses.

La coprotection des libertés de conscience et de religion

Le premier facteur pertinent découle de l'existence d'une dualité facilement décelable au sein du groupe des dispositions protégeant la liberté de religion au Canada : soit ces dispositions protègent uniquement la liberté de religion, soit – comme c'est le cas des articles 2 a) de la *Charte canadienne* et 3 de la *Charte québécoise* – elles protègent simultanément les libertés de **conscience** et de religion. Confrontés à cette dualité, les tribunaux canadiens, même s'ils n'ont jamais clairement défini de limites ou caractéristiques permettant de distinguer les deux concepts visés (conscience *versus* religion)[364], ont interprété le second type de dispositions comme devant protéger plus de convictions que les seules « convictions religieuses ». Une des manières d'expliquer pourquoi les tribunaux canadiens n'ont pas senti le besoin de circonscrire les limites et/ou caractéristiques de tels concepts se trouve sans doute dans la définition que la Cour suprême du Canada, dans l'arrêt de principe *Edwards Books*, a offert pour ce type de liberté fondamentale et qui se lit ainsi : « L'alinéa 2a) a pour objet d'assurer que la société ne s'ingérera pas dans **les croyances intimes profondes** qui régissent la perception qu'on a de soi, de l'humanité, de la nation et, dans certains cas, d'un être supérieur ou différent. Ces croyances, à leur tour, régissent notre comportement et nos pratiques »[365] [nos soulignés et caractères gras].

On constate donc que les difficultés soulevées par l'identification d'un rapport de la croyance invoquée avec le « religieux » – et dont nous

---

entraîne une discrimination indirecte fondée sur la religion. » : J. WOEHRLING, *loc. cit.*, note 112, 395.

364 Voir à ce sujet les observations que nous avons faites plus haut sur la très large ouverture du critère de la « religion personnelle » (*supra*, section 3.1.1).

365 *Edwards Books*, précité, note 92, parag. 97. Voir aussi, Margaret H. OGILVIE, *Religious Institutions and the Law in Canada*, 2e éd., Annandale, Federation Press, 2003, pp. 144-146.

en avons discuté précédemment[366] – sont sans pertinence lorsqu'un individu entend pouvoir bénéficier de la protection de dispositions similaires aux articles 2 a) de la *Charte canadienne* ou 3 de la *Charte québécoise*. En effet, conséquence de la très large définition des types de convictions couvertes par les dispositions protégeant simultanément les libertés de conscience et de religion, le critère de la « religion personnelle » (et son obligatoire lien avec le caractère « métaphysique » de la croyance invoquée) se trouve subsumé par un critère encore plus souple que nous appellerons, pour reprendre les termes utilisés par la Cour suprême, le critère de « la croyance intime profonde ». Le fait que ce critère n'impose pas que la croyance invoquée repose (ou vise à répondre) à un des mystères religieux est majeur en ce qu'il élargit nettement la portée de l'objet de protection des dispositions protégeant les libertés de conscience et de religion par rapport à celui des seules « convictions religieuses ». En effet, cet assouplissement du critère de la « croyance intime profonde » a pour principal effet de faire admettre dans le giron de protection des libertés de conscience et de religion une grande partie des convictions qui, si la disposition n'avait protégé que les convictions religieuses, s'en seraient trouvées exclues, comme par exemple les convictions fondées sur des disciplines scientifiques[367]. À titre d'exemple, les tribunaux canadiens ont, jusqu'ici, reconnu que de solides convictions végétariennes[368] ou encore une « objection de conscience » à la décision d'un syndicat de déclencher une grève illégale[369] pouvaient bénéficier de la protection de la liberté de conscience.

Le principal effet découlant de l'élargissement des types de convictions admises par les dispositions qui amalgament la protection des libertés de conscience et de religion est de faciliter les recours d'individus qui estiment que leur liberté de religion (définie, comme nous l'avons vu, en fonction de critères légèrement plus stricts que pour la liberté de conscience) a été violée. Pour illustrer notre affirmation, imaginons un ensemble qui comprendrait toutes les formes de « convictions personnelles », des plus aux moins « sérieuses » ou « structurantes » :

366 Voir notamment nos développements à cet égard aux sections 1.2.2 et 3.1.1.

367 Voir *supra*, sections 1.2.1 et 3.1.1.

368 *Maurice* c. *Canada (Attorney General)*, (2002) 210 D.L.R. (4th) 186 (C.F.).

369 *West Island Teachers' Association* c. *Nantel*, [1988] R.J.Q. 1569 (C.A.).

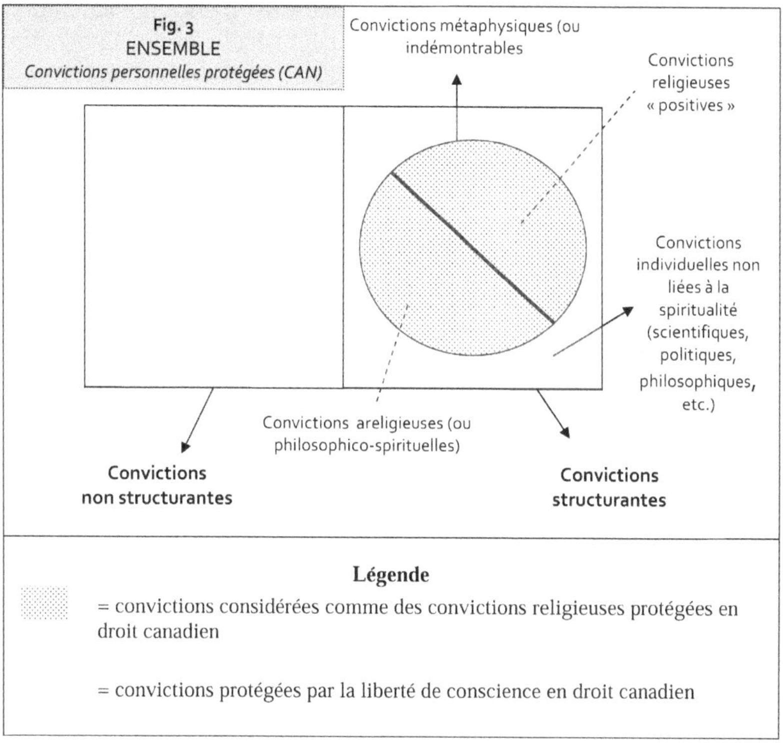

Au premier coup d'œil, on constate que le sous-ensemble des « convictions structurantes » correspond à celui des convictions couvertes par le concept de « conscience individuelle » et qui sont balisées par le « critère de la croyance intime profonde ». La deuxième observation qui s'impose d'emblée concerne le rapport existant entre les « convictions religieuses » et celles qui résultent de la conscience individuelle qui est, non pas disjoint et indépendant comme on aurait pu le croire, mais plutôt rattachable au principe de *subsomption.* Les « convictions religieuses », telles que définies et protégées par le droit canadien[370], constituent en fait un sous-ensemble de l'ensemble des convictions fondées sur la conscience individuelle et, même si elles occupent une grande partie de ce sous-ensemble, celui-ci ne s'y limite pas[371].

[370] Concept qui exclut donc, comme nous l'avons vu plus haut, un ensemble de « convictions » liées aux différents dogmes, prescriptions et/ou mouvements religieux mais qui n'entraînent aucune obligation pour la personne qui en est titulaire. Voir à ce propos : *supra*, section 3.1.1.

[371] La Cour suprême du Canada avait d'ailleurs clairement indiqué sa position à cet égard au parag. 123 de l'arrêt *Big M Drug Mart*, précité, note 46, dans lequel elle

Ainsi, un juge ou un décideur ayant à vérifier si une conviction donnée, affirmée comme étant « religieuse », peut bénéficier de la protection des dispositions protégeant simultanément les libertés de conscience et de religion aura beaucoup moins d'efforts à consacrer que s'il était confronté à une disposition ne protégeant que les convictions religieuses comme, par exemple, les dispositions interdisant la discrimination fondée sur les convictions religieuses[372]. La jurisprudence pertinente en cette matière – et sur laquelle nous reviendrons plus en détail au second titre du présent livre – nous permet même d'affirmer que le simple fait de qualifier de « religieuse » (ou « spirituelle ») une conviction en vertu de laquelle un individu allègue avoir été victime d'une atteinte à une disposition similaire à l'article 2a) de la *Charte canadienne*, en fonction des critères actuellement définis par le droit canadien pour distinguer « liberté de conscience » et « liberté de religion », un critère suffisamment fort pour faire augmenter de manière presqu'exponentielle les chances d'inclusion de sa conviction dans le domaine de protection de pareilles dispositions des *lois sur les droits fondamentaux*[373].

Le critère de « l'atteinte négligeable ou insignifiante »

Le second facteur contribuant à l'évaluation de l'ampleur que le droit canadien a octroyée aux « convictions religieuses » en tant qu'objet de protection des *lois sur les droits fondamentaux* concerne l'ensemble des dispositions protégeant la liberté de religion et les étapes qu'un individu doit respecter pour pouvoir bénéficier de la protection offerte par ce même véhicule normatif de protection.

---

affirmait que : « Historiquement, la foi et la pratique religieuses sont, à bien des égards, des archétypes des croyances et manifestations dictées par la conscience et elles sont donc protégées par la *Charte*. La même protection s'applique, pour les mêmes motifs, aux expressions et manifestations d'incroyance et au refus d'observer les pratiques religieuses. »

372 Comme l'écrivait à cet égard le professeur José Woehrling : « Dans la mesure où les *Chartes* canadienne et québécoise consacrent la liberté de conscience et de religion en les jumelant, il faut conclure qu'elles protègent autant les convictions morales laïques, de nature éthique, humanitaire ou philosophique, que les croyances religieuses. En théorie, on pourrait donc penser que le problème du caractère proprement religieux d'une croyance, et celui de la définition de la notion de religion, ne présentent que peu d'intérêt » : J. WOEHRLING, *loc. cit.*, note 112, 384. Pour une analyse similaire de l'impact de la co-protection des libertés de conscience et d'opinion, voir : F. MESSNER, P.-H. PRÉLOT et J.-M. WOEHRLING (dir.), *op. cit.*, note 10, p. 28.

373 Cette affirmation se trouve appuyée par une section du présent chapitre au sein de laquelle nous comparons la portée donnée aux « convictions fondées sur la conscience individuelle » par rapport à celle donnée aux « convictions religieuses » : voir *infra*, section 5.4.

Ainsi, un individu qui entend démontrer qu'il a subi une violation de sa liberté de religion, devra faire la preuve d'un élément supplémentaire à ceux que nous avons établis plus haut. En plus de devoir démontrer : 1) que sa croyance est en lien avec sa « foi spirituelle » ; et 2) qu'il croit *sincèrement* devoir accomplir l'acte, le rite ou la pratique religieuse sur lequel il fonde sa revendication, ce même individu devra aussi faire la preuve **3) que l'atteinte à sa liberté est plus que « négligeable ou insignifiante »** [ci-après : le *critère de l'atteinte négligeable*]. Ayant déjà examiné les conséquences découlant des deux premiers critères sur la portée qui a été accordée aux « convictions religieuses » en tant qu'objet de protection des *lois sur les droits fondamentaux*, nous nous consacrerons exclusivement à celles qui découlent du troisième critère et dont les grandes lignes ont été clairement établies par la Cour suprême du Canada dans l'arrêt *R.* c. *Jones* :

> L'alinéa 2a) n'oblige pas le législateur à n'entraver d'aucune manière la pratique religieuse. L'action législative ou administrative dont l'effet sur la religion est négligeable, voire insignifiant, ne constitue pas une violation de la liberté de religion. Je crois que cette conclusion découle obligatoirement de l'adoption d'une analyse de la Charte en fonction des effets. [...] Dire que toute loi qui a un effet sur la religion, si minime soit-il, viole la garantie conférée à la religion « limiterait radicalement la latitude opérationnelle du législateur ».[374] [nous soulignons]

Certains auteurs ont considéré que le libellé de cette limitation à la portée des dispositions protégeant la liberté de religion était contradictoire avec l'approche individualiste adoptée par la Cour suprême pour déterminer quelles convictions méritaient d'être qualifiées de « religieuses », en ce qu'elle semblait pouvoir permettre une analyse « objective » de la conviction religieuse alléguée en vertu de critères « objectifs » ou, autrement formulé, liés aux interprétations prédominantes du dogme religieux sur lequel repose cette conviction[375]. En effet, en permettant aux juges de vérifier si une atteinte à une conviction religieuse donnée peut être considérée comme « négligeable ou insignifiante », il semble logique que ce critère leur permette également de questionner, entre autres choses, la « valeur » de la conviction au sein du « dogme religieux » que cherche à respecter le titulaire de celle-ci[376]. Malgré la

---

[374] *R.* c. *Jones*, précité, note 217, parag. 67-68. Voir également les arrêts : *Amselem*, précité, note 22 et *Multani*, précité, note 19.

[375] Voir notamment : P. HORWITZ (1996), *loc. cit.*, note 11, 31-32 et M.H. OGILVIE, *op. cit.*, note 365, p. 145.

[376] Le professeur José Woehrling, dans son article de référence concernant la protection des convictions religieuses au Canada (publié en 1998), est même allé jusqu'à écrire que : « ... la gravité de l'atteinte à la liberté de religion dépend à la fois de l'importance du fardeau qui est imposé à la pratique religieuse et de l'importance du précepte dont la mise en œuvre est rendue plus difficile. Ainsi, une norme qui rend ardu

pertinence de ces commentaires et inductions logiques – et même si la Cour suprême n'a pas encore clarifié tous les tenants et aboutissants de cette « limite intrinsèque » à la portée de la liberté de religion[377] – il est clair que l'application que les tribunaux canadiens ont faite du *critère de l'atteinte négligeable* depuis l'arrêt *R.* c. *Jones* est bien loin de contredire l'approche individualiste adoptée par la Cour suprême du Canada en matière de protection des convictions religieuses ; bien au contraire, elle est parfaitement cohérente avec cette dernière.

Jusqu'ici, les seuls cas où les tribunaux canadiens se sont permis de juger qu'une atteinte faite à une conviction religieuse donnée (ou la mise en exercice de celle-ci) ne pouvait être couverte par les dispositions protégeant la liberté de religion concernaient des cas où le préjudice subi par le(s) titulaire(s) de cette conviction se limitait à l'imposition d'un certain fardeau financier ou administratif[378]. En aucune circonstance, un tribunal canadien a-t-il rejeté une demande faite sous l'égide d'une des dispositions protégeant la liberté de religion au motif que l'atteinte que

---

le respect d'un précepte religieux fondamental sera plus facilement considérée comme entraînant une atteinte significative à la liberté de religion que si elle ne gêne que l'observance d'un précepte moindre. » [nous soulignons] : J. WOEHRLING, *loc. cit.*, note 112, 397.

377 À titre d'exemple, les juges majoritaires du plus récent arrêt de la Cour suprême à avoir traité de cette limite intrinsèque, l'arrêt *Alberta* c. *Hutterian Brethren of Wilson Colony*, 2009 CSC 37 [ci-après l'arrêt des *Huttérites*], s'est en fait limitée à reformuler une des premières descriptions qui fut faite de la limite intrinsèque des « atteintes négligeables ou insignifiantes » dans l'arrêt *Edwards Books*, précité, note 92 rendu en 1986. En effet, alors que la Cour suprême affirme en 2009 que : « Une atteinte *négligeable ou insignifiante* est une atteinte qui ne menace pas véritablement une croyance ou un comportement religieux » (parag. 32 de l'arrêt des *Huttérites*), le regretté juge en chef Dickson écrivait en 1986 – dans un passage consacré à cette même « limite intrinsèque » – que : « La Constitution ne protège les particuliers et les groupes que dans la mesure où des croyances ou un comportement d'ordre religieux pourraient être raisonnablement ou véritablement menacés » (parag. 97 de l'arrêt *Edwards Books*).

378 Ce sont d'ailleurs ces deux possibilités qui furent explicitement citées en guise d'illustration d'une atteinte « négligeable ou insignifiante » à une conviction religieuse par le juge Dickson dans l'arrêt *Edwards Books*, précité, note 92, parag. 97 : « Pour qu'un fardeau ou un coût imposé par l'état soit interdit par l'al. 2*a*), il doit être susceptible de porter atteinte à une croyance ou pratique religieuse. Bref, l'action législative ou administrative qui accroît le coût de la pratique ou de quelque autre manifestation des croyances religieuses n'est pas interdite si le fardeau ainsi imposé est négligeable ou insignifiant » [nous soulignons]. **Exemples de décisions ayant considéré un fardeau financier comme une « atteinte négligeable »** : *Peel (Regional Municipality)* c. *Great Atlantic & Pacific Co. of Canada*, (1991), 78 D.L.R. (4e) 333 (C.A.) ; *R.* c. *Little*, 2008 NBCP 2 (confirmé en appel pour d'autres motifs : *Little* c. *R.*, 2009 NBCA 53 ; *Prior* c. *Canada*, [1988] 2 C.F. 371 (C.F.) et *O'Sullivan* c. *M.R.N.*, (1992) 1 C.F. 522. **Exemples de décisions ayant considéré un fardeau administratif comme une « atteinte négligeable »** : *Montreal Bible and Gospel Halls* c. *Dorval (Ville de)*, J.E. 93-1111 (C.S.) ; *Salvation Army, Canada East* c. *Ontario (Attorney-General)*, (1992) 88 D.L.R. (4th) 238 ; *R.* c. *Jones*, précité, note 217 (opinion de la juge Wilson, dissidente) ;

la victime estimait avoir subie en regard de ses convictions religieuses devait (ou pouvait), en soi, être considérée comme « négligeable ou insignifiante » par rapport à l'ensemble des « convictions » de cette même victime ; et considérant les critères actuellement utilisés pour définir ce qui constitue une conviction religieuse protégée au Canada, il semble peu probable – voire impossible – qu'un tribunal puisse conclure autrement dans le futur. En effet, d'un strict point de vue logique, comment un magistrat pourrait-il validement affirmer, après avoir conclu qu'un individu donné (le plaignant) se croit sincèrement tenu de respecter la croyance ou pratique religieuse qu'il invoque à l'appui de son recours, que l'atteinte à cette croyance ou pratique ne peut être considérée, pour ce même individu, que comme une atteinte « négligeable ou insignifiante » ? Le simple fait de poser la question nous semble constitutif de la seule réponse qu'il est possible d'y apporter et qui explique sans l'ombre d'un doute le vide jurisprudentiel qui a été décelé à cet égard : le critère de « l'atteinte négligeable » ne constitue pas (et ne peut constituer) une exception à l'approche individualiste retenue par la Cour suprême du Canada en matière de définition des convictions religieuses protégées par les *lois sur les droits fondamentaux*[379].

S'agissant maintenant de la latitude dont jouissent les tribunaux canadiens pour déterminer ce qui constitue une limite « pratique » à la protection offerte aux titulaires de convictions religieuses par les dispositions protégeant la liberté de religion (soit plus particulièrement les

---

379 À cet égard, il nous semble d'ailleurs que le raisonnement suivi par la CDPDJ lorsqu'elle a rendu publié son avis sur les pratiques d'accommodement ayant cours à la Régie de l'assurance-maladie du Québec (CDPDJ, *Avis sur les directives de la régie d'Assurance-maladie du Québec en matière d'accommodement raisonnable*, Québec, CDPDJ, mars 2010, [en ligne : http://www2.cdpdj.qc.ca/publications/Documents/Avis_RAMQ_Accommodement.pdf], (page consultée le 23 août 2010) est mal fondé en droit concernant spécifiquement la portion portant sur « l'atteinte négligeable et insignifiante ». Dans cet avis, la CDPDJ traite notamment du cas de femmes dont les convictions religieuses (musulmanes) leur imposent de porter en tout temps un *niqab* (ou voile intégral ne laissant voir que les yeux) et à qui on demanderait de retirer son voile devant un employé de sexe masculin dans le but de vérifier sa photographie d'identité. La CDPDJ affirme à cet égard qu'une telle demande doit être considérée comme une *atteinte négligeable ou insignifiante* aux convictions religieuses de ces femmes, considérant principalement le court laps de temps au cours duquel elles seraient dévoilées (p. 12-13 de l'avis). Avec égard pour les membres de la CDPDJ ayant pris part à la rédaction de cet avis, il nous semble que la nature particulière des convictions religieuses concernées (qui reposent notamment, pour ces femmes, sur l'exigence subjective de ne pas être vues par des hommes autres que leurs maris) combinée aux préceptes établis, jusqu'ici, par la jurisprudence canadienne en ce qui concerne la limite intrinsèque de *l'atteinte plus que négligeable et insignifiante*, implique nécessairement que de tels éléments contextuels soient pris en considération, non pas à l'étape initiale de la détermination d'une atteinte aux convictions religieuses de ces femmes, mais plutôt à celle, subséquente, de la justification potentielle de cette atteinte au sens des dispositions justificatives de la *Charte québécoise*.

contraintes d'ordre financier ou administratif) en vertu du critère de l'atteinte « négligeable ou insignifiante », il appert que le professeur José Woehrling avait tout à fait raison d'affirmer, en 1998, que l'approche casuistique prescrite par la Cour suprême du Canada en matière de litiges concernant la protection des convictions religieuses en vertu des *lois sur les droits fondamentaux* ne permet pas de déceler des lignes directrices précises en la matière[380]... à tout le moins en ce qui concerne les cas où la seule existence d'une conviction religieuse particulière a été considérée comme imposant un « fardeau administratif supplémentaire » à son titulaire. En effet, pour de tels cas, l'analyse de la jurisprudence pertinente relative à l'évaluation de ce qui était suffisant pour constituer une « atteinte négligeable ou insignifiante » ne peut faire l'objet d'une quelconque rationalisation, étant trop étroitement liée au contexte particulier des affaires et/ou à la subjectivité personnelle des magistrats responsables de cette même jurisprudence[381].

Toutefois, la prévision générale du professeur Woehrling ne trouve pas application en ce qui concerne l'imposition d'un fardeau financier, cas d'espèce pour lesquels il est possible de mieux cerner et qualifier les critères d'application. En effet, depuis l'arrêt *Commission scolaire de Chambly* c. *Bergevin*, en 1994, les différentes institutions soumises au respect de la liberté de religion jouissent d'une marge de manœuvre extrêmement mince en ce qui a trait à l'imposition d'un fardeau financier supplémentaire au(x) titulaire(s) d'une conviction religieuse donnée. Dans cet arrêt, la Cour suprême avait en effet considéré que, pour des enseignants, la perte d'une journée de salaire (imposée s'ils désiraient se conformer à leurs convictions religieuses leur enjoignant de célébrer une fête religieuse tombant pendant leur horaire de travail « normal ») était suffisamment importante pour interdire l'exclusion de leur recours en vertu du *critère de l'atteinte négligeable* :

> La vaste majorité des enseignants, à l'instar de la plupart des employés salariés, établissent leur budget en fonction du plein salaire qu'ils s'attendent à toucher. La perte d'une journée de salaire correspondant à 1/200e du salaire annuel ne saurait être considérée comme négligeable. Si une condition de travail privait tous les enseignants asiatiques d'une journée de salaire, cela constituerait de la discrimination directe. Une telle condition continuerait d'être discriminatoire, peu importe qu'elle porte sur une seule journée ou sur dix. La perte d'une journée de salaire résultant d'une mesure de discrimination directe ne serait pas tolérée. Ce point de vue est conforme à l'un des

---

380 « L'examen de la jurisprudence démontre qu'inévitablement, le critère de l'importance du fardeau imposé à la pratique religieuse est appliqué de façon subjective, parfois imprévisible, et ne mène pas toujours à des résultats entièrement cohérents » : J. WOEHRLING, *loc. cit.*, note 112, 397.

381 Voir *supra*, note 378.

> objectifs des lois en matière de droits de la personne, qui est de garantir, dans la mesure du possible, l'égalité, c'est-à-dire l'équité en milieu de travail. De toute évidence, une mesure de discrimination directe entraînant la perte d'une journée de salaire serait intolérable et contraire aux lois en matière de droits de la personne. De même, on ne saurait tolérer la discrimination par suite d'un effet préjudiciable qui entraîne la même perte, sauf si l'employeur prend des mesures raisonnables pour s'entendre avec les employés touchés...[382] [nous soulignons]

Ainsi, outre les mesures qui impliquent une légère augmentation du fardeau administratif et/ou une très légère hausse du fardeau financier des titulaires des différentes convictions religieuses, le *critère de l'atteinte négligeable* ne permet, dans l'état actuel du droit canadien, aucune autre exclusion intrinsèque du domaine de protection des dispositions consacrant la liberté de religion au sein des *lois sur les droits fondamentaux*.

Le transfert de l'obligation d'accommodement raisonnable

Le dernier facteur que nous examinerons concerne le transfert d'une obligation générale qui avait pourtant été développée en fonction des dispositions prévues par les différentes *lois sur les droits fondamentaux* dans le but de protéger/favoriser l'égalité entre les citoyens canadiens : l'obligation d'accommodement raisonnable[383].

Généralement, en ce qui concerne les atteintes alléguées à une ou plusieurs des libertés fondamentales protégées par les *lois sur les droits fondamentaux*, le processus procédural qui doit être respecté est le suivant : 1) d'abord, le plaignant doit faire la preuve qu'il existe, *prima facie*, une atteinte à sa liberté fondamentale. Cette preuve doit évidemment être faite en respectant les différents critères pertinents, tels qu'établis par la jurisprudence pour chacune des libertés fondamentales ; 2) une fois cette étape franchie par le plaignant, le fardeau de preuve se trouve renversé et le défendeur[384] doit tenter de démontrer le caractère justifiable de la mesure contestée dans une « société libre et démocratique » en vertu d'une des dispositions justificatives (comme les articles 1 de la *Charte canadienne*[385] ou 9.1 de la *Charte québécoise*[386])

---

[382] *Commission régionale de Chambly* c. *Bergevin*, [1994] 2 R.C.S. 525 [ci-après l'arrêt *Bergevin*], parag. 21.

[383] Nous traitons plus loin des principales modalités de cette obligation jurisprudentielle, voir *infra*, 4.2.1.

[384] Soit l'auteur ou le responsable de l'existence et de l'application de la norme (ou mesure) attaquée.

prévue(s) par la loi en vertu de laquelle le litige a été initié[387]. Pour ce faire, le défendeur doit en principe respecter les étapes suivantes, qui furent établies, en 1986, dans l'arrêt *R.* c. *Oakes* :

> Pour établir qu'une restriction est raisonnable et que sa justification peut se démontrer dans le cadre d'une société libre et démocratique, il faut satisfaire à deux critères fondamentaux. En premier lieu, l'objectif que visent à servir les mesures qui apportent une restriction à un droit ou à une liberté garantis par la *Charte*, doit être « suffisamment important pour justifier la suppression d'un droit ou d'une liberté garantis par la Constitution ».
>
> En deuxième lieu, dès qu'il est reconnu qu'un objectif est suffisamment important, la partie qui invoque l'article premier doit alors démontrer que les moyens choisis sont raisonnables et que leur justification peut se démontrer. Cela nécessite l'application d'« une sorte de critère de proportionnalité » : *R. c. Big M Drug Mart Ltd.*, précité, à la p. 352. Même si la nature du critère de proportionnalité pourra varier selon les circonstances, les tribunaux devront, dans chaque cas, soupeser les intérêts de la société et ceux de particuliers et de groupes. À mon avis, un critère de proportionnalité comporte trois éléments importants. Premièrement, les mesures adoptées doivent être soigneusement conçues pour atteindre l'objectif en question. Elles ne doivent être ni arbitraires, ni inéquitables, ni fondées sur des considérations irrationnelles. Bref, elles doivent avoir un lien rationnel avec l'objectif en question. Deuxièmement, même à supposer qu'il y ait un tel lien rationnel, le moyen choisi doit être de nature à porter « le moins possible » atteinte au droit ou à

---

385 « **Art. 1** La *Charte canadienne des droits et libertés* garantit les droits et libertés qui y sont énoncés. Ils ne peuvent être restreints que par une règle de droit, dans des limites qui soient raisonnables et dont la justification puisse se démontrer dans le cadre d'une société libre et démocratique. »

386 « **Art. 9.1** (1) Les libertés et droits fondamentaux s'exercent dans le respect des valeurs démocratiques, de l'ordre public et du bien-être général des citoyens du Québec.

(2) La loi peut, à cet égard, en fixer la portée et en aménager l'exercice. » S'agissant de la similarité des tests établis en vertu des articles 1 de la *Charte canadienne* et 9.1 de la *Charte québécoise*, voir : *Ford* c. *Québec (Procureur général)*, [1988] 2 R.C.S. 712 [ci-après l'arrêt *Ford*], parag. 63 ; *Godbout* c. *Longueuil (Ville de)*, [1997] 3 R.C.S. 844 [ci-après l'arrêt *Godbout* c. *Longueuil*], parag. 3 et 104 et *Chaoulli* c. *Québec (Procureur général)*, [2005] 1 R.C.S. 791, parag. 47-48. En ce qui concerne la modulation des critères de l'arrêt *Oakes* dans le cadre d'un litige « privé », voir : *infra*, texte correspondant aux notes 392 à 401.

387 C'est ce que plusieurs auteurs, dont les professeurs Henri Brun, Guy Tremblay et Eugénie Brouillet (*op. cit.*, note 355, pp. 967-968), ont désigné comme l'« approche en deux étapes » devant être suivie pour déterminer si une mesure ou un acte donné contrevient à l'une ou l'autre disposition des *lois sur les droits fondamentaux*. La professeure Marie-Ange Moreau, de l'Institut universitaire européen, avait cette très belle formule concernant l'étape de la « justification » d'une atteinte à une liberté ou droit fondamental : « L'admission d'une justification permet en quelque sorte un *rachat de la discrimination* » : Marie-Ange MOREAU, « La justification des discriminations », (décembre 2002) 12 *Droit social* 1112, 1113.

la liberté en question : *R. c. Big M Drug Mart Ltd.*, précité, à la p. 352. Troisièmement, il doit y avoir proportionnalité entre les effets des mesures restreignant un droit ou une liberté garantis par la *Charte* et l'objectif reconnu comme « suffisamment important ».[388] [nous soulignons]

Les principes établis par l'arrêt *Oakes* ont, par la suite, fait l'objet d'un grand nombre de décisions et d'arrêts de la Cour suprême[389] lesquels, progressivement, ont raffiné et précisé la portée qui devait leur être donnée. *Grosso modo*, ces principes peuvent se résumer aux différentes questions suivantes, questions à l'ensemble desquelles un tribunal doit donner une réponse affirmative pour pouvoir qualifier une atteinte à un droit ou une liberté donné de « raisonnable » :

1) L'objectif poursuivi par l'institution émettrice/responsable de la mesure/norme attentatoire est-il « suffisamment important » pour justifier une atteinte à un droit ou une liberté fondamental ?

2) Les moyens choisis pour atteindre et/ou mettre en œuvre l'objectif visé sont-ils « proportionnés » à l'importance de cet objectif ?

> [L'évaluation de ce second critère (dit « critère de proportionnalité ») doit être effectuée en vertu d'un examen des trois questions suivantes, auxquelles un tribunal doit également donner une réponse affirmative :
>
> i) Existe-t-il un lien rationnel entre les mesures adoptées et l'objectif légitime visé ?
>
> ii) Les mesures adoptées sont-elles **raisonnablement**[390] de nature à porter « le moins possible » atteinte au droit ou à la liberté en question ?

---

388 *R.* c. *Oakes*, [1986] 1 R.C.S. 103 [ci-après l'arrêt *Oakes*], parag. 69-70. En ce qui concerne l'applicabilité du test de l'arrêt *Oakes* à l'article 9.1 de la *Charte québécoise*, voir : « L'article 9.1 est une disposition justificative qui correspond à l'article 1 de la Charte canadienne et son application est soumise à un semblable critère de proportionnalité et de lien rationnel » : H. BRUN *et al.*, *op. cit.*, note 200, p. 876, à propos de l'arrêt *Ford*, précité, note 386.

389 Pour un résumé des principaux arrêts et décisions rendus à cet égard, voir : H. BRUN *et al.*, *id.*, pp. 76-87.

390 La jurisprudence subséquente à l'arrêt *Oakes*, précité, note 388, a en effet évalué que l'évaluation de « l'atteinte minimale » au droit devait être faite selon la perspective d'une personne raisonnable. Voir à cet égard : Christian BRUNELLE, « La sécurité et l'égalité en conflit : la structure de la *Charte québécoise* comme contrainte excessive ? », dans TRIBUNAL DES DROITS DE LA PERSONNE et BARREAU DU QUÉBEC, *La Charte des droits et libertés de la personne : pour qui et jusqu'où ?*, Cowansville, Éditions Yvon Blais, 2005, p. 343, à la page 357 ainsi que le résumé des principaux arrêts de la Cour suprême du Canada fait dans : H. BRUN *et al.*, *id.*, pp. 82-84.

iii) Les effets de la mesure adoptée sont-ils proportionnels avec l'objectif légitime à la base de cette mesure ainsi qu'avec le(s) bénéfice(s) produit(s) par cette même mesure ?[391]

Avant de passer spécifiquement au cœur de la présente partie, une dernière précision s'impose concernant la modulation de l'étape de la justification de l'atteinte à un droit ou à une liberté (et des critères de l'arrêt *Oakes*) dans le cas où celle-ci intervient dans le cadre d'un litige « privé ». En effet, la *Charte canadienne* n'étant applicable qu'à l'action gouvernementale en vertu de son article 32[392] et le test de l'arrêt *Oakes* ayant été spécifiquement établi pour la mise en œuvre de l'article premier de cette même *Charte*, la Cour suprême du Canada dut se pencher sur l'éventuelle transposition de la méthode de l'arrêt *Oakes* dans le cas de litiges entre particuliers[393]. En 1992, dans l'arrêt *Dickason* c. *Université de l'Alberta*[394], elle établit la règle principale en la matière, soit celle de l'application souple des critères de l'arrêt *Oakes* :

> La similitude qui existe entre l'article premier de la *Charte* et l'art. 11.1 de l'*IRPA*, sur le plan de leur formulation et de leur rôle, indique néanmoins que la jurisprudence relative à la *Charte* peut être utile pour concevoir le critère permettant de déterminer si la dérogation est raisonnable et justifiée aux termes de l'art. 11.1 de l'*IRPA*. Toutes les parties au présent pourvoi s'accordent pour dire qu'il y a lieu de recourir à la structure établie de l'analyse fondée sur l'article premier de la *Charte* lorsqu'on examine le moyen de défense prévu à l'art. 11.1. Je partage cet avis, mais non sans réserve ni appel à la prudence. En premier lieu, le modèle de l'arrêt *Oakes* n'est adéquat que s'il est appliqué sans la moindre retenue à l'égard d'un défendeur privé comme un employeur ou un propriétaire. En second lieu, il ne devrait être appliqué à la réglementation de rapports privés qu'avec beaucoup de souplesse et en tenant dûment compte du contexte. L'examen visant à déterminer ce qui est raisonnable et justifiable au sens de l'art. 11.1

391 La vérification de la proportionnalité « effets de la mesure » / « bénéfices produits par cette mesure » découlent d'une reformulation de la troisième étape du « critère de proportionnalité » de l'arrêt *Oakes*, précité, note 388, tel qu'il a été établi dans l'arrêt *Dagenais* c. *Radio-Canada*, précité, note 43, 889.

392 À cet égard, voir notamment : *Dolphin Delivery* et *Eldridge*, précités, note 186 de même que Christian BRUNELLE, *L'application de la Charte canadienne des droits et libertés aux institutions gouvernementales*, Montréal, Carswell, 1993.

393 Rappelons que, dans l'arrêt *Ford*, précité, note 386, la Cour Suprême du Canada avait explicitement affirmé que les critères de l'arrêt *Oakes*, *id.*, étaient applicables dans le cadre de l'application de dispositions justificatives à l'action gouvernementale et ce, peu importe qu'il s'agisse de l'article premier de la *Charte canadienne* ou d'autres dispositions justificatives générales, comme l'article 9.1 de la *Charte québécoise* : voir *supra*, note 386.

394 [1992] 2 R.C.S. 1103 [ci-après l'arrêt *Dickason*].

ne devrait pas être rigoureusement limité par les catégories formelles énoncées dans le critère de l'arrêt *Oakes*.[395] [nous soulignons]

De prime abord, il faut bien l'admettre, l'établissement d'un principe en vertu duquel on permet aux juges de faire preuve de souplesse dans l'application de critères rédigés de manière déjà passablement évanescente semble synonyme d'un élargissement encore plus important de la discrétion qui est conférée à ces derniers en matière d'évaluation des arguments présentés pour justifier une atteinte à un droit et/ou liberté fondamental donné. Or, plus de quinze ans après l'arrêt *Dickason*, est-il possible d'identifier une tangente générale résultant de cette « application assouplie » des critères de l'arrêt *Oakes* dans le cadre de litiges privés ? Sans nous attarder outre mesure sur les détails propres à cette question particulière, soulignons simplement que, à l'instar de certains auteurs de doctrine dont le professeur Christian Brunelle[396], l'analyse de la jurisprudence pertinente nous a semblé permettre l'identification de deux grandes tendances en ce qui concerne la justification raisonnable – en vertu d'une disposition justificative similaire à l'article premier de la *Charte canadienne*[397] – d'atteintes à un droit ou une liberté perpétrées dans le contexte d'une relation « privée » : 1) les cas où la violation découle d'une *norme d'application générale* adoptée/émise par une institution/personne privée jouissant de certains pouvoirs hiérarchiques sur les individus qui sont soumis à cette même norme (par exemple : une directive d'un employeur applicable à tous ses employés) ; et 2) les cas où la violation découle d'un acte individualisé ou d'un contrat conclu entre particuliers sans autorité ou pouvoirs particuliers les uns envers les autres (par exemple : un divorce ou une dispute de voisinage portant sur le bornage de terrains limitrophes).

Alors que, dans les premiers cas, les tribunaux auront tendance à appliquer une grille d'analyse similaire à celle établie dans l'arrêt *Oakes*[398],

---

395 *Id.*, parag. 22.

396 C. BRUNELLE, *loc. cit.*, note 349, aux pages 84-85.

397 Nous traitons donc ici de « dispositions justificatives générales », telles que l'article 9.1 de la *Charte québécoise*, laquelle précision vise à opérer une distinction avec certaines dispositions justificatives plus particulières ou spécialisées telles que les dispositions qui permettent à un employeur de justifier une mesure discriminatoire au motif qu'elle représente une « exigence professionnelle justifiée » (voir à cet égard : *infra*, section 4.2.1) ou à une institution sans but lucratif de justifier certaines mesures discriminatoires en lien avec sa mission particulière (voir à cet égard, *infra*, sections 4.2.1 et 6.3.2).

398 Voir par exemple : *Section locale 143 du Syndicat canadien des communications, de l'énergie et du papier* c. *Goodyear Canada inc.*, (2008) R.J.D.T. 24 (C.A.) [ci-après l'arrêt *Section locale 143*] ; *Trahan (Succession de)*, [2004] R.J.Q. 1613 (C.S.), parag. 53-57 ; *Syndicat des travailleuses et travailleurs de Bridgestone/Firestone de Joliette (C.S.N.) c. Trudeau*, [1999] R.J.D.T. 1075 (C.A.) ; *Syndicat des profession-*

ceux-ci auront tendance à se limiter à une forme de « balance des inconvénients », correspondant essentiellement à la quatrième étape du test de l'arrêt *Oakes*[399] et par ailleurs très similaire à la démarche suivie lors d'un litige en droit civil[400], lorsque la violation à un droit et/ou liberté d'un particulier aura été commise par un autre particulier[401]. Autrement dit, le fardeau de preuve qui devra être respecté par l'individu/institution qui entend démontrer que l'atteinte qu'il/elle a causée à un droit et/ou liberté fondamental est « justifiée » sera plus imposant s'il/elle fait partie de la première catégorie (à laquelle appartiennent d'ailleurs les employeurs) que de la seconde.

Toutes ces nuances et précisions pour en venir au point principal de la présente partie : même si le lien entre les dispositions protégeant la liberté de religion et celles interdisant les actes de discrimination fondés, entre autres motifs, sur les convictions religieuses a été maintes fois souligné[402] et que plusieurs des recours visant à faire respecter une conviction religieuse donnée ont été intentés en vertu de ces deux types de dispositions (ce qui a souvent amené les instances judiciaires saisies de tels litiges à faire des affirmations générales sur la protection des convictions religieuses sans tenir compte des différentes modalités propres à chaque véhicule normatif de protection[403]), jamais l'obligation d'accommodement raisonnable n'avait été formellement intégrée ou

---

nelles du Centre jeunesse de Québec – CSN c. Desnoyers, [2005] R.J.Q. 414 (C.A.) ; *Agropur, Coopérative agro-alimentaire et Syndicat national des produits laitiers de Sherbrooke*, D.T.E. 89T-334 (T.A.) et *Godbout* c. *Longueuil*, précité, note 386, parag. 1-14 (motifs du juge Major).

399 Voir *supra*, texte correspondant à la note 391.

400 « En droit criminel, la couronne doit prouver la culpabilité hors de tout doute raisonnable. Dans les autres domaines du droit, en droit civil comme en *common law*, le tribunal décide selon la balance des probabilités. [...]

Pour remplir son obligation de convaincre, un plaideur doit faire une preuve qui rend l'existence d'un fait plus probable que son inexistence... » [nous soulignons] : Jean-Claude ROYER, *La preuve civile*, 2e éd., 1995, pp. 98-99.

401 En guise d'exemple de cette manière de faire, voir notamment le processus de justification suivi par les juges de la majorité dans les arrêts *Bruker* c. *Marcovitz*, précité, note 128, *Amselem*, précité, note 22 et *Aubry* c. *Vice-Versa*, [1998] 1 R.C.S. 591.

402 Principalement en raison de la protection accordée par ces deux articles contre les « atteintes indirectes » aux convictions religieuses (soit les atteintes qui ne découlent pas d'une intention délibérée ou, pour reprendre une expression utilisée par les tribunaux canadiens en matière de discrimination indirecte : par « effet préjudiciable »). **Liberté de religion** : *Edwards Books*, précité, note 92, parag. 96. **Dispositions interdisant la discrimination religieuse** : *Simpson-Sears*, précité, note 240, 551.

403 Voir à cet égard : J. WOEHRLING, *loc. cit.*, note 112, 364-369 et Michel COUTU, « Les libertés et droits fondamentaux, entre individu et société », dans *La Charte québécoise des droits et libertés après 25 ans*, vol. 2, Montréal, CDPDJ, 2003, p. 190.

imposée dans un recours intenté et/ou tranché en vertu d'un autre droit ou liberté fondamental que le droit à l'égalité[404]. Or, cet état de fait a changé en 2006, lorsqu'une majorité de juges de la Cour suprême du Canada, dans l'arrêt *Multani*, est venue intégrer cette obligation au fardeau de preuve qui doit être respecté par un défendeur qui entend démontrer la raisonnabilité d'une des mesures qu'il a adoptée lorsque celle-ci a causé une atteinte à la liberté de religion d'un individu[405] :

> En considérant cet aspect de l'analyse de la proportionnalité, la juge Lemelin [juge *ad hoc* de la Cour d'appel du Québec] a exprimé l'avis que « [l]'obligation d'offrir un accommodement à cet élève est un corollaire du critère de l'atteinte minimale à ses droits » (par. 92). En d'autres mots, elle ne pouvait concevoir qu'il puisse exister une justification suffisante au sens de l'article premier s'il existe une mesure d'accommodement raisonnable (par. 75). [...]
>
> ... ce rapprochement des principes juridiques me paraît logique. Il ressort de la jurisprudence en matière de discrimination qu'il existe une obligation de prendre des mesures d'accommodement raisonnables en faveur des individus qui subissent les effets préjudiciables d'une politique ou d'une règle neutre en apparence, et ce, jusqu'au point où le respect de cette obligation entraîne des contraintes excessives pour la partie qui est tenue d'instaurer les mesures d'accommodement. Sans qu'il soit pour autant nécessaire d'intégrer

---

404 Notons que le professeur Christian Brunelle a souligné quelques arrêts où, même si « l'enjeu premier n'était pas le droit à l'égalité », les modalités de l'obligation d'accommodement raisonnable avaient été considérées par la Cour suprême : C. BRUNELLE, *loc. cit.*, note 390, à la page 357. Parmi les références fournies dans cet article, le lecteur est renvoyé à un intéressant *obiter dictum* du juge LeBel dans l'arrêt *R.* c. *Advance Cutting & Coring Ltd.*, [2001] 3 R.C.S. 209 [ci-après l'arrêt *Advance Cutting*], parag. 221 : « Il faudrait que notre Cour présume qu'en raison de [leur] participation aux débats de société, les syndicats au Québec ou ailleurs violent les valeurs démocratiques de notre société ainsi que les droits à la liberté et la liberté d'opinion et d'expression de leurs membres. Si les syndiqués expriment une telle préoccupation, il faut peut-être en tenir compte. Il peut alors devenir nécessaire de prendre une mesure d'accommodement pour protéger le caractère démocratique des syndicats et de la société dans laquelle ils agissent. Par exemple, le réexamen de certaines pratiques syndicales et même de dispositions précises de conventions collectives peut s'imposer, si les questions liées aux droits à l'égalité sont préoccupantes. [...] Il serait imprudent de tenter de dresser la liste des cas où il faut accommoder les droits à la liberté visés par le droit négatif. Ceux-ci doivent au moins être invoqués, ce qui n'a pas été le cas devant les cours d'instance inférieure et devant notre Cour. »

405 Comme beaucoup de litiges impliquant une violation alléguée de convictions religieuses les requérants de l'arrêt *Multani* avaient invoqué plusieurs dispositions constitutionnelles et quasi-constitutionnelles à l'appui de leur recours (les articles 2a) et 15 de la *Charte canadienne* et 3 et 10 de la *Charte québécoise : Multani*, précité, note 19, parag. 6) mais la Cour suprême a finalement rendu sa décision en se fondant uniquement sur la question de la violation de la liberté de conscience et de religion protégée en vertu de l'alinéa 2 a) de la *Charte canadienne : Multani*, précité, note 19, parag. 80.

> toute la jurisprudence s'y rapportant, l'analogie avec l'obligation d'accommodement raisonnable me paraît utile pour bien saisir le fardeau qu'impose le critère de l'atteinte minimale vis-à-vis d'un individu en particulier, comme c'est le cas en l'espèce. […]
>
> La prohibition totale de porter le kirpan à l'école dévalorise ce symbole religieux et envoie aux élèves le message que certaines pratiques religieuses ne méritent pas la même protection que d'autres. Au contraire, le fait de prendre une mesure d'accommodement en faveur de Gurbaj Singh et de lui permettre de porter son kirpan sous réserve de certaines conditions démontre l'importance que notre société accorde à la protection de la liberté de religion et au respect des minorités qui la composent. Les effets préjudiciables de l'interdiction totale surpassent donc ses effets bénéfiques.[406] [nous soulignons]

Malgré les pertinentes observations soulevées dans les motifs concordants des juges Deschamps et Abella (minoritaires sur cette question)[407] quant au caractère « surprenant » – voire aux dangers – du raisonnement suivi par la majorité de la Cour suprême du Canada (qui se trouve, selon elles, à détourner (voire déformer) la nature particulière de l'obligation d'accommodement raisonnable), il est clair que l'impact principal de cet arrêt aura été d'intégrer/assimiler, uniquement dans le cas des litiges concernant la violation d'une des dispositions protégeant

[406] *Multani*, précité, note 19, parag. 52-53 et 79. Le rattachement de l'obligation d'accommodement raisonnable aux litiges concernant des dispositions protégeant la liberté de religion avait déjà été souligné en *obiter dictum* par la juge L'Heureux-Dubé dans son avis dissident de l'arrêt : *Adler* c. *Ontario*, [1996] 3 R.C.S. 669, parag. 74 et sous-entendu dans l'arrêt *Bergevin*, précité, note 101, parag. 39. Pour une intéressante étude des raisons ayant pu ou pouvant justifier le « transfert » de l'obligation d'accommodement raisonnable aux litiges initiés en vertu des dispositions protégeant la liberté de religion, voir : J. WOEHRLING, *loc. cit.*, note 112, 370-384.

[407] « Le chevauchement apparent des concepts d'atteinte minimale et d'accommodement raisonnable est un autre exemple frappant du besoin de conserver le caractère distinct de l'approche fondée sur le droit administratif. La juge Charron est d'avis qu'il existe un rapprochement entre la notion d'accommodement et celle d'atteinte minimale (par. 53). Nous croyons nous aussi que ces notions comportent plusieurs similitudes, mais nous estimons qu'elles appartiennent à deux catégories d'analyse distinctes. […]
… bien que le critère de l'atteinte minimale de l'article premier de la Charte canadienne s'apparente à celui de la contrainte excessive des lois sur les droits de la personne, la perspective dans chacun des cas est différente, comme le sont les éléments de preuve susceptibles de soutenir l'une ou l'autre des analyses. Au surplus, l'évaluation de la portée d'une règle de droit requiert parfois la prise en compte de faits sociaux ou des conséquences potentielles de l'application de la règle, alors que la détermination de l'existence de la contrainte excessive requiert la preuve de contraintes réelles dans un cas donné. » [nous soulignons] : *Multani*, *id.*, parag. 129 et 133.

la liberté de religion[408], le raisonnement propre à l'obligation d'accommodement raisonnable à la seconde étape du « critère de proportionnalité » du test de l'arrêt *Oakes*, soit l'étape dite de « l'atteinte minimale au droit »[409]. Conséquence de cet état de fait en contexte de relations de travail[410] : un employeur dont une des mesures/normes aura été considérée avoir indirectement[411] porté atteinte aux convictions religieuses d'un individu devra dorénavant, peu importe que le recours ait été institué en vertu d'une des dispositions protégeant le droit à l'égalité ou la liberté de religion, démontrer qu'il a, dans certaines limites qui restent à être précisées[412], respecté son obligation d'accommodement raisonnable[413].

---

408 Il est à cet égard intéressant de mentionner que, huit ans avant que la Cour suprême ne rende l'arrêt *Amselem*, précité, note 22, le professeur José Woehrling avait déjà affirmé que la liberté de religion constituait la seule liberté fondamentale dont la violation pouvait permettre l'obtention d'un accommodement raisonnable : « Par ailleurs, il est nécessaire de distinguer les convictions morales et religieuses protégées au titre de la liberté de conscience et de religion, des simples opinions politiques, philosophiques ou sociales, lesquelles sont visées par la liberté d'opinion et d'expression. L'importance de la distinction est que seule la liberté de conscience et de religion entraîne un droit à l'adaptation ou à l'accommodement. La liberté d'opinion et d'expression, si elle est restreinte de façon non justifiable, n'entraîne pas une adaptation de la norme contestée, mais son invalidation à l'égard de tous » [nous soulignons] : J. WOEHRLING, *loc. cit.*, note 112, 385.

409 Cette partie du raisonnement des juges de la majorité de l'arrêt *Multani* (assimilation du critère de « l'atteinte minimale au droit » et de « l'obligation d'accommodement raisonnable ») avait déjà été observée et validée par quelques auteurs de doctrine dont : C. BRUNELLE, *loc. cit.*, note 390, à la page 357.

410 Donc, prenant en considération l'ensemble des nuances apportées quant à la transposition des critères de l'arrêt *Oakes*, *id.*, en matières privées. Voir à cet égard : *supra*, texte correspondant aux notes 392 à 401.

411 En effet, les mesures/normes considérées comme ayant un « objectif » directement attentatoire à la liberté de religion de certains individus ont été considérées comme ne pouvant pas faire l'objet d'une « justification raisonnable » en vertu de l'article premier de la *Charte canadienne : R.* c. *Big M Drug Mart*, précité, note 46, parag. 139-143. Ce raisonnement nous semble transposable à l'ensemble des « dispositions justificatives générales » telles que définies plus haut : voir *supra*, note 397.

412 La majorité de la Cour suprême du Canada a en effet clairement indiqué que l'ensemble de la jurisprudence pertinente en matière d'obligation d'accommodement raisonnable n'était pas, nécessairement, transposable au test établi pour déterminer le caractère raisonnable ou non d'une atteinte à la liberté de religion d'un individu (voir *supra*, citation correspondant à la note 406). Il semble cependant plausible de croire que la principale modalité de l'obligation d'accommodement raisonnable (à savoir : l'obligation de réfléchir à et proposer une façon d'accommoder la victime d'une atteinte à sa liberté de religion sous réserve de l'existence de « contraintes excessives ») ne pourrait être exclue de ce même test.

413 Nous référons ici le lecteur à une section ultérieure de l'ouvrage (voir *infra*, section 4.2.1) pour une analyse plus approfondie des impacts de l'obligation d'accommodement raisonnable sur l'ampleur de la protection accordée aux convictions religieuses. Le lecteur prendra toutefois note que la Cour suprême du Canada a, en 2009,

En somme, l'analyse des modalités propres au véhicule normatif « passif » de protection des convictions religieuses au Canada nous permet, *prima facie*, de conforter notre position quant au caractère généreux du droit canadien en cette matière. Toutefois, et au risque de nous répéter, le caractère « minimal » de la liste de limitations intrinsèques imposées par le droit canadien à l'ensemble des convictions religieuses protégées par les *lois sur les droits fondamentaux* (et *a contrario*, le caractère intrinsèquement généreux du droit canadien à cet égard) ne peut être apprécié adéquatement sans que cette même liste puisse être comparée avec celle d'un régime juridique de tendance opposée au régime canadien sur le « spectre de polyethnicité ». C'est pourquoi nous poursuivrons, dans la prochaine section, l'analyse comparative de la portée accordée par le droit français à la protection des convictions religieuses, en nous intéressant cette fois plus particulièrement aux dispositions protégeant la liberté de religion.

4.1.2. Le « reflet français » des dispositions protégeant la liberté religieuse

Avant de nous lancer au cœur de l'analyse des modalités propres à la mise en œuvre du véhicule « passif » de protection des convictions religieuses en France (et à la mise en évidence des caractéristiques « plus restrictives » de celle-ci par rapport au droit canadien), une observation d'ordre théorique s'impose. Ainsi, contrairement au régime juridique canadien, au sein duquel plusieurs *lois sur les droits fondamentaux* (dont les chartes canadienne et québécoise) consacrent expressément la liberté de religion des individus visés par celles-ci, « la notion de liberté religieuse ne repose en tant que telle sur aucune définition légale en droit [constitutionnel] français »[414]. En effet, toutes les dispositions et/ou prin-

---

spécifiquement exclu l'accommodement raisonnable du processus de justification d'une atteinte à la liberté de religion qui résulterait *d'une mesure législative d'application générale* : « En résumé, quand la validité d'une mesure législative d'application générale est en jeu, l'accommodement raisonnable ne saurait se substituer à l'analyse requise par l'article premier telle qu'elle a été établie dans *Oakes*. Quand le gouvernement prend une mesure en édictant une loi, les dispositions de l'article premier s'appliquent. Le gouvernement peut justifier la mesure législative, non pas en démontrant qu'il l'a adaptée aux besoins du plaignant, mais en établissant qu'elle a un lien rationnel avec un objectif urgent et réel, qu'elle porte le moins possible atteinte au droit et que son effet est proportionné » [nous soulignons] : *Huttérites*, précité, note 377, parag. 70-71. Ainsi, l'énoncé auquel est rattaché cette note en bas de page doit être nuancé pour les cas où le litige impliquerait l'État comme employeur et que l'atteinte aux convictions religieuses des employés résulterait d'une disposition législative : dans de tels cas d'espèce, l'accommodement raisonnable serait inapplicable.

414 A. GARAY, *loc. cit.*, note 284, à la page 214. Dans le même sens, voir aussi : « La France contemporaine est, en vertu de l'article premier de la Constitution de 1958,

cipes constitutionnels par le biais desquels s'exprime (ou est protégée) cette liberté fondamentale en droit français ne la touchent qu'indirectement, visant principalement soit un objet conceptuel distinct (la « laïcité de l'État »)[415], soit un objet de protection plus large (la liberté de conscience ou, formulé de manière plus conforme à la Constitution française : « le droit de ne pas être inquiété pour ses opinions »)[416]. Divisée en fonction de leurs objets de protection respectifs, les principales dispositions constitutionnelles françaises sont donc les suivantes :

LAICITÉ :

Constitution de 1946

Préambule [...]

13. La Nation garantit l'égal accès de l'enfant et de l'adulte à l'instruction, à la formation professionnelle et à la culture. L'organisation de l'enseignement public gratuit et laïque à tous les degrés est un devoir de l'État.[417]

Constitution de 1958

Article 1

La France est une République indivisible, laïque, démocratique et sociale. [...][418] [nous soulignons]

---

une *République laïque*. La liberté religieuse découle d'autres libertés et du respect des Conventions internationales qui la citent. Mais elle n'est pas constitutionnelle *stricto sensu* [note de l'auteur : *la liberté religieuse n'est pas garantie expressis verbis par le droit constitutionnel de la République*]. Que la liberté de religion s'inscrive dans la laïcité française est une œuvre de longue haleine qui n'est pas terminée et qui a trouvé un début de consécration avec le *Rapport public 2004* du Conseil d'État, dont les considérations générales sont intitulées *Réflexions sur la laïcité* [voir *supra*, note 298] » : B. CHÉLINI-PONT, *loc. cit.*, note 119, 300-301 ; J. SAVATIER, *loc. cit.*, note 52, 455-456 ; Roland DRAGO, « Laïcité, neutralité, liberté ? », (1993) 38 *Arch. de philo. du droit* 221 et N. GUILLET, *op. cit.*, note 288, p. 33.

415 « En droit interne, la liberté religieuse est dominée par le principe de la laïcité de l'État, qui constitue en quelque sorte son fondement idéologique » : Chems-Eddine HAFIZ et Gilles DEVERS, *Droit et religion musulmane*, Paris, Dalloz, 2005, p. 11. Dans le même sens, voir aussi : COMMISSION NATIONALE CONSULTATIVE DES DROITS DE L'HOMME, *La laïcité aujourd'hui : rapport d'étape*, Paris, La Documentation française, 2003, [en ligne : http://lesrapports.ladocumentation francaise.fr/BRP/034000728/0000.pdf], (page consultée le 31 octobre 2010), p. 9.

416 Voir le texte de l'article 10 de la *Déclaration des droits de l'Homme et du citoyen*, *infra*, texte correspondant à la note 420.

417 Le lecteur notera que le préambule de la *Constitution de 1946* a conservé son statut constitutionnel par le biais du préambule de la *Constitution de 1958*.

418 Le lecteur notera par ailleurs que l'article premier de la *Constitution de 1946* consacrait également le principe de laïcité : « Article 1er

La France est une République indivisible, laïque, démocratique et sociale ».

LIBERTÉ DE CONSCIENCE :

Déclaration des droits de l'Homme et du Citoyen[419]

Art. 10

Nul ne doit être inquiété pour ses opinions, même religieuses, pourvu que leur manifestation ne trouble pas l'ordre public établi par la Loi.[420]

Constitution de 1958

Article 1

[... La France] respecte toutes les croyances

Également, considérant la nature particulière du régime de protection des convictions religieuses en milieu de travail (qui relève davantage du régime législatif « ordinaire » que du régime constitutionnel[421]), le lecteur prendra note du fait que, incidemment à la nature indirecte du statut constitutionnel de la liberté religieuse en France, les lois « ordinaires » contiennent deux dispositions qui permettent la protection de certains aspects de cette « liberté fondamentale » en milieu de travail[422] :

Code du travail

Article L1121-1

Nul ne peut apporter aux droits des personnes et aux libertés individuelles et collectives de restrictions qui ne seraient pas justifiées par la nature de la tâche à accomplir ni proportionnées au but recherché. [...]

Article L1321-3

Le règlement intérieur ne peut contenir : [...]

---

419 Intégrée à la Constitution française par le préambule de la *Constitution de 1958*, qui affirme que : « Le peuple français proclame solennellement son attachement aux Droits de l'homme et aux principes de la souveraineté nationale tels qu'ils ont été définis par la Déclaration de 1789, confirmée et complétée par le préambule de la Constitution de 1946... ».

420 Le conseil constitutionnel français, en 1977, a par ailleurs expressément confirmé que l'article 10 de la *Déclaration des droits de l'Homme et du citoyen*, précitée, note 239, consacre la liberté de conscience en France : « Considérant, d'autre part, qu'aux termes de l'article 10 de la Déclaration des Droits de l'Homme et du Citoyen de 1789 [...] liberté de conscience doit [...] être regardée comme l'un des principes fondamentaux reconnus par les lois de la République » : Cons. const., 23 novembre 1977, précité, note 60, parag. 5.

421 Voir *supra*, section 3.2.2.

422 Cet état de fait est par ailleurs conforme au cas particulier des dispositions interdisant les actes discriminatoires fondés sur les convictions religieuses qui jouissent, quant à elles, de supports concrets au sein de l'ordre législatif ordinaire. Voir à cet égard, *infra*, section 4.2.2.

2) Des dispositions apportant aux droits des personnes et aux libertés individuelles et collectives des restrictions qui ne seraient pas justifiées par la nature de la tâche à accomplir ni proportionnées au but recherché.

Loi du 9 décembre 1905 concernant la séparation des Églises et de l'État[423]

Article 1

La République assure la liberté de conscience. Elle garantit le libre exercice des cultes sous les seules restrictions édictées ci-après dans l'intérêt de l'ordre public.

Loi n° 83-634 du 13 juillet 1983 portant droits et obligations des fonctionnaires[424]

Article 6

La liberté d'opinion est garantie aux fonctionnaires.

Ainsi, l'objet de la présente section étant d'identifier les modalités particulières à l'application des dispositions (ou principes) protégeant la liberté religieuse, modalités devant être de nature à rajouter certaines exclusions aux critères en vertu desquels le droit français définit le concept de « convictions religieuses » protégées, les caractéristiques ayant déjà été traitées lors du chapitre précédent (particulièrement au sein de la section 3.2) seront, par conséquent, exclues du champ de notre analyse. Ceci étant, nous ne reviendrons donc pas sur les principales implications de la liberté de religion en tant que véhicule normatif de protection (qui se résument, grosso modo, à une obligation générale de ne pas interférer avec les différents aspects du phénomène religieux ; obligation devant être respectée par l'État et/ou autres institutions visées – comme les employeurs)[425] ou sur la nette distinction établie par les institutions françaises entre les « convictions religieuses en tant que telles » (à propos desquelles l'État/le droit étatique est impuissant) et les manifestations induites par ces mêmes convictions (qui doivent, pour bénéficier de la protection du droit français, être conformes à l'ordre public français ou, le cas échéant, aux dispositions contractuelles applicables aux détenteurs des convictions)[426].

Comme nous le verrons dans la présente section, la mise en œuvre des dispositions protégeant la liberté religieuse en milieu de travail

---

[423] Précitée, note 121.

[424] J.O. 14 juillet 1983, p. 2174.

[425] Voir *supra*, section 3.2.1.

[426] Voir *supra*, section 3.2.2.

français varie en fonction du type de milieu de travail impliqué[427]. En effet, la liberté religieuse sera interprétée beaucoup plus restrictivement si elle est invoquée dans un litige impliquant la fonction publique française que si le litige survient dans le cadre d'une relation d'emploi privée. Nous verrons par ailleurs que, pour ce qui a trait aux milieux de travail privés, les modalités applicables à la mise en œuvre des dispositions protégeant la liberté religieuse sont également susceptibles de varier en fonction de ce que l'entreprise concernée est, ou non, une « entreprise de tendance » poursuivant certains objectifs religieux.

Liberté religieuse dans la fonction publique française : une protection minimale

La reconnaissance constitutionnelle de la liberté religieuse, en France, découle de (ou est inextricablement liée aux) dispositions consacrant le principe de laïcité de l'État. Pris au sens commun, le terme « laïcité » réfère au résultat du processus de sécularisation, lequel a mené à la séparation (plus ou moins étanche tout dépendant du régime juridique national étudié) entre les institutions religieuses et les nombreux organes de la « Puissance publique » (ou de l'État) au sein des différentes sociétés occidentales : « **Laïcité** [...] *n.f.* (1871 ; de *laïc*) [...] ■ **2°** Principe de séparation de la société civile et de la société religieuse, l'État n'exerçant aucun pouvoir religieux et les Églises aucun pouvoir politique. *La laïcité, c'est-à-dire l'État neutre entre les religions* (RENAN) »[428].

Or, même si l'appréhension juridique du concept de « laïcité » – particulièrement en droit français où elle est considérée par plusieurs auteurs comme étant *intraduisible*[429] – pose un ensemble de difficultés d'ordre théorique et pratique qui font en sorte qu'il est extrêmement difficile d'en arriver à une définition consensuelle au sein des différents États dont le régime juridique repose sur le principe de séparation entre le religieux et l'État[430] (ensemble dont font d'ailleurs partie le Canada[431]

---

427 Comme le résume fort habilement François Gaudu : « Chacun de ces deux ordres, l'ordre religieux et l'ordre du droit social, adopte vis-à-vis de l'autre une attitude de neutralité. [...] l'entreprise laïcisée ne s'enquiert pas de religion. Le fait religieux est, au total, ignoré par le droit du travail. Il n'en va autrement que dans une variété particulière d'entreprise, entreprise à orientation religieuse ou activité de service public, qui, en raison de son objet, peut faire valoir des exigences renforcées d'engagement ou de neutralité » : F. GAUDU, *loc. cit.*, note 302, 960.

428 J. REY-DEBOVE et A. REY (dir.), *op. cit.*, note 16, p. 1420.

429 Voir notamment : CONSEIL D'ÉTAT FRANÇAIS, *op. cit.*, note 298, p. 245.

430 Comme le résume adroitement le professeur Pierre Bosset, les différentes appréhensions du concept de « laïcité » varient de l'anti-religiosité à la mise en place de mesures visant à assurer que l'État agisse sans être influencé par les institutions religieuses de la majorité des citoyens : P. BOSSET, *op. cit.*, note 55, p. 3 ; dans le même sens, voir aussi CONSEIL D'ÉTAT FRANÇAIS, *op. cit.*, note 298, pp. 245-

et la France[432]), il est malgré tout possible d'affirmer que les différentes interprétations de ce principe reposent sur un seul tronc commun, en vertu duquel les dirigeants et membres des différentes institutions composant l'appareil étatique (ou gouvernemental) doivent faire preuve d'une certaine **neutralité religieuse** dans le cadre de leurs fonctions officielles[433].

Ceci entendu, les variations interétatiques identifiables dépendront donc, pour l'essentiel, de la portée qui sera accordée à cette obligation de « neutralité », portée dont l'évaluation exige de répondre à des questions telles que : à quelles institutions publiques (et, le cas échéant, à quels membres de ces institutions) est-elle imposée ? Quels actes et décisions d'ordre « professionnel » sont soumis à l'obligation de neutralité (s'agit-il uniquement des actes/décisions concernant le public en général – ou une partie de celui-ci – ou les actes/décisions de régie interne sont-ils également visés) ? En vertu de quels critères le respect de l'obligation de neutralité doit-il être vérifié – *subjectifs* : l'acte ou la décision visés étaient-ils empreints de subjectivité religieuse ; et *objectifs* : existait-il des facteurs qui donneraient à un citoyen raisonnable des motifs de croire en l'existence d'un risque de subjectivité religieuse ? *Etc.*).

---

246. Pour des analyses portant sur une appréhension très *rationaliste* de la laïcité, voir notamment les différentes publications et prises de position du Mouvement laïque québécois : MOUVEMENT LAÏQUE QUÉBÉCOIS, *Interventions*, [en ligne : http://www.mlq.qc.ca/interventions-militantes/], (page consultée le 23 août 2010) et Daniel BARIL *et al.*, *Déclaration des intellectuels pour la laïcité : pour un Québec laïque et pluraliste*, *Le Devoir*, 16 mars 2010, [en ligne : http://www.ledevoir.com/societe/actualites-en-societe/285021/declaration-des-intellectuels-pour-la-laicite-pour-un-quebec-laique-et-pluraliste], (page consultée le 30 octobre 2010). Pour des analyses portant sur une appréhension plus *tolérante* de ce même concept, voir notamment : P. BOSSET, *op. cit.*, note 55, p. 4 et Pierre BOSSET, Dominique LEYDET, Jocelyn MACLURE, Micheline MILOT et Daniel WEINSTOCK, « Manifeste pour un Québec pluraliste », *Le Devoir*, 3 février 2010, [en ligne : http://www.ledevoir.com/societe/actualites-en-societe/282309/manifeste-pour-un-quebec-pluraliste], (page consultée le 30 octobre 2010).

[431] Principe dont la Cour suprême consacra en effet les effets constitutionnels (en tant que déclinaison de la « liberté de conscience et de religion » protégée par l'article 2a) de la *Charte canadienne* dans l'arrêt *Big M Drug Mart*, précité note 46. Dans le même sens, voir également : P. BOSSET, *id.*, pp. 7-8 et *supra*, note 121.

[432] Comme nous l'avons vu, le principe de laïcité constitue un principe constitutionnel au sein du régime juridique français : *supra*, début de la section 4.1.2.

[433] Voir à ce sujet : R. DRAGO, *loc. cit.*, note 414, 227-229 ; Ester SCHMIDT, *La liberté de religion du fonctionnaire en France et en Allemagne*, Mémoire de master en administration publique, cycle international long, Strasbourg, École Nationale d'Administration, 2005, [en ligne : http://www.ena.fr/index.php?page=ressources/rapports/memoires/master/liberte], (page consultée le 22 août 2010), pp. 31-32 et Jean BARTHÉLÉMY, « La liberté de religion et le service public », (2003) 6 *RFD Admin.* 1066.

Comme de nombreuses d'études l'ont déjà démontré au cours des dernières décennies, les appréhensions canadienne et française du principe de séparation du religieux et de l'État sont, respectivement, fort éloignées l'une de l'autre[434] ; la qualification de cet éloignement correspondant d'ailleurs aux emplacements respectifs que nous conférons à ces deux régimes juridiques nationaux sur le *spectre de polyethnicité*. Comme le résume bien la professeure Christelle Landheer-Cieslak, l'approche canadienne en la matière se distingue de la *laïcité à la française*[435] par sa plus grande « ouverture » à l'expression – voire à l'existence – de la diversité religieuse :

> 2) Le Québec : une province sécularisée, mais pas laïque [...]
>
> En France et au Québec, la sphère publique et la sphère religieuse sont désormais distinguées. Cependant, si en France, cette séparation est le résultat d'une laïcisation ferme marquée par le souci de l'État d'évincer la religion de l'espace public, au Québec, il s'agit plutôt d'une sécularisation progressive, marquée par une affirmation de l'autonomie de l'État par rapport à la religion mais aussi par un souci de ce dernier de respecter et de reconnaître toutes les croyances et de faire participer les différents groupes religieux à la vie publique.[436]

Comme nous l'avancions en introduction de la présente section, cet éloignement conceptuel opposant les régimes juridiques français et canadien implique, bien évidemment, une conséquence directe sur l'application des dispositions protégeant la liberté religieuse des individus œuvrant au sein des fonctions publiques nationales de ces deux États : alors que le principe de neutralité religieuse applicable aux institutions publiques canadiennes se limite, *grosso modo*, à l'interdiction d'adopter et mettre en œuvre des mesures qui reposeraient (officiellement) sur des fondements religieux[437], le principe constitutionnel de

---

434 Voir notamment sur cette question : P. BOSSET, *op. cit.*, note 55, p. 8 ; C. LANDHEER-CIESLAK, *op. cit.*, note 9 ; A. SARIS, *op. cit.*, note 55 et L. BARNETT, *op. cit.*, note 24, pp. 28-38.

435 Pour reprendre les termes employés par le philosophe politique canadien Daniel M. Weinstock pour la portée conférée au concept de laïcité au sein du régime juridique français : Daniel WEINSTOCK, « Religion, démocratie et laïcité », (2007) 3 *Les cahiers du 27 juin* 18. Cet auteur n'est évidemment pas le seul à avoir utilisé une pareille expression pour désigner les particularités du régime juridique français en ce qui a trait à l'appréhension du concept juridique de laïcité. Voir notamment : Guy BEDOUELLE et Jean-Paul COSTA, *Les laïcités à la française*, Paris, PUF, 1998 et Bernard STASI, *Laïcité et République*, Paris, La Documentation Française, 2004, p. 19.

436 C. LANDHEER-CIESLAK, *op. cit.*, note 9, pp. 68 et 75.

437 Le principe à cet égard a été affirmé dans l'arrêt *Big M Drug Mart*, précité, note 46, parag. 97-99 dans lequel la Cour suprême, interprétant les implications de la liberté de conscience et de religion pour les différentes instances « gouvernementales » ca-

laïcité française a été interprété comme retirant à l'ensemble des fonctionnaires publics français le droit de manifester leurs convictions religieuses lorsqu'ils agissent dans le cadre de leurs fonctions. Après quelques atermoiements jurisprudentiels et doctrinaux portant sur l'identité des fonctionnaires qui devaient être soumis à une interprétation aussi stricte du principe de neutralité religieuse (lesquels reposaient essentiellement sur l'établissement d'une distinction entre les postes exigeant d'avoir des contacts avec la clientèle desservie par l'institution publique et les autres)[438], le Conseil d'État français a coupé court à toute tergiversation en rendant un avis limpide sur la question, le 3 mai 2000 :

> Si les agents du service de l'enseignement public bénéficient comme tous les autres agents publics de la liberté de conscience qui interdit toute discrimination dans l'accès aux fonctions comme dans le déroulement de la carrière qui serait fondée sur leur religion, le principe de laïcité fait obstacle à ce qu'ils disposent, dans le cadre du service public, du droit de manifester leurs croyances religieuses ;
>
> Il n'y a pas lieu d'établir une distinction entre les agents de ce service public selon qu'ils sont ou non chargés de fonctions d'enseignement ;
>
> Il résulte de ce qui a été dit ci-dessus que le fait pour un agent du service de l'enseignement public de manifester dans l'exercice de ses fonctions ses croyances religieuses, notamment en portant un signe destiné à marquer son appartenance à une religion, constitue un manquement à ses obligations ;

---

nadiennes (ce qui inclut, faut-il le rappeler, tant les instances fédérales que provinciales) en était venue à cette conclusion : « Dans la mesure où elle astreint l'ensemble de la population à un idéal sectaire chrétien, la *Loi sur le dimanche* exerce une forme de coercition contraire à l'esprit de la *Charte* et à la dignité de tous les non-chrétiens. En retenant les prescriptions de la foi chrétienne, la Loi crée un climat hostile aux Canadiens non chrétiens et paraît en outre discriminatoire à leur égard. Elle fait appel à des valeurs religieuses enracinées dans la moralité chrétienne et les transforme, grâce au pouvoir de l'état, en droit positif applicable aux croyants comme aux incroyants. Le contenu théologique de la Loi est un rappel subtil et constant aux minorités religieuses canadiennes des différences qui les séparent de la culture religieuse dominante.

Pour des motifs religieux, on interdit aux non-chrétiens d'exercer des activités par ailleurs légales, morales et normales. L'état exige de tous qu'ils se souviennent du jour du Seigneur des chrétiens et qu'ils le sanctifient. Or, protéger une religion sans accorder la même protection aux autres religions a pour effet de créer une inégalité destructrice de la liberté de religion dans la société.

Je suis d'accord avec l'argument de l'intimée qui porte que reconnaître au Parlement le droit d'imposer l'observance universelle du jour de repos préféré par une religion ne concorde guère avec l'objectif de promouvoir le maintien et la valorisation du patrimoine multiculturel des Canadiens ». Sur la portée de l'obligation de neutralité religieuse qui est actuellement imposée aux différentes instances gouvernementales par le régime juridique canadien, voir notamment : H. BRUN, G. TREMBLAY et E. BROUILLET, *op. cit.*, note 169, pp. 1073-1080.

[438] Voir à cet égard notamment : G. GONZALEZ, *loc. cit.*, note 291, 167-169 et N. GUILLET, *op. cit.*, note 288, pp. 293-298.

Les suites à donner à ce manquement, notamment sur le plan disciplinaire, doivent être appréciées par l'administration sous le contrôle du juge, compte tenu de la nature et du degré de caractère ostentatoire de ce signe, comme des autres circonstances dans lesquelles le manquement est constaté.[439] [nous soulignons]

Ce principe (en vertu duquel le statut constitutionnel du principe de laïcité tel que défini par le droit français a pour effet d'amputer la liberté religieuse des fonctionnaires publics français d'un pan important – voire essentiel – de leur identité religieuse : le droit de manifester leurs convictions) se trouve, une fois encore, aux antipodes de l'état actuel du régime juridique canadien en matière de protection des convictions religieuses en milieu de travail. En effet, le fait qu'un fonctionnaire public puisse manifester ses convictions religieuses sur le lieu de travail est reconnu en droit canadien depuis l'arrêt *Grant* c. *Canada (Procureur général)* rendu en 1994 par la Cour fédérale[440].

Cette affaire concernait la modification d'un règlement fédéral dans le but de répondre à la problématique particulière liée au port de l'uniforme imposé aux policiers employés par la Gendarmerie Royale du Canada [ci-après la GRC] par des individus de religion sikhe. Traditionnellement, l'uniforme des policiers de la GRC comprend un chapeau particulier (un *feutre*[441]). Le port de ce couvre-chef peut difficilement être combiné aux prescriptions de la religion sikhe, dont le dogme exige que les adeptes masculins portent, en tout temps, un turban (le *Dastar* ou *Pagri*[442]) sur la tête. La nouvelle disposition réglementaire accordait un « accommodement » aux policiers de religion sikhe en leur permettant de remplacer le traditionnel feutre par un turban aux couleurs de la GRC. Cette mesure était donc contestée par un groupe d'anciens poli-

---

439 Cons. d'État, 3 mai 2000, *Avis Dlle Marteaux*, *RFD adm* 2001, p. 146, note R. Schwartz, [texte de l'avis en ligne : http://www.legifrance.gouv.fr/affichJuriAdmin.do?oldAction=rechJuriAdmin&idTexte=CETATEXT000008001769&fastReqId=2068068887&fastPos=1], (page consultée le 7 juin 2010). S'agissant généralement de l'exclusion faite aux fonctionnaires publics de manifester leurs convictions religieuses sur le lieu de travail, voir notamment : CONSEIL D'ÉTAT FRANÇAIS, *op. cit.*, note 298, pp. 47-49 et J. BARTHÉLÉMY, *loc. cit.*, note 433.

440 S'agissant d'une revue générale de l'état actuel du droit en ce qui concerne le port de symboles religieux dans l'espace public canadien, voir : L. BARNETT, *op. cit.*, note 24, pp. 9-15.

441 Pour une représentation graphique de l'uniforme (et du feutre) devant être porté par les policiers de la GRC, voir : GENDARMERIE ROYALE DU CANADA, *L'uniforme de la Gendarmerie Royale du Canada*, [en ligne : http://www.rcmp-grc.gc.ca/unif/index-fra.htm], (page consultée le 22 août 2010).

442 WIKIPEDIA, *Dastar*, [en ligne : http://en.wikipedia.org/wiki/Dastar], (page consultée le 22 août 2010) ; UNITED SIKHS, *Le turban des sikhs*, [en ligne : http://www.unitedsikhs.org/rtt/french_press_room/pdf/7.pdf], (page consultée le 22 août 2010).

ciers de la GRC qui alléguaient que le fait de permettre à certains policiers du seul corps de police pancanadien d'arborer un symbole religieux visible (ou « ostentatoire » pour reprendre une terminologie proche de l'actualité française) avait notamment pour effet de porter notamment atteinte à leur liberté de religion telle que protégée par la *Charte canadienne*. La Cour fédérale du Canada, dans un jugement qui fut par la suite confirmé en appel[443], rejeta la plainte du groupe d'anciens policiers et confirma la constitutionnalité de la disposition réglementaire fédérale :

> Les demandeurs soutiennent qu'il y a violation du droit à la liberté de religion garantie par la Constitution lorsque les membres de la population se trouvent obligés de s'adresser ou de faire face à des policiers qui portent, intégré à l'uniforme national, un symbole laissant voir leur appartenance à un groupe religieux différent de celui auquel ces personnes appartiennent. [...]
>
> On ne m'a pas convaincue que les rapports entre un policier dont l'uniforme comporte un symbole de sa religion et un membre de la population portent atteinte à la liberté de religion de ce dernier. Ces rapports ne sont pas nécessairement de nature religieuse. Dans l'arrêt Big M Drug Mart, la disposition législative avait pour effet d'astreindre les gens à l'observance religieuse du dimanche, soit à considérer ce jour comme un jour de repos. [...] Dans le cas des rapports entre un policier portant un turban et un membre de la population, je ne vois aucune contrainte ni coercition exercée sur ce dernier qui le forcerait à adopter ou à partager les croyances ou les pratiques religieuses du policier. La seule activité imposée à la personne qui traite avec un tel policier est de constater l'appartenance religieuse du policier. Je ne peux conclure qu'une telle constatation, même dans le contexte où le policier exerce ses pouvoirs relatifs à l'application de la loi, représente en soi une atteinte à la liberté de religion de la personne qui constate. [...]
>
> De nombreux éléments de preuve montrent qu'il est fortement dans l'intérêt de la population que l'uniforme de la police soit libre de tout symbole qui dénote l'allégeance de l'agent à un groupe religieux particulier. [...] Il s'agit là d'objectifs louables. Toutefois, on a seulement demandé à la Cour de déterminer s'il existait une disposition constitutionnelle empêchant le commissaire d'agir comme il l'a fait. Sur la foi de la jurisprudence et des éléments de preuve qui m'ont été soumis, je ne peux conclure à l'existence d'un tel empêchement. L'action des demandeurs est par conséquent rejetée.[444] [nous soulignons]

Pour résumer les principes dont nous venons de traiter, il est possible d'affirmer que l'interpénétration des concepts de « laïcité » et de « liber-

---

443 *Grant* c. *Canada (Procureur général du Canada)*, (1995) 120 D.L.R. (4th) 556 (C.A.F.), permission d'appeler à la Cour suprême du Canada refusée : [1995] SCCA n° 394 (29 septembre 1995).

444 *Grant* c. *Canada (Procureur Général)*, [1995] 1 C.F. 158, parag. 77, 84 et 116.

té de religion » (premier véhicule normatif – « passif » – de protection des convictions religieuses) en France fait en sorte que la liberté religieuse des fonctionnaires publics de l'État français se limite, contrairement au cas des fonctionnaires canadiens, à la simple détention de convictions religieuses particulières, sans que ces mêmes convictions ne puissent mener à une quelconque expression concrète (ou « visible »[445]) sur le lieu de travail[446]. Qu'en est-il maintenant de la mise en œuvre des dispositions protégeant la liberté de religion en milieu de travail privé ?

L'expression des convictions religieuses dans l'entreprise privée : un régime variant en fonction du type d'entreprise concerné

Nous avons vu, en introduction de la présente section, les deux articles du *Code du travail* français qui interdisent aux employeurs de porter « injustement » atteinte à la liberté religieuse de leurs salariés, que ce soit par l'édiction de mesures particulière ou l'adoption, formelle,

---

445 Évidemment, tout comme il est impossible de sonder l'âme des individus pour connaître leurs convictions (ce qui est sans aucun doute la principale raison pour laquelle toute appréhension théorique de la liberté religieuse doit nécessairement admettre la « totale liberté religieuse » des individus en ce qui concerne les convictions en tant que telles ; voir à cet égard la note 317), les manifestations religieuses qui ne sont pas visibles (ou décelables) sur le lieu de travail sans une enquête approfondie (par exemple, le port d'un symbole religieux sous les vêtements) ne peuvent être interdites sur le lieu de travail. Voir à cet égard : Cons. d'État, 28 avril 1938, *Dlle Weiss*, *Rec. Cons. d'Ét.*, p. 379 (cité dans E. SCHMIDT, *op. cit.*, note 433, p. 25).

446 Également, même si de très rares cas peuvent être répertoriés portant directement sur l'exercice de convictions religieuses (voir par exemple : Cons. d'État, 15 octobre 2003, *Jean-Philippe O. c/ Ministère de l'Éducation nationale et de la Recherche*, *Les Petites affiches*, 25 juin 2004, n° 127, p. 14, note Benoît TABAKA, relative au cas d'un fonctionnaire qui avait affiché ses coordonnées professionnelles sur le site électronique d'une association religieuse dont il était membre), certains auteurs considèrent que « l'obligation de réserve » que le droit français impose aux fonctionnaires publics français lorsqu'ils ne sont plus au travail pourrait aussi interdire certaines formes d'expressions religieuses « qui porteraient atteinte à la neutralité des services publics » : L. WAUQUIEZ-MOTTE, *loc. cit.*, note 119, 7 ; E. SCHMIDT, *id.*, pp. 12-13 et 26-28. Cette position a d'ailleurs été expressément codifiée pour certaines catégories de « fonctionnaires », les militaires : « Les opinions ou croyances, notamment philosophiques, religieuses ou politiques, sont libres. Elles ne peuvent cependant être exprimées qu'en dehors du service et avec la réserve exigée par l'état militaire » : *Code de la défense*, article 4121-2. Pour une critique portant sur la légitimité de cette « obligation de réserve » en tant que telle voir : Anicet LE PORS, « Les fonctionnaires, citoyens de plein droit », Paris, *Le Monde*, 1er février 2008, [en ligne : http://anicetlepors.blog.lemonde.fr/2008/01/31/obligation-de-reserve-les-fonctionnaires-citoyens-de-plein-droit-le-monde-31-janvier-2008/], (page consultée le 22 août 2010).

d'un *règlement intérieur*[447], soit les articles L1121-1 et L1321-3 (2). À cet égard, donc, il est possible d'affirmer que ces dispositions reposent sur la même structure binaire que les *lois sur les droits fondamentaux* canadiennes ; dès que le salarié démontre l'existence d'une atteinte à sa liberté religieuse, le tribunal (ou l'instance décisionnelle) saisi(e) opérera un renversement du fardeau de preuve et exigera de l'employeur, s'il entend pouvoir conserver intacte sa mesure et/ou sa disposition réglementaire, qu'il fasse la preuve que celle-ci est « justifiée ».

Cette similarité entre les régimes juridiques canadien et français n'est toutefois qu'apparente puisque, concrètement, la mise en œuvre des dispositions protégeant la liberté de religion au sein des entreprises privées implique deux distinctions majeures touchant : 1) à l'ampleur de la « justification » qui est exigée des employeurs ; et 2) aux modulations applicables dans les cas où l'employeur concerné par le litige gère une *entreprise de tendance*.

La justification des mesures attentatoires à la liberté religieuse en milieu de travail privé

Le processus de justification propre aux dispositions protégeant la liberté de religion implique, en droit canadien, une démonstration en quatre étapes (le test de l'arrêt *Oakes*[448]) lesquelles ont été interprétées comme exigeant de l'employeur qu'il démontre avoir satisfait à son « obligation d'accommodement raisonnable » ou, formulé de manière plus « concrète », qu'il apporte la preuve qu'il ne lui était pas raisonnablement possible, sans subir de « contrainte excessive », d'adapter sa mesure de manière à « accommoder » les convictions religieuses individuelles du salarié alléguant l'existence d'une atteinte à sa liberté de religion[449]. Le processus de justification retenu par le droit français en matière d'atteinte à la liberté religieuse des salariés œuvrant au sein d'entreprises privées « traditionnelles » (par opposition avec les *entreprises de tendance* que nous analyserons brièvement plus loin[450]), quant à lui, est bien loin d'être aussi « accommodant ».

En fait, nonobstant les exclusions intrinsèques supplémentaires que nous avons analysées au chapitre précédent, il semble que le fardeau de preuve imposé aux employeurs qui tentent de justifier une mesure

---

447 Lequel est d'ailleurs obligatoire pour les entreprises « employant habituellement vingt employés ou plus » : *Code du travail*, art. L1311-2.

448 Précité, note 388. Voir aussi la section 4.1.1.

449 Pour une analyse plus approfondie de « l'obligation d'accommodement raisonnable », voir *infra*, section 4.2.1.

450 Voir *infra*, section 4.1.2 et 4.2.2.

portant atteinte à la liberté de religion[451] d'un salarié se limite, *grosso modo*, à une application « objective » du test de l'arrêt *Oakes*, limitée à l'évaluation du caractère « rationnel » de cette même mesure par rapport à la nature particulière des emplois concernés. Comme le résume le professeur Pascal Lokiec :

> À l'étude de la jurisprudence, on peut constater que les tribunaux ne sont pas insensibles aux arguments des employeurs et font une application très souple des exigences de justification et proportionnalité prévues à l'article L. 120-2 [renommé L1121-1 depuis 2008].
>
> Cette disposition pose en effet deux séries d'exigences. La première est la justification de la restriction *par la nature de la tâche à accomplir*, la seconde sa proportionnalité par rapport au *but recherché*. Il s'avère que les juges ne prennent en compte que la première de ces conditions. [...] Sans doute, cette indifférence à la seconde exigence posée par l'article L. 120-2 s'explique-t-elle par la rédaction assez maladroite du texte. Comment déterminer le but recherché à moins de sonder l'intention de l'employeur ou de procéder à une analyse objective conduisant à assimiler *but recherché* et *intérêt de l'entreprise* ?[452]

Dans une circulaire publiée le 6 avril 2009, la Haute autorité de lutte contre les discriminations et pour l'égalité [ci-après la HALDE][453] a

---

451 Ou, comme nous le verrons plus loin, discriminant les salariés en fonction de convictions religieuses particulières, voir *infra*, section 4.2.2.

452 P. LOKIEC, *loc. cit.*, note 303, 138. Soulignons par ailleurs que des restrictions générales interdisant certaines formes d'expression religieuse seront nécessairement jugées incompatibles avec les dispositions du *Code du travail* qui protègent la liberté de religion dans des contextes où n'existait aucune preuve objective que de tels comportements risqueraient de causer des « troubles » au sein de l'entreprise. S'agissant d'une mesure par l'entremise de laquelle l'employeur avait proscrit toute *discussion politique et religieuse* sur le lieu de travail : « Le Conseil d'État a ainsi estimé qu'une [telle mesure] portait une atteinte excessive, et donc illicite, aux droits de la personne [référence à Cons. d'Ét., 25 janvier 1989, *RJS* 5/89, n° 423] » : F. GAUDU, *loc. cit.*, note 302, 962. S'agissant de la mise en œuvre de mesure qui interdiraient, en soi, le port de tout signe religieux ostentatoire – cristallisé par le port du voile islamique – sur le lieu de travail, le professeur émérite Jean Savatier écrit : « Le voile islamique ne constitue généralement pas un obstacle direct à la bonne exécution du travail lié à la *nature de la tâche à accomplir* par la salariée, sauf dans des cas où il compromettrait les qualités d'audition de celle-ci ou entraînerait des risques pour sa sécurité ou celle d'autrui. [...]

L'employeur ne pourrait se borner à cet égard à invoquer la recherche de la paix sociale au sein de l'entreprise, en s'abritant derrière une hostilité de son personnel à un travail auprès de camarades voilées » : J. SAVATIER, *loc. cit.*, note 301, 356. Dans le même sens, voir aussi : C. BRISSEAU, *loc. cit.*, note 271, 974.

453 Le lecteur prendra note que nous traitons plus en détail de cette nouvelle institution française (qui a été mise sur pied en 2004) dans une section ultérieure du présent titre, consacrée au véhicule « actif » de protection des convictions religieuses en droit

résumé les grands motifs sur lesquels les employeurs français pouvaient fonder la justification de mesures portant atteinte à la liberté de religion de leurs salariés[454]. Outre les cas expressément prévus par l'article L1121-1 du *Code du travail*, soit ceux ou l'expression religieuse s'avérerait incompatible avec la « nature de la tâche » devant être accomplie par le salarié, cette délibération de la HALDE nous renseigne sur deux autres grands objectifs pouvant être considérés par les tribunaux comme justifiant une atteinte à la liberté de religion en milieu de travail français, soit : « la bonne marche de l'entreprise » et « les impératifs de sécurité ». Quelques décisions et arrêts-clés rendus en vertu de chacun de ces grands objectifs permettront d'appuyer le constat selon lequel l'approche française en matière de justification des atteintes à la liberté de religion des salariés, en n'imposant pas d'obligation d'accommodement raisonnable, est beaucoup plus restrictive que l'approche retenue en droit canadien.

Ainsi, s'agissant de l'argument selon lequel « la nature de la tâche » devant être accomplie par le salarié est incompatible avec la (ou les) forme(s) d'expression religieuse que ce dernier voudrait manifester sur le lieu de travail, les tribunaux français ont souvent eu à trancher des litiges dans le cadre desquels les employeurs voulaient empêcher les salariés de porter des « symboles religieux visibles » sur le lieu de travail au motif que leurs emplois impliquaient un « contact avec la clientèle »[455]. Même si, pour la HALDE, le simple argument d'être en contact avec la clientèle ne constitue pas un argument suffisant pour justifier une telle atteinte à la liberté de religion des salariés[456], il appert que les arguments devant être présentés pour justifier une telle mesure sont assez peu contraignants, pouvant notamment se limiter à l'allégation d'une incompatibilité entre symbole/signe religieux et « l'image de marque » de l'entreprise[457] ou à la mise en preuve que le port de certains

---

français, soit les dispositions interdisant la discrimination fondée sur les convictions religieuses en milieu de travail : voir *infra*, section 4.2.2.

454 HALDE, *op. cit.*, note 327.

455 Voir à cet égard J. SAVATIER, *loc. cit.*, note 301.

456 Voir HALDE, *op. cit.*, note 327, parag. 50.

457 « Ainsi, dans une décision rendue le 9 septembre 1997, la cour d'appel de Saint-Denis de la Réunion a admis, à propos d'un magasin de mode, le licenciement pour faute d'une salariée dont la tenue vestimentaire n'était pas en conformité avec l'image de marque de l'entreprise. En l'espèce, la vendeuse venait travailler enveloppée d'un *tchador* la recouvrant *de la tête aux pieds* [référence à l'arrêt : C.A. Saint-Denis de la Réunion, 9 septembre 1997, *D.* 1998, p. 546]. Cette solution n'est pas surprenante puisque sa tenue exprimait sa désapprobation au port des vêtements qu'elle était chargée de vendre » : C. BRISSEAU, *loc. cit.*, note 271, 974.

symboles/signes religieux a donné lieu à certains troubles auprès de cette même clientèle[458].

Concernant maintenant l'objectif de la bonne marche de l'entreprise, celui-ci a donné lieu, toujours selon la délibération de la HALDE, à une jurisprudence constante en matière de relations de travail par le biais de laquelle les juridictions françaises reconnaissent en toutes circonstances que les actes de prosélytisme pouvaient être interdits (ou sanctionnés) sur le lieu de travail :

> La première limite à la liberté de religion et de convictions du salarié est l'interdiction d'un comportement prosélyte dans l'entreprise.
>
> L'enjeu étant d'assurer la bonne marche de l'entreprise, le prosélytisme contrariant les exigences de l'entreprise pourra être sanctionné par l'employeur. [...]
>
> Il faut également noter que le prosélytisme peut être le fait de l'employeur. [...]
>
> La liberté de religion et de convictions du salarié doit donc pouvoir s'exercer dans les limites que constituent l'abus du droit d'expression, le prosélytisme ou les actes de pression ou d'agression à l'égard d'autres salariés. Dans cette situation, il pourrait être invoqué l'obligation de protection de l'employeur à l'égard de ses salariés telle qu'elle ressort des articles L-4121-1 et L-1152-4 du code du travail.[459]

---

458 « Si la neutralité religieuse de l'entreprise impose à l'employeur de ne pas prendre de décisions lésant les salariés en fonction de leurs convictions religieuses, inversement, elle impose aux salariés de ne pas se prévaloir de leurs obligations religieuses pour avoir des comportements apportant le trouble dans l'entreprise. La règle a été posée à la Cour de cassation dans une affaire qui n'intéressait pas directement la liberté religieuse, même si elle se situait dans un contexte religieux. Il s'agissait du licenciement du sacristain d'une paroisse intégriste motivé par son homosexualité. La Cour de cassation, après avoir rappelé que les articles L 122-35 et L 122-45 du *Code du travail* interdisent de congédier un salarié en raison de ses mœurs ou de ses convictions religieuses, ajoutait : *il peut être procédé à un licenciement dont la cause objective est fondée sur le comportement du salarié qui, compte tenu de la nature de ses fonctions et de la finalité propre de l'entreprise, a créé un trouble caractérisé au sein de cette dernière* [référence à l'arrêt : C. Cass. Soc., 17 avril 1991, *Droit social* 1991, 489, note J. Savatier] » : J. SAVATIER, *loc. cit.*, note 52, 461. Dans un article ultérieur, le professeur Savatier étend spécifiquement ce raisonnement aux cas où le port d'un symbole religieux pourrait, en soi, être constitutif d'un « trouble auprès de la clientèle » : J. SAVATIER, *loc. cit.*, note 301, 356-357. Dans le même sens, voir également : P. LOKIEC, *loc. cit.*, note 303, 139-140.

459 À l'appui de sa position concernant l'incompatibilité entre exercice de la liberté de religion sur le lieu de travail et actes de prosélytisme, la HALDE fait mention des décisions/arrêts suivants : **Actes posés par les salariés** : C. appel Toulouse, 9 juin 1997, *Cah. Prud'h.* n° 9/97, p. 156 ; C. appel Versailles, 23 janvier 1998, *jurisdata* n° 1998-040199 ; C. appel Basse-Terre, 6 novembre 2006, n° 06/0095, [en ligne : http://www.droitdesreligions.net/pdf_ca/20060611.pdf], (page consultée le 23 août

S'agissant finalement de l'argument voulant que l'objectif poursuivi par l'employeur lorsqu'il a adopté la mesure contestée par le salarié pour atteinte à sa liberté de religion était la sécurité des salariés, la HALDE se limite essentiellement à affirmer que ce même objectif se trouve expressément prévu au paragraphe 9 (2) de la *Convention européenne des droits de l'Homme* comme une des possibilités en vertu de laquelle les États membres peuvent limiter la liberté de religion[460]. Ainsi, à moins qu'un tribunal ne soit pas convaincu de la véracité de l'argument présenté par l'employeur, la liberté de religion des salariés pourra toujours être restreinte par l'adoption d'une mesure visant à assurer généralement la sécurité des salariés de l'entreprise[461].

Force est donc de constater que, pour chacun des grands objectifs généralement présentés par les employeurs dans le but de justifier des mesures ayant été considérées comme portant atteinte à la liberté de religion d'un employé, les tribunaux français ne prennent pas en considération les circonstances propres à la situation individuelle de ces mêmes employés lorsqu'ils évaluent le caractère justifié ou non de la mesure ; cet état de fait constitue un argument supplémentaire démontrant le caractère plus restrictif du droit français en matière de protection des convictions religieuses puisque l'obligation d'accommodement raisonnable canadienne ajoute aux exigences « objectives » de justification (lien de la mesure avec le type d'emploi et/ou d'entreprise concernée) une exigence « subjective », liée à la situation particulière des plaignants.

Pour illustrer cet état de fait, utilisons l'exemple d'un employé canadien du secteur de la construction dont la religion sikhe l'empêcherait de

---

2010) ; C. appel Rouen, 25 mars 1997, n° 95/04028. **Actes posés par les employeurs** : C. appel Versailles, 22 mars 2001, *Droit ouvrier*, 2002, n° 642, p. 79 : HALDE, *op. cit.*, note 327, parag. 28 à 34. Concernant généralement l'interdiction des actes de prosélytisme sur le lieu de travail, voir notamment : V. FORTIER, *loc. cit.*, note 287, 6 ainsi que VINCENTE FORTIER, « Le prosélytisme au regard du droit : une liberté sous contrôle », (2007) 3 *Cahiers d'étude du religieux*, [en ligne : http://www.msh-m.fr/article.php3?id_article=503], (page consultée le 23 août 2010).

460 HALDE, *id.*, parag. 40-42.

461 À ce sujet, voir notamment : J. SAVATIER, *loc. cit.*, note 301, 356. Cet état de fait est sans nul doute en parfaite cohérence avec l'obligation de résultat que le droit français fait actuellement peser sur les employeurs en ce qui concerne la sécurité des travailleurs qu'il emploie. À cet égard, voir notamment : C. Cass. soc., 23 septembre 2009, *Bulletin 2009 V*, n° 189, [en ligne : http://www.legifrance.gouv.fr/affichJuriJudi.do?oldAction=rechJuriJudi&idTexte=JURITEXT000021080028&fastReqId=1228855315&fastPos=1], (page consultée le 7 juin 2010) ; C. Cass. soc., 16 juin 2009, *Bulletin 2009 V*, n° 147, [en ligne : http://www.legifrance.gouv.fr/affichJuriJudi.do?oldAction=rechJuriJudi&idTexte=JURITEXT000020768732&fastReqId=1741609128&fastPos=1], (page consultée le 7 juin 2010) et Jean MARTINEZ, « Les mouvements d'extension du droit de la santé au travail », (2009) 16-17 *JCP ed. soc.* 1170.

porter un casque de sécurité rendu obligatoire par son employeur et qui, en conséquence, alléguerait que cette exigence porte atteinte à sa liberté de religion. Alors que les juges français se limiteraient à exiger de l'employeur qu'il démontre le caractère « raisonnable » de sa mesure en vertu d'un des trois grands objectifs actuellement reconnus par le droit français (ici, de manière évidente, la sécurité des salariés), les juges canadiens devraient également examiner le contexte propre à la situation particulière de l'employé plaignant afin de vérifier si l'employeur n'aurait pas pu exempter celui-ci du port du casque de sécurité. Cette obligation supplémentaire a d'ailleurs mené certaines instances canadiennes, dans des contextes analogues, à exempter des individus de l'application de mesures générales pourtant adoptées dans le but d'assurer la sécurité d'individus ou groupes d'individus[462].

[462] L'exemple qui a le plus frappé l'imaginaire canadien est sans contredit celui de l'arrêt *Bhinder* c. *Cie des chemins de fer nationaux du Canada*, [1985] 2 R.C.S. 561 dans le cadre duquel un employé de religion sikh travaillant comme électricien d'entretien pour une compagnie de chemins de fer canadienne demandait à être exempté du port du casque de sécurité, que son employeur avait imposé à tous les employés œuvrant au même lieu de travail (une gare de triage) que le plaignant (M. Bhinder). Une majorité de la Cour suprême du Canada a renversé le jugement initial rendu par le Tribunal canadien des droits de la personne, qui avait donné raison à Monsieur Bhinder (voir *Bhinder* c. *Cie des chemins de fer nationaux du Canada*, 1981 CanLII 4 (T.C.D.P.), en ligne : http://canlii.org/fr/ca/tcdp/doc/1981/1981canlii4/1981canlii4.html], (page consultée le 17 août 2010). Toutefois, bien que la Cour suprême ait rejeté la revendication du plaignant, le fait que ce rejet ait été fondé sur un simple « argument de texte » concernant le moyen de défense de l'exigence professionnelle justifiée (qui à l'époque de l'arrêt *Bhinder*, n'incluait pas d'obligation d'accommodement raisonnable) a mené plusieurs auteurs à donner beaucoup de poids à la dissidence de ce même arrêt, pour ainsi conclure que l'obligation d'accommodement raisonnable pourrait tout à fait, si le contexte n'implique pas de contrainte excessive pour l'employeur concerné, permettre qu'un employé présentant les mêmes caractéristiques que Monsieur Bhinder à l'époque puisse obtenir une exemption du port du casque de sécurité. Par exemple, la Commission ontarienne des droits de la personne utilise une trame factuelle très similaire à celle qui mena la Cour suprême à rendre l'arrêt *Bhinder* pour illustrer les modalités propres au respect de l'obligation d'accommodement raisonnable en milieu de travail : COMMISSION ONTARIENNE DES DROITS DE LA PERSONNE, *Les droits de la personne au travail*, 3e éd., Ottawa, CODP, 2008, [en ligne ; http://www.ohrc.on.ca/fr/resources/policies/atwork?page=atworkfr-III_.html], (page consultée le 22 août 2010). *A contrario*, soulignons le récent arrêt de la Cour suprême du Canada qui a renversé les décisions ayant été initialement rendues par les instances provinciales (*Hutterian Brethren of Wilson Colony* c. *Alberta*, 2007 ABCA 160 et 2006 ABQB 338) et conclu que le refus d'accommoder les membres d'une communauté religieuse albertaine – les Huttérites, dont la foi religieuse interdit de se faire prendre en photo – en ce qui concerne l'obligation générale sous-jacente à l'obtention du permis de conduire albertain – soit la prise d'une photo d'identité et l'inclusion de celle-ci sur le permis de conduire – constituait une atteinte justifiée à la liberté de religion de ces mêmes individus considérant le motif légitime poursuivi par la législation albertaine, soit la lutte contre le vol d'identité sur le territoire de la province : *Huttérites*, précité, note 377.

Mais si le droit français est généralement plus restrictif que le droit canadien lorsqu'il s'agit de mettre en œuvre les dispositions/principes protégeant la liberté de religion en milieu de travail, cette règle générale n'est pas sans exception. En effet, comme nous le verrons dans la prochaine section, le corps normatif applicable aux *entreprises de tendance* constitue une forme d'anomalie aux conclusions de la présente analyse comparative, en ce qu'il permet à certaines personnes/institutions à vocation religieuse d'être (mieux) protégées par les dispositions protégeant la liberté religieuse en droit français.

Une exception à la règle : le cas particulier des *entreprises de tendance*

Avant d'aller plus loin, qu'entend-on au juste par le concept d'*entreprise de tendance* ? Parmi toutes les définitions qui ont été offertes pour circonscrire ce type d'institution à vocation religieuse et/ou caritative, celle offerte, en 2009, par l'auteure Myriam Pendu nous semble être la plus complète (en plus d'être une des plus récentes) :

> Les entreprises de tendance, encore appelées entreprises affinitaires, apparaissent comme des groupements qui, au-delà des divers services et prestations qu'ils peuvent proposer, se particularisent par la destination idéologique de leur activité, l'entreprise de tendance étant d'ailleurs traditionnellement évoquée *par opposition aux entreprises à finalité économique*. Apparaissant comme des *entreprises qui ne se contentent pas de fournir des biens ou des services, mais qui se réclament d'une philosophie, d'une éthique, d'un idéal, indissociables de leur objet*, les collectivités de tendance trouvent à travers le fait religieux, l'archétype de leur incarnation. [...]
>
> L'imprécision de la notion peut cependant susciter des difficultés dans la détermination des groupements susceptibles de revêtir une telle qualification. [...] Outre les collectivités dans lesquelles il apparaît que *l'objet essentiel de l'activité est la défense et la promotion d'une doctrine ou d'une éthique*, il existe en effet des groupements qui exercent leur activité selon des modalités propres à une idéologie religieuse, sans pour autant prétendre à la seule concrétisation d'un dogme. Ainsi, une activité de restauration, si elle ne comporte pas intrinsèquement une connotation religieuse, peut cependant être exercée selon des modalités spirituelles, dès lors que l'établissement employeur présente un attachement à la loi religieuse juive, lui permettant de garantir à sa clientèle une nourriture *casher* conformément aux prescriptions de cette religion.[463] [nous soulignons]

---

463 M. PENDU, *op. cit.*, note 11, pp. 332-333. Dans le même sens, voir aussi : J. SAVATIER, *loc. cit.*, note 52, 465-466 de même que : C.A. Paris, 25 mai 1990, *JCP* E, 1990, I, 20122 (arrêt cité à l'appui du passage de l'ouvrage de Myriam PENDU, auquel est rattaché la présente note en bas de page).

L'appréhension française des dispositions protégeant la liberté religieuse en milieu de travail est donc généralement dominée par les concepts de laïcité et de liberté contractuelle qui impliquent, en soi, plusieurs limites intrinsèques à la protection dont peuvent jouir les individus tentant de faire valoir certains aspects de leurs convictions religieuses sous le régime juridique français. Toutefois, l'interpénétration de ces deux concepts dans l'interprétation du principe de la liberté de religion a également mené à l'établissement d'un régime distinct entre les entreprises, tout dépendant du fait qu'elle soit considérée comme étant *de tendance* ou non. En effet, une fois qu'une institution a été considérée comme une *entreprise de tendance* par un tribunal, celui-ci reconnaîtra aux dirigeants de cette dernière le droit d'imposer certaines restrictions « religieuses » à leurs salariés, en autant que ces mêmes restrictions soient conformes à la mission de l'organisme[464].

Or, la simple existence de ce régime différencié en droit français nous force à conclure que les dispositions des *lois sur les droits fondamentaux* canadiennes protégeant la liberté de religion sont, théoriquement[465], moins généreuses pour les dirigeants *d'entreprises de tendance* que ne le sont les principes applicables du droit français. En effet, il n'existe actuellement en droit canadien aucune exemption *intrinsèque* pouvant permettre à un dirigeant d'une telle entreprise de passer outre certains aspects de la liberté de religion de ses salariés, les seules exemptions qui auraient pu être pertinentes ne s'appliquant qu'aux dispositions protégeant le droit à l'égalité[466].

---

464 Voir à ce sujet : « Dans les entreprises de tendance, les convictions religieuses sont en revanche *une partie essentielle et déterminante du contrat de travail.* Le licenciement fondé sur l'incompatibilité entre les convictions religieuses de l'entreprise et celle du salarié peut dès lors être justifié dans le cas de l'existence d'un trouble causé au sein de l'entreprise. » : CONSEIL D'ÉTAT FRANÇAIS, *op. cit.*, note 298, p. 346.

465 Le caractère « théorique » de cette *plus grande restrictivité* du droit canadien en ce qui concerne le cas particulier des *entreprises de tendance* s'explique, à notre avis, par la conjonction de deux facteurs fort importants, soit : 1) plus souvent qu'autrement, les litiges impliquant une quelconque atteinte (ou non-respect) des convictions religieuses d'un individu en particulier permettent à ce même individu, s'il entend obtenir réparation, d'invoquer l'un ou l'autre des véhicules normatifs de protection (*passif* : liberté de religion ; ou *actif* : disposition interdisant la discrimination fondée sur les convictions religieuses) ; 2) comme nous en traiterons plus en détail dans une section ultérieure du présent chapitre (voir *infra*, sections 6.2.1 du présent titre et 6.3.2), les *lois sur les droits fondamentaux* canadiennes applicables en matière de relations de travail privée prévoient pour la plupart, des exemptions d'application des dispositions interdisant la discrimination pour des institutions poursuivant, notamment, une mission ou des objectifs religieux.

466 Voir notamment à cet égard l'article 20 de la *Charte québécoise* et nos développements ultérieurs sur l'exemption d'application du droit à l'égalité qu'une telle disposition prévoit : *infra*, sections 4.2.1 et 6.2.2 du titre 1 et 6.3.2.

Cette section concernant le cas particulier des *entreprises de tendance* conclut donc celle, plus large, portant sur l'évaluation des conséquences de la mise en œuvre des dispositions qui protègent les libertés de conscience et de religion sur la qualification de la portée (généreuse) accordée aux « convictions religieuses » en tant qu'objet de protection des *lois sur les droits fondamentaux* au Canada. Or, à ce premier véhicule normatif de protection applicable dans le contexte des relations de travail vient s'ajouter un second véhicule d'importance, soit les dispositions visant à promouvoir l'égalité entre individus et qui interdisent généralement toute forme de discrimination[467], notamment celle qui est fondée sur les convictions religieuses. C'est à l'étude de celui-ci que nous consacrerons donc la prochaine (et dernière) section du premier titre de l'ouvrage.

4.2. La protection « active » : l'interdiction des actes discriminatoires fondés sur les convictions religieuses

La principale conséquence de l'intégration du droit à l'égalité entre individus au sein de l'ensemble supralégislatif des droits et libertés fondamentaux fut d'identifier une série de motifs ou caractéristiques personnelles en vertu desquels toute distinction devait être soit interdite (discrimination *négative*), soit justifiée par l'objectif/effet « améliorateur » pour le groupe visé par la distinction (discrimination *positive*)[468]. Pour reprendre la formule employée par le professeur Christian Brunelle pour résumer l'inextricable relation unissant ces deux concepts juri-

---

467 Sous réserve, évidemment, des mesures de *discrimination positive* qui viseraient à améliorer la situation de groupes « vulnérables », identifiés en vertu d'un motif protégé par le droit à l'égalité et qui sont généralement autorisés au Canada. Voir notamment à cet égard l'article 15 (2) de la *Charte canadienne* ; les articles 86 à 92 de la *Charte québécoise* (sur les « Programmes d'accès à l'égalité) ; l'arrêt *R.* c. *Kapp*, [2008] 2 R.C.S. 483, de même que : CDPDJ, *Programmes d'accès à l'égalité*, [en ligne : http://www.cdpdj.qc.ca/fr/programme-acces-egalite/index.asp?noeud1=1&noeud2=13&cle=0], (page consultée le 7 juin 2010).

468 « [La discrimination positive] repose sur une prise en compte de critères dont le principe de non-discrimination prohibe, par essence, la prise en compte. On recrute un professeur de mathématique en considération de sa couleur de peau, on nomme un préfet au motif qu'il est musulman, on réserve une circonscription à une femme parce qu'elle est une femme. La préférence accordée joue, mécaniquement, au détriment des compétiteurs qui ne sont pas dotés du même avantage, et elle est attribuée en fonction de critères dont l'usage, dans le domaine considéré, est juridiquement prohibé. Mais ces critères, habituellement et traditionnellement utilisés pour marginaliser et exclure, sont ici placés au fondement d'une politique d'*intégration* » : Gwenaëlle CALVÈS, « Discrimination positive », dans J. ANDRIANTSIMBAZOVINA, *op. cit.*, note 48, p. 293.

diques : « l'égalité et la discrimination forment, pour ainsi dire, les deux côtés d'une même médaille »[469].

Ainsi, la portée de l'interdiction de la discrimination *négative* (ou principe de non-discrimination) dépendra directement du type d'égalité qui sera mis en œuvre par les institutions et instances juridictionnelles responsables de l'application des dispositions *supralégislatives* consacrant le « droit à l'égalité »[470]. S'agira-t-il de la simple *égalité formelle* – ou égalité devant la loi – et l'interdiction des actes discriminatoires se limitera alors aux cas où la différence de traitement repose directement sur le motif protégé. S'agira-t-il, au contraire, de la très large *égalité réelle* – ou égalité dans la loi[471] – et les simples effets préjudiciables d'une mesure pourront être considérés comme source de discrimination s'ils affectent particulièrement une personne (ou un groupe de personnes) identifiable sur la base d'un motif protégé.

Les droits nationaux canadiens et français contiennent tous deux plusieurs dispositions protégeant le droit à l'égalité et, incidemment, interdisant les actes discriminatoires fondés sur un très large éventail de caractéristiques personnelles. Parmi ces mêmes motifs de discrimination, on retrouve évidemment celui de la religion ou des convictions religieuses individuelles. Les prochaines pages nous permettront d'identifier et analyser les caractéristiques juridiques qui, propres aux véhicules normatifs « actifs » de protection des convictions religieuses au sein des régimes juridiques français et canadien, contribuent à l'évaluation qualitative de la portée attribuée aux convictions religieuses en tant qu'objet *supralégislatif* consacré par les *lois sur les droits fondamentaux* canadiennes (et françaises).

---

[469] C. BRUNELLE, *loc. cit.*, note 349, à la page 56.

[470] « Inscrits aux frontons d'un ensemble de textes constitutionnels et internationaux, l'égalité et la non-discrimination constituent à la fois des droits fondamentaux de la personne humaine et des valeurs sociales et politiques essentielles du système démocratique. Ce constat qui tombe sous le sens est, en réalité, bien plus complexe qu'il n'y paraît. L'égalité et la non-discrimination sont des concepts évolutifs et malléables dont le sens varie suivant l'acception donnée à leur déterminant principal : le concept de justice » : Rémy HERNU, « Égalité et non-discrimination », dans J. ANDRIANTSIMBAZOVINA, *id.*, p. 357.

[471] Le lecteur prendra note que notre emploi de l'expression « égalité *dans* la loi » se veut une forme de « raccourci terminologique » ayant pour but de couvrir en peu de mots tous les aspects du droit à l'égalité tel qu'il est actuellement protégé au Canada – dont le droit pour tous d'obtenir « la même protection et le même bénéfice de la loi » : *Charte canadienne*, précitée, note 34, article 15 – aspects dont les tenants et aboutissants ont été brillamment décrits par le professeur Daniel Proulx en 1988 : Daniel PROULX, « L'objet des droits constitutionnels à l'égalité », (1988) 29 *C. de D.* 567.

4.2.1. L'état du droit canadien

Les dispositions qui visent à promouvoir l'égalité entre les individus en interdisant la discrimination fondée, entre autres motifs[472], sur la religion et/ou les convictions religieuses sont, sans conteste, les plus uniformément représentées au sein des *lois sur les droits fondamentaux*. En effet, certaines de ces lois, contrairement à l'objectif plus large des *chartes* canadienne et québécoise, visent exclusivement les différentes facettes de la protection (et de la valorisation) du droit à l'égalité[473]. C'est pourquoi ce type de dispositions est le seul qui peut prétendre bénéficier d'une protection intégrale par le biais des *lois sur les droits fondamentaux*[474]. S'agissant des textes les plus fréquemment invoqués en territoire québécois, soit les *chartes* canadienne et québécoise[475], leurs dispositions pertinentes se lisent ainsi :

---

472 Lesquels devant tous être interprétés d'une manière large et libérale : *Andrews* c. *Law Society of British Columbia*, [1989] 1 R.C.S. 143.

473 Outre la *Loi canadienne sur les droits de la personne*, précitée, note 187, les lois suivantes ont été conçues de manière à protéger et favoriser le droit à l'égalité entre les citoyens auxquels elles sont applicables : **Colombie-Britannique** : *Human Rights Code*, RSBC 1996, Ch. 210, art. 2-3 ; **Île-du-Prince-Édouard** : *Human Rights Act*, R.S.P.E.I. 1988, c. H-12, art. 2 ; **Manitoba** : *Human Rights Code*, C.C.S.M. c. H175, art. 9 ; **Nouveau-Brunswick** : *Human Rights Act*, R.S.N.B. 1973, c. H-11, art. 3 (en ce qui a trait à l'emploi) ; **Nouvelle-Écosse** : *Human Rights Act*, R.S.N.S. 1989, c. 214, art. 2 et 4 ; **Ontario** : *Human Rights Code*, R.S.O. 1990, c. H-19, partie I ; **Territoires-du-nord-ouest** : *Human Rights Act*, précitée, note 356, art. 5 (le lecteur prendra note que, même si la structure de cette loi quasi-constitutionnelle canadienne repose strictement sur le droit à l'égalité, son préambule renvoie indirectement aux libertés fondamentales protégées par la *Charte canadienne* et donc, à la liberté religieuse).

474 En effet, en plus des *lois sur les droits fondamentaux de la personne* canadiennes précédemment citées (*ibid.*) qui ont pour vocation de protéger – et valoriser – le droit à l'égalité, toutes les autres *lois sur les droits fondamentaux* formulées de manière plus générale (voir *supra*, note 356) comprennent également des dispositions protégeant ce même droit à l'égalité : **Alberta** : *Alberta Bill of Rights*, précité, note 356, art. 1b) ; **Fédéral** : *Déclaration canadienne des droits*, précitée, note 185, art. 1b) ; **Saskatchewan** : *Saskatchewan Human Rights Code*, précité, note 356, partie II ; **Yukon** : *Human Rights Act*, précitée, note 356, partie II.

475 Pour se convaincre de cet état de fait, le lecteur n'aura qu'à consulter l'ouvrage des auteurs H. BRUN *et al.*, *op. cit.*, note 200, et constater *de visu* la disproportion existant entre le volume de jurisprudence analysée en vertu des *Chartes canadienne* et *québécoise* par rapport aux autres textes protégeant les droits et libertés fondamentaux.

Charte canadienne des droits et libertés :

Art. 15

(1) La loi ne fait acception de personne et s'applique également à tous, et tous ont droit à la même protection et au même bénéfice de la loi, indépendamment de toute discrimination, notamment des discriminations fondées sur la race, l'origine nationale ou ethnique, la couleur, la religion, le sexe, l'âge ou les déficiences mentales ou physiques.

(2) Le paragraphe (1) n'a pas pour effet d'interdire les lois, programmes ou activités destinés à améliorer la situation d'individus ou de groupes défavorisés, notamment du fait de leur race, de leur origine nationale ou ethnique, de leur couleur, de leur religion, de leur sexe, de leur âge ou de leurs déficiences mentales ou physiques. [nous soulignons]

Charte des droits et libertés de la personne :

Art. 10

Toute personne a droit à la reconnaissance et à l'exercice, en pleine égalité, des droits et libertés de la personne, sans distinction, exclusion ou préférence fondée sur la race, la couleur, le sexe, la grossesse, l'orientation sexuelle, l'état civil, l'âge sauf dans la mesure prévue par la loi, la religion, les convictions politiques, la langue, l'origine ethnique ou nationale, la condition sociale, le handicap ou l'utilisation d'un moyen pour pallier ce handicap.

Il y a discrimination lorsqu'une telle distinction, exclusion ou préférence a pour effet de détruire ou de compromettre ce droit. [nous soulignons]

Avant d'entrer dans le cœur de l'analyse concernant l'impact que les modalités propres à l'application des dispositions interdisant la discrimination fondée sur les convictions religieuses produit sur l'évaluation de l'ampleur de la protection accordée aux convictions religieuses en tant qu'objet de protection des *lois sur les droits fondamentaux*, il nous semblait important d'énoncer quelques précisions d'ordre général[476] sur ces mêmes modalités d'application.

Modalités générales d'application des dispositions anti-discrimination

Comme tout droit ou liberté protégé par les *lois sur les droits fondamentaux*, le libellé extrêmement général des dispositions protégeant le « droit à l'égalité » au Canada fait en sorte qu'il n'est pas possible d'en circonscrire la portée d'un simple coup d'œil ; cette dernière pouvant

---

[476] « Général » puisque ces observations concernent l'ensemble des motifs en vertu desquels les *lois sur les droits fondamentaux* interdisent d'établir des distinctions.

être réduite ou élargie à l'extrême en fonction des interprétations « officielles » régissant sa mise en application. C'est pourquoi nous nous attaquerons au cours de cette section à la présentation : 1) de la portée qui fut conférée au droit à l'égalité au Canada ; 2) des différences caractérisant certaines *lois sur les droits fondamentaux* lors de la mise en œuvre du droit à l'égalité et finalement 3) des caractéristiques propres à certains moyens de défense réservés au cas de discrimination.

La portée du « droit à l'égalité »

Après maintes tergiversations qui remontent à l'époque de la *Déclaration canadienne des droits*[477], la Cour suprême du Canada a clairement établi que ces dispositions visent à protéger « l'égalité réelle » (ou égalité *dans* la loi[478]) au détriment de la simple « égalité formelle » (ou égalité devant la loi)[479]. Conséquence principale de cette très large appréhension du concept d'égalité, l'analyse qui doit être faite par les tribunaux lorsqu'ils ont à déterminer si une mesure donnée comporte un aspect discriminatoire ne doit pas (ou « plus », si on compare avec la jurisprudence rendue en vertu de la *Déclaration canadienne des droits* avant 1982[480]) porter exclusivement sur *l'intention* à la base de la mesure contestée, mais doit être étendue (et même focalisée) sur les *effets* de la mesure. À titre illustratif, cet extrait suivant de l'arrêt *Weatherall*, dans lequel la Cour suprême conclut qu'une différence de traitement entre les hommes et les femmes est nécessaire pour promouvoir l'égalité réelle entre les sexes, est extrêmement intéressant :

> La jurisprudence de notre Cour est claire : l'égalité n'implique pas nécessairement un traitement identique et, en fait, un traitement différent peut s'avérer nécessaire dans certains cas pour promouvoir l'égalité. […] Biologique-

---

477 Bernard GRENIER, *La Déclaration canadienne des droits : une loi bien ordinaire ?*, Québec, PUL, 1979 ; Henri BRUN, « Feu la *DCD* : l'arrêt *Miller* et la peine de mort », (1977) 18 *C. de D.* 567 ; Walter S. TARNOPOLSKY, *The Canadian Bill of Rights*, 2e éd., Toronto, Carleton, 1975, pp. 117-167.

478 Voir notre commentaire, *supra*, note 471.

479 « Pour s'approcher de l'idéal d'une égalité complète et entière devant la loi et dans la loi – et dans les affaires humaines une approche est tout ce à quoi on peut s'attendre – la principale considération doit être l'effet de la loi sur l'individu ou le groupe concerné. […] Il est clair que l'art. 15 a pour objet de garantir l'égalité dans la formulation et l'application de la loi. Favoriser l'égalité emporte favoriser l'existence d'une société où tous ont la certitude que la loi les reconnaît comme des êtres humains qui méritent le même respect… » [nous soulignons] : *Andrews* c. *Law Society of British Columbia*, précité, note 472, 165 et 171.

480 S'agissant de la jurisprudence très restrictive rendue en matière de protection du droit à l'égalité sous l'égide de la *Déclaration canadienne des droits*, précitée, note 185, voir notamment : H. BRUN, G. TREMBLAY et E. BROUILLET, *op. cit.*, note 169, pp. 1159-1160 ; Alexandre MORIN, *Le droit à l'égalité au Canada*, Montréal, Lexis Nexis, 2008, pp. 30-36 ; W. TARNOPOLSKY, *op. cit.*, note 477, pp. 290 et ss. et H. BRUN, *loc. cit.*, note 477.

ment, la fouille par palpation ou la vérification de la poitrine d'un homme par un gardien du sexe féminin ne soulève pas les mêmes préoccupations que la même fouille effectuée par un gardien du sexe masculin sur une détenue. En outre, dans la société, les femmes sont généralement défavorisées par rapport aux hommes. Dans ce contexte, il devient évident que la fouille effectuée par une personne du sexe opposé n'a pas le même effet pour les hommes que pour les femmes et représente une plus grande menace pour ces dernières.[481]

S'agissant plus particulièrement du traitement « égalitaire » qui doit être réservé aux titulaires des différentes convictions religieuses pouvant être vécues/détenues par un ou plusieurs membres de la société canadienne, la Cour suprême du Canada affirma très clairement, dans l'arrêt *Big M Drug Mart*, que : « L'égalité nécessaire pour soutenir la liberté de religion n'exige pas que toutes les religions reçoivent un traitement identique. En fait, la véritable égalité peut fort bien exiger qu'elles soient traitées différemment. »[482]

Ainsi, pour reprendre la terminologie consacrée[483], les dispositions protégeant le droit à l'égalité au sein des *lois sur les droits fondamentaux* proscrivent tant les gestes de *discrimination directe* (fondés sur une intention discriminatoire) que de *discrimination indirecte* (entraînant des effets discriminatoires)[484] sur le (ou les pans du) territoire canadien où elles sont applicables.

---

481 *Weatherall* c. *Canada (Procureur général)*, [1993] 2 R.C.S. 872, 877. Dans le même sens, voir : *Commission des droits de la personne et des droits de la jeunesse* c. *Sûreté du Québec*, J.E. 2000-1322 (T.D.P.) et C. BRUNELLE, *op. cit.*, note 358, p. 73.

482 *Big M Drug Mart*, précité, note 46, parag. 124.

483 L'arrêt *Colombie-Britannique (Public Service Employee Relations Commission)* c. *BCGSEU*, [1999] 3 R.C.S. 3 [ci-après l'arrêt *Meiorin*], rendu par la Cour suprême du Canada en 1999, constitue une excellente illustration de la terminologie généralement utilisée en matière de protection des citoyens contre les deux grandes formes de discrimination : « La méthode conventionnelle d'application des lois sur les droits de la personne en milieu de travail exige du tribunal qu'il décide, au départ, dans laquelle de deux catégories tombe l'affaire dont il est saisi : (1) celle de la « discrimination directe », où la norme est discriminatoire à première vue, ou (2) celle de la « discrimination par suite d'un effet préjudiciable », où la norme neutre à première vue a un effet discriminatoire. » : *Meiorin*, parag. 19 et 29.

484 Ce qui inclut la discrimination dite *systémique*, telle qu'elle a été définie par la Cour suprême du Canada dans l'arrêt *Action Travail des femmes* : « En d'autres termes, la discrimination systémique [...] c'est la discrimination qui résulte simplement de l'application des méthodes établies de recrutement, d'embauche et de promotion, dont ni l'une ni l'autre n'a été nécessairement conçue pour promouvoir la discrimination. La discrimination est alors renforcée par l'exclusion même du groupe désavantagé, du fait que l'exclusion favorise la conviction, tant à l'intérieur qu'à l'extérieur du groupe, qu'elle résulte de forces "naturelles", par exemple que les femmes "ne peuvent tout simplement pas faire le travail" » : *Cie des chemins de fer nationaux du*

Pour conclure cette première sous-partie, qu'il nous soit permis de souligner que, malgré la très large portée qui fut conférée au concept d'égalité, il a été très clairement établi par la jurisprudence pertinente que les dispositions protégeant « le droit à l'égalité » n'énonçaient pas une « garantie générale d'égalité »[485] ou ne créaient pas, en soi, d'obligation positive pour les acteurs devant respecter cette disposition. Ainsi, les dispositions protégeant/favorisant le droit à l'égalité n'imposent pas aux législateurs l'obligation de légiférer (ou d'adopter des mesures concrètes) pour assurer que l'égalité entre des catégories d'individus regroupés en fonction d'un des motifs protégés (par exemple : les hommes et les femmes ou les individus de religion différente) soit mieux respectée et/ou (r)établie[486]. En fait, la seule obligation qui est prescrite par ce type de dispositions est la suivante : dans les cas où un acte est posé (ou

---

Canada c. *Canada (Commission canadienne des droits de la personne)*, précité, note 48, 1139.

485 À propos de l'article 15 de la *Charte canadienne* : « Il ne s'agit pas d'une garantie générale d'égalité ; la disposition ne prescrit pas l'égalité entre les individus ou les groupes d'une société dans un sens général ou abstrait, pas plus qu'elle n'impose à ceux-ci l'obligation de traiter les autres également. Elle porte sur l'application de la loi » : *Andrews* c. *Law Society of British Columbia*, précité, note 472, 163-164. L'interprétation qui a été faite de l'article 10 de la *Charte québécoise* va même encore plus loin dans « l'affaiblissement » de la force devant être attribuée au droit à l'égalité en vertu de la *Charte québécoise*, ne considérant l'article 10 que comme une « modalité » d'application des autres droits et libertés protégés : « Je crois utile de rappeler que la Charte québécoise ne fait pas de l'égalité un droit fondamental. Il n'existe pas de droit à l'égalité en soi sous notre charte provinciale » : *Québec (Ville de)* c. *C.D.P.*, (1989) R.J.Q. 831 (C.A.).

486 Dans l'arrêt *R.* c. *S. (S.)*, la Cour suprême du Canada affirme clairement qu'on ne peut contester la décision d'une institution gouvernementale de ne pas agir dans un domaine particulier en vertu de l'article 15 de la *Charte canadienne : R.* c. *S. (S.)*, [1990] 2 R.C.S. 254, parag. 44. Dans le même sens, voir aussi la décision *Ferrell* c. *Ontario (Attorney General)*, (1997) 149 D.L.R. (4th) 335 (Div. Gen. Ont.) – confirmée en appel : (1999) 168 D.L.R. (4th) 1 (C.A. Ont.) – dans laquelle les instances ontariennes établirent que : « ... la législature de l'Ontario peut abroger une loi sur l'équité en emploi adoptée sous le précédent gouvernement et qui impose des quotas à l'embauche » sans que l'article 15 de la *Charte canadienne* ne soit violé : H. BRUN *et al.*, *op. cit.*, note 200, p. 510. Le lecteur notera par ailleurs que le fait de ne pas exiger de mesures concrètes de la part des institutions soumises au respect du droit à l'égalité pour (r)établir l'égalité entre différentes catégories d'individus fondées sur l'un des motifs protégés par les différentes dispositions protégeant le droit à l'égalité est conforme avec l'esprit des *lois sur les droits fondamentaux* qui **permettent** (et donc, soumettent à l'exercice du pouvoir discrétionnaire de ces mêmes institutions) l'adoption de mesures de discrimination positive (ou « d'accès à l'égalité »), lequel type de mesures fut fort bien distingué du concept de « discrimination » classique – et donc, interdit – par la Cour suprême du Canada au paragraphe 32 de l'arrêt *R.* c. *Kapp*, précité, note 467, parag. 32.

une norme adoptée), celui-ci doit l'avoir été d'une manière non discriminatoire[487].

Plusieurs dispositions : plusieurs méthodes distinctes ?

Notre seconde observation d'ordre général concerne les différentes étapes qui devront être respectées par un individu qui entend démontrer avoir été victime de discrimination en vertu d'une des dispositions protégeant le droit à l'égalité au sein des *lois sur les droits fondamentaux*. À cet égard, la procédure associée à chaque texte de loi, bien que présentant plusieurs similarités, comporte certaines différences majeures qui pourraient justifier une présentation « particularisée ». Toutefois, considérant : 1) l'importance particulière que nous réservons aux lois applicables en territoire québécois dans le cadre du présent ouvrage ; 2) la place prépondérante qu'elles occupent dans le corps jurisprudentiel pertinent à la définition du droit à l'égalité en droit canadien ; et 3) le fait que les deux approches distinctes établies en fonction de ces deux lois constituent une assez bonne synthèse de celles établies en fonction des autres *lois sur les droits fondamentaux*, nous nous limiterons à une analyse du fardeau de preuve devant être respecté en vertu des articles 15 de la *Charte canadienne* et 10 de la *Charte québécoise*.

Ainsi, en vertu de l'article 15 de la *Charte canadienne*, le requérant devra respecter un test en trois étapes qui a été décrit, en 1999, dans l'arrêt *Law* c. *Canada* et qui est fort bien résumé dans l'extrait suivant :

> L'application de l'article 15 (1) repose sur trois questions : (1) la loi [ou la mesure] en cause a-t-elle pour objet ou pour effet une différence de traitement réelle entre deux groupes ; (2) cette différence est-elle fondée sur un ou plusieurs motifs énumérés ou analogues à ceux énumérés à 15 (1) ; (3) cette différence est-elle discriminatoire en ce qu'elle impose un fardeau au demandeur ou le prive d'un avantage, d'une manière qui dénote une vision stéréotypée des caractéristiques personnelles du groupe auquel il appartient ou encore d'une manière qui perpétue ou promeut l'opinion que l'individu touché est moins capable ou moins digne d'être reconnu ou valorisé en tant qu'être humain ou encore en tant que membre de la société canadienne méritant le même respect et la même considération que les autres.[488]

---

487 « Le droit à l'égalité de 15 (1) s'applique ainsi aux interventions de l'État, mais non aux décisions de l'État de ne pas intervenir ou de cesser d'intervenir. Il n'impose pas au gouvernement une obligation d'intervenir afin de favoriser l'égalité » [nous soulignons] : H. BRUN, G. TREMBLAY et E. BROUILLET, *op. cit.*, note 169, p. 1162. Dans le même sens, voir aussi : A. MORIN, *op. cit.*, note 480, p. 74.

488 H. BRUN *et al.*, *op. cit.*, note 200, pp. 512-513, à propos de l'arrêt : *Law* c. *Canada (Ministre de l'Emploi et de l'Immigration)*, [1999] 1 R.C.S. 497 [ci-après l'arrêt *Law*]. Notons que l'intensité de la preuve qui sera requise de la part du demandeur sera une preuve *prima facie* : *Simpson-Sears*, précité, note 240, parag. 28.

Ainsi, un individu qui entend démontrer qu'une mesure gouvernementale contrevient à l'article 15 de la *Charte canadienne* ne pourra se contenter de faire la preuve que cette même mesure met en œuvre, directement ou indirectement, une distinction qui le *préjudicie*[489] par rapport à un autre groupe d'individus sur la base d'un motif énuméré ou analogue. En vertu du troisième critère du test de l'arrêt *Law*, il devra également établir la preuve que cette mesure porte atteinte à « l'objet de l'article 15 » lequel, après neuf ans de tergiversations quant à l'opportunité (ou la pertinence) d'en étendre l'objet au très large concept de la « protection de la dignité humaine »[490], a été ramené à la définition originelle qui en avait été donnée en 1989 dans l'arrêt *Andrews* c. *Law Society of British Columbia*, soit : « la lutte contre la discrimination, au sens de la perpétuation d'un désavantage et de l'application de stéréotypes »[491]. L'existence d'une atteinte à l'objet de l'article 15 de la *Charte*

---

489 C. BRUNELLE, *loc. cit.*, note 349, aux pages 70-71.

490 Cette *controverse* quant à la portée du troisième critère du test de l'arrêt *Law* (et donc de la protection offerte par l'article 15 de la *Charte canadienne*) avait été initiée par certains passages particuliers de ce même jugement de la Cour suprême du Canada, où la majorité affirmait que, en bout de ligne, l'objectif sous-tendant cette « dernière étape » du test mis en place pour établir l'existence d'un acte discriminatoire au sens de l'article 15 de la *Charte canadienne* : « On pourrait affirmer que le par. 15(1) a pour objet d'empêcher toute atteinte à la dignité et à la liberté humaines essentielles par l'imposition de désavantages, de stéréotypes et de préjugés politiques ou sociaux, et de favoriser l'existence d'une société où tous sont reconnus par la loi comme des êtres humains égaux ou comme des membres égaux de la société canadienne, tous aussi capables, et méritant le même intérêt, le même respect, et la même considération. [...]

La garantie d'égalité prévue au par. 15(1) de la *Charte* doit être comprise et appliquée à la lumière de l'interprétation susmentionnée de son objet. Tous les éléments de l'analyse relative à la discrimination sont imprégnés de la volonté supérieure de préserver et de promouvoir la dignité humaine, au sens susmentionné » [nous soulignons] : *Law*, précité, note 488, parag. 51 et 54. Contribuant sans nul doute aux tergiversations interprétatives qui ont succédé à l'arrêt *Law* (et qui se résument, en bout de ligne, aux réponses fourniers à la question suivante : un juge peut-il prendre une décision relative à la troisième étape du test de l'arrêt *Law* en se demandant uniquement si, oui ou non, la distinction préjudiciable pertinente est de nature à porter atteinte à la « dignité humaine » du plaignant), la Cour suprême a fourni, dans ce même arrêt *Law*, une définition extrêmement large du concept de « dignité humaine » qui devait être évalué par les tribunaux lors d'un recours fondé sur l'article 15 de la *Charte canadienne* : « En quoi consiste la dignité humaine ? [...] La dignité humaine signifie qu'une personne ou un groupe ressent du respect et de l'estime de soi. Elle relève de l'intégrité physique et psychologique et de la prise en main personnelle. La dignité humaine est bafouée par le traitement injuste fondé sur des caractéristiques ou la situation personnelles qui n'ont rien à voir avec les besoins, les capacités ou les mérites de la personne » : *Law*, précité, note 488, parag. 53.

491 *R.* c. *Kapp*, précité, note 467, parag. 24. Dans ce même arrêt, la Cour suprême explique les raisons qui l'ont amené à faire ce « rappel à l'ordre » concernant l'objet de l'article 15 de la *Charte canadienne* et qui se résument, *grosso modo*, aux diffi-

canadienne sera évaluée contextuellement par les tribunaux, selon le point de vue d'une « personne raisonnable »[492]. Dans l'arrêt *Law*, la Cour suprême du Canada fournit une liste non-exhaustive de quatre facteurs devant être pris en considération lors de l'évaluation contextuelle d'une atteinte à l'objet de l'article 15 :

> Voici certains des facteurs contextuels servant à déterminer s'il y a eu atteinte au par. 15(1) :
>
> (A) **La préexistence d'un désavantage, de stéréotypes, de préjugés ou de vulnérabilité subis par la personne ou le groupe en cause.** [...] Bien que l'appartenance du demandeur à un ou plusieurs groupes historiquement favorisés ou défavorisés ne signifie pas, en soi, qu'il y a ait eu atteinte à un droit, la présence de ces facteurs préexistants portera à conclure qu'il y a eu violation du par. 15(1).
>
> (B) **La correspondance, ou l'absence de correspondance, entre le ou les motifs sur lesquels l'allégation est fondée et les besoins, les capacités ou la situation propres au demandeur ou à d'autres personnes.** Bien que le simple fait que les dispositions législatives contestées tiennent compte des caractéristiques et de la situation personnelles du demandeur ne suffira pas nécessairement pour faire rejeter une allégation fondée sur le par. 15(1), il sera généralement plus difficile de démontrer l'existence de discrimination lorsque la loi prend en considération la situation véritable du demandeur d'une manière qui respecte sa valeur en tant qu'être humain...
>
> (C) **L'objet ou l'effet d'amélioration de la loi contestée eu égard à une personne ou un groupe défavorisés dans la société.** Un objet ou un effet d'amélioration conforme à l'objet du par. 15(1) de la *Charte* ne portera vraisemblablement pas atteinte à la dignité humaine de personnes favorisées lorsque l'exclusion de ces dernières correspond en grande partie aux besoins plus grands ou à la situation différente propres au groupe défavorisé visé par les dispositions législatives. [...] et
>
> (D) **La nature et l'étendue du droit touché par la loi contestée.** Plus les effets des dispositions législatives sont graves et localisés pour le groupe

---

cultés définitionnelles liées à l'appréhension du concept de dignité humaine : « ... comme l'ont souligné des détracteurs, la dignité humaine est une notion abstraite et subjective qui non seulement peut être déroutante et difficile à appliquer même avec l'aide des quatre facteurs contextuels, mais encore s'est avérée un fardeau additionnel pour les parties qui revendiquent le droit à l'égalité, au lieu d'être l'éclaircissement philosophique qu'elle était censée constituer. Les critiques se sont aussi accumulées à l'égard de la façon dont l'arrêt Law a permis au formalisme de certains arrêts de la Cour ultérieurs à l'arrêt Andrews de ressurgir sous la forme d'une analyse comparative artificielle axée sur l'égalité de traitement des individus égaux. » : *R.* c. *Kapp*, précité, note 467, parag. 20-22.

[492] *Lavoie* c. *Canada*, [2002] 1 R.C.S. 769, parag. 46-47.

touché, plus il est probable que la différence de traitement à la source de ces effets soit discriminatoire au sens du par. 15(1).[493] [nos caractères gras]

S'agissant maintenant de la protection du droit à l'égalité en vertu de la *Charte québécoise*, il importe de souligner d'entrée de jeu qu'il existe deux différences principales[494] qui distinguent les articles 15 de la *Charte canadienne* et 10 de la *Charte québécoise* et ce, même si, à première vue, le fardeau exigé d'un demandeur désirant démontrer qu'il a été victime d'un acte discriminatoire en vertu de la *Charte québécoise* semble similaire. Ainsi, comme le rappelait la Cour suprême dans l'arrêt *Commission scolaire régionale de Chambly* c. *Bergevin* en 1994, la détermination d'une violation à l'article 10 de la *Charte québécoise* doit être faite selon une approche en trois étapes :

> Notre Cour a conclu qu'un demandeur doit établir l'existence des trois éléments suivants pour qu'il y ait discrimination :
>
> 1) qu'il existe une « distinction, exclusion ou préférence »,
>
> 2) que cette « distinction, exclusion ou préférence » est fondée sur l'un des motifs énumérés au premier alinéa de l'art. 10 de la *Charte* québécoise, et
>
> 3) que la « distinction, exclusion ou préférence a pour effet de détruire ou de compromettre » le « droit à la pleine égalité dans la reconnaissance et l'exercice d'un droit ou d'une liberté de la personne ».[495]

La première différence majeure qui mérite d'être soulignée entre ces deux dispositions protégeant le droit à l'égalité tient au fait que, conformément au libellé de la troisième étape du test, l'article 10 ne constitue pas « un droit autonome » et, de ce fait, ne peut pas être invoqué seul. En effet, la Cour suprême du Canada a interprété littéralement la structure de l'article 10 de la *Charte québécoise* pour en venir à la conclusion qu'un plaignant qui espère obtenir la protection de l'article

---

493 *Law*, précité, note 488, parag. 88. Le lecteur notera par ailleurs que ce que nous avons appelé le « rappel à l'ordre » de la Cour suprême du Canada concernant l'objet de l'article 15 de la *Charte canadienne* dans l'arrêt *Kapp* n'a pas affecté l'applicabilité de ces quatre facteurs contextuels pour déterminer si une mesure donnée porte atteinte à ce même objet : *R.* c. *Kapp*, précité, note 467, parag. 23-24.

494 Même si nous n'avons pas cru pertinent d'en traiter en tant que « différence principale », le lecteur prendra note que, contrairement à l'article 15 de la *Charte canadienne* qui admet l'inclusion de « motifs analogues », la liste de motifs protégés par l'article 10 de la *Charte québécoise* est exhaustive. Voir à cet égard : H. BRUN, G. TREMBLAY et E. BROUILLET, *op. cit.*, note 169, pp. 1163 et 1174 ; C. BRUNELLE, *loc. cit.*, note 349, aux pages 57 et 71-72 et A. MORIN, *op. cit.*, note 480, p. 141.

495 *Bergevin*, précité, note 382, parag. 13, rappelant les conclusions de la Cour suprême du Canada dans l'arrêt *Forget* c. *Québec (Procureur général)*, [1988] 2 R.C.S. 90 [ci-après l'arrêt *Forget*], 98.

10 de la *Charte québécoise* ne pourra se borner à présenter uniquement une preuve de discrimination fondée sur un motif énuméré[496] : il devra également démontrer que cet acte discriminatoire l'a été dans un contexte impliquant un autre droit ou liberté protégé par la *Charte québécoise*[497]. Toutefois, malgré l'importance de cette distinction en tant que telle, le fait que le cœur de notre démonstration se limite à l'analyse du droit canadien (et québécois) pertinent à la protection des convictions religieuses en contexte de relations de travail a pour effet d'en faire disparaître pratiquement tout impact sur notre étude. En effet, le législateur québécois a intégré une série de « dispositions facilitantes » à la suite de l'article 10 de la *Charte québécoise* (les articles 10.1 à 19), prévoyant un large éventail de contextes factuels pour lesquels le recours au droit à l'égalité est garanti ; parmi celles-ci, nous en retrouvons quatre qui couvrent pratiquement l'entièreté des situations pouvant être concernées par l'objet de notre étude, soit : l'accès aux biens ou services généralement offerts au public (art. 12) ou directement aux lieux publics (art. 15), la participation à des associations d'employeurs et/ou de salariés (art. 17) et l'entièreté de la relation de travail (art. 16).

La seconde distinction importante entre les articles 10 de la *Charte québécoise* et 15 de la *Charte canadienne* porte sur le fardeau qui doit être respecté par le plaignant pour qu'un tribunal en vienne à la conclusion qu'une distinction fondée sur un motif énuméré est de nature à « détruire ou compromettre » son droit à la pleine égalité. Tout comme c'était le cas pour les *dispositions justificatives générales* intégrées aux deux *chartes* applicables sur le territoire québécois[498], il semble que la réponse à cette question variera en fonction de la nature du litige dans lequel le droit à l'égalité est invoqué : public ou privé. L'état du droit à cet égard a été très bien résumé, en 2008, par le professeur Christian Brunelle de la Faculté de droit de l'Université Laval :

> Une fois que le demandeur a établi qu'il est l'objet d'une distinction fondée sur un motif énuméré par l'article 10 de la Charte québécoise, il doit encore démontrer que cette distinction a pour effet de détruire ou de compromettre son droit à l'égalité.

---

[496] Les auteurs Henri Brun, Fannie Lafontaine et Pierre Brun nous fournissent quelques exemples de décisions dans le cadre desquelles des recours pour discrimination fondée sur l'article 10 de la *Charte québécoise* ont été refusés puisque les actes (ou dispositions) attaqués étaient sans lien avec d'autres droits ou libertés protégés par la *Charte québécoise* : H. BRUN *et al.*, *op. cit.*, note 200, pp. 879-880, à propos des décisions : *Compagnie d'assurances Guardian du Canada* c. *Leblanc*, [1999] R.R.A. 670 (C.S.) et *Côté* c. *Darkin*, [1988] R.J.Q. 1924 (C.S.).

[497] C. BRUNELLE, *loc. cit.*, note 349, à la page 57.

[498] Voir à cet égard le texte correspondant aux notes 392 à 401.

> Sous ce rapport, la jurisprudence québécoise est marquée par la confusion. Certes, le demandeur doit pouvoir établir que la distinction dont il est l'objet lui cause préjudice, mais là s'arrête le consensus. Du reste, il semble que la grille d'analyse applicable pourrait varier selon que la discrimination émane d'une simple décision ou d'un acte de pure gestion par opposition à une loi ou un règlement. Dans le premier cas, le demandeur n'aurait pas forcément à établir que sa dignité est compromise pour obtenir gain de cause. Dans le deuxième cas cependant, il devrait démontrer que la norme législative ou réglementaire qu'il conteste porte atteinte à sa dignité pour que l'on puisse conclure à l'existence d'une discrimination [référence à l'arrêt *Québec (Procureur général)*, c. *Lambert*, (2002) R.J.Q. 599 (C.A.)].[499]

Le texte du professeur Brunelle, tout comme l'arrêt *Lambert* de la Cour d'appel du Québec[500], ont été rédigé/rendu dans un contexte où l'arrêt *Kapp* de la Cour suprême du Canada (et son incident « rappel à l'ordre » relativement à la définition de « l'objet de l'article 15 »)[501] n'avait pas encore été rendu. En conséquence, la transposition du critère de « l'atteinte à la dignité » à la troisième étape du test visant à déterminer s'il y a violation de l'article 10 de la *Charte québécoise* nous semble devoir être prise plus largement comme une transposition pure et simple de la troisième étape du test de l'arrêt *Law* à celui applicable pour la circonscription du droit à l'égalité en vertu la *Charte québécoise*[502].

---

499 Christian BRUNELLE, « Les droits et libertés fondamentaux », dans BARREAU DU QUÉBEC, *Droit public et administratif, vol. 7, Collection de droit 2008-2009*, Cowansville, Yvon Blais, 2008-2009, p. 19, à la page 63.

500 Rendu en 2002 et dans le cadre duquel la Cour d'appel, ayant à trancher si certaines dispositions de la *Loi sur la sécurité du revenu*, L.R.Q., c. S-3.1.1 étaient incompatibles avec l'article 10 de la *Charte québécoise*, cet arrêt a clairement établi que, en ce qui a trait à la troisième étape du test visant à déterminer si ce même article 10 avait effectivement été violé, les tribunaux devaient vérifier si la distinction fondée sur un motif énuméré était de nature à porter atteinte au « droit à la dignité » des plaignants : « **Destruction ou compromission du droit à la pleine égalité dans la reconnaissance d'un droit**

C'est l'élément le plus déterminant. Il implique deux notions : le préjudice subi et l'atteinte à la dignité humaine [...] La preuve d'une atteinte à la dignité humaine nécessite de démontrer que la loi repose sur des stéréotypes ou qu'elle a pour effet de les renforcer à l'endroit de certains individus ou de groupes de personnes. » : *Québec (Procureur général)*, c. *Lambert*, (2002) R.J.Q. 599 (C.A.), parag. 79 et 84 [ci-après l'arrêt *Lambert*]. Dans le même sens, voir aussi : A. MORIN, *op. cit.*, note 480, pp. 144-145 ainsi que *Commission scolaire des Phares* c. *Québec (Commission des droits de la personne et des droits de la jeunesse)*, [2006] R.J.Q. 378 (C.A.).

501 Voir *supra*, note 491 et le texte lui correspondant.

502 Nous croyons partager à cet égard l'opinion du professeur Brunelle qui, dans une version « post-*Kapp* » de son article au sein de la *Collection de droit*, affirme : « Cette exigence relative à la démonstration d'une atteinte à la dignité a largement été inspirée de la jurisprudence développée en application du par. 15 (1) de la *Charte canadienne*. Or, la Cour suprême du Canada vient justement de lever cette exigence dans un arrêt récent rendu en vertu de la *Charte canadienne* [référence à l'arrêt *Kapp*,

Ainsi, même si aucun arrêt de la Cour suprême du Canada ne s'est encore prononcé directement sur cette question[503], il semble possible d'affirmer que, dans l'état actuel du droit québécois, la distinction entre les troisièmes étapes des tests respectivement applicables pour déterminer l'existence d'une violation du droit à l'égalité en vertu des *chartes* canadienne et québécoise n'est appréciable que dans le cadre de litiges *privés*, où la seule preuve qui sera exigible du plaignant, aux termes de la *Charte québécoise*, sera celle de l'existence d'un préjudice à son égard. S'agissant des litiges publics (ou impliquant une certaine implication gouvernementale), le raisonnement suivi pour les *dispositions justificatives générales* nous semble pouvoir être étendu aux dernières étapes des tests applicables aux articles 15 de la *Charte canadienne* et 10 de la *Charte québécoise*, impliquant donc une transposition « plus ou moins assouplie » des critères établis dans l'arrêt *Law* au droit québécois[504].

De certains moyens de défense spécifiques au droit à l'égalité

La troisième et dernière observation générale que nous voulions faire quant aux modalités générales d'application du volet « actif » de la protection des convictions religieuses relève des moyens de défense généraux qui sont offerts aux personnes et/ou institutions soumises à l'application des dispositions anti-discrimination et qui sont accusées d'avoir discriminé un ou plusieurs individu(s). Ainsi, une fois le fardeau de preuve initial respecté par le requérant, le tribunal saisi du litige opérera, comme dans le cas de la violation d'une des dispositions protégeant la liberté de religion[505], un renversement du fardeau de preuve et le défendeur pourra tenter de démontrer que l'acte discriminatoire qui lui est reproché est justifiable en vertu des dispositions justificatives de la *loi sur les droits fondamentaux* applicable à son cas, comme les articles 1 de la *Charte canadienne* ou 20 de la *Charte québécoise*[506]. Le test que

---

précité, note 467]. En toute logique, il devrait donc en être de même en ce qui a trait à la norme québécoise d'égalité. […]

Selon toute vraisemblance, c'est bien plutôt la perpétuation d'un désavantage ou l'application de stéréotypes qui risque de détruire ou compromettre le droit à l'égalité de la *Charte québécoise*. » : C. BRUNELLE, *loc. cit.*, note 349, à la page 65.

503 Comme cela a été souligné par le professeur Christian BRUNELLE, *id.*, à la page 65.

504 Conformément au principe qui fut établi pour les articles 1 de la *Charte canadienne* et 9.1 de la *Charte québécoise* : voir l'extrait tiré de l'arrêt *Dickason*, précité, note 394 : *supra*, texte correspondant à la note 395.

505 Voir *supra*, section 4.1.1.

506 L'article 20 de la *Charte québécoise* se lit comme suit : « **20.** Une distinction, exclusion ou préférence fondée sur les aptitudes ou qualités requises par un emploi, ou justifiée par le caractère charitable, philanthropique, religieux, politique ou éducatif d'une institution sans but lucratif ou qui est vouée exclusivement au bien-être d'un groupe ethnique est réputée non discriminatoire ». Notons par ailleurs que la construction particulière de la *Charte québécoise* a été interprétée par la Cour suprême du

le défendeur devra respecter pour justifier un acte discriminatoire, quoiqu'en majeure partie similaire, comporte une distinction majeure avec celui qui a été établi par l'arrêt *R.* c. *Oakes*[507], à savoir l'intégration de l'obligation d'accommodement raisonnable »[508]. Ainsi, le défendeur devra respecter les étapes suivantes :

> Dès que le demandeur établit que la norme est discriminatoire à première vue, il incombe alors au défendeur de prouver, selon la prépondérance des probabilités, que cette norme discriminatoire est une [exigence professionnelle justifiée] ou a une justification réelle et raisonnable. Pour établir cette justification, le défendeur doit prouver :
>
> 1) qu'il a adopté la norme dans un but ou objectif rationnellement lié aux fonctions exercées ;
>
> 2) qu'il a adopté la norme de bonne foi, en croyant qu'elle était nécessaire pour réaliser ce but ou cet objectif ;
>
> 3) que la norme est raisonnablement nécessaire à la réalisation de son but ou objectif, en ce sens que le défendeur ne peut pas composer avec les personnes qui ont les mêmes caractéristiques que le demandeur sans que cela lui impose une contrainte excessive.[509] [nous soulignons]

C'est donc lors de la troisième étape du test qu'a été intégrée l'obligation d'accommodement raisonnable, création prétorienne ayant vu le

---

Canada comme interdisant l'application de la *disposition justificative générale* (l'article 9.1) de cette même *charte* aux litiges qui n'impliquaient pas un des droits protégés aux articles 1 à 9 de la *Charte québécoise* (voir à cet égard : *Devine* c. *Québec (Procureur général)*, [1988] 2 R.C.S. 712, parag. 35). De manière générale, cette exclusion d'application fait en sorte que, advenant le cas où la violation à l'article 10 ait été commise dans un contexte qui n'est pas visé par l'article 20 de la *Charte québécoise*, aucune possibilité de justification ne serait accordée à la personne/institution qui a commis cette même violation. Mentionnons toutefois que le professeur Christian Brunelle a identifié un arrêt de la Cour d'appel du Québec où cette distinction n'a manifestement pas été prise en considération par les juges ; alors que la plainte pour discrimination ne leur permettait d'avoir recours, ni à l'article 9.1 ni à l'article 20 de la *Charte québécoise*, les juges de la Cour d'appel ont malgré tout permis au défendeur de tenter de « justifier » son acte : *Desroches* c. *Québec (Commission des droits de la personne)*, [1997] R.J.Q. 1540 (C.A.) cité dans C. BRUNELLE, *loc. cit.*, note 349, à la page 68.

507 Précité, note 388. Pour un rappel des critères de ce test établi pour déterminer si une restriction à un droit fondamental peut être justifiée en vertu des articles 1 de la *Charte canadienne* ou, dans certains cas, 9.1 de la *Charte québécoise*, voir : *supra*, section 4.1.1.

508 Sous réserve des commentaires formulés plus haut concernant le « transfert de l'obligation d'accommodement raisonnable aux litiges portant sur une des dispositions protégeant la liberté (de conscience et) de religion.

509 *Colombie-Britannique (Superintendent of Motor Vehicles)* c. *Colombie-Britannique (Council of Human Rights)*, [1999] 3 R.C.S. 868, parag. 20.

jour aux États-Unis[510]. C'est dans l'arrêt *Simpsons-Sears*, rendu en 1985, que la Cour suprême du Canada en a donné la définition qui fait toujours autorité aujourd'hui :

> L'obligation [d'accommodement raisonnable] dans le cas de la discrimination par suite d'un effet préjudiciable, fondée sur la religion ou la croyance, consiste à prendre des mesures raisonnables pour s'entendre avec le plaignant, à moins que cela ne cause une contrainte excessive : en d'autres mots, il s'agit de prendre les mesures qui peuvent être raisonnables pour s'entendre sans que cela n'entrave indûment l'exploitation de l'entreprise de l'employeur et ne lui impose des frais excessifs.[511]

L'interprétation ultérieure de cette définition de l'accommodement raisonnable par les tribunaux canadiens a mené à une consécration de deux principes fondamentaux en la matière, soit : 1) la synonymie des termes « raisonnables » et « sans s'imposer de *contrainte excessive* » ; et 2) la responsabilité proactive qui repose sur les épaules du défendeur à qui l'on impute la discrimination.

S'agissant d'abord de l'évaluation du caractère « raisonnable » de l'accommodement qui doit être proposé à la victime de discrimination, la Cour suprême du Canada a très clairement établi que la « raisonnabilité » d'un accommodement raisonnable dépendait directement de l'évaluation des « contraintes » (excessives ou non) qui seraient imposées au défendeur par la mise en place de la mesure pertinente :

> L'utilisation de l'adjectif « excessive » suppose qu'une certaine contrainte est acceptable ; seule la contrainte « excessive » répond à ce critère. Les mesures que l'auteur de la discrimination doit prendre pour s'entendre avec le plaignant sont limitées par les expressions « raisonnables » et « sans s'imposer de contrainte excessive ». Il s'agit là non pas de critères indépendants, mais de différentes façons d'exprimer le même concept. Ce qui constitue

---

510 Comme l'a d'ailleurs concédé la Cour suprême du Canada dans l'arrêt *Simpson-Sears*, qui a consacré « l'importation » de l'obligation d'accommodement raisonnable en droit canadien : *Simpson-Sears*, précité, note 240, parag. 19-22. Au sujet de l'obligation d'accommodement raisonnable et du respect des convictions religieuses individuelles en droit du travail états-unien, voir notamment : C. BRUNELLE, *op. cit.*, note 358, pp. 102-109 et 240-241 ; Jeff B. CROMWELL, « Cultural discrimination : the reasonable Accommodation of Religion in the Workplace », (1997) 10 *Employee Responsibilities & Rights Journal* 155 ; Paul LANSING et Maureen FELDMAN, « The Ethics of Accommodating Employee's Religious Needs in the Workplace », (1997) *Lab. L. J.* 371 et RELIGIOUS FREEDOM RESSOURCES, « Religious Accomodations in the Workplace : your Rights and Obligations », [en ligne : http://www.adl.org/religious_freedom/resource_kit/religion_workplace.asp], (page consultée le 25 août 2010).

511 *Id.*, parag. 23.

des mesures raisonnables est une question de fait qui variera selon les circonstances de l'affaire.[512] [nous soulignons]

Ainsi, rompant avec l'approche classique (et subjective) de la « personne raisonnable placée en pareilles circonstances »[513], les critères élaborés par la Cour suprême du Canada pour déterminer la « raisonnabilité » d'un accommodement raisonnable impliquent qu'une mesure d'accommodement soit automatiquement considérée comme « raisonnable » si elle n'impose pas de « contrainte excessive » au défendeur. Cette objectivation du critère de « raisonnabilité » n'a toutefois qu'une portée partielle puisque, comme le mentionne la Cour suprême du Canada dans l'arrêt *Renaud*, le transfert du cœur de l'analyse vers l'évaluation de « l'excessivité » des contraintes imposées aux défendeurs ne peut être effectué qu'en vertu d'une analyse au cas par cas[514], souffrant mal toute forme de généralisation ultérieure des conclusions auxquelles parviennent les tribunaux ayant à trancher les litiges pertinents[515]. En fait, la seule « généralisation » possible quant à l'évaluation de l'excessivité/non-excessivité d'une contrainte imposée à une personne et/ou institution soumise au respect de l'obligation d'accommodement raisonnable tient aux différents critères qui seront pris en considération par les tribunaux lors de cette même évaluation. La Cour suprême du Canada a d'ailleurs rappelé, dans le crucial arrêt *Meiorin* rendu en 1999, la liste non exhaustive comprenant les trois principales catégories de ces critères (ou indices) en fonction desquels les tribunaux canadiens doivent évaluer le caractère « raisonnable » des accommodements, soit : « ... [1] le coût de la méthode d'accommodement possible, [2] l'interchangeabi-

---

512 *Central Okanagan School District n° 23* c. *Renaud*, [1992] 2 R.C.S. 970, parag. 19. Dans le même sens, voir aussi : *Conseil des Canadiens avec déficiences* c. *VIA Rail Canada Inc.*, [2007] 1 R.C.S. 650, parag. 133.

513 Au sujet du statut « classique » de ce mode d'évaluation de la portée des droits et obligations résultant des lois, voir notamment : Han-Ru ZHOU, « Le test de la personne raisonnable en responsabilité civile » (2001) 61 *Revue du Barreau du Québec* 451 ainsi que Pierre-André CÔTÉ, *Interprétation des lois*, 4e éd., Montréal, Thémis, 2009, pp. 299-307 (sur l'interprétation des termes d'une loi selon « le sens courant » de ces termes).

514 Voir *supra*, citation correspondant à la note 512.

515 Pour paraphraser les auteurs Henri Brun, Fannie Lafontaine et Pierre Brun : « la limite raisonnable d'un accommodement dépend de facteurs nombreux qu'il faut appliquer de façon souple, en fonction des faits de chaque cas » : H. BRUN *et al.*, *op. cit.*, note 200, p. 886, à propos de l'arrêt : *Bergevin*, précité, note 382. Dans le même sens, voir également : *Centre universitaire de santé McGill (Hôpital général de Montréal)* c. *Syndicat des employés de l'Hôpital général de Montréal*, [2007] 1 R.C.S. 161 [ci-après l'arrêt *CUSM*], parag. 20-22.

lité relative des employés et des installations, de même que [3] la perspective d'atteinte réelle aux droits d'autres employés. »[516]

S'agissant, en deuxième lieu, de la responsabilité proactive du défendeur en matière d'accommodements raisonnables, celle-ci peut se résumer en ces termes : pour qu'il puisse justifier sa norme ou son acte en vertu des dispositions justificatives pertinentes des *lois sur les droits fondamentaux*, le défendeur devra faire la preuve qu'il a fait des efforts raisonnables en vue d'accommoder le plaignant sans que l'accommodement en question ne lui impose de contrainte excessive. En d'autres termes, pour qu'il soit considéré avoir respecté son obligation d'accommodement, le défendeur ne pourra se contenter de faire la preuve qu'il a reçu et évalué les propositions d'accommodement faites par la victime de discrimination, mais devra également faire la preuve d'« efforts significatifs, sérieux et sincères pour tenter d'accommoder le plaignant »[517]. À cet égard, il semble clair que ces « efforts significatifs et sincères » impliquent que le défendeur démontre, dans tous les cas où un plaignant se trouve discriminé par un de ses actes/mesures/lois et ne propose aucune mesure d'accommodement pour limiter les impacts de la mesure discriminante à son égard, avoir réfléchi à (et, le cas échéant, proposé) des moyens « d'accommoder raisonnablement » la personne discriminée[518].

---

516 *Meiorin*, précité, note 483, parag. 63. Voir aussi les catégories qui ont été identifiées en 2001 par le professeur Christian Brunelle et qui recoupent les trois « indices » de l'arrêt *Meiorin* : « (1) Les limites aux ressources financières des institutions ; [...] (2) le respect des droits de la victime de discrimination, de son entourage immédiat et du public en général ; [...et] (3) le bon fonctionnement de l'institution de qui l'on requiert l'accommodement. » : C. BRUNELLE, *op. cit.*, note 358, p. 248.

517 C. BRUNELLE, *id.*, p. 246.

518 « Pour ce qui est de la question de l'accommodement raisonnable, j'adopte les remarques qu'a faites le juge McIntyre à la p. 556 de l'arrêt [*Simpson-Sears*] à l'égard de Mme O'Malley et je conclus que le plaignant était en l'espèce légalement autorisé à pratiquer sa religion et à ne pas être forcé de travailler le lundi 4 avril 1983, contrairement à ses croyances religieuses. C'est à l'employeur qu'incombe le fardeau de prouver qu'il s'est efforcé de tenir compte des croyances religieuses du plaignant, dans la mesure où cela ne comportait pas une contrainte excessive. » [nous soulignons] : *Central Dairy Pool*, précité, note 307, parag. 61. Dans le même sens, voir aussi : C. BRUNELLE, *id.*, pp. 234-246 ; Pierre BOSSET, « Les fondements juridiques de l'obligation d'accommodement raisonnable », dans M. JÉZÉQUEL (dir.), *op. cit.*, note 77, p. 3, aux pages 14-16 et Marie-Josée SIGOUIN, Linda BERNIER et Jean-François SÉGUIN, *L'obligation d'accommodement : mythes et réalités*, Cowansville, Yvon Blais, 2008, pp. 20-23. *A contrario* mentionnons toutefois que la Cour suprême a récemment rappelé que, même si le fardeau principal reposait principalement sur les épaules de l'employeur (ou plus largement de l'entité responsable de l'acte ou la mesure discriminatoire), la victime avait également la responsabilité de faire preuve d'une certaine ouverture et, en bout de ligne, ne pouvait s'attendre à une solution parfaite. Voir à cet égard les arrêts *Hydro-Québec* c. *Syndicat des employé-e-s de techniques profession-*

À présent que nous avons fait un tour d'horizon des principales modalités générales d'application des différentes dispositions protégeant le droit à l'égalité au sein des *lois sur les droits fondamentaux*, examinons plus attentivement l'impact que ces dernières ont pu produire quant à l'évaluation de l'ampleur de la protection des « convictions religieuses » en tant qu'objet de protection de ces mêmes *lois sur les droits fondamentaux*.

Impact de ces modalités générales d'application sur l'évaluation de l'ampleur de la protection des convictions religieuses

Les différentes modalités d'application du véhicule normatif « actif » de la protection des convictions religieuses au Canada, tout comme le « passif », consacrent de plusieurs manières la très large ampleur de la protection octroyée aux convictions religieuses en droit canadien. Trois observations principales s'imposent en la matière concernant respectivement : 1) la non-pertinence de l'intention à la base de l'acte/mesure/norme discriminatoire ; 2) le fait que le droit canadien prévoie, pour certaines institutions à vocation religieuse, des exemptions d'application des dispositions interdisant la discrimination ; et finalement 3) l'obligation d'accommodement raisonnable.

D'abord, tout comme c'est le cas pour les dispositions protégeant la liberté (de conscience et) de religion[519], la caractérisation de l'intention à la base de l'acte/mesure/norme dont on allègue qu'il comporte un aspect discriminatoire n'a aucun intérêt dans le processus permettant de déterminer si, oui ou non, l'atteinte à une conviction religieuse donnée (ou à l'exercice de celle-ci) peut donner ouverture à la protection des dispositions protégeant le droit à l'égalité. Ainsi, indépendamment du fait que l'acte/mesure/loi discriminatoire ait été fondé sur : 1) des motifs visant délibérément à exclure (ou soumettre à un régime différencié) des individus en fonction de leurs convictions religieuses (*discrimination directe*) ; plutôt que 2) des motifs visant exclusivement d'autres objectifs, valables et légitimes dans le cadre du fonctionnement de l'institution concernée (*discrimination indirecte*), l'ouverture des dispositions protégeant le droit à l'égalité sera assurée dès que le requérant fait la preuve que la mesure concernée a (ou a eu) pour effet de lui imposer, sur la base de ses convictions religieuses, un régime plus défavorable que celui qui est imposé aux individus titulaires de convictions religieuses différentes. Bien que l'étendue de cette large conception de l'égalité (« ré-

---

nelles et de bureau d'Hydro-Québec, section locale 2000 (SCFP-FTQ), 2008 CSC 43 [ci-après l'arrêt *Hydro-Québec*] et *CUSM*, précité, note 515.

[519] Voir *supra*, notes 22 et 348.

elle » plutôt que « formelle »[520]) et du concept de discrimination soit applicable à l'ensemble des motifs en vertu desquels la discrimination est interdite par les *lois sur les droits fondamentaux* [ci-après : *les motifs de discrimination*], il est évident qu'elle contribue de manière significative à élargir l'ampleur de la protection octroyée aux convictions religieuses en droit canadien.

Notre deuxième observation concerne la situation particulière liée à l'application des dispositions anti-discrimination à certaines institutions à vocation religieuse. En effet, bien que la portée des dispositions prévues à cet effet par les différentes *lois sur les droits fondamentaux* varie d'une province (ou d'un champ de compétence) à l'autre[521], le droit canadien octroie en général un régime particulier (assoupli) en matière d'application des dispositions anti-discrimination à certaines institutions « sans but lucratif ou qui [sont] vouée[s] exclusivement au bien-être d'un groupe ethnique »[522]. La Cour suprême du Canada a eu la

---

520 Voir *supra*, début de la section 4.2.

521 Pour une analyse détaillée à ce sujet, voir l'excellent article publié en 2000 par le professeur Alvin J. Esau, de la Faculté de droit de l'Université du Manitoba, à Winnipeg : Alvin J. ESAU, « *Islands of exclusivity* : Religious Organizations and Employment Discrimination », (2000) 33 *U.B.C.L. Rev.* 719, 751-770. Le professeur Esau résume par ailleurs les « divergences » existant quant aux exemptions offertes aux institutions religieuses en matière d'application des dispositions anti-discrimination de la manière suivante, à la page 770 de son article : « In Conclusion then, we see that Canada is divided territory. The majority of jurisdiction allow only a possible BFOR [« *bona fide* occupational requirement or qualification » : voir la page 720 du même article] « defence to a religious employer to discriminate on the ground of religion, while a few provinces have exemptions which vary in scope. » Dans le même sens, voir aussi : Hilary M.G. PATERSON, « The Justifiability of Biblically Based Discrimination : Can Private Christian Schools Legally Refuse to Employ Gay Teachers ? », (2001) 59 *U.T. Fac. L. Rev.* 59.

522 Pour reprendre les termes du second volet de l'article 20 de la *Charte québécoise* qui prévoit qu'une distinction *a priori* contraire à l'article 10 de cette même *charte* est réputée non-discriminatoire si elle est : « justifiée par le caractère charitable, philanthropique, religieux, politique ou éducatif d'une institution sans but lucratif ou qui est vouée exclusivement au bien-être d'un groupe ethnique » : *Charte québécoise*, précitée, note 35, art. 20. S'agissant du nombre de dispositions similaires à l'article 20 de la *Charte québécoise* au sein des *lois sur les droits fondamentaux*, voir l'étude très exhaustive qui a été faite en 2000 par le professeur Alvin J. ESAU, *ibid.*, dans laquelle il nous indique notamment que la *Loi canadienne sur les droits de la personne*, précitée, note 187, le *Human Rights Code* du Manitoba, précité, note 473, l'*Alberta Bill of Rights*, précité, note 356 et le *Human Rights Act* du Nouveau-Brunswick, précité, note 473 ne comprennent aucune disposition similaires à l'article 20 de la *Charte québécoise*. Une recherche menée au sein de ces différentes *lois sur les droits fondamentaux* ne nous a pas permis de trouver une telle disposition, qui aurait pu être insérée par le biais d'une modification législative depuis la publication de l'étude du professeur Esau. Le lecteur prendra également note que ni la *Déclaration canadienne des droits*, précitée, note 185, ni la *Charte canadienne* ne contiennent de dispositions similaires à l'article 20 de la *Charte québécoise*.

chance, en 1988 dans l'arrêt *Ville de Brossard*, de décrire les grandes caractéristiques propres à ce régime particulier :

> Le point de vue qu'il convient de retenir est celui selon lequel le second volet de l'art. 20, à l'instar de l'art. 22 du Code de la Colombie-Britannique, a un double objectif : dans les cas où il s'applique, il confère des droits à certaines personnes et impose du même coup des limites aux droits d'autres personnes. [...] À mon avis, ce volet de l'art. 20 est destiné à promouvoir le droit fondamental des individus de s'associer librement afin d'exprimer des opinions particulières ou d'exercer des activités particulières. Il a pour effet d'établir la primauté des droits du groupe sur les droits de l'individu dans des circonstances précises. [...]
>
> Cette permission légale d'exercer une discrimination souffre évidemment des restrictions. Tout d'abord, le groupe doit être une « institution sans but lucratif ». Ensuite, cette institution doit avoir un « caractère charitable, philanthropique, religieux, politique ou éducatif » qui justifie la distinction, l'exclusion ou la préférence en question.
>
> Donc, une école catholique pourrait invoquer le second volet de l'art. 20 pour justifier une préférence accordée aux catholiques dans sa politique d'embauchage d'enseignants. L'école constitue une « institution sans but lucratif » de « caractère religieux » ou « éducatif ». La protection de l'art. 20 lui est accordée de manière que les catholiques puissent s'associer librement pour promouvoir les valeurs et les croyances de leur religion. Encore là, il serait nécessaire de démontrer que la préférence se justifiait par le caractère « religieux » ou « éducatif » de l'école. [...]
>
> Prenons aussi le cas d'un groupe de bienfaiteurs riches qui constituent une société sans but lucratif et se portent acquéreurs d'un immeuble d'appartements dans l'intention d'offrir aux personnes du troisième âge du logement à prix modique. À première vue, cela constituerait de la discrimination fondée sur l'âge suivant le texte actuel de l'art. 10. La société pourrait alors invoquer le second volet de l'art. 20 afin de justifier son refus de louer des appartements à prix modique à des personnes âgées de moins de soixante-cinq ans. Comme la société est une institution sans but lucratif ayant un caractère « charitable » ou « philanthropique », elle est protégée par l'art. 20 afin que les particuliers puissent jouir de la liberté de s'associer pour promouvoir le bien-être des personnes âgées.[523] [nous soulignons]

Ainsi, en ce qui concerne la problématique particulière qui sous-tend notre ouvrage, les institutions qui respectent les deux conditions prévues par les dispositions similaires au second volet de l'article 20 de la *Charte québécoise* (soit que : 1) l'institution soit sans but lucratif et 2) ait une vocation religieuse) pourront, en principe, adopter des mesures discriminatoires à l'égard de leurs employés, à la condition que ces mesures

[523] *Id.*, parag. 100, 117-118 et 120.

soient en lien avec les convictions ou le dogme religieux que ces mêmes institutions défendent et/ou promeuvent[524].

A contrario, ces dispositions ne s'appliquent pas à ce que le professeur Alvin J. Esau désigne comme des « individual religious employers » ou, pour expliquer le sens de cette expression, des employeurs opérant une entreprise à but lucratif et qui voudraient, au nom de leurs convictions religieuses, imposer certaines règles « morales » ou « religieuses » aux employés qu'ils engagent ou n'engager que des co-religionnaires[525].

Dans de telles circonstances, comme nous avons pu le déduire des principes généraux préalablement analysés et comme cela a été spécifiquement confirmé à quelques reprises par la jurisprudence canadienne[526], les individus/institutions demeurent soumis aux règles *supralégislatives* imposées par les *lois sur les droits fondamentaux* leur étant applicables en matière de droit à l'égalité. Quoi qu'il en soit, le fait que certaines institutions particulières, en raison de leur statut « religieux », puissent être exemptées de l'application d'un droit fondamental aussi important que le droit à l'égalité milite clairement en faveur de la thèse que nous tentons de démontrer dans le présent titre de l'ouvrage, soit que le droit canadien appréhende « largement » les convictions religieuses en tant qu'objet de protection des *lois sur les droits fondamentaux* au Canada[527].

La troisième et dernière observation qui s'impose concernant les modalités d'application des dispositions visant à protéger le droit à l'égalité en droit canadien concerne l'obligation d'accommodement raisonnable. Ainsi, considérant le fait que chaque institution désirant démontrer le

---

524 *Brossard (Ville)* c. *Québec (Comm. des droits de la personne)*, [1988] 2 R.C.S. 279 [ci-après l'arrêt *Ville de Brossard*], parag. 113.

525 A. J. ESAU, *loc. cit.*, note 521, 731-732.

526 Voir notamment : *Comité conjoint des matériaux de construction* c. *Accent architectural*, D.T.E. 98T-550 (C.Q.) ; *Syndicat des travailleuses et travailleurs de Volailles Marvid (CSN) et Volailles Marvid Canada inc.*, [2005] R.J.D.T. 254 (C.R.T.) ; *Syndicat national catholique des employés des institutions religieuses de St-Hyacinthe inc. et Laliberté Associés inc.*, D.T.E. 95T-58 (C.T.). Le professeur Esau affirme également que : « Even the individual religious employer who attempts to hire only co-religionnists to create a religious community at his or her workplace brings to the table a potential *Charter* freedom or religion claim as against governmental intrusion by way of anti-discrimination legislation. [...] I would simply note that while it would obviously be a more difficult claim to make than in the case of a religious organisation, it would still be a mistake to conclude that an individual religious employer would never win a *Charter* claim that the freedom of religion of the employer outweighted the duty not to discriminate » : *Id.*, 732-733.

527 Nous référons ici le lecteur à l'analyse que nous menons à la section 6.3.2 du présent ouvrage, où nous démontrons que, contrairement aux autres motifs de discrimination pour lesquels il est possible de bénéficier d'une exemption d'application des dispositions protégeant le droit à l'égalité, le motif des convictions religieuses permet généralement de justifier un plus large éventail d'actes/mesures discriminatoires.

caractère « raisonnable » (et donc maintenir l'application) d'une action/mesure/norme attaquée et jugée, *prima facie*, discriminatoire par rapport à une conviction religieuse doit démontrer l'existence de contraintes excessives pour refuser de « moduler » son action/mesure/norme de manière à accommoder le plaignant, il pourrait paraître tentant d'en déduire l'existence d'une autre « limite intrinsèque » à la protection des convictions religieuses au sein des *lois sur les droits fondamentaux*. En effet, en analysant l'obligation d'accommodement raisonnable selon une perspective *a contrario*, il est tout à fait possible de conclure que les convictions religieuses impliquant, à leur face même, un aspect « excessif » pour toute institution soumise à l'application d'une ou plusieurs *lois sur les droits fondamentaux* visant à protéger le droit à l'égalité se trouvent intrinsèquement exclues de la protection accordée par ces mêmes lois aux convictions religieuses[528]. Or ce raisonnement est erroné pour trois raisons principales.

D'abord, l'évaluation de l'obligation d'accommodement raisonnable intervient à l'étape de la justification des violations et, donc, les exclusions qui sont susceptibles d'en découler ne peuvent être considérées comme des « limites intrinsèques » à la protection des convictions religieuses par les *lois sur les droits fondamentaux*. En effet, le processus en deux étapes qui est suivi par les tribunaux canadiens pour déterminer si une mesure donnée doit être invalidée en vertu des *lois sur les droits fondamentaux* implique que, pour se rendre à l'étape de la justification, l'on doive au préalable avoir répondu oui à la question suivante : la mesure contestée implique-t-elle une violation du droit ou de la liberté invoqué ? Les exclusions qui découlent de la seconde étape ne peuvent en conséquence être considérées que comme des « limites extrinsèques »[529].

---

528 Pensons par exemple au cas fictif qui avait été mentionné par la Cour suprême du Canada *Bergevin*, précité, note 382, parag. 44 : « Je reconnais que, dans d'autres cas, il pourra exister des circonstances où l'accommodement raisonnable serait impossible. Par exemple, si un enseignant devait, à cause de ses croyances religieuses, s'absenter tous les vendredis de l'année, il pourrait bien alors être impossible pour l'employeur de composer raisonnablement avec les croyances et les exigences religieuses de cet enseignant. »

529 La distinction entre les « limites intrinsèques » et « extrinsèques » imposées aux droits et libertés protégés par les *lois sur les droits fondamentaux canadiennes* et l'inextricable lien qui unit les « limites extrinsèques » aux dispositions justificatives de ces mêmes lois ont par ailleurs été très bien résumés par le professeur Brian Slattery, de la Faculté de droit de l'Université Osgoode Hall, qui écrivait : « There is a close link between internal and external limits. In order to ascertain whether an external act actually infringes a *Charter* right, we have to know the location of the right's internal boundaries. To determine, for example, if restrictions on advertising infringe freedom of expression in section 2(b), we need to know the effective scope of the section and whether it covers commercial speech. In short, the question wheth-

Ensuite, même si l'évaluation de l'obligation d'accommodement raisonnable n'intervenait pas à l'étape de la justification de la violation du droit à l'égalité, la nature même de cette obligation empêcherait toute forme de généralisation pouvant permettre la formulation de limites intrinsèques à la protection des convictions religieuses. En effet, comme la Cour suprême ne cesse de le répéter, l'obligation d'accommodement raisonnable est une « obligation à contenu variable » dont la portée dépend directement des faits du litige et des caractéristiques principales de la personne ou de l'institution qui est soumise à celle-ci[530]. L'évaluation du caractère « raisonnable » (*versus* « l'excessivité ») de la contrainte imposée à une institution donnée pour « accommoder » les convictions religieuses d'un (ou plusieurs) individu(s) est donc susceptible, selon les enseignements de la Cour suprême, de varier à l'infini... même lorsqu'il est question d'une opposition avec un autre droit ou liberté fondamental[531].

Découle de cet état de fait une troisième et dernière raison expliquant pourquoi l'obligation d'accommodement raisonnable ne pourrait être la source de « limites » à la protection des convictions religieuses en droit canadien : la Cour suprême du Canada a considérablement restreint – voire presqu'annulé – la portée d'application des décisions rendues en matière d'accommodement raisonnable. L'approche casuistique (ou « au cas par cas ») retenue par la Cour suprême en la matière a en effet pour corollaire la très difficile transposition, d'un litige à l'autre, des conclusions quant au caractère « raisonnable » ou déraisonnable d'un accommodement donné. En effet, considérant la très grande variabilité des

---

er a law constitute an external limit on the right depends on the location of the right's internal limits.

According to the *Oakes* decision, the phrase *reasonable limits* in section 1 refers exclusively to *external limits* and sets out the constitutional standard governing their validity. It does not refer to the *internal limits* of a *Charter* right, which are determined by criteria laid down in the substantive *Charter* guarantee. So, on this analysis, it makes sense to sever the question of the reasonableness of external limits from the question of the internal scope of a *Charter* right and to deal with it in a separate stage under section 1 » : B. SLATTERY, *loc. cit.*, note 360, à la page 24. Dans le même sens, voir aussi : Grégoire C.N. WEBBER, « La disposition limitative de la *Charte canadienne* : une invitation à définir les droits et libertés aux contours indéterminés », dans L.B. TREMBLAY (dir.), *op. cit.*, note 242, p. 37 ; C. LANDHEER-CIESLAK, *loc. cit.*, note 58, 657 et C. BRUNELLE, *loc. cit.*, note 349, à la page 77.

530 Principe qu'elle rappelait encore avec vigueur dans l'arrêt *CUSM*, rendu en 2007 : « Le caractère individualisé du processus d'accommodement ne saurait être minimisé. En effet, l'obligation d'accommodement varie selon les caractéristiques de chaque entreprise, les besoins particuliers de chaque employé et les circonstances spécifiques dans lesquelles la décision doit être prise » : *CUSM*, précité, note 515, parag. 22. Dans le même sens, voir aussi nos développements et références aux notes 514 à 516.

531 Voir nos observations sur le sujet : *supra*, section 3.2 et *infra*, section 6.3.2.

éléments dont dépendra l'évaluation de l'obligation d'accommodement raisonnable, un accommodement jugé « raisonnable » dans un contexte particulier pourrait très bien impliquer des « contraintes excessives » dans un autre contexte et ce, indépendamment du degré de similarité de ces deux contextes. En conséquence, les « exclusions » qui découlent des différentes évaluations de l'obligation d'accommodement raisonnable en matière de discrimination fondée sur les convictions religieuses pourraient difficilement constituer, en elles-mêmes, des « limites » tangibles à la protection des convictions religieuses et ce, qu'elles soient intrinsèques ou extrinsèques.

4.2.2. Le « reflet français » des dispositions interdisant la discrimination religieuse

Contrairement au véhicule « passif » de protection des convictions religieuses, qui ne jouit officiellement que d'une protection constitutionnelle indirecte en droit français, le véhicule « actif » de protection des convictions religieuses – soit les dispositions interdisant les actes discriminatoires fondés sur les convictions religieuses – jouit quant à lui d'une consécration tant constitutionnelle que législative :

DISPOSITIONS CONSTITUTIONNELLES

Constitution de 1946

Préambule [...]

Chacun a le devoir de travailler et le droit d'obtenir un emploi. Nul ne peut être lésé, dans son travail ou son emploi, en raison de ses origines, de ses opinions ou de ses croyances.[532]

Constitution de 1958

Article premier

... [La France] assure l'égalité devant la loi de tous les citoyens sans distinction d'origine, de race ou de religion.

DISPOSITIONS LÉGISLATIVES

Code du travail

Article L1132-1

Aucune personne ne peut être écartée d'une procédure de recrutement ou de l'accès à un stage ou à une période de formation en entreprise, aucun salarié ne peut être sanctionné, licencié ou faire l'objet d'une mesure discriminatoire, directe ou indirecte, telle que définie à l'article 1er de la *loi n° 2008-*

---

[532] 5e considérant.

496 du 27 mai 2008 portant diverses dispositions d'adaptation au droit communautaire dans le domaine de la lutte contre les discriminations [...] en raison de son origine, de son sexe, de ses mœurs, de son orientation sexuelle, de son âge, de sa situation de famille ou de sa grossesse, de ses caractéristiques génétiques, de son appartenance ou de sa non-appartenance, vraie ou supposée, à une ethnie, une nation ou une race, de ses opinions politiques, de ses activités syndicales ou mutualistes, de ses convictions religieuses, de son apparence physique, de son nom de famille ou en raison de son état de santé ou de son handicap. [...]

Article L1321-3

Le règlement intérieur ne peut contenir : [...]

3) Des dispositions discriminant les salariés dans leur emploi ou leur travail, à capacité professionnelle égale, en raison de leur origine, de leur sexe, de leurs mœurs, de leur orientation sexuelle, de leur âge, de leur situation de famille ou de leur grossesse, de leurs caractéristiques génétiques, de leur appartenance ou de leur non-appartenance, vraie ou supposée, à une ethnie, une nation ou une race, de leurs opinions politiques, de leurs activités syndicales ou mutualistes, de leurs convictions religieuses, de leur apparence physique, de leur nom de famille ou en raison de leur état de santé ou de leur handicap. [nous soulignons]

Loi n° 83-634 du 13 juillet 1983 portant droits et obligations des fonctionnaires[533]

Article 6

... Aucune distinction, directe ou indirecte, ne peut être faite entre les fonctionnaires en raison de leurs opinions politiques, syndicales, philosophiques ou religieuses, de leur origine, de leur orientation sexuelle, de leur âge, de leur patronyme, de leur état de santé, de leur apparence physique, de leur handicap ou de leur appartenance ou de leur non-appartenance, vraie ou supposée, à une ethnie ou une race. [nous soulignons]

Le lecteur prendra également en note que les individus/institutions ayant posé un acte ou adopté une mesure directement discriminatoire à l'égard (d'un) de leurs salariés sont également passible de sanctions pénales en vertu de l'article 225-2 du *Code pénal* français, qui prévoit que :

Article 225-2

La discrimination définie à l'article 225-1 [qui reprend *grosso modo* la définition générale de la discrimination mais sans l'étendre aux actes de discrimination directe], commise à l'égard d'une personne physique ou morale,

533 Précitée, note 424.

est punie de trois ans d'emprisonnement et de 45 000 euros d'amende lorsqu'elle consiste :

1° À refuser la fourniture d'un bien ou d'un service ;

2° À entraver l'exercice normal d'une activité économique quelconque ;

3° À refuser d'embaucher, à sanctionner ou à licencier une personne ;

4° À subordonner la fourniture d'un bien ou d'un service à une condition fondée sur l'un des éléments visés à l'article 225-1 ;

5° À subordonner une offre d'emploi, une demande de stage ou une période de formation en entreprise à une condition fondée sur l'un des éléments visés à l'article 225-1 ;

6° À refuser d'accepter une personne à l'un des stages visés par le 2° de l'article L. 412-8 du code de la sécurité sociale.

Lorsque le refus discriminatoire prévu au 1° est commis dans un lieu accueillant du public ou aux fins d'en interdire l'accès, les peines sont portées à cinq ans d'emprisonnement et à 75 000 euros d'amende. [nous soulignons]

Comme nous l'avons fait en introduction de la section portant sur la mise en œuvre des dispositions protégeant la liberté religieuse en droit français, il nous semblait important de rappeler que l'objectif de la présente section est d'identifier les modalités exclusivement liées à l'application des dispositions interdisant la discrimination fondée sur les convictions religieuses. Ainsi, le lecteur qui s'intéresserait uniquement à une analyse comparative de telles dispositions juridiques entre les régimes canadien et français et qui ne prendrait connaissance que de la présente section resterait assurément sur sa faim… les conclusions que nous y tirerons devant être modulées/adaptées en fonction de celles auxquelles nous sommes parvenus tout au long du présent titre[534].

Toujours dans la même veine, en plus des exclusions intrinsèques dont nous avons traité au second chapitre du titre I, le lecteur prendra note que les observations que nous avons formulées à propos du processus de justification des atteintes aux dispositions protégeant, en France, la liberté religieuse en milieu de travail privé (et l'analyse comparative de ce même processus avec les règles applicables au sein du régime juridique canadien)[535] sont également transposables aux dispositions interdisant la discrimination fondée sur les convictions religieuses. En effet, tout comme pour les dispositions législatives protégeant la liberté de religion, le droit français a prévu pour les employeurs un moyen de

[534] Particulièrement celles des sections 3.2 et 4.1.2.

[535] Voir à ce sujet : *supra*, section 4.1.2.

défense leur permettant de conserver une mesure qui, *prima facie*, est considérée comme discriminant (un de) leurs salariés[536]. Dans un cas comme dans l'autre, ce moyen de défense n'implique pas, contrairement au droit canadien, que l'employeur démontre qu'il a pris en considération la situation particulière du plaignant une fois qu'il a été mis au courant des revendications en lien avec le respect d'une (ou plusieurs) conviction(s) religieuse(s) individuelle(s) de ce même plaignant[537], ce qui serait similaire à l'obligation d'accommodement raisonnable canadienne[538].

---

536 Ce processus de justification est d'ailleurs codifié dans les deux textes législatifs dont l'application est pertinente en matière de relations de travail privées, soit : le *Code du travail*, Article L1133-1, et le *Code pénal*, Article 225-3. En ce qui concerne les relations de travail au sein de la fonction publique française, la *Loi n° 83-634 du 13 juillet 1983 portant droits et obligations des fonctionnaires*, précitée, note 424, ne prévoit, quant à elle aucune possibilité d'adopter des mesures qui opéreraient discrimination fondée sur les convictions religieuses des individus, mais cette apparente omission doit évidemment être évaluée en conjonction avec les principes analysés précédemment (voir *supra*, section 4.1.2), en vertu desquels le droit français admet que le caractère constitutionnel du principe de laïcité exclut que les fonctionnaires publics puissent manifester toute forme d'appartenance religieuse sur le lieu de travail.

537 S'agissant du processus de justification des atteintes aux dispositions interdisant la discrimination fondée sur les convictions religieuses en milieu de travail français, voir notamment : M.-A. MOREAU, *loc. cit.*, note 387.

538 Soulignons également que l'inexistence d'une obligation similaire à celle, canadienne, d'accommodement raisonnable pour les cas de discrimination fondée sur les convictions religieuses d'un salarié, pour cohérente qu'elle soit avec l'idéologie républicaine française, constitue par ailleurs un motif supplémentaire attestant du caractère très restrictif qui est accordé aux convictions religieuses en tant qu'objet de protection du droit français. En effet, le législateur français a expressément consacré une obligation similaire à l'obligation d'accommodement raisonnable pour les cas de discrimination fondée sur le handicap. Ainsi, contrairement aux discriminations religieuses, les employeurs qui posent un geste ou adoptent une mesure qui apparaît discriminer une catégorie de salarié en vertu de leur handicap devront respecter l'article L5213-6 du *Code du travail* qui prévoit ce qui suit : « Afin de garantir le respect du principe d'égalité de traitement à l'égard des travailleurs handicapés, l'employeur prend, en fonction des besoins dans une situation concrète, les mesures appropriées pour permettre aux travailleurs mentionnés aux 1° à 4° et 9° à 11° de l'article L. 5212-13 d'accéder à un emploi ou de conserver un emploi correspondant à leur qualification, de l'exercer ou d'y progresser ou pour qu'une formation adaptée à leurs besoins leur soit dispensée.

Ces mesures sont prises sous réserve que les charges consécutives à leur mise en œuvre ne soient pas disproportionnées, compte tenu de l'aide prévue à l'article L. 5213-10 qui peuvent compenser en tout ou partie les dépenses supportées à ce titre par l'employeur.

Le refus de prendre des mesures au sens du premier alinéa peut être constitutif d'une discrimination au sens de l'article L. 1133-3 » [nous soulignons]. À propos du régime particulier réservé aux cas de discriminations fondées sur le handicap, voir également : Anne LEROY, « L'obligation de reclassement de l'employé inapte », (juin

En fait, l'analyse du régime juridique spécifiquement applicable aux dispositions interdisant les actes discriminatoires fondés sur les convictions religieuses n'implique que très peu d'ajouts substantiels aux arguments permettant de démontrer que l'appréhension canadienne du concept de « convictions religieuses », en tant qu'objet de protection des *lois sur les droits fondamentaux*, satisfait effectivement la première exigence du *modèle de confiance* sur le *spectre de polyethnicité*, soit le caractère « large » ou « généreux » de la protection offerte à ce même objet de protection. Toutefois, certaines précisions nous sont apparues pertinentes concernant : 1) l'appréhension – et l'incidente protection – du concept de *discrimination* en droit français et 2) le cas particulier des *entreprises de tendance*.

Interdiction des mesures/actes discriminatoires : le droit français théoriquement à la page du régime juridique canadien

Sur papier, il semble incontestable que les régimes juridiques français et canadien se sont beaucoup rapprochés en ce qui a trait aux efforts visant à lutter contre les différentes formes de discrimination depuis le début des années 2000. Tout d'abord, alors que de tels organismes existent au Canada depuis la fin des années 1960[539], la France a récemment mis sur pied une *autorité administrative indépendante*[540], la *HALDE* (2004)[541], dont la mission particulière est, pour reprendre les termes spécifiquement employés sur le site électronique officiel de ce même organisme : « de lutter contre les discriminations prohibées par la loi, de fournir toute l'information nécessaire, d'accompagner les victimes, d'identifier et de promouvoir les bonnes pratiques pour faire entrer dans les faits le principe d'égalité »[542] et ce, pour toutes les sphères

2008) *Travail et sécurité* [en ligne : http://www.travail-et-securite.fr/archivests/archivests.nsf/%28alldocparref%29/TS685page48_1/$file/TS685page48.pdf?openelement], (page consultée le 30 octobre 2010) à propos des articles L1226-2 et L1226-8 du *Code du travail* et M.-A. MOREAU, *id.*, 1118-1119.

539 ASSOCIATION CANADIENNE DES COMMISSIONS ET CONSEILS DES DROITS DE LA PERSONNE, *History of CASHRA*, [en ligne : http://www.cashra.ca/history.html], (page consultée le 23 août 2010).

540 CONSEIL D'ÉTAT FRANÇAIS, *Rapport public 2001 : les autorités administratives indépendantes*, Paris, La Documentation française, 2001, [en ligne : http://www.conseil-etat.fr/cde/media/document//rapport-public2001.pdf], (page consultée le 22 août 2010), p. 257.

541 *Loi n° 2004-1486 du 30 décembre 2004 portant création de la haute autorité de lutte contre les discriminations et pour l'égalité*, J.O. 31 décembre 2004, p. 22567 [ci-après la *Loi du 30 décembre 2004*].

542 HALDE, *Missions et pouvoirs*, [en ligne : http://www.halde.fr/Missions-et-pouvoirs.html], (page consultée le 22 août 2010). Voir aussi l'article un de la *Loi du 30 décembre 2004*, *ibid.*

d'activité de la société française (ce qui inclut, évidemment, le contexte des relations de travail)[543]. Après avoir enquêté sur une plainte de discrimination, la *HALDE* a le pouvoir, essentiellement, de formuler – sous forme de *délibérations* – des recommandations qui, si elles n'ont pas « de force contraignante [...] sont néanmoins de nature [...] à faire impression »[544].

Le deuxième facteur justifiant ce « rapprochement » théorique entre les régimes juridiques canadien et français se résume au fait que, depuis 2008, les appréhensions canadienne et française du concept de discrimination sont officiellement les mêmes[545] ; interdisant tant les actes de discrimination « directe » qu'« indirecte ». Cet état de fait découle de la promulgation de la *Loi n° 2008-496 du 27 mai 2008 portant diverses dispositions d'adaptation au droit communautaire dans le domaine de la lutte contre les discriminations*, qui prévoit que :

> Article 1
>
> Constitue une discrimination directe la situation dans laquelle, sur le fondement de son appartenance ou de sa non-appartenance, vraie ou supposée, à une ethnie ou une race, sa religion, ses convictions, son âge, son handicap, son orientation sexuelle ou son sexe, une personne est traitée de manière moins favorable qu'une autre ne l'est, ne l'a été ou ne l'aura été dans une situation comparable.
>
> Constitue une discrimination indirecte une disposition, un critère ou une pratique neutre en apparence, mais susceptible d'entraîner, pour l'un des motifs mentionnés au premier alinéa, un désavantage particulier pour des personnes par rapport à d'autres personnes, à moins que cette disposition, ce

---

543 F. GAUDU, *loc. cit.*, note 302, 967. Dans le même sens voir aussi le schéma résumant la procédure à suivre pour saisir la *HALDE* : HALDE, *id.*

544 HALDE, *ibid.*

545 Ce qui constitue un énorme « pas en avant » en matière de protection des discriminations considérant le fait que l'idéologie républicaine qui gouverne toujours la plupart des institutions française est, comme le résumait Blanche Chélini-Pont, imperméable au concept d'égalité « réelle » : « Le droit français n'aime les groupes que dans leur représentation associative. L'universalité du droit commun et l'égalité du citoyen devant la loi, gouvernent toute l'organisation de la justice et du système juridique. La loi française repose sur le principe de son universalité dans les idéaux qu'elle défend, et dans l'application légale de ces idéaux qu'elle partage également entre tous les citoyens. [...]

La loi qui est la même pour tous, suppose donc que tous sont les mêmes » : B. CHÉLINI-PONT, *loc. cit.*, note 119, 303. Dans le même sens, voir aussi : C. LANDHEER-CIESLAK, *op. cit.*, note 9, pp. 309-312 et Georges BURDEAU, *La démocratie*, 2e éd., Paris, Seuil, 1966, pp. 23-26.

critère ou cette pratique ne soit objectivement justifié par un but légitime et que les moyens pour réaliser ce but ne soient nécessaires et appropriés.[546]

Or, une fois encore, cette similarité entre principes nationaux ne trouve pas une expression conséquente dans la pratique. En effet, même si la « plus grande restrictivité » du droit français ne découle pas spécifiquement de la mise en œuvre des dispositions interdisant la discrimination – mais plutôt des différentes limites intrinsèques que nous avons identifiées/analysées au cours des sections précédentes – il est (toujours) possible d'affirmer que la protection dont jouissent les individus en matière de discrimination fondée sur les convictions religieuses en milieu de travail est plus restrictive en France qu'au Canada. Cet état de fait se vérifie autant pour les relations de travail au sein d'institutions publiques que pour celles ayant cours dans l'entreprise privée.

En ce qui concerne le cas particulier de la fonction publique française, la mise en œuvre des dispositions anti-discrimination, si elle a pour effet d'interdire spécifiquement aux institutions publiques de ne pas embaucher un candidat en particulier (ou autrement le sanctionner) pour le motif de ses convictions religieuses en tant que telles[547], n'implique d'aucune manière que l'interdiction générale d'exprimer ses convictions religieuses sur le lieu de travail puisse être considérée comme

---

[546] *Loi n° 2008-496 du 27 mai 2008 portant diverses dispositions d'adaptation au droit communautaire dans le domaine de la lutte contre les discriminations*, J.O. 28 mai 2008, p. 8801, art. 1. Le lecteur prendra d'ailleurs note du libellé explicite de l'article L1132-1 du *Code du travail* français qui opère un renvoi à cette définition du concept de « discrimination » : voir *supra*, tout début de la section 4.2.2.

[547] L'évolution du droit français à cet égard se trouve fort justement résumée par le professeur François Gaudu : « Le Conseil d'État avait initialement reconnu au ministre la faculté discrétionnaire de refuser l'accès à un concours à un prêtre [référence à l'arrêt Cons. d'État, 10 mai 1912, *Abbé Bouteyre, Rec. Cons. d'Ét.*, p. 553]. [...] dans les circonstances de l'époque – c'est le moment, après la loi de 1905, où la séparation de l'Église et de l'État soulève en France des conflits – il peut sembler qu'un prêtre n'est pas en état d'exercer une fonction publique d'enseignement dans le respect du principe de laïcité. *A contrario*, dans une période apaisée, une telle décision ne se justifie plus. [...]

L'équilibre aujourd'hui atteint est résumé de la façon suivante par M. le conseiller Schwartz : *En principe, les administrations pourraient refuser l'accès à des emplois publics à des candidats dont la manifestation de leurs convictions religieuses révélerait une inaptitude à l'exercice des fonctions publiques auxquelles ils postulent. Seraient certainement visées les manifestations ou expressions extrémistes incompatibles avec les principes républicains. Mais à l'inverse, ce n'est pas parce qu'un candidat a été prêtre ou est prêtre qu'il ne serait pas à même de respecter les obligations de neutralité qui s'imposent à tous les agents publics*.

La porte de l'emploi public est donc maintenant grande ouverte, à condition que l'intéressé se vête en civil, et plus largement respecte le principe de neutralité » : F. GAUDU, *loc. cit.*, note 302, 963. Dans le même sens, voir aussi : N. GUILLET, *op. cit.*, note 288, pp. 278-284.

une mesure *indirectement discriminatoire* et ce, toujours en raison du caractère prévalent du principe de laïcité en droit français[548]. S'agissant quant à lui du contexte propre aux relations de travail privées, les limites intrinsèques découlant de la nature particulière de l'emploi et/ou du contrat de travail[549] interdisent également aux salariés de se prévaloir des dispositions les protégeant contre la discrimination fondée sur les convictions religieuses.

Le cas particulier des entreprises de tendance

Tout comme le droit canadien, le droit français réserve un statut particulier aux institutions ayant une vocation spirituelle, religieuse ou philosophique[550] ou, pour reprendre la terminologie consacrée en France, aux *entreprises de tendance*[551]. Sans entrer dans les détails, ce statut particulier permet à de telles institutions, qui doivent – comme en droit canadien – être essentiellement consacrées/vouées à la poursuite d'un objectif religieux pour être considérées comme telles, d'adopter certaines mesures qui, si elles n'étaient pas justifiées par le caractère « religieux » de l'institution, seraient considérées comme discriminatoires au sens des règles générales du droit du travail français. Cet état de fait a d'ailleurs été résumé, en 2004, dans le rapport du Conseil d'État français visant à souligner le 100e anniversaire de la *Loi du 9 décembre 1905 concernant la séparation des Églises et de l'État*[552] :

> **Enfin, un sort particulier est fait aux *entreprises de tendance*** : la clause expresse [par l'entremise de laquelle on inclut des convictions religieuses au sein du contrat de travail] est alors implicite en faveur de l'entreprise.
>
> Une entreprise de tendance est un organisme qui défend des principes idéologiques, religieux ou philosophiques, principes avec lesquels certains de leurs salariés se doivent d'être en harmonie (l'exemple type est celui des instituts d'enseignement catholique). [...]
>
> Dans les *entreprises de tendance*, les convictions religieuses sont en revanche, *une partie essentielle et déterminante du contrat de travail.* Le licenciement fondé sur l'incompatibilité entre les convictions religieuses de l'entreprise et celles du salarié peut dès lors être justifié dans le cas de

---

548 Voir *supra*, début de la section 4.1.2.

549 Voir *supra*, section 3.2.1.

550 Malgré la pluralité d'objectifs pouvant être poursuivis par les entreprises de tendance et considérant que la problématique de notre ouvrage s'intéresse uniquement à la protection des convictions religieuses, nous nous limiterons, à partir de ce moment, à faire référence à l'objet « religieux » des *entreprises de tendance*.

551 Le lecteur prendra note de la définition que nous fournissons quant à ce que le droit français considère comme des *entreprises de tendance* : *infra*, citation correspondant à la note 553.

552 Précitée, note 121.

l'existence d'un trouble causé au sein de l'entreprise. [...] Lorsqu'un salarié a été engagé *pour accomplir une tâche impliquant qu'il soit en communion de pensée et de foi avec son employeur, il peut être licencié dès lors qu'il méconnaît les obligations résultant de cet engagement* [référence à l'arrêt : Cour de Cass. Soc., 20 novembre 1986, *Bull. civ.* V n° 549].[553]

Sans entrer de manière détaillée dans l'analyse des principes qui régissent la manière suivant laquelle les instances décisionnelles françaises et canadiennes gèrent l'évaluation du caractère « justifié », ou non, d'une mesure adoptée par une *entreprise de tendance* en vertu du type de convictions ou dogme religieux qui se trouve(nt) au cœur de la mission de cette même entreprise[554], il nous semblait toutefois pertinent de souligner que les magistrats canadiens, lorsqu'ils sont saisis d'un litige impliquant de telles institutions/entreprises, jouissent d'une marge de manœuvre plus importante (et par conséquent, plus proche de celle attribuée aux magistrats français) en ce qui concerne la prise en considération du système normatif – objectif – propre au dogme religieux concerné. Cet état de fait se trouve particulièrement bien illustré dans le raisonnement suivi par la majorité des juges de la Cour suprême du Canada dans l'arrêt *Bruker* c. *Marcovitz*[555], rendu en 2007 et qui, même s'il a été rendu dans le cadre d'un conflit matrimonial, comporte plusieurs aspects importants qui sont directement transposables au cas particulier des *entreprises de tendance* en droit canadien.

Le litige ayant mené à cet arrêt, donc, concernait le cas de deux ex-époux juifs qui avaient conclu, préalablement à leur divorce civil, une entente portant sur les mesures accessoires à ce même divorce. Cette entente incluait expressément l'engagement, par l'ex-époux (M. Marcovtiz), de remettre à l'ex-épouse (Mme Bruker) le *get*, divorce religieux dont l'existence dépend, dans la religion juive, du consentement de l'ex-époux et sans l'octroi duquel l'ex-épouse ne peut valablement se remarier religieusement[556]. Cet engagement de M. Marcovtiz

---

553 CONSEIL D'ÉTAT FRANÇAIS, *op. cit.*, note 298, p. 346. Dans le même sens, voir aussi : C. BRISSEAU, *loc. cit.*, note 271, 971.

554 Lesquelles se trouvent évidemment modulées par les limites intrinsèques découlant des appréhensions nationales respectives du concept de convictions religieuses en tant qu'objet de protection du droit. Sur le régime particulier applicable aux *entreprises de tendance* en matière de justification des discriminations et/ou limitations imposées à la liberté religieuse de leurs salariés, voir notamment : M. PENDU, *op. cit.*, note 11, pp. 331-357 et C. BRISSEAU, *id.*, 970-971.

555 Précité, note 128.

556 Le principe général du *get* juif est résumé de la manière suivante par la Cour suprême : « L'époux doit accorder volontairement le *get*, et l'épouse doit accepter de le recevoir. Si le premier ne l'accorde pas, la seconde est sans recours religieux ; elle conserve le statut d'épouse et ne peut se remarier jusqu'à ce que l'époux décide, à son entière discrétion, de divorcer. Elle est considérée comme une *agunah* – une

n'ayant pas été respecté avant plus d'une dizaine d'années après le divorce civil, l'ex-épouse Mme Bruker le poursuivait en vertu des règles régissant la responsabilité contractuelle dans le but d'obtenir un dédommagement pour les conséquences ayant résulté, pour elle, de ce « bris de contrat ».

Après avoir conclu à la validité de l'objet contractuel « religieux » faisant l'objet du litige (soit l'engagement, par M. Marcovitz, à remettre le *get* à Mme Bruker)[557], la majorité de la Cour suprême s'intéresse ensuite à l'argument présenté en défense par l'ex-époux, soit que le fait de le contraindre à payer des dommages-intérêts pour n'avoir pas respecté cet objet religieux de l'entente portant sur les mesures accessoires au divorce civil aurait pour effet de porter atteinte à sa liberté de religion. Dérogeant du processus généralement applicable en matière d'évaluation des convictions religieuses individuelles au Canada, en vertu duquel les tribunaux canadiens s'interdisent de vérifier si la conviction religieuse invoquée est effectivement rattachée à un dogme religieux particulier[558], la majorité de la Cour suprême va procéder à une analyse très extensive des règles religieuses entourant l'octroi du *get* juif au sein de différentes communautés juives à travers le monde dans le but avéré de vérifier le bien-fondé de l'argument présenté par M. Marcovitz[559].

Or, le raisonnement exposé par la majorité des juges de la Cour suprême pour justifier cette manière « atypique » de procéder dans le cadre d'un litige impliquant une revendication fondée sur les convictions religieuses d'un individu en particulier repose sur les mêmes fondements conceptuels que celui qui sous-tend l'évaluation du caractère « justifié », ou non, des mesures adoptées par certaines *entreprises de tendance*, soit l'existence initiale d'un contrat entre les parties impliquées par le litige et l'existence, dans ce même contrat, d'une obligation à teneur religieuse :

> Une fois que le tribunal se déclare compétent pour connaître d'un litige comportant des aspects religieux, [...], il doit s'efforcer « d'arriver à la meilleure compréhension possible de la tradition et de la coutume applicable » (p. 191). [...]
>
> Le fait que le par. 12 de l'entente comporte des éléments à caractère religieux ne le soustrait pas par le fait même à l'examen judiciaire. Nous n'avons pas à examiner les principes religieux doctrinaux, à savoir par exemple si un *get* donné est valide. [...] La promesse de M. Marcovitz de

femme enchaînée. Tout enfant né d'un remariage civil serait considéré comme "illégitime" selon la loi juive » : *id.*, parag. 4.

[557] *Id.*, parag. 40-41 et 56.

[558] Voir *supra*, section 3.1.1.

[559] Cette analyse « très extensive » se retrouve concentrée aux paragraphes 6, 81, 84 et 89-90 de l'arrêt.

> supprimer les obstacles religieux au remariage en accordant le *get* a été négociée entre deux adultes consentants, tous deux représentés par un avocat, et faisait partie d'un échange volontaire d'engagements censés avoir des conséquences juridiques exécutoires. De ce fait, les tribunaux peuvent à bon droit examiner l'obligation à la loupe. [...]
>
> ... son refus d'accorder le *get* était fondé moins sur une conviction religieuse que sur le fait qu'il était fâché contre Mme Bruker. Sa religion ne l'oblige pas à refuser d'accorder le *get* à Mme Bruker, bien au contraire. Il ne fait aucun doute que selon la loi juive, il *pouvait* refuser de l'accorder, mais c'est tout autre chose de dire qu'un principe religieux l'a empêché de respecter une obligation légale qu'il a volontairement conclue et dont il s'est prévalu des avantages négociés.[560] [nous soulignons]

Ces quelques observations concernant les particularités du volet « actif » de protection des convictions religieuses en droit français concluent donc cette dernière section de l'analyse comparative du présent chapitre et, du même coup, du premier titre de l'ouvrage dans lequel il s'inscrit. L'analyse des modalités propres aux deux grands véhicules normatifs de protection des convictions religieuses en droit canadien (et l'incidente comparaison de celles-ci avec leur *reflet français*) nous permet donc d'avoir un portrait général du régime juridique canadien en matière de protection des convictions religieuses ; ce qui était essentiel pour pouvoir qualifier adéquatement l'appréhension généreuse (ou large) que ce même régime confère aux convictions religieuses en tant qu'objet de protection des *lois sur les droits fondamentaux*.

Toutefois, la réalisation de cette démonstration ne nous a mené qu'à mi-parcours de notre hypothèse générale de travail, en vertu de laquelle – pour le rappeler brièvement – le droit canadien admet l'existence d'une *hiérarchie matérielle* au sein de l'ensemble des droits et libertés fondamentaux qu'il protège et que les convictions religieuses, en tant qu'objet de protection de ce même ensemble, jouissent d'un statut privilégié au sein de cette hiérarchie. Alors que, dans le premier titre, nous avons démontré que les convictions religieuses jouissent, en tant que telles, d'une appréhension large en droit canadien, nous consacrerons le second titre à démontrer que cette même appréhension des convictions religieuses est **plus large** que celle (des ou) d'autres droits et libertés fondamentaux protégés par les *lois sur les droits fondamentaux* canadiennes.

[560] *Id.*, parag. 45-46 et 69.

DEUXIÈME PARTIE

UN COMBAT INÉGAL : LA PORTÉE DES DROITS ET LIBERTÉS « CONCURRENTS » AU CANADA

Introduction

> On désigne sous le nom de conciliation l'ensemble des techniques développées par le système juridique pour permettre la mise en œuvre conjointe de deux droits antinomiques. [...]
>
> Quant aux résultats, le caractère empirique de la conciliation débouche [...] sur des choix sociaux et politiques selon les espèces en faisant varier le degré de protection constitutionnelle. Il est alors possible d'en revenir à la recherche d'une hiérarchie...
>
> Virginie SAINT-JAMES, « Hiérarchie et conciliation des droits de l'Homme »[561]

Avant de nous lancer au cœur de l'analyse ayant pour objectif de valider notre hypothèse de recherche principale, selon laquelle le régime juridique canadien des droits et libertés fondamentaux constitue – en ce qui a trait à la protection des convictions religieuses – une transposition du modèle de confiance sur le *spectre de polyethnicité* (modèle qu'on retrouve au quadrant III du schéma présenté lors du titre préliminaire), il importe évidemment de bien circonscrire ce que nous entendons viser par l'ensemble « des autres droits et libertés fondamentaux ».

À cet égard, le fait que le recours aux concepts généraux de « Droits de l'Homme » ou « droits et libertés fondamentaux » soit de plus en plus généralisé dans le discours public et médiatique occidental moderne pourrait laisser croire (ou plutôt, espérer) que la tâche d'identifier l'ensemble des « autres droits et libertés » par rapport auquel nous opérerons la comparaison avec les dispositions protégeant les convictions religieuses ne pose pas, en soi, de difficultés particulières. Pourtant, le fait de nous intéresser à l'ensemble des *lois sur les droits fondamentaux* applicables sur le territoire canadien, qu'elles soient de nature fédérale ou provinciale, nous confronte à un défi similaire à celui qui fut posé, en 1209, au légat du pape Arnaud Armaury qu'on avait interrogé sur la « procédure » à suivre pour départager les hérétiques des vrais catho-

561 *Loc. cit.*, note 48, aux pages 479-480.

liques au sein de la population de la ville cathare de Bézier, que les croisés venaient de prendre[562].

En effet, le contenu des *lois sur les droits fondamentaux* applicables sur le territoire canadien varie énormément d'un instrument juridique à l'autre et cette variation, qu'elle découle de la limitation du contenu protégé de certaines lois aux seules modalités propres au droit à l'égalité[563] impliquant donc l'incidente exclusion des autres droits et libertés fondamentaux du contenu protégé par celles-ci – ou plutôt de l'inclusion des droits dits « économiques et sociaux »[564], a pour effet de complexifier grandement la tâche d'un juriste désirant démontrer l'existence d'une « hiérarchie » au sein de l'ensemble des droits et libertés fondamentaux protégés au Canada ; pour reprendre la métaphore que nous utilisions au premier titre de l'ouvrage, si l'on entend démontrer qu'il existe un déséquilibre initial entre boxeurs au sein d'un groupe d'individus donnés, encore faut-il pouvoir distinguer ceux qui boxent de

562 Pierre ROUSSEAU, « Le fin mot de l'histoire : *Tuez-les tous, Dieu reconnaîtra les siens* – Arnaud Amaury », *Journal Le Devoir*, 30 juin 2003, p. A-7, [en ligne : http://www.ledevoir.com/2003/06/30/30862.html], (page consultée le 22 août 2010).

563 Voir à ce sujet notre énumération des *lois sur les droits fondamentaux* canadiennes qui se limitent à protéger le droit à l'égalité : *supra*, note 473.

564 Les « droits économiques et sociaux » (ou « économiques, sociaux et culturels » en référence avec le second Pacte international adopté par l'ONU en 1966 – *Pacte international relatif aux droits économiques, sociaux et culturels*, précité, note 84) se distinguent principalement des droits « civils et politiques », individuels, par leur caractère « collectif », au sens social du terme. Se livrant à un très habile exercice de synthèse des principales caractéristiques de cet ensemble particulier des droits et libertés fondamentaux, le professeur Jean-François Akandji-Kombé, également doyen de la Faculté de droit de l'Université de Caen en France, écrit : « Les droits sociaux, quant à eux, dont la finalité est essentiellement de protéger le travailleur et d'apporter aux plus démunis une protection sociale minimale par le jeu de la solidarité, forment ce qu'il est convenu d'appeler la seconde "génération" des droits. Ils prennent racine dans la révolution industrielle ou plus exactement dans la déshérence sociale que celle-ci a engendrée et sont avant tout une conquête du socialisme. Quant aux droits culturels, tels qu'ils sont consacrés par le Pacte de 1966, qui comprennent notamment le droit à l'éducation, le droit de participer à la vie culturelle, le droit de bénéficier du progrès scientifique et de ses applications ou encore le droit à la protection de la propriété littéraire et artistique, ils reflètent les influences les plus diverses, dont celles évoquées précédemment qu'ils prolongent, influences auxquelles il convient d'ajouter aussi, dans une certaine mesure, la marque de l'idéologie tiers-mondiste » : Jean-François AKANDJI-KOMBÉ, « Droits économiques, sociaux et culturels », dans J. ANDRIANTSIMBAZOVINA *et al.* (dir.), *op. cit.*, note 48, p. 322, aux pages 322-323. Au Canada, les droits économiques jouissent d'une très faible protection concrète, se limitant, *grosso modo*, à un chapitre de la *Charte québécoise* (les articles 39-48), chapelet de dispositions ayant été interprétées de manière extrêmement restrictive par l'arrêt *Gosselin*, rendu en 2002, dans le cadre duquel la Cour suprême du Canada a clairement établi que, contrairement aux autres dispositions de la *Charte québécoise*, les droits économiques et sociaux n'avaient qu'une portée « déclaratoire » : *Gosselin* c. *Québec (Procureur général)*, précité, note 85, parag. 89, 92 et 96.

ceux qui n'ont jamais enfilé une paire de gants ! Considérant qu'un niveau minimal de rigueur intellectuelle nous empêchait de nous rabattre sur une quelconque modulation de la réponse échevelée qui aurait été faite par le légat Armaury pour trancher son dilemme (« Tuez-les tous, Dieu reconnaîtra les siens ! »[565]), il nous est apparu nécessaire de nous attarder quelques instants sur la justification des limites que nous avons choisi d'imposer à notre ensemble des « autres droits et libertés fondamentaux ».

Ainsi, pour identifier « l'ensemble de comparaison » qui nous permettra de confronter la large portée qui a été conférée aux convictions religieuses en tant qu'objet de protection des *lois sur les droits fondamentaux* au Canada, il nous fallait garder en tête qu'une analyse comme la nôtre, pour être complète, devait initialement se pencher sur les deux principaux véhicules normatifs de protection des convictions religieuses (actif et passif). Ce postulat méthodologique présente une importance capitale puisque le seul droit fondamental uniformément protégé par toutes les *lois sur les droits fondamentaux* canadiennes est le droit à l'égalité[566] ; le fait que nous ayons étendu notre analyse initiale à un véhicule normatif qui n'est pas protégé par plusieurs de ces *lois* (la liberté de religion) impliquait donc l'exclusion, d'emblée, du critère de « l'uniformité de protection » comme vecteur commun pouvant soustendre l'identification des droits et libertés contenus dans « l'ensemble de comparaison ». L'hétérogénéité des *lois sur les droits fondamentaux* canadiennes nous a donc forcé à nous fonder sur la hiérarchie des sources du droit pour identifier le vecteur en vertu duquel il est possible de définir le méta-ensemble des « droits et libertés fondamentaux protégés au Canada ».

En effet, même si elle n'est applicable qu'à un nombre plutôt restreint de « relations d'emploi » (soit celles qui impliquent un rapport quelconque avec un « acteur gouvernemental » au sens de l'article 32 de la *Charte canadienne*), le statut constitutionnel de la *Charte canadienne* nous est apparu représenter un vecteur unificateur extrêmement fort et pertinent dans le cadre de notre analyse, pour trois raisons principales : 1) la *Charte canadienne* protège à la fois les volets « actifs » et « passifs » de la protection des convictions religieuses au Canada ; 2) les droits et libertés qu'elle protège sont les seuls à jouir d'une protection « uniforme » sur l'ensemble du territoire canadien (la *Charte canadienne* s'appliquant à la fois aux institutions gouvernementales fédérales et provinciales[567]) ; et finalement 3) la *Charte canadienne*, en vertu de la

---

565 P. ROUSSEAU, *loc. cit.*, note 562.

566 Voir *supra*, texte correspondant aux notes 472 à 475.

567 Tel qu'en atteste le libellé extrêmement clair de l'article 32 de la *Charte canadienne*, précitée, note 34 : « **32.** (1) La présente charte s'applique :

Loi constitutionnelle de 1982 à laquelle elle est intégrée[568], jouit d'un statut prépondérant sur toute autre « loi ordinaire », ce qui comprend les « lois spéciales » que sont les *lois sur les droits fondamentaux* fédérales et provinciales et dont les dispositions doivent, selon la Cour suprême du Canada : « être interprétée[s] d'une façon qui se concilie avec les dispositions de la *Charte canadienne* »[569].

Comme tout lecteur pourra s'en convaincre en parcourant rapidement ses dispositions, la *Charte canadienne* protège un ensemble très varié de droits et libertés fondamentaux, allant des libertés fondamentales, à certaines garanties procédurales ou démocratiques en passant par le droit à la vie et à la sécurité de la personne. Pour autant, ce large éventail de droits et libertés fondamentaux dont le statut constitutionnel est consacré par la *Loi constitutionnelle de 1982* ne fera pas intégralement partie du groupe de comparaison en fonction duquel nous analyserons la large portée qui a été attribuée aux dispositions protégeant la liberté de religion et interdisant la discrimination fondée sur les convictions religieuses. En effet, comme nous avons dû le faire pour les dispositions (ou véhicules normatifs) susceptibles de toucher les convictions religieuses en tant qu'objet de protection des *lois sur les droits fondamentaux* canadiennes[570], il était nécessaire de limiter le champ de notre analyse « comparative » en fonction du cadre conceptuel établi pour le présent projet de recherche, cadre impliquant une analyse focalisée sur le contexte particulier des relations de travail. Conséquence de cet état

---

a) au Parlement et au gouvernement du Canada, pour tous les domaines relevant du Parlement, y compris ceux qui concernent le territoire du Yukon et les territoires du Nord-Ouest ;

b) à la législature et au gouvernement de chaque province, pour tous les domaines relevant de cette législature ». Incidemment, la seule autre *loi sur les droits fondamentaux* d'application nationale (fédérale) qui protège un « catalogue » similaire à celui de la *Charte canadienne*, la *Déclaration canadienne des droits*, ne s'applique qu'en domaine public (*Authorson*, précité, note 186, parag. 31) de compétence fédérale : *Déclaration canadienne des droits*, précitée, note 185, art. 2 et 5 (3).

568 « **52.** (1) La Constitution du Canada est la loi suprême du Canada ; elle rend inopérantes les dispositions incompatibles de toute autre règle de droit.

(2) La Constitution du Canada comprend :

a) la *Loi de 1982 sur le Canada*, y compris la présente loi » : *L.c. de 1982*, précitée, note 188, art. 52.

569 *Québec (Commission des droits de la personne et des droits de la jeunesse)* c. *Montréal (Ville)*, [2000] 1 R.C.S. 665, parag. 42. Dans le même sens, voir aussi les arrêts auxquels la Cour suprême réfère pour appuyer son affirmation : *Communications Inc. c. Davidson*, [1989] 1 R.C.S. 1038 ; *Eaton c. Conseil scolaire du comté de Brant*, [1997] 1 R.C.S. 241 ; *Eldridge*, précité, note 186 ; *Godbout c. Longueuil*, précité, note 386.

570 Voir *supra*, introduction et début de la section 3.1.

de fait, les droits démocratiques[571], autochtones[572] et linguistiques[573] ainsi que les garanties juridiques pouvant être exclusivement rattachées à la sphère « pénale » du droit[574] ne feront par conséquent pas partie du groupe des « autres droits et libertés fondamentaux » qui sera pris en considération aux fins de notre analyse[575].

À l'instar des deux grands véhicules normatifs par l'entremise desquels les convictions religieuses se trouvent consacrées/protégées par les *lois sur les droits fondamentaux* canadiennes, la dichotomie passive/active permet également de diviser l'ensemble plus large des autres objets de protection consacrés par ces mêmes instruments juridiques. En effet, les droits fondamentaux de la personne peuvent être regroupés en deux grands ensembles théoriques distincts : les *libertés*, qui impliquent que les institutions soumises à l'application des *lois sur les droits fondamentaux* ne s'ingèrent pas dans la sphère d'autonomie personnelle pour les individus (passifs) ; et les *droits* qui impliquent, quant à eux, que les institutions visées mettent en place des mécanismes permettant leur exercice effectif (actifs)[576].

Ainsi, ne serait-ce que parce qu'elle répond en tous points aux deux véhicules normatifs de protection des convictions religieuses que nous avons analysés lors du premier titre, nous avons cru bon de retenir la nature dichotomique de ces deux grands ensembles normatifs pour structurer l'argumentation que nous présenterons dans le second titre du présent livre. Le premier chapitre sera donc consacré à la portée des grandes libertés fondamentales (soit les libertés d'association, d'expression, de circulation et de conscience) alors que le second portera sur celle des droits fondamentaux les plus susceptibles d'être appliqués en contexte de travail (soit le droit à la vie, liberté et sécurité de la personne et le droit à l'égalité).

---

571 *Charte canadienne*, art. 3 à 5.

572 *Charte canadienne*, art. 25 et, par renvoi, 35 et 35.1 de la *L.c. de 1982*, précitée, note 188.

573 *Charte canadienne*, art. 16 à 23.

574 *Charte canadienne*, art. 9 à 14.

575 Ce choix est d'ailleurs cohérent avec ceux (ou les constatations) qui furent fait(e)s par les auteurs Charles PICARD et Yves BROCHU (dir.), *Droits et libertés en milieu de travail*, Farnham, Publications CCH, 1997 (mis à jour annuellement).

576 Voir *infra*, début du chapitre 6.

CHAPITRE 5

Les autres libertés fondamentales

Outre la liberté de religion, la *Charte canadienne* protège quatre libertés fondamentales susceptibles d'être invoquées en contexte de relations de travail, soit (5.1) la *liberté d'expression* ; (5.2) la *liberté d'association* (et son incidente *liberté de réunion pacifique*) ; (5.3) la *liberté de circulation et d'établissement* à travers le Canada ; et finalement (5.4) la *liberté de conscience* (ou autrement formulée, de convictions *non religieuses*).

5.1. La liberté d'expression

Les chartes canadienne et québécoise prévoient toutes deux des dispositions qui consacrent, avec certaines variations terminologiques jugées sans importance par la Cour suprême du Canada[577], la liberté d'expression :

Charte canadienne

Art. 2

Chacun a les libertés fondamentales suivantes : [...]

b) liberté de pensée, de croyance, d'opinion et d'expression, y compris la liberté de la presse et des autres moyens de communication

Charte québécoise

Art. 3

Toute personne est titulaire des libertés fondamentales telles [...] la liberté d'opinion, la liberté d'expression...

Cette liberté fondamentale, considérée par plusieurs auteurs et institutions politiques comme le fondement même des sociétés démocratiques[578], vise un objet de protection extrêmement vaste – l'expression –

---

577 *Ford*, précité, note 386, parag. 39. Dans le même sens, voir aussi : H. BRUN, G. TREMBLAY et E. BROUILLET, *op. cit.*, note 169, p. 1056.

578 Voir notamment à ce propos : J. S. MILL, *op. cit.*, note 239, p. 85 et Patrick WACHSMANN, « Liberté d'expression », dans J. ANDRIANTSIMBAZOVINA *et al.* (dir.), *op. cit.*, note 48, p. 628.

qui, dans sa plus large acception, peut être rattaché à tout acte individuel posé dans le but de manifester un point de vue, une pensée ou une quelconque information[579]. Toujours selon la définition la plus large du concept, la manifestation individuelle n'aurait même pas à être adressée à un interlocuteur (ou un « récepteur ») pour être considérée comme une forme d'expression[580].

Même si elle restreignit légèrement la portée que l'appréhension sémantique du terme aurait pu lui permettre de consacrer, la Cour suprême du Canada allait offrir, en 1989, une très large définition de « l'expression » en tant qu'objet de protection des *lois sur les droits fondamentaux* focalisée sur l'intention de transmettre un « message »[581] :

> L'activité est expressive si elle tente de transmettre une signification. Le message est son contenu. La liberté d'expression a été consacrée par notre Constitution et est garantie dans la *Charte* québécoise pour assurer que chacun puisse manifester ses pensées, ses opinions, ses croyances, en fait, toutes les expressions du cœur ou de l'esprit, aussi impopulaires, déplaisantes ou contestataires soient elles. [...]
>
> Nous ne pouvons donc écarter une activité humaine du champ de la garantie de la liberté d'expression en se basant sur le contenu ou la signification. En effet, si l'activité transmet ou tente de transmettre une signification, elle a un contenu expressif et relève à première vue du champ de la garantie. Évidemment, bien que la plupart des activités humaines comportent à la fois des éléments d'expression et des éléments physiques, certaines activités humaines sont purement physiques et ne transmettent ni ne tentent de transmettre une signification. Il peut être difficile de dire de certaines activités quotidiennes, comme stationner une voiture, qu'elles ont un contenu expressif. Pour les faire entrer dans la sphère des activités protégées, le demandeur devrait établir qu'elles avaient pour but de transmettre un message. Par exemple, une personne célibataire pourrait, en signe de protestation publique, garer sa voiture dans une zone réservée aux conjoints des employés

---

579 Le sens courant du terme « expression » renvoie au verbe « exprimer », défini dans son sens individuel comme l'action de « Manifester sa pensée, ses sentiments (par le langage, les gestes, l'art, etc.) » : J. REY-DEBOVE et A. REY (dir.), *op. cit.*, note 16, pp. 986-987.

580 « La liberté *d'expression* participe d'un point de vue plus individualiste : ce qui est consacré, c'est le droit d'extérioriser idées, affects, projets ou autres, sans qu'intervienne nécessairement le dessein de s'adresser à un autre sujet. On peut s'exprimer dans le désert, si on ne peut toujours y communiquer. Mais en pratique, l'expression n'est pas détachée de la perspective d'une communication : l'écrivain le plus hostile à ses semblables n'écrirait pas s'il ne comptait que son œuvre puisse trouver, aujourd'hui ou dans l'avenir, au moins un lecteur qui la comprenne. » [nous soulignons] : P. WACHSMANN, *loc. cit.*, note 578, à la page 630.

581 Ce qui implique donc nécessairement l'existence d'un récepteur du « message » ainsi transmis, ce dernier terme étant dénué de sens sans l'existence d'au moins une personne, étrangère à l'émetteur, à qui l'information sera délivrée.

du gouvernement pour manifester son désaccord ou son indignation quant au moyen choisi pour répartir des ressources limitées. Si cette personne pouvait démontrer que son geste avait un contenu d'expression, elle serait, à cette étape-ci, à l'intérieur du champ d'activité protégé et on pourrait poursuivre l'examen de la contestation fondée sur l'al. 2*b*).[582] [nous soulignons]

Ainsi, dès qu'un individu pose – ou s'abstient de poser[583] – un acte qui a pour objectif de transmettre un message il pourra en principe bénéficier de la protection offerte par la liberté d'expression. Du même coup, plusieurs formes d'expression socialement indésirables (ou pouvant porter, en elles-mêmes, atteinte à un autre droit ou liberté fondamental) ont été considérées comme des « actes expressifs » intrinsèquement protégés par la liberté d'expression au Canada, comme par exemple : la diffamation[584], la diffusion d'informations fausses ou trompeuses[585], les menaces de violence[586], la pornographie[587] et même la pornographie infantile[588], la propagande haineuse[589], etc. Malgré cette très large définition générale des différentes formes « d'expression » protégées par les *lois sur les droits fondamentaux* canadiennes, une analyse plus approfondie des principes applicables pour circonscrire cet objet de protection concurrent à celui des « convictions religieuses » permet de constater que le régime judiciaire canadien a imposé, selon un point de vue comparatif, des limites conceptuelles plus importantes à l'expression, celles-ci prenant principalement la forme : 1) de limitations intrinsèques plus importantes ; et 2) d'une classification « hiérarchique » des formes d'expression protégées, classification renforçant indirectement le poids de la protection conférée aux convictions religieuses.

---

582 *Irwin Toy Ltd*, précité, note 238, parag. 41.

583 La Cour suprême du Canada a en effet consacré le principe selon lequel, comme c'est le cas pour la liberté de religion qui protège le droit de ne pas avoir de religion, la liberté d'expression protège le droit de ne pas s'exprimer ou, selon la formulation consacrée, de garder le silence. Voir notamment à cet égard les arrêts : *Slaight Communications Inc.* c. *Davidson*, [1989] 1 R.C.S. 1038 et *RJR – MacDonald Inc.* c. *Canada (Procureur général)*, [1995] 3 R.C.S. 199 [ci-après *RJR MacDonald*].

584 *R.* c. *Lucas*, [1998] 1 R.C.S. 439 ; *Prud'homme* c. *Prud'homme*, [2002] 4 R.C.S. 663.

585 *R.* c. *Zundel*, [1992] 2 R.C.S. 731 ; *Canada (Procureur général)* c. *JTI-MacDonald Corp.*, [2007] 2 R.C.S. 610.

586 *R.* c. *Keegstra*, précité, note 238, parag. 36-38.

587 *R.* c. *Little Sisters Books and Art Emporium* c. *Canada (Ministre de la Justice)* ; [2000] 2 R.C.S. 1120 ; *R.* c. *Butler*, [1992] 1 R.C.S. 452.

588 *R.* c. *Sharpe*, [2001] 1 R.C.S. 45.

589 *R.* c. *Keegstra*, précité, note 238 ; *Canada (Commission des droits de la personne)* c. *Taylor*, [1990] 3 R.C.S. 892.

5.1.1. Des limites intrinsèques plus importantes

Comme nous l'avons vu lors du premier titre, la seule limite intrinsèque qui fut imposée aux convictions religieuses en tant qu'objet de protection des *lois sur les droits fondamentaux* est celle de l'atteinte négligeable ou insignifiante, limite dont la mise en œuvre concrète par la jurisprudence canadienne n'a jamais excédé les cas où le préjudice résultant de l'atteinte aux convictions religieuses impliquait l'imposition d'un fardeau administratif ou financier additionnel par rapport aux individus qui ne possèdent pas de telles convictions[590].

Or, la Cour suprême du Canada a imposé des limites intrinsèques beaucoup plus imposantes à l'expression en tant qu'objet de protection des *lois sur les droits fondamentaux*, lesquelles prirent la forme d'une d'exclusion : 1) des actes physiquement violents ; et 2) d'actes expressifs posés dans certains lieux (ou utilisant certains biens) particuliers du champ de protection offert par la liberté d'expression au Canada.

Exclusion des actes physiquement violents

Saisie d'un litige dans le cadre duquel une société privée alléguait que les articles 248 et 249 de la *Loi sur la protection du consommateur*[591] (qui avaient principalement pour effet d'interdire la plupart des formes de publicité commerciale destinée à des enfants de moins de treize ans) étaient contraires à la liberté d'expression protégée par la *Charte canadienne*, la Cour suprême dut se (re)pencher sur la portée attribuée à l'expression en tant qu'objet de protection des *lois sur les droits fondamentaux*, principalement pour savoir si l'expression commerciale pouvait bénéficier de cette même protection supralégislative. Ce faisant, elle établit très clairement une importante limite intrinsèque à cet objet de protection en affirmant que tout acte expressif « violent » ne pourrait pas, en soi, bénéficier de la protection octroyée par la liberté d'expression au Canada :

> Le contenu de l'expression peut être transmis par une variété infinie de formes d'expression : par exemple, l'écrit et le discours, les arts et même les gestes et les actes. Quoique la garantie de la liberté d'expression protège tout contenu d'une expression, il est évident que la violence comme forme d'expression ne reçoit pas cette protection. Il n'est pas nécessaire en l'espèce de définir précisément dans quel cas ou pour quelle raison une <u>forme</u> d'expression choisie pour transmettre un message sort du champ de la garantie. Toutefois il est parfaitement clair que, par exemple, l'auteur d'un meurtre ou d'un viol ne peut invoquer la liberté d'expression pour justifier le mode d'expression qu'il a choisi. Comme le faisait observer le juge

---

[590] Voir *supra*, section 4.1.1.

[591] L.R.Q., c. P-40.1.

McIntyre, au nom de la majorité, dans l'arrêt *SDGMR c. Dolphin Delivery Ltd.*, [1986] 2 R.C.S. 573, lorsqu'il avait à décider si le piquetage relevait de la portée de l'al. 2*b*) (à la p. 588) :

> Cette forme d'expression sera évidemment toujours accompagnée d'actes de la part des piqueteurs, mais ce ne sont pas tous leurs actes qui auront pour effet de changer la nature de l'ensemble de l'opération et de la soustraire à la protection accordée à la liberté d'expression par la *Charte*. Bien sûr, cette liberté ne jouerait pas dans le cas de menaces ou d'actes de violence.

En fait, la liberté d'expression est la garantie que nous pouvons communiquer nos pensées et nos sentiments, de façon non violente, sans crainte de la censure.[592]

Alors que le recours au terme générique de « violence » – et l'incidente référence à l'énoncé affirmé dans l'arrêt *Dolphin Delivery* semblant sous-entendre l'exclusion intrinsèque des « menaces de violence » – aurait pu permettre d'exclure tant les actes de violence physique que psychologique, la Cour suprême est venue clairement préciser, moins d'un an plus tard, que la limite intrinsèque imposée aux dispositions protégeant la liberté d'expression devait se limiter aux actes de violence physique « qui se manifeste directement par un préjudice corporel »[593].

L'imposition de cette limite intrinsèque est clairement justifiée par le fait que les actes expressifs physiquement violents impliquent une atteinte à un droit fondamental concurrent à la liberté d'expression, soit celui protégeant l'intégrité physique (ou l'inviolabilité de sa personne). Ce faisant, la Cour suprême a donc reconnu implicitement une certaine forme de hiérarchie matérielle au sein de l'ensemble des droits et libertés fondamentaux de nature constitutionnelle au Canada. Ce faisant, la Cour a contribué à raffermir notre thèse selon laquelle les convictions religieuses jouissent d'un statut préférentiel au sein de cette même hiérarchie. En effet, qu'il nous soit permis de rappeler que la Cour suprême du Canada n'a jamais remis en question le raisonnement de la majorité dans l'arrêt *Children's Aid*[594], qui a choisi de ne pas imposer de limites intrinsèques aux dispositions protégeant les convictions religieuses lorsque l'exercice de ces dernières avait pour effet d'impliquer une

---

[592] *Irwin Toy*, précité, note 238.

[593] *R.* c. *Keegstra*, précité, note 238. De manière cohérente, la Cour suprême a reconnu que l'expulsion de ressortissants étrangers pour le motif qu'ils auraient participé à des « actes de violence » ou « des activités contribuant à la violence » n'avait pas pour effet de violer la liberté d'expression de ces ressortissants. Voir à cet égard : *Suresh* c. *(Canada) Ministre de la Citoyenneté et de l'Immigration*, [2002] 1 R.C.S. 3 et *Ahani* c. *Canada (Ministre de la Citoyenneté et de l'Immigration)*, [2002] 1 R.C.S. 72 (répertoriés dans H. BRUN *et al.*, *op. cit.*, note 200, pp. 107-108).

[594] Précité, note 207.

atteinte au même droit fondamental (l'intégrité physique)[595] qui a pourtant servi de justificatif pour imposer la première limite intrinsèque aux dispositions protégeant la liberté d'expression au Canada.

Ainsi, bien qu'il nous semble clair que jamais le droit canadien n'admettra que le recours à un objet de protection des *lois sur les droits fondamentaux* – qu'il s'agisse de l'expression ou des convictions religieuses – puisse justifier une atteinte au droit à l'intégrité physique d'un autre individu[596], le simple fait de reporter l'exclusion à l'étape de la justification pour les litiges impliquant une revendication fondée sur les convictions religieuses témoigne clairement de l'écart des valeurs hiérarchiques qui sont accordées, concrètement, à l'expression et aux convictions religieuses en tant qu'objets de protection[597].

Limites « territoriales » à l'expression individuelle

Les tribunaux canadiens ont également imposé deux limites « territoriales » importantes aux dispositions protégeant la liberté d'expression. En effet, alors qu'il est reconnu que les mesures ou actes ayant pour effet de limiter l'expression d'un individu lorsqu'il se trouve sur sa propriété violent, *prima facie*, le droit à la liberté d'expression de ce même individu[598], les dispositions protégeant la liberté d'expression ne couvriront pas les actes expressifs qui impliquent : 1) la propriété d'autres particuliers ou institutions privées non consentant(e)s[599] ; et

---

595 Voir *supra*, section 3.1.2.

596 Voir à cet égard l'analyse que nous menons dans : L.-P. LAMPRON, *loc. cit.*, note 17, pages correspondant à la section 2.2.1 de l'article.

597 Cette conclusion nous semble d'autant plus justifiée lorsque nous parcourons le passage de l'arrêt *Montréal (Ville)* c. *2952-1366 Québec Inc.*, [2005] 3 R.C.S. 141 [ci-après l'arrêt *Ville de Montréal*], parag. 72, dans lequel la Cour suprême explique, en *obiter*, les fondements rationnels sous-jacents à l'exclusion des actes de violence physique du champ protégé par la liberté d'expression au Canada : « L'expression violente, exclue du champ de protection de l'al. 2*b*) à cause du mode d'expression choisi, offre une analogie utile. L'expression violente peut constituer un moyen d'expression politique et servir à favoriser l'épanouissement personnel de son auteur. Toutefois, elle n'est pas protégée par l'al. 2*b*) parce que la violence mine les valeurs que l'al. 2*b*) vise à protéger. La violence nuit au dialogue plutôt que de l'encourager. La violence nuit à l'épanouissement personnel de la victime plutôt que de le favoriser. Et la violence fait obstacle à la recherche de la vérité plutôt que de la faciliter » [nous soulignons]. Il nous semble en effet impossible de justifier pourquoi la Cour suprême a refusé d'appliquer un raisonnement similaire pour (tenter d') exclure intrinsèquement la *conviction religieuse préjudiciable* invoquée dans l'arrêt *Children's Aid*, précité, note 207, autrement que par l'octroi de poids hiérarchiques distincts aux objets de protection de l'expression et des convictions religieuses.

598 Voir notamment à ce sujet : *R.* c. *Guignard*, [2002] 1 R.C.S. 472 et *Vann Niagara Ltd.* c. *Oakville (Ville)*, [2003] 3 R.C.S. 158.

599 La décision *Corporation Sun Media* c. *Syndicat canadien de la fonction publique* rendue en 2007 par la Cour supérieure du Québec, nous semble parfaitement illustrer

2) certains lieux ou propriétés publiques ou généralement accessibles au public. Alors que la première limite territoriale ne mérite pas de développements particuliers dans le cadre du présent livre (les dispositions protégeant la liberté de religion ne permettant pas davantage aux individus d'avoir accès à la propriété d'autrui pour manifester leurs convictions religieuses[600]), la seconde contribue clairement à la démonstration de notre hypothèse de recherche.

C'est en 2005, dans l'arrêt *Ville de Montréal*, que la Cour suprême du Canada a précisé les critères devant être pris en considération pour

---

le principe selon lequel la portée attribuée aux dispositions protégeant la liberté d'expression ne va pas jusqu'à protéger les actes d'individus désirant s'exprimer en utilisant la propriété privée d'institutions (ou personnes) privées non consentantes et ce, malgré le fait que le raisonnement du juge nous semble fondé sur une appréhension douteuse du principe établissant la hiérarchie juridique des *lois sur les droits fondamentaux* par rapport aux autres lois « ordinaires » : *Corporation Sun Media* c *Syndicat canadien de la fonction publique*, D.T.E. 2007T-630 (C.S.) Dans le même sens, voir également : *New Brunswick Boradcasting Co. Ltd.*, c. *Conseil de la radiodiffusion et des télécommunications canadiennes*, (1984) 2 C.F. 410 (C.A.) de même que : François DESJARDINS, « Wal-Mart s'attaque à un site Internet syndical », *Journal Le Devoir*, 4 novembre 2009, [en ligne : http://www.ledevoir.com/economie/actualites-economiques/275474/wal-mart-s-attaque-a-un-site-internet-syndical], (page consultée le 29 août 2010). Le lecteur prendra également note que le principe du non-usage du bien privé d'autrui lors de l'exercice d'un acte expressif particulier, nous semble en effet tout à fait compatible avec les quelques arrêts où la Cour d'appel du Québec a eu (indirectement) à se prononcer sur de telles manifestations de la liberté d'expression dans le contexte particulier du piquetage secondaire aux abords de la résidence privée de cadres œuvrant au sein de l'employeur concerné par le conflit de travail. En effet, même si la Cour suprême a affirmé très clairement que les cas de « piquetage secondaire » – dans le cadre d'un conflit de travail entre un employeur et ses salariés – constituait la plupart du temps un acte expressif pouvant bénéficier de la protection des dispositions protégeant la liberté d'expression (*S.D.G.M.R., section locale 558* c. *Pepsi-Cola Canada Beverages (West) Ltd.*, [2002] 1 R.C.S. 156), non seulement de telles formes de piquetage s'effectuent-elles aux « abords » de (et non pas sur) la propriété de l'employeur, mais le piquetage aux abords des résidences privées de cadres de l'institution-employeuse a fait l'objet de plusieurs limitations importantes par la jurisprudence canadienne, limitations nous semblant par ailleurs tout à fait cohérentes avec le principe général selon lequel la liberté d'expression ne s'étend pas jusqu'à l'utilisation de biens (ou propriétés) d'autrui : voir notamment *Syndicat des communications graphiques, local 41M* c. *Journal de Montréal division du Groupe Quebecor Inc.*, (1994) R.D.J. 456 (C.A.) ; *Syndicat canadien de la fonction publique, section locale 302* c. *Verdun (Ville de)*, [2000] R.J.Q. 356 (C.A.) ; *Syndicat des employées et employés de la Société des casinos du Québec – CSN* c. *Société des casinos du Québec inc.*, 2009 QCCA 1034.

[600] À cet égard, mentionnons notamment la très intéressante affirmation de la Cour d'appel du Québec dans l'arrêt *Ryan* c. *Auclair*, [1989] R.R.A. 291, p. 13 du jugement original : « Les résidents d'une municipalité ont le droit fondamental de ne pas être interpellés à leur domicile par des gens qui distribuent des tracts religieux, qui cherchent à les entretenir de leurs convictions religieuses et qui sollicitent des aumônes ».

déterminer si la liberté d'expression protégeait, intrinsèquement, certains actes expressifs posés en un lieu public (ou généralement accessible au public) particulier :

> L'activité expressive ne devrait être exclue du champ de protection de l'al. 2*b*) que si le lieu ou le mode d'expression en cause minent les valeurs sous-jacentes à cette garantie. [...] pour déterminer quels sont les endroits publics qui échappent à la protection de l'al. 2*b*), nous devons nous demander si la liberté d'expression dans l'endroit visé mine les valeurs sous-jacentes à l'al. 2*b*). [...]
>
> La question fondamentale quant à l'expression sur une propriété appartenant à l'État consiste à déterminer s'il s'agit d'un endroit public où l'on s'attendrait à ce que la liberté d'expression bénéficie d'une protection constitutionnelle parce que l'expression, dans ce lieu, ne va pas à l'encontre des objectifs que l'al. 2*b*) est censé favoriser, soit : (1) le débat démocratique ; (2) la recherche de la vérité ; et (3) l'épanouissement personnel. Pour trancher cette question, il faut examiner les facteurs suivants :
>
> a) la fonction historique ou réelle de l'endroit ;
>
> b) les autres caractéristiques du lieu qui laissent croire que le fait de s'y exprimer minerait les valeurs sous-jacentes à la liberté d'expression.[601]

Si cette limite intrinsèque a, jusqu'ici, permis aux tribunaux canadiens d'exclure quelques types particuliers de lieux du champ de protection accordé par les dispositions protégeant la liberté d'expression au Canada[602], elle a surtout été interprétée comme ne protégeant pas les

---

601 *Ville de Montréal*, précité, note 597, parag. 72-74.

602 « D'autre part, la liberté d'expression ne peut manifestement pas être exercée sur certaines propriétés gouvernementales, telles *la salle de délibération des jurés, le cabinet du juge du procès et les salles de conférence des cours d'appel* » : C. BRUNELLE, *loc. cit.*, note 349, à la page 51 : l'extrait en italique de la citation étant tiré de la décision *Société Radio-Canada* c. *Procureur général du Nouveau-Brunswick*, [1996] 3 R.C.S. 480, 499. S'agissant spécifiquement de la liberté d'expression de salariés lorsqu'ils se trouvent sur le lieu de travail, certaines décisions québécoises ont intrinsèquement exclu certaines formes d'expression du champ de protection couvert par la liberté d'expression. Par exemple, dans la décision *Hilton International Québec* c. *Syndicat des travailleuses et travailleurs de l'Hôtel Hilton Québec (C.S.N.)*, [1986] D.L.Q. 285 (T.A.), il fut décidé que le congédiement d'un salarié pour le seul motif qu'il ait continué de porter, sur le lieu de travail, un macaron syndical sur lequel on retrouvait des propos désobligeants à l'endroit de son employeur ne violait pas la liberté d'expression de ce même salarié (protégée en vertu de l'article 3 de la *Charte québécoise*). Dans le même sens, certains passages de la décision *Acier Argo Ltée et Association internationale des travailleurs du métal en feuilles, section locale 133 (F.T.Q.)*, (1998) R.J.D.T. 1426 (T.A.) laissent croire que des formes d'expression offensantes pour l'employeur ou faites alors que les employés sont en contact avec la clientèle pourraient ne pas être protégées par la liberté d'expression. *A contrario*, voir notamment les décisions : *Quan* c. *Canada (Conseil du trésor)*, [1990] 2 C.F. 191 (C.A.F.) et *Telus* c. *Telecommunications Workers*

formes d'expression ayant pour effet de « dénaturer » la *fonction historique ou réelle de l'endroit* public choisi pour poser l'acte expressif (ou à tout le moins, entraver substantiellement la mise en œuvre de cette fonction). Ainsi, le seul exemple fourni par la Cour suprême pour illustrer une telle situation dans l'arrêt *Ville de Montréal* est celui où, pour emprunter les mots du professeur Christian Brunelle : « l'usage expressif qui en est fait a pour effet d'*empêcher les gens d'utiliser la rue pour circuler ou communiquer* »[603]. S'agissant de la transposition de cette limite intrinsèque aux dispositions protégeant la liberté d'expression et applicables en matières privées (comme par exemple l'article 3 de la *Charte québécoise*), et bien qu'aucun arrêt de la Cour d'appel ou de la Cour suprême ne se soit encore directement penché sur la question, il nous semble que : 1) l'établissement du principe général consacrant la protection « uniforme » de l'expression en tant qu'objet de protection des *lois sur les droits fondamentaux* canadiennes[604] ; et 2) le fait que les résultats concrets de différents arrêts interprétant la portée conférée à la liberté d'expression en contexte privé permettent également d'exclure certains lieux particuliers du champ de protection de l'article 3 de la *Charte québécoise*[605] ; nous autorisent à croire que la limite territoriale établie dans l'arrêt *Ville de Montréal* est tout à fait compatible avec l'état du droit actuel en matières privées et en conséquence, pourrait tout à fait y être transposé.

Cette limite intrinsèque distingue donc avantageusement les dispositions protégeant les convictions religieuses de celles protégeant la liberté d'expression puisque le recours aux premières – protégeant tant les « convictions » que les « manifestations de ces convictions » faut-il le rappeler[606] – n'est pas soumis au respect de telles « limites territoriales ». Pour illustrer cet écart, prenons comme exemple une institution à voca-

---

Union (Satterthwaite Grievance), [2007] C.L.A.D. n° 250 (Labour arbitration), au sein desquelles il semble clair que la possibilité pour les employeurs d'empêcher les salariés d'exercer certaines formes d'expression désobligeantes à leur endroit relève du processus de la justification des atteintes à un droit fondamental (en l'occurrence, la liberté d'expression des employés concernés).

603 *Id.* : l'extrait en italique de la citation étant tiré du paragraphe 67 de l'arrêt *Ville de Montréal*, précité, note 597.

604 Voir *supra*, note 577.

605 Notamment les arrêts de la Cour d'appel rendus en matière de piquetage aux abords des résidences privées des employeurs : voir *supra*, note 599, les décisions rendues quant à l'expression de « convictions syndicales » sur le lieu (et pendant les heures) de travail : *Hilton International Québec* c. *Syndicat des travailleuses et travailleurs de l'Hôtel Hilton Québec (C.S.N.)*, précité, note 602 et *Acier Argo Ltée et Association internationale des travailleurs du métal en feuilles, section locale 133 (F.T.Q.)*, précité, note 602 ainsi que celles relatives à l'utilisation du bien d'autrui : *Corporation Sun Media* c *Syndicat canadien de la fonction publique*, précité, note 599.

606 Voir *supra*, texte correspondant à la note 261.

tion « ordinaire » (par opposition aux institutions à vocation religieuse pouvant être visées par l'article 20 de la *Charte québécoise*) qui voudrait s'inspirer des règles qui régissent actuellement les membres de la fonction publique française[607] et qui, au nom du principe de la laïcité (ou d'une quelconque « neutralité religieuse »), interdirait toute forme d'expression religieuse de la part des individus qui y travaillent, lorsqu'ils sont présents sur les lieux de travail. Alors qu'un recours en vertu de la liberté d'expression permettrait, en principe, d'analyser la fonction historique de l'institution en question au stade initial de l'analyse (pour tenter de démontrer, par exemple, que le passé laïque de l'institution en question doit avoir pour effet d'exclure intrinsèquement les actes expressifs visés du champ de protection offert par la liberté d'expression[608]), il serait tout à fait impossible que de tels arguments soient examinés au stade initial de litiges intentés en vertu des volets « passifs » ou « actifs » de la protection octroyée aux convictions religieuses en vertu des *lois sur les droits fondamentaux*. Ainsi, pour tout paradoxal que cet énoncé puisse paraître et exception faite des conclusions que nous tirons au point suivant du présent chapitre, il appert clairement que l'expression religieuse (lorsqu'elle découle de convictions religieuses protégées par les *lois sur les droits fondamentaux*) jouit d'une protection beaucoup plus « étanche » en vertu des dispositions protégeant les convictions religieuses que celles protégeant l'expression au sens large.

5.1.2. Cœur et périphérie de la liberté d'expression : certaines formes d'expressions moins protégées

Second argument justifiant le statut hiérarchiquement supérieur des convictions religieuses à l'expression en tant qu'objets de protection des *lois sur les droits fondamentaux* canadiennes, la liberté d'expression

---

[607] Voir *supra*, section 4.1.2.

[608] Appliquant le test établi dans l'arrêt *Ville de Montréal*, précité, note 597, et plus spécifiquement le critère de la fonction historique du « lieu public » concerné par le litige dont ils étaient saisis (soit les espaces publicitaires disponibles sur les autobus publics), les juges majoritaires de la Cour suprême du Canada dans l'arrêt *Greater Vancouver*, rendu en fournissent une série très intéressantes d'indices quant à la mise en œuvre de ce même critère, laquelle dépend finalement en grande partie de l'usage qui a été fait du (ou des) lieu(x) concerné(s) dans le passé : « Le fait que l'expression publique y a été permise ou qu'elle l'est actuellement est un bon indice de sa protection constitutionnelle. […]

La question est de savoir si la fonction historique ou réelle ou quelque autre caractéristique de l'espace ou du lieu est incompatible avec l'expression ou permet de conclure que l'expression dans cet espace ou dans ce lieu minerait les valeurs qui sous-tendent la liberté d'expression. L'une des avenues possibles pour trancher est celle de considérer la pratique antérieure ou actuelle » [nous soulignons] : *Greater Vancouver Transportation Authority* c. *Fédération canadienne des étudiantes et étudiants – Section Colombie-Britannique*, [2009] 2 R.C.S. 295, parag. 41-42.

s'est vue attribuer un « cœur » – et donc une « périphérie » – par la Cour suprême du Canada. Selon les plus hauts magistrats du pays, le cœur de la liberté d'expression se définit en ces termes :

> Nous avons déjà parlé de la nature des principes et des valeurs qui sous-tendent la protection vigilante de la liberté d'expression dans une société comme la nôtre. Cette Cour les a également examinés dans l'arrêt *Ford* [...] et ils peuvent se résumer ainsi : (1) la recherche de la vérité est une activité qui est bonne en soi ; (2) la participation à la prise de décisions d'intérêt social et politique doit être encouragée et favorisée ; et (3) la diversité des formes d'enrichissement et d'épanouissement personnels doit être encouragée dans une société qui est essentiellement tolérante, même accueillante, non seulement à l'égard de ceux qui transmettent un message, mais aussi à l'égard de ceux à qui il est destiné.[609] [nous soulignons]

Alors que les trois juges majoritaires dans l'arrêt *Irwin Toy*, rendu en 1989, avaient établi que seules les activités expressives pouvant être liées à l'une ou l'autre des « valeurs sous-tendant la liberté d'expression » devaient bénéficier de la protection offerte par cette même liberté fondamentale[610], la Cour suprême du Canada a par la suite rectifié le tir et restreint les limites intrinsèques de la liberté d'expression aux seules que nous avons examinées au point précédent (soit celles en lien avec les actes physiquement violents et les lieux impropres à l'expression). Ces valeurs centrales à la protection octroyée par la liberté d'expression, pour autant, n'ont pas été dénuées de toute pertinence en droit canadien, bien au contraire. En effet, dans l'arrêt *RJR Macdonald* prononcé en 1995, la Cour suprême a très clairement affirmé que certaines formes d'expression bénéficient d'une protection plus importante que d'autres, tout dépendant de leur rapport avec les trois valeurs représentant le « cœur de la protection » octroyée par la liberté d'expression au Canada :

> Dans une série d'arrêts sur la liberté d'expression rendus depuis *Edmonton Journal* [[1989] 1 R.C.S. 1326] notre Cour a reconnu que, selon sa nature, l'expression pourra bénéficier de divers degrés de protection constitutionnelle [nous soulignons]. [...]

---

609 *Irwin Toy*, précité, note 238, parag. 53.

610 « Pour démontrer que l'action du gouvernement a eu pour effet de restreindre sa liberté d'expression, la demanderesse doit établir que son activité favorise au moins un de ces principes. Par exemple, il ne suffirait pas de dire que des cris comportent un élément d'expression. Si la demanderesse conteste l'effet d'une action gouvernementale qui vise à réglementer le bruit, dans l'hypothèse que le but de cette action est neutre quant à l'expression, elle doit démontrer que son but est de transmettre un message qui reflète les principes qui sous-tendent la liberté d'expression. La délimitation complète et précise des types d'activités qui favorisent ces principes relève évidemment d'un examen judiciaire qui doit être fait dans chaque cas. Mais la demanderesse doit au moins décrire le message transmis et son rapport avec la recherche de la vérité, la participation au sein de la société ou l'enrichissement et l'épanouissement personnels » : *Ibid.*

> Bien que la liberté d'expression constitue indubitablement une valeur fondamentale, il existe d'autres valeurs fondamentales qui méritent aussi d'être protégées et examinées par les tribunaux. [...] Dans l'arrêt *Keegstra* [...] le juge en chef Dickson a identifié ces valeurs fondamentales ou se trouvant au « cœur » d'une garantie comme incluant la découverte de la vérité dans les affaires politiques et dans les entreprises scientifiques et artistiques, la protection de l'autonomie et de l'enrichissement personnels et la promotion de la participation du public au processus démocratique. Lorsque les mesures gouvernementales menacent ces valeurs, notre Cour a pris soin d'en faire un examen rigoureux. Toutefois, lorsque la forme d'expression menacée s'écarte beaucoup de l'« esprit même » de la garantie, notre Cour a statué que les restrictions à cette expression sont moins difficiles à justifier. Comme le juge en chef Dickson l'a fait remarquer dans *Keegstra*, précité, à la p. 760 :
>
>> *À mon avis, toutefois, l'analyse en vertu de l'article premier d'une restriction imposée à l'al.* 2b) *doit tenir compte de la nature de l'activité expressive que l'État cherche à restreindre. Si nous devons veiller à ne pas juger l'expression en fonction de sa popularité, il est tout aussi néfaste pour les valeurs inhérentes à la liberté d'expression, et pour les autres valeurs sous-jacentes à une société libre et démocratique, de considérer que toutes les sortes d'expressions revêtent la même importance au regard des principes qui sont au cœur de l'al.* 2b).
>
> Dans les cas où l'expression en question s'écarte beaucoup des valeurs au « cœur » de la liberté d'expression, notre Cour a appliqué une norme de justification moins sévère.[611] [nous soulignons]

Sur la foi de cet énoncé de principe général établi par la Cour suprême du Canada et de l'ensemble de ceux qui ont suivi dans le cadre de litiges impliquant différentes formes d'actes expressifs particuliers, il nous semble aujourd'hui possible de diviser en trois grandes catégories le méta-ensemble des actes expressifs protégés par la liberté d'expression au Canada, catégories pour lesquelles le processus de justification en vertu des dispositions limitatives sera plus ou moins sévèrement appliqué, tout dépendant de leur éloignement ou proximité avec les trois valeurs au cœur de la liberté d'expression au Canada. Se retrouvent donc sur ce spectre d'intensité : 1) les actes expressifs dont l'objectif est

[611] *RJR MacDonald*, précité, note 583, parag. 71-73. Le fait qu'il soit plus facile de justifier les atteintes à certaines formes d'expression protégées par les *lois sur les droits fondamentaux* canadiennes – et l'impact potentiellement *hiérarchisant* de cette possibilité – a par ailleurs été brièvement noté par le professeur Stéphane Bernatchez, de l'Université de Sherbrooke : Stéphane BERNATCHEZ, « La hiérarchisation et la conciliation contextuelle du droit à l'égalité et de la liberté de religion », dans Marie-France BUREAU (dir.), *Sexualité et démocratie : Perspectives multidisciplinaires francophones*, Sherbrooke, Éditions de la Revue de droit de l'Université de Sherbrooke, 2009, p. 77, aux pages 91-92.

directement en lien avec l'une ou l'autre des trois valeurs constituant le « cœur » des dispositions protégeant la liberté d'expression au Canada (comme par exemple l'expression politique[612], journalistique ou pouvant plus largement être associée à l'exercice de la « liberté de presse »[613], artistique[614] ou syndicale[615]) ; 2) les actes expressifs dont l'objectif n'est pas directement en lien avec le cœur de la liberté d'expression protégée au Canada (comme l'expression commerciale[616]) ; et finalement 3) les actes expressifs « socialement indésirables » ou directement opposés aux « valeurs fondamentales qui sous-tendent la liberté d'expression »[617]

---

612 Voir notamment : *Harper* c. *Canada (Procureur général)*, [2004] 1 R.C.S. 827, parag. 84 ; *Libman* c. *Québec (Procureur général)*, [1997] 3 R.C.S. 569, parag. 19 et 29 ; *Thomson Newspaper Co.* c. *Canada (Procureur général)*, [1998] 1 R.C.S. 877, parag. 94 de même que H. BRUN, G. TREMBLAY et E. BROUILLET, *op. cit.*, note 169, pp. 1060-1061.

613 Voir notamment : *Société Radio-Canada* c. *Lessard*, [1991] 3 R.C.S. 421, parag. 65 de même que les deux sections consacrée à la protection spécifique de la liberté de la presse (en vertu de la *Charte canadienne* et de la *Charte québécoise* dans l'ouvrage : H. BRUN *et al.*, *op. cit.*, note 200, pp. 136-145 (parag. 2b/278-2b)/333) et pp. 799-803 (parag. 3/29-3/49).

614 Voir notamment : *R.* c. *Keegstra*, précité, note 238, parag. 84 et 87 et *Aubry* c. *Vice-Versa*, précité, note 401, parag. 55.

615 Voir notamment l'arrêt *Dolphin Delivery*, précité, note 186, parag. 20 (concernant spécifiquement le cas du piquetage comme forme « d'expression syndicale ») ; *B.C.G.E.U.* c. *Colombie-Britannique (P.G.)*, [1988] 2 R.C.S. 214 ; *Montréal (Communauté urbaine de)* c. *Fraternité des policiers et policières de la Communauté urbaine de Montréal*, [1995] R.J.Q. 2549 (C.A.) ; *S.D.G.M.R., section locale 558* c. *Pepsi-Cola Canada Beverages (West) Ltd.*, précité, note 599 et *T.U.A.C., section locale 1518* c. *K-Mart Canada Ltd.*, [1999] 2 R.C.S. 1083.

616 « Bien qu'il ait été clairement établi que l'expression commerciale n'échappe pas à la portée de l'al. 2*b*), le fait que l'expression soit commerciale n'est pas nécessairement sans importance du point de vue constitutionnel. La réglementation de la publicité peut porter atteinte à la liberté d'expression garantie à l'al. 2*b*) de la *Charte* mais cela ne met pas fin à l'examen. La question supplémentaire de savoir si la violation peut être justifiée aux termes de l'article premier de la *Charte* doit être examinée. [...]

L'expression qui est restreinte par ce règlement est celle de dentistes qui désirent communiquer des renseignements à des patients réels ou éventuels. Dans la plupart des cas, leur raison d'agir ainsi est principalement d'ordre économique. À l'inverse, s'ils sont empêchés d'agir ainsi, la perte qu'ils subissent est simplement une perte de bénéfice et non une perte d'occasion de participer au processus politique ou au "marché des idées", ou de réaliser un épanouissement personnel sur le plan spirituel ou artistique : voir *Irwin Toy*, précité, à la p. 976. Cela laisse entendre qu'il se pourrait que des restrictions imposées à des expressions de ce genre soient plus faciles à justifier que d'autres atteintes à l'al. 2*b*) » : *Rocket* c. *College Royal des chirurgiens-dentistes d'Ontario*, [1990] 2 R.C.S. 232. Dans le même sens, voir aussi : *R.* c. *Ratelle*, [1994] R.J.Q. 1485 (C.A.).

617 Voir notamment : *R.* c. *Sharpe*, précité, note 588, parag. 181.

(comme la diffamation[618], la propagande haineuse[619] ou la pornographie juvénile[620]).

Cette définition d'un cœur (et donc d'une périphérie) applicable à l'expression en tant qu'objet de protection des *lois sur les droits fondamentaux* canadienne est de nature à démontrer la supériorité hiérarchique de l'objet de protection des convictions religieuses pour deux raisons.

Le premier argument est directement lié à la très étroite relation qui unit les deux objets de protection faisant l'objet de la présente analyse, relation découlant du fait que l'expression de convictions religieuses n'est, comme le rappelle à bon droit le professeur Jaques Robert, « qu'un aspect particulier d'une liberté beaucoup plus large, la liberté d'opinion ou d'expression »[621]. Ainsi, même si les litiges impliquant l'expression de convictions religieuses sincères seront traités en vertu des dispositions protégeant la liberté de religion ou interdisant la discrimination fondée sur les convictions religieuses[622], l'établissement de la dichotomie « cœur »/périphérie se trouve à renforcer indirectement les convictions religieuses en tant qu'objet de protection des *lois sur les droits fondamentaux*, ne serait-ce qu'en établissant clairement leur suprématie hiérarchique sur toutes les formes d'expression regroupées aux deuxième et troisième catégories d'actes expressifs dont nous avons dressé la nomenclature un peu plus haut. En effet, et bien que la Cour suprême du Canada ne se soit jamais clairement prononcée sur cette question, il nous semblerait fort difficile (voire impossible) d'argumenter que l'expression de convictions religieuses sincères, quelles qu'elles soient,

---

618 Voir notamment : *R.* c. *Lucas*, précité, note 584, parag. 57.

619 Voir notamment : *R.* c. *Keegstra*, précité, note 238, 92, (j. en chef Dickson pour la majorité).

620 Voir notamment : *R.* c. *Sharpe*, précité, note 588, parag. 183 et 186.

621 J. ROBERT, *loc. cit.*, note 271, à la page 351.

622 Celles-ci, faut-il le rappeler encore une fois, protégeant tant les convictions religieuses sincères que l'expression de ces mêmes convictions : voir à cet égard, *supra*, texte correspondant à la note 261. C'est d'ailleurs l'existence de dispositions directement consacrées à la protection des différentes formes d'expressions religieuses que le juge Dickson de la Cour suprême du Canada a sciemment exclu l'expression religieuse des formes d'expression se trouvant au « cœur » de la liberté d'expression au Canada : « Dans l'arrêt *Keegstra*, [...] le juge en chef Dickson a identifié ces valeurs fondamentales ou se trouvant au « cœur » d'une garantie comme incluant la découverte de la vérité dans les affaires politiques et dans les entreprises scientifiques et artistiques... » [nous soulignons] : *RJR Macdonald*, précité, note 583, parag. 72. Cette exclusion était tout à fait compatible avec le principe de l'interprétation corrélative des dispositions d'une même *loi sur les droits fondamentaux*, en vertu duquel, pour reprendre les termes utilisés par la Cour suprême dans l'arrêt *Dubois* c. *R.*, [1985] 2 R.C.S. 350, parag. 43 : « [les *lois sur les droits fondamentaux* doivent] s'interpréter comme un système où *chaque élément contribue au sens de l'ensemble et l'ensemble au sens de chacun des éléments* ».

ne participe pas à l'une ou l'autre des trois valeurs sous-jacentes à la protection de la liberté d'expression (soit : 1) la recherche de la vérité ; 2) la participation à la prise de décisions d'intérêt social et politique ; ou 3) l'atteinte d'une certaine forme d'épanouissement personnel) et, incidemment, ne font pas partie de la première catégorie d'actes expressifs protégés[623].

Le second argument découle quant à lui du fait que la Cour suprême du Canada se soit permis d'établir très clairement une hiérarchie juridique entre les différentes formes d'expression correspondant au *cœur* de la liberté d'expression et celles qui n'en font pas partie. Cette interprétation – qui, sans imposer de limites intrinsèques à la liberté d'expression, officialise le fait qu'il sera plus facile de justifier une atteinte à la liberté d'expression de certains individus/institutions lorsque l'acte expressif qu'ils invoquent n'est pas directement en lien avec le cœur de la liberté d'expression – est directement opposée à celle, majoritaire, qui prévaut en ce qui a trait à l'interprétation des convictions religieuses en tant qu'objet de protection des *lois sur les droits fondamentaux*. En effet, bien que les tribunaux canadiens aient eu à de nombreuses reprises à trancher des litiges impliquant certaines *convictions religieuses préjudiciables*, jamais la Cour suprême du Canada n'a osé établir une liste de principes aussi précise que celle qu'elle a établie pour délimiter le cœur de la liberté d'expression. En fait, outre les nombreux énoncés de principe généraux (ré)affirmant que les dispositions protégeant les convictions religieuses, à l'instar de toutes les autres dispositions des *lois sur les droits fondamentaux*, ne devaient pas être considérées comme ayant une portée absolue, le seul arrêt d'envergure où il fut affirmé clairement que certaines atteintes à une catégorie de *convictions religieuses préjudiciables* pourraient, en principe, être plus facilement justifiables en vertu des dispositions justificatives fut l'arrêt *Ross*, rendu en 1996 :

> Quant à la liberté de religion, toute croyance religieuse qui dénigre et attaque les croyances religieuses d'autrui mine le fondement même de la garantie de l'al. 2*a*), un fondement qui garantit à chaque personne la liberté d'embrasser et de manifester les croyances que lui dicte sa conscience. **L'intimé se sert de ses opinions religieuses** pour nier aux Juifs le respect de la dignité et de l'égalité qui, dit-on, comptent parmi les valeurs fondamentales devant guider les tribunaux qui procèdent à une analyse fondée sur l'article premier. Lorsque les manifestations d'un droit ou d'une liberté d'une personne sont incompatibles avec les valeurs mêmes que l'on cherche à maintenir en procédant à une analyse fondée sur l'article premier, il convient de

---

623 Au contraire, l'expression de convictions religieuses individuelles a été expressément utilisée comme exemple d'acte expressif s'inscrivant directement au cœur des *valeurs fondamentales sous-tendant le droit à la liberté d'expresssion* : *R.J.R. MacDonald*, précité, note 583, parag. 116.

permettre un degré atténué de justification au sens de l'article premier.[624] [nos soulignés et caractères gras]

Bien que la facture générale de cet énoncé de principe semble tout à fait permettre, de prime abord, une interprétation similaire à celle découlant de la dichotomie *cœur*/périphérie applicable aux dispositions protégeant la liberté d'expression, « le principe général de modulation » établi par la Cour suprême dans l'arrêt *Ross* a été très habilement formulé de manière à éviter à cette même Cour de rendre son jugement par rapport à une « conviction religieuse » méritant la protection de la *Charte canadienne* en vertu des critères jurisprudentiels pertinents en la matière. En effet, dans un contexte où elle choisit de traiter simultanément les allégations d'atteintes à la liberté de religion et d'expression du plaignant (ce qui est pour le moins inhabituel considérant le fait que les dispositions protégeant les convictions religieuses, comme nous l'avons vu, ont été interprétées comme couvrant à la fois les convictions religieuses et l'expression de ces dernières[625]), non seulement la Cour suprême n'affirme jamais directement que les « convictions religieuses » du plaignant sont sincères, mais elle se borne à qualifier les raisons alléguées par le plaignant pour justifier ses propos antisémites de simples « opinions religieuses » (expression traduite par « religious views » dans la version anglaise de l'arrêt[626]) à l'étape de la justification. Dans un contexte où l'analyse du raisonnement suivi tend à démontrer que la Cour suprême doutait (au mieux) du caractère religieux des « convictions individuelles » invoquées par le plaignant, l'important écart entre les concepts d'« opinions » et celui, consacré/protégé par les *lois sur les droits fondamentaux*, de « convictions » religieuses nous porte à croire que dans les faits, cette même Cour a rendu son jugement en vertu des principes propres à la « liberté d'expression » du plaignant, lesquels protègent clairement l'expression d'une « opinion religieuse ».

Le fait que « le principe général de modulation » établi dans l'arrêt *Ross* n'ait, dans les faits, jamais été appliqué à un litige impliquant une « conviction religieuse » protégée nous semble par ailleurs conforté par l'analyse des différents arrêts de la Cour suprême du Canada qui ont suivi l'arrêt *Ross* et qui impliquaient l'exercice d'une (ou plusieurs) *conviction(s) religieuse(s) préjudiciable(s)* (qu'il s'agisse des arrêts *Trinity*

---

[624] *Ross*, précité, note 200, parag. 94.

[625] Voir *supra*, texte correspondant à la note 261.

[626] La version anglaise de la phrase en question étant la suivante : « The respondent's religious views serve to deny Jews respect for dignity and equality said to be among the fundamental guiding values of a court undertaking a s. 1 analysis » [nous soulignons] : *Ross*, précité, note 200, parag. 94.

Western[627], *Bruker* c. *Marcovitz*[628] ou *A.C.* c. *Manitoba*[629]), arrêts dans le cadre desquels la « modulation » de l'arrêt *Ross* n'a été ni appliquée, ni même simplement « rappelée » par la Cour suprême. En d'autres termes : il semble que le « principe général de modulation » établi dans l'arrêt *Ross* se limite, dans les faits, aux situations où un individu alléguerait que l'expression de propos attentatoires à un autre droit ou liberté fondamental tire sa source « d'opinions religieuses » particulières.

5.2. La liberté d'association (et de réunion pacifique)

Contrairement au cas de la liberté d'expression, les dispositions protégeant la liberté d'association au sein des deux *chartes* applicables sur le territoire québécois ne souffrent d'aucune différence terminologique. Elles protègent toutes deux la liberté d'association et de réunion pacifique :

Charte canadienne

Art. 2

Chacun a les libertés fondamentales suivantes : [...]

c) liberté de réunion pacifique

d) liberté d'association »

Charte québécoise

Art. 3

Toute personne est titulaire des libertés fondamentales telles [...] la liberté de réunion pacifique et la liberté d'association.

---

627 Précité note 250, arrêt fondé sur un litige impliquant l'obligation faite aux étudiants et employés de l'Université Trinity Western, un établissement scolaire privé et confessionnel (rattaché à l'*Evangelical Free Church of Canada*), de signer un « code de vie » dans lequel ils s'engageaient notamment à ne pas adopter de comportements homosexuels : voir à cet égard : *infra*, section 6.3.2.

628 Précité, note 128, arrêt fondé sur la contractualisation d'une obligation religieuse en matière matrimoniale : un ex-mari de religion juive s'étant engagé par contrat à remettre le *get* (ou divorce religieux ne pouvant être octroyé que par l'ex-mari à son épouse et sans l'obtention duquel cette dernière ne peut se remarier religieusement) à son ex-épouse et ayant, par la suite, refusé de s'exécuter pendant plus de 15 ans. Voir à cet égard l'analyse que nous faisons de cette conviction religieuse dans L.-P. LAMPRON, *loc. cit.*, note 233.

629 [2009] 2 R.C.S. 181, arrêt fondé sur le refus d'une jeune adolescente de 14 ans, au nom de ses convictions religieuses individuelles, de recevoir une transfusion sanguine jugée nécessaire à sa survie. Bien qu'elle semble davantage impliquer le droit à l'auto-détermination (et donc à la « liberté individuelle » au sens de l'article 7 de la *Charte canadienne*) cette conviction religieuse nous apparaît « préjudiciable » en ce qu'elle fait intervenir la très délicate question de l'influence des parents en matière de convictions religieuses et, donc, le droit des parents d'éduquer leurs enfants conformément à leurs convictions religieuses, droit qui était au cœur d'un arrêt ayant été rendu moins d'un an avant l'arrêt *Ross*, soit l'arrêt *Children's Aid*, précité, note 207.

Très généralement associées au mouvement syndical[630], les dispositions protégeant la liberté d'association visent en fait un objet de protection aux ramifications beaucoup plus larges, comme le résume fort habilement le professeur Alain-Serge Mescheriakoff :

> Avant d'être une institution juridique, l'association est un fait social vraisemblablement aussi vieux que l'humanité elle-même ; il existe ainsi des associations biologiques engendrant la famille, des associations que l'on pourrait qualifier de politiques par lesquelles les individus se placent sous la protection d'un groupe organisé (l'État, la Nation) ; à côté de ces phénomènes associatifs naturels, il existe des associations volontaires par lesquelles un certain nombre d'individus (au moins deux) décident de se regrouper en vue de conduire une œuvre en commun.[631]

Dans la présente section nous verrons que, d'un point de vue comparatif, la protection octroyée à l'association en tant qu'objet de protection des *lois sur les droits fondamentaux* est légèrement plus restrictive que celle octroyée aux convictions religieuses ; état de fait parfaitement illustré par : 1) l'interprétation qui fut conférée au concept protégé d'« association » ; et 2) la reconnaissance (limitée) du droit de non-association et la coexistence de ce « droit à portée limitée » avec un

---

630 À un tel point, en fait, que le comité tripartite « instauré initialement pour procéder à l'examen préliminaire des allégations relatives à des violations » (Éric GRAVEL, « Les mécanismes de contrôle de l'OIT : bilan de leur efficacité et perspectives d'avenir », dans Jean-Claude JAVILIER et Bernard GERNIGON (dir.), *Les normes internationales du travail : un patrimoine pour l'avenir / Mélanges en l'honneur de Nicolas Valticos*, Genève, BIT, 2004, p. 3, à la page 6) des *Conventions* n° 87 et 98 de l'Organisation internationale du travail fut baptisé : *Committee on Freedom of Association and Collective Bargaining* dans sa version anglaise et : *Comité de la liberté syndicale* dans sa version française (voir à cet égard : BUREAU INTERNATIONAL DU TRAVAIL, *International Labour Standards*, [en ligne : http://webfusion.ilo.org/public/db/standards/normes/libsynd/index.cfm?Lang=FR&hdroff=1], (page consultée le 22 août 2010). La même synonymie entre « Freedom of association » et « liberté syndicale » peut par ailleurs être relevée pour le titre de la *Convention n° 87* de l'OIT : ORGANISATION INTERNATIONALE DU TRAVAIL, *ILO LEX : Base de données sur les normes internationales du travail*, [en ligne : http://www.ilo.org/ilolex/french/convdisp1.htm], (page consultée le 22 août 2010). Plus largement sur l'intime interrelation unissant les différentes formes d'action syndicale et la liberté d'association, voir notamment : Karen CURTIS, « Democracy, Freedom of Association and the ILO », dans Juan SOMAVIA *et al.* (dir.), *Les normes internationales du travail : un patrimoine pour l'avenir – Mélanges en l'honneur de Nicolas Valticos*, Genève, BIT, 2004, p. 89.

631 Alain-Serge MESCHERIAKOFF, « Association (Liberté d'-) », dans J. ANDRIANTSIMBAZOVINA *et al.* (dir.), *op. cit.*, note 48, p. 76. Cet objet fort large de « l'association » en tant qu'objet de protection de textes juridiques visant à protéger les droits et libertés fondamentaux s'apparie par ailleurs fort bien avec la définition générale qui fut donnée à cet objet de protection des *lois sur les droits fondamentaux* canadiennes par la Cour suprême du Canada dans l'arrêt *Renvoi relatif à la Public Service Employee Relations Act*, précité, note 350, parag. 148.

régime d'exemptions législatives en vertu duquel il est possible qu'un salarié syndiqué refuse de verser une cotisation syndicale pour des motifs religieux.

5.2.1. L'interprétation restrictive du concept d'« association » protégée par les lois sur les droits fondamentaux

Selon sa définition usuelle, l'association vise autant : « [l']action de se réunir d'une manière durable ; [l']état de ceux qui sont réunis » que : « [le] groupement de personnes qui s'unissent en vue d'un but déterminé »[632] [nous soulignons]. Au sens large, on constate donc que le terme « association » implique évidemment le choix (et le fait) de s'associer avec d'autres individus (*l'acte associatif*[633]) mais fait également référence à la raison qui justifie cet acte associatif. Ainsi, le fait de protéger la « liberté » d'association – et non pas la simple liberté de s'associer – implique initialement un flou sémantique légitimant des interprétations tant restrictives (protection limitée à l'acte associatif) que généreuses (protection de l'acte associatif et des activités de l'association ainsi composée) de cet objet de protection.

Or, contrairement au cas des convictions religieuses qui furent définies de manière extrêmement large en vertu des critères individuels de la croyance sincère et de la religion personnelle[634], les tribunaux canadiens imposeront une portée « mitoyenne » au concept d'association protégée, la limitant pendant près de vingt ans aux seuls *actes associatifs* en tant que tels. En effet, jusqu'aux arrêts *Dunmore* et *Health Services*, respectivement rendus par la Cour suprême en 2001[635] et 2007[636], la définition de l'« association » protégée par les *lois sur les droits fondamentaux* se limitait exclusivement à celle des *actes associatifs* posés par les individus visés par ces mêmes lois. Comme l'affirmait la Cour suprême en 1987, dans le classique arrêt *Renvoi relatif à la Public Service Employee Relations Act* :

> En considérant la situation constitutionnelle de la liberté d'association, il faut reconnaître que, bien qu'elle assure la promotion de nombreux intérêts collectifs et, naturellement, qu'elle ne puisse être exercée seule, il s'agit

---

632 J. REY-DEBOVE et A. REY, *op. cit.*, note 16, p. 159.

633 Qui nous servira à désigner ce que la Cour suprême du Canada a désigné sous le vocable « acte d'association » : *Lavigne* c. *Syndicat des employés de la fonction publique de l'Ontario*, [1991] 2 R.C.S. 211, parag. 232, 234, 238, 286, 292 et 303.

634 Voir *supra*, section 3.1.1.

635 *Dunmore* c. *Ontario (Procureur général)*, [2001] 3 R.C.S. 1016 [ci-après l'arrêt *Dunmore*].

636 *Health Services and Support – Facilities Subsector Bargaining Assn.* c. *Colombie-Britannique*, [2007] 2 R.C.S. 391 [ci-après : l'arrêt *Health Services*].

néanmoins d'une liberté qui appartient à l'individu et non aux groupes formés grâce à son exercice. [...] Le groupe ou l'organisation n'est qu'un moyen adopté par des individus pour mieux réaliser leurs droits et aspirations individuels. Les gens ne peuvent pas, simplement en se joignant à d'autres, créer une entité qui a des droits et des libertés constitutionnels plus grands que ceux que possèdent les individus. La liberté d'association ne saurait donc conférer des droits indépendants au groupe.

... la liberté d'association s'entend de la liberté de s'associer afin d'exercer des activités qui sont licites lorsqu'elles sont exercées par un seul individu. Mais comme le fait d'être associés ne confère en soi aucun droit supplémentaire aux individus, l'association n'acquiert aucune liberté, garantie par la Constitution, de faire ce qui est illicite pour l'individu de faire.[637]

Ainsi, contrairement à l'état du droit international sur la question (particulièrement en matière de liberté syndicale[638]), les dispositions protégeant la liberté d'association au Canada ne permettaient pas de protéger des activités collectives pour la réalisation desquelles les individus avaient choisi de s'associer, comme par exemple la négociation collective et le droit de grève en matière de relations de travail, le financement d'organisations politiques[639] ou le regroupement en une structure administrative particulière (telle qu'une municipalité[640] ou un hôpital[641]).

Comme nous le laissions sous-entendre en introduction de la présente section, la Cour suprême est venue ouvrir une porte dans les arrêts *Dunmore* et *Health Services* en reconnaissant que certaines « activités collectives » inextricablement liées à la raison d'être d'associations particulières (en l'occurrence, syndicales) pouvaient effectivement être protégées par les dispositions protégeant la liberté d'association au

---

637 *Renvoi relatif à la Public Service Employee Relations Act (Alb.)*, précité, note 350, parag. 155 et 176. Dans le même sens voir aussi : *Office canadien de commercialisation des œufs* c. *Richardson*, [1998] 3 R.C.S. 157 ; *Advance Cutting*, précité, note 404, de même que C. BRUNELLE, *loc. cit.*, note 349, à la page 54.

638 COMMISSION D'EXPERTS POUR L'APPLICATION DES CONVENTIONS ET RECOMMANDATIONS DE L'OIT, *Liberté syndicale et négociation collective*, Genève, BIT, 1994, pp. 67 et 69. Dans le même sens, voir également : Bernard GERNIGON, Alberto ODERO et Horacio GUIDO, *Les principes de l'OIT sur le droit de Grève*, Genève, BIT, 1998.

639 *Harper* c. *Canada (Procureur général)*, précité, note 612.

640 *Baie d'Urfé (Ville de)* c. *Québec (Procureur général)*, [2001] R.J.Q. 1589 (C.S.) – portion pertinente de la décision non contredite en appel (*Westmount (Ville de)* c. *Québec (Procureur général)*, (2001) R.J.Q. 2520 (C.A.)) et autorisation d'appel refusée par la Cour suprême du Canada ([2001] 3 R.C.S. XI).

641 *Centre hospitalier juif de l'espérance/Jewish Hospital of Hope* c. *Québec (Procureur général)*, [1996] R.J.Q. 1809 (C.A.), 1819-1820.

Canada[642]. Malgré cette récente ouverture – qui avait sans nul doute pour objectif principal de réaligner le droit canadien sur les principes pertinents du droit international du travail qui reconnaissent, depuis longtemps, que la protection de la liberté d'association implique l'incidente protection du processus de négociation collective[643] – il est incontestable que la protection dont peuvent dorénavant jouir les « activités collectives » des différentes associations existant à travers le Canada en vertu des *lois sur les droits fondamentaux* n'a pas la même intensité que celle octroyée aux *actes associatifs* individuels[644]. En effet, les arrêts *Dunmore* et *Health Services* sont venus affirmer un principe selon lequel seules les « atteintes substantielles » à ces activités collectives pourraient être sanctionnées en vertu de la liberté d'association au Canada :

> L'alinéa 2*d*) de la *Charte* ne protège pas tous les aspects de l'activité associative liée à la négociation collective. Il protège uniquement contre les « entraves substantielles » à l'activité associative, selon le critère élaboré dans *Dunmore* par le juge Bastarache qui soulevait la question suivante :

642 « La portée du droit de négociation collective doit être définie compte tenu de *Dunmore*, où la Cour a souligné que l'al. 2*d*) vise non seulement les activités individuelles exercées collectivement, mais aussi les activités associatives elles-mêmes. [...] L'alinéa 2*d*) ne protège pas les objectifs particuliers que les employés cherchent à atteindre par cette activité associative. Il protège toutefois le processus de réalisation de ces objectifs. Cela signifie que les employés ont le droit de s'unir, de présenter collectivement des demandes à leurs employeurs du secteur de la santé et de participer à des discussions en vue d'atteindre des objectifs liés au milieu de travail. L'alinéa 2*d*) impose aux employeurs du secteur public des obligations correspondantes d'accepter de rencontrer les employés pour discuter avec eux. Il restreint aussi le pouvoir de légiférer en matière de négociation collective, question que nous examinerons plus loin » [nous soulignons] : *Health Services*, précité, note 636, parag. 89.

643 Voir à cet égard les arguments présentés par les juges majoritaires de la Cour suprême du Canada pour justifier ce « renversement de jurisprudence » dans les arrêts *Dunmore*, précité, note 635, parag. 14 à 18) et surtout *Health Services*, *id.*, parag. 22 à 37. Dans le même sens, voir aussi : Michel COUTU, Laurence-Léa FONTAINE et Georges MARCEAU, « L'arrêt *Health Services and Support* de la Cour suprême du Canada : La constitutionnalisation du régime québécois des relations industrielles ? », (automne 2008) 13 *Lex electronica* 1, [en ligne : http://www.lex-electronica.org/docs/articles_3.pdf], (page consultée le 23 août 2010).

644 Comme le résume adroitement le professeur Christian Brunelle : « Cela étant, ce droit *demeure un droit à portée restreinte*. D'une part, il concerne essentiellement un « processus » : la réalisation des objectifs des syndiqués et les résultats auxquels la négociation est susceptible de mener ne bénéficient d'aucune protection constitutionnelle. D'autre part, la garantie de liberté d'association n'implique pas le droit de revendiquer un modèle particulier de relations de travail ou encore une méthode particulière de négociation collective. Ainsi, le régime canadien des rapports collectifs de travail fondé sur le monopole de représentation syndical n'a donc pas forcément une assise constitutionnelle. Enfin, seule une atteinte *substantielle* à la liberté d'association peut justifier l'examen judiciaire des dispositions législatives attaquées » [nous soulignons] : C. BRUNELLE, *loc. cit.*, note 349, à la page 55.

> « l'exclusion des travailleurs agricoles d'un régime légal des relations du travail, sans interdiction expresse ou intentionnelle de l'association, peut-elle constituer une atteinte substantielle à la liberté d'association ? » (par. 23). En d'autres termes, il s'agit de déterminer si l'acte de l'État vise ou touche l'activité associative, « décourageant ainsi la poursuite collective d'objectifs communs » (*Dunmore*, par. 16). [...]
>
> Pour qu'il s'agisse d'une *atteinte substantielle* à la liberté d'association, l'intention ou l'effet doit sérieusement compromettre l'activité des travailleurs qui consiste à se regrouper en vue de réaliser des objectifs communs, c'est-à-dire négocier des conditions de travail et des modalités d'emploi avec leur employeur, une activité qualifiée de négociation collective.[645] [nous soulignons]

Alors que la définition restrictive de l'« association » protégée qui prévalait au Canada avant 2001 aurait pu permettre de conclure sans l'ombre d'un doute à l'existence d'un déséquilibre conceptuel favorisant les convictions religieuses individuelles en tant qu'objet de protection des *lois sur les droits fondamentaux*, la rectification amorcée par l'arrêt *Dunmore* et consacrée par l'arrêt *Health Services* vient apporter un important bémol en ce qui a trait à la comparaison du pendant « positif » de la liberté d'association et des deux volets de protection des convictions religieuses. En effet, même si la coloration très « travailliste » des arrêts par l'entremise desquels la Cour suprême a étendu le champ de protection offert par la liberté d'association à certaines activités collectives rend très difficile de prévoir l'impact potentiel de cette « ouverture » pour d'autres types d'associations (qu'elles soient vouées à la défense de groupes vulnérables, de l'environnement ou au *lobbying* pour certains groupes de pression), on remarque que le critère actuellement en vigueur pour déterminer si une atteinte à une « activité collective » est de nature à violer la liberté d'association – le critère de l'atteinte *substantielle* – ressemble fort à celui de l'atteinte « plus que négligeable ou insignifiante » qui a été imposé pour qu'une conviction religieuse soit effectivement protégée en vertu des *lois sur les droits fondamentaux*[646].

À ce stade du développement de la jurisprudence en matière de liberté d'association, les seules observations qu'il est possible de formuler tiennent à la terminologie employée pour décrire les « limites intrinsèques » imposées aux « activités collectives » et aux convictions religieuses en tant qu'objet de protection des *lois sur les droits fondamentaux*. Alors que les atteintes plus que *négligeables ou insignifiantes* (ou « minimales ») aux convictions religieuses seront couvertes par les dispositions protégeant les convictions religieuses, seules les atteintes

---

645 *Health Services*, précité, note 636, parag. 90 et 92.

646 Voir *supra*, section 4.1.1.

substantielles (ou « importantes ») aux activités associatives pourront être protégées par les dispositions protégeant la liberté d'association. Le fardeau de preuve devant être respecté par les individus espérant bénéficier de la protection des dispositions applicables des *lois sur les droits fondamentaux* serait donc légèrement moins exigeant lorsque le plaignant veut faire valoir certaines convictions religieuses que s'il entend faire protéger une activité associative particulière.

À cet égard, qu'il nous soit malgré tout permis de souligner que, même s'ils ne concernent pas directement les critères permettant de déterminer si une « activité associative » peut bénéficier de la protection attribuée par les dispositions protégeant la liberté d'association au Canada, il nous semble que les motifs sous-tendant la décision des juges majoritaires dans le récent arrêt *Wal-Mart* – rendu en 2009 – sont de nature à laisser fortement présumer une interprétation future pour le moins restrictive de ce nouveau champ d'activité protégé au Canada. Dans cet arrêt, la majorité de la Cour suprême a en effet rejeté les prétentions du syndicat-appelant – qui alléguait que la récente protection du processus de négociation collective par les dispositions (quasi-)constitutionnelles protégeant la liberté d'association devait être prise en considération pour sanctionner la fermeture d'une entreprise suite à la syndicalisation des employés de cette dernière – en ces termes :

> L'argument de l'appelant élargit la portée du raisonnement exposé dans *Health Services* bien au-delà de ses limites naturelles. Dans cette affaire, l'État était non seulement le législateur, mais également l'employeur, alors qu'en l'espèce l'employeur est une société privée. L'article 3 du Code protège le droit d'association des salariés du Québec. D'autres dispositions mettent en œuvre cette garantie générale. Le législateur a établi un équilibre entre les droits des salariés et les droits de la direction d'une manière qui respecte la liberté d'association. L'appelant et les intervenants n'ont invoqué l'inconstitutionnalité d'*aucune* disposition du Code ni soutenu que le Code en entier porterait atteinte à la liberté d'association. L'appelant prétend que le Code devrait être interprété de façon à refléter les « valeurs consacrées par la *Charte* », mais le Code entier est l'expression concrète et le mécanisme législatif de mise en œuvre de la liberté d'association en milieu de travail au Québec. Le Code doit être considéré dans son ensemble. Il est impossible que la Constitution exige que chacune des dispositions du Code (y compris l'art. 17) soit interprétée en faveur du syndicat et des salariés.
>
> Il faut éviter non seulement de rompre l'équilibre que le législateur a établi dans le Code, pris dans son ensemble, mais aussi d'accorder à une partie (les salariés) un avantage disproportionné parce que les salariés négocient par l'entremise de leur syndicat (et peuvent en conséquence invoquer la liberté

d'association) alors que les employeurs, dans la plupart des cas, négocient individuellement.[647] [nous soulignons]

5.2.2. Le volet négatif de la liberté d'association

Alors qu'il semble actuellement difficile de départager les volets « positifs » des dispositions protégeant les convictions religieuses et l'association en tant qu'objets de protection des *lois sur les droits fondamentaux*, leurs volets négatifs – soit les droits de ne pas avoir de convictions religieuses et/ou celui de ne pas faire partie d'une association – sont bien loin de jouir d'une protection également généreuse. En effet, alors que, d'un strict point de vue métaphysique, le droit de ne pas avoir de convictions religieuses « positives » (et donc d'avoir des convictions *areligieuses*) est tout aussi protégé que celui d'en avoir[648], le droit de non-association souffre d'importantes limitations intrinsèques qui, bien que leur portée exacte fasse toujours l'objet de divergences au sein de la jurisprudence canadienne, caractérisent restrictivement l'« association » en tant qu'objet de protection des *lois sur les droits fondamentaux* au Canada.

Le droit (limité) de ne pas faire partie d'une association

D'abord reconnu formellement par une très mince majorité de quatre juges sur sept de la Cour suprême du Canada dans l'arrêt *Lavigne*[649], rendu en 1991, la protection (quasi-) constitutionnelle du droit de non-association sous l'égide des dispositions protégeant la liberté d'association au Canada ne fait plus de doute depuis que cette même Cour a rendu l'arrêt *Advance Cutting & Coring Ltd* en 2001. En effet, sur les neuf juges qui rendirent cet arrêt, seule la juge L'Heureux-Dubé conclut que la liberté d'association ne protégeait pas les individus contre les associations forcées et, donc, ne leur permettait pas d'invoquer la protection des *lois sur les droits fondamentaux* canadiennes pour se dissocier d'associations auxquelles ils refusaient de faire partie ou, plus largement,

---

647 *Plourde* c. *Compagnie Wal-Mart du Canada Inc.*, 2009 CSC 54, parag. 56-57.

648 La portée très large du volet négatif des dispositions protégeant les convictions religieuses au Canada est d'ailleurs soulignée par le professeur Ken Norman (de la Faculté de droit de l'Université de Saskatchewan) en guise d'introduction à la portée du « droit de non-association » : « Does it necessarily follow that the guarantee of freedom of association must carry with it the right to be free from association in the same way that freedom of religion protects the atheist ? » : Ken NORMAN, « Freedom of Association », dans G. BEAUDOIN et E. MENDES (dir.), *op. cit.*, note 43, p. 325, à la page 342. Voir aussi : *supra*, section 3.1.1.

649 Précité, note 633. Tel que l'écrivait fort justement la juge L'Heureux-Dubé dans l'arrêt *Advance Cutting*, précité, note 404, parag. 56, la juge McLachlin ne s'était effectivement prononcée – dans l'arrêt *Lavigne*, précité, note 633 – sur l'existence du droit de non-association que dans le cadre d'un modeste *obiter dictum*.

d'être *associés*[650]. Tous les autres juges confirmèrent l'approche initiée par la majorité de l'arrêt *Lavigne* et conclurent que la protection de la liberté d'association impliquait également la protection de la liberté de non-association[651]... mais uniquement dans une certaine mesure. En effet, les trois groupes de juges qui rédigèrent des motifs conclurent tous que ce volet négatif de la liberté d'association devait comprendre certaines limites intrinsèques, même s'ils n'arrivèrent pas à s'entendre parfaitement sur la portée de ces dernières. Les dissensions de ces juges sur la question de la portée des limites intrinsèques devant être imposées au droit de non-association ont été fort bien résumées dans l'extrait suivant :

> [1] Justice Lebel, for Gonthier and Arbour JJ., endorsed the freedom of non-association only where the situation was one of forced *ideological conformity*. Merely being required to join a union did not amount to such a case. [...] [2] Justice Bastarache, carrying McLachlin C.J.C., Major and Binnie JJ., took a *broad view* of the freedom of non-association entailing a contextual inquiry which takes into account the true nature of unions as fundamental institutions in Canadian democracy holding political views. To force a person to become a member of a union translates into the existence of ideological conformity. [...] On the footing that *ideological conformity* was imposed by forcing a person to become a union member, Bastarache J. found a violation of section 2d) which was not justified under section 1. However, he left the door open for an expanded framework of analysis governed by core liberty interests [...] [3] Justice Iacobucci rejected the narrow test of *ideological conformity* and advanced a broader contextualized view of freedom of non-association which led him to find a violation of section 2d).[652] [nous soulignons]

Ainsi, bien que les juges de la Cour suprême ne soient pas arrivés à s'entendre sur les critères précis permettant d'inclure/exclure la revendication d'un individu voulant bénéficier de sa liberté de non-association, il semble clair qu'ils soient tous d'accord sur le fait que, comme le résume le juge Lebel dans *Advance Cutting*, le raisonnement sous-tendant la reconnaissance du droit de non-association « accepte la présence d'un fondement démocratique capable de justifier l'imposition de limites

---

650 *Advance Cutting*, *id.*, parag. 53-86.

651 Le quatuor mené par le juge Bastarache (parag. 1 à 3) ainsi que le juge Iacobucci (parag. 281), allait en effet dans le sens de ce que le trio mené par le juge Lebel établissait au paragraphe 191 de l'arrêt, soit que : « Compte tenu de la nature individuelle du droit, [...] la liberté négative de refuser de s'associer apparaît donc comme une composante nécessaire du droit constitutionnel de sauvegarder la liberté de choix indispensable pour l'accomplissement personnel. » : *id.*

652 K. NORMAN, *loc. cit.*, note 648, aux pages 346-347.

internes à ce droit »[653]. En effet, pour sept des huit juges à s'être prononcés directement sur la question, l'existence d'une certaine « pression idéologique » exercée par l'association à laquelle un individu s'estime « forcé » d'appartenir doit être démontrée pour que ce même individu puisse effectivement bénéficier, *prima facie*, de son droit (quasi-)constitutionnel de ne pas faire partie (et donc de « s'extirper ») de cette association.

Or, non seulement cette définition limitée du volet négatif de la liberté d'association contribue-t-elle directement, comme nous le soulevions en début de la section 5.2.2, à la démonstration de notre hypothèse de recherche principale, mais l'existence de certaines dispositions législatives régissant un aspect particulier de la mise en œuvre du droit de non-association au Canada tend également à confirmer l'existence du principe selon lequel les convictions religieuses jouissent d'un statut préférentiel au sein de l'ensemble *supralégislatif* des objets de protection consacrés par les *lois sur les droits fondamentaux* canadiennes.

Le régime d'exemptions législatives octroyées aux individus désirant bénéficier de leur droit de non-association en raison de motifs religieux

Alors que le volet négatif des dispositions protégeant la liberté d'association jouit d'une portée pour le moins limitée au Canada, il appert que la détention de convictions religieuses particulières se soit vue accorder, à l'intérieur de l'ensemble des facteurs pouvant permettre à un individu de démontrer qu'il peut bénéficier de son droit (quasi-)constitutionnel de non-association, un statut préférentiel par le législateur fédéral et quelques législateurs provinciaux. En effet, plusieurs lois régissant les modalités propres à la syndicalisation des travailleurs prévoient expressément que les individus dont les convictions religieuses leur interdisent de faire partie d'un syndicat pourront être exemptés de certaines obligations par ailleurs imposées aux autres travailleurs syndiqués. À titre d'exemple, l'article 70 (2) du *Code canadien du travail* est particulièrement intéressant :

> Précompte obligatoire des cotisations
>
> **Art. 70** […]
>
> (2) S'il est convaincu que le refus d'un employé de faire partie d'un syndicat ou de lui verser la cotisation syndicale normale est <u>fondé sur ses</u>

---

[653] *Advance Cutting*, précité, note 404, parag. 207. Cette citation est par ailleurs reprise à titre de résumé de l'arrêt *Advance Cutting* (sous la section intitulée : *Le droit de ne pas s'associer*) dans l'ouvrage H. BRUN *et al.*, *op. cit.*, note 200, p. 160, parag. 2d/513.

croyances ou convictions religieuses, le Conseil peut, par ordonnance, exempter l'employé des dispositions de la convention collective exigeant soit l'adhésion syndicale comme condition d'emploi, soit le versement de la cotisation syndicale normale à un syndicat. L'intéressé est alors tenu de verser, soit directement, soit par prélèvement sur son salaire, un montant équivalent à la cotisation syndicale normale à un organisme de bienfaisance enregistré agréé à la fois par l'employé et le syndicat.[654] [nous soulignons]

De prime abord, on constate donc que de telles dispositions législatives permettent aux individus dont les convictions religieuses leur interdisent de participer aux activités d'un syndicat d'être exemptés de deux grands types d'obligations générales parfois imposées à certains groupes de travailleurs syndiqués, soit : (1) l'obligation d'être membre d'un syndicat particulier (par le biais de « clauses d'atelier cal »[655]) ; ou (2) lorsqu'ils sont visés par une unité d'accréditation et que la convention collective applicable le prévoit, l'obligation de verser une cotisation au syndicat qui le représente auprès de l'employeur et ce, indépendamment de leur statut de membre/non-membre au sein de ce même syndicat (on parlera ici de « clauses de précompte syndical »[656]). Pour pouvoir bénéficier de cette exemption, le travailleur syndiqué devra généralement fournir une déclaration sous serment attestant du fait que ses convictions religieuses sincères lui interdisent d'être associé (ou

---

654 L.R.C. 1985, c. L-2 [ci-après le *Code canadien du travail*]. Plusieurs autres dispositions ont été repérées au sein des différentes lois provinciales applicables en matière de gestion des relations de travail, référant toutes explicitement au concept de « convictions ou croyances religieuses » ou, pour les provinces n'ayant pas l'obligation de traduire leur législation en français, « religious beliefs or convictions » : **Alberta**, *Labour Relations Code*, R.S.A. 2000, c. L-1, art. 29 (2) et (3) ; **Colombie-Britannique**, *Labour Relations Code*, R.S.B.C. 1996, ch. 244, art. 17 ; **Ontario**, *Loi de 1995 sur les relations de travail*, L.O. 1995, ch. 1, art. 52 (1) ; **Saskatchewan**, *Trade Union Act*, R.S.S. 1978, c. T-17, art. 5 (l). Notons par ailleurs qu'aucun régime similaire à l'alinéa 70 (2) du *Code canadien du travail*, n'est actuellement en vigueur au Québec : MINISTÈRE DU TRAVAIL CANADIEN, *Dispositions législatives de portée générale sur la négociation collective dans le secteur privé*, [en ligne : http://www.rhdcc-hrsdc.gc.ca/fra/travail/legislation_travail/rel_travail/votes.shtml], (page consultée le 23 août 2010).

655 Le professeur québécois de relations industrielles Jean-Claude Bernatchez résume de manière fort succincte les principales formes de clauses « d'atelier syndical » dans l'ouvrage suivant : Jean-Claude BERNATCHEZ, *La convention collective : savoir la négocier, l'interpréter, l'appliquer*, Québec, Les Presses de l'Université du Québec, 2003, p. 87.

656 « … une clause de précompte syndical [oblige] l'employeur à prélever la cotisation syndicale sur le salaire de tout employé [visé par une unité d'accréditation], qu'il soit ou non membre du syndicat et de le remettre à ce dernier » : Pierre VERGE et Gregor MURRAY, *Le droit et les syndicats : aspect du droit syndical québécois*, Québec, PUL, 1991, p. 186.

plus largement de contribuer) aux activités d'organisations syndicales[657]. De telles exemptions législatives ont évidemment fait l'objet d'un bon nombre de décisions jurisprudentielles au Canada, dont il ressort par ailleurs que la conviction religieuse, pour pouvoir effectivement fonder l'octroi de telles exemptions, doit nécessairement impliquer une incompatibilité générale avec l'action syndicale prise au sens large et non pas exclusivement avec la nature de certaines « prises de position sociales ou politiques » par l'association syndicale concernée par le litige. Autrement formulé : un salarié dont les convictions religieuses se trouveraient « brimées » par le fait qu'un syndicat manifeste formellement son appui à un mouvement de pression idéologique quelconque ne pourra pas, en principe, bénéficier de l'exemption offerte par des dispositions similaires à l'alinéa 70 (2) du *Code canadien du travail* pour cette seule raison. Ce principe jurisprudentiel se trouve particulièrement bien illustré par une récente décision de la Commission canadienne des droits de la personne [ci-après la CCDP] qui fut par la suite confirmée en Cour fédérale et Cour fédérale d'appel, soit l'affaire *Comstock* c. *Public Service Alliance of Canada*[658].

Dans cette affaire Mme Susan Comstock, une employée permanente de la fonction publique fédérale et catholique convaincue, alléguait que certaines prises de position publiques du syndicat qui la représentait concernant l'adoption de mesures législatives permettant le mariage entre conjoints de même sexe au Canada portaient atteinte à ses convictions religieuses sincères en vertu desquelles, pour faire court, l'homosexualité n'était pas une « bonne manière de vivre ». En conséquence, Mme Comstock demandait à son employeur d'obtenir une exemption en vertu du paragraphe 70 (2) du *Code canadien du travail*, exemption accompagnée de l'incidente obligation de verser un montant équivalent à ses cotisations syndicales à l'organisme de charité de son choix (en l'occurrence, son église locale[659]). Ce même employeur, le Conseil du Trésor fédéral, refusa sa demande, alléguant pour seul motif que Mme Comstock n'avait pas fait la preuve que ses convictions religieuses lui interdisaient d'être membre d'un syndicat ou de payer ses cotisations

[657] Voir notamment l'ANNEXE I, insérée à la fin du livre, où nous avons reproduit le formulaire de demande d'exemption de ce type d'obligations syndicales devant être présenté en vertu du *Code canadien du travail* en vigueur au 15 décembre 2009, par ailleurs disponible en ligne : SECRÉTARIAT DU CONSEIL DU TRÉSOR, *Déclaration assermentée – opposition à la retenue de cotisations syndicales pour motifs religieux*, [en ligne : http://www.tbs-sct.gc.ca/tbsf-fsct/340-52-fra.pdf], (page consultée le 23 août 2010).

[658] *Comstock* c. *Public Service Alliance of Canada*, 2007 CF 335 (confirmée en appel à *Comstock* c. *Public Service Alliance of Canada*, 2008 CAF 197).

[659] *Id.* (C.F.), parag. 9.

syndicales[660]. Saisie d'une plainte à ce sujet, la CCDP conclut finalement que rien dans les faits du litige ne permettait de conclure que le Conseil du Trésor avait fait preuve d'une quelconque discrimination religieuse à l'encontre de Mme Comstock en refusant de lui octroyer l'exemption demandée et, pour ce motif, rejeta la plainte de cette dernière, faute de preuve :

> The evidence does not show how her freedom of religion and conscience was compromised by this policy. The Supreme Court of Canada expressed that the freedom of religion is the freedom to undertake practices and harbour beliefs. <u>The evidence does not show that her freedom of religion is therefore compromised by the PSAC Policy.</u>
>
> The fact that she opposes the union's political or social causes does not force her to act in a way contrary to her beliefs or her conscience. Other avenues are available in the workplace : expression of opinion, refusal to be a member of the union, provoke debate in a democratic fashion to have the union challenged and possibly be voted out. The link to the ground therefore does not appear to be established.[661] [nous soulignons]

L'existence de telles exemptions législatives nous semble conforter notre thèse sous deux aspects distincts, en lien respectif avec l'une et l'autre des mesures obligatoires dont il est possible qu'un individu soit exempté sur la base de convictions religieuses particulières, et dont seule la seconde concerne directement le rapport entre les *convictions religieuses* et l'*association* en tant qu'objet de protection des *lois sur les droits fondamentaux*.

S'agissant d'abord de la première possibilité d'exemption, soit celle concernant l'obligation, pour un salarié, de devenir membre d'un syndicat particulier, il nous semble que l'existence ou l'inexistence des dispositions législatives dont il est ici question sur le territoire des différentes provinces et territoires canadiens ne change concrètement que peu de choses en ce qui concerne la possibilité que cette obligation soit contestée en vertu du droit de non-association. En effet, les différentes interprétations du critère de la « conformité idéologique » nous apparaissent tout à fait compatibles avec la possibilité qu'un individu, qui démontrerait à un tribunal que ses convictions religieuses individuelles lui interdisent de faire partie (ou plus largement, de participer aux activités) d'une association syndicale quelconque, puisse bénéficier de son droit de non-association en vertu des différents critères consacrés dans l'arrêt *Advance Cutting*. Ce faisant, comme nous le verrons de manière plus détaillée dans une section ultérieure portant sur la liberté

---

660 *Id.*, parag. 10.

661 Extrait de la décision de la CCDP citée au paragraphe 15.de la décision *Comstock*, *id.*

de conscience[662] et sous réserve des « surprises » auxquelles une analyse casuistique fondée sur l'article premier de la *Charte canadienne* pourrait mener une instance judiciaire comme la Cour suprême du Canada[663], les convictions religieuses se trouvent donc, une fois de plus, à prendre l'ascendant sur d'autres « objets de protection » telles les convictions personnelles (autres que « religieuses ») pouvant être protégées par les dispositions consacrant la très large « liberté de conscience ».

La seconde possibilité d'exemption, quant à elle, est pour le moins étonnante eu égard à l'état de la jurisprudence canadienne en matière de liberté d'association, jurisprudence ayant clairement établi – à plusieurs reprises – que les travailleurs représentés par des syndicats et visés par une clause de *précompte obligatoire* ne pouvaient invoquer leur droit de non-association pour être exemptés du paiement de leur cotisation annuelle au syndicat concerné. Les motifs sous-tendant cette tendance jurisprudentielle se trouvent parfaitement illustrés par ce passage de l'arrêt *Lavigne*, rédigé par la juge McLachlin et dont la portée a par la suite été confirmée par plusieurs autres décisions[664] :

> À mon sens, la liberté de ne pas être forcé de s'associer, quelle que soit sa portée, ne pourrait s'étendre aux versements contestés en l'espèce. La liberté de ne pas s'associer, tout comme la liberté d'association, doit se fonder sur la valeur de l'épanouissement individuel au moyen des relations avec autrui. La justification du droit de ne pas s'associer semble résider dans l'intérêt qu'a un individu d'être libre de ne pas être forcé de s'associer à des idées et à des valeurs auxquelles il ne souscrit pas volontairement. [...]
>
> Le fait de verser des deniers qui peuvent en fin de compte servir à appuyer une cause n'associe pas nécessairement celui qui les verse à cette cause. Celui qui achète une automobile, par exemple, n'indique pas en payant qu'il approuve la façon dont le concessionnaire ou le fabricant de la voiture peuvent employer la partie du prix qu'ils conservent à titre de bénéfice. On peut dire la même chose du paiement fait à une compagnie de téléphone

---

662 Voir *infra*, section 5.4.

663 Voir à cet égard la conclusion de notre article : Louis-Philippe LAMPRON, « Pour que la tempête ne s'étende jamais hors du verre d'eau : réflexions sur la protection des convictions religieuses au Canada », (2010) 55 *R.D.McGill* 743.

664 Rappelons en effet que la juge McLachlin était « minoritaire » dans sa manière de disposer du litige dans l'arrêt *Lavigne*, les trois autres juges majoritaires (menés par le juge La Forest) ayant estimé, pour leur part, que la clause de précompte obligatoire portait atteinte au droit de non-association protégé par l'alinéa 2d) de la *Charte canadienne*, mais de manière justifiable en vertu de l'article premier : *Lavigne*, précité, note 633, parag. 190 et ss. S'agissant de la confirmation ultérieure du raisonnement exposé par la juge McLachlin dans l'arrêt *Lavigne*, voir notamment l'opinion que les professeurs Brun, Tremblay et Brouillet de la Faculté de droit de l'Université Laval se sont forgée par rapport à l'état de la jurisprudence post-*Lavigne* : H. BRUN, G. TREMBLAY et E. BROUILLET, *op. cit.*, note 169, p. 1071.

pour un service que certains pourraient considérer comme essentiel. Dans les deux cas, le paiement est dépourvu de contenu idéologique. Il ne s'agit que d'une monnaie d'échange. De la même façon, le contribuable, en payant ses impôts, ne donne pas son adhésion aux fins auxquelles le gouvernement consacre ces impôts. L'opération n'implique pas qu'il y a association du contribuable aux causes que peut soutenir le gouvernement.

Les versements obligatoires en vertu de la formule Rand tombent dans la même catégorie. Le but général de la formule est de donner à quiconque ne veut pas adhérer à un syndicat le choix de ne pas le faire, en refusant d'en faire partie et en se dissociant ainsi des activités du syndicat. L'équité exige que quiconque bénéficie des entreprises du syndicat lui fournisse les fonds nécessaires à son existence.[665]

Ainsi, malgré l'existence d'une jurisprudence constante au Canada sur la question de la validité (quasi-)constitutionnelle des clauses de précompte obligatoire, le fait que différents législateurs canadiens (dont le fédéral) aient consacré législativement la possibilité que certains individus puissent être exemptés de l'application de telles clauses est de nature à soulever un certain doute quant à l'aboutissement d'une potentielle contestation qui surviendrait sur le territoire d'une province ou d'un territoire qui n'aurait pas adopté de pareilles mesures législatives. Un salarié québécois pourrait-il, par exemple, contester avec succès une clause de précompte obligatoire au motif que le simple fait de payer sa cotisation syndicale porte atteinte à ses convictions religieuses sincères et, partant, est de nature à lui permettre d'être exempté d'un régime que le droit de non-association, invoqué sur la base d'autres motifs, n'avait jusqu'ici jamais permis d'invalider au Canada ? Il nous semble que l'existence de régimes législatifs similaires à celui prévu par le paragraphe 70 (2) du *Code canadien du travail* combiné à la très large ouverture de la jurisprudence en ce qui concerne la portée conférée aux convictions religieuses en tant qu'objet de protection des *lois sur les droits fondamentaux* laisse fortement croire que la réponse qui serait donnée à la question serait positive… à tout le moins en ce qui concerne strictement l'étape de la violation du droit de non-association.

5.3. La liberté de circulation et d'établissement

Par l'entremise d'une disposition n'ayant pas de pendant officiel au sein d'autres *lois sur les droits fondamentaux* au Canada[666], la *Charte*

---

665 *Lavigne*, précité, note 633, parag. 285 et 295-296.

666 En effet, bien que quelques aspects particuliers de la *liberté de circulation et d'établissement* – comme par exemple ceux garantissant le « droit de gagner sa vie » – puissent se trouver indirectement garantis par certaines dispositions consacrées par d'autres *lois sur les droits fondamentaux* canadiennes – comme par exemple l'article

canadienne protège également la liberté de circulation et d'établissement des citoyens canadiens et, dans une moindre mesure, des résidents permanents :

> Liberté de circulation et d'établissement
>
> Article 6
>
> (1) Tout citoyen canadien a le droit de demeurer au Canada, d'y entrer ou d'en sortir.
>
> (2) Tout citoyen canadien et toute personne ayant le statut de résident permanent au Canada ont le droit :
>
> > a) de se déplacer dans tout le pays et d'établir leur résidence dans toute province ;
> >
> > b) de gagner leur vie dans toute province.
>
> (3) Les droits mentionnés au paragraphe (2) sont subordonnés :
>
> > a) aux lois et usages d'application générale en vigueur dans une province donnée, s'ils n'établissent entre les personnes aucune distinction fondée principalement sur la province de résidence antérieure ou actuelle ;
> >
> > b) aux lois prévoyant de justes conditions de résidence en vue de l'obtention des services sociaux publics.
>
> (4) Les paragraphes (2) et (3) n'ont pas pour objet d'interdire les lois, programmes ou activités destinés à améliorer, dans une province, la situation d'individus défavorisés socialement ou économiquement, si le taux d'emploi dans la province est inférieur à la moyenne nationale.[667] [nous soulignons]

L'article 6 de la *Charte canadienne* consacre donc trois « objets de protection » constitutionnels distincts dont nous entendons démontrer qu'ils jouissent d'une portée plus restrictive que celle qui fut attribuée aux convictions religieuses : 1) la liberté de circulation ; 2) la liberté d'établissement ; et 3) le droit de gagner sa vie.

Avant de nous lancer dans cette analyse toutefois, le lecteur prendra note d'entrée de jeu que nous excluons du champ de cette dernière les deux très apparentes « limites intrinsèques » que le Constituant canadien a expressément imposées à ces trois objets de protection, limites concer-

45 de la *Charte québécoise*, précitée, note 35, protégeant le droit à un niveau de vie décent – il importe de souligner qu'aucune autre de ces *lois* ne protège explicitement un droit aussi large que celui formulé à l'article 6 de la *Charte canadienne*. Même la *Déclaration canadienne des droits*, précitée, note 185, seule autre loi d'application nationale garantissant, à l'instar de la *Charte canadienne*, un catalogue étendu de droits et libertés fondamentaux ne garantit pas aux citoyens canadiens une quelconque liberté de circulation ou d'établissement au Canada.

[667] *Charte canadienne*, précitée, note 34, art. 6.

nant tant les bénéficiaires potentiels de ces trois objets de protection (seuls les citoyens canadiens et, dans certains cas, résidents permanents sont visés par ceux-ci) que les sources potentielles des violations pouvant faire l'objet d'une contestation en vertu de l'article 6 de la *Charte canadienne* (les paragraphes 3 et 4 de cette même disposition soustrayant effectivement de grands pans de l'action gouvernementale du champ d'application de l'article 6 de la *Charte canadienne*).

Même si la prise en considération de ces dernières limites aurait pu constituer un argument supplémentaire militant en faveur de la démonstration de notre hypothèse de recherche principale (les dispositions protégeant les convictions religieuses au Canada n'étant pas, contrairement aux libertés protégées par l'article 6 de la *Charte canadienne*, assorties de limites intrinsèques expresses), leur exclusion du champ de l'analyse nous apparaissait nécessaire dans le but de garantir la légitimité scientifique de notre démonstration. En effet, la thèse que nous défendons ici – selon laquelle, pour le rappeler une fois encore, nous prétendons non seulement qu'il existe une hiérarchie juridique matérielle entre les droits fondamentaux, mais que les convictions religieuses jouissent d'un statut préférentiel au sein du méta-ensemble des différents « objets » protégés par ceux-ci – repose sans contredit sur la remise en cause de l'existence factuelle (voire de la véracité) du principe jurisprudentiel en vertu duquel il n'existe pas de hiérarchie entre les droits et libertés fondamentaux de nature constitutionnelle au Canada.

Or, force est de le constater, ce principe jurisprudentiel a été établi dans un contexte où la portée de certains droits et libertés fondamentaux se trouvait expressément limitée par le Constituant (ou le législateur dans le cas des *lois sur les droits fondamentaux* de nature quasi-constitutionnelle). Comme divers auteurs l'ont déjà souligné avant nous, il est impossible que l'affirmation d'une non-hiérarchie entre les droits et libertés fondamentaux de nature constitutionnelle au Canada puisse (ou ait pu vouloir) signifier que les différents objets de protection consacrés par les *lois sur les droits fondamentaux* doivent ou devraient jouir d'une portée en tous points équivalentes et impliquer, par exemple, qu'ils soient garantis aux mêmes catégories d'individus[668], permettent de contester toute action du législateur[669] ou, plus largement, s'appliquent

[668] En guise d'exemple d'une telle limitation expresse de la portée pouvant être attribuée à certains droits ou libertés fondamentaux, citons notamment le « droit de vote » consacré par l'article 3 de la *Charte canadienne* qui a été expressément réservé aux citoyens canadiens par le Constituant ou celui consacré par l'article 22 de la *Charte québécoise* que le législateur québécois a réservé, plus restrictivement encore, à « toute personne légalement habilitée et qualifiée ».

[669] Plusieurs droits fondamentaux ont en effet été libellés par le législateur ou Constituant canadien, selon le cas, de manière à interdire leur application si une loi ou un règlement avait pour effet, *prima facie*, de violer l'un ou l'autre de ces mêmes droits.

autant à l'action publique que privée[670]. Le principe même de la primauté du droit (ou « Rule of Law ») implique nécessairement que les tribunaux soient liés par le libellé des dispositions qu'ils ont à interpréter[671]. En conséquence, les distinctions découlant de la structure même de la *Charte canadienne* ne peuvent être considérées dans le cadre de notre analyse puisqu'elles font partie intégrante des « droits constitutionnels » que les tribunaux prétendent interpréter, en amont, de manière hiérarchiquement « neutre ». Pour cette raison, donc, la comparaison des caractéristiques propres aux différents objets de protection de nature constitutionnelle qui découlent exclusivement de la structure ou du libellé des dispositions qui les concernent ne seront pas considérées dans le cadre de notre analyse.

5.3.1. La liberté de circulation au Canada

Cette liberté fondamentale comprend deux volets principaux : 1) [transnational] le droit « d'entrer ou [de] sortir »[672] du Canada ; et 2) [national] « le droit de se déplacer dans tout le pays »[673]. En d'autres termes, ces deux volets permettent donc, en principe, aux citoyens

---

Pensons par exemple au motif de l'âge, en vertu duquel l'article 10 de la *Charte québécoise* interdit toute distinction, ou au droit à un environnement sain protégé par l'article 46.1 de cette même *Charte québécoise* qui, tous deux, ne sont applicables « que dans la mesure prévue par la loi ». Dans le même sens, voir également : C. BRUNELLE, *loc. cit.*, note 349, à la page 79

670 Ce qui correspond, *grosso modo*, à la principale caractéristique distinguant la *Charte canadienne* (applicable uniquement à l'action gouvernementale en vertu de l'interprétation jurisprudentielle qui a été faite de son article 32 : *Dolphin Delivery* et *Eldridge*, précités, note 186) par rapport à la plupart des *lois sur les droits fondamentaux* provinciales, qui elles s'appliquent autant aux sphères publique que privée. S'agissant de l'application des *lois sur les droits fondamentaux provinciales* en domaine privé, voir notamment les explications fournies par H. BRUN, G. TREMBLAY et E. BROUILLET, *op. cit.*, note 169, p. 945 quant à la *Charte québécoise* : « Enfin, comme le droit privé (le droit relatif aux relations interindividuelles) est de compétence provinciale en vertu du paragraphe 92 (13) de la *Loi constitutionnelle de 1867*, la Charte québécoise s'applique aux personnes privées. C'est ce qui fait d'elle une loi d'application pleinement générale sur le territoire, c'est-à-dire une loi qui contribue à y déterminer le régime de droit commun ».

671 Selon le professeur Patrice Garant : « La *rule of law* signifie l'état d'une société où règne le Droit, c'est-à-dire où les libertés aussi bien individuelles que collectives sont protégées par le Droit. Elle signifie une société où le pouvoir s'exerce conformément au Droit et non sous le signe de l'arbitraire » : Patrice GARANT, *Droit administratif*, 5e éd., Cowansville, Yvon Blais, 2004, p. 12. S'agissant plus spécifiquement de l'exigence fondamentale de rattacher l'interprétation aux termes employés par le Constituant (ou législateur) en matière de droits et libertés fondamentaux, voir notamment : S. BEAULAC, *loc. cit.*, note 43, aux pages 44-45 et P.-A. CÔTÉ, *op. cit.*, note 513, pp. 540-546.

672 *Charte canadienne*, art. 6 (1).

673 *Charte canadienne*, art. 6 (2) a).

canadiens de ne pas être empêchés d'y (r)entrer lorsqu'ils se trouvent à l'extérieur de celui-ci et désirent y revenir ou d'en sortir lorsqu'ils le souhaitent et aux citoyens et résidents permanents canadiens d'effectuer des déplacements sur l'ensemble du territoire national (provinces et territoires compris).

Grosso modo, la portée initiale devant être accordée à la liberté de circulation a été interprétée de manière très large, ce qui complexifie grandement la tâche de la distinguer restrictivement des convictions religieuses en tant qu'objet de protection des *lois sur les droits fondamentaux*. Le meilleur exemple de cette interprétation large découle sans doute d'un « droit au passeport » qui, selon les professeurs Henri Brun, Guy Tremblay et Eugénie Brouillet, doit nécessairement être associé à l'exercice effectif du volet transnational de la liberté de circulation :

> Pour donner un sens effectif au droit de sortir du Canada, il faut y inférer un droit au passeport. En effet, la liberté de circulation internationale se trouve sérieusement compromise sans un régime d'émission de passeports suffisamment permissif. [...] Les modalités de délivrance du passeport [canadien] sont déterminées dans le *Décret sur les passeports canadiens*, (1981) 115 *Gaz. Can.* II, 1852. Aux termes du Décret, l'émission d'un passeport demeure largement discrétionnaire ; un tel régime peut laisser place à des abus potentiels. [...]
>
> Est-ce à dire que le *Décret sur les passeports canadiens* est inconstitutionnel ? D'abord, il ne fait pas de doute que la *Charte canadienne* lui est applicable. Voir [...] *Black* c. *Canada (Prime Minister)*, (2001) 54 O.R. (3d) 215 (C.A.), 232-233. Le citoyen canadien privé de son passeport pourrait certainement invoquer l'atteinte à son droit de sortir du Canada pour forcer les autorités canadiennes à lui émettre un passeport. Le gouvernement aurait alors le fardeau de démontrer que son refus d'émettre le passeport est justifiable dans le cadre d'une société libre et démocratique au sens de l'article 1.[674]

En principe, donc, un citoyen (ou, selon le volet invoqué, un résident permanent) n'aurait qu'à faire la preuve qu'une mesure gouvernementale l'empêche effectivement d'exercer sa liberté d'entrer ou de sortir du pays en fonction de ses besoins ou désirs, pour que le palier de gouvernement concerné se retrouve avec l'obligation de justifier cette mesure au sens de l'article premier de la *Charte canadienne*[675]. Nous utilisons ici le terme « effectivement » pour exclure les obstacles imposant un certain fardeau administratif ou financier supplémentaire au titulaire de la liberté fondamentale qui, à l'instar des *atteintes négligeables ou*

---

674 H. BRUN, G. TREMBLAY et E. BROUILLET, *op. cit.*, note 169, p. 151.

675 Cela a d'ailleurs été confirmé à de nombreuses reprises en ce qui concerne le volet transnational de la liberté de circulation, dont notamment dans les arrêts *États-Unis d'Amérique* c. *Cotroni*, [1989] 1 R.C.S. 1469 ; *Lake* c. *Canada (Ministre de la Justice)*, [2008] 1 R.C.S. 761 et *États-Unis d'Amérique* c. *Ferras*, [2006] 2 R.C.S. 77.

insignifiantes intrinsèquement exclues du champ de protection des dispositions protégeant les convictions religieuses[676], ne permettront pas de conclure à la violation de la liberté de circulation[677].

Pourtant, malgré cette apparente similarité des deux objets de protection faisant l'objet de la présente comparaison, l'analyse du volet « national » de la liberté de circulation permet de relever une importante limite intrinsèque militant clairement en faveur de la démonstration de notre hypothèse de recherche. En effet, tel que l'a confirmé la Cour suprême du Canada dans l'arrêt *Black* rendu en 1989 et malgré le libellé extrêmement large de l'activité protégée par le paragraphe 6 (2) de la *Charte canadienne* (qui octroie aux citoyens et résidents permanents, conformément à l'intitulé général de cette même disposition[678], le droit « de se déplacer dans tout le pays »), seuls les individus effectuant (ou voulant effectuer) des déplacements « interprovinciaux » pourront bénéficier, *prima facie*, de la protection conférée par l'article 6 de la *Charte canadienne* :

> En réalité, une interprétation de la *Charte* fondée sur l'objet visé nous oblige à aborder de manière plus globale la liberté de circulation. Le paragraphe 6 (2) était destiné à protéger le droit d'un citoyen (et par extension celui d'un résident permanent) de se déplacer à l'intérieur du pays, d'établir sa résidence à l'endroit de son choix et de gagner sa vie sans égard aux frontières provinciales. Les provinces peuvent évidemment réglementer ces droits (selon l'arrêt *Skapinker*). Cependant, sous réserve des exceptions contenues à l'article premier et à l'art. 6 de la *Charte*, elles ne peuvent le faire en fonction des frontières provinciales. Ce serait déroger aux droits que possède le citoyen, en sa qualité même de citoyen, d'être traité également partout au Canada.[679] [nous soulignons]

Comme l'ont par la suite confirmé quelques décisions d'instances inférieures non contredites par la Cour suprême, le volet « national » de

---

676 Voir *supra*, section 4.1.1.

677 Principe notamment confirmé dans les arrêts *Ruel* c. *Marois*, J.E. 98-565 (C.S.) dans lequel la Cour a conclu que l'imposition de frais de scolarité légèrement plus élevés pour les étudiants d'autres provinces canadiennes dans une province particulière n'était pas en soi suffisante pour conclure à une violation de la liberté de circulation protégée par l'article 6 de la *Charte canadienne* (décision confirmée en appel : *Ruel* c. *Marois*, [2001] R.J.Q. 2590 (C.A.)) et plus indirectement dans l'arrêt *Walker* c. *Île-du-Prince-Édouard*, [1995] 2 R.C.S. 407, dans lequel la Cour suprême a établi qu'une obligation d'être membre d'une association professionnelle donnée pour exercer certaines professions sur un territoire provincial ne représentait pas une entrave suffisante pour conclure à l'existence d'une atteinte aux droits protégés par le paragraphe 6 (2) de la *Charte canadienne*.

678 L'intitulé de l'article 6 de la *Charte canadienne* est en effet : « Liberté de circulation et d'établissement ».

679 *Black* c. *Law Society of Alberta*, [1989] 1 R.C.S. 591, parag. 62.

la liberté constitutionnelle de circulation ne pourra pas être violé par une mesure adoptée (ou geste posé) par un organisme gouvernemental provincial ayant pour objectif (ou effet) de faire obstacle aux désirs et possibilités de déplacement des citoyens et résidents permanents canadiens à l'intérieur des limites territoriales de ces mêmes provinces[680]. Pour un ensemble de raisons pragmatiques qu'il ne nous appartient pas de juger ici[681], la liberté de « se déplacer dans tout le pays » a été remplacée par la liberté de « se déplacer d'une province à une autre ». En imposant un tel raisonnement, la Cour suprême du Canada a, une fois encore, imposé une limite intrinsèque importante à un droit fondamental dont le statut hiérarchiquement équivalent à l'ensemble des droits fondamentaux consacrés par la *Charte canadienne* aurait pourtant dû permettre une définition aussi large et libérale que celle octroyée, notamment, aux dispositions protégeant les convictions religieuses. Nous verrons, par ailleurs, que cette exigence supplémentaire de l'*interprovincialité* contribuera également à limiter la portée d'un des deux autres objets de protection consacrés par l'article 6 de la *Charte canadienne*, soit le droit de gagner sa vie au Canada[682].

5.3.2. La liberté d'établissement au Canada

À l'instar de la liberté de circulation, la liberté d'établissement au Canada comprend deux volets distincts : d'une part, le droit des citoyens

---

680 Comme le confirment d'ailleurs les professeurs H. BRUN, G. TREMBLAY et E. BROUILLET, *op. cit.*, note 169, p. 154 : « La nécessité d'une mobilité interprovinciale pour bénéficier du paragraphe 6 (2) explique l'insuccès de plusieurs plaidoyers. Par exemple, le droit de se déplacer à l'intérieur d'une même province n'est pas couvert : *Mia* c. *Medical Services*, (1985) 17 D.L.R. (4th) 385 (C.S. C.-B.) ; *Wilson* c. *Medical Services Commission*, (1988) 53 D.L.R. (4th) 171 (C.A. C.-B.), permission d'appeler refusée ». Dans le même sens voir aussi : H. BRUN *et al.*, *op. cit.*, note 200, pp. 179-180, parag. 6 (2)/36 en référence à l'arrêt *Law Society of Upper Canada* c. *Skapinker*, [1984] 1 R.C.S. 357 [ci-après l'arrêt *Skapinker*] ; 6(2)/37 en référence à l'arrêt *Black*, *ibid.* ; et 6(2)/42 en référence à la décision *Reference re Prince Edward Island Lands Protection Act*, (1988) 40 D.L.R. (4th) 1 (C.S. Î.-P.-E.).

681 Et qui comprend sans nul doute la prise en considération du libellé très large du paragraphe 6 (3) de la *Charte canadienne* selon lequel : « Les droits mentionnés au paragraphe (2) sont subordonnés :

a) aux lois et usages d'application générale en vigueur dans une province donnée, s'ils n'établissent entre les personnes aucune distinction fondée principalement sur la province de résidence antérieure ou actuelle » même si, selon nous, l'existence de cette limite intrinsèque "formelle" – ayant pour unique effet de soustraire les lois provinciales du champ d'application de l'alinéa 6 (2) de la *Charte canadienne* – n'explique pas à elle seule pourquoi les tribunaux canadiens ont choisi de restreindre la très large liberté *de se déplacer dans tout le pays* en y incluant l'exigence additionnelle d'*interprovincialité*. »

682 Voir *infra*, section 5.3.3.

canadiens de « demeurer au Canada »[683], et d'autre part, celui des citoyens et résidents permanents « d'établir leur résidence dans toute province »[684]. Ces deux volets ont été définis très largement, de manière similaire aux dispositions (quasi-)constitutionnelles protégeant les convictions religieuses individuelles.

S'agissant du premier volet de la liberté d'établissement, le fait que le Constituant ait expressément spécifié que seuls les citoyens canadiens pouvaient bénéficier du droit de demeurer au Canada a évidemment un impact direct sur l'évaluation qualitative (large/restrictive) qui pourra être faite de la définition de ce volet de la liberté d'établissement, en ce qu'elle limitait considérablement les possibilités d'interprétation qui s'offraient aux tribunaux. En effet, il est clair qu'un droit de « demeurer au Canada » dont l'exercice n'aurait pas été limité aux seuls citoyens canadiens aurait pu être interprété largement comme protégeant, contre toute mesure d'expulsion ou de refoulement dans leurs pays d'origine, les immigrants, réfugiés ou tout individu se trouvant de manière « irrégulière » sur le territoire canadien. Toutefois, la limitation expresse de la caractéristique nécessaire pour qu'un individu puisse être considéré comme un bénéficiaire de ce droit impliquait nécessairement que le droit de demeurer au Canada ne puisse être violé que lors d'une procédure d'extradition touchant un citoyen canadien. C'est précisément cette interprétation qui fut retenue par les tribunaux canadiens et, comme le résument fort justement les professeurs Henri Brun, Guy Tremblay et Eugénie Brouillet, toute procédure ayant pour objectif de forcer un citoyen canadien à « sortir » du Canada pour se rendre dans un autre pays aura pour effet de violer le droit « de demeurer au Canada » tel que consacré par l'alinéa 6(1) a) de la *Charte canadienne* :

> Le paragraphe 6(1) formule en premier lieu un *droit de demeurer au Canada.* Comme le laisse voir la version anglaise, il ne s'agit là que du droit de ne pas être forcé de sortir du Canada, l'aspect négatif de la liberté de circuler entre le Canada et l'étranger. [...] Comme tous les autres droits de la Charte, [le *droit de demeurer au Canada*] est sujet aux règles de droit qui le restreignent de façon raisonnable et justifiable au sens de l'article 1 de la Charte. Certes, des mesures comme l'expulsion arbitraire, le bannissement ou l'exil d'un citoyen canadien passeraient difficilement le test de l'article 1. [...] Par contre, en vertu de la *Loi sur l'extradition*, L.C. 1999, c. 18, un citoyen canadien poursuivi ou condamné en raison d'un crime relevant d'une juridiction étrangère peut, à la demande de cette juridiction, être extradé pour y être jugé ou emprisonné. La Cour suprême a jugé que la précédente *Loi sur l'extradition* portait atteinte au droit de demeurer au Canada mais que l'extradition d'un citoyen constituait une restriction de ce droit qui est

---

683 *Charte canadienne*, art. 6 (1).

684 *Id.*, art. 6 (2) a).

raisonnable et justifiable au sens de l'article 1 de la *Charte canadienne* : *États-Unis* c. *Cotroni*, [1989] 1 R.C.S. 1469. [...]

Constitue aussi une limite valable au droit du citoyen de demeurer au Canada l'ordonnance de retourner un enfant au pays d'où il fut enlevé, aux termes de la Convention de La Haye de 1980 sur les aspects civils de l'enlèvement international d'enfants [...] : *Droit de la famille – 1694*, [1992] R.J.Q. 2927 (C.S.) ; *Kovacs* c. *Kovacs*, (2002) 212 D.L.R. (4th) 711 (C.S. Ont.), 742-743.[685] [nous soulignons]

S'agissant du second volet de la liberté d'établissement au Canada, soit celui *d'établir sa résidence dans toute province*, le libellé très spécifique ne permettait également pas d'interprétation plus large ou généreuse que celle qui fut donnée par les tribunaux canadiens et en vertu de laquelle toute forme de mesure qui pourrait être de nature à empêcher « effectivement »[686] un citoyen ou résident permanent canadien de s'établir (fût-ce de manière temporaire) dans une province canadienne plutôt que dans une autre sera considérée comme violant, *prima facie*, ce second volet de la liberté d'établissement. Le meilleur exemple de la portée qui fut octroyée à ce volet de la liberté d'établissement provient sans doute de la décision *Ruel* c. *Marois* qui fut initialement rendue par le juge Claude Tellier de la Cour supérieure du Québec en 1998[687] et confirmée par la Cour d'appel du Québec en 2001[688].

Dans cette affaire, un étudiant originaire de la Colombie-Britannique prétendait que le ministère de l'Éducation du Québec, en exigeant des frais de scolarité plus élevés aux étudiants canadiens non québécois qui désiraient venir étudier dans un établissement scolaire public du Québec, portait atteinte à son droit *d'établir sa résidence dans toute province* en vertu, notamment, du paragraphe 6 (2) de la *Charte canadienne*[689]. Selon

685 H. BRUN, G. TREMBLAY et E. BROUILLET, *op. cit.*, note 169, pp. 149-150. Dans le même sens, voir également : M.-R. Natalie GIRARD, « L'article 6 de la *Charte canadienne des droits et libertés* : la liberté de circulation et d'établissement – un volcan dormant ? », dans G.-A. BEAUDOIN et E. MENDES, *op. cit.*, note 43, p. 411, aux pages 423-426.

686 Nous référons à cet égard le lecteur au commentaire que nous avons fait quant à l'emploi de ce même terme précédemment dans le présent chapitre : *supra*, section 5.3.1.

687 *Ruel* c. *Marois*, (C.S.), précité, note 677.

688 *Ruel* c. *Marois*, (C.A.), précité, note 677.

689 Le cœur de la décision gouvernementale qui est contestée par le plaignant est résumée dans l'extrait suivant des *Règles budgétaires et calculs des subventions de fonctionnement aux universités du Québec pour 1997-1998*, cité au paragraphe 6 de la décision de la Cour supérieure : « À compter du trimestre d'automne 1997, les étudiants canadiens non-résidents du Québec paient, en plus des droits de scolarité [normalement exigibles au Québec], un montant forfaitaire de 40$ par unité » : *Ruel* c. *Marois*, (C.S.) précité, note 677, parag. 6.

le plaignant, ce droit protégeait les citoyens canadiens contre toute mesure qui, en fonction de distinctions fondées sur la province d'origine des bénéficiaires du paragraphe 6 (2), aurait pour objectif (ou effet) de les désavantager de quelque manière que ce soit (ce qui devait comprendre l'imposition de fardeaux financiers distincts). Appelé à se prononcer sur la validité des arguments présentés en appel par l'étudiant, qui avait été débouté en Cour supérieure, le juge Rochon s'exprimant au nom de la Cour d'appel, trancha le litige de la manière suivante :

> Dans Law Society of Upper Canada c. Skapinker, le juge Estey [...] concluait en écrivant : Pour ces motifs, je conclus que [...] les deux droits (à l'al. [6 (2)] a) et à l'al. [6 (2)] b)) se rapportent au déplacement dans une autre province, soit pour y établir sa résidence, soit pour y travailler sans y établir sa résidence.
>
> En l'espèce, les règles budgétaires n'ont pas pour effet d'empêcher l'appelant Ruel de se déplacer ou de s'établir au Québec. Rien ne l'empêche de gagner sa vie au Québec, par un emploi à temps partiel, pendant qu'il étudie. D'ailleurs, il n'a ni allégué ni prouvé une atteinte à son droit à la libre circulation ou d'établissement. D'ailleurs, comment pourrait-on affirmer que les frais de scolarité exigés de l'étudiant canadien non-résident du Québec constituent un frein à sa liberté de circulation ou d'établissement alors qu'il paierait des frais du même ordre s'il étudiait dans sa province d'origine ?[690] [nous soulignons]

5.3.3. Le droit de gagner sa vie au Canada

Consacré par l'alinéa 6 (2) b) de la *Charte canadienne*, le « droit de gagner sa vie dans toute province » confrontait les tribunaux canadiens à un important choix interprétatif impliquant la portée de ce droit. En effet, contrairement à l'opinion exprimée par le professeur Dominic Roux dans son ouvrage-phare sur la question du droit au travail[691], il nous semble très clairement que le libellé de cette disposition permettait explicitement d'inclure (ou d'exclure) le corollaire de la simple possibilité de ne pas être victime d'obstacles techniques permettant de « gagner

---

690 *Ruel* c. *Marois*, (C.A.), précité, note 677, parag. 99.

691 S'intéressant directement à la reconnaissance constitutionnelle du droit au travail, le professeur Roux affirme en effet que : « Le principal obstacle à la reconnaissance constitutionnelle du droit au travail a déjà été mentionné. D'une part, la *Charte canadienne* est muette sur l'existence du droit au travail, même si l'article 6 s'en approche en reconnaissant le droit de gagner sa vie dans toute province » [nous soulignons] : D. ROUX, *op. cit.*, note 85, p. 389. Comme nous le verrons un peu plus loin dans la présente section, nous considérons plutôt que ce sont les tribunaux qui ont choisi de « museler » la *Charte canadienne* quant à une potentielle protection d'une certaine forme de « droit au travail », le « droit de gagner sa vie dans toute province » ayant fort bien pu être interprété plus largement qu'il ne l'a été au Canada jusqu'à maintenant.

sa vie dans toute province » canadienne, soit le droit d'avoir accès à un travail (ou *droit au travail*). Ces distinctions entre interprétations restrictive et large d'un tel objet de protection ont d'ailleurs fait l'objet de plusieurs développements au sein de la doctrine juridique occidentale, dont les grands principes nous sont fidèlement rapportés par le professeur français Jean Mouly :

> La liberté professionnelle [laquelle correspond *grosso modo*, à une interprétation stricte du « droit de gagner sa vie »], qui prohibe toute entrave au libre choix et au libre exercice d'une profession, procède d'une conception individualiste et libérale des rapports de travail, selon lequel l'État n'est en droit d'intervenir, dans le domaine économique, que pour garantir cette liberté (I). On s'est toutefois très vite aperçu que celle-ci était dérisoire si, soumettant le marché du travail aux règles de la concurrence, elle ne permettait pas à chacun de trouver un emploi ou obligeait à accepter un travail à des conditions inéquitables, voire parfois inhumaines. Ainsi, à la liberté, assez formelle, d'exercer une profession, s'est ajoutée progressivement la revendication d'un véritable droit au travail, visant à permettre à chacun d'obtenir un emploi et obligeant l'État à mettre en œuvre des politiques tendant à rendre ce droit plus effectif (II).[692]

Confrontée à cette dichotomie large/restrictive, la Cour suprême du Canada a sciemment choisi de limiter intrinsèquement la portée du « droit de gagner sa vie dans toute province » de l'alinéa 6 (2) b) de deux manières : 1) en restreignant la portée du droit à la simple « liberté professionnelle » ; et 2) en imposant, tout comme elle l'avait fait pour le volet national de la liberté de circulation[693], une exigence d'*interprovincialité* pour qu'une activité professionnelle ou commerciale puisse être protégée.

S'agissant du premier élément, la Cour suprême s'est très clairement prononcée sur l'exclusion de toute garantie substantive du champ d'action de l'alinéa 6 (2) b) de la *Charte canadienne* qui aurait pu permettre aux citoyens et résidents permanents canadiens d'exiger qu'un ou l'autre des différents paliers de gouvernements soumis à cette même *Charte* doive intervenir pour garantir ou faciliter l'accès à un emploi/travail lorsqu'un contexte économique ou politique particulier, pour re-

---

692 Jean MOULY, « Travail (Droit au -) et liberté professionnelle », dans J. ANDRIANTSIMBAZOVINA *et al.* (dir.), *op. cit.*, note 48, p. 944, aux pages 944-945. Les professeurs Pierre Verge, Gilles Trudeau et Guylaine Vallée établissent également un très intéressant résumé de la reconnaissance de ce « droit au travail » au sein de plusieurs instruments de droit international : Pierre VERGE, Gilles TRUDEAU et Guylaine VALLÉE, *Le droit du travail par ses sources*, Montréal, Thémis, 2006, pp. 224-225. Dans le même sens voir aussi : D. ROUX, *op. cit.*, note 85 et Antoine JEAMMAUD et Martine LE FRIANT, « L'incertain droit à l'emploi » (1999) 2 *Travail, Genre, société*, 29.

693 Voir *supra*, section 5.3.1.

prendre la terminologie du professeur Mouly : « ne permettait pas à chacun de trouver un emploi ou obligeait à accepter un travail à des conditions inéquitables, voire parfois inhumaines »[694]. En 1984, dans l'arrêt *Skapinker*, la Cour suprême en est venue à un tel constat pour des motifs pour le moins « techniques », elle établit :

> Je reviens au par. (2) lui-même. L'alinéa *a*) a vraiment trait à la liberté de circulation et d'établissement. Il parle de se déplacer dans tout le pays et d'établir sa résidence dans toute province. Si l'al. *b*) est lié à l'al. *a*), il constitue lui aussi une disposition relative à la liberté de circulation et d'établissement. Si, selon une interprétation correcte, il en est distinct, il peut constituer, comme l'intimé le soutient, une clause de « droit au travail » sans qu'il soit question de déplacement comme condition préalable ou autre. [...]
>
> En réalité, la répétition de l'expression « dans toute province » dans chacun des alinéas du par. (2) semblerait justifier la rubrique « Liberté de circulation et d'établissement ». L'expression « dans toute province » semblerait constituer un lien supplémentaire entre la rubrique et les droits accordés par le par. (2) dans son ensemble. Il ne faut pas non plus interpréter le par. 6(2) comme une disposition distincte, complètement séparée du par. 6(3). [...]
>
> Pour ces motifs, je conclus que l'al. 6(2) b) ne crée pas un droit distinct au travail qui n'a rien à voir avec les dispositions relatives à la liberté de circulation et d'établissement parmi lesquelles il se trouve. Les deux droits (à l'al. *a*) et à l'al. *b*)) se rapportent au déplacement dans une autre province, soit pour y établir sa résidence, soit pour y travailler sans y établir sa résidence. L'alinéa *b*) ne confère donc pas à Richardson un droit constitutionnel distinct de pratiquer le droit dans sa province de résidence qui prévaudrait sur la disposition provinciale qu'est l'al. 28*c*) de la *Law Society Act*, par application de l'art. 52 de la *Loi constitutionnelle de 1982*.[695] [nous soulignons]

Ainsi, indépendamment de la validité pragmatique des arguments pouvant être soulevés pour asseoir la légitimité politique d'une telle interprétation du « droit de gagner sa vie dans toute province », force est de constater, une fois encore, que l'objet de protection consacré par cette disposition est bien loin d'avoir pu jouir du même type d'interprétation large et libérale qui a gouverné la jurisprudence canadienne en matière de protection (quasi-)constitutionnelle des convictions religieuses. À cet égard, qu'il nous soit permis de soulever le caractère pour le moins paradoxal du raisonnement suivi par la Cour suprême du Canada dans le plus récent arrêt rendu sur la question de la portée de l'alinéa 6(2) b) de

---

694 J. MOULY, *loc. cit.*, note 692.

695 *Skapinker*, précité, note 680, parag. 26, 28 et 33. Dans le même sens, voir aussi le résumé du principe établi par la Cour suprême dans H. BRUN *et al.*, *op. cit.*, note 200, p. 179.

la *Charte canadienne*, l'arrêt *Richardson* de 1998. En effet, la majorité de la Cour arrive à rappeler la validité de l'interprétation restrictive retenue dans l'arrêt *Skapinker*, en 1984, de manière concurrente avec l'énonciation des nombreuses dispositions des traités internationaux sur les droits fondamentaux de la personne devant, selon cette même Cour suprême, guider l'interprétation de l'article 6 de la *Charte canadienne*... et comprenant pourtant l'énonciation claire du *droit au travail* (!!) :

> L'article 6 fait partie de ces droits essentiels de la personne non seulement parce qu'il est inclus dans la *Charte*, mais également en raison des instruments internationaux de défense des droits de la personne qui reconnaissent la liberté de circulation et d'établissement. En effet, l'art. 6 reflète de près les dispositions de plusieurs instruments de défense de droits de la personne, que le Canada a ratifiés :
>
> *Déclaration universelle des droits de l'homme*, A.G. Rés. 217 A (III), Doc. A/810 N.U., à la p. 71 (vote affirmatif, comprenant le Canada, 10 décembre 1948). [...]
>
> *Article 23*
>
> Toute personne a droit au travail, au libre choix de son travail, à des conditions équitables et satisfaisantes de travail et à la protection contre le chômage.
>
> *Pacte international relatif aux droits économiques, sociaux et culturels*, R.T. Can. 1976 n° 46 (date d'adhésion : le 19 mai 1976).
>
> *Article 6*
>
> Les États parties au présent Pacte reconnaissent le droit au travail, qui comprend le droit qu'a toute personne d'obtenir la possibilité de gagner sa vie par un travail librement choisi ou accepté, et prendront des mesures appropriées pour sauvegarder ce droit. [...]
>
> Vu que l'art. 6 fait partie de la *Charte* et qu'il reflète de près le libellé de traités internationaux en matière de droits de la personne, il semble clair qu'il répond à un souci d'assurer l'une des conditions nécessaires à la protection de la dignité fondamentale de la personne. Ce qui est garanti aux al. 6(2)*b*) et 6(3)*a*), c'est la liberté de choisir l'endroit où gagner sa vie, sous réserve des lois qui n'établissent aucune distinction fondée sur le lieu de résidence. Cette garantie de libre circulation est définie et étayée par la notion d'égalité de traitement et l'absence de distinction fondée sur le motif normalement lié au choix de l'endroit où gagner sa vie (c.-à-d. le lieu de résidence).[696] [nous soulignons]

Mentionnons finalement que, outre le choix initial qui fut opéré par la Cour suprême en ce qui concerne la dichotomie qui oppose liberté

---

[696] *Office canadien de commercialisation des œufs* c. *Richardson*, [1998] 3 R.C.S. 157, parag. 58-59.

professionnelle (stricte) et *droit au travail* (large), le caractère restrictif de la définition qui fut octroyée à l'objet de protection consacré par l'alinéa 6(2) b) de la *Charte canadienne* se trouve également conforté par l'ajout de l'exigence d'*interprovincialité* aux critères devant être respectés pour qu'une activité professionnelle puisse être couverte par cette disposition constitutionnelle. Autrement dit, les mesures ou décisions gouvernementales qui auraient pour effet de nuire à l'exercice de la liberté professionnelle d'un individu à l'intérieur des frontières territoriales des différentes provinces et applicables à tous les citoyens ou résidents permanents canadiens, sans égard à l'origine provinciale des individus visés par ces mesures/décisions, ne pourront pas être protégées par le « droit de gagner sa vie dans toute province » protégé par l'article 6 de la *Charte canadienne*[697].

5.4. La liberté de conscience ou la protection des « autres convictions structurantes »

Certaines *lois sur les droits fondamentaux* applicables sur le territoire canadien (dont la *Charte canadienne* et la *Charte québécoise*) protègent simultanément deux libertés fondamentales intimement et inextricablement liées, soit les libertés *de conscience* et *de religion*[698]. La Cour suprême du Canada ayant clairement spécifié, dans l'arrêt *Amselem*, que ces libertés fondamentales consacraient deux objets de protection distincts (soit d'une part, les convictions *spirituelles* et d'autre part, les convictions « qui possèdent une source séculière ou sociale ou qui sont une manifestation de la conscience de l'intéressé »[699]) et considérant la totale vacuité de tout effort intellectuel visant à démontrer qu'une conviction *spirituelle* ne fait pas partie de la « conscience » d'un individu, il importait évidemment d'évaluer qualitativement la portée attribuée aux convictions individuelles pouvant strictement être rattachées à la « conscience » non spirituelle d'un individu par rapport à celle, extrê-

---

697 Voir à cet égard les énoncés de principe préalablement cités par rapport au paragraphe 6 (2) de la *Charte canadienne* : *supra*, citations correspondant aux notes 679 et 690.

698 Voir *supra*, section 4.1.1.

699 *Amselem*, précité, note 22, parag. 39 [nous soulignons]. Cette distinction théorique entre les objets de protection des libertés de conscience et de religion a également été notée par le professeur Richard Moon : « The majority judgment of Iacobucci J. seemed to regard freedom of religion as a distinct right, and not simply as part of a more encompassing freedom of conscience and religion. As a consequence, it was necessary for Iacobucci J. to distinguish religion from other beliefs systems. [...]

... if freedom of conscience and religion are part of a single integrated right, that protects deeply-held commitments or beliefs about right and truth, there was no need for the Court to embark upon the difficult task of determining when a belief or practice is religious rather than secular » : R. MOON, *loc. cit.*, note 232, 213-214.

mement large, conférée aux « convictions religieuses ». À cet égard, il nous semblait pertinent de nous référer une fois encore à un schéma précédemment analysé, illustrant de manière graphique l'inextricable interrelation des libertés de conscience et de religion (la première incluant la seconde) ainsi que les principales convictions individuelles pouvant théoriquement être couvertes (ou exclues, selon le cas) par l'une et l'autre de ces mêmes libertés fondamentales :

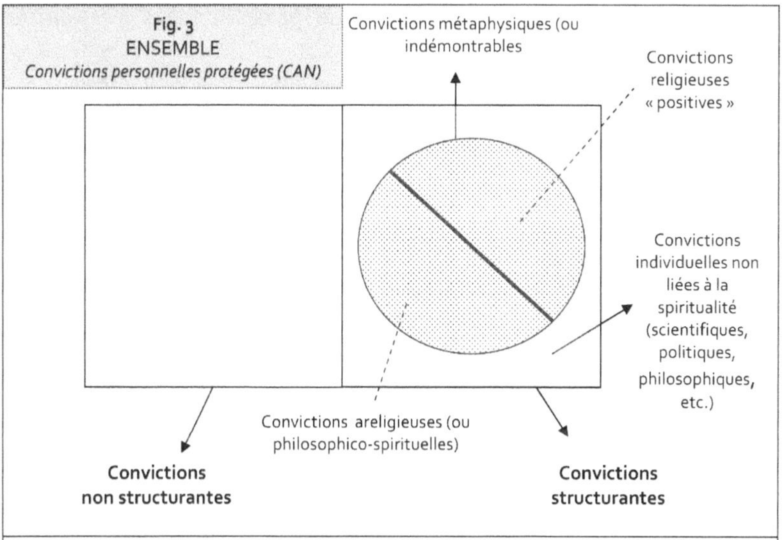

Légende

= convictions considérées comme des convictions religieuses protégées en droit canadien

= convictions protégées par la liberté de conscience en droit canadien

Malgré les apparences simplistes de ce schéma, il n'est certes pas aisé de circonscrire ou identifier les convictions individuelles protégées uniquement par la « conscience » en tant qu'objet de protection, sans rattachement à son plus important sous-ensemble : les convictions religieuses (qui englobent autant (1) les actes de *croyance* ou *convictions religieuses « positives »* que (2) les actes *d'incroyance* ou *convictions areligieuses*. Pourtant, il est indéniable que cette catégorie résiduaire (que nous désignons dans le schéma par l'intitulé *convictions individuelles non liées à la spiritualité*) existe actuellement en droit canadien et ce, contrairement aux très intéressantes prétentions (pré-*Amselem*) de deux auteurs s'étant penchés spécifiquement sur la portée générale de la « conscience » en droit canadien : les professeurs Henri Brun et José Woehrling. Selon ces derniers, l'ensemble des *convictions structurantes* (pouvant bénéficier de la large protection de la liberté de conscience) se limitait en fait aux seules convictions religieuses et areligieuses. Les professeurs Brun et Woehrling affirmèrent en effet tous deux que certaines catégories de convictions individuelles (notamment les convictions « sociales » et « politiques ») faisaient partie du champ des *convictions non structurantes* et donc, n'étaient pas couvertes par la stricte « conscience » en tant qu'objet de protection des *lois sur les droits fondamentaux* :

> **Henri BRUN** : Le précepte qui peut fonder l'objection de conscience doit faire l'objet d'un credo, d'un acte de foi. Il faut en effet se placer dans le contexte des articles 2 et 3 des Chartes canadienne et québécoise et concevoir qu'il doit être question d'un précepte de religion ou de conscience. Il s'agit donc de prouver que sa position personnelle relève d'une prescription qui émane de Dieu ou de considérations métaphysiques. C'est à ces conditions qu'on aura affaire à autre chose qu'une opinion, un point de vue, une pensée.[700] [nous soulignons]
>
> **José WOEHRLING** : Par ailleurs, il est nécessaire de distinguer les convictions morales et religieuses, protégées au titre de la liberté de conscience et de religion, des simples opinions politiques, philosophiques ou sociales, lesquelles sont visées par la liberté d'opinion et d'expression. [...]
>
> Les convictions morales et religieuses sont celles qui mettent en jeu des principes de vie fondamentaux, des valeurs spirituelles permanentes et universelles, par opposition aux simples opinions ou idées portant sur des choix sociaux, politiques, économiques ou esthétiques.[701] [nous soulignons]

Avec égards pour la position défendue par ces deux éminents juristes, il nous semble que l'état actuel du droit canadien ne nous permet pas d'affirmer d'emblée que toute forme de « croyance », parce qu'elle ne serait pas de nature *métaphysique*[702] ou parce qu'elle toucherait au

---

700 Henri BRUN, « Un aspect crucial mais délicat des libertés de conscience et de religion des articles 2 et 3 des Chartes canadienne et québécoise : l'objection de conscience », (1987) 28 *C. de D.* 185, 194.

701 J. WOEHRLING, *loc. cit.*, note 227, 385. Le lecteur prendra toutefois note que l'auteur semble être revenu sur cette affirmation dans un article paru ultérieurement où il affirme que : « Comme les deux chartes protègent non seulement la liberté de religion, mais également la liberté de conscience, il faut logiquement admettre que le droit à l'accommodement raisonnable peut également être fondé sur des convictions de conscience laïques. C'est en tout cas la solution retenue dans l'arrêt *Maurice*, [précité, note 368] » : José WOEHRLING, « Quelle place pour la religion dans les institutions publiques ? », dans Jean-François GAUDREAULT-DESBIENS (dir.), *Le droit, la religion et le raisonnable*, Montréal, Thémis, 2009, p. 115, à la page 160.

702 Voir la définition que nous avons retenue de ce concept : *supra*, section 1.2.2.

politique et/ou au *social*, relève automatiquement du domaine de *l'opinion* et donc, du domaine des *convictions non-structurantes*. En effet, il nous semble que le fait de combiner le contexte particulier dans le cadre duquel la très large définition des « convictions religieuses » protégées par les dispositions protégées par les *lois sur les droits fondamentaux* a été établie dans l'arrêt *Amselem* (distinction entre (1) « conscience » : convictions séculières et sociales ; et (2) « religion » : convictions *spirituelles* au sens large[703]) à l'importance primordiale qui fut donnée au critère de la sincérité de la conviction spirituelle invoquée pour déterminer si, oui ou non, un individu pouvait bénéficier d'une des dispositions protégeant les convictions religieuses nous interdit un tel raisonnement.

Par ailleurs, le seul énoncé de principe sur lequel il nous est possible de nous appuyer avec certitude pour appréhender l'étendue couverte par la liberté de conscience au Canada, tiré de l'arrêt *Edwards Books* de 1989, n'indiquait-il d'ailleurs pas clairement que la *liberté de conscience et de religion* protégée par l'article 2a) de la *Charte canadienne* avait « pour objet d'assurer que la société ne s'ingérera pas dans les croyances intimes profondes qui régissent la perception qu'on a de soi, de l'humanité, de la nature et, dans certains cas, d'un être supérieur ou différent »[704] [nous soulignons]. Dans cette optique, il nous apparaît au mieux difficile d'argumenter que la perception séculière qu'un individu donné peut avoir de « l'humanité » ou de « la nature » ne pourrait jamais être étendue à certaines convictions politiques (concernant par exemple l'exercice effectif du droit des peuples de disposer d'eux-mêmes ou des droits démocratiques au sens large)[705], sociales (concernant par exemple la nécessité de mettre en place, ou de maintenir selon le cas, certaines institutions en lien avec les concepts de solidarité ou fraternité entre individus) ou même environnementales (concernant par exemple le respect de différents préceptes susceptibles d'assurer la préservation des ressources naturelles et de la vie sur la planète dans le futur, que ces préceptes aient trait au rejet de la consommation de masse et à la pratique de la *simplicité volontaire*[706], aux différentes formes de végéta-

---

703 Voir *supra*, section 3.1.1.

704 *Edwards Books*, précité, note 92, 759.

705 S'agissant de la possibilité que certaines convictions politiques puissent être protégées en vertu de la liberté de conscience, les auteurs Elberg et Power avaient même été plus loin que nous dans leurs interprétation des termes sous-jacents à la définition de « conscience », interprétant la notion de « moralité » comme suffisante pour couvrir de telles convictions : B. ELBERG et M. POWER, *loc. cit.*, note 198, aux pages 230-231.

706 L'Office de la langue française québécoise [ci-après : OFLQ] définit la « simplicité volontaire » comme un : « Mode de vie consistant à réduire sa consommation de biens en vue de mener une vie davantage centrée sur des valeurs essentielles. » : OFLQ, « simplicité volontaire », [en ligne : http://www.granddictionnaire.com/

risme[707], ou encore à la réduction des gaz à effets de serre[708]). À défaut de pouvoir nous en remettre à des principes clairement établis par la Cour suprême du Canada[709], il nous semble que le point focal de l'analyse permettant de distinguer les *convictions individuelles non liées à la spiritualité* des simples opinions ou *convictions non structurantes*, au sens de la très large liberté de conscience, soit inextricablement lié au critère de la sincérité de l'engagement individuel envers la « conviction » ou « croyance » alléguée par l'individu.

Le *flou artistique* qui perdure en droit canadien quant à la protection effective dont peuvent jouir les *convictions individuelles non liées à la spiritualité* en vertu de la seule liberté de conscience nous permet malgré tout de nous prononcer sur la nature « plus restrictive » de la protection qui leur est accordée par rapport à l'ensemble des « convictions religieuses » tel qu'il a été circonscrit par la Cour suprême du Canada. Fait à souligner, notre évaluation qualitative ne pourrait pas être affectée par une éventuelle décision de la Cour suprême qui aurait pour effet de clarifier cette question et ce, peu importe qu'elle tranche en faveur ou défaveur de l'inclusion de ces convictions « non-spirituelles » au sein du champ de la liberté de conscience. En effet, dans un cas comme dans l'autre, notre évaluation repose sur la constatation d'un clair statut

---

BTML/FRA/r_Motclef/index1024_1.asp], (page consultée le 9 mars 2010). À propos de la simplicité volontaire, voir notamment : Dominique BOISVERT, *L'ABC de la simplicité volontaire*, Montréal, Écosociété, 2005 ; Daniel DOHERTY et Amitai ETZIONI (dir.), *Voluntary Simplicity : Responding to Consumer Culture*, Rowman & Littlefield, Lanham, 2003 et Serge MONGEAU, *La simplicité volontaire, plus que jamais*, Montréal, Écosociété, 1998.

707 Ces formes incluent notamment l'*ovo-lacto-végétarisme* (qui proscrit la viande, mais permet l'ingestion de dérivés animaux comme les œufs ou le lait) le *végétalisme* (qui proscrit non seulement la viande, mais également tout dérivé animal) et le *crudivorisme* (forme extrême de végétalisme qui incite, le plus possible, à consommer les aliments sans les cuire). Sur le végétarisme en général, voir notamment : Laurence OSSIPOW, *Le végétarisme : vers un autre art de vivre ?*, Montréal, Fides, 1989.

708 Comme nous l'avions déjà brièvement souligné lors du titre préliminaire (voir *supra* note 111) la nature pour le moins incertaine des conséquences – voire selon certains de l'existence même – des changements climatiques et des sources réelles de ces mêmes changements, l'engagement sincère d'un individu envers la réalisation de mesures permettant de limiter ces derniers nous apparaît facilement pouvoir relever de la « conscience individuelle » au sens d'une certaine perception de la « nature ».

709 Comme le rappellent d'ailleurs les auteurs Elberg et Power : « Although the Supreme Court of Canada has held that individual autonomy integrates the concept of freedom of religion and freedom of conscience, it has not explained the meaning of freedom of conscience in detail. » : B. ELBERG et M. POWER, *loc. cit.*, note 198, à la page 230. Dans le même sens, l'auteur David M. Brown avait également souligné, en 2005, le très faible nombre de décisions émanant d'instances inférieures sur la question générale de la liberté de conscience : D. M. BROWN, *loc. cit.*, note 208, 227-228.

« préférentiel » attribué aux « convictions religieuses » ou *spirituelles* par rapport à l'éventail beaucoup plus large des convictions individuelles pouvant être détenues par un individu.

Considérons d'abord l'éventualité où la Cour suprême choisirait de donner foi aux positions défendues par les auteurs Brun et Woehrling et exclurait expressément les *convictions individuelles non liées à la spiritualité* du champ protégé par la « conscience » en tant qu'objet de protection des *lois sur les droits fondamentaux*, reléguant certaines catégories de convictions au rang de simples « opinions » protégées uniquement par la liberté d'expression. Un tel choix constituerait non seulement une interprétation fort restrictive du terme « conscience », mais il impliquerait également la constitution arbitraire de deux grandes catégories de « convictions sincères » pour lesquelles les individus ne jouiraient pas d'une protection aussi efficace. En effet, comme le rappelle habilement le professeur José Woehrling, seules les convictions protégées par la liberté de conscience permettent aux individus de se constituer en *objecteurs de conscience* et, conséquemment, d'obtenir le droit de ne pas être soumis à l'application d'une norme générale particulière ; les individus détenant des « opinions », quant à eux, ne pouvant bénéficier que du droit de les exprimer sans entrave :

> L'importance de la distinction [entre convictions protégées par la liberté de conscience et celles protégées par la liberté d'opinion et d'expression] est que seule la liberté de conscience et de religion entraîne un droit à l'adaptation ou à l'accommodement. La liberté d'opinion et d'expression, si elle est restreinte de façon non justifiable, n'entraîne pas une adaptation de la norme contestée, mais son invalidation à l'égard de tous.[710]

S'agissant maintenant de l'éventualité où la Cour suprême choisirait la voie qui a déjà été empruntée par certaines décisions émanant d'instances judiciaires inférieures[711] et reconnaîtrait clairement la possibilité

---

[710] J. WOEHRLING, *loc. cit.*, note 227, 385.

[711] Voir notamment : « L'alinéa 2a) de la Charte reconnaît en tant que liberté fondamentale tant la liberté de religion que la liberté de conscience ; pourtant, selon la politique du SCC, les détenus qui ont des croyances fondées sur leur conscience peuvent se voir refuser l'expression de leur liberté de "conscience". À mon avis, l'approche du SCC est incohérente. Le SCC ne peut pas incorporer l'alinéa 2a) de la Charte d'une façon fragmentaire ; les deux libertés doivent être reconnues.

Le végétarisme est un choix qui est fondé sur la conviction selon laquelle la consommation de produits d'origine animale est moralement répréhensible. Les motifs pour lesquels une personne pratique le végétarisme peuvent varier, mais à mon avis, le système de croyances sous-jacent peut être considéré comme l'expression d'un choix fait selon sa *conscience* » : *Maurice* c. *Canada (Attorney General)*, précité, note 368, parag. 9-10 ; Dans le même sens, dans la décision *Lebedev* c. *Canada (Ministre de la Citoyenneté et de l'Immigration)*, [2007] A.C.F. n° 975, parag. 42, le juge de Montigny admet très clairement qu'une objection de conscience puisse être fondée

que les *convictions individuelles non liées à la spiritualité* puissent être protégées par la liberté de conscience, elle se trouverait alors à ouvrir toute grande une porte qui n'a été jusqu'ici que timidement entrebâillée au Canada. Cette ouverture *pourrait* provoquer[712] un important renversement de la tendance jurisprudentielle actuelle en matière de liberté de conscience, tendance suivant laquelle la prise en considération de ces mêmes convictions est presqu'inexistante. En effet, comme l'ont souligné différents auteurs, dont le professeur Richard Moon, le caractère « religieux » ou « spirituel » des convictions peut faire l'objet d'une protection en vertu de la très large liberté de conscience, ce qui a, jusqu'ici, presqu'entièrement phagocyté toute autre forme de conviction individuelle structurante pouvant bénéficier de cette même protection :

> This uncertainty about religious adherence, as a matter of personal choice, judgment or commitment or as a matter of identity manifests itself in a serie of closely related doctrinal tensions in the Canadian religious freedom cases. First, it shows itself in judicial uncertainty about the scope of the freedom – about whether it protects only, or principally, religious beliefs and practices, which are in some way different from other (non-religious) beliefs/practices. If autonomy is the value that underlies our commitment to freedom of religion or conscience, then the freedom's protection should extend equally to religious and non-religious beliefs and practices. Yet despite the courts' formal holding that freedom of religion/conscience protects *secular* values/beliefs, *religious* beliefs and practices continue to be at the centre of the Canadian freedom of religion/conscience cases. The courts seem to regard

---

sur autre chose que des convictions religieuses ou spirituelles : « Je suis personnellement enclin à penser que l'objection de conscience, en tant que principe et précédent, ne peut être que générale et doit viser la participation à tout conflit armé. Lorsqu'un demandeur s'oppose à une guerre en particulier, on ne peut pas dire qu'il s'oppose à la guerre pour des raisons **philosophiques**, **éthiques** ou religieuses. Il s'oppose plutôt aux objectifs ou aux stratégies militaires dans un conflit donné. Comme nous le verrons, son objection n'a pas pour source sa conscience, mais un jugement objectif quant à la validité de l'action militaire menée dans une situation précise. Cela est différent de l'objection de conscience » [nous soulignons].

712 Nous utilisons ici le conditionnel puisqu'il semble que, même si la Cour suprême du Canada devait reconnaître officiellement la protection des *convictions individuelles non liées à la spiritualité*, les auteurs ne s'entendent pas sur la question de savoir s'il conviendrait de traiter ces deux grandes catégories de convictions individuelles (l'autre étant celle des *convictions spirituelles* ou *religieuses*) sur un même pied d'égalité hiérarchique. Tenant de la continuation d'une approche « hiérarchisée » entre ces catégories de convictions, le professeur Richard Moon semble croire que les convictions religieuses devraient continuer de bénéficier d'un statut spécial de protection : R. MOON, *loc. cit.*, note 232, 215-216. De son côté, l'auteur David M. Brown ne croit pas que les *convictions individuelles non liées à la spiritualité* jouiraient d'une protection moins généreuse : D. M. BROWN, *id.*, 228-229.

religious beliefs and practices as different from other beliefs/practices, and as requiring special constitutional treatment.[713] [nous soulignons]

Ainsi, malgré la très large définition qui fut conférée à la liberté de conscience par la Cour suprême du Canada dans l'arrêt *Edwards Books* en 1986 et l'important rappel, dans l'arrêt *Amselem* en 2004, de l'existence d'une catégorie résiduaire de convictions qui, bien que non couvertes par la liberté de religion, pouvaient malgré tout être protégées en tant qu'expression de la « conscience » individuelle, la jurisprudence canadienne ne contient actuellement qu'une poignée de décisions où des individus ont en effet tenté et obtenu qu'une *conviction individuelle non liée à la spiritualité* soit protégée par cette même liberté de conscience. Quelle que soit la raison qui justifie un tel débalancement du *corpus jurisprudentiel* consacré à la protection des libertés de conscience et de religion et pour tous les motifs évoqués précédemment, celui-ci nous semble, en soi, suffisant pour que nous puissions affirmer avec certitude que les convictions religieuses jouissent actuellement d'une protection plus importante que les « autres convictions structurantes » qui pourraient jouir d'une protection similaire en vertu de la stricte liberté de conscience.

Notons par ailleurs que, spécifiquement en matière de relations de travail, la prépondérance des « convictions religieuses positives » sur les autres types de convictions individuelles a été spécifiquement reconnue par les quelques législateurs canadiens (fédéral et provinciaux) qui ont mis sur pied un régime législatif d'exemption du paiement de cotisations syndicales pour les individus qui peuvent démontrer que la doctrine de leur « religion » ne leur permet pas : « en toute conscience [de] verser une contribution financière à un organisme d'employés »[714]. Jusqu'ici, aucune des décisions judiciaires rendues sur une question propre à la mise en œuvre de ces mécanismes d'exemption n'a remis en cause – ou étendu la portée de – cette « exigence initiale » pour qu'un travailleur

---

713 R. MOON, *loc. cit.*, note 232, 211. Dans le même sens, le professeur Gérard Gonzalez semble également considérer que la liberté de religion tend à limiter la portée qui devrait être attribuée à la liberté de conscience au niveau du droit international : Gérard GONZALEZ, « Liberté de pensée, de conscience et de religion », dans J. ANDRIANTSIMBAZOVINA *et al.* (dir.), *op. cit.*, note 48, p. 636.

714 Citation tirée du second élément devant être rempli sur la « Déclaration assermentée : opposition à la retenue de cotisations syndicales pour motifs religieux », que le Conseil du Trésor a mis à la disposition des travailleurs visés par une unité d'accréditation au sein d'un ou l'autre des différents Ministères fédéraux en vue d'obtenir l'exemption expressément prévue par l'art. 70 du *Code canadien du travail*, précité, note 654 : voir *infra*, ANNEXE I. Comme nous le soulignions précédemment, tous les régimes d'exemptions législative similaires ont également été expressément limités aux « convictions religieuses » et non à l'expression, plus large, de la conscience individuelle. Voir à cet égard : *supra*, note 654.

syndiqué puisse bénéficier du « droit de retrait » prévu par ces mêmes mécanismes[715].

Ceci conclut donc ce premier bloc de l'analyse comparative devant être menée pour conclure à l'existence d'un déséquilibre hiérarchique favorisant matériellement les dispositions protégeant les convictions religieuses au sein des droits et libertés de nature constitutionnelle au Canada. Ce premier bloc nous a permis de mettre au jour plusieurs variations importantes dans l'application du principe de l'interprétation large et libérale défavorisant les « autres objets de protection » consacrés par les *libertés fondamentales* canadiennes par rapport aux « convictions religieuses individuelles ».

En effet, qu'on se tourne vers l'ensemble plus important de limites intrinsèques imposées aux *libertés fondamentales* ou plus spécifiquement vers l'établissement d'une échelle de valeurs hiérarchiques entre certaines formes d'activités protégées par certaines d'entre elles, force est de constater que la portée presque sans limite qui fut attribuée aux convictions religieuses à l'étape initiale de la mise en œuvre des *lois sur les droits fondamentaux*, au nom du principe de l'interprétation large et libérale, est bien loin de représenter la norme… à tout le moins en ce qui concerne les *libertés fondamentales*. Voyons maintenant ce qu'il en est pour les autres types de droits fondamentaux.

---

715 Voir notamment : *Aspinall* c. *York University*, [1983] O.J. n° 1234 ; *Barker et Section locale 938 des Teamsters*, D.T.E. 86T-439 (C.C.R.T.) ; *Comstock* c. *Public Service Alliance of Canada*, précité, note 658 ; *Dixon* c. *Manitoba (Labour Board)*, (1981) 127 D.L.R. (3d) 752 (Man. Q.B.) ; *Doyle et Association internationale des machinistes et des travailleurs de l'aérospatiale*, D.T.E. 93T-1077 (C.C.R.T.) ; *Drogt et al.* c. *Robson-Lang Leathers Ltd. et al.*, (1971) 21 D.L.R. (3d) 38 (C.C. Simcoe) ; *Funk* c. *Manitoba (Labour Board)*, (1976) 66 D.L.R. (3d) 35 (Man. C.A.) ; *Guertin et Association canadienne des maîtres de poste*, D.T.E. 87T-526 (C.C.R.T.) ; *Price* c. *British Columbia (Attorney General)*, [1976] 5 W.W.R. 656 (B.-C. S.C.) ; *Re Ontario Public Service Employees Union and Forer et al.*, (1985) 52 O.R. (2d) 705 (Ont. C.A.) ; *Vendermeulen* c. *Manitoba (Labour Board)*, (1988) 48 D.L.R. (4th) 714 (Man. Q.B.) ; *Wiebe et Association canadienne des maîtres de poste*, D.T.E. 87T-705 (C.C.R.T.) ; *Yorkton Union Hospital* c. *Chernipeski*, (1993) 109 Sask.R. 198 (Sask. C.A.). L'exclusion des convictions non liées à une religion nous semble par ailleurs être confortée par la lecture du formulaire permettant de bénéficier de l'exemption prévue par l'article 70 du *Code canadien du travail* (reproduit en ANNEXE I). En effet, ce même formulaire comprend certaines sections réservées à la fourniture d'information liées la religion à laquelle l'individu affirme appartenir (voir notamment la section 3 et le fait qu'on demande une signature d'un « représentant de l'organisme religieux).

CHAPITRE 6

Les autres droits fondamentaux

Les *droits* fondamentaux de nature constitutionnelle sont, au Canada, beaucoup plus nombreux que les *libertés* fondamentales. Toutefois, pour les raisons évoquées lors de l'introduction du présent titre, nous avons délibérément choisi de limiter le nombre de ces mêmes *droits* dans le cadre de l'analyse comparative qui occupera ce chapitre. Ainsi, les principaux droits fondamentaux susceptibles de faire l'objet de conflits, et donc d'un processus de *conciliation*, avec les dispositions protégeant les convictions religieuses au Canada sont : (6.1) les droits à la vie, liberté et sécurité de l'individu ; (6.2) le droit à la vie privée ; et finalement (6.3) les autres motifs protégés par le droit à l'égalité.

6.1. Les droits à la vie, à la liberté et à la sécurité de sa personne

La vie, liberté et sécurité des individus constituent trois objets de protection se trouvant directement au cœur historique de la protection individuelle des droits et libertés fondamentaux au sein des sociétés modernes. En effet, alors que les premières garanties consenties formellement par le pouvoir public aux sujets des sociétés occidentales[716] – par l'entremise des *Charte des libertés* (1100) et *Magna Carta* (1215) anglaises – touchaient directement le droit à la liberté *physique* des individus (reconnaissance du principe de l'*habeas corpus*[717]), le *Bill of Rights* anglais (1689) intégrait un pan important de la sécurité physique des individus au sein de l'ensemble *supralégislatif* des garanties fondamentales reconnues aux individus (protection contre les peines et traitements

---

716 Au sujet de l'identification des premiers textes juridiques et de la chronologie historique ayant mené à la consécration des droits et libertés fondamentaux « modernes », voir notamment : Jacques MOURGEON, *Les droits de l'Homme*, coll. Que sais-je ?, Paris, PUF, 2003, pp. 22-29 et COLLÈGE UNIVERSITAIRE HENRI DUNANT, *De l'Édit de Nantes à la Déclaration universelle*, [en ligne : http://www.aidh.org/uni/Formation/00Home_f.htm], (page consultée le 30 octobre 2010).

717 Jean-Jacques VINCENSINI (dir.), *Le Livre des droits de l'homme : histoire et textes, de la Grande Charte (1215) aux plus récents pactes internationaux*, Paris, Laffont, 1985, p. 42.

cruels ou inusités[718]) avant que la *Déclaration d'Indépendance américaine*, dans son préambule, ne reconnaisse explicitement que tous les hommes : « are created equal, that they are endowed by their Creator with certain unalienable Rights, that among these are Life, Liberty and the pursuit of Happiness »[719]. Directement liés à la question de l'intégrité de l'individu (qu'elle soit corporelle, psychologique ou spatiale), ces grands objets de protection des *lois sur les droits fondamentaux* ont très souvent été consacrés en bloc au sein de ces mêmes textes *supralégislatifs*[720], tendance qui fut également respectée au sein des *chartes* canadienne et québécoise :

Charte canadienne :

Art. 7

Chacun a droit à la vie, à la liberté et à la sécurité de sa personne ; il ne peut être porté atteinte à ce droit qu'en conformité avec les principes de justice fondamentale.

Charte québécoise :

Art. 1

Tout être humain a droit à la vie, ainsi qu'à la sûreté, à l'intégrité et à la liberté de sa personne.

Toutefois, pour tout regroupés qu'ils soient sur le strict plan législatif, la jurisprudence canadienne a très rapidement confirmé le fait que ces trois objets de protection jouissaient d'une existence distincte les uns des autres[721]. Les articles 7 de la *Charte canadienne* et 1 de la *Charte*

---

718 Cette protection fut intégrée en tant que 10e article du *Bill of Rights* britannique, et libellée en ces termes : « **10e** Qu'il ne peut être exigé de cautions, ni imposé d'amendes excessives, ni infligé de peines cruelles et inusitées » : BIBLIOTHÈQUE JEANNE-HIRSCH, *Déclaration des droits/Bill of Rights : Angleterre, 13 février 1689*, [en ligne : http://www.aidh.org/Biblio/Text_fondat/GB_04.htm], (page consultée le 23 août 2010).

719 INDIANA UNIVERSITY SCHOOL OF LAW, *The Declaration of Independence of the Thirteen Colonies*, [en ligne : http://www.law.indiana.edu/uslawdocs/declaration.html], (page consultée le 23 août 2010).

720 Alors que l'article 3 de la *Déclaration universelle des droits de l'Homme*, précitée, note 65, qui prévoit que : « Tout individu a droit à la vie, à la liberté et à la sûreté de sa personne » ou à l'article, les des autres principaux instruments juridiques internationaux en ce qui concerne la protection/consécration des droits et libertés fondamentaux traitent quant à eux spécifiquement du droit à la vie et regroupent les droits à la « liberté et à la sécurité de sa personne » : voir les articles 6 et 9 du *Pacte international relatif aux droits civils et politiques*, précité, note 65, 2 et 5 de la *Convention européenne des droits de l'Homme*, précitée, note 60.

721 Voir notamment les arrêts *Renvoi : Motor Vehicle Act de la Colombie-Britannique*, [1985] 2 R.C.S. 486 et *Singh* c. *Ministre de l'Emploi et de l'Immigration*, [1985] 1

québécoise ne protègent non pas qu'un, mais bien trois droits distincts[722]. Notre analyse comparative de la portée qui fut accordée à ces objets de protection par rapport à celui des « convictions religieuses » devra donc être divisée en trois temps, chacun correspondant respectivement aux droits à la vie (6.1.1) ; à la liberté (6.1.2) et à la sécurité de sa personne (6.1.3). Notons par ailleurs que, pour les mêmes motifs qui nous ont poussé à ne pas prendre en considération la limitation des bénéficiaires potentiels de la liberté de circulation au Canada[723], nous ne tiendrons aucun compte du fait que ces trois droits se soient vus imposer une importante limite intrinsèque formelle par le Constituant canadien, l'atteinte à l'un ou l'autre de ces mêmes droits ne pouvant être démontrée que si la victime arrive à prouver que cette même atteinte a été faite en violation d'un principe de justice fondamentale[724].

6.1.1. Le droit à la vie

Que les Chartes des droits se soucient de protéger la vie, cela n'a rien d'étonnant. On a peine à imaginer une atteinte plus grave aux droits d'un être humain que celle qui entraîne sa mort. Toutefois, malgré son importance, on aurait tort d'accorder instantanément au droit à la vie une préséance sur les autres droits fondamentaux protégés par les Chartes. Les tri-

---

R.C.S. 177. Le lecteur prendra toutefois note que la Cour suprême est venue préciser, en 1993, que, malgré leur existence distincte, la portée de chacun de ces trois droits devait être interprétée/définie en fonction des deux autres : « L'appelante demande une réparation qui lui assurerait un certain contrôle sur le moment et les circonstances de sa mort. Bien qu'elle fonde sa demande sur l'atteinte à ses droits à la liberté et à la sécurité de sa personne, on ne peut dissocier ces intérêts du caractère sacré de la vie, qui est une des trois valeurs protégées par l'art. 7 de la *Charte*.

A priori, aucune de ces valeurs ne l'emporte sur les autres. Toutes doivent être prises en compte pour déterminer le contenu des principes de justice fondamentale et il n'y a aucune raison d'imposer un fardeau plus lourd au tenant d'une valeur que le fardeau imposé au tenant d'une autre » : *Rodriguez*, précité, note 243, parag. 125-126.

722 Et ce prenant pour acquis que, comme nous en ferons la démonstration un peu plus tard dans le présent chapitre (voir *infra*, section 6.1.3), le droit à la « sécurité » garanti par l'article 7 de la *Charte canadienne* recouvre, *grosso modo*, le même champ que les droits à la « sûreté » et « intégrité » qui sont consacrés distinctement par l'article 1 de la *Charte québécoise*.

723 Voir *supra*, section 5.3.

724 Voir notamment la récapitulation générale – qui fut faite par la Cour suprême en 2002 – du processus qui doit être respecté par un plaignant voulant démontrer qu'il a subi une atteinte à un des droits qui lui sont accordés par l'article 7 de la *Charte canadienne* : « Lorsqu'il procède à une analyse fondée sur l'art. 7, le tribunal doit tout d'abord déterminer s'il y a atteinte réelle ou imminente à la vie, à la liberté, à la sécurité de la personne ou à une combinaison de ces trois droits. Il doit ensuite identifier le ou les principes de justice fondamentale applicables et, enfin, déterminer si l'atteinte est portée en conformité avec ce ou ces principes » : *R.* c. *Jarvis*, [2002] 3 R.C.S. 757, parag. 66.

bunaux répugnent à établir une quelconque hiérarchie entre les droits et libertés garantis.[725]

Bien que l'assertion du professeur Brunelle soit juste en droit canadien si nous la circonscrivons au strict concept de la *hiérarchie formelle*, la simple appréhension de ce qui constitue le cœur du droit à la vie (soit le droit de ne pas être privé de sa vie sans y consentir) fournit une superbe justification instinctive de la thèse selon laquelle le principe de l'égalité hiérarchique des objets de protection consacrés par les *lois sur les droits fondamentaux* – qu'elles soient canadiennes, françaises ou d'application internationale – ne résiste pas à l'interprétation et au traitement que réservent les décideurs responsables à ces mêmes objets de protection. En effet, il nous semble tout bonnement impossible d'imaginer un seul cas où un tribunal régulièrement constitué pourrait légitimement affirmer, au terme de la démarche en deux étapes (violation/justification) préalable à l'obtention d'une réparation en vertu d'une des *lois sur les droits fondamentaux*, la prévalence de tout droit ou de toute liberté fondamentale dans un cas où l'exercice de ce même droit ou liberté serait de nature à porter atteinte au cœur du droit à la vie d'un autre individu[726]. Or, l'admission d'une telle prémisse, non seulement soutient solidement la thèse selon laquelle il existe bel et bien une *hiérarchie matérielle* entre les droits et libertés fondamentaux de nature constitutionnelle au Canada, mais réduit comme peau de chagrin l'espace pour qu'un principe d'égalité hiérarchique entre droits fondamentaux – fut-elle *formelle* – puisse effectivement être transposé dans la réalité d'une société au moyen de décisions jurisprudentielles, politiques ou sociales concrètes. Évidemment, le simple instinct n'ayant jamais permis de résoudre ou justifier quelque problème ou position théorique que ce soit, il nous sera évidemment nécessaire de revenir à une analyse plus rigoureuse de la portée qui fut conférée à ce droit fondamental au Canada.

---

[725] C. BRUNELLE, *loc. cit.*, note 349, à la page 47.

[726] Par ailleurs, comme nous l'écrivions dans un article publié en 2009, la protection du droit à la sécurité/intégrité physique des individus nous apparaît susceptible de faire l'objet de la même affirmation générale : « Ainsi, indépendamment du fait que les tribunaux se fonderaient davantage sur le droit à la vie, à la liberté et à la sécurité de sa personne plutôt que sur le droit à l'égalité entre les hommes et les femmes, l'analyse de la jurisprudence pertinente tend à éliminer tout questionnement quant à la potentielle « constitutionnalité » des pratiques culturelles ou religieuses impliquant une atteinte à l'intégrité physique des femmes. En conséquence, des pratiques telles que l'excision, l'infibulation, le *sati* ou encore les cas de violence conjugale *autorisés* par des règles religieuses ou des traditions culturelles ne pourraient être justifiées en vertu de la protection de la liberté de conscience et de religion » : L.-P. LAMPRON, *loc. cit.*, note 17, aux pages 239-240.

Conformément à la définition que nous en avons fournie précédemment, le cœur du droit à la vie a fait l'objet, au Canada, d'une interprétation assez peu généreuse en domaine privé, les seuls bénéficiaires de la protection initiale offerte par les *Chartes* canadienne et québécoise étant les individus qui craindraient d'être privés sans consentement de leur vie[727] et non leurs ayants-droits dans les cas où ces mêmes individus seraient effectivement privés de cette même vie. Également, comme le résume le professeur Patrice Garant, quelques difficultés interprétatives subsistent à propos de « la vie » en tant qu'objet de protection des *lois sur les droits fondamentaux*, difficultés concernant : « les critères qui nous permettent de déterminer le commencement de la vie, et ceux de la détermination de la mort »[728]. À ce jour, nous le verrons, ces difficultés ont trouvé une solution dictée par une interprétation plutôt restrictive en droit canadien.

Quasi-absence de recours pour une atteinte au droit à la vie dans le contexte privé

La « vie » en tant qu'objet de protection des *lois sur les droits fondamentaux* constitue un cas particulier puisque, contrairement aux autres objets protégés par ces mêmes *lois*, la conséquence principale d'une atteinte directe au droit à la vie d'un individu – soit sa mort – empêche évidemment ce dernier d'intenter un recours judiciaire pour obtenir une juste réparation ; la seule possibilité restante impliquant nécessairement les ayants-droits (ou héritiers) de l'individu privé sans consentement de son droit fondamental. La vie ne pouvant évidemment pas être restituée à un individu qui en a été privé, il appert pourtant qu'une interprétation aussi large et libérale de la « vie » que celle qui fut attribuée aux convictions religieuses en tant qu'objet de protection des *lois sur les droits fondamentaux* aurait normalement dû pousser la jurisprudence canadienne à permettre aux ayants-droits de la victime d'obtenir, en guise de réparation « convenable et juste » pour l'atteinte au droit fondamental, une certaine forme de compensation[729]. Nous verrons toutefois que, à

[727] En autant qu'ils arrivent à démontrer, comme le résume le professeur Christian Brunelle, l'existence d'une « menace sérieuse d'atteinte [à ce] droit constitutionnel » : C. BRUNELLE, *loc. cit.*, note 349, à la page 108 (en référence aux arrêts *R.* c. *Morgentaler*, [1988] 1 R.C.S. 30 [ci-après l'arrêt *Morgentaler*] ; *Singh* c. *Ministre de l'Emploi et de l'Immigration*, [1985] 1 R.C.S. 177 et *Procureur général du Québec* c. *C. (R.)*, précité, note 10 (par. 157)).

[728] Patrice GARANT, « Vie, liberté, sécurité et justice fondamentale », dans G.-A. BEAUDOIN et E. MENDES (dir.), *op. cit.*, note 43, p. 455, à la page 463.

[729] Ne serait-ce qu'en application du principe général, plusieurs fois réaffirmé par la Cour suprême et en vertu duquel la protection effective des droits et libertés fondamentaux individuels implique nécessairement l'obligation de fournir une réparation suffisante (ou raisonnable) en cas de violation. Voir notamment à cet égard :

moins que l'atteinte au droit à la vie résulte d'un acte « intentionnel et délibéré », la Cour suprême du Canada semble avoir définitivement interdit une telle possibilité.

Prononcé en 1996, l'arrêt *Augustus* c. *Gosset* établit directement les principes applicables en droit canadien quant à la possibilité qu'une atteinte directe au droit à la vie, lorsqu'elle résulte d'un acte individuel et non d'une norme gouvernementale[730], puisse faire l'objet d'une quelconque réparation en vertu d'une des *lois sur les droits fondamentaux* canadiennes. Les faits pertinents de cette affaire impliquaient les actes d'un policier qui, lors de la séquence d'événements qui a succédé à la tentative de fuite d'un individu de dix-neuf ans qui venait d'être mis en état d'arrestation, a accidentellement fait feu sur celui-ci et l'a tué d'une balle à la tête. La mère de la victime intenta alors un recours en responsabilité civile contre le policier et la Communauté urbaine de Montréal, alléguant entre autres motifs que l'atteinte au droit à la vie de son fils devait faire l'objet d'une ordonnance compensatoire en vertu des articles 1 et 49 de la *Charte québécoise*. En réponse à cette portion de l'argumentation de la plaignante, la Cour suprême du Canada, s'appuya sur un raisonnement ressemblant fort à ceux qui eurent trop longtemps cours quant à la portée devant être conférée aux « droits fondamentaux » protégés par la *Déclaration canadienne des droits* avant la promulgation de la *Charte canadienne* et rejeta en ces termes toute possibilité pour qu'une atteinte directe à la vie d'un individu puisse faire l'objet d'une quelconque compensation « ordinaire »[731] :

> L'appelante nous invite [...] à envisager le décès de toute personne comme un préjudice objectivement indemnisable en droit civil québécois, c'est-à-dire donnant droit à compensation indépendamment du fait de la conscience de la victime de son décès, et, par conséquent, à reconsidérer, à la lumière de la *Charte*, la jurisprudence de notre Cour qui y fait obstacle. Notre Cour s'est, en effet, déjà prononcée à deux reprises contre la transmissibilité du recours en dommages pour perte de vie ou abrégement de vie lorsque la victime décède immédiatement en raison de l'acte fautif ou y survit quelques

---

B.C.G.E.U., précité, note 615, parag. 24 et *Nelles* c. *Ontario*, [1989] 2 R.C.S. 170, parag. 50.

730 Rappelons à cet égard que la peine de mort a été abolie au Canada en 1976 (*Loi de 1976 modifiant le droit pénal*, n° *2*, S.C. 1974-75-76, ch. 105) et que cette interdiction a été élevée au rang de « principe de justice fondamentale » par la Cour suprême du Canada dans l'arrêt *États-Unis* c. *Burns*, [2001] 1 R.C.S. 283, 332-334.

731 Par opposition aux « dommages exemplaires » ou « punitifs » pouvant être obtenus en vertu de dispositions particulières des *lois quasi-constitutionnelles* – comme par exemple l'alinéa 49 (2) de la *Charte québécoise* – ou de l'article 24 de la *Charte canadienne* (*Québec (Procureur général)* c. *Boisclair*, [2001] R.J.Q. 2449 (C.A.)), en autant évidemment que certaines exigences supplémentaires soient respectées : voir à cet égard, *infra*, notes 737-738.

> heures sans, toutefois, reprendre conscience avant de mourir : le droit à la vie prenant fin avec la vie de la victime, ce recours n'est pas susceptible d'entrer dans le patrimoine de la victime et ne saurait donc être transmis à ses héritiers. [...]
>
> L'appelante prétend devant nous que ces décisions n'ont plus qu'une valeur historique depuis l'adoption de la *Charte* dont les art. 1 et 49 conféreraient dorénavant aux héritiers d'une personne qui décède par la faute d'autrui le droit d'obtenir des dommages compensatoires pour perte de vie ou perte d'expectative de vie. [...]
>
> ... il s'agit maintenant de déterminer si le droit à la vie garanti à l'article premier de la *Charte* requiert que soit modifié le principe jurisprudentiel selon lequel le droit à la vie d'une personne cesse d'exister au moment de son décès de sorte que ses héritiers ne sauraient réclamer des dommages compensatoires pour perte de vie ou perte d'expectative de vie. Pour les motifs suivants, je ne le crois pas.
>
> La *Charte* n'a pas créé le droit à la vie, lequel a toujours été valorisé et reconnu en droit civil québécois. [...]
>
> S'il est indéniable que la mort constitue l'atteinte ultime au droit à la vie, les tribunaux, au Québec comme en *common law*, ont pourtant refusé de considérer la perte de vie ou d'expectative de vie comme étant un préjudice indemnisable, c'est-à-dire donnant droit à des dommages compensatoires. [...] Bien qu'il faille reconnaître l'ironie de cette interprétation, dictée par de puissants arguments de politique judiciaire, il m'apparaît néanmoins fallacieux de prétendre, comme le fait l'appelante, qu'elle dévalorise le droit à la vie.
>
> Que la mort d'une personne n'enrichisse pas le patrimoine qu'elle transmet à ses héritiers, quels qu'ils soient et quelle qu'ait été leur relation avec la victime, n'implique pas que le droit à la vie de cette dernière n'a aucune valeur. Au contraire, c'est précisément le respect qui est dû au droit à la vie qui commande que seules les personnes aux yeux desquelles ce droit avait effectivement de la valeur puissent obtenir compensation. À cet égard, il n'est dorénavant plus permis de douter que la douleur morale éprouvée par les proches d'une personne qui perd la vie par la faute d'autrui est pleinement compensable à titre de *solatium doloris*. Sous-jacente à la reconnaissance d'un tel chef de dommages n'est nulle autre que la reconnaissance de la valeur même du droit à la vie.[732]

À première vue, le raisonnement suivi par la Cour suprême du Canada pour justifier l'imposition d'une aussi importante limite intrinsèque au droit à la vie – limite qui n'a en fait de comparable que celle qui fut également imposée aux droits économiques et sociaux (art. 39 à 48 de la

---

[732] *Augustus* c. *Gosset*, [1996] 3 R.C.S. 268, parag. 60-63.

Charte québécoise) dans l'arrêt *Gosselin* en 2002[733] – agit comme un très puissant trompe-l'œil. En effet, en s'appuyant sur la déclaration d'équivalence des recours intentés en vertu de l'article 49 de la *Charte québécoise* et du droit civil[734], la Cour suprême arrive à nous faire croire que le motif du *solatium doloris* constitue, dans les faits, une ordonnance destinée à compenser une atteinte au droit à la vie de l'individu qui en a été privé.

Pourtant, d'un strict point de vue théorique, il est indéniable que la Cour refuse catégoriquement d'indemniser la victime (par l'entremise de ses ayants-droits) pour la perte de sa vie, se contentant plutôt d'indemniser les proches de celle-ci pour l'atteinte à l'intégrité psychologique (autre objet de protection des *lois sur les droits fondamentaux*[735]) dont ils ont été victimes en perdant un être cher. Ce faisant, et sans égard à la légitimité des arguments pragmatiques ayant été formulés pour justifier un tel énoncé de principe[736], la Cour suprême se trouve à restreindre de manière importante la portée effective qu'elle confère à la vie en tant qu'objet de protection des *lois sur les droits fondamentaux* puisqu'elle limite l'octroi d'une réparation aux seuls cas où les ayants-droits d'une victime arriveront à démontrer que, non seulement cette dernière a subi une atteinte au droit à la vie, mais que celle-ci était de surcroît intentionnelle, délibérée ou de mauvaise foi[737]. Dans de telles circonstances, les

---

733 Les droits économiques et sociaux ont en effet été interprétés dans cet arrêt comme ne pouvant fonder d'autre forme de réparation que des jugements déclaratoires : *Gosselin* c. *Québec (Procureur général)*, précité, note 85, parag. 92-93 et références sur ce sujet : *supra*, note 564 et *infra*, note 810.

734 Laquelle fut initialement établie dans l'arrêt *Béliveau St-Jacques* c. *FEESP*, [1996] 2 R.C.S. 345 [ci-après l'arrêt *Béliveau St-Jacques*], 404-405. Le lecteur notera toutefois que cette « équivalence » entre recours intentés en vertu de l'article 49 de la *Charte québécoise* et 1457 du *Code civil du Québec* viennent tout juste de faire l'objet d'une importante nuance dans l'arrêt *De Montigny (Succession)* c. *Brossard*, 2010 CSC 51, parag. 43-46.

735 Voir *infra*, section 6.1.3.

736 Voir notamment *Augustus* c. *Gosset*, précité, note 732, parag. 60-77.

737 Comme le soulignait fort justement le professeur Christian Brunelle, la Cour suprême du Canada a consacré l'existence d'un dénominateur factuel commun pour la mise en œuvre de chacune des dispositions permettant de condamner un individu au versement de dommages punitifs ou exemplaires suite à la violation d'un droit fondamental, soit que la violation ait été commise « de mauvaise foi » : « Dans une décision issue de l'Ontario mais dont les principes sont éminemment applicables en droit québécois, la Cour suprême du Canada s'explique ainsi sur la raison d'être des dommages-intérêts *punitifs : On peut accorder des dommages-intérêts punitifs lorsque la mauvaise conduite du défendeur est si malveillante, opprimante et abusive qu'elle choque le sens de la dignité de la cour. Les dommages-intérêts punitifs n'ont aucun lien avec ce que le demandeur est fondé à recevoir au titre d'une compensation. Ils visent non pas à compenser le demandeur, mais à punir le défendeur. [...] Ils revêtent le caractère d'une amende destinée à dissuader le défendeur et les autres d'agir*

ayants-droits pourront obtenir compensation en vertu des dispositions consacrant la possibilité d'octroyer des « dommages punitifs » ou « exemplaires »[738].

La définition juridique du « commencement » de la vie

Après plusieurs années de tergiversations politiques, jurisprudentielles et doctrinales, la Cour suprême du Canada, dans l'arrêt *Tremblay* c. *Daigle*[739] rendu en 1989, est venue confirmer une importante limite aux bénéficiaires potentiels du droit à la vie, en établissant que le *fœtus* non encore né ne pouvait être considéré comme un « être humain » et donc, bénéficier d'un tel droit en vertu d'une ou l'autre des *lois sur les droits fondamentaux* canadiennes :

> L'intimé soutient que le fœtus est un « être humain » qui, à ce titre, a droit à la vie et droit au secours lorsque sa vie est en péril. Soulignons dès le départ que cet argument doit être examiné dans le contexte de la législation en cause. La Cour n'est pas tenue d'intervenir dans les débats philosophiques et théologiques quant à savoir si le fœtus est une personne ; sa tâche est plutôt de répondre à une question juridique, à savoir si le législateur québécois a attribué au fœtus le statut de personne. Pour pertinents que puissent être les arguments métaphysiques, ils ne sont pas l'objet principal de l'analyse. Les arguments scientifiques sur le statut biologique du fœtus ne sont pas déterminants non plus. [...]
>
> L'intimé avance toutefois deux arguments fondés sur le texte de la *Charte*. Selon le premier, le fœtus est tout simplement un être humain au sens ordinaire du terme. [...] Le mot « humain », selon lui, se rapporte à la « race humaine » dont le fœtus fait partie et le mot « être » signifie « existant », ce qui s'applique certainement au fœtus. Il s'ensuit donc, conclut l'intimé, que le fœtus est un être humain.
>
> Cet argument n'est pas convaincant. Une analyse linguistique ne peut trancher la question difficile et controversée de savoir s'il était de l'intention de l'Assemblée nationale du Québec que le fœtus soit visé par l'art. 1. Ce qu'il faut ce sont de solides raisons juridiques justifiant la conclusion que l'expression « être humain » a tel ou tel sens. [...]

---

ainsi [référence à l'arrêt *Hill* c. *Église de Scientologie de Toronto*, [1995] 2 R.C.S. 1130] » [nous soulignons] : C. BRUNELLE, *loc. cit.*, note 349, à la page 90.

738 S'agissant de l'état du droit applicable au Québec, le lecteur prendra note que tant le paragraphe 24 (1) de la *Charte canadienne* (voir notamment à cet égard les arrêts *Boisclair*, précité, note 731 et *Vancouver (Ville)* c. *Ward*, 2010 CSC 27) que l'article 49 alinéa (2) de la *Charte québécoise*, (voir à cet égard l'arrêt *Québec (Curateur public)* c. *Syndicat national des employés de l'hôpital St-Ferdinand*, [1996] 3 R.C.S. 211, [ci-après l'arrêt *Hôpital St-Ferdinand*]) permettent l'octroi de dommages punitifs (ou « exemplaires ») si le contexte factuel s'y prête.

739 [1989] 2 R.C.S. 530 [ci-après l'arrêt *Daigle*].

> Le second argument de l'intimé fondé sur le texte de la *Charte* québécoise est que l'emploi de termes différents, « être humain » et « personne » dans ce document appuie la conclusion que l'expression « être humain » comprend le fœtus. [...]
>
> Nous ne pouvons souscrire à ce point de vue. [...] S'il y a quelque logique à l'emploi de deux termes différents, ce semble être l'explication proposée par le juge Tourigny : des termes différents ont été employés pour faire une distinction entre les personnes physiques et les personnes morales.
>
> À notre avis, la *Charte* québécoise, prise dans son ensemble, ne traduit aucune intention manifeste de la part du législateur de prendre en considération le statut du fœtus. [...] On peut se demander pourquoi, si l'intention du législateur québécois avait été d'accorder au fœtus le droit à la vie, il aurait laissé la protection de ce droit dans une telle incertitude.[740]

Il est évident que la charge politique, humaine et émotive sous-jacente aux questions litigieuses par rapport auxquelles la Cour suprême du Canada a eu à établir cet énoncé de principe (soit le fœtus non encore né jouit-il de droits et, le cas échéant, comment concilier ces droits avec la liberté d'une femme de disposer d'elle-même dans le contexte d'un avortement[741]) rend fort difficile toute discussion ou analyse portant sur ce sujet délicat ; la difficulté inhérente à une telle entreprise se trouvant sans aucun doute plusieurs fois multipliée lorsque celle-ci vise à qualifier la solution qui fut retenue par les tribunaux canadiens selon la dichotomie généreuse/restrictive. C'est pourtant ce à quoi nous devrons nous attaquer au cours des lignes qui suivent. À cet égard, nous espérons que le lecteur comprendra bien que la portée attribuée à celui des qualificatifs dichotomiques que nous retiendrons repose entièrement sur des

---

740 *Id.*, parag. 38-44 Bien que l'interprétation de la Cour suprême dans l'arrêt *Daigle* porte spécifiquement sur les termes employés par le législateur québécois à l'article 1 de la *Charte québécoise* et que cette dernière ne se soit pas expressément prononcée sur l'applicabilité de l'article 7 de la *Charte canadienne* aux fœtus humains, il nous semble que son raisonnement, qui n'a pas été remis en cause depuis, est tout à fait transposable pour l'ensemble des dispositions protégeant le droit à la vie au Canada puisqu'aucune de ces dernières, contrairement à ce qui semble être exigé de la Cour suprême du Canada pour conclure à l'applicabilité de telles dispositions aux fœtus humains, ne traite spécifiquement du cas spécifique des fœtus. La Cour suprême s'est par ailleurs trouvée à conforter cette analyse par l'entremise de l'arrêt *R.* c. *Sullivan*, [1991] 1 R.C.S. 489, dans lequel elle affirme que le fœtus humain ne peut être considéré comme une « personne » au sens employé dans une disposition du *Code criminel*, S.R.C. 1970, ch. C-34. Dans le même sens, voir aussi : H. BRUN, G. TREMBLAY et E. BROUILLET, *op. cit.*, note 169, pp. 1105-1106 ; P. GARANT, *loc. cit.*, note 728, à la page 467 et C. BRUNELLE, *loc. cit.*, note 349, à la page 47.

741 Comme le souligne d'ailleurs justement le professeur Patrice Garant, ce sont ces délicates questions qui auraient poussé la Cour suprême du Canada à traiter le droit à la vie comme elle l'a fait dans l'arrêt *Daigle*, précité, note 739 : P. GARANT, *loc. cit.*, note 728, à la page 467.

enjeux terminologiques, et doit être coupé de tout rattachement avec la dichotomie progressiste/conservatrice à laquelle on a souvent recours pour qualifier les principales positions possibles en matière de droits du fœtus ou de légalité de l'avortement.

Cette précision une fois faite, force est de constater que le choix de la Cour suprême du Canada de faire correspondre le commencement de la « vie » humaine avec la première respiration et constatation de viabilité d'un nouveau-né n'est pas, d'un strict point de vue terminologique, le plus « large » ou « étendu » qui aurait pu être fait eu égard à cet objet de protection[742]. En effet, bien que les définitions courantes du terme « vie » réfèrent généralement à la période comprise entre la naissance et le décès d'un individu[743], les simples appréhensions courantes des termes « fécondation »[744], « embryon »[745] et « fœtus »[746] – qui réfèrent toutes de manière plus ou moins directe à l'origine et au développement d'un être humain – auraient certes permis à un tribunal (ou décideur politique) de considérer que le fœtus devait logiquement être considéré comme un bénéficiaire des trois droits protégés par des dispositions similaires à l'article 7 de la *Charte canadienne*, dont le droit à la vie[747] ;

---

742 Soulignons par ailleurs le caractère vaguement puéril des passages où la Cour suprême du Canada tente de se décharger de la responsabilité associée à la décision qu'elle doit prendre quant à la portée du droit à la vie en affirmant que la question principale visait à déterminer si le « législateur québécois a[vait] attribué au fœtus le statut de personne » : *Daigle*, précité, note 739, parag. 38.

743 Voir notamment : « Fait de vivre, propriété essentielle des êtres organisés qui évoluent de la naissance à la mort en remplissant des fonctions qui leur sont communes » : J. REY-DEBOVE et A. REY (dir.), *op. cit.*, note 16, p. 2709 ; Claude BLUM (dir.), *Le nouveau Littré*, Paris, Garnier, 2004, p. 1488 : « En général, état d'activité de la substance organisés, activité qui est commune aux plantes et aux animaux » ; Jean DUBOIS (dir.), *Lexis Larousse de la langue française*, Paris, Larousse, 2002, pp. 2004-2005 : « **1.** Activité spontanée propre aux êtres organisés qui évoluent de la naissance à la mort. [...] **2.** Existence humaine, envisagée à partir d'un moment déterminé jusqu'à la mort ».

744 Qui renvoie au verbe « Féconder », défini comme : « Transformer (un ovule chez les vivipares, un œuf chez les ovipares) en embryon » : J. REY-DEBOVE et A. REY (dir.), *id.*, p. 1022.

745 « Organisme en développement des animaux ; l'œuf des animaux ovipares, pendant la période de segmentation et de différenciation des feuillets embryonnaires, jusqu'à la séparation du nouvel organisme de ses membranes enveloppantes » : *id.*, p. 846.

746 « Chez les animaux vivipares, produit de la conception encore renfermé dans l'utérus, lorsqu'il commence à présenter les caractères distinctifs de l'espèce. SPÉCIALT Dans l'espèce humaine, Produit de la conception à partir du troisième mois de développement dans l'utérus » : *id.*, p. 1064.

747 C'est d'ailleurs l'interprétation qui fut retenue par la Cour supérieure et la Cour d'appel du Québec dans les deux décisions qui précédèrent le pourvoi à la Cour suprême dans l'affaire *Daigle*, précité, note 739 : *Tremblay* c. *Daigle*, [1989] R.J.Q. 1980 (C.S.) et *Daigle* c. *Tremblay*, [1989] R.J.Q. 1735 (C.A.).

à charge pour le gouvernement de démontrer par la suite que, pour un ensemble de raisons notamment en lien avec les balises actuellement établies pour justifier une atteinte à un droit donné, une loi légalisant l'avortement devait être sauvegardée en vertu d'une disposition limitative similaire à l'article premier de la *Charte canadienne*.

Le choix de la Cour suprême de court-circuiter l'approche « large et libérale » qu'elle prétend pourtant préconiser pour l'ensemble des objets de protection consacrés par les *lois sur les droits fondamentaux* canadiennes – et qui l'a menée à fournir une aussi large portée aux « convictions religieuses » protégées par ces mêmes lois – dans le but d'éviter d'avoir à réaliser le très complexe et délicat exercice de conciliation entre le droit à la vie d'un enfant à naître et celui des femmes enceintes de disposer de leurs propres corps[748] nous force donc à conclure que, pour cet aspect du droit à la vie, la Cour suprême a très clairement suivi une approche plus restrictive qu'elle ne l'a fait pour les convictions religieuses.

Le pendant négatif du droit à la vie

> En ne s'en tenant qu'au cycle de l'existence, la mort succède à la vie. Sans nécessairement lui succéder, l'énonciation d'un droit à la vie devrait aller de pair avec la formulation d'un droit à la mort. [...] Ou pour le dire autrement, de la même façon qu'une décision est nécessaire pour donner la vie, si tant est qu'il s'agisse toujours et à proprement parler d'une décision, il devrait être aussi possible de décider [...] soit de se donner la mort, soit d'accompagner cette dernière.[749]

Comme nous l'avons vu lors du premier titre de l'ouvrage, la protection des « convictions religieuses » en tant qu'objet de protection des *lois sur les droits fondamentaux* canadiennes a également été interprétée par la jurisprudence canadienne comme impliquant leurs pendants négatifs, soit les convictions *a*religieuses[750]. Nous verrons dans la présente section que le pendant négatif du droit à la vie, le droit à la mort ou *droit de se donner la mort*, jouit d'une protection plus restrictive – ou à tout le moins *fluctuante* – en droit canadien, restrictivité s'exprimant principalement à travers d'importantes réserves législatives et jurisprudentielles

---

[748] Ce point de vue est partagé par le professeur Patrice Garant, qui écrit : « [La Cour suprême] adopte une attitude aussi prudente que celle des juridictions inférieures, à cause de la difficulté qu'il y a à concilier le droit à la vie pour cette personne dite *potentielle* et le droit de la femme enceinte de disposer de cette partie d'elle-même qu'est, à certains égards, le fœtus » : P. GARANT, *loc. cit.*, note 728, à la page 467.

[749] Justin KISSANGOULA, « Vie (Droit à la) », dans J. ANDRIANTSIMBAZOVINA *et al.* (dir.), *op. cit.*, note 48, p. 977.

[750] Voir *supra*, section 3.1.1.

qu'il est possible d'identifier concernant le potentiel exercice de ce même droit à la mort.

La décision *Nancy B.*, rendue par la Cour supérieure du Québec en 1993, constitue sans doute une parfaite illustration de la limite au-delà de laquelle la jurisprudence canadienne n'a jamais voulu s'aventurer en ce qui concerne la reconnaissance (quasi-)constitutionnelle du pendant négatif au droit à la vie ; pendant négatif semblant avoir été circonscrit non pas au droit de se donner la mort volontairement et sans aide extérieure, mais plutôt au droit de se laisser mourir dans les cas où une maladie ou affection physique quelconque risque de mettre fin à notre existence. Les faits qui menèrent la Cour supérieure à rendre cette décision concernaient une dame qui, atteinte d'une maladie dégénérative (« paralysie motrice causée par le syndrome de Guillain Barré »[751]) et maintenue en vie à l'aide d'un respirateur artificiel, demandait aux médecins de débrancher ce même respirateur artificiel sans le support duquel il était clair qu'elle ne pourrait survivre[752]. Mme B. réclamait en fait la cessation des traitements qui lui étaient administrés, conformément au droit qui est conféré à tous les individus, au Québec, en vertu de l'article 11 du *Code civil du Québec*[753]. Les motifs fournis par l'honorable juge Jacques Dufour pour justifier sa décision de permettre au personnel médical de débrancher le respirateur artificiel de Mme Nancy B. sont extrêmement éclairants :

> Ce que demande Nancy B., invoquant le principe de l'autonomie de sa volonté et son droit à l'autodétermination, c'est que l'on cesse de lui appliquer le traitement de soutien respiratoire pour que la nature suive son cours, c'est qu'on la libère de l'esclavage d'une machine, sa vie dût-elle en dépendre. Pour que cela soit fait, incapable de le réaliser elle-même, il faut l'aide d'un tiers. Là et alors c'est la maladie qui suivra son cours naturel. [...]
>
> Peut-on qualifier de déraisonnable la conduite d'un médecin qui interrompt le traitement de soutien respiratoire de son patient, à sa demande libre et éclairée, pour permettre à la nature de suivre son cours ? Ou peut-on affirmer qu'une telle conduite dénote une insouciance déréglée et téméraire ? Je ne le crois pas. Les articles 222 à 241 du Code criminel traitent des diffé-

---

[751] *Nancy B.* c. *l'Hôtel-Dieu de Québec*, [1992] R.J.Q. 361 (C.S.) [ci-après la décision *Nancy B.*], p. 3 du jugement intégral.

[752] « Depuis près de deux ans et demi, dès le début de sa maladie, soit en juin 1989, Nancy B. fut intubée et mise sur respirateur. La preuve est à l'effet que ce traitement de soutien respiratoire est devenu essentiel à sa vie, ses muscles respiratoires étant atrophiés. Cette technique médicale prolonge la vie de cette dernière bien au-delà du temps qui lui était compté, eût-t-elle été laissée à ses propres forces naturelles » : *id.*, p. 4 du jugement intégral.

[753] « **11.** Nul ne peut être soumis sans son consentement à des soins, quelle qu'en soit la nature, qu'il s'agisse d'examens, de prélèvements, de traitements ou de toute autre intervention » : *C.c.Q.*, précité, note 243.

> rentes formes d'homicide. Ce que je viens d'exposer suffit pour conclure que la personne qui aura à faire cesser le traitement de soutien respiratoire à Nancy B. pour permettre à la nature de suivre son cours ne commettra en aucune façon les crimes prévus à ces articles. Il en serait ainsi de l'aide au suicide prévue à l'article 241.
>
> J'ajouterais cependant que l'homicide et le suicide ne sont pas des morts naturelles tandis que dans le présent cas, si la fin de la demanderesse survenait après la cessation du traitement de soutien respiratoire voulue par elle, ce serait le fait de la nature qui suivrait son cours.[754]

S'il se limite à la seule possibilité de « laisser la nature suivre son cours » et n'inclut pas la possibilité de poser un acte concret qui serait la cause effective du décès d'un individu (que cet acte soit posé par l'individu lui-même (suicide) ou par autrui (euthanasie)), il faut alors conclure que le pendant négatif du droit à la vie jouit d'une portée extrêmement limitée au Canada. À cet égard, et bien que la décriminalisation du suicide au Canada en 1972[755] constitue une confirmation non équivoque de la liberté intime dont jouissent les individus de mettre fin à leurs jours s'ils le souhaitent, plusieurs éléments et caractéristiques du système juridique canadien tendent à démontrer que le droit de se donner la mort peut difficilement être *revendiqué* avec succès au Canada.

En effet, il existe au Canada une pléthore de dispositions légales interdisant à qui que ce soit de laisser – et à plus fortes raisons, d'aider – un individu qui manifeste son désir de mettre fin à ses jours (à) passer à l'acte. Qu'il s'agisse de dispositions du *Code criminel*[756], du *Code civil du Québec*[757] ou de la *Charte québécoise*[758], l'ensemble de la législation

---

754 *Nancy B.*, précité, note 751, pp. 15 et 19-20 du jugement intégral. La Cour suprême a par la suite confirmé que le droit canadien reconnaissait le droit d'un individu de se laisser mourir : *Rodriguez*, précité, note 243, parag. 156 et 171.

755 Comme le résume la majorité de la Cour suprême du Canada dans l'arrêt *Rodriguez*, *id.*, parag. 155 : « Au Canada, l'infraction reliée de tentative de suicide a une histoire tout aussi longue. Prévue à l'art. 238 du premier *Code*, elle a conservé essentiellement la même forme jusqu'à son abrogation par S.C. 1972, ch. 13, art. 16 ».

756 Tels que l'article 14 qui interdit à quiconque de « consentir à ce que la mort lui soit infligée » : *Code criminel*, précité, note 740, les articles 215 et ss. portant sur les « Devoirs tendant à la conservation de la vie » ou l'article 241 qui interdit formellement l'incitation et l'aide au suicide.

757 Notamment l'article 27 du *Code civil du Québec*, précité, note 243, qui permet au tribunal d'interner un individu s'il juge qu'il constitue *un danger pour lui-même* : « 27. S'il a des motifs sérieux de croire qu'une personne représente un danger pour elle-même ou pour autrui en raison de son état mental, le tribunal peut, à la demande d'un médecin ou d'un intéressé, ordonner qu'elle soit, malgré l'absence de consentement, gardée provisoirement dans un établissement de santé ou de services sociaux pour y subir une évaluation psychiatrique » : *Code civil du Québec*, précité, note 243. Dans le même sens, voir aussi : *Loi sur la protection des personnes dont l'état mental présente un danger pour elles-mêmes ou pour autrui*, L.R.Q., c. P-38.001.

actuellement en vigueur au Canada tend à valider, pour ce pays, la thèse énoncée par le professeur Justin Kissangoula, selon lequel les États occidentaux ont tendance à « survaloriser » le pendant positif du droit à la vie par rapport à son pendant négatif, le droit de mettre fin à ses jours[759]. Pour résumer en quelques mots ce qui pourrait en prendre plusieurs centaines : tout individu présent sur le territoire canadien a effectivement le droit et la liberté de mettre fin à ses jours, en autant qu'il n'en ait pas fait part à qui que ce soit avant de passer à l'acte. S'il communique son intention suicidaire au préalable, les personnes qui en sont informées ont alors le devoir légal d'agir pour tenter d'empêcher cet individu de passer à l'acte.

Cette prépondérance – pour dire le moins – du droit positif à la vie sur son pendant négatif ressort également très clairement du dernier arrêt où la Cour suprême a eu à se prononcer sur la validité constitutionnelle des dispositions du *Code criminel* interdisant l'euthanasie active au Canada. Dans l'arrêt *Rodriguez* rendu en 1993 la Cour a validé l'interdiction faite à une patiente atteinte de « sclérose latérale amyotrophique » d'obtenir l'aide du personnel médical pour mettre fin à ses jours de manière digne une fois que la dégradation de son état de santé aurait atteint un niveau rendant son existence insupportable. La majorité de la Cour suprême établit que l'importance attribuée au « caractère sacré de la vie » par les différentes institutions politiques et judiciaires sous-tendait l'interdiction criminelle de l'euthanasie active au Canada et, partant, empêchait de conclure que l'atteinte aux droits à la liberté et à la sécurité de la patiente était faite en contradiction avec les principes de justice fondamentale au Canada :

> L'appelante demande une réparation qui lui assurerait un certain contrôle sur le moment et les circonstances de sa mort. Bien qu'elle fonde sa demande sur l'atteinte à ses droits à la liberté et à la sécurité de sa personne, on ne peut dissocier ces intérêts du caractère sacré de la vie, qui est une des trois valeurs protégées par l'art. 7 de la *Charte*. [...]
>
> Les principes de justice fondamentale ne peuvent être créés pour chaque cas afin de refléter la désapprobation de la Cour à l'égard d'une loi donnée. Si les principes de justice fondamentale ne s'appliquent pas seulement au processus, il faut se référer aux principes qui sont « fondamentaux » en ce sens qu'ils seraient généralement acceptés parmi des personnes raisonnables. L'analyse qui précède ne me permet de discerner rien qui ressemble à une

---

[758] L'article 2 de la *Charte québécoise* prévoit en effet explicitement que : « Toute personne doit porter secours à celui dont la vie est en péril, personnellement ou en obtenant du secours, en lui apportant l'aide physique nécessaire et immédiate, à moins d'un risque pour elle ou pour les tiers ou d'un autre motif raisonnable » : *Charte québécoise*, précitée, note 35.

[759] J. KISSANGOULA, *loc. cit.*, note 749, aux pages 978-979.

unanimité sur la question dont nous sommes saisis. Indépendamment des opinions personnelles de chacun sur la question de savoir si les distinctions établies entre, d'une part, la cessation de traitement et les soins palliatifs et, d'autre part, l'aide au suicide sont en pratique convaincantes, le fait demeure qu'elles sont maintenues et peuvent être défendues de façon persuasive. S'il se dégage un consensus, c'est celui que la vie humaine doit être respectée et nous devons nous garder de miner les institutions qui la protègent.

Ce consensus trouve son expression dans notre système juridique, qui interdit la peine capitale. Cette prohibition est fondée en partie sur le fait que permettre à l'État de tuer dévaloriserait la vie humaine et qu'ainsi l'État sert d'une certaine façon de modèle pour les individus de la société. L'interdiction de l'aide au suicide sert un objectif semblable. En maintenant le respect de la vie, elle est susceptible de dissuader du suicide ceux qui, à un moment particulier, considèrent que la vie est intolérable, ou se perçoivent comme un fardeau pour les autres. **Permettre à un médecin de participer légalement à la suppression de la vie indiquerait qu'il existe des cas où l'État approuve le suicide**.[760] [nos soulignés et caractères gras]

6.1.2. Le droit à la liberté

Pris au sens large, le concept de liberté individuelle en tant que droit inaliénable de tout être humain s'est trouvé au cœur de la plupart des grandes remises en question de la légitimité de l'action étatique au sein des sociétés occidentales et ce, depuis les balbutiements du libéralisme politique[761]. Les grands enjeux sous-tendant la difficile réconciliation entre la portée générale des décisions et mesures contraignantes adoptées par un gouvernement démocratiquement élu et la liberté individuelle de la multitude de sujets soumis à ces mêmes décisions et mesures ont notamment été fort bien résumés, en 1859, par l'un des plus influents penseurs du libéralisme politique, le philosophe britannique John Stuart Mill : « Quelle est donc la juste limite de la souveraineté de l'individu sur lui-même ? Où commence l'autorité de la société ? Quelle part de la vie humaine revient-elle à l'individualité, quelle part, à la société ? »[762]

---

[760] *Rodriguez*, précité, note 243, parag. 125 et 173-174.

[761] Voir notamment à cet égard : Alain LAURENT, *La philosophie libérale : histoire et actualité d'une tradition intellectuelle*, Paris, Les Belles Lettres, 2002, pp. 43-60.

[762] J. S. MILL, *op. cit.*, note 239, p. 177. Dans le même sens, voir aussi : « D'une manière plus particulière, le problème social de la liberté est de concilier la liberté individuelle et la loi sociale : a) Le point de vue selon lequel les libertés individuelles doivent pouvoir s'exprimer sans limites est celui que Platon nommait « démocratie directe » ou « anarchie ». Lorsqu'il n'y a plus que des individus, une société n'est plus possible » : D. JULIA, *op. cit.*, note 106, p. 155.

Or, l'ensemble des droits et libertés de nature constitutionnelle au Canada comprend, en plus des grandes libertés fondamentales qui ont fait l'objet d'une analyse approfondie au chapitre précédent[763], un droit général à la « liberté individuelle ». Quelle portée fut donc accordée au Canada à ce très large objet de protection qui, s'il n'avait pas été intrinsèquement limité par l'exigence supplémentaire de la conformité avec les principes de justice fondamentale (en vertu de l'article 7 de la *Charte canadienne*), portait en lui le potentiel de remettre en cause quasiment toute décision ou norme étatique contraignante[764] ; la liberté individuelle pouvant, dans son interprétation la plus large, impliquer « l'absence de contrainte » imposée par autrui[765] ? Nous verrons dans la présente section que, même s'il s'agit sans doute d'un des objets de protection ayant fait l'objet, à première vue, d'une interprétation aussi large que celle qui fut conférée aux convictions religieuses, les tribunaux canadiens ne se sont pourtant pas montrés aussi réticents à exclure certains pans d'activités du champ d'application potentiel de la « liberté » qu'ils ne l'ont été pour ces mêmes convictions religieuses.

D'entrée de jeu, soulignons que la « liberté » en tant qu'objet de protection des *lois sur les droits fondamentaux* a reçu une interprétation « résiduaire » par rapport aux autres objets consacrés par les principales « libertés fondamentales » – soit l'expression, la (conscience et) religion, l'association et la circulation. Un individu ne pourra invoquer son droit à la liberté si la revendication qu'il tente de faire valoir peut effectivement être couverte par une (ou plusieurs) des autres libertés fondamentales[766]. Tout comme ce fut le cas pour les limites intrinsèques qui découlent clairement du libellé des différentes dispositions consacrées par les *lois sur les droits fondamentaux*, il ne nous est pas apparu légitime de considérer cette interprétation en apparence restrictive du droit à la liberté dans le cadre de l'analyse comparative qui nous intéresse ici et ce, au nom de la préservation du tout cohérent – et interdépendant – qu'est supposé représenter l'ensemble des droits et libertés fondamentaux de nature constitutionnelle au Canada. En effet, tout comme il était impossible qu'un tribunal puisse valablement établir que la liberté de circulation et d'établissement protégée par l'article 6 de la *Charte*

---

763 Voir *supra*, Titre II, chapitre V.

764 Le lecteur prendra par ailleurs note que les trois droits protégés par l'article 1 de la *Charte québécoise* (vie, liberté et « sécurité ») n'ont pas été affublés par le législateur québécois de l'importante limite intrinsèque imposée à l'article 7 de la *Charte canadienne* par le Constituant canadien et, donc, portaient en eux un potentiel de contestation plus important de l'action gouvernementale au sens large.

765 « II. ÉTAT D'UNE PERSONNE MORALEMENT LIBRE [...] Possibilité, pouvoir d'agir sans contrainte » : J. REY-DEBOVE et A. REY (dir.), *op. cit.*, note 16, p. 1451.

766 Voir notamment à ce sujet : P. GARANT, *loc. cit.*, note 728, à la page 474.

canadienne s'appliquait à toute personne se trouvant sur le territoire canadien sans aller à l'encontre du texte même de la disposition qu'il avait à interpréter[767], il nous semble tout aussi impossible qu'un tribunal puisse établir que le très large droit à la « liberté » inclut l'ensemble des revendications pouvant être protégées, respectivement, par chacune des autres libertés fondamentales (à portée plus spécifique) sans annuler, dans les faits, l'utilité concrète de ces mêmes libertés fondamentales[768].

Cette précision relative au caractère « résiduaire » du droit à la liberté protégé en droit canadien une fois apportée, il appert que la portée qui fut octroyée à la « liberté » en tant qu'objet de protection consacré par les *lois sur les droits fondamentaux* ne vise pas exclusivement les actes ou mesures qui auraient pour effet de priver un individu de sa liberté physique (lors d'une arrestation ou d'une détention par exemple), mais également – et plus largement – ceux qui interdiraient à ces mêmes individus de faire des choix qui, pour eux, sont « importants et fondamentaux ». La Cour suprême du Canada a très clairement consacré ce principe dans l'arrêt *Blencoe*, rendu en 2000 :

> Le droit à la liberté garanti par l'art. 7 de la *Charte* ne s'entend plus uniquement de l'absence de toute contrainte physique. Des juges de notre Cour ont conclu que la « liberté » est en cause lorsque des contraintes ou des interdictions de l'État influent sur les choix importants et fondamentaux qu'une personne peut faire dans sa vie. Une telle situation existe, par exemple, lorsque des personnes doivent se présenter à un endroit et à un moment précis pour faire prendre leurs empreintes digitales (*Beare*, précité), produire des documents ou témoigner (*Thomson Newspapers Ltd. c. Canada (Directeur des enquêtes et recherches, Commission sur les pratiques restrictives du commerce)*, [1990] 1 R.C.S. 425), et lorsque des personnes doivent s'abstenir de flâner dans certains lieux (*R. c. Heywood*, [1994] 3 R.C.S. 761). Dans notre société libre et démocratique, chacun a le droit de prendre des décisions d'importance fondamentale sans intervention de l'État. Dans *B. (R.) c. Children's Aid Society of Metropolitan Toronto*, [1995] 1 R.C.S. 315, au par. 80, le juge La Forest, avec l'assentiment des juges L'Heureux-Dubé, Gonthier et McLachlin, souligne que le droit à la liberté garanti par l'art. 7 protège l'autonomie personnelle et qu'il doit être interprété largement et en conformité avec les principes et les valeurs qui sous-tendent la *Charte* dans son

---

767 Voir à cet égard les explications que nous avons fournies plus haut : *supra*, section 5.3.

768 La méthode d'interprétation consacrée en matière de droits et libertés fondamentaux au Canada prévoit en effet expressément que la portée des droits et libertés fondamentaux enchâssés dans les différentes *lois sur les droits fondamentaux* doit être établie en tenant compte, notamment, du catalogue plus large de droits et libertés dans lequel ils s'inscrivent : *Big M Drug Mart*, précité, note 46, parag. 216-217. Dans le même sens, voir aussi : *Syndicat international des débardeurs et magasiniers – Canada, section locale 500* c. *Canada*, [1994] 1 R.C.S. 150 de même que P. MEYER-BISCH, *loc. cit.*, note 171.

ensemble : *... la liberté ne signifie pas simplement l'absence de toute contrainte physique. Dans une société libre et démocratique, l'individu doit avoir suffisamment d'autonomie personnelle pour vivre sa propre vie et prendre des décisions qui sont d'importance fondamentale pour sa personne.*[769] [nous soulignons]

Si les critères établis par la Cour suprême du Canada pour circonscrire les convictions individuelles pouvant être considérées comme des convictions religieuses protégées en droit canadien étaient susceptibles d'apparaître larges à première vue et ce, sans même se pencher sur les difficultés matérielles supplémentaires qui furent imposées pour l'évaluation de ces mêmes critères[770], que dire du critère des choix « importants et fondamentaux » établi par cette même Cour pour circonscrire la portée de la liberté en tant qu'objet de protection des *lois sur les droits fondamentaux* canadiennes ? En effet, s'ils avaient dû être interprétés à la lumière de l'approche « purement subjective » qui gouverne actuellement les tribunaux lors de l'évaluation de la sincérité d'une conviction religieuse particulière[771], il aurait été plus que surprenant que ces critères aient pu permettre à un tribunal de remettre en cause la position d'un individu qui alléguerait que, pour lui, un choix particulier revêt une « importance fondamentale ». Partant, les tribunaux canadiens auraient dû avoir énormément de mal à exclure intrinsèquement un tel choix *fondamental* de l'individu du champ d'application de la liberté en tant qu'objet de protection. Pourtant, dérogeant une fois encore à une approche cohérente en matière d'interprétation initiale des droits et libertés de nature constitutionnelle au Canada, l'état de la jurisprudence canadienne actuelle démontre clairement que « l'importance fondamentale » d'un choix individuel doit, comme le résume fort bien le professeur de droit public Patrice Garant, être évaluée en fonction de l'importance qu'elle est susceptible d'avoir dans la société canadienne :

> Il faut donc que l'activité visée par la revendication de la liberté ait, dans la société une importance telle qu'il faille lui accorder la protection constitutionnelle : son importance doit être fondamentale nous dit la Cour suprême. C'est ainsi par exemple qu'actuellement la jurisprudence dominante exclut de cette protection le droit de conduire une automobile, la liberté de circuler sur les routes en automobile, le droit de consommer de l'alcool, le droit de

---

769 *Blencoe* c. *Colombie-Britannique (Human Rights Commission)*, [2000] 2 R.C.S. 307 [ci-après l'arrêt *Blencoe*], parag. 49.

770 Voir à cet égard notre analyse de l'exigence interdisant la prise en compte du comportement antérieur des individus alléguant avoir subi une atteinte à leurs convictions religieuses « sincères » : *supra*, section 3.1.1.

771 Laquelle, faut-il le rappeler, s'est trouvée jusqu'ici à empêcher toute forme de rejet initial d'une conviction particulière qui comporte une valeur « spirituelle » quelconque pour – et surtout, selon – un individu particulier du champ d'action des dispositions protégeant les convictions religieuses : voir à cet égard *supra*, section 3.1.1.

> consommer des substances hallucinogènes, le droit de consommer de la marijuana pour des fins non thérapeutiques. [...] La Cour fédérale d'appel a, assez étonnamment, considéré que l'expulsion d'un non-canadien en raison d'infractions graves ne porte pas atteinte à sa liberté. [...]
>
> De même, ce concept de liberté ne recouvre pas les droits à caractère économique tels le droit de pratiquer une profession, le droit d'être engagé dans les forces armées, de même que pour la fonction publique, le droit de faire du commerce ou des affaires, le droit d'offrir des services professionnels, toute forme de droit au travail ou de droit économique et, bien entendu, le droit de propriété.[772] [nous soulignons]

Ainsi, contrairement à l'approche qui fut suivie par les juges canadiens pour circonscrire les « convictions individuelles » pouvant bénéficier d'une ou l'autre des dispositions (quasi-)constitutionnelles protégeant les convictions religieuses, la jurisprudence canadienne n'a pas hésité à évaluer qualitativement différentes catégories de choix personnels et exclure plusieurs d'entre eux du champ d'application résiduaire du droit à la liberté protégé, notamment, par les *chartes* canadienne et québécoise. Cet état de fait nous semble clairement militer en faveur de la démonstration de notre hypothèse de recherche, selon laquelle les convictions religieuses jouissent d'un statut prépondérant en tant qu'objet de protection des *lois sur les droits fondamentaux* au Canada. Le déséquilibre favorisant les convictions religieuses s'exprime cette fois, non pas directement par l'imposition de limites intrinsèques ressortant clairement des critères en vertu desquels les tribunaux ont choisi de circonscrire la portée de « l'autre objet de protection » (quasi-)constitutionnel, mais indirectement par l'entremise d'approches interprétatives distinctes pour deux ensembles de critères définitionnels tout aussi – voire plus dans le cas du droit à la liberté – largement formulés. En effet, il est clair qu'une approche interprétative similaire à celle qui fut retenue pour la circonscription des convictions religieuses aurait dû empêcher les tribunaux de poser des « jugements de valeur objectifs » sur le caractère « important et fondamental » des différents choix pouvant être faits par les individus désirant bénéficier de la protection de ce même droit fondamental, et plutôt reléguer à l'étape subséquente de la justification (ou de la conformité avec un principe de justice fondamentale si le litige implique l'article 7 de la *Charte canadienne*) tout litige impliquant l'un

---

[772] P. GARANT, *loc. cit.*, note 728, pp. 477-479. Toujours au sujet de choix ou d'activités ne pouvant être protégés par le droit à la « liberté » consacré par certaines *lois sur les droits fondamentaux* canadiennes, voir aussi l'arrêt *Mussani* c. *College of Physicians and Surgeons of Ontario*, (2003) 226 D.L.R. (4th) 511 (C.D. Ont.) cité dans H. BRUN *et al.*, *op. cit.*, note 200, p. 199 (à propos du refus de l'argument d'un médecin, selon qui le droit d'avoir des rapports sexuels avec ses patientes relevait de sa « liberté » individuelle).

ou l'autre de ces mêmes choix « importants et fondamentaux » pour les individus soumis à l'une ou l'autre des *lois sur les droits fondamentaux*.

6.1.3. Le droit à la sécurité de sa personne

> On sait l'homme partagé entre les besoins de liberté et de sécurité. Ce dernier tend à l'emporter toujours davantage parce qu'il détermine la volonté de vivre ensemble pour mieux se protéger, et celle d'un Pouvoir grâce auquel y parvenir. Celui-ci trouve dans cette mission l'argument le moins discutable pour placer les droits sous un régime de surveillance restrictif de leur usage, allant jusqu'à ériger la sécurité de l'homme en garantie de leur exercice. Par ce subtil amalgame, il présente les restrictions aux droits comme les conditions de leur effectivité, quitte à en faire des reliquats que le besoin de liberté a cessé de justifier et d'innerver, tandis que la protection de tous est devenue le motif de leur surveillance mise en œuvre par la réglementation de chacun.[773]

Pris dans son sens individuel et dissocié du droit à la liberté (distinct)[774], le concept de sécurité fait référence, dans son appréhension la plus large, au bien-être de l'être humain. En effet, selon sa définition usuelle, le terme « sécurité » renvoie à : « [l']État d'esprit confiant et tranquille de celui qui se croit à l'abri du danger »[775] ou « qui résulte de l'absence réelle de danger »[776]. Ainsi, consacré en tant qu'objet de protection des *lois sur les droits fondamentaux*, le concept de « sécurité de sa personne » pourrait donc viser toute situation où l'une (ou plusieurs) des différentes institutions soumises à l'une ou l'autre de ces mêmes *lois* pose(nt) un acte qui aurait pour effet de soumettre un indivi-

---

773 J. MOURGEON, *op. cit.*, note 716, p. 85. Le caractère central du droit à la « sécurité » des individus dans la rhétorique juridique et judiciaire occidentale a également été spécifiquement déduit d'une analyse propre aux principales législations du travail au sein de ces mêmes sociétés par le professeur de droit français Alain Supiot : « Dans la relation de travail, le travailleur, à la différence de l'employeur, ne risque pas son patrimoine, il risque sa peau. Et c'est d'abord pour sauver cette dernière que le droit du travail s'est constitué. C'est-à-dire pour affirmer un impératif de sécurité dans le travail. La sécurité des personnes [...] est un principe fondamental de l'état de droit – *i.e.* d'une société *civilisée.* » : Alain SUPIOT, *Critique du droit du travail*, Paris, PUF, 2002, p. 68.

774 En effet, certains auteurs tendent à inclure les atteintes à la liberté physique (détention, arrestation, etc.) sous l'égide du droit à la sécurité (ou à la « sûreté ») plutôt que sous l'égide du droit à la liberté (voir notamment à ce sujet : Alexandre VIALA, « Sûreté », dans J. ANDRIANTSIMBAZOVINA *et al.*, *op. cit.*, note 48, p. 915, aux pages 915-917). Or, au Canada, la Cour suprême a très clairement établi que c'est le droit à la liberté qui devait être mis en cause : *R.* c. *Beare*, [1988] 2 R.C.S. 387 ; *R.* c. *Richard*, [1996] 3 R.C.S. 525 ; H. BRUN, G. TREMBLAY, E. BROUILLET, *op. cit.*, note 169, pp. 1106-1107.

775 J. REY-DEBOVE et A. REY (dir.), *op. cit.*, note 16, p. 2339.

776 *Ibid.*

du à un danger éventuel. Ceci étant dit, l'identification de l'ampleur maximale qui aurait pu être attribuée à cet autre objet de protection du droit canadien exige évidemment que nous résolvions au préalable une difficulté conceptuelle additionnelle se résumant en la question suivante : qu'est-donc qu'un *danger* pour l'être humain ?

Toujours selon sa définition usuelle, le concept de danger réfère à « ce qui menace ou compromet la sûreté, l'existence d'une personne ou d'une chose »[777]. Toujours selon son appréhension la plus large, un *danger* pour l'être humain désignerait donc toute chose qui risque de compromettre, de manière concrète, l'existence d'un être humain. Les mesures/actes/décisions impliquant un risque effectif de mettre fin à la vie d'un être humain étant déjà couverts par le droit à la vie en droit canadien[778], les seuls *dangers* pouvant effectivement compromettre l'existence d'un être humain au sens du droit à la sécurité de sa personne relèvent donc nécessairement des obstacles au plein épanouissement – voire déploiement – du seul véhicule de la vie active : le corps humain fonctionnel.

Ces *dangers* « résiduaires » peuvent être classés en deux grandes catégories : 1) les atteintes à la sécurité physique des individus (qui inclut tant les concepts d'intégrité physique que psychologique) ; et 2) les obstacles restreignant l'accès aux moyens d'assurer la survie, voire le bien-être du corps humain (aussi désigné sous le vocable : « sécurité économique »)[779]. La présente section nous permettra donc de constater que, tout comme ce fut le cas pour les autres objets de protection dont nous avons traité jusqu'ici, la portée qui fut conférée à chacun des volets potentiels du droit à la sécurité de sa personne ne fut pas, en dernière analyse, aussi généreuse (ou large) qu'elle le fut pour les convictions religieuses individuelles.

Les atteintes à la sécurité physique de l'individu

L'état actuel du droit canadien a clairement reconnu que l'aspect « physique » du droit à la « sécurité de sa personne » protégeait les individus tant contre les atteintes corporelles que psychologiques[780].

---

[777] *Id.*

[778] Voir *supra*, section 6.1.1.

[779] Voir à cet égard l'argumentaire que nous développons plus loin sur cet aspect spécifique du droit à la sécurité de sa personne : *infra*, section 6.1.3.

[780] *Blencoe*, précité, note 769, parag. 55 ; *Morgentaler*, précité, note 727 ; *Prentice* c. Canada, [2006] 3 R.C.F. 135 (C.A.) (permission d'appeler refusée par la CSC : (2006) 1 R.C.S. XIII) ; H. BRUN, G. TREMBLAY et E. BROUILLET, *op. cit.*, note 169, p. 1109 ; C. BRUNELLE, *loc. cit.*, note 349, à la page 48 ; Anne-Marie LAFLAMME, *Le droit à la protection de la santé mentale au travail*, Cowansville, Yvon Blais, 2008, pp. 245-258.

S'agissant de la portée générale reconnue au volet « physique » du droit à la sécurité des individus, la Cour suprême du Canada a établi un énoncé de principe fort éclairant en rendant l'arrêt *Hôpital St-Ferdinand* en 1996 (rendu en vertu de l'article premier de la *Charte québécoise*) :

> Au regard de [la définition usuelle du terme « intégrité »], la Cour supérieure a fait les commentaires suivants dans *Viau c. Syndicat canadien de la fonction publique*, [1991] R.R.A. 740, à la p. 745 : *En appliquant cette notion aux personnes, on constate qu'il est un seuil de dommages moraux en deçà duquel l'intégrité de la personne n'est pas atteinte. On passera ce seuil lorsque l'atteinte aura laissé la victime moins complète ou moins intacte qu'elle ne l'était auparavant. Cet état diminué doit également avoir un certain caractère durable, sinon permanent.* [Je souligne.]
>
> Cette orientation donnée à l'interprétation de la notion d'intégrité prévue à l'art. 1 de la *Charte* m'apparaît appropriée. Le sens courant du mot « intégrité » laisse sous-entendre que l'atteinte à ce droit doit laisser des marques, des séquelles qui, sans nécessairement être physiques ou permanentes, dépassent un certain seuil. L'atteinte doit affecter de façon plus que fugace l'équilibre physique, psychologique ou émotif de la victime. D'ailleurs, l'objectif de l'art. 1, tel que formulé, le rapproche plutôt d'une garantie d'inviolabilité de la personne et, par conséquent, d'une protection à l'endroit des conséquences définitives de la violation.[781] [nous soulignons]

Toutefois, bien que la Cour suprême se soit exprimée dans cet arrêt sur le concept large d'intégrité de la personne, il semble ressortir de la jurisprudence dominante au Canada que le « seuil minimal » dont elle traite ici concerne uniquement les atteintes à l'intégrité psychologique. C'est pourquoi, considérant l'impact que cette dernière constatation aura sur l'évaluation qualitative que nous ferons du droit à la sécurité physique des individus, nous traiterons distinctement des deux grandes catégories d'atteintes à ce premier volet du droit à la sécurité de la personne (corporelles *vs* psychologiques) dans notre analyse visant à comparer la portée qui lui fut attribuée par rapport à celle qui le fut aux convictions religieuses.

L'intégrité corporelle

S'agissant d'abord de la protection conférée aux individus contre les atteintes à leur intégrité corporelle, la Cour a bien raison d'affirmer – à la fin de l'extrait précédent tiré de l'arrêt *Hôpital St-Ferdinand*[782] – que cette même protection se « rapproche plutôt du principe d'inviolabilité

[781] *Hôpital St-Ferdinand*, précité, note 738, parag. 96-97. Notons que la Cour suprême du Canada a très clairement reconnu que le droit à la sécurité de sa personne consacré par l'article 7 de la *Charte canadienne* protégeait, en fait, les individus contre les atteintes potentielles à leur intégrité physique et psychologique : *ibid.*

[782] Voir la citation correspondant à la note précédente.

de la personne », principe se résumant généralement à la protection du « corps humain contre les atteintes portées par autrui [...] sans le consentement de la victime. »[783] Conformément à cette interprétation, le point focal de l'analyse permettant de déterminer si un acte ou une mesure donné(e) a violé l'intégrité corporelle d'un individu repose, non pas sur l'évaluation des effets concrets de cet(te) acte/mesure sur le corps de l'individu en question (existence de « marques ou séquelles), mais plutôt sur l'existence ou non d'un consentement à ce que son corps soit touché ou affecté d'une quelconque manière. Autrement formulé, à partir du moment où un individu ou une institution pose un acte (ou prend une décision) qui a pour effet concret de *toucher* un aspect du corps d'une autre personne et que la victime de cette « atteinte » démontre qu'elle ne voulait pas qu'on touche cet aspect de son corps, le droit à l'intégrité physique pourra être invoqué avec succès en vertu de l'une ou l'autre des *lois sur les droits fondamentaux* qui protège ce volet du droit à la sécurité ; l'existence (supplémentaire) de « séquelles » ou de « marques » résultant de l'atteinte à l'intégrité physique et décrites par la Cour suprême dans l'arrêt *Hôpital St-Ferdinand* n'ayant pas à être démontrée pour bénéficier de cet objet de protection[784].

Toujours au sujet du volet corporel du droit à la sécurité physique des individus, et tout comme ce fut le cas pour les convictions religieuses, les tribunaux canadiens ont clairement reconnu que le volet

[783] Rémy CABRILLAC, « Corps humain », dans J. ANDRIANTSIMBAZOVINA *et al.* (dir.), *op. cit.*, note 48, p. 219, à la page 220. Dans le même sens, voir également la structure particulière de l'article 19 du *C.c.Q.*, précité, note 243, qui met l'accent sur la capacité individuelle à consentir pour aliéner une partie de son corps (à titre gratuit uniquement en vertu de l'article 25 du *C.c.Q.*).

[784] En effet, une rétrospective de différents actes/décisions posés/appliquées à l'égard d'individus non-consentants et ayant pour effet de simplement « toucher » un aspect de leur corps ont été considérés comme portant atteinte à leur « sécurité physique » au sens, notamment, des articles 7 de la *Charte canadienne* et 1 de la *Charte québécoise*. À cet égard, voir notamment : ***Charte canadienne*** : *R.* c. *Beare*, précité, note 774 (prise d'empreintes digitales) ; *R.* c. *Knox*, [1996] 3 R.C.S. 199 (prélèvement sanguin) ; *R* c. *Stillman*, [1997] 1 R.C.S. 607 (prélèvement de cheveux, subtances buccales et empreintes dentaires) ; *Deacon* c. *Canada (Procureur général)*, [2006] 2 R.C.F. 736 (C.F.) (ordonnance de prendre une médication) ; *Corporation professionnelle des médecins du Québec* c. *Désaulniers*, [1992] R.J.Q. 267 (C.Q.) (examen médical imposé) ; ***Charte québécoise*** : *Marcoux* c. *Bouchard*, [2001] 2 R.C.S. 726 (tout traitement médical) ; *A.P.* c. *L.D.*, [2001] R.J.Q. 16 (C.A.) (ordonnance d'être soumis à un test d'A.D.N.) ; *Commission des droits de la personne et des droits de la jeunesse* c. *Institut Demers Inc.*, [1999] R.J.Q. 3101 (T.D.P.Q.) (tests médicaux ou psychologiques) ; *Fraternité des policiers de la Régie intermunicipale du service de protection publique de Dorion-Vaudreuil* c. *Régie intermunicipale du service de protection publique de Dorion-Vaudreuil*, D.T.E. 88T-127 (T.A.) (prise d'empreintes digitales) ; *Section locale 143*, précité, note 398 (fourniture d'échantillons de cheveux, d'urine ou d'haleine).

positif du droit – qui permet aux individus de ne pas être victimes d'actes posés par une (ou plusieurs) autre(s) personnes/institutions – ne constituait pas la seule garantie (quasi-)constitutionnelle qui pouvait être octroyée aux bénéficiaires de ce même droit. En effet, le droit à la sécurité physique inclut autant le droit positif de protéger que, négatif, de disposer de son corps[785].

Pour ces deux raisons, force est donc de constater que la portée qui fut consacrée à « l'intégrité corporelle » en tant qu'objet de protection sous-jacent au très large droit à la sécurité de sa personne est aussi – sinon légèrement plus – large que celle qui le fut pour les convictions religieuses, dont le champ d'application a été expressément amputé des atteintes considérées comme « négligeables ou insignifiantes »[786]. À partir du moment où un individu ou une institution pose un acte ayant pour effet de *toucher* au corps d'une personne physique non consentante et que l'acte en question est la source d'un quelconque désavantage ou préjudice pour cette personne, les tribunaux considéreront que l'individu ou l'institution concerné(e) a violé le droit à l'intégrité physique de la personne *touchée* ou, plus largement, son droit à la sécurité physique de la personne.[787]

---

785 Voir notamment *Rodriguez*, précité, note 243, parag. 136. Le lecteur prendra également note que, bien que la Cour suprême n'ait pas encore eu à se prononcer sur la compatibilité (quasi-)constitutionnelle des dispositions interdisant d'aliéner, à titre onéreux, une partie de son corps en vertu d'une ou l'autre des dispositions protégeant l'intégrité physique des individus (comme celle qui est prévue à l'article 25 du *C.c.Q.*), il nous semble clair que le cœur de l'analyse reviendrait non pas à l'étape de la violation de ce même objet de protection (qui nous semble acquise), mais plutôt de la justification d'une telle atteinte en vertu des dispositions justificatives (telles que les articles 1 de la *Charte canadienne* et/ou 9.1 de la *Charte québécoise*). De telles dispositions reposent sur le principe de « l'indisponibilité » du corps humain, principe dont les principales caractéristiques ont été fort habilement définies/résumées par le professeur Rémi Cabrillac : « **L'indisponibilité** signifie que le corps humain ne peut faire l'objet de convention : le corps humain est hors du commerce juridique. [...]

L'indisponibilité s'applique d'abord en cas d'aliénation totale du corps. La convention par laquelle une personne se donnerait en esclavage est nulle. [...]

L'indisponibilité trouve également à s'appliquer en cas d'aliénation d'un organe (ex : rein), d'un produit (ex : sang) ou d'un élément (ex : bras) du corps humain. La question est particulièrement d'actualité avec le développement du trafic d'organes dont font périodiquement état les médias » : R. CABRILLAC, *loc. cit.*, note 783, aux pages 221-222.

786 Voir à cet égard *supra*, section 4.1.1.

787 À cet égard, certains passages du raisonnement suivi par la Cour d'appel du Québec dans l'arrêt *A.P.* c. *L.D.*, précité, note 784, (permission d'appeler refusée par la Cour suprême : C.S. Can., 2002-11-05, 28352), nous semblent directement militer en faveur de cette interprétation extrêmement large du droit à l'intégrité corporelle des individus. Rendant leur jugement en appel d'une ordonnance de la Cour supérieure

L'intégrité psychologique

Alors que le volet « corporel » du droit à la sécurité physique des individus semble avoir été circonscrit de manière légèrement plus large que la portée qui fut attribuée aux convictions religieuses (la protection de l'intégrité corporelle n'ayant pas fait l'objet d'une limitation intrinsèque similaire à celle de l'atteinte « négligeable ou insignifiante » qui fut imposée aux convictions religieuses), le volet « psychologique » de ce même objet de protection des *lois sur les droits fondamentaux* a été traité avec beaucoup plus de circonspection par la jurisprudence canadienne[788]. Cette plus grande réserve judiciaire s'explique sans doute par le fait que, contrairement au corps humain (qui constitue un objet tangible possédant des limites aisément identifiables), la *psyché* humaine constitue un objet de protection aux contours beaucoup plus fuyants et donc, comme l'écrit fort justement le professeur Patrice Garant, susceptible d'une définition tellement large qu'elle multiplierait grandement « les possibilités pour l'autorité publique de risquer, par toutes sortes de mesures, de porter atteinte au bien-être [...] mental et social de quelque personne ou groupe »[789].

Ce serait donc principalement pour limiter un accroissement « exagéré » des contestations des différentes formes d'actions institutionnelles soumises à l'application des quelques *lois sur les droits fondamentaux* canadiennes protégeant le droit à l'intégrité psychologique individuelle (notamment les *chartes* canadienne et québécoise) que les tribunaux canadiens ont sciemment choisi de restreindre la portée conférée à ce même objet de protection[790]. Ainsi, conformément à l'extrait de l'arrêt

---

enjoignant un individu (l'appelant) à se soumettre à un test d'ADN dans le cadre d'une *action en déclaration de paternité*, les deux juges majoritaires de la Cour d'appel affirment : « À mon avis, il est incontestable que l'obligation faite à une personne de se soumettre à un test d'A.D.N. constitue une atteinte à son intégrité puisqu'elle l'oblige à fournir une partie (si infime soit-elle) de son corps » [nous soulignons]. Dans le même sens, voir également : C. BRUNELLE, *loc. cit.*, note 349, à la page 48.

788 Cet état de fait a également été soulevé par la professeure Anne-Marie Laflamme, de la Faculté de droit de l'Université Laval, qui affirme que : « ... la Cour suprême semble imposer des critères plus exigeants lorsqu'il est question de l'intégrité psychologique d'une personne que lorsqu'il est question de son intégrité physique » : A.-M. LAFLAMME, *op. cit.*, note 780, p. 247.

789 P. GARANT, *loc. cit.*, note 728, à la page 498.

790 L'exemple par excellence du type de contestation que la jurisprudence voulait exclure du champ potentiel d'application du volet « psychologique » du droit à la sécurité physique de sa personne peut sans contredit être tiré de la trame factuelle ayant mené la Cour suprême du Canada à rendre, en 1985, l'arrêt *Operation Dismantle* c. *La Reine*, [1985] 1 R.C.S. 441. Dans cette affaire (rendue dans un contexte où la « guerre froide » entre les États-Unis et l'URSS était toujours une question d'actualité), un groupe de citoyens alléguait que la décision du gouvernement fédéral

Hôpital St-Ferdinand que nous avons reproduit en introduction de la présente section (consacrée à la sécurité physique des individus)[791], pour qu'un individu réussisse à démontrer qu'un acte ou une mesure quelconque posé/adopté par une institution quelconque a pour effet de violer son droit à l'intégrité psychologique, il devra faire la preuve que ce même acte ou cette mesure a causé des « marques [ou des] séquelles qui, sans nécessairement être physiques ou permanentes, dépassent un certain seuil »[792].

Bien que la simple référence à un « certain seuil » qu'il importe de franchir avant de pouvoir parler d'atteinte à l'intégrité psychologique d'un individu puisse sembler, à première vue, tout à fait similaire au critère de « l'atteinte plus que négligeable ou insignifiante » devant être satisfait pour l'ouverture des dispositions protégeant les convictions religieuses, nous verrons que cette interprétation ne résiste pas à une analyse jurisprudentielle plus approfondie qui, une fois encore, tend à démontrer le caractère plus restrictif de l'« autre objet de protection » que représente l'intégrité psychologique. Ainsi, non seulement est-il acquis qu'un individu ne peut se borner à démontrer que l'acte ou la mesure posé/adoptée par l'institution a un effet « plus que négligeable ou insignifiant » sur son bien-être psychologique pour bénéficier de ce volet du droit à la sécurité physique individuelle, mais il semble actuellement exister un certain consensus en vertu duquel le droit à l'intégrité psychologique des individus doit être généralement interprété à la lumière des balises établies pour l'application de l'article 7 de la *Charte canadienne*[793], et donc, être limité aux cas ayant des conséquences « psycho-

---

d'autoriser les États-Unis à « procéder à des essais du missile de croisière sur le territoire canadien » (parag. 1) avait pour effet de menacer sérieusement les trois droits protégés par l'article 7 de la *Charte canadienne* puisqu'elle augmentait les risques que le Canada devienne la cible d'une attaque nucléaire. Bien qu'il nous semble clair que, conformément aux critères subséquemment établis concernant le degré de preuve nécessaire pour démontrer une atteinte effective à l'intégrité psychologique des individus, la Cour suprême en serait venue à la conclusion que cette décision ne violait pas l'aspect psychologique du droit à la sécurité physique des individus, elle trancha le litige en affirmant que la preuve ne démontrait pas un lien causal suffisant entre la « crainte » d'être victime d'une atteinte à l'un ou l'autre des droits fondamentaux protégés par l'article 7 et la décision du gouvernement : voir à ce sujet les paragraphes 29, 33 et 37 de l'arrêt.

791 Voir *supra*, citation correspondant à la note 781.

792 *Hôpital St-Ferdinand*, précité, note 738.

793 À propos de la transposabilité des critères établis pour circonscrire le droit à l'intégrité psychologique en vertu des articles 7 de la *Charte canadienne* et 1 de la *Charte québécoise*, Emmanuelle Lévesque (avocate québécoise et chercheure au Centre de droit public de l'Université de Montréal) écrivait en 2006 : « Dans toutes ces décisions sur l'intégrité psychologique décidées en vertu de la *Charte canadienne*, la gravité de l'atteinte est un point commun : le bouleversement est souvent qualifié de grave, majeur ou profond. Les tensions psychologiques ordinaires sont explicitement exclues. De toute évidence, ces critères rejoignent ceux développés en regard de

logiques *sérieuses*, *graves* ou *néfastes* »[794] pour les individus. Ces balises « restrictives » concernant le volet psychologique du droit à la sécurité physique de sa personne en vertu de la *Charte canadienne* ont été plusieurs fois réaffirmées par la Cour suprême du Canada depuis l'adoption de cette même *charte* en 1982, notamment dans l'arrêt *Blencoe* où la majorité écrit :

> Les atteintes de l'État à l'intégrité psychologique d'une personne ne font pas toutes intervenir l'art. 7. Lorsque l'intégrité psychologique d'une personne est en cause, la sécurité de la personne se limite à la *tension psychologique grave causée par l'État* (le juge en chef Dickson dans *Morgentaler*, précité, à la p. 56). [...] Selon l'expression « tension psychologique grave causée par l'État », deux conditions doivent être remplies pour que la sécurité de la personne soit en cause. Premièrement, le préjudice psychologique doit être causé par l'État, c'est-à-dire qu'il doit résulter d'un acte de l'État. Deuxièmement, le préjudice psychologique doit être grave. Les formes que prend le préjudice psychologique causé par le gouvernement n'entraînent pas toutes automatiquement des violations de l'art. 7. [...]
>
> Pour que la sécurité de la personne soit en cause en l'espèce, l'acte reproché à l'État doit avoir eu des répercussions graves et profondes sur l'intégrité psychologique de l'intimé (*G. (J.)*, précité, au par. 60). L'État doit avoir porté atteinte à un droit individuel d'importance fondamentale (au par. 61). Dans l'arrêt *G. (J.)*, précité, au par. 59, le juge en chef Lamer a dit ce qui suit : *Il est manifeste que le droit à la sécurité de la personne ne protège pas l'individu contre les tensions et les angoisses ordinaires qu'une personne ayant une sensibilité raisonnable éprouverait par suite d'un acte gouvernemental. Si le droit était interprété de manière aussi large, d'innombrables initiatives gouvernementales pourraient être contestées au motif qu'elles violent le droit à la sécurité de la personne, ce qui élargirait considérablement l'étendue du contrôle judiciaire, et partant, banaliserait la protection constitutionnelle des droits.*[795] [nos soulignés au second paragraphe]

Même si elle avait dû être interprétée selon une approche purement subjective (c'est-à-dire qui ne prendrait en compte que la perception de la victime), cette limite intrinsèque imposée à l'intégrité psychologique en tant qu'objet de protection des *lois sur les droits fondamentaux*

---

l'intégrité psychologique protégée par la *Charte québécoise* dans l'affaire *St-Ferdinand*, soit l'intensité et la durabilité de l'atteinte » : Emmanuelle LÉVESQUE, « Les exigences légales entourant le consentement dans la recherche avec des enfants et des adultes inaptes : une piste de solution aux difficultés posées par les articles 21 et 24 C.c.Q. », (2006) 51 *McGill L.J.* 385, 398. Dans le même sens, voir aussi : Julie BOURGAULT, *Le harcèlement psychologique au travail*, Cowansville, Yvon Blais, 2006, pp. 57-62 (distinction opérée entre l'atteinte à l'intégrité psychologique (art. 1) et à la dignité humaine (art. 4) en vertu de la *Charte québécoise*).

794 C. BRUNELLE, *loc. cit.*, note 349, à la page 48.

795 *Blencoe*, précité, note 769, parag. 57 et 81.

canadiennes aurait nécessairement impliqué un fardeau de preuve plus imposant pour les plaignants que s'ils avaient invoqué une des dispositions protégeant les convictions religieuses (les notions d'atteintes « graves » ou « sérieuses » permettant en principe d'exclure une plus grande proportion de situations factuelles du champ de protection d'un droit fondamental que la notion d'atteinte « négligeable ou insignifiante »). Or, il semble que les tribunaux canadiens ont choisi d'évaluer la « gravité » nécessaire d'une atteinte pour qu'un individu puisse invoquer avec succès son droit à l'intégrité psychologique selon une approche « subjective-objective »[796], ce qui a donc pour effet de magnifier les difficultés additionnelles résultant, pour les plaignants, de cette même limite intrinsèque. Le caractère particulier de la *psyché* humaine et l'incidente impossibilité qu'un juge puisse s'en remettre entièrement aux prétentions de l'individu qui allègue avoir subi une « atteinte grave ou sérieuse » à son intégrité psychologique pour déterminer si un acte ou une mesure posé/adoptée par autrui a effectivement causé des « marques ou séquelles » importantes à ce dernier[797] explique sans doute pourquoi l'approche interprétative suivie par les tribunaux canadiens pour évaluer l'existence d'atteintes à l'intégrité psychologique en vertu des *lois sur les droits fondamentaux* se rapproche énormément de celle qui est suivie pour la mise en œuvre des dispositions interdisant le harcèlement psychologique au Québec[798]. À cet égard, la professeure Julie Bourgault, de l'Université du Québec en Outaouais, nous semble avoir fort justement résumé l'approche suivie par les tribunaux canadiens lorsqu'ils doivent établir l'existence d'une atteinte à l'intégrité psychologique d'un individu donné :

> Le modèle d'appréciation à utiliser est *subjectif-objectif*, puisque la conduite doit être objectivée tout en tenant compte du contexte particulier de la victime. [...] Cette situation découle du fait que le harcèlement est défini et considéré comme grave, principalement en fonction de ses conséquences sur la victime. Toutefois, bien que la notion de raisonnabilité doit être introduite dans l'appréciation de la preuve de harcèlement, le modèle civil n'est pas à prendre en exemple, car la notion de personne raisonnable, prudente et diligente est évaluée en fonction de l'auteur de la faute. Il n'est cependant pas souhaitable de s'en remettre totalement à la perception de la victime, même s'il faut à tout le moins adopter son point de vue pour comprendre pourquoi elle est vexée. [...]

---

796 Voir *infra*, citation correspondant à la note 799.

797 La simple décision d'intenter un recours constituant en effet, en soi, une preuve de la prétention du plaignant selon laquelle l'atteinte qu'il aurait subi à son intégrité psychologique est effectivement « grave ou sérieuse ».

798 Voir à cet égard les articles 81.18 à 81.20 et à 123.6 à 123.16 de la *Loi sur les normes du travail*, précitée, note 183.

> Bref, il s'agirait de déterminer si une personne raisonnable, placée dans les mêmes circonstances et dotée des mêmes attributs que la victime, estimerait la conduite du présumé harceleur vexatoire. [...]
>
> Ainsi, une « personne raisonnable » devrait être en mesure de distinguer certains agissements dits « normaux » du harcèlement psychologique. C'est le cas du stress au travail, d'une simple atteinte à la dignité, des conflits de personnalité et de la manifestation d'agressivité, ainsi que de l'exercice normal du droit de direction.[799] [nous soulignons]

Ainsi, alors que le critère de « l'atteinte plus que négligeable et insignifiante » tel qu'il fut interprété par la jurisprudence n'a permis, jusqu'ici, d'exclure qu'un nombre infime de situations factuelles du champ de protection des dispositions protégeant les convictions religieuses au Canada[800], la plus stricte définition du droit à l'intégrité psychologique a permis d'exclure intrinsèquement une quantité importante de situations factuelles où les individus considéraient avoir subi un quelconque préjudice psychologique[801]. S'agissant spécifiquement du milieu de travail traditionnel, la très grande similarité des approches interprétatives suivies en matière de droit à l'intégrité psychologique et de harcèlement psychologique nous permet de croire qu'une grande proportion des cas d'espèce identifiés par la professeure Bourgault (où les tribunaux canadiens ont conclu qu'un « préjudice psychologique » allégué n'était pas suffisant pour conclure à l'ouverture de la protection individuelle contre le harcèlement psychologique) serait également transposable aux litiges concernant le droit à l'intégrité psychologique en vertu des *lois sur les droits fondamentaux* canadiennes. Les décisions identifiées et répertoriées par la professeure Bourgault concernent principalement des cas de « stress au travail »[802], impliquant « une atteinte anodine à la dignité individuelle »[803] ou encore découlant de « conflits de personnalité »[804] ou de « l'exercice normal du droit de direction »[805], cas qui ne seraient

---

799 J. BOURGAULT, *op. cit.*, note 793, pp. 77-79. Dans le même sens, voir également : *Blencoe*, précité, note 769 et H. BRUN, G. TREMBLAY et E. BROUILLET, *op. cit.*, note 169, pp. 1109-1110.

800 Voir à ce sujet *supra*, section 4.1.1.

801 Voir notamment l'arrêt *Blencoe*, précité, note 769, de même que : *Centrale de l'enseignement du Québec* c. *Québec (Procureur général)*, [1998] R.J.Q. 2897 (C.A.) ; *Hill* c. *Hamilton Wentworth Regional Police Services Board*, (2006) 259 D.L.R. (4th) 676 (C.A. Ont.) ; *Québec (Ministre de la Justice)* c. *Canada (Ministre de la Justice)*, [2003] R.J.Q. 1118 (C.A.) ; *School District n° 39 (Vancouver)* c. *B.C.T.F.*, (2003) 224 D.L.R. (4th) 63 (C.A. C.-B.) : citées dans H. BRUN, G. TREMBLAY et E. BROUILLET, *op. cit.*, note 169, p. 1110.

802 J. BOURGAULT, *op. cit.*, note 793, p. 79.

803 *Id.*, pp. 79-80.

804 *Id.*, pp. 80-81.

805 *Id.*, pp. 81-85.

également pas considérés comme suffisamment « graves et sérieux » pour être protégés en vertu du volet psychologique du droit à la sécurité de sa personne[806].

Les atteintes à la sécurité économique de l'individu

Bien que formulée dans le contexte spécifique des relations de travail, le professeur Alain Supiot fournit une très élégante description de l'intime interrelation qui existe entre les deux grands volets du droit à la sécurité de sa personne, physique et économique :

> Reconnaître la position centrale du corps humain dans la relation de travail ne conduit pas seulement à poser le problème des risques encourus dans l'exécution du travail. Il ne suffit pas de faire en sorte que le travailleur sorte indemne de la relation de travail ; il faut aussi qu'il y trouve les moyens de perpétuer sa force de travail, c'est-à-dire les moyens de vivre et de faire vivre les siens. L'idée de sécurité économique [...] prolonge ainsi naturellement celle de sécurité physique.[807]

L'être humain, pour (sur)vivre et, dans le meilleur des cas, avoir une bonne qualité de vie doit nécessairement se procurer plusieurs choses : la nourriture, les vêtements et le logis ne constituant que le strict minimum de ce même ensemble de biens matériels. Pour revenir à la définition la plus large du concept de sécurité dont nous avons discuté un peu plus haut[808], il est évident que, une certaine quantité de biens matériels essentiels étant nécessaire à la perpétuation de la simple existence humaine, toute situation ayant pour effet d'empêcher (ou d'entraver) les individus dans l'obtention de ces mêmes biens pourrait tout à fait être considérée comme un *danger* menaçant l'existence de ce même individu. Il est également incontestable que, pour réussir à se procurer tout bien matériel au sein des différentes sociétés occidentales (et capitalistes) actuelles, les individus doivent le plus souvent avoir accès à une quelconque source de revenus (ou de biens dans le cas de troc). Ainsi, la définition la plus large du droit à la sécurité de sa personne devrait permettre aux individus n'ayant pas accès à une source suffisante de revenus (ou de biens) pour assurer leur subsistance – ou plus largement leur bien-être – d'exiger des institutions responsables de leur situation (généralement, les États) un accès à une telle source de revenus/biens. Formulé d'une manière plus près de l'appréhension individualiste des *droits civils et politiques* (par opposition aux *droits économiques et sociaux*, davantage à connotation « collective »[809]), les situations factuelles

---

806 Pour d'autres exemples, voir notamment : A.-M. LAFLAMME, *op. cit.*, note 780.

807 A. SUPIOT, *op. cit.*, note 773, p. 74.

808 Voir *supra*, début de la section 6.1.3.

809 Voir à cet égard les références que nous citons plus haut, à la note 85 de même que, sur la question spécifique de la mise en œuvre des droits économiques, sociaux et

portant (ou menaçant sérieusement de porter) atteinte à la « sécurité économique » des individus devraient être couvertes, *prima facie*, par le droit à la sécurité de sa personne en vertu des *lois sur les droits fondamentaux* canadiennes[810].

Or, même si toute possibilité n'a pas été officiellement exclue en ce qui concerne plus spécifiquement le droit à la sécurité de sa personne, la Cour suprême du Canada s'est prononcée à de nombreuses reprises sur le principe voulant que, règle générale, la portée attribuée aux différents droits et libertés fondamentaux de cette même *Charte* ne devait pas inclure les aspects « économiques » qui pourraient être inférés des objets de protection consacrés. De surcroît, il semble que la tendance jurisprudentielle canadienne, lors des cas « exceptionnels » où le droit à la sécurité de sa personne vise une des caractéristiques du droit à la sécurité économique, soit pour l'instant bien éloignée de toute reconnaissance constitutionnelle d'une quelconque modulation du volet « économique » du droit à la sécurité de sa personne[811].

Ceci étant dit, le fait que certains aspects du droit à la sécurité économique puissent être, dans l'avenir, effectivement couverts par une appréhension plus large de la « sécurité de sa personne » en tant qu'objet de protection des *lois sur les droits fondamentaux* ne change rien à l'analyse comparative qui nous intéresse ici. En effet, le simple fait que de très grands pans de cette même sécurité économique aient déjà été

---

culturels en droit international : Magdalena SEPULVEDA, *The Nature of the Obligations Under the International Covenant on Economic, Social, and Cultural Rights*, New-York, Intersentia, 2003 et Manisuli SSENYONJO, *Economic, Social and Cultural Rights in International Law*, Oxford, Hart, 2009.

810 Le lecteur prendra note que c'est à escient que nous ne traitons pas ici du droit à un niveau de vie décent protégé par l'article 45 de la *Charte québécoise*, considérant que ce dernier s'est vu retirer toute force contraignante (au sens strict du terme) par le biais d'une interprétation pour le moins littérale de l'article 52 de la *Charte québécoise* (qui ne lui reconnaît aucun statut quasi-constitutionnel ou supralégislatif : voir l'interprétation de cet article qui fut établie par la Cour suprême dans *Béliveau St-Jacques*, précité, note 734) et par l'arrêt *Gosselin* c. *Québec (Procureur général)*, précité, note 85, parag. 85-96 où la Cour suprême établit une fort importante limite intrinsèque pour l'ensemble des droits *économiques et sociaux* de la *Charte québécoise* (articles 39 à 48 de cette même *Charte*) en limitant le droit de réparation en cas de violation à un simple jugement déclaratoire : voir à cet égard *supra*, note 564. Les tribunaux québécois peuvent donc constater la violation d'un (ou plusieurs) de ces droits *économiques et sociaux* et émettre une *déclaration* à cet effet, mais ils ne peuvent en forcer le respect par le biais d'une ordonnance officiellement contraignante pour l'individu ou l'institution qui a commis la violation.

811 Voir notamment à cet égard : C. BRUNELLE, *loc. cit.*, note 349, à la page 49 et David ROBITAILLE, « Non-universalité, illégitimité et surcomplexité des droits économiques et sociaux ? Des préoccupations légitimes mais hypertrophiées : regard sur la jurisprudence canadienne et sud-africaine », (2008) 53 *R.D. McGill* 243, 246-247.

expressément exclus de la portée du droit à la sécurité de sa personne (dont notamment : (1) le « droit général au travail »[812] ou (2) le droit d'exercer une profession[813]) nous permet d'affirmer sans ambages que le volet économique de cet « autre objet de protection » jouit, dans l'état actuel du droit canadien, d'une portée plus restrictive que celle qui fut accordée aux convictions religieuses.

6.2. Le droit à la vie privée

Comment définir le droit à la vie privée ? À la fin du XIXe siècle, l'avocat américain Louis Brandeis – qui siégera plus tard à la Cour suprême – a décrit le droit à la vie privée comme *The right to be let alone*, affirmation que le professeur Pierre Trudel a reprise en la décrivant comme le *droit pour une personne d'être libre de mener sa propre existence comme elle l'entend, avec le minimum d'ingérences extérieures.*[814]

Inextricablement lié au droit à la liberté individuelle, qui comme nous l'avons vu plus haut protège une « sphère d'autonomie personnelle » (ou, pour reprendre la terminologie utilisée par la Cour suprême du Canada, le droit de faire des choix « importants et fondamentaux »)[815], un justiciable non avisé pourrait croire que le droit à la vie privée ne jouit officiellement que d'une protection quasi-constitutionnelle au sein de l'ensemble des « droits et libertés fondamentaux » protégés sur le territoire canadien. En effet, alors que l'article 5 de la *Charte québécoise* le reconnaît expressément comme objet de protection quasi-

---

812 Selon l'expression utilisée par les auteurs Henri Brun, Fannie Lafontaine et Pierre Brun, en résumant notamment les principes établis dans les décisions suivantes : *Béliveau* c. *Comité de discipline du Barreau du Québec*, [1992] R.J.Q. 1822 (C.A.) : autorisation d'appel refusée par la CSC : [1993] 1 R.C.S. V ; *Godbout* c. *Longueuil (Ville de)*, [1995] R.J.Q. 2561 (C.A.) : appel rejeté pour d'autres raisons à [1997] 3 R.C.S. 844 : H. BRUN *et al.*, *op. cit.*, note 200, p. 193 (parag. 7/42). Dans le même sens, voir également : D. ROUX, *op. cit.*, note 85.

813 « Les droits visés à l'art. 7 ne s'étendent pas au droit d'exercer la profession de [son] choix » : *Renvoi relatif à l'article 193 et à l'alinéa 195.1 (1)c) du Code criminel (Man.)*, [1990] 1 R.C.S. 1123, parag. 72. Dans le même sens, le lecteur consultera les nombreuses décisions jurisprudentielles citées par les auteurs Henri Brun, Fannie Lafontaine et Pierre Brun pour justifier leur affirmation suivante : « Le droit d'exercer une profession ne fait pas partie des droits protégés par l'article 7 [de la *Charte canadienne*] » : H. BRUN *et al.*, *id.*, p. 201, parag. 7/92.

814 Lyette DORÉ, « Surveillance vidéo *vs* respect du droit à la vie privée », dans BARREAU DU QUÉBEC, Développements récents en droit de l'accès à l'information 2005, Cowansville, Yvon Blais, 2005, p. 26, à la page 40. Dans le même sens, voir aussi : Emmanuel PUTMAN, « Vie privée », dans J. ANDRIANTSIMBAZOVINA *et al.* (dir.), *op. cit.*, note 48, p. 984 et Alain-Robert NADEAU, *Vie privée et droits fondamentaux*, Cowansville, Yvon Blais, 2000, p. 20.

815 Voir *supra*, section 6.1.2.

constitutionnel[816], la *Charte canadienne* ne contient aucune mention ou référence expresse au droit à la vie privée des individus. Toutefois, la Cour suprême du Canada a très clairement conféré un statut constitutionnel à cet objet de protection par l'entremise de quelques dispositions de la *Charte canadienne*, dont principalement l'article 8 protégeant les individus contre « les fouilles, les perquisitions ou les saisies abusives »[817]. Cette reconnaissance officielle – bien qu'indirecte – du droit à la vie privée individuelle a été établie par la Cour suprême du Canada par l'arrêt *R.* c. *Dyment*[818], rendu en 1988, arrêt dans le cadre duquel les plus hauts magistrats canadiens consolidèrent les principes jurisprudentiels circonscrivant le cœur définitionnel de ce même article 8 de la *Charte canadienne*. Ces mêmes principes ont par la suite été fort bien résumés dans l'arrêt *Duarte*, rendu en 1990 :

> L'arrêt *Hunter c. Southam Inc.*, [1984] 2 R.C.S. 145, nous apprend que l'art. 8 vise d'abord et avant tout à assurer le respect de la vie privée et, comme je l'ai fait remarquer dans l'arrêt *R. c. Dyment*, [1988] 2 R.C.S. 417, à la p. 426, l'esprit de l'art. 8 ne doit pas être restreint par des classifications formalistes étroites. Si l'article 8 doit être interprété en fonction de son objet, comme il l'a été dans l'arrêt *Hunter c. Southam Inc.*, on peut difficilement concevoir une activité de l'État qui soit plus dangereuse pour la vie

816 « Toute personne a droit au respect de sa vie privée » : *Charte québécoise*, précitée, note 35, art. 5. Le lecteur notera par ailleurs que le législateur québécois a également expressément consacré deux modalités particulières du droit à la vie privée en tant qu'objet de protection de la *Charte québécoise* aux articles 7 et 8, consacrant respectivement l'inviolabilité de la demeure et l'interdiction faite à quiconque de « pénétrer chez autrui et [d']y prendre quoi que ce soit sans son consentement exprès ». S'agissant de la protection attribuée au droit à la vie privée au sein des autres *lois sur les droits fondamentaux* canadiennes protégeant un éventail plus large de droits et libertés fondamentaux que le seul droit à l'égalité (voir *supra*, note 356 pour consulter la liste de ces lois), aucune d'entre elles ne protège expressément cet objet de protection. En fait, les seules dispositions pertinentes se retrouvent au sein de l'*Alberta Bill of Rights*, précitée, note 356 (art. 1a)), du *Human Rights Act* du Yukon, précité, note 356 (art. 6) et de la *Déclaration canadienne des droits*, précitée, note 185, (art. 1a)) qui protègent uniquement le droit de jouir de sa propriété privée.

817 *Charte canadienne*, précitée, note 34, art. 8. Les droits à la liberté individuelle et sécurité de sa personne de l'article 7 de la *Charte canadienne* ont également été interprétés comme protégeant certains aspects du droit à la vie privée, bien que, comme le soulignent fort justement les professeurs Henri Brun, Guy Tremblay et Eugénie Brouillet, ces deux droits fondamentaux n'incluent qu'un aspect « résiduel » du droit à la vie privée des individus : « Il est acquis, également, [que l'article 7 de la *Charte canadienne*] inclut un droit résiduel à la vie privée, bien que ce soit davantage l'article 8, qui protège contre les fouilles et les perquisitions abusives, qui soit utilisé à cette fin. Voir *R.* c. *Mills*, [1999] 3 R.C.S. 668 ; *Ruby* c. *Canada (Solliciteur général)*, [2000] 3 C.F. 589 (C.A.) […] ; *Patterson* c. *British Columbia*, (2000) 181 D.L.R. (4th) 193 (C.A. C.-B.) » : H. BRUN, G. TREMBLAY et E. BROUILLET, *op. cit.*, note 169, p. 1110.

818 [1988] 2 R.C.S. 417.

privée des particuliers que la surveillance électronique et qui, en conséquence, doive être plus directement visée par la protection de l'art. 8.[819]

Avant de pouvoir interpréter qualitativement la portée qui fut attribuée à cet objet de protection constitutionnel des *lois sur les droits fondamentaux* canadiennes par rapport aux convictions religieuses, il importe de circonscrire, comme nous l'avons fait pour tous les « autres objets de protection » analysés lors des pages précédentes, la plus large appréhension qui pourrait être faite du concept de « vie privée ». Si une seule chose devait être certaine en ce qui concerne le concept de « vie privée », c'est qu'il renvoie directement à une sphère d'activités individuelles qui *appartiennent* aux personnes se réclamant de cette même « vie privée ». Le concept de « propriété »[820] est en effet inhérent à l'emploi du qualificatif « privé »[821] et permet donc de distinguer le droit à la vie privée des très larges droits à la *liberté* et à la *conscience individuelle* qui protègent, quant à eux, les choix individuels qui peuvent être faits par les justiciables. Ce concept de propriété individuelle constitue d'ailleurs un dénominateur commun à toutes les activités qui ont, jusqu'ici, été reconnues comme pouvant relever du droit à la vie privée des individus, qu'il s'agisse de l'inviolabilité de la demeure[822], du droit à l'image[823] ou plus largement du droit de ne pas être forcé à subir de tests

819 *R.* c. *Duarte*, [1990] 1 R.C.S. 30, parag. 19. Dans le même sens, voir aussi : A.-R. NADEAU, *op. cit.*, note 814, pp. 10 et 111.

820 « **Propriété** [...] **A. DROIT DE POSSÉDER** ■ 1. Droit d'user, de jouir et de disposer d'une chose d'une manière exclusive et absolue sous les restrictions établies par la loi. [...] **B. CE QUI EST POSSÉDÉ** ■ 1. Ce qu'on possède en propriété » : J. REY-DEBOVE et A. REY, *op. cit.*, note 16, p. 2049. Notons que la Cour suprême du Canada a très clairement précisé que, pour l'interprétation du droit à la vie privée, le concept de « propriété » ne devait être considéré beaucoup plus largement qu'au sens de la stricte « propriété matérielle » : *R.* c. *Dyment*, précité, note 241, 17, parag. 15-18.

821 « **Privé** [...] ■ 1. Où le public n'a pas accès, n'est pas admis. [...] ■ 2. Individuel, particulier (opposé à collectif, commun, public) » : J. REY-DEBOVE et A. REY, *id.*, p. 2026.

822 « Indiscutablement, chacun a droit au respect de la vie privée dans l'intimité de son foyer qui est tenu pour inviolable » : *R.* c. *Godoy*, [1999] 1 R.C.S. 311, parag. 19. Dans le même sens, voir également : *Syndicat des professionnelles du Centre jeunesse de Québec – CSN* c. *Desnoyers*, précité, note 398 ; *Gauthier* c. *Roy*, [1999] R.D.I. 87 (C.S.) et *Hardy* c. *Fortier*, J.E. 2006-687 (C.Q.).

823 *Aubry* c. *Vice-Versa*, précité, note 401, parag. 52-53. Dans le même sens, voir également : *Brisson* c. *Virtually Magazine*, [2002] R.R.A. 866 (C.S.) et *Granata-Rossi* c. *Urgences-santé Inc.*, [2006] R.R.A. 989 (C.S.).

de dépistages[824] ou de voir des informations privées (ou à usage restreint) être divulguées « publiquement »[825].

Partant de ce constat, il nous semble clair que la plus large protection qui pourrait être accordée à la vie privée en tant qu'objet de protection des *lois sur les droits fondamentaux* canadiennes reviendrait à protéger systématiquement toute activité dont la nature permet de la considérer comme relevant de la propriété individuelle des bénéficiaires de ce droit. Nous verrons cependant que les critères actuellement en vigueur au Canada pour définir le droit à la vie privée sont bien loin de s'approcher de cette appréhension généreuse et donc, de la portée qui fut conférée aux convictions religieuses ; ce caractère plus restrictif de la définition du droit à la vie privée s'exprimant tant par : (6.2.1) les critères « objectifs » permettant d'évaluer les activités/biens/lieux relevant de la vie privée des individus ; (6.2.2) l'analyse des conditions permettant de renoncer à ce même droit et, finalement, (6.2.3) les motifs justifiant que les individus exerçant un métier ou une profession dite « publique » ne bénéficient que d'une protection « amoindrie » de leur droit à la vie privée.

6.2.1. *Évaluation objective des activités/biens/lieux relevant de la vie privée des individus*

Le critère actuellement en vigueur pour déterminer si un individu particulier peut bénéficier de son droit à la vie privée en droit canadien est celui de « l'expectative légitime » ou « attente raisonnable » de vie privée[826]. En d'autres termes, l'individu qui allègue une violation de son droit à la vie privée doit démontrer non seulement que l'activité qu'il réalisait (ou le lieu qui était impliqué) lui *appartenait* en propre, mais qu'une personne raisonnable placée dans sa situation se serait attendue,

---

824 *Stillman*, précité, note 784, parag. 51. Dans le même sens, voir également : *Section locale 143*, précité, note 398.

825 « … le droit à la non-divulgation des dossiers médicaux appartient au patient et que celui-ci peut y renoncer inconditionnellement ou conformément aux conditions qu'il prescrit dans l'autorisation de divulguer » : *Frenette* c. *Métropolitaine (La), Cie d'assurance-vie*, [1992] 1 R.C.S. 647, 672. Dans le même sens, voir également : *Lac D'Amiante du Québec Ltée* c. *2858-0702 Québec Inc.*, [2001] 2 R.C.S. 743.

826 « À l'instar du quatrième amendement du *Bill of Rights* américain, l'article 8 de la *Charte canadienne des droits et libertés* protège une attente raisonnable des individus en matière de respect du droit à la vie privée. Il est intéressant de noter que dans le contexte québécois, on utilise l'expression *expectative légitime* de vie privée alors que dans le contexte européen, on utilise l'expression *espérance légitime* mais on notera au passage que toutes ces expressions sont synonymes. Cependant, ce qui est « raisonnable » dépend du contexte » : L. DORÉ, *loc. cit.*, note 814, p. 57.

de surcroît, à ce que le produit de cette activité (ou les biens se trouvant dans ce lieu) ne soit pas accessible à autrui[827].

C'est ainsi que, même pour des activités ayant été clairement reconnues comme relevant du droit à la vie privée des individus – par exemple la captation et l'utilisation subséquente de l'image d'un individu par une autre personne – les tribunaux canadiens se permettront souvent de conclure que certains contextes particuliers excluent la possibilité qu'un individu puisse alléguer avoir subi une atteinte à son droit à la vie privée. À cet égard, les nombreux exemples fournis par la majorité de la Cour suprême du Canada dans l'arrêt *Aubry* c. *Vice-Versa* pour illustrer des cas où l'utilisation et/ou la diffusion d'une photographie d'un individu sans son consentement ne constituerait pas une violation du volet « droit à l'image » de leur droit à la vie privée sont particulièrement éclairants :

> Le droit du public à l'information, soutenu par la liberté d'expression, impose des limites au droit au respect de la vie privée dans certaines circonstances. Ceci tient au fait que l'expectative de vie privée est réduite dans certains cas. [...]
>
> L'on reconnaît également qu'il y a exonération de responsabilité du photographe et de ceux qui publient sa photographie lorsque par son action, même involontaire, un simple particulier se trouve accidentellement et accessoirement dans la photographie. La personne est alors, en quelque sorte, projetée sous les feux de la rampe. Nous n'avons qu'à penser à la photographie d'une foule durant un événement sportif ou une manifestation.
>
> Une autre situation où l'intérêt public prédomine est celle où une personne paraît de façon accessoire dans la photographie d'un lieu public. L'image saisie dans un lieu public peut alors être considérée comme un élément anonyme du décor, même s'il est techniquement possible d'identifier des personnes sur la photographie. Dans cette hypothèse, vu que l'attention de

---

827 Dans le récent arrêt *R.* c. *Patrick*, 2009 CSC 17, parag. 27, la Cour suprême a consolidé le raisonnement devant être suivi pour déterminer si un individu peut effectivement démontrer avoir été victime d'une atteinte à son droit à la vie privée en vertu de l'article 8 de la *Charte canadienne* :

« 1. Quel est l'objet ou la nature des éléments de preuve recueillis par la police ?

2. L'intimé possédait-il un droit direct à l'égard du contenu ?

3. L'intimé avait-il une attente *subjective* en matière de respect de sa vie privée relativement au contenu informationnel des ordures ?

4. Dans l'affirmative, cette attente était-elle *objectivement* raisonnable ? » [nous soulignons]. Rajoutant au fardeau supplémentaire devant être respecté par les particuliers dans le cadre de litiges interindividuels (privés), la Cour suprême du Canada a souligné à de nombreuses reprises que, considérant la nature très différente des rapports interindividuels et individus-État (publics), l'attente objective de vie privée des individus devait être considérée comme étant plus importante par rapport à l'État que par rapport à d'autres individus » [nous soulignons].

> l'observateur imprévu se portera normalement ailleurs, la personne « croquée sur le vif » ne pourra s'en plaindre. La même solution s'impose à l'égard d'une personne faisant partie d'un groupe photographié dans un lieu public. Cette personne ne peut s'opposer à la publication d'une telle photographie si elle n'en est pas le sujet principal. En revanche, le caractère public du lieu où une photographie a été prise est sans conséquence lorsque ce lieu sert simplement à encadrer une ou plusieurs personnes qui constituent l'objet véritable de la photographie.[828] [nous soulignons]

Dans le même sens, la Cour suprême du Canada a établi que : (1) la saisie de biens qui, même s'ils se trouvaient à l'intérieur de la propriété privée d'un individu, étaient visibles de l'extérieur de cette même propriété[829] ; (2) la saisie de biens privés qui avaient été mis aux ordures par un individu mais qui se trouvaient toujours en bordure de leur résidence[830] ; (3) la saisie de biens privés appartenant à un individu, mais qui se trouvaient dans un lieu qui ne lui appartenait pas (appartement d'un ami)[831] ; et (4) la saisie de biens se trouvant dans un casier partagé par (au moins) deux étudiants et fourni à ces derniers par l'institution scolaire qu'ils fréquentent[832] ne constituaient pas des atteintes au droit à la vie privée des individus auxquels ces biens *appartenaient*.

La simple possibilité qu'un tribunal puisse se référer au critère objectif de la « personne raisonnable placée dans des circonstances semblables » pour exclure un bien/lieu ou une activité particulière du champ de protection offert par les dispositions protégeant le droit à la vie privée constitue donc une différence notoire avec les critères purement subjectifs établis pour circonscrire la portée des convictions religieuses protégées au Canada[833], critères qui, pour le rappeler une fois encore, vont

---

828 *Aubry* c. *Vice-Versa*, précité, note 401, parag. 57-59.

829 *R.* c. *Boersma*, [1994] 2 R.C.S. 488.

830 *R.* c. *Patrick*, précité, note 827. S'agissant d'objets jetés aux ordures, le lecteur prendra toutefois en note le cas particulier qui a conduit la Cour suprême à rendre l'arrêt *R.* c. *Stillman*, précité, note 784, où la saisie d'un mouchoir jeté par un individu au poste de police a été jugé comme violant son droit à « la vie privée » au sens de l'article 8 de la *Charte canadienne* puisque l'objectif poursuivi par les policiers était de procéder à une analyse de substances corporelles et que l'individu en question avait clairement manifesté son refus de se soumettre à une telle analyse.

831 *R.* c. *Edwards*, [1996] 1 R.C.S. 128. Dans le même sens, voir également : *R.* c. *Woldrich*, (1998) 126 M.R. (2d) 157 (C.A.), où la Cour établit que le droit à la vie privée d'une personne qui habite chez ses parents se limite, *grosso modo*, à sa chambre à coucher.

832 *R.* c. *M. (M.R.)*, [1998] 3 R.C.S. 393. Dans le même sens, voir également : François CHEVRETTE, Hugo CYR et François TANGUAY-RENAUD, « La protection lors de l'arrestation et la protection contre l'incrimination rétroactive », dans G.-A. BEAUDOIN et E. MENDES (dir.), *loc. cit.*, note 43, p. 595, aux pages 687-688.

833 Voir *supra*, section 3.1.1.

jusqu'à interdire la prise en considération du comportement antérieur des individus se réclamant d'une conviction religieuse donnée dans le but de vérifier, par exemple, la « sincérité » de cette croyance[834]. Cette importante différence avantage clairement ces mêmes convictions religieuses par rapport à la vie privée en tant qu'objets de protection des *lois sur les droits fondamentaux* au Canada.

6.2.2. Subordination hiérarchique découlant des conditions de renonciation au Canada

Depuis l'adoption de la *Déclaration universelle des droits de l'Homme* en 1948, la simple question de savoir s'il est possible de renoncer aux droits et libertés fondamentaux divise les auteurs, tribunaux et nombreuses instances responsables de mettre en œuvre les différents textes juridiques consacrant (et protégeant) ces mêmes droits et libertés, que ces instances soient canadiennes, étrangères ou internationales. La problématique sous-tendant cette dissension nous semble avoir été brillamment résumée en quelques mots par l'avocat québécois Maxime Lamothe, dans son mémoire de maîtrise publié en 2006 : « Il pourrait sembler curieux ou même suspect […] que l'on s'attache à définir les conditions suivant lesquelles une personne pourrait décider, tout bonnement, de renoncer à l'exercice des droits et libertés dont la reconnaissance et la protection ont été gagnées de haute lutte »[835].

Au Canada, bien que la question de savoir s'il est possible de renoncer à l'ensemble des objets de protection de nature constitutionnelle n'ait toujours pas été réglée, la jurisprudence a clairement établi qu'il était possible de renoncer à certains droits fondamentaux, dont le droit à la vie privée :

> Il y a donc des cas où il sera tout simplement impossible de renoncer à un droit donné.
>
> Toutefois, la jurisprudence admet qu'un individu puisse renoncer valablement au droit à la sauvegarde de sa vie privée [et] au respect du secret professionnel. […]
>
> De même a-t-on reconnu la possibilité, pour un inculpé, de renoncer à *ses droits procéduraux en matière criminelle*, tels son droit d'être jugé dans un

---

[834] *Ibid.*

[835] M. LAMOTHE, *op. cit.*, note 243, p. 1. Dans le même sens, le professeur Christian Brunelle soulève les difficultés éthiques inhérentes à toute possibilité de permettre la renonciation au droit à l'égalité : « De fait, il répugne à l'esprit qu'un travailleur, noir ou handicapé par exemple, puisse valablement renoncer à son droit à des conditions de travail exemptes de discrimination pour obtenir un emploi. C'est tout le régime législatif de protection contre la discrimination qui risquerait de s'écrouler si pareille renonciation était jugée valable » : C. BRUNELLE, *loc. cit.*, note 349, à la page 78.

délai raisonnable, son droit à l'assistance d'un avocat, son droit à un procès par jury, son droit à la présomption d'innocence et son droit à un procès public et équitable instruit par un juge indépendant et impartial.[836] [nous soulignons]

Le fait que le régime juridique canadien actuel permette aux individus de renoncer au droit à la vie privée nous semble, en soi, suffisant pour établir la nature hiérarchiquement subordonnée de cet objet de protection par rapport aux convictions religieuses et ce, pour deux raisons : (1) contrairement au droit à la vie privée, la jurisprudence a pour l'instant refusé de déterminer s'il était possible de renoncer aux deux véhicules normatifs de protection des convictions religieuses ; et (2) même si la jurisprudence canadienne devait établir, dans un proche avenir, qu'il est possible de renoncer à l'une et/ou l'autre des dispositions protégeant les convictions religieuses, il demeurerait que les critères définitionnels actuellement utilisés pour circonscrire le droit à la vie privée des individus au Canada permettent aux tribunaux de conclure en l'existence d'une renonciation implicite à celui-ci.

Tergiversations du droit canadien sur la possibilité de renoncer aux dispositions protégeant les convictions religieuses

Dans l'arrêt *Amselem*, rendu en 2004, la Cour suprême a eu l'occasion de se prononcer sur la possibilité que les individus puissent, dans certaines circonstances, valablement renoncer à leur liberté de religion. Rappelons brièvement le contexte factuel du litige : dans le but de démontrer que l'interdiction de construire quoi que ce soit sur le balcon des condominiums – interdiction prévue dans le contrat de copropriété – ne portait pas atteinte à la liberté de religion d'un des copropriétaires qui voulait construire une *souccah* sur son balcon (Monsieur Amselem :

---

[836] C. BRUNELLE, *id.*, à la page 78 : l'auteur y fait expressément référence à certains arrêts et décisions canadien(ne)s où les tribunaux ont expressément permis de renoncer à certains droits fondamentaux : **1) secret professionnel** : *Frenette* c. *La Métropolitaine*, précité, note 825 ; *St-Alban (Municipalité de)* c. *Récupération Portneuf Inc.*, [1999] R.J.Q. 2268 (C.A.) ; *Laviolette* c. *Bouchard*, [2001] R.J.Q. 1750 (C.A.) ; **2) être jugé dans un délai raisonnable** : *Mills* c. *La Reine*, [1986] 1 R.C.S. 863 ; *R.* c. *Rahey*, [1987] 1 R.C.S. 588 ; *R.* c. *Morin*, [1992] 1 R.C.S. 771 ; **3) assistance d'un avocat** : *Clarkson* c. *La Reine*, [1986] 1 R.C.S. 383 ; *R.* c. *Evans*, [1991] 1 R.C.S. 869 ; *R.* c. *Bartle*, [1994] 3 R.C.S. 173 ; **4) procès par jury** : *R.* c. *Lee*, [1989] 2 R.C.S. 1384 ; **5) présomption d'innocence et procès équitable** : *R.* c. *Richard*, [1996] 3 R.C.S. 525. S'agissant spécifiquement de la possibilité de renoncer au droit à la vie privée, voir notamment : *Journal de Québec (Le)* c. *Beaulieu-Marquis*, [2002] R.R.A. 797 (C.A.) ; *Levy* c. *McClelland and Stewart Ltd.*, REJB 2003-49076 (C.Q.) ; *Frenette* c. *La Métropolitaine*, précité, note 825 et *The Gazette (Division Southam)* c. *Valiquette*, [1997] R.J.Q. 30 (C.A.).

l'intimé), le syndicat des copropriétaires d'unités de condominiums (l'appelant) avait notamment allégué que ce même intimé avait renoncé à cet aspect de sa liberté de religion en signant le contrat de copropriété. Ne reculant devant aucune incohérence structurelle, la majorité de la Cour suprême trouva le moyen d'esquiver le cœur de la question en traitant exclusivement des conditions de forme pour qu'une telle renonciation puisse être valable :

> Le juge Dalphond [de la Cour d'appel du Québec] a conclu – conclusion que reprend l'intimé – que les appelants ont soit renoncé à leur droit à la liberté de religion, soit implicitement accepté les conditions du règlement en signant la déclaration de copropriété et qu'ils doivent respecter les dispositions contestées du règlement. [...]
>
> La question de savoir si quelqu'un peut renoncer à un droit constitutionnel comme la liberté de religion soulève encore des interrogations. [...]
>
> Je n'ai toutefois pas à me pencher sur cette question dans le présent pourvoi, car même à supposer qu'il soit théoriquement possible à une personne de renoncer légitimement à son droit à la liberté de religion, je suis d'avis que les faits de l'espèce ne permettent pas d'accueillir un argument fondé sur la renonciation – ou un argument analogue – ...[837] [nous soulignons]

Ainsi, dans un contexte où la jurisprudence a clairement reconnu qu'il est possible de renoncer à la vie privée en tant qu'objet de protection des *lois sur les droits fondamentaux* canadiennes, il nous semble difficile de voir, dans cette simple *hésitation* du plus haut tribunal canadien à reconnaître cette même possibilité pour les convictions religieuses, autre chose qu'une reconnaissance claire de l'existence d'au moins un « palier hiérarchique » entre droits fondamentaux de nature constitutionnelle : les droits auxquels les justiciables ne peuvent renoncer devant nécessairement être considérés comme étant « plus importants » que ceux auxquels on leur permet de renoncer. En effet, qu'il s'agisse de l'une ou l'autre des techniques interprétatives auxquelles ont eu recours, jusqu'ici, les tribunaux canadiens pour justifier leur décision de permettre – ou non – de renoncer à certains droits et libertés fondamentaux au Canada[838], les conséquences hiérarchiques entre les deux

---

837 *Amselem*, précité, note 22, parag. 91-93. Le lecteur notera également que la majorité réaffirme sa non-décision quant à la potentielle validité d'une renonciation à la liberté de religion au Canada au paragraphe 100 de l'arrêt, où elle affirme très clairement que la validité d'une telle renonciation ne doit être envisagée que comme une simple « possibilité ».

838 Seul auteur à s'être intéressé à la question de manière approfondie au Canada, l'avocat québécois Maxime Lamothe a identifié quatre grandes méthodes interprétatives qu'il a baptisées : « L'analyse fondée sur la notion de dignité humaine » [...] « L'analyse fondée sur la nature du droit ou de la liberté » [...] « L'analyse fondée sur la no-

groupes de droits et libertés qu'on catégorise ainsi nous semblent incontestables.

Possibilité de renoncer implicitement au droit à la vie privée au Canada

Outre les réserves précédemment soulignées quant à la structure logique du raisonnement suivi par la majorité[839], l'arrêt *Amselem* constitue indiscutablement un arrêt majeur en matière de renonciation aux droits fondamentaux protégés par l'une ou l'autre des *lois sur les droits fondamentaux* canadiennes et ce, pour la simple et bonne raison qu'il établit les conditions de forme qui devront être respectées pour qu'un individu puisse renoncer valablement à l'un ou l'autre des droits et libertés de nature constitutionnelle auxquels le droit canadien permet de renoncer :

> ... de par sa nature même, la renonciation à un droit doit pour être valable avoir un caractère volontaire et avoir été exprimée librement et en pleine connaissance de ses conséquences et effets véritables. [...]
>
> Suivant notre jurisprudence, dans l'arrêt *Godbout c. Longueuil (Ville)*, [1997] 3 R.C.S. 844, par exemple, le juge La Forest a précisé que, dans les cas où le titulaire du droit en cause n'avait pas d'autre choix que de renoncer à celui-ci, il est impossible d'affirmer qu'il y a vraiment renoncé. [...]
>
> Dans les circonstances du présent pourvoi, les appelants n'avaient pas d'autre choix que de signer la déclaration de copropriété s'ils voulaient habiter au Sanctuaire. [...] À mon avis, comme les appelants n'avaient pas réellement de choix, il serait erroné de conclure qu'ils ont valablement et volontairement renoncé à leur droit à la liberté de religion. [...]
>
> Troisièmement, il est permis de penser que la décision de renoncer à un droit fondamental comme la liberté de religion – à supposer qu'il soit même possible de le faire – doit non seulement être volontaire, mais doit aussi être formulée en termes clairs, précis et explicites. Non seulement une interdiction générale prohibant toute construction, interdiction comme celle prévue par la déclaration de copropriété, serait-elle insuffisante pour justifier un tribunal de conclure à l'existence d'une renonciation, mais on peut également soutenir qu'il en serait de même pour tout document ne mentionnant pas expressément le droit garanti par la *Charte* qui est visé.[840] [nous soulignons]

Ainsi, advenant que la Cour suprême décide, dans un arrêt ultérieur de permettre aux individus soumis à l'application des *lois sur les droits fondamentaux* canadiennes de renoncer aux droits qui leurs sont attri-

---

tion d'ordre public » [...] « L'analyse fondée sur la dimension individuelle ou collective du droit ou de la liberté » : M. LAMOTHE, *op. cit.*, note 243, pp. 24-44.

[839] Voir *supra*, texte correspondant à la note 837.

[840] *Amselem*, précité, note 22, parag. 96-97, 98 et 100.

bués par les deux principaux véhicules normatifs de protection des convictions religieuses (passif et actif), le droit à la vie privée devrait malgré tout être considéré comme étant hiérarchiquement subordonné aux convictions religieuses en tant qu'objet de protection. En effet, alors qu'il ressort clairement de l'analyse des critères établis par la majorité de la Cour suprême dans l'arrêt *Amselem* qu'une éventuelle renonciation à l'une ou l'autre des dispositions protégeant les convictions religieuses doit nécessairement être *expressément* formulée pour être considérée comme valide, l'état actuel de la jurisprudence canadienne permet vraisemblablement aux individus de renoncer implicitement au droit à la vie privée[841].

Ce fut notamment le cas dans l'affaire *Journal de Québec* c. *Beaulieu-Marquis*, ayant fait l'objet d'un arrêt de la Cour d'appel du Québec en 2002, et qui impliquait la diffusion d'une photographie de deux jeunes adultes prise dans le cadre d'une entrevue avec un journaliste mais sans que les jeunes adultes en question aient consentis explicitement à la diffusion de cette même photo. Ayant à se prononcer sur la validité de la plainte des individus photographiés, qui alléguaient avoir subi une atteinte au volet « droit à l'image » de leur droit à la vie privée, la Cour d'appel considère que le fait d'avoir consenti à se faire prendre en photographie par un journaliste impliquait implicitement un consentement à la diffusion de cette même photographie. Considérant le contexte particulier dans lequel les photos avaient été prises, la Cour d'appel a jugé que les journalistes étaient tout à fait en droit de les diffuser et ce, même s'ils ne s'étaient pas expressément enquis de cette

---

[841] Le droit à la vie privée et les autres « droits fondamentaux » pour lesquels les tribunaux ont jugé qu'une renonciation implicite était valable ont d'ailleurs fait l'objet d'une très intéressante analyse aux pages 140-169 de l'ouvrage de Maxime LAMOTHE, *op. cit.*, note 243. À cet égard, il nous semble que l'affirmation introductive de l'auteur, selon laquelle : « ... cette forme de manifestation [expresse] n'a pas été jugée essentielle en droit canadien pour conclure à la validité de la renonciation » : (p. 140), se trouve en fait à nous conforter dans notre position selon laquelle il existe plusieurs niveaux hiérarchiques au sein de l'ensemble des droits et libertés de nature constitutionnelle au Canada, la possibilité ou l'impossibilité de renoncer à l'un ou l'autre des différents objets de protection constituant sans aucun doute un indice témoignant de la prévalence ou subordination de cet objet de protection par rapport aux autres droits protégés. En effet, pour justifier son affirmation introductive, l'auteur se contente d'énumérer les cas où une renonciation implicite a été reconnue comme valable, sans s'attarder outre mesure sur les cas où la jurisprudence affirme clairement, comme ce fut le cas pour la liberté de religion dans l'arrêt *Amselem*, que la renonciation à un droit fondamental donné *doit* être formulée de manière expresse. Dans sa thèse de doctorat, l'auteur Alain-Robert Nadeau affirme par ailleurs très clairement que le droit canadien reconnaît la possibilité qu'un individu renoncer implicitement à son droit à la vie privée : A.-R. NADEAU, *op. cit.*, note 814, p. 15.

possibilité auprès des deux jeunes hommes qu'on retrouvait sur ces mêmes photographies :

> Je retiens donc [...] que Frédéric Marquis et Tommy Dallaire ont consenti à l'interview dirigée par le journaliste Thibault tout comme ils ont consenti à la prise de leur image par le photographe Rousseau. Je tiens aussi pour acquis qu'ils n'ont donné aucun accord exprès à la diffusion ultérieure de leur image et de leur identité. Voilà donc pour les faits essentiels.
>
> Faut-il en tirer l'inférence qu'il y a eu consentement implicite à la diffusion de l'identité et de l'image des jeunes gens ? Le premier juge a répondu par la négative en faisant notamment valoir qu'un consentement spécifique, clair et exprès devait intervenir pour justifier une atteinte à la vie privée en vertu des articles 5 de la Charte et 35 du *Code civil du Québec*. En somme, la diffusion ne serait pas en soi couverte par l'accord donné à l'interview. C'est ici qu'il y a méprise selon moi. [...]
>
> ... je vois mal comment on peut conclure que Tommy et Frédéric ont accepté d'être interviewés et photographiés par des journalistes, tout en ayant eu par ailleurs une expectative d'anonymat et de discrétion quant à leur identité et quant au contenu de leurs révélations. L'appelante a raison de prétendre qu'en principe le consentement à l'interview comprend le consentement à la diffusion. À mon avis, la publication et la diffusion sont tellement caractéristiques de la nature même de l'événement qu'il appartient à celui qui désire empêcher tout ou partie de la publicité ou de la diffusion de poser ses conditions avant de se soumettre à une interview.
>
> Il m'apparaît donc que le constat du premier juge portant sur l'existence d'un consentement sans réserve à une interview avec un journaliste, dans un lieu public, et en présence de plusieurs personnes, imposait la conclusion qu'il y avait renonciation à toute expectative d'anonymat. La conclusion au contraire tirée des mêmes faits est, à mon sens, entachée d'une erreur manifeste et dominante.[842] [nous soulignons]

---

[842] *Journal de Québec (Le)* c. *Beaulieu-Marquis*, précité, note 842, parag. 29-30 et 38-39. Dans le même sens, voir également l'arrêt *Clavet* c. *Sourour*, 2009 QCCA 942, dans lequel le raisonnement de la Cour d'appel est identique à celui suivi dans l'arrêt *Journal de Québec*, précité au sein de la même note, et ce même si cette même Cour conclut à l'inexistence d'une renonciation tacite au droit à la vie privée. Il s'agissait en l'espèce d'une employée du Centre international des femmes du Québec [ci-après le CIFQ] qui, en tant que responsable de l'accueil des invités à une fête de Noël, a accepté de se faire photographier en compagnie d'un député du Bloc Québécois, Monsieur Roger Clavet, qui avait été invité à cette fête. Cette photographie s'est par la suite retrouvée sur un dépliant publicitaire visant à mousser les réalisations dudit député Clavet. L'employée du CIFQ, Mme Sourour, a poursuivi le député Clavet pour atteinte à son droit à l'image, alléguant que jamais elle n'avait accepté que cette photographie soit utilisée de la manière qu'elle l'avait été. S'est donc posée la question de la renonciation implicite au droit à la vie privée, que la Cour d'appel a résolu en ces termes : « Dans ce type de soirée, il est d'usage que les gens qui y participent

6.2.3. La protection amoindrie du droit à la vie privée des personnalités « publiques » : des limites intrinsèques imposées au nom d'autres droits et libertés fondamentaux

Alors que l'état actuel du droit en matière de protection des convictions religieuses rejette catégoriquement la possibilité qu'on traite du cas particulier des *convictions religieuses préjudiciables* (ou dont l'exercice mène, en lui-même, à un conflit avec l'un ou l'autre des autres droits et libertés fondamentaux de nature constitutionnelle au Canada) à l'étape initiale de la violation des dispositions protégeant les convictions religieuses[843], la jurisprudence dominante en matière de protection du droit à la vie privée démontre clairement que les tribunaux canadiens n'éprouvent actuellement aucun scrupule à limiter intrinsèquement cet objet de protection dans des contextes où un litige implique un conflit direct avec d'autres droits fondamentaux tels la liberté d'expression ou le droit à la sécurité individuelle[844]. Cette très grande facilité avec laquelle les tribunaux acceptent de restreindre la portée d'un droit fondamental au nom d'autres droits et libertés se situant, théoriquement, à un

---

prennent des photos en souvenir de l'événement. Lorsqu'une personne accepte d'être prise en photo, elle ne peut s'attendre à voir cette dernière publiée à 45 000 exemplaires et distribuée dans tous les foyers d'une circonscription électorale.

Une photo prise dans un tel contexte l'est généralement pour un usage restreint et personnel. On ne peut prendre excuse qu'il s'agit d'une soirée à laquelle sont conviées plusieurs personnes pour soutenir que Mme Sourour, en tant qu'employée du CIFQ, est devenue, l'espace de quelques heures, un personnage public et qu'elle a perdu le droit d'exercer un contrôle sur l'usage fait de son image. Le consentement donné ne visait que la prise de la photo pour une utilisation privée et ne comportait pas une autorisation à la publier comme elle l'a été » [nous soulignons] : (parag. 39-40).

843 Voir *supra*, section 3.1.2.

844 La pratique consistant à restreindre la portée du droit à la vie privée au nom d'autres droits fondamentaux ne serait d'ailleurs pas spécifique à la mise en œuvre des *lois sur les droits fondamentaux* canadiennes ; le professeur français Emmanuel Putman ayant même poussé son interprétation de la portée qui est conférée à ce même objet de protection au sein de la *Convention européenne des droits de l'Homme*, précitée, note 60, jusqu'à affirmer à mots couverts que l'imposition de telles limites intrinsèques constituait, à son avis, l'expression d'une certaine forme de *hiérarchie matérielle* en défaveur du droit à la vie privée : « Les articles 8 et 10 CEDH ont beau placer au même échelon de la hiérarchie des normes le respect de la vie privée et la liberté d'expression, pour la solution concrète du conflit des droits, la prévalence de la liberté de la presse, au moins dans un certain nombre d'espèces, pourra être justifiée par la considération très politique, selon laquelle elle est le "chien de garde de la démocratie" et l'un de ses fondements essentiels (phraséologie constamment reprise depuis CEDH, 16 avr. 1979, *Sunday Times c./Royaume-Uni*, série A, n° 30). On se retient à grand peine de déceler un non-dit dans le discours des droits fondamentaux : tous les droits fondamentaux seraient égaux mais certains seraient plus égaux que d'autres » [nous soulignons] : E. PUTMAN, *loc. cit.*, note 814, aux pages 985-986.

même niveau hiérarchique s'exprime avec une acuité toute particulière à travers l'analyse de la protection – amoindrie – dont jouissent les personnalités publiques à leur « droit à la vie privée ».

Ainsi, et comme l'a très candidement reconnu la Cour suprême du Canada dans l'arrêt *Aubry* c. *Vice-Versa*, il est clair qu'une personnalité publique ne peut s'attendre à jouir d'un droit à la vie privée aussi étendu qu'un individu qui n'exerce aucune activité publique. Le raisonnement de la Cour suprême s'appuie non seulement sur l'analyse du principal critère établi pour circonscrire le droit à la vie privée (soit l'« attente raisonnable » ou « expectative légitime » de vie privée qu'une personne raisonnable placée dans les mêmes circonstances pourrait légitimement avoir), mais plus largement sur deux modalités particulières de la liberté d'expression, soit la liberté de la presse et l'incident droit du public à être informé[845] :

> Le droit du public à l'information, soutenu par la liberté d'expression, impose des limites au droit au respect de la vie privée dans certaines circonstances. Ceci tient au fait que l'expectative de vie privée est réduite dans certains cas. Le droit au respect de la vie privée d'une personne peut même être limité en raison de l'intérêt que le public a de prendre connaissance de certains traits de sa personnalité. L'intérêt du public à être informé est en somme une notion permettant de déterminer si un comportement attaqué dépasse la limite de ce qui est permis.
>
> L'intérêt public ainsi défini est donc déterminant, dans certains cas. La pondération des droits en cause dépend de la nature de l'information, mais aussi de la situation des intéressés. C'est une question qui est dépendante du contexte. Ainsi, il est généralement reconnu que certains éléments de la vie privée d'une personne exerçant une activité publique ou ayant acquis une certaine notoriété peuvent devenir matière d'intérêt public. C'est le cas, notamment, des artistes et des personnalités politiques, mais aussi, plus globalement, de tous ceux dont la réussite professionnelle dépend de l'opinion publique. Il peut aussi arriver qu'un individu jusqu'alors inconnu soit appelé à jouer un rôle de premier plan dans une affaire qui relève du domaine public, par exemple, un procès important, une activité économique majeure

[845] Alors que l'alinéa 2b) de la *Charte canadienne* protège spécifiquement cette liberté inextricablement liée à la liberté d'expression, la Cour suprême du Canada a expressément consacré le fait que la liberté d'expression garantie par l'article 3 de la *Charte québécoise* incluait également la « liberté de presse » : *Gilles E. Néron Communication Marketing inc.* c. *Chambre des notaires du Québec*, [2004] 3 R.C.S. 95, parag. 48. Cette même Cour suprême s'est par ailleurs intéressée à quelques occasions de manière plus spécifique à la circonscription de la liberté de presse, dont notamment dans l'arrêt *Société Radio-Canada* c. *Procureur général du Nouveau-Brunswick*, précité, note 602, parag. 18. Toujours dans le même sens, la *Charte québécoise* a également consacré un droit général à l'information, « dans la mesure prévue par la loi » à l'article 44.

ayant une incidence sur l'emploi de fonds publics, ou une activité qui met en cause la sécurité publique.[846] [nous soulignons]

Cette reconnaissance claire de certaines situations où le droit à la vie privée devait céder le pas à l'exercice d'autres droits et libertés fondamentaux a par ailleurs permis à la Cour suprême du Canada de conclure qu'il n'y avait aucune violation au droit à la vie privée par la diffusion générale de l'identité des parties et des informations utilisées au procès lors de la plupart des litiges civils et criminels (le principe de la « publicité des débats » constituant en effet la règle en la matière)[847].

6.3. Les autres motifs du droit à l'égalité

Tout comme les dispositions consacrant simultanément les libertés de conscience et de religion au sein, notamment, des *Chartes* canadienne et québécoise ne servent pas exclusivement la protection des convictions religieuses individuelles[848], les différentes dispositions protégeant le droit à l'égalité au sein des *lois sur les droits fondamentaux* canadiennes consacrent également d'autres objets de protection – les motifs en vertu desquels il est interdit de faire une distinction – dont il importe ici de rappeler la nomenclature complète :

Charte canadienne :

Art. 15

La loi ne fait acception de personne et s'applique également à tous, et tous ont droit à la même protection et au même bénéfice de la loi, indépendamment de toute discrimination, notamment des discriminations fondées sur la race, l'origine nationale ou ethnique, la couleur, la religion, le sexe, l'âge ou les déficiences mentales ou physiques.[849] [nous soulignons]

---

[846] *Aubry* c. *Vice-Versa*, précité, note 401, parag. 57-58. Dans le même sens, voir également : Pierre TRUDEL et France ABRAN (dir.), *Droit du public à l'information et vie privée : deux droits irréconciliables ?*, Montréal, Thémis, 1992 et Louis-Philippe GRATTON, « La liberté de presse au Québec, une liberté américaine ? Étude sur le droit à la vie privée et la liberté de presse », (1997) 57 *R. du B.* 913.

[847] Voir notamment à ce propos : *Société Radio-Canada* c. *Procureur général du Nouveau-Brunswick*, précité, note 602, parag. 22 ; *Lac d'Amiante du Québec Ltée* c. *2858-0702 Québec inc.*, précité, note 825, parag. 71-74 et *Edmonton Journal* c. *Alberta (Procureur général)*, [1989] 2 R.C.S. 1326.

[848] Voir *supra*, section 5.4.

[849] Le lecteur prendra également en note que la jurisprudence canadienne a, jusqu'ici, reconnu qu'un certain nombre de motifs de discrimination pouvaient être intégrés à l'article 15 de la *Charte canadienne* en tant que motifs « analogues ». La liste de ces motifs analogues de protection tels qu'ils furent reconnus par la Cour suprême du Canada nous est d'ailleurs rappelée par les professeur H. BRUN, G. TREMBLAY et E. BROUILLET, *op. cit.*, note 169, p. 1167 : « Mis à part le motif de la résidence, la

Charte québécoise :

Art. 10

Toute personne a droit à la reconnaissance et à l'exercice, en pleine égalité, des droits et libertés de la personne, sans distinction, exclusion ou préférence fondée sur la race, la couleur, le sexe, la grossesse, l'orientation sexuelle, l'état civil, l'âge sauf dans la mesure prévue par la loi, la religion, les convictions politiques, la langue, l'origine ethnique ou nationale, la condition sociale, le handicap ou l'utilisation d'un moyen pour pallier ce handicap.[850] [nous soulignons]

Évidemment, le fait que la nature « fondamentale » (ou *supralégislative*) de chacun de ces « objets de protection » distincts ait été établie par le même véhicule normatif de protection aura pour effet principal de gommer la majeure partie des différences qui auraient pu découler d'une consécration de chaque objet de protection au sein de véhicules normatifs distincts. La soumission de tous ces objets de protection aux mêmes grands principes propres à la mise en œuvre du droit à l'égalité[851] (avec toutes les restrictions générales qu'il est possible d'identifier quant à l'ampleur potentielle de la protection qui aurait pu être accordée au principe de « l'égalité » en tant que tel[852]) limite en effet presque complètement les possibilités d'identifier un quelconque désavantage/avantage propre aux caractéristiques des « autres motifs de discrimination » par rapport à celles du motif spécifique des convictions religieuses.

Cour suprême a jusqu'ici reconnu comme motifs analogues l'orientation sexuelle (la distinction entre homosexuels et hétérosexuels) : *Vriend*, c. *Alberta*, [1998] 1 R.C.S. 1993 […] ; la citoyenneté (la distinction entre étrangers et Canadiens) : *Andrews* c. *Law Society of British Columbia*, [1989] 1 R.C.S. 143 ; l'état matrimonial (la distinction entre conjoints de fait et conjoints mariés) : *Miron* c. *Trudel*, [1995] 2 R.C.S. 418 ; et la situation de famille (la distinction entre parents séparés ayant la garde de leurs enfants et les parents séparés n'ayant pas cette garde) : *Thibodeau* c. *Canada*, [1995] 2 R.C.S. 627. ». Dans le même sens, voir aussi : C. BRUNELLE, *loc. cit.*, note 349, aux pages 73-74.

850 Le lecteur prendra note que, contrairement à l'article 15 de la *Charte canadienne* ou à l'article 1b) de la *Déclaration canadienne des droits*, précitée, note 185 qui permettent toutes deux le rajout de motifs de discrimination (« analogue ») à la liste de motifs qui se trouve expressément énoncée dans ces dispositions, il appert que la liste de motifs de discrimination qu'on retrouve à l'article 10 de la *Charte québécoise* est limitative : H. BRUN, G. TREMBLAY et E. BROUILLET, *op. cit.*, note 169, p. 1174.

851 Principes auxquels nous avons par ailleurs consacré une section particulière au premier titre de l'ouvrage : voir *supra*, section 4.2.1.

852 Notamment le fait que le droit à l'égalité, en principe, ne permet pas d'exiger une action gouvernementale (ou institutionnelle) qui aurait pour effet d'assurer que l'égalité entre individus soit mieux assurée : H. BRUN, G. TREMBLAY et E. BROUILLET, *op. cit.*, note 169, p. 1162.

De fait, un tour d'horizon général de la portée qui fut conférée à chacun des motifs de discrimination au Canada démontre que le principe d'interprétation large et libérale qui gouverne les tribunaux canadiens, en ce qui concerne le droit à l'égalité au sens large, a généralement été appliqué avec le même degré d'intensité pour l'ensemble des motifs protégés, dont la plupart ont été très largement définis. En guise d'exemple de l'application homogène de ce principe d'interprétation pour tous les motifs de discrimination protégés par les *lois sur les droits fondamentaux* canadiennes, le classique raisonnement de la Cour suprême du Canada dans l'arrêt *Québec (Commission des droits de la personne et des droits de la jeunesse)* c. *Montréal (Ville)*, rendu en 2000 et dans le cadre duquel cette même Cour étendit de manière extrêmement généreuse la définition du motif de « handicap » protégé par l'article 10 de la *Charte québécoise*, nous apparaît particulièrement probant :

> Les objectifs de la *Charte*, soit le droit à l'égalité et la protection contre la discrimination, ne sauraient se réaliser à moins que l'on reconnaisse que les actes discriminatoires puissent être fondés autant sur les perceptions, les mythes et les stéréotypes que sur l'existence de limitations fonctionnelles réelles. La nature même de la discrimination étant souvent subjective, imposer à la victime de discrimination le fardeau de prouver l'existence objective de limitations fonctionnelles est lui imposer une tâche pratiquement impossible, car les limitations fonctionnelles n'existent souvent que dans l'esprit d'autres personnes, ici l'employeur.
>
> Il serait étrange que le législateur ait voulu intégrer au marché du travail les personnes atteintes de handicaps présentant des limitations fonctionnelles alors que les personnes sans limitations fonctionnelles en seraient exclues. Cela semble la négation même de la notion de discrimination.
>
> J'estime alors que l'objectif antidiscriminatoire de la *Charte* exige que le motif « handicap » soit interprété de façon à reconnaître son élément subjectif. Un « handicap » comprend donc des affections qui n'occasionnent en réalité aucune limitation ou incapacité fonctionnelle.[853] [nous soulignons]

Malgré l'apparente homogénéité dans l'appréhension des nombreux motifs de discrimination protégés au Canada, il appert que quelques-uns de ces motifs – dont les convictions religieuses individuelles – jouissent d'une certaine prépondérance par rapport à d'autres, prépondérance nous semblant découler à la fois (6.3.1) de la définition qui fut attribuée à « l'objet » du droit constitutionnel à l'égalité et (6.3.2) des principes

---

853 *Québec (Commission des droits de la personne et des droits de la jeunesse)* c. *Montréal (Ville)*, précité, note 569, parag. 39-41. Dans le même sens, voir notamment : CUSM, précité, note 515 et EDMOND HARNDEN, « Perception, mythes et stéréotypes : la Cour suprême du Canada se prononce sur le handicap », *Au Point*, juillet 2000, [en ligne : http://www.emond-harnden.com/publications/jul00/cityofmtl sn_f.shtml], (page consultée le 30 octobre 2010).

actuellement applicables quant au traitement de revendications individuelles fondées sur des convictions religieuses objectivement discriminatoires.

6.3.1. Conséquences hiérarchisantes de « l'objet » du droit à l'égalité

Comme nous l'avons vu lors du premier titre[854], le simple fait d'avoir été l'objet d'une « distinction, exclusion ou préférence » fondée sur un motif protégé ne suffira généralement pas pour qu'un plaignant arrive à démontrer qu'il a subi une atteinte à son droit à l'égalité, sa preuve devant également inclure la démonstration d'une atteinte à « l'objet » de la disposition qu'il invoque. Cet objet du droit à l'égalité, sous réserve des quelques modulations susceptibles d'être appliquées pour l'une ou l'autre des différentes dispositions invoquées, peut généralement être défini comme étant : « la lutte contre la discrimination, au sens de la perpétuation d'un désavantage et de l'application de stéréotypes »[855].

Or, l'analyse de l'ensemble des différents motifs de discrimination protégés au Canada à la lumière de cet objet général du droit à l'égalité permet d'identifier une claire gradation de l'importance sociale – et donc du poids hiérarchique – octroyé(e) à chacun de ces motifs spécifiques en droit canadien[856]. Pour nous en convaincre, la simple relecture des différents facteurs énumérés par la Cour suprême du Canada dans l'arrêt *Law* afin de déterminer si, oui ou non, une distinction donnée

---

[854] Voir *supra*, section 4.2.

[855] Voir *supra*, note 491. En ce qui concerne les modalités avec lesquelles cet « objet » se trouve transposé de la *Charte canadienne* aux autres *lois sur les droits fondamentaux*, voir *supra*, section 4.2.1.

[856] Cette hiérarchisation des différents motifs de discrimination protégés au Canada les uns par rapport aux autres avait par ailleurs été clairement sous-entendue par la Cour suprême du Canada dans un de ses premiers arrêts rendus sur le droit à l'égalité protégé par la *Charte canadienne*. Dans un passage où sont décrites les principales différences entre les motifs de discrimination énumérés par la *Charte canadienne* et ceux qui, plus tard, seraient considérés comme « analogues », la Cour affirme : « Les motifs énumérés au par. 15(1) ne sont pas exclusifs et les restrictions, le cas échéant, que la jurisprudence pourra apporter aux motifs de discrimination ne sont pas encore précisées. Les motifs énumérés traduisent cependant les pratiques de discrimination les plus courantes, les plus classiques et vraisemblablement les plus destructrices socialement, et ils doivent, selon le par. 15(1), recevoir une attention particulière » [nous soulignons] : *Andrews* c. *Law Society of British Columbia*, précité, note 472, parag. 38. Même si, considérant la nature des différents motifs qui ont par la suite été considérés comme « analogues » (entre autres « l'orientation sexuelle », reconnu pour la première fois par l'arrêt *Egan* c. *Canada*, [1995] 2 R.C.S. 513), il est plausible que la Cour suprême ne tiendrait plus de pareils propos quant à l'ensemble des motifs analogues, ce passage de l'arrêt *Andrews* nous semble symptomatique du « consensus officieux » dont nous traitions plus haut selon lequel tous les *motifs de discrimination* ne jouissent pas d'une importance sociale aussi élevée.

implique la perpétuation de stéréotypes ou de préjugés envers un groupe particulier d'individus nous semble appropriée. Ces critères nous sont habilement résumés par les auteurs Henri Brun, Pierre Brun et Fannie Lafontaine :

> Les facteurs suivants sont de ceux qui permettent de savoir s'il y a atteinte à [l'objet de l'article 15] : (1) Le groupe désavantagé est-il vulnérable ? Fait-il l'objet de stéréotypes, de préjugés ? (2) La loi prend-elle en considération sa situation véritable ? (3) Améliore-t-elle son sort ? (4) Les membres du groupe sont-ils touchés dans leurs droits de façon importante ?[857]

Ainsi, en procédant à une analyse conjointe de ces facteurs et de la liste des *motifs de discrimination* protégés au Canada, il est possible d'identifier une sorte de « spectre de sensibilité sociale » aux pôles opposés duquel on peut regrouper, en deux groupes grossièrement définis, les différents *motifs de discrimination*. Il est en effet indéniable que certains de ces motifs, en raison du lien étroit qu'ils entretiennent avec certains groupes « vulnérables » ou « faisant l'objet de préjugés et/ou stéréotypes » doivent être considérés comme « socialement plus sensibles » que d'autres. À titre illustratif, les actes discriminatoires fondés sur le handicap (ou déficience) physique ou intellectuel constituent sans nul doute une question « socialement plus sensible »[858] que ceux fondés, par exemple, sur « l'état civil ou matrimonial ». Or, il appert que les deux grands degrés de « sensibilité sociale » en vertu desquels il est possible de catégoriser les *motifs de discrimination* impliquent des conséquences procédurales concrètes.

En effet, le critère de « la perpétuation de stéréotypes et préjugés », tel qu'il a été défini et appliqué par la jurisprudence canadienne[859], a

---

857 H. BRUN *et al.*, *op. cit.*, note 200, p. 520. Notons par ailleurs que, dans l'arrêt *Kapp*, la Cour suprême du Canada a expressément reconnu la valeur des quatre facteurs de l'arrêt *Law*, précité, note 488, pour identifier une potentielle violation à « l'objet de l'article 15 » et ce, même si elle a remis en cause la définition conceptuelle qui avait été faite de ce même objet dans l'arrêt *Law* (soit : la promotion/protection de la dignité humaine) : *Kapp*, précité, note 467, parag. 24.

858 Ou, pour reprendre les termes employés par la Cour suprême du Canada dans l'arrêt *Andrews* c. *Law Society of British-Columbia*, précité, note 472, : impliquent un motif de discrimination plus « socialement destructeur ».

859 Ce qui comprend évidemment les arrêts qui ont été rendus après 1999 et avant que la Cour suprême ne remette les « pendules à l'heure » dans l'arrêt *Kapp*, dans la mesure où ces derniers ne résumaient pas la troisième étape du test de l'arrêt *Law*, précité, note 488, à une simple vérification d'une atteinte à la « dignité humaine » du plaignant. Par exemple, l'analyse retenue par la Cour suprême dans l'arrêt *Lavoie* en 2002 – au cours de laquelle l'emphase est clairement mise sur le concept général de la *dignité humaine* plutôt que sur l'analyse des quatre facteurs établis dans l'arrêt *Law* pour déterminer l'existence d'une atteinte à « l'objet » de l'article 15 de la *Charte canadienne* – ne nous semblerait plus pouvoir être soutenue dans un contexte post-*Kapp* : *Lavoie* c. *Canada*, précité, note 492, parag. 46.

pour effet de créer un « débalancement procédural » à l'avantage des motifs de discrimination « socialement plus sensibles » dont fait partie celui des « convictions religieuses »[860]. En effet, considérant l'importance que la jurisprudence canadienne pertinente a conférée à la protection des différentes convictions religieuses en tant que « caractéristique personnelle qui est [...] modifiable uniquement à un prix inacceptable du point de vue de l'identité personnelle »[861] et la tendance sociopolitique actuelle en ce qui concerne la manifestation de *convictions religieuses* positives[862], il est très peu probable qu'un juge saisi d'un litige impliquant une différence de traitement entre individus (ou groupes d'individus) qui serait fondée sur la détention ou manifestation de convictions religieuses données (et dont l'effet serait évidemment plus que « négligeable ou insignifiant » au sens de la jurisprudence rendue en ce qui concerne les dispositions protégeant la liberté de religion[863]) puisse conclure que cette différence de traitement préjudiciable ne constitue

---

860 Notons ici que, pour les fins de la présente analyse, nous n'accorderons pas un traitement particulier aux développements théoriques et jurisprudentiels propres à l'approche « intersectionnelle » de la discrimination permettant, selon les termes de la Commission ontarienne des droits de la personne, de « traiter les plaintes relatives aux droits de la personne fondées sur des motifs multiples » : COMMISSION ONTARIENNE DES DROITS DE LA PERSONNE, *Approche intersectionnelle de la discrimination*, Toronto, COHR, 2001, [en ligne http://www.ohrc.on.ca/fr/resources/policy/intersectinal/pdf], (page consultée le 1er novembre 2010). La raison principale en est que le seul impact lié au rajout – ou à la « fusion » – d'un (ou plusieurs) motif(s) de discrimination aux différents motifs analysés individuellement dans le cadre de l'analyse que nous menons ici dépendra, non pas de la teneur de ces développements, mais plutôt du fait que ces mêmes motifs rajoutés soient perçus ou non comme étant *socialement plus sensibles*. S'agissant de l'approche intersectionnelle, voir notamment : Sirma BILGE et Olivier ROY, « La discrimination intersectionnelle : la naissance et le développement d'un concept et les paradoxes de sa mise en application en droit antidiscriminatoire », (2010) 25 Canadian Journal of Law and Society 51 ; Mary EATON, « Patently Confused : Complex Inequality and *Mossop* v. *Canada* », (1994) 1 *R. of Const. St.* 203 et P. BOSSET, *loc. cit.*, note 518, à la page 14.

861 *Corbière* c. *Canada (Ministre des Affaires indiennes et du Nord canadien)*, [1999] 2 R.C.S. 203, parag. 13. Dans ce même paragraphe de l'arrêt *Corbière*, la Cour suprême du Canada a assimilé la religion à une caractéristique personnelle « considérée comme immuable ». Sur l'importance accordée aux convictions religieuses en tant que caractéristique fondamentale de l'identité personnelle, voir notamment les conclusions des juges majoritaires de la Cour suprême du Canada dans l'arrêt *Multani*, précité, note 19, parag. 32 et 79.

862 Voir à cet égard les statistiques concernant l'évolution de la pratique religieuse au Canada et, plus largement, en Occident : *supra*, introduction et début du chapitre 1 du titre préliminaire.

863 Voir *supra*, section 4.1.1.

pas une mesure « contextuellement discriminatoire » au sens défini dans l'arrêt *Law*[864].

Or, bien que cette conclusion soit sans nul doute transposable à d'autres motifs de discrimination *socialement plus sensibles* tels que les handicaps (ou déficiences) physiques ou mentaux[865], la couleur, race ou origine ethnique[866] ou le sexe[867], l'analyse de la jurisprudence pertinente nous démontre clairement que cette même conclusion ne peut se transposer pour l'ensemble des motifs. En effet, les tribunaux canadiens ont conclu à plusieurs reprises que d'importantes disparités de traitements fondées (ou affectant) certains motifs *socialement moins sensibles*, comme l'âge, l'état matrimonial ou civil[868], la langue[869] ou le lieu de résidence[870], devaient être intrinsèquement exclues du champ de protec-

---

864 Voir, *supra*, citation correspondant à la note 493.

865 En témoigne notamment le raisonnement qui mena la Cour suprême à octroyer une définition extrêmement large du motif de handicap protégé par la *Charte québécoise*, axée sur la perception négative ou stéréotypée d'une affection physique ou mentale donnée : *Québec (Commission des droits de la personne et des droits de la jeunesse)* c. *Montréal (Ville)*, précité, note 569, parag. 77 et 79. Dans le même sens, mais en application du motif de « déficience » protégé par l'article 15 de la *Charte canadienne*, voir : *Granovski* c. *Canada (Ministre de l'Emploi et de l'Immigration)*, [2000] 1 R.C.S. 703.

866 Comme l'écrivent le professeur canadien William Black et l'Honorable Lynn Smith, de la Cour suprême de Colombie-Britannique, le racisme constitue (malheureusement) encore une des formes les plus répandues de perpétuation de préjugés et de stéréotypes destructeurs à l'égard de communautés d'individus au Canada : William BLACK et Lynn SMITH, « The Equality Rights », dans G.-A. BEAUDOIN et E. MENDES, *op. cit.*, note 43, p. 925, aux pp. 993-994. Dans le même sens, voir également : COMMISSION ONTARIENNE DES DROITS DE LA PERSONNE, *Le racisme et la discrimination raciale : vos droits et vos responsabilités*, Toronto, CODH, 2008, [en ligne : http://www.ohrc.on.ca/fr/issues/racisme], (page consultée le 30 octobre 2010).

867 Lequel motif de distinction interdite étant par ailleurs l'objet de deux importantes dispositions interprétatives « générales » au sein de la *Charte canadienne* (« Art. 28. Indépendamment des autres dispositions de la présente charte, les droits et libertés qui y sont mentionnés sont garantis également aux personnes des deux sexes ») et de la *Charte québécoise* (« Art. 50.1. Les droits et libertés énoncés dans la présente Charte sont garantis également aux femmes et aux hommes »). Plusieurs décisions jurisprudentielles ont également affirmé très clairement la nature particulièrement importante de ce motif protégé par le droit à l'égalité au sein de la société canadienne, dont notamment : *Terre-Neuve (Conseil du Trésor)* c. *N.A.P.E.*, [2004] 3 R.C.S. 381 et *Bruker* c. *Marcovitz*, précité, note 128.

868 Motif considéré comme « analogue » en vertu de l'article 15 de la *Charte canadienne : Miron* c. *Trudel*, [1995] 2 R.C.S. 418 et *Hodge* c. *Canada (Ministre du Développement des ressources humaines)*, [2004] 3 R.C.S. 357.

869 *Id.*, *Gosselin* c. *Québec (Procureur général)*, précité, note 85.

870 *Id.*, *Corbière* c. *Canada (Ministre des Affaires indiennes et du Nord canadien)*, précité, note 861 et *Haig* c. *Canada (Directeur général des élections)*, [1993] 2 R.C.S. 995.

tion des dispositions protégeant le droit à l'égalité au sein des *lois sur les droits fondamentaux* au motif qu'elles n'impliquaient pas la perpétuation de préjugés ou stéréotypes envers les personnes concernées[871].

Force est donc de constater que le critère de « l'objet des dispositions antidiscriminatoires », pour tout justifié qu'il puisse être sur les plans idéologique, politique et/ou philosophique, a pour effet de créer un « régime à deux vitesses » en ce qui concerne les différents *motifs de discrimination*. Alors qu'une plainte de discrimination fondée sur l'un des motifs similaires aux convictions religieuses (*socialement plus sensibles*) se trouve, *ipso facto*, exemptée de l'étape de la démonstration d'une atteinte à l'objet des dispositions protégeant le droit à l'égalité (laquelle est, en quelque sorte, inhérente à la démonstration d'une différence de traitement fondée sur l'un de ces motifs), les personnes qui tentent de démontrer l'existence d'un acte discriminatoire fondé sur l'un ou l'autre des *motifs de discrimination* qui peuvent être qualifiés de « socialement moins sensibles » devront démontrer en quoi la disparité de traitement contestée contribue à la « perpétuation de stéréotypes ou de préjugés » au sein des sociétés québécoise ou plus largement canadienne.

6.3.2. La tolérance juridique accordée à certaines convictions religieuses objectivement discriminatoires

Plusieurs des autres motifs en vertu desquels il est possible d'alléguer qu'un acte ou une mesure donnée porte atteinte au droit à l'égalité (ou est « discriminatoire ») impliquent un potentiel de conflit assez important avec certains aspects de plusieurs dogmes religieux collectifs, notamment l'égalité entre les hommes et les femmes[872] ou encore entre

---

871 **1) Âge** : *Gosselin* c. *Québec (Procureur général)*, précité, note 85 et *Law*, précité, note 488 (s'agissant généralement de la situation des jeunes adultes) ; *Bigsby* c. *Alberta (Pensions Administration)*, (2005) 127 C.R.R. (2d) 243 (C.A. Alberta) ; *Burnett* c. *British Columbia (Worker's Compensation Board)*, (2003) 228 D.L.R. (4th) 551 (C.A. C.-B.) ; *Cardin* c. *Ministre du Revenu national*, (1998) 223 N.R. 81 (C.A.F.) **2) État civil** : *McFayden* c. *R.*, (2001) 55 D.T.C. 5055 (C.A.F.) **3) Langue** : *Forget*, précité, note 495 ; *Entreprises W.F.H. Ltée* c. *Québec (Procureur général)*, [2001] R.J.Q. 2557 (C.A.) ; *Commission des droits de la personne du Québec* c. *Dupont, Desmeules et Associés Inc.*, [1994] R.J.Q. 2092 (T.D.P.) ; **4) Lieu de résidence** : *Gladstone* c. *Dankoff*, [2003] R.J.Q. 1534 (C.S.) ; *Lapierre* c. *Barrette*, [1988] R.J.Q. 3274 (C.A.).

872 Le fort risque de conflit inhérent à certains aspects de ces deux grands objets de protection consacrés par les *lois sur les droits fondamentaux* a effectivement été au cœur d'une pléthore d'études et analyses juridico-politiques de toutes sortes, dont notamment (pour le Québec et le Canada) : CONSEIL DU STATUT DE LA FEMME, précité, note 17 ; P. BOSSET, *loc. cit.*, note 17, aux pages 181-185 ; Paul EID, « Accommoder la différence religieuse dans les limites du raisonnable : regards croisés du droit et des sciences sociales », dans Myriam JÉZÉQUEL (dir.), *La justice à l'épreuve de la diversité culturelle*, Cowansville, Yvon Blais 2007, p. 105, aux

individus d'orientation sexuelle[873] ou d'appartenance religieuse[874] différentes. De l'avis de plusieurs auteurs, ce type particulier de règles religieuses (et l'ensemble de convictions religieuses individuelles qui en sont le produit) se trouve au cœur des différentes polémiques entourant la gestion (selon un modèle plus ou moins ouvert) du pluralisme religieux au sein des différents États occidentaux[875].

Avant d'attaquer le cœur de notre analyse, il est évidemment important de définir ce que nous entendons désigner en utilisant l'expression : « convictions religieuses objectivement discriminatoires » ? Cette sous-catégorie du plus large ensemble des *convictions religieuses préjudi-*

---

pages 122-125 ; L.-P. LAMPRON *loc. cit.*, note 17 et Natasha BAKHT, *Arbitrage, religion et droit de la famille : la privatisation du droit au détriment des femmes*, Ottawa, Association nationale Femmes et Droit, 2005 ; Marion BOYD, *Résolution des différends en droit de la famille : pour protéger le choix, pour promouvoir l'inclusion*, Toronto, Ministère du Procureur général, 2004, [en ligne : http://www.attorneygeneral.jus.gov.on.ca/french/about/pubs/boyd/], (page consultée le 22 août 2010) (par rapport au cas particulier de la polygamie).

873 Comme en témoigne la trame factuelle sous-tendant différents arrêts et décisions de principes rendu(e)s au Canada sur de tels « conflits de droits », les comportements homosexuels sont très souvent proscrits par plusieurs (voire la plupart) des dogmes religieux dits « traditionnels » : *Trinity Western*, précité, note 250 ; *Renvoi relatif au mariage entre personnes du même sexe*, précité, note 43 ; *Association A.D.G.Q.* c. *Commission des écoles catholiques de Montréal*, [1980] C.S. 93 ; *Ontario (Human Rights Commission)* c. *Brockie*, (2003) 222 D.L.R. (4th) 174 (C.S. Ont.) ; *Québec (C.D.P.D.J.)* c. *Martin*, (1997) 33 C.H.H.R. D/487 (T.D.P.). Dans le même sens, voir également : H. M. G. PATERSON, *loc. cit.*, note 521.

874 Il est en effet notoire que la plupart des dogmes religieux reposent sur une interprétation très « exclusive » de la « vérité religieuse », laquelle exclusivité menant à des rapports interconfessionnels variant entre l'indifférence et l'inimitié à l'égard des individus n'adhérant pas au dogme religieux en question (en passant, évidemment, par le *prosélytisme* qu'on peut définir comme l'ensemble des démarches et actions visant à convaincre les non-croyants d'adhérer à un dogme religieux particulier). Cette nature « exclusive » des différents dogmes religieux a par ailleurs été spécifiquement reconnue par l'ensemble des dispositions permettant aux institutions religieuses de ne s'adjoindre que des individus adhérents à l'ensemble des préceptes religieux sur la base desquels ces mêmes institutions ont été mises sur pied (dispositions législatives incluant notamment, l'article 20 de la *Charte québécoise*) : voir *supra*, section 4.2.1.

875 Voir notamment sur cette question : B. STASI, précité, note 435 ; W. KYMLICKA, *op. cit.*, note 30, pp. 217-244 ; Luc BÉGIN, « Enjeux identitaires et droits : l'affaire des tribunaux islamiques », dans M. JÉZÉQUEL (dir.), précité, note 872, p. 171, aux pages 181-185 ; Guillaume GARRETA, « Du pluralisme ontologique au pluralisme épistémique : genèse et transformations du *pluralisme culturel* », dans Stéphane VIBERT (dir.), *Pluralisme et démocratie*, Montréal, Québec Amériques, 2007, p. 61, aux pages 80-83 ; Stéphane VIBERT, « Sociétés pluralistes ou pluralisme des sociétés ? De deux types irréductibles et potentiellement contradictoires de *pluralisme culturel* », dans S. VIBERT (dir.), *id. (même note)*, p. 211, aux pages 217-225.

ciables[876] comprend les convictions religieuses dont la nature même opère, implique ou repose sur une distinction, exclusion ou préférence fondée sur un motif visé par une des dispositions protégeant le droit à l'égalité au sein des *lois sur les droits fondamentaux* canadiennes. Ainsi, indépendamment des modulations qui pourraient résulter d'une interprétation des différentes règles religieuses à la lumière du fonctionnement (collectif) de la congrégation ou communauté religieuse auxquelles elles sont liées, les convictions religieuses sous-tendant l'octroi du *get* juif (qui sous-tend une prérogative réservée aux seuls ex-maris)[877] ; proscrivant les comportements homosexuels[878] ; ou plus largement les contacts avec des individus du sexe opposé[879] ou d'autres religions constitueront, selon notre définition, des convictions religieuses objectivement discriminatoires.

Ainsi, au Canada, ce type particulier de *convictions religieuses préjudiciables* fait actuellement l'objet d'un important degré de tolérance juridique prenant la forme d'un régime officiel d'exemption octroyé à certaines institutions religieuses particulières, et d'une interprétation restrictive des balises actuellement en vigueur pour évaluer la « justification » d'une atteinte à une telle conviction religieuse.

Régime officiel d'exemption d'application des dispositions protégeant le droit à l'égalité pour certaines institutions à vocation, notamment, religieuse

Plusieurs dispositions contenues à l'intérieur de différentes *lois sur les droits fondamentaux* canadiennes prévoient expressément le droit de certaines institutions de ne pas être soumises aux dispositions protégeant le droit à l'égalité, dans les cas où les actes ou mesures discriminatoires posées peuvent être justifiées par le caractère particulier de l'institution

---

876 Voir *supra*, sections 3.1.2 et 3.2.2.

877 « Le *get* est un divorce juif. Seul l'époux peut l'accorder. L'épouse ne peut obtenir le *get* que si son époux consent à l'accorder. Selon la loi juive, il le fait en « libérant » son épouse du mariage et en l'autorisant à se remarier. Le processus se déroule devant trois rabbins, devant ce qu'on appelle un *beth din* ou tribunal rabbinique.

L'époux doit accorder volontairement le *get*, et l'épouse doit accepter de le recevoir. Si le premier ne l'accorde pas, la seconde est sans recours religieux ; elle conserve le statut d'épouse et ne peut se remarier jusqu'à ce que l'époux décide, à son entière discrétion, de divorcer. Elle est considérée comme une *agunah* – une « femme enchaînée ». Tout enfant né d'un remariage civil serait considéré comme « illégitime » selon la loi juive » : *Bruker* c. *Marcovitz*, précité, note 128, parag. 3 et 4. Sur la qualification de cette conviction religieuse particulière, voir notamment ce que nous affirmions à : L.-P. LAMPRON, *loc. cit.*, note 233, 680-681.

878 *University Trinity Western*, précité, note 250.

879 Voir notamment la conviction religieuse dont il était question dans : CDPDJ, *op. cit.*, note 20.

en question[880]. S'agissant spécifiquement du régime d'exemption établi par l'article 20 de la *Charte québécoise*, le législateur québécois a expressément consacré le droit des institutions (ou regroupements) : « charitable[s], philanthropique[s], religieux, politique ou éducatif » [nous soulignons][881] de ne pas être soumis à l'article 10 de cette même *Charte* dans ces mêmes circonstances.

De prime abord, le fait que plusieurs législateurs provinciaux aient choisi de consacrer cette exemption de manière similaire à l'article 20 de la *Charte québécoise* au Canada – dont le libellé semble limiter expressément l'ouverture de l'exemption d'application à certains motifs de discrimination seulement[882] – aurait certainement pu contribuer, en lui-même, à la démonstration de la prépondérance relative du motif des « convictions religieuses » par rapport à d'autres motifs, non visés par ces dispositions. Toutefois, conformément aux enseignements de la Cour suprême du Canada sur l'interprétation qui doit gouverner les tribunaux lors de la mise en œuvre de telles dispositions dans l'arrêt *Ville de Brossard*, il appert que l'ensemble des motifs de discrimination pourront servir de fondement pour qu'une institution donnée ait la chance de bénéficier de l'exemption d'application du droit à l'égalité[883]. En autant, évidemment, que l'institution respecte les autres conditions clairement énoncées dans de telles dispositions, dont notamment le fait d'être « sans but lucratif »[884].

Malgré tout, les critères limités qui furent établis pour qu'une institution puisse effectivement soustraire une distinction discriminatoire à l'application du droit à l'égalité contribuent, à notre avis, à la prévalence générale des « convictions religieuses » sur les autres motifs de discrimination protégés au Canada. En effet, pour que l'acte ou la mesure

---

880 Voir *supra*, section 4.2.1.

881 *Charte québécoise*, précitée, note 35, art. 20.

882 Soit les « convictions religieuses » et « politiques ». Pour des exemples de dispositions formulées de manière similaire à l'article 20 de la *Charte québécoise*, voir notamment : **Île-du-Prince-Édouard** : *Human Rights Act*, précité, note 473, art. 6 (4) c) ; **Nouvelle-Écosse** : *Human Rights Act*, précité, note 473, art. 6 c) ii) ; **Saskatchewan** : *Saskatchewan Human Rights Code*, précité, note 356, art. 2 f) ; **Terre-Neuve** : *Newfoundland Human Rights Code*, R.S.N.L. 1990, c. H-14, art. 9 (6) a) ; **Territoires du Nord-Ouest** : *Fair Practices Act*, précité, note 356, art. 2 (1) c) ; **Yukon** : *Yukon Human Rights Act*, précité, note 356, art. 10 (3) a).

883 *Ville de Brossard*, précité, note 524, parag. 126 et 130.

884 Ce principe nous semble découler expressément de l'interprétation qui fut donnée au « second volet » de l'article 20 de la *Charte québécoise* dans l'arrêt *Ville de Brossard* : « Cette permission légale d'exercer une discrimination souffre évidemment des restrictions. Tout d'abord, le groupe doit être une "institution sans but lucratif". Ensuite, cette institution doit avoir un "caractère charitable, philanthropique, religieux, politique ou éducatif" qui justifie la distinction, l'exclusion ou la préférence en question » : *Ville de Brossard*, précité, note 524, parag. 117.

discriminatoire puisse être exempté(e) de l'application du droit à l'égalité, preuve doit être apportée que le caractère particulier de l'institution « justifie la distinction, l'exclusion ou la préférence en question »[885]. Or, la nature particulière des actes/mesures discriminatoires pouvant être « justifiés » par l'entremise de préceptes religieux particuliers permettra aux institutions religieuses de protéger un plus large spectre d'actions discriminatoires que celui qui pourra l'être pour les autres types d'institutions visées par, notamment, l'article 20 de la *Charte québécoise*.

En effet, alors que les autres motifs de discrimination en vertu desquels une institution donnée pourra bénéficier de l'exemption d'application des dispositions protégeant le droit à l'égalité (par exemple les convictions politiques ou l'orientation sexuelle)[886] limiteront presqu'exclusivement l'ouverture de cette exemption à des actes ou mesures visant à exclure des individus n'étant pas du même groupe qu'eux (un seul motif de discrimination étant ainsi en cause)[887], la nature particulière des préceptes religieux permettant de revendiquer cette exemption d'application permettra souvent d'exclure, en plus des individus n'étant pas de la même appartenance religieuse que les membres de l'institution concernée, des individus possédant d'autres « caractéristiques personnelles » jugées incompatibles avec le dogme religieux en question (par exemple, des femmes, des homosexuel(le)s, des personnes divorcées, etc.). On constate donc que, contrairement à la quasi-totalité des autres institutions susceptibles d'avoir recours à l'exemption d'application des dispositions protégeant le droit à l'égalité, l'utilisation de cette exemption par les institutions à vocation religieuse aura souvent pour effet de mettre en cause au moins deux motifs de discrimination protégés au Canada.

---

885 *Ville de Brossard*, précité, note 524, parag. 117.

886 Voir par exemple la trame factuelle sous-tendant l'arrêt *Vancouver Rape Relief Society* v. *Nixon* 2005 BCCA 601 (B.-C. C.A.), où la Cour d'appel de Colombie-Britannique a validé le choix d'un groupe de femmes – voué à la protection et la défense des femmes victimes d'agressions et de violences sexuelles – à refuser la candidature d'un transsexuel au motif qu'il n'avait pas toujours été une femme.

887 Cet état de fait fut d'ailleurs souligné par la Cour suprême dans l'arrêt *Ville de Brossard*, précité, note 524, parag. 130 : « Bien que l'existence d'un rapport direct ou exclusif entre ces facteurs ne soit pas requise, j'estime qu'il doit toujours y avoir un lien entre le type de discrimination pratiqué et le caractère de l'institution. Je le redis, l'art. 20 protège le droit de s'associer librement pour exprimer des opinions particulières ou pour exercer des activités particulières. Cet article a toutefois un objet limité, savoir la justification de "distinctions, exclusions ou préférences" qui seraient par ailleurs discriminatoires au sens de l'art. 10. Il est donc logique que les seuls à bénéficier de la protection accordée par l'art. 20 soient les groupes pour qui le simple fait de s'associer entraîne une discrimination fondée sur l'un des motifs énumérés à l'art. 10 » : [nous soulignons].

Interprétation restrictive des balises actuellement en vigueur pour évaluer la « justification » d'une atteinte à une conviction religieuse objectivement discriminatoire

Tel que nous l'avons démontré lors du premier titre de cet ouvrage, l'état actuel du droit canadien ne permet d'opérer aucune distinction entre les *convictions religieuses préjudiciables* et le reste des convictions religieuses à l'étape de la détermination d'une violation à une conviction religieuse individuelle donnée ; chacun de ces deux grands types de convictions religieuses méritant initialement une protection aussi importante en vertu des dispositions protégeant la liberté de religion ou l'égalité fondée sur les convictions religieuses. S'agissant des *convictions religieuses préjudiciables*, l'arbitrage entre les objets de protection opposés devra donc être opéré à l'étape subséquente de la « justification » des atteintes, en vertu des grilles d'analyse et « balises limitatives » générales établies par les tribunaux pour départager les atteintes « raisonnables » et « déraisonnables ».

Or, contrairement à d'autres types de *convictions religieuses préjudiciables* (notamment celles impliquant un risque d'atteinte – ou une atteinte avérée – à l'intégrité corporelle ou psychologique d'un autre individu ou à la « sécurité publique » au sens large[888]), il nous semble que la nature particulière de plusieurs des *convictions religieuses objectivement discriminatoires* est particulièrement difficile à prendre en considération par l'entremise de la portée accordée à la seule « balise limitative » pertinente pour la mise en œuvre des différentes dispositions justificative similaires à l'article premier de la *Charte canadienne*, soit celle de « l'atteinte aux droits d'autres individus »[889]. Cette balise, pour l'instant, a été interprétée d'une manière purement individualiste par les tribunaux canadiens, lesquels s'efforcent donc de vérifier si la trame factuelle sous-tendant le litige dont ils ont été saisis permet de conclure que l'exercice de la conviction religieuse individuelle concernée a causé, concrètement, une atteinte effective aux droits ou libertés fondamentaux d'un (ou plusieurs) autre(s) individu(s). Comme le résume fort habilement le professeur Pierre Bosset, de l'Université du Québec à Montréal :

---

[888] Ce dernier motif constitue le cœur de l'analyse ayant permis à une majorité de quatre juges de la Cour suprême du Canada de conclure que les convictions religieuses individuelles des membres d'un petit groupe religieux situé en Alberta (les Huttérites) ne pouvaient fonder l'octroi d'un « accommodement » à la règle générale imposant à tous les titulaires d'un permis de conduire albertain de se faire prendre en photo dans le but de reproduire cette même photographie sur les permis de conduire : *Huttérites*, précité, note 377. Voir à ce sujet nos commentaires précédents sur ce même arrêt : *supra*, notes 377 et 413.

[889] Voir *supra*, section 3.1.2.

> Lorsqu'on aborde une situation où deux droits semblent être en conflit, l'analyse du contexte factuel – l'exercice d'un droit par une personne porte-t-il atteinte à l'exercice d'un autre droit par une autre personne – doit être la première question à se poser. En ce qui concerne la problématique qui nous intéresse [soit celle où les convictions religieuses individuelles peuvent porter atteinte à un autre droit ou liberté fondamental], la question est, en somme, de savoir si l'exercice de la liberté religieuse porte réellement atteinte à un autre droit protégé par la Charte québécoise, ce droit pouvant relever de la catégorie des libertés et droits fondamentaux, du droit à l'égalité, des droits politiques, des droits judiciaires ou encore, des droits économiques et sociaux. L'absence d'une telle atteinte fera conclure à une situation de simple tension où la médiation du droit n'est pas requise.[890] [nous soulignons]

Si cette interprétation pour le moins « individualiste » est si problématique dans les cas spécifiques où le litige judiciaire concerne l'exercice d'une *conviction religieuse objectivement discriminatoire*, c'est qu'elle se trouve à empêcher (ou à tout le moins, imposer un obstacle de taille à) la prise en considération du « principe » de l'égalité entre individus de sexe ou d'orientation sexuelle différent(e), principe qui est souvent la seule chose dont la « violation » peut être démontrée par l'émetteur d'un acte ou mesure dont la validité (quasi-)constitutionnelle est contesté(e) au nom d'une telle conviction religieuse. La prépondérance relative – favorisant les convictions religieuses au détriment d'autres motifs consacrés par les différentes dispositions protégeant le droit à l'égalité au Canada – qui découle donc de l'interprétation très restrictive de la « balise limitative » de l'atteinte aux droits opposés au stade de la justification se trouve, à notre avis, parfaitement illustrée par le raisonnement suivi par la Cour suprême du Canada dans l'arrêt *University Trinity Western*[891].

La Cour suprême du Canada et les normes communautaires de l'Université Trinity Western

Dans cet arrêt, rendu en 2001, la principale question en litige concernait la « raisonnabilité » d'une décision quasi judiciaire ayant été prise par le *British Columbia College of Teachers* [ci-après le BCCT], qui avait refusé la demande de l'Université *Trinity Western*, un établissement d'enseignement privé et confessionnel chrétien, « d'assumer l'en-

---

[890] P. BOSSET, *loc. cit.*, note 17, aux pages 198-199.

[891] Le caractère « archétypique » du raisonnement suivi par la majorité de la Cour suprême dans l'arrêt *Trinity Western*, précité, note 250, a par ailleurs été souligné en 2005 par la Commission ontarienne des droits de l'homme [ci-après la CODH] : CODH, *Balancing conflicting Rights : Towards an Analytical Framework*, Toronto, CODH, 2005, [en ligne : http://www.ohrc.on.ca/en/resources/discussion_consultation/balancingrights/pdf], (page consultée le 22 août 2010), p. 16.

tière responsabilité [d'un] programme de formation des enseignants »[892] qui était jusqu'alors partagé avec l'Université Simon Fraser, un établissement d'enseignement public. Le BCCT avait refusé la demande de l'Université *Trinity Western* pour des motifs d'intérêt public, alléguant que les « normes communautaires » que cette même institution demandait d'observer aux étudiants qui la fréquentaient et aux professeurs qui y travaillaient comportaient des aspects discriminatoires en lien avec, notamment, l'orientation sexuelle[893]. Dans l'énoncé des faits pertinents au litige, la majorité de la Cour suprême reproduit l'extrait le plus controversé des « normes communautaires » de l'Université *Trinity Western* :

> Le document des « normes communautaires », que les étudiants fréquentant l'UTW doivent signer, comporte le paragraphe suivant qui est à l'origine de la présente controverse :
>
> [TRADUCTION] S'ABSTENIR DE SE LIVRER À DES PRATIQUES QUE LA BIBLE CONDAMNE. Sont notamment visés l'ivresse (Éph. 5 :18), les jurons ou les blasphèmes (Éph. 4 :29, 5 :4 ; Jacq. 3 :1-12), le harcèlement (Jean 13 :34-35 ; Rom. 12 :9-21 ; Éph. 4 :31), toute forme de malhonnêteté, dont la tricherie et le vol (Prov. 12 :22 ; Col. 3 :9 ; Éph. 4 :28), l'avortement (Ex. 20 :13 ; Ps. 139 :13-16), toute activité liée à l'occultisme (Act. 19 :19 ; Gal. 5 :19) et les péchés sexuels, y compris les relations sexuelles avant le mariage, l'adultère, le comportement homosexuel et le visionnement de matériel pornographique (I Cor. 6 :12-20 ; Éph. 4 :17-24 ; 1 Thess. 4 :3-8 ; Rom. 2 :26-27 ; I Tim. 1 :9-10). En outre, les membres mariés de la communauté acceptent de préserver le caractère sacré du mariage et de prendre toutes les mesures concrètes possibles pour éviter le divorce.[894] [nous soulignons]

---

892 *Trinity Western*, précité, note 250, parag. 2.

893 Voici une portion des motifs qui ont été retenus par la majorité de la Cour suprême du Canada comme sous-tendant la décision du BCCT dans l'arrêt *Trinity Western* : « La charte des droits et les lois en matière de droits de la personne véhiculent les valeurs qui représentent l'intérêt public. Qualifier un comportement homosexuel de péché a pour effet d'exclure les personnes ayant une orientation homosexuelle. Le Conseil croit, et la loi l'appuie sur ce point, que l'orientation sexuelle est aussi inséparable d'une personne que la couleur. Les personnes ayant une orientation homosexuelle, comme les personnes de couleur, ont droit à la protection contre toute discrimination en vertu de la loi » [nous soulignons] : *Id.*, parag. 6.

894 *Id.*, parag. 4. Notons par ailleurs que, bien que l'argument principal qui fut discuté lors de l'arrêt *Trinity Western* ait concerné spécifiquement la question de la discrimination fondée sur l'orientation sexuelle, les extraits reproduits des « normes communautaires » de l'Université *Trinity Western* nous auraient semblé permettre d'autres allégation de conflit avec certains motifs de discrimination protégés en vertu des *lois sur les droits fondamentaux* applicables sur le territoire de la Colombie-Britannique, dont notamment l'état matrimonial.

Bien que le contexte spécifique du litige fit en sorte que la majorité de la Cour suprême : 1) n'eut pas à appliquer toutes les étapes « classiques » propres à la mise en œuvre des *lois sur les droits fondamentaux* (soit l'application, la violation d'un droit et évaluation d'une potentielle justification de la violation)[895] et 2) dut prendre en considération le régime particulier s'appliquant à une institution confessionnelle telle que l'Université *Trinity Western* (exemption d'application du droit à l'égalité pour ses rapports internes)[896] ; le raisonnement sur lequel la Cour se fonda pour conclure que les « normes communautaires » de l'Université n'étaient pas contraires à « l'ordre public canadien » (et donc plus largement, aux *lois sur les droits fondamentaux* applicables en Colombie-Britannique) constitue une excellente illustration de l'approche « individualiste » du droit canadien en matière de conflits entre droits fondamentaux opposés. En effet, la Cour y souligne très clairement la nécessité de démontrer que l'exercice d'une conviction religieuse donnée implique une violation « concrète » d'un autre droit fondamental pour qu'il soit possible de conclure, pour ce motif, au caractère justifiable d'un acte ou d'une mesure qui viserait à (ou aurait pour effet de) la restreindre ou l'interdire :

> Le BCCT s'est servi des documents internes de l'UTW pour établir l'existence de discrimination envers les homosexuels. Il a conclu que l'inclusion du comportement homosexuel dans la liste des pratiques condamnées par la Bible est un signe d'intolérance qui ne peut pas être écarté par l'adoption d'autres valeurs. Le programme et les pratiques de l'UTW et, en particulier, les déclarations exigées des étudiants et des membres du corps professoral ont été condamnés parce qu'ils reflétaient les croyances des signataires. Selon le BCCT, la discrimination envers les homosexuels était institutionnalisée ; [...]
>
> Bien que les normes communautaires soient énoncées sous la forme d'un code de conduite plutôt que sous celle d'un article de foi, nous concluons qu'un étudiant homosexuel ne serait pas tenté de présenter une demande d'admission et qu'il ne pourrait signer le prétendu contrat d'étudiant qu'à un prix très élevé sur le plan personnel. [...]
>
> La liberté de religion, de conscience et d'association coexiste avec le droit d'être exempt de toute discrimination fondée sur l'orientation sexuelle.

---

895 En effet, le litige portait non pas sur la contestation de la décision en vertu d'un droit fondamental donné, mais bien sur : 1) la validité de la décision rendue par le BCCT par rapport à « l'ordre public » au sens large, et 2) la portée fondamentale que ce même BCCT avait donné à la protection dont bénéficie l'orientation sexuelle en tant que motif protégé par le droit à l'égalité au sein de ce même « ordre public canadien ».

896 Applicable en Colombie-Britannique en vertu de l'article 41 du *Human Rights Code*, précité, note 473.

> Même si l'exigence que les étudiants et les membres du corps professoral adoptent les normes communautaires engendre un traitement différentiel défavorable du fait qu'elle dissuaderait probablement les étudiants et les enseignants homosexuels de tenter de joindre les rangs de l'université, il faut prendre en considération la vraie nature de l'engagement en cause et le contexte dans lequel il est pris. [...]
>
> Quoique les homosexuels puissent être dissuadés de fréquenter l'UTW, un établissement privé qui préconise des croyances religieuses particulières, cela ne les empêchera pas de devenir enseignants. De plus, rien dans les normes communautaires de l'UTW n'indique que les diplômés de l'UTW ne traiteront pas les personnes homosexuelles d'une manière équitable et respectueuse. En effet, la preuve révèle que les diplômés du programme de formation des enseignants, offert conjointement par l'UTW et l'USF, sont devenus jusqu'à maintenant des enseignants compétents dans des écoles publiques, et notre Cour ne dispose d'aucune preuve de comportement discriminatoire de la part de l'un de ces diplômés. Bien qu'elle ne soit pas concluante étant donné qu'aucun étudiant n'a encore été diplômé après avoir suivi un programme de formation des enseignants offert exclusivement par l'UTW, cette preuve est intéressante. Les étudiants qui fréquentent l'UTW sont libres d'adopter des règles de conduite personnelles basées sur leurs croyances religieuses, pourvu qu'ils ne portent pas atteinte aux droits d'autrui. Leur liberté de religion n'est pas respectée si son exercice entraîne le déni du droit à une participation pleine et entière dans la société. Manifestement, la restriction de la liberté de religion doit être justifiée par la preuve que l'exercice de cette liberté aura, dans les circonstances de la présente affaire, une incidence préjudiciable sur le système scolaire. [...]
>
> Pour que le rejet de la demande d'agrément de l'UTW soit légitime, il aurait fallu que les craintes du BCCT reposent sur une preuve particulière. [nous soulignons]

En bout de course, c'est donc faute d'une preuve qu'un engagement ferme de futurs enseignants destinés au système public d'enseignement envers certaines normes communautaires objectivement discriminatoires (fondée sur l'orientation sexuelle) impliquait un important risque de discrimination sociale à l'égard des homosexuels dans le futur que la Cour suprême a refusé de valider la décision de refuser d'octroyer l'entièreté du programme académique à l'Université *Trinity Western.*

Les suites des principes de conciliation établis dans l'arrêt Trinity Western : deux cas d'espèce québécois

Depuis l'arrêt *Trinity Western*, l'argument voulant qu'une *conviction religieuse préjudiciable* puisse être neutralisée au nom d'un principe général d'égalité – ou de tout autre droit fondamental considéré dans l'abstrait, sans qu'il puisse être concrètement *rattaché* à un préjudice réel subi par un individu – n'a pas reçu un accueil plus favorable en jurisprudence[897]. Cet argument a même été réfuté dans des décisions et avis subséquents[898], dont notamment la décision *Gabriel* c. *Directeur de l'état civil*, rendue par la Cour supérieure du Québec, et le récent avis de la Commission des droits de la personne et des droits de la jeunesse [ci-après la C.D.P.D.J.] sur une pratique d'accommodement religieux ayant cours à la S.A.A.Q.

S'agissant d'abord de la décision *Gabriel* c. *Directeur de l'état civil*[899], une analyse *a contrario* du raisonnement suivi par la juge Marie St-Pierre de la Cour supérieure du Québec nous semble très clairement confirmer l'inaptitude des tribunaux canadiens à fonder une restriction à l'exercice d'une conviction religieuse objectivement discriminatoire au nom d'une quelconque appréhension objective du principe de l'égalité entre hommes et femmes. Le litige sous-tendant cette décision concernait le cas d'une femme qui alléguait que l'interdiction qui lui était faite par l'article 393 du *Code civil du Québec*[900] de prendre légalement le nom de son mari portait atteinte à ses convictions religieuses chrétiennes selon lesquelles une femme, en se mariant à un homme, devait également prendre son nom pour assurer le principe de l'unité familiale[901].

---

[897] S'agissant particulièrement du raisonnement majoritaire de l'arrêt *Bruker* c. *Marcovitz*, précité, note 128, le lecteur prendra note de notre commentaire dans lequel nous expliquons les raisons pour lesquelles, malgré les apparences *prima facie*, ce même arrêt ne peut être considéré comme un cas où la Cour suprême a effectivement fait primer le droit à l'égalité entre les hommes et les femmes sur une conviction religieuse particulière, notamment parce que : 1) toutes les observations relatives à « L'intérêt que porte le public à la protection des droits à l'égalité et de la dignité des femmes juives dans l'exercice indépendant de leur capacité de divorcer et de se remarier conformément à leurs croyances (*Bruker*, parag. 92) » ne peut être considéré que comme un *obiter*, la Cour suprême ayant établi que la conviction religieuse alléguée par Monsieur Marcovitz n'était pas « sincère » et donc, ne méritait pas la protection de l'article 3 de la *Charte québécoise* (*Bruker*, parag. 67-69), et 2) la Cour suprême s'est fondée sur la nature contractuelle du litige dont elle était saisie pour déroger au principe de l'approche « purement subjective » qu'elle s'impose généralement en matière de protection de convictions religieuses particulières et, partant, s'est autorisée à fonder sa décision sur une « preuve d'expert » concernant l'usage actuel entourant l'octroi du *get* juif dans la plupart des communautés juives (laquelle preuve permettant à cette même Cour suprême de conclure que l'octroi du *get juif* était actuellement considéré par la plupart des experts ou observateurs concernés comme n'étant qu'une « formalité »). Pour le détail de notre démonstration, voir : L.-P. LAMPRON, *loc. cit.*, note 233.

[898] Voir par analogie l'évaluation qui fut faite des revendications fondées sur un potentiel conflit avec le droit à la sécurité d'autrui dans les arrêts *Amselem*, précité, note 22, parag. 88-89 et *Multani*, précité, note 19, parag. 25-29.

[899] [2005] R.J.Q. 470 (C.S.) [ci-après la décision *Gabriel*].

[900] « Art. 393. Chacun des époux conserve, en mariage, son nom ; il exerce ses droits civils sous ce nom » : *C.c.Q.*, précité, note 243.

[901] *Gabriel*, précité, note 899, parag. 15-23.

Les faits de la décision *Gabriel* sont extrêmement intéressants en ce qu'ils opposent une conception individualiste de convictions religieuses particulières à une décision prise par le législateur – et instrumentalisée dans le cadre d'une loi – dans le but avéré d'assurer le respect du principe de l'égalité entre les hommes et les femmes au sein de la société québécoise[902]. Conformément aux principes établis dans l'arrêt *Trinity Western*, la juge St-Pierre en vint à la conclusion que la seule perception objective du principe de l'égalité entre les hommes et les femmes ne permettait pas de justifier une atteinte à la conviction religieuse sincère de la plaignante et ce, indépendamment du fait que cette même conviction puisse être considérée comme étant « objectivement discriminatoire » :

> Dans les circonstances particulières du présent dossier, à la lumière principalement du témoignage crédible et articulé de la requérante dont les convictions religieuses apparaissent réelles, importantes et réfléchies, le Tribunal est d'avis que la requérante a démontré que sa demande n'est ni un caprice, ni une fantaisie.
>
> À l'instar de son collègue le juge Maurice E. Lagacé, le Tribunal rappelle les propos de la juge Johanne Trudel de cette cour dans l'affaire *Arrage* c. *Directeur de l'état civil* :
>
> *L'orientation que s'est donnée le Directeur de l'état civil, aussi souhaitable soit-elle, ne peut avoir pour effet de contourner l'article 58 C.c.Q. et l'obligation, pour le juge, de rendre une justice digne et respectueuse des personnes.*
>
> Aussi cruciaux qu'aient été et que demeurent les objectifs poursuivis par le législateur lors de l'adoption de la *Loi instituant un nouveau Code civil et portant réforme du droit de la famille*, ils ne sauraient avoir pour effet d'empêcher la requérante de rechercher l'autorisation de changement de nom de l'article 58 *C.c.Q.* en l'absence de toute preuve de risques de confusion ou de risques de sécurité (*sic !*) à la société.[903] [nous soulignons]

---

902 « Le 19 décembre 1980, le législateur [québécois] sanctionne la *Loi instituant un nouveau Code civil et portant réforme du droit de la famille*.

Parmi d'autres, il poursuit deux objectifs :

- promouvoir l'égalité des époux ;
- mettre fin aux difficultés que les femmes mariées du Québec rencontrent lorsqu'elles utilisent le nom patronymique qui leur est propre » [nous soulignons] : *id.*, parag. 32-33.

903 *Id.*, parag. 52 et 54. Le lecteur prendra également note du fait que la juge St-Pierre a réfuté le raisonnement suivi par le Directeur de l'état civil, qui avait initialement rejeté la demande de la plaignante au motif que, malgré l'interdiction qui lui était faite par l'article 398 *C.c.Q.* d'utiliser *légalement* le nom de famille de son mari, rien ne l'empêchait, dans les faits, d'utiliser effectivement ce nom dans le cadre de ses rapports sociaux courants : *id.*, parag. 11. Cet état de fait nous semble renforcer la nature archétypique de la décision *Gabriel* comme illustration que l'interprétation actuelle

Toujours dans le même sens, la CDPDJ rendit un très intéressant avis le 30 janvier 2009, dans lequel elle confirma la validité d'une pratique adoptée par la SAAQ en vertu de laquelle cette institution acceptait d'accommoder les individus qui, sur la foi de convictions religieuses sincères, refusaient d'être évalués par des individus de sexe opposé lors de l'examen pratique préalable à l'obtention du permis de conduire québécois[904]. De manière tout à fait conforme à l'interprétation actuelle qui a cours en droit canadien quant à la « balise limitative » de l'atteinte aux droits d'autrui, le raisonnement sur lequel se fonde la CDPDJ pour conclure que l'accommodement de cette *conviction religieuse objectivement discriminatoire* est conforme à la *Charte québécoise* repose presqu'exclusivement sur l'existence d'un « filtre institutionnel » entre le demandeur de l'accommodement religieux en question et le fonctionnaire qui, effectivement, sera touché par cette demande[905].

Autrement formulé : puisque le demandeur d'accommodement formule sa requête à un commis (à la réception) et que celui-ci est responsable de l'affectation subséquente des « clients » aux différents évaluateurs devant faire passer les examens de conduite, les évaluateurs « disqualifiés » en raison de leur sexe ne peuvent pas, dans les faits, alléguer que l'accommodement de telles convictions religieuses viole leur droit à l'égalité en vertu de l'article 10 de la *Charte québécoise*

---

des « balises limitatives » permettant de restreindre l'exercice d'une conviction religieuse.

904 « Selon le document transmis par la SAAQ, dans le cas d'une demande d'accommodement raisonnable de ne pas se trouver seul en présence d'une personne du sexe opposé fondée sur un motif religieux lors d'un examen pratique d'évaluation de conduite, on ne doit pas acquiescer à la demande que le conjoint ou qu'une autre personne soit présente dans le véhicule. On peut y lire ce qui suit :

« Exemple : Un centre de service n'a pas à accepter que l'époux d'une femme musulmane accompagne celle-ci dans l'auto lors de l'examen pratique. La règle voulant qu'il n'y ait pas de tierce personne dans l'auto est reliée à la sécurité et on ne peut ni ne doit y contrevenir. On parle donc ici d'une contrainte reliée à la sécurité.

Toutefois, on proposera d'accommoder ces clients en permettant à la dame de passer l'examen pratique avec une évaluatrice plutôt qu'un évaluateur masculin si une évaluatrice se trouve alors à être disponible. Sinon, un rendez-vous d'accommodement pourra être donné pour plus tard puisque le centre n'est pas tenu de déplacer d'autres clients ni de chambarder tout l'horaire des examens pour accéder sur-le-champ à une telle demande lorsque ce n'est pas possible.

L'accommodement raisonnable ne s'applique donc pas lorsque la demande vient contredire un autre droit, par exemple le droit à l'égalité des sexes, l'atteinte à l'ordre public ou à la sécurité des lieux et des personnes. »

Selon cette politique, l'accommodement proposé est de tenter de satisfaire la demande de la clientèle sans pour autant porter atteinte aux règles de sécurité ou au droit à l'égalité entre les femmes et les hommes. » CDPDJ, *op. cit.*, note 20, p. 1.

905 Voir *id.*, pp. 1-2.

puisque : 1) ils ne sont pas même informés de cette demande ; et 2) que leur charge de travail n'est pas, dans les faits, allégée ou diminuée d'une quelconque manière[906].

Ceci conclut donc l'analyse du second bloc des « autres objets de protection » consacrés par les *lois sur les droits fondamentaux* canadiennes. Confortant les conclusions auxquelles nous parvinrent suite à l'analyse des objets de protection liés aux *libertés fondamentales*, force est ici de constater, une fois encore, que les portées conférées à la plupart des objets de protection consacrés par les *droits fondamentaux* ne peuvent rivaliser avec la portée extrêmement large des convictions religieuses individuelles protégées en droit canadien.

---

906 « Par ailleurs, un effet préjudiciable sur les employés ou un conflit de droits pourrait constituer une contrainte excessive si l'accommodement offert avait pour effet de porter atteinte aux droits des salariés. Cependant, comme nous avons pu le constater dans un centre de service, les salariés ne semblent pas subir de préjudices, que ce soit en termes de conditions de travail ou en termes de droit à l'égalité.

Dans un premier temps, la mesure d'accommodement offerte ne semble pas avoir d'effet sur l'organisation du travail. Le nombre d'évaluateur est suffisamment important pour que la mise en attente d'un dossier sur plusieurs centaines ait un impact quelconque sur l'organisation.

Dans un deuxième temps, l'approche préconisée par la SAAQ ne semble pas avoir d'effet préjudiciable sur le droit des employés à des conditions de travail exemptes de discrimination. En effet, les évaluateurs et évaluatrices ne sont pas appelés à effectuer plus d'évaluations ni devoir en faire moins dans une journée en raison d'une demande d'accommodement. De plus, n'ayant pas de dossiers assignés à l'avance, cette approche fait en sorte que les évaluateurs ne se voient pas retirer de dossiers pré assignés.

Finalement, la SAAQ ne prévoit pas une quelconque forme de sexualisation de ses postes afin de répondre à ces demandes d'accommodement. Si cela devait être considéré comme une option par la SAAQ, la démonstration du recours à une telle mesure devrait être extrêmement rigoureuse. En effet, dans les litiges relatifs à la sexualisation des postes de préposés aux bénéficiaires dans des établissements de santé, les tribunaux se sont montrés très exigeants quant au niveau de preuve requis pour justifier le recours à une mesure aussi exceptionnelle [référence à la décision *Commission des droits de la personne et des droits de la jeunesse* c. *Hôpital général juif Sir Mortimer B. Davis*, 2007 QCTDP 29] » [nous soulignons] : *id.*, p. 7.

Conclusion

> Une décision a des conséquences à court terme, souvent prévisibles avec une marge d'erreur raisonnable et des conséquences à long terme, généralement imprévisibles car dépendant de l'enchaînement des décisions des autres.
>
> Bruno JARROSSON, *Décider ou ne pas décider*[907]

Si un seul principe devait ressortir de notre ouvrage, il serait sans aucun doute lié à la remise en cause du postulat maintes et maintes fois réaffirmé par la jurisprudence canadienne, selon lequel *il n'existe aucune hiérarchie entre les droits fondamentaux protégés au Canada*[908]. En effet, ce même postulat nous semble dorénavant devoir être nuancé par l'ajout d'un qualificatif d'importance, qualificatif ayant pour effet de restreindre considérablement la portée du principe de non-hiérarchie entre droits fondamentaux. La formule consacrée devrait maintenant être : *il n'existe aucune hiérarchie* ***formelle*** *entre les droits fondamentaux protégés au Canada.*

L'analyse comparative des portées qui furent attribuées, au fil du temps, aux deux groupes de droits fondamentaux sélectionnés – soit d'un côté, les dispositions protégeant les convictions religieuses, et de l'autre, le reste de l'ensemble des *droits fondamentaux de nature constitutionnelle* au Canada – nous a en effet permis de constater un déséquilibre qualitatif généralisé favorisant les convictions religieuses en tant qu'objet de protection des *lois sur les droits fondamentaux*. Ce déséquilibre d'une grande importance nous semble soutenir, en lui-même, l'existence d'une *hiérarchie matérielle* entre les deux groupes de droits fondamentaux étudiés.

Pour reprendre la terminologie utilisée par le professeur Rik Torfs (et sur la base de laquelle nous avons mis sur pied notre *spectre de polyethnicité*[909]), les principales caractéristiques du droit (quasi-)constitutionnel canadien peuvent être aisément rattachées à celles du « modèle de confiance » et ce, par la combinaison : (1) de la portée extrêmement large qui fut conférée aux « convictions religieuses » en tant qu'objet de

---

907 Paris, Maxima, 1994, p. 120.

908 Voir *supra*, note 43 et texte lui correspondant.

909 Voir *supra*, section 2.1.

protection des *lois sur les droits fondamentaux* ; et (2) de l'interprétation plutôt restrictive (ou à tout le moins : plus restrictive) qui fut faite des autres objets de protection consacrés/protégés par les autres *droits fondamentaux de nature constitutionnelle* au Canada[910].

Première étape qui devait nous permettre de situer le régime juridique canadien sur le *spectre de polyethnicité*, notre évaluation qualitative du concept de « convictions religieuses » protégé par l'entremise des *lois sur les droits fondamentaux* canadiennes, pour être valable, devait être tout particulièrement étoffée considérant la grande complexité définitionnelle propre à cet objet de protection *supralégislatif.* C'est pourquoi, donc, nous avons fait le choix de la faire reposer sur une analyse comportant deux aspects principaux : l'un, *épistémologique*, et le second, plus strictement *juridique.*

Le volet *épistémologique* de l'analyse impliquait de nous intéresser aux possibles définitions du concept même de « convictions religieuses » (de la plus large à la plus restrictive) et de comparer les critères définitionnels établis en droit canadien avec ces mêmes définitions, dans le but d'en démontrer la très grande « générosité ». Les résultats à cet égard nous apparaissent on ne peut plus convaincants, démontrant en effet que l'ensemble des critères mis en place par la jurisprudence canadienne (qu'il s'agisse de : 1) la *religion personnelle* ; 2) la *croyance sincère* ; ou 3) l'atteinte dite « plus que négligeable ou insignifiante ») vient grandement limiter les possibilités d'exclure une conviction individuelle du champ couvert par l'objet de protection des « convictions religieuses » au Canada et ce, dès qu'un individu qualifie lui-même cette conviction de « spirituelle ».

Le volet « plus strictement juridique », quant à lui, devait nous permettre de valider notre analyse *épistémologique* par l'entremise d'une comparaison entre les critères définitionnels canadiens, très « larges et inclusifs », et ceux d'un régime juridique national ayant adopté une approche présumément « plus restrictive » en matière de gestion du pluralisme culturel et religieux, soit en l'occurrence le régime juridique français. Encore une fois, les résultats se sont trouvés à confirmer notre hypothèse de recherche en établissant, non seulement que les critères canadiens étaient plus largement formulés que ceux du droit français, mais que l'objet de protection des « convictions religieuses » jouissait, au sein des différents milieux de travail nationaux, d'une primauté beaucoup plus étendue au Canada qu'en France.

---

[910] Combinaison qui permet donc de situer le régime juridique canadien à l'intérieur du troisième quadrant de la figure intitulée « Repères pour les modèles du *spectre de polyethnicité* » : *supra*, section 2.2.3.

La qualification de la (très large) portée attribuée aux convictions religieuses en droit canadien une fois complétée, nous pûmes nous lancer dans l'analyse qualitative des objets de protection consacrés par l'ensemble des « autres droits fondamentaux de nature constitutionnelle au Canada », deuxième et dernière étape qui nous permettrait de démontrer que le régime juridique canadien peut effectivement être rattaché au « modèle de confiance » du *spectre de polyethnicité*. Cette dernière étape impliquait que nous démontrions en quoi l'interprétation de ces « autres objets de protection » (soit ceux consacrés par les libertés d'*expression*, d'*association*, de *circulation* et de *conscience*, les droits à la *vie*, *sécurité*, *liberté* et *vie privée* ainsi que les autres caractéristiques personnelles protégées par le droit à l'égalité) pouvait être considérée comme étant plus restrictive que celle qui fut faite des « convictions religieuses ».

Cette dernière portion de l'analyse nous a permis de mettre en lumière la très faible proportion des « autres droits fondamentaux » pouvant jouir, au Canada, d'une portée aussi largement étendue que celle qui fut conférée aux dispositions protégeant les convictions religieuses. En effet, il appert que tous les autres « objets de protection » étudiés (à l'exception du droit à l'intégrité physique de la personne) ont fait l'objet d'importantes limitations qui ne furent pas imposées au concept de « convictions religieuses protégées », limites touchant toutes de manière plus ou moins arbitraire au champ *épistémologique* pouvant être couvert par la nature des différents « autres objets de protection » concernés. De manière générale, ces restrictions prirent la forme de :

- limites intrinsèques plus imposantes ;
- variations quant aux critères – voire la possibilité – de renonciation ;
- restrictions quant aux volets négatifs des différents *objets de protection* ;
- l'affirmation d'un moindre degré de justification pour une atteinte à certains types d'activités protégées ; et finalement de
- variations quant à l'éventail possible de réparations en cas d'atteinte injustifiée à un droit.

Dans le même sens, nous avons également pu démontrer que, dans certaines circonstances bien particulières, le régime juridique canadien octroyait expressément un statut préférentiel aux convictions religieuses individuelles par rapport à certains des « autres objets de protection » de nature constitutionnelle au Canada (pensons notamment aux exemptions d'application de clauses d'atelier syndical ou de dispositions légales protégeant le droit à l'égalité, accordées à certains individus/institutions pouvant alléguer des motifs religieux suffisants).

L'existence d'un déséquilibre hiérarchique favorisant les dispositions protégeant les convictions religieuses au détriment d'autres objets de protection consacrés par les *lois sur les droits fondamentaux* canadiennes – et incidemment, la démonstration qu'existe, dans une certaine mesure, une *hiérarchie matérielle* au sein du large ensemble des droits et libertés fondamentaux canadiens – est évidemment de nature à soulever plusieurs questions, d'ordre autant politique que juridique.

Questions d'ordre politique d'abord parce que la validation de notre hypothèse de recherche nous semble profondément modifier les prémisses de base d'une des formes les plus récentes qu'a prise, au Québec et plus largement au Canada, le débat lié à la sempiternelle problématique de la gestion des « tensions » opposant la protection de l'égalité entre les hommes et les femmes et les dispositions protégeant les convictions religieuses. En effet, tant la « première » crise des accommodements raisonnables au Québec[911] – ayant mené à la mise sur pied de la *Commission Bouchard-Taylor* – que la « seconde »[912] – ayant mené au dépôt du *projet de loi n° 94*[913] en 2010 – a mené de nombreux acteurs et

---

911 Pour une description détaillée des événements ayant mené le Québec à cette première « crise » des accommodements, voir notamment le résumé très détaillé qui fut dressé par les co-présidents de la *Commission Bouchard Taylor* dans leur rapport final : G. BOUCHARD et C. TAYLOR, *op. cit.*, note 20, pp. 43-60 de même que Maryse POTVIN, *Crise des accommodements raisonnables : une fiction médiatique ?* Montréal, Éditions Athéna, 2008.

912 Ce qu'il nous semble dorénavant possible de désigner comme la « seconde crise » des accommodements raisonnables au Québec a été principalement causée par deux événements particuliers, soit l'avis de la CDPDJ concernant les pratiques d'accommodement à la S.A.A.Q. (voir CDPDJ, *op. cit.*, note 20 ainsi que Louis-Philippe LAMPRON, « Un sophisme malheureux mais prévisible », « Un sophisme malheureux mais prévisible », *Cyberpresse.ca*, 17 octobre 2009, [en ligne : http://www.cyberpresse.ca/le-soleil/opinions/points-de-vue/200910/15/01-911635-un-sophisme-malheureux-mais-previsible.php], (page consultée le 22 août 2010)) et l'expulsion d'une immigrante musulmane d'un cours de francisation public pour le motif que cette même immigrante refusait de retirer son *niqab*, voile intégral ne laissant voir que les yeux de la personne qui le porte (voir à cet égard : RADIO-CANADA, « Port du niqab : une étudiante expulsée d'un cours », *Radio-canada.ca*, 2 mars 2010, [en ligne : http://www.radio-canada.ca/nouvelles/Politique/2010/03/02/003-quebec_niqab.shtml], (page consultée le 22 août 2010) ; Rémi NADEAU, « Accommodements raisonnables : le PQ dénonce le laissez-faire », *Le Journal de Québec*, 12 février 2010, [en ligne : http://lejournaldequebec.canoe.ca/journaldequebec/politique/provinciale/archives/2010/02/20100212-215512.html], (page consultée le 22 août 2010) et Louis-Philippe LAMPRON, « La gestion du pluralisme religieux au Québec – Comment déroger à la Charte canadienne sans déroger à la liberté de religion », *Le Devoir*, 8 mars 2010, p. A-7, [en ligne : http://www.ledevoir.com/societe/ethique-et-religion/284502/la-gestion-du-pluralisme-religieux-au-quebec-comment-deroger-a-la-charte-canadienne-sans-deroger-a-la-liberte-de-religion], (page consultée le 22 août 2010)).

913 *Loi établissant les balises encadrant les demandes d'accommodement dans l'Administration gouvernementale et dans certains établissements*, projet de loi 94,

intervenants de la sphère politique à prendre position par rapport à la question suivante : le législateur devrait-il (ou ne devrait-il pas) hiérarchiser les droits fondamentaux protégés par les *lois sur les droits fondamentaux* au Canada de manière à faire primer l'égalité entre les hommes et les femmes sur les dispositions protégeant les convictions religieuses[914] ?

1re session, 39e législature, (Québec) [en ligne : http://www.assnat.qc.ca/media/Process.aspx?MediaId=ANQ.Vigie.Bll.DocumentGenerique_32689&process=Default&token=ZyMoxNwUn8ikQ+TRKYwPCjWrKwg+vIv9rjij7p3xLGTZDmLVSmJLoqe/vG7/YWzz], (page consultée le 23 août 2010).

914 **Exemples d'avis incitant les législateurs à *hiérarchiser* le rapport entre ces deux groupes de « droits fondamentaux »** : CONSEIL DU STATUT DE LA FEMME, *op. cit.*, note 17 ; FORUM DES FEMMES JURISTES DE L'ASSOCIATION DU BARREAU CANADIEN – SECTION QUÉBEC, *L'égalité entre les femmes et les hommes : une valeur fondatrice essentielle de l'identité québécoise*, Mémoire présenté à la Commission des affaires sociales du Québec dans le cadre de la consultation générale relative au projet de loi n° 63 modifiant la Charte des droits et libertés de la personne du Québec, Montréal, Association du Barreau canadien, 2008, [en ligne : http://www.bibliotheque.assnat.qc.ca/01/mono/2008/02/961174.pdf], (page consultée le 26 août 2010) et GROUPE DE PROFESSEURES ASSOCIÉES À LA CHAIRE CLAIRE-BONENFANT-FEMMES, SAVOIRS ET SOCIÉTÉS, *Mémoire déposé à la Commission des institutions du Québec dans le cadre des consultations relatives au projet de loi n° 94 intitulé «* Loi *établissant les balises encadrant les demandes d'accommodement dans l'Administration gouvernementale et dans certains établissements »* [en ligne : http://www.assnat.qc.ca/media/Process.aspx?MediaId=ANQ.Vigie.Bll.DocumentGenerique_34375&process=Default&token=ZyMoxNwUn8ikQ+TRKYwPCjWrKwg+vIv9rjij7p3xLGTZDmLVSmJLoqe/vG7/YWzz], (page consultée le 22 août 2010). **Exemples d'avis incitant le gouvernement à conserver le *statu quo* (en principe, non hiérarchique) en ce qui concerne ces deux groupes de « droits fondamentaux »** : BARREAU DU QUÉBEC, *Les droits fondamentaux : une protection pour toutes et tous*, Mémoire présenté à la Commission de consultation sur les pratiques d'accommodement reliées aux différences culturelles, décembre 2007, [en ligne : http://www.accommodements.qc.ca/documentation/memoires/A-N-Montreal/barreau-du-quebec-audiences-nationales.pdf], (page consultée le 22 août 2010) ; Mathieu PICHÉ-MESSIERS, « Modifications à la Charte : Réalités juridiques ou uniquement politiques ? », dans ASSOCIATION DU JEUNE BARREAU DE MONTRÉAL, *Publications*, février 2008, [en ligne : http://www.ajbm.qc.ca/fr/presse/modifications-a-la-charte-realites-juridiques-ou-uniquement-politiques-15] (page consultée le 22 août 2010) ; LIGUE DES DROITS ET LIBERTÉS, *Le projet de loi 94 : un projet de loi qui dénature la notion d'accommodement raisonnable et qui nuit à l'intégration*, 7 mai 2010, [en ligne : http://www.assnat.qc.ca/media/Process.aspx?MediaId=ANQ.Vigie.Bll.DocumentGenerique_34381&process–Default&token–ZyMoxNwUn8ikQ+TRKYwPCjWrKwg+vIv9rjij7p3xLGTZDmLVSJLoq/vG7/YWzz], (page consultée le 22 août 2010) et BARREAU DU QUÉBEC, *Mémoire déposé à la Commission des institutions du Québec dans le cadre des consultations relatives au projet de loi n° 94 intitulé «* Loi *établissant les balises encadrant les demandes d'accommodement dans l'Administration gouvernementale et dans certains établissements »*, 30 avril 2010, [en ligne : http://www.assnat.qc.ca/media/Process.aspx?MediaId=ANQ.Vigie.Bll.DocumentGenerique_33985&process

On le constate sans difficulté, la prémisse sous-tendant cette appréhension de la problématique repose très clairement sur l'acceptation de la non-existence d'une quelconque forme de hiérarchie juridique entre les droits et libertés de nature constitutionnelle au Canada. Or, si la remise en cause de cette prémisse de base permet sans contredit de rajouter un argument supplémentaire à l'arsenal déjà déployé par les tenants de l'établissement d'une primauté formelle accordée au droit à l'égalité entre les hommes et les femmes par rapport, notamment, aux dispositions protégeant les convictions religieuses, cette même remise en cause nous semble impliquer que les tenants du *statu quo* réévaluent entièrement leur position.

En effet, à partir du moment où il est reconnu que l'état du droit canadien admet l'existence d'une *hiérarchie matérielle* favorisant, dans une certaine mesure, les dispositions favorisant les convictions religieuses en tant qu'objet de protection des *lois sur les droits fondamentaux*, la préservation du *statu quo* en ce qui concerne la mise en œuvre de ces mêmes *lois* apparaît incompatible avec le principal objectif poursuivi par les intervenants s'étant affichés, jusqu'ici, en faveur d'une telle approche, soit : l'importance primordiale de préserver un équilibre entre les différents droits fondamentaux protégés au Canada. La réévaluation de la position des actuels tenants du *statu quo* impliquera en fait directement la présumée (pour plusieurs) illégitimité de toute forme de hiérarchie juridique entre droits fondamentaux, dont les bases nous sont d'ailleurs brillamment résumées par le professeur Jacques Mourgeon :

> Sauf à recourir à des postulats ou des prémisses indémontrables, aucune démarche, théologique, rationaliste, matérialiste ou autre ne peut établir une hiérarchie [légitime] des droits, qu'elle la fonde sur une essence présupposée, sur une utilité prédéterminée, sur un bienfait préqualifié. Dès lors [que les droits fondamentaux] expriment une aspiration de l'homme, ses droits sont tous équivalents dans leur nécessité comme dans leur légitimité.[915]

Ainsi, la question initiale à laquelle il conviendra de répondre est la suivante : l'inclusion du concept de *hiérarchie matérielle*, découlant des tendances systémiques décelées au sein d'un corpus jurisprudentiel donné, au sein du plus large ensemble de la « hiérarchie juridique » vient-elle mettre à mal l'idée de l'illégitimité de toute « hiérarchisation » entre droits fondamentaux ou au contraire, la conforte-t-elle ? Si on juge qu'elle la met à mal, il faudra alors nécessairement justifier l'existence d'un déséquilibre « réel » entre des droits fondamentaux pour lesquels on refuse de choisir un ordonnancement hiérarchique particulier. S'agis-

---

=Default&token=ZyMoxNwUn8ikQ+TRKYwPCjWrKwg+vIv9rjij7p3xLGTZDmLVSmJLoqe/vG7/YWzz], (page consultée le 22 août 2010).

915 J. MOURGEON, *op. cit.*, note 716, pp. 9-10.

sant plus particulièrement de la situation propre aux conflits entre le droit à l'égalité entre les hommes et les femmes et les dispositions protégeant les convictions religieuses, il nous semblerait pour le moins ardu de concilier l'actuelle primauté matérielle accordée aux dispositions protégeant les convictions religieuses en droit canadien avec les interventions marquées du législateur québécois au cours des dernières années ayant pour objectif avéré de conforter les assises du droit à l'égalité entre les hommes et les femmes au sein du plus large catalogue de droits et libertés protégés au Québec[916].

Si on devait plutôt considérer que toute hiérarchie juridique – tant formelle que matérielle – est *illégitime*, il faudrait alors proposer aux législateurs concernés des voies concrètes leur permettant de « corriger » le déséquilibre matériel identifié dans notre ouvrage, de manière à ce que le principe de la « non-hiérarchie juridique » entre les droits fondamentaux protégés au Canada puisse être porteur d'effets autant aux niveaux « formel » que « matériel » de cette même hiérarchie. Dans un cas comme dans l'autre, donc, l'argumentaire des actuels tenants du *statu quo* devra subir une refonte en profondeur.

Les questions d'ordre plus strictement « juridique », quant à elles, découlent directement de la démarche que nous avons suivie pour établir l'existence d'une *hiérarchie matérielle* entre les droits fondamentaux protégés au Canada. En effet, tel que nous l'annoncions au tout début de la recherche[917], notre mise en lumière de l'inacuité du postulat de « non-hiérarchie » entre les droits fondamentaux canadiens tient strictement à la démonstration du déséquilibre hiérarchique entre deux groupes précisément circonscrits de droits et libertés fondamentaux. Cette « percée »

---

916 La *Loi modifiant la Charte des droits et libertés de la personne*, L.Q. 2008, c. 15, par l'entremise de laquelle l'article 50.1 a été inséré au sein de la *Charte québécoise* (« **50.1** Les droits et libertés énoncés dans la présente Charte sont garantis également aux femmes et aux hommes ») a en effet été initiée d'une manière qui ne pouvait laisser de doutes quant à l'intention de souligner (à tout le moins) l'importance primordiale accordée à la valeur de l'égalité entre les hommes et les femmes au sein de la société québécoise et des différentes institutions qui la composent. L'intention gouvernementale de modifier la *Charte québécoise* a en effet été annoncée quelques temps après le dépôt, par le Conseil du Statut de la femme, de l'avis intitulé *Droit à l'égalité entre les femmes et les hommes et liberté religieuse*, précité, note 17, devant la *Commission Bouchard-Taylor* et certaines déclarations de membres du gouvernement laissaient même sous-entendre que la modification viserait à répondre à la principale recommandation formulée dans l'avis du Conseil du statut de la femme, à savoir l'établissement d'une hiérarchie juridique en faveur du droit à l'égalité entre les hommes et les femmes par rapport aux autres droits et libertés protégés par la *Charte québécoise* (voir à ce sujet : Denis LESSARD, « Charest amendera la Charte », *Journal la Presse*, 10 octobre 2007 [en ligne : http://www.vigile.net/Charest-amendera-la-Charte], (page consultée le 22 août 2010).

917 Voir *supra*, introduction.

une fois ouverte, le plus gros du travail reste toujours à faire en ce qui concerne la caractérisation de cette même *hiérarchie matérielle*.

Plusieurs questions juridiques restent donc à explorer, dont notamment les suivantes :

- Existe-t-il deux ou plusieurs niveaux hiérarchiques entre les droits et libertés de nature constitutionnelle au Canada ?
- Quels critères permettraient d'identifier et caractériser ces mêmes « niveaux hiérarchiques » et, incidemment, d'identifier les droits fondamentaux qui les composent ?
- Est-il possible que l'impact hiérarchique découlant des différentes limites intrinsèques rattachées aux différents objets de protection des *lois sur les droits fondamentaux* varie en fonction de leurs principales caractéristiques ? Par exemple, une limite affirmant le caractère « plus facilement justifiable » (au sens des dispositions justificatives des *lois sur les droits fondamentaux*) de certaines activités protégées par un objet de protection donné est-elle de nature à hausser ou diminuer le poids hiérarchique de ce même objet de protection si on le compare à un autre objet de protection que les tribunaux auraient intrinsèquement amputé d'une portion substantielle d'activités (par rapport à son ampleur épistémologique maximale)[918] ?
- L'ensemble des activités protégées par un même « objet de protection » des *lois sur les droits fondamentaux* canadiennes pourraient-elles être réparties, tout dépendant de leur nature particulière, entre différents « niveaux hiérarchiques » structurant la *hiérarchie matérielle* canadienne ? Par exemple, les trois niveaux d'activités expressives protégées par les dispositions protégeant la liberté d'expression au Canada[919] correspondent-ils à trois des « niveaux hiérarchiques » structurant cette même *hiérarchie matérielle* ?
- Le nombre et les caractéristiques des « niveaux hiérarchiques » composant la *hiérarchie matérielle* canadienne varient-ils en fonction du domaine d'application des *lois sur les droits fonda-*

---

[918] Dans le même sens, il serait intéressant d'évaluer la portée qu'il convient de donner à la portée fort limitée de l'article 33 de la *Charte canadienne*, qui ne permet au législateur de déroger qu'aux articles 2 et 7 à 15 de la *Charte canadienne*. La possibilité qu'un impact hiérarchique découle spécifiquement de cette disposition a par ailleurs été soulevée par quelques auteurs au cours des dernières années : M. CARTER, *loc. cit.*, note 908, 36-38 ; S. BERNATCHEZ, *op. cit.*, note 611, pp. 87-91 et Peter HOGG, *Constitutional Law of Canada*, Toronto, Carswell, 1992-éd. mise à jour (feuilles mobiles), parag. 33.7.

[919] Voir à cet égard *supra*, section 5.1.2.

mentaux canadiennes ; les domaines public et privé impliquant chacun des « niveaux hiérarchiques » distincts ?

- Dans quelle mesure la *hiérarchie matérielle* canadienne est-elle compatible avec les textes régissant la protection internationale des droits fondamentaux de la personne ?

Une fois que la *hiérarchie matérielle* canadienne aura été plus précisément caractérisée, il pourra également être très porteur de pousser plus loin l'investigation et de vérifier si le(s) modèle(s) théorique(s) développé(s) pour l'identification des différents « niveaux hiérarchiques » au sein de l'ensemble des droits fondamentaux de nature constitutionnelle au Canada serai(en)t transposable(s) pour l'identification de rapports hiérarchiques matériels unissant les droits fondamentaux consacrés au sein d'autres régimes juridiques nationaux.

Quoi qu'il advienne, il nous semble certain que les futurs développements sur la problématique de la *hiérarchie matérielle* entre droits et libertés fondamentaux, qu'ils reposent sur une appréhension politique ou plus strictement juridique, ne risqueront pas de passer inaperçus. En effet, contrairement à l'établissement d'une *hiérarchie juridique formelle* entre droits fondamentaux – qu'il était aisé (et peut-être même sage) d'exclure – la gestion d'une *hiérarchie juridique matérielle* déjà existante en droit canadien ne manquera pas de soulever les passions, ne serait-ce que par l'inextricable lien qu'elle nourrit, à notre avis, avec les très variables concepts de *hiérarchie morale* et de *valeurs collectives*. Mais comme l'affirma un jour le maréchal français Ferdinand Foch : « Ne me dites pas que ce problème est difficile. S'il n'était pas difficile, ce ne serait pas un problème. »[920]

[920] Cette citation a notamment été attribuée au maréchal Foch par : Alain MONTOUX, *Dicojob 2009 : Concepts et Vocabulaire des organisations*, Paris, Publibook, 2009, p. 581 et EVENE, « Les citations de Ferdinand Foch », [en ligne : http://www.evene.fr/celebre/biographie/ferdinand-foch-397.php?citations], (page consultée le 23 août 2010).

Annexe

Secrétariat du Conseil du Trésor du Canada — Treasury Board of Canada Secretariat

PROTÉGÉ
(une fois rempli)

DÉCLARATION ASSERMENTÉE

OPPOSITION À LA RETENUE DE COTISATIONS SYNDICALES POUR MOTIFS RELIGIEUX

RÉPONSE FACULTATIVE - ESSENTIELLE À UNE PRISE DE DÉCISION : La communication des renseignements demandés dans ce document est facultative. Ces renseignements sont recueillis afin de prendre une décision concernant l'opposition pour motifs religieux au précompte des cotisations et sont aussi essentiels pour prendre une décision qui vous concerne directement. Un refus de répondre entraînera la déduction des cotisations syndicales. Ces renseignements seront versés au fichier de renseignements personnels numéro POE 901 - Dossier personnel d'un employé et seront partagés avec l'agent négociateur aux fins de confirmation. Ils sont protégés contre toute divulgation à des personnes ou à des organismes non autorisés, conformément aux dispositions de la *Loi sur la protection des renseignements personnels*. Aux termes de ladite loi, vous avez le droit de vous faire communiquer les renseignements personnels vous concernant et conservés par une institution du gouvernement fédéral et de demander des corrections si, selon vous, ils sont erronés ou incomplets.

Instructions: Remplir le formulaire. Assurer que le formulaire a été signé par un représentant de l'organisme religieux et que votre signature a été attesté par un commissaire à la prestation de serments ou notaire. Veuillez joindre une copie de la doctrine de l'organisme. Envoyer l'original du formulaire et une copie de la doctrine à votre agent ministériel des Ressources humaines qui les enverraient au Secrétariat du Conseil du Trésor pour l'approbation.

Ministère de ______________________________

Province/Territoire ______________ Comté ______________

Au sujet d'une convention entre le Conseil du Trésor et ______________
(agent négociateur)

visant les employés du ______________________________ .
(groupe)

Je, ______________________ de ______________________ ,
(nom et initiales en lettres moulées) (ville/village)

du comté de ______________________ , province/territoire d ______________ ,
(comté) (province/territoire)

jure :

1. Que je suis membre de ______________________________ .
(nom de l'organisme religieux)
2. Qu'en vertu de la doctrine de ______________________________
(nom de l'organisme religieux)

   je ne puis en toute conscience verser une contribution financière à un organisme d'employés.
3. Vous trouverez une copie de la doctrine de l'organisme. ☐
4. Que je verserai à ______________________________
(nom d'un organisme de charité)

   des contributions correspondant aux cotisations que je devrais payer en vertu de la convention visée par la déclaration assermentée.

____
(signature de l'employé)

______________________________ ______________________________
(signature et charge du représentant de l'organisme religieux) (numéro d'enregistrement aux fins de la *Loi de l'impôt sur le revenu*)

ATTESTÉ SOUS SERMENT devant moi à ______________________ dans le
(ville/village)

comté de ______________ ce ________ jour de ______________ , ________ .
(comté) (jour) (mois) (année)

____
(signature du commissaire à la prestation de serments ou notaire)

TBS/SCT 340-52F (Rev. 2003/09)

Canada

En ligne : http://www.tbs-sct.gc.ca/tbsf-fsct/340-52-fra.pdf],
(page consultée le 23 août 2010)

Bibliographie

Dictionnaires et encyclopédies

BLUM, C. (dir.), *Le nouveau Littré*, Paris, Garnier, 2004

DENIS, J.-P. et A. FRACHON (dir.), *L'Atlas des religions : pays par pays, les clés de la géopolitique*, coéd. La vie/Le Monde, Paris, Malherbes, 2007

DUBOIS, J. (dir.), *Lexis Larousse de la langue française*, Paris, Larousse, 2002

JULIA, D., *Dictionnaire de la philosophie*, Paris, Larousse, 2006

LAPORTE, L., (dir.), *L'atlas géopolitique et culturel du Petit Robert des noms propres*, 2e éd., Paris, Dictionnaire le Robert, 2002

REY, A. (dir.), *Le Petit Robert des noms propres*, Paris, Le Robert, 2006

REY-DEBOVE, J. et A. REY (dir.), *Le Nouveau Petit Robert*, Paris, Le Robert, 2007

TINCQ, H. (dir.), *Larousse des religions*, Paris, Larousse, 2005

Monographies, ouvrages généraux et recueils

ANCEL, J.-P. (dir.), *La création du droit jurisprudentiel : Mélanges en l'honneur de Jacques Boré*, Paris, Dalloz, 2007

ANDRIANTSIMBAZOVINA, J. *et al.* (dir.), *Dictionnaire des droits de l'Homme*, Paris, PUF, 2008

ANGRIGNON, P. et J.G. RUELLAND, *Civilisation occidentale : histoire et héritages*, Montréal, Éditions de la Chenelière, 1995

AVRIL, P. et J. GICQUET, *Le Conseil constitutionnel*, 4e éd., Paris, Montchrestien, 1998

BAKAN, J., *et al.* (dir.), *Canadian Constitutional Law*, 3e éd., Toronto, Montgomery, 2003

BAKHT, N., *Arbitrage, religion et droit de la famille : la privatisation du droit au détriment des femmes*, Ottawa, Association nationale Femmes et Droit, 2005

BANON, P., *Dieu et l'entreprise : comprendre et gérer les cultures religieuses*, Paris, D'Organisation, 2006

BARRANGER, D., *Le droit constitutionnel*, coll. Que sais-je ?, Paris, PUF, 2006

BEAUDOIN, G.-A. et E. MENDES (dir.), *Charte canadienne des droits et libertés*, 4e éd., Markham, Lexis Nexis Butterworths, 2005

BÉCHILLON, D. de, *Hiérarchie des normes et hiérarchie des fonctions normatives de l'État*, Paris, Economica, 1996

BEDOUELLE G., et J.-P. COSTA, *Les laïcités à la française*, Paris, PUF, 1998

BERNATCHEZ, J.-C., *La convention collective : savoir la négocier, l'interpréter, l'appliquer*, Québec, Les Presses de l'Université du Québec, 2003

BERNIER, L., L. GRANOSIK et J.-F. PEDNEAULT, *Les droits de la personne et les relations du travail*, Cowansville, Yvon Blais, 1997 (mise à jour en continu)

BIBBY, R. W., *La religion à la carte : pauvreté et potentiel de la religion au Canada*, Montréal, Fides, 1988

BODINIER J.-L. et J. BRETEAU, *Les fondements culturels du monde occidental*, Paris, Seuil, 1998

BORGEAUD, P., *Aux origines de l'histoire des religions*, Paris, 2004

BOUCHARD G. et C. TAYLOR, *Fonder l'avenir : le temps de la conciliation, rapport final de la Commission de consultation sur les pratiques d'accommodements reliées aux différences culturelles*, Québec, Gouvernement du Québec, 2008

BOURGAULT, J., *Le harcèlement psychologique au travail*, Cowansville, Yvon Blais, 2006

BRUN, H., P. BRUN et F. LAFONTAINE, *Chartes des droits de la personne : législation, jurisprudence, doctrine*, coll. Alter Ego, Montréal, Wilson & Lafleur, 2008

BRUN, H., G. TREMBLAY et E. BROUILLET, *Droit constitutionnel*, 5e éd., Cowansville, Yvon Blais, 2008

BRUNELLE, C., *L'application de la Charte canadienne des droits et libertés aux institutions gouvernementales*, Montréal, Carswell, 1993

—, *Discrimination et obligation d'accommodement en milieu de travail syndiqué*, Cowansville, Les Éditions Yvon Blais inc., 2001

BURDEAU, G., *La démocratie*, 2e éd., Paris, Seuil, 1966

CAMPBELL, E., *Freedom of Religion in the Workplace : Legislative Protection, Current Issues Series*, Kingston (Ont.), Industrial Relations Centre, Queen's University, 1993

CAMPICHE, R., *Quand les sectes affolent : Ordre du temple solaire, médias et fin de millénaire*, Genève, Labor et Fides, 1995

CDPDJ, *Commentaires sur la politique d'accommodement appliquée par la société de l'assurance-automobile du Québec lors de l'évaluation de conduite*, Québec, CDPDJ, janvier 2009

CENTRE CANADIEN DE LA STATISTIQUE JURIDIQUE, *Les groupes religieux au Canada*, Ottawa, Industrie Canada, 2001

CHANTEBOUT, B., *Droit constitutionnel et science politique*, 13e éd., Paris, Armand Colin, 2005

CHIDESTER, D., *Salvation and Suicide : Jim Jones, the Peoples Temple, and Jonestown*, Bloomington, Indiana University Press, 2003

COHENDET, M.-A., *Droit constitutionnel*, 3e éd., Paris, Montchrestien, 2006

COLLANGE, J.-F., *Théologie des droits de l'Homme*, Paris, Cerf, 1989

COMMISSION DE CONSULTATION SUR LES PRATIQUES D'ACCOMMODEMENT RELIÉES AUX DIFFÉRENCES CULTURELLES, *Accommodements et différences / Vers un terrain d'entente : la parole aux citoyens, document de consultation*, Québec, Gouvernement du Québec, 2007

COMMISSION D'EXPERTS POUR L'APPLICATION DES CONVENTIONS ET RECOMMANDATIONS DE L'OIT, *Liberté syndicale et négociation collective*, Genève, BIT, 1994

CONSEIL D'ÉTAT FRANÇAIS, *Rapport public : un siècle de laïcité*, Paris, La documentation française, 2004

CONSEIL DU STATUT DE LA FEMME, *Droit à l'égalité entre les femmes et les hommes et liberté religieuse*, Québec, Conseil du statut de la femme, 2007

CÔTÉ, P. et T. J. GUNN (dir.), *La nouvelle question religieuse : Régulation ou ingérence de l'État ?*, coll. Dieux, Hommes et Religions, Bruxelles, PIE Peter Lang, 2006

CÔTÉ, P.-A., *Interprétation des lois*, 4e éd., Montréal, Thémis, 2009

DARCONDO, J., *La pieuvre scientologique : toutes les techniques de contrôle mental et de manipulation de l'Église de Scientologie*, Paris, Fayard, 1998

DELCAMBRE, A.-M., *L'islam*, Paris, La Découverte, 1999

DELUMEAU, J., *Des religions et des hommes*, Paris, Desclée de Brouwer, 1997

DERN, M., *Jim Jones : le démon de Guyana*, Paris, Henri Veyrier, 1979

DESCARTES, R., *Discours de la méthode*, Anjou, CEC, 1996 (originellement publié en 1637)

DIECKHOFF, A., *La Nation dans tous ses États : les identités nationales en mouvement*, Paris, Flammarion, 2000

DONNELLY, J., *Universal Human Rights in Theory and Practice*, 2e éd., Ithaca, Cornell University Press, 2003

DROZ, B., *Histoire de la décolonisation au XXe siècle*, Paris, Le Seuil, 2006

DUBREUIL, J.-P., *La Scientologie : facile d'y entrer, difficile d'en sortir*, Sherbrooke, compte d'auteur, 1994

DUFAUX J. *et al.* (dir.), *Liberté religieuse et régimes des cultes en droit français : textes, pratique administrative, jurisprudence*, Paris, Éditions du Cerf, 2005

DURKHEIM, É., *De la division du travail social*, Paris, PUF, 1986 (texte original publié en 1893)

EDMISTON W. F. et A. DUMÉNIL, *La France contemporaine*, 4e éd., Boston, Heingle, 2009

EID, P., *Les accommodements raisonnables en matière religieuse et les droits des femmes : la cohabitation est-elle possible ?*, Montréal, Commission des droits de la personne et des droits de la jeunesse, 2006

—, *et al.* (dir.), *Appartenances religieuses, appartenances citoyennes : un équilibre en tension*, Québec, P.U.L., 2009

—, et K. MONTMINY, *L'intervention d'instances religieuses en matière de droit familial*, Montréal, CDPDJ, 2006

ERLANGER, P., *Le massacre de la Saint-Barthélemy : 15 août 1572*, Paris, Gallimard, 1960

FAVOREU, L. *et al.*, *Droit constitutionnel*, 12e éd., Paris, Dalloz, 2009

—, et Loïc PHILIPP, *Les grands arrêts du Conseil constitutionnel*, 13e éd., Paris, Dalloz, 2005

FENECH, G. (dir.), *La justice face aux dérives sectaires : réflexion et évaluation des dispositifs judiciaires de lutte contre les dérives sectaires*, Paris, La documentation française, 2008

FERGUSON, I., et P. ELLIS, *La mutilation des organes génitaux féminins : étude de la documentation existante*, Ottawa, Justice Canada, 1996

FERRY L. et M. GAUCHET, *Le religieux après la religion*, Paris, Grasset, 2004

FLOWERS, R.B., *Religious Freedom and the Supreme Court*, Waco, Baylor University Press, 2008

FONT, N., *Le travail subordonné entre droit privé et droit public*, Paris, Dalloz, 2009

FORTIER, V., *Justice, religions et croyances*, Paris, CNRS, 2000

GARISSON-ESTEBE, J., *L'édit de Nantes et sa révocation : histoire d'une intolérance*, Paris, Seuil, 1985

—, *1572 : la Saint-Barthélémy*, Bruxelles, Complexe, 1998

GAUCHET, M., *Le désenchantement du monde : une histoire politique de la religion*, Paris, Gallimard, 1985

GAUDEMET-BASDEVANT, B. et Jean MONNET (dir.), *La jurisprudence constitutionnelle en matière de liberté confessionnelle et le régime juridique des cultes et de la liberté confessionnelle en France*, Rapport du conseil constitutionnel français, Paris, Conseil constitutionnel, 1998

GAUDREAULT-DESBIENS, J.-F., *Le droit, la religion et le « raisonnable »*, Montréal, Thémis, 2009

GERNIGON, B., A. ODERO et H. GUIDO, *Les principes de l'OIT sur le droit de Grève*, Genève, BIT, 1998

GEST, A. et R. GUYARD (dir.), *Les sectes en France : rapport de la Commission d'enquête parlementaire sur les sectes en France*, Paris, P. Banon, 1996

GOUVERNEMENT DU QUÉBEC, Ministère des relations avec les citoyens et de l'immigration, Direction de la population et de la recherche, *Caractéristiques de l'immigration au Québec : statistiques*, Québec, Ministère des relations avec les citoyens et de l'immigration, 2003

GÖZLER, K., *Le pouvoir de révision constitutionnelle*, Villeneuve d'Ascq, Presses universitaires du Septentrion, 1997

GROUPE CONSULTATIF SUR LA RECHERCHE ET LES ÉTUDES EN DROIT, *Le droit et le savoir : rapport au Conseil de recherches en sciences humaines du Canada*, Ottawa, CRSH, 1983

GARANDEAU, M., *Le libéralisme*, Paris, Flammarion, 1998

GÖZLER, K., *Le pouvoir de révision constitutionnelle*, Villeneuve d'Ascq, Presses universitaires du Septentrion, 1997

GRENIER, B., *La Déclaration canadienne des droits : une loi bien ordinaire ?*, Québec, PUL, 1979

GUILLET, N., *Liberté de religion et mouvements à caractère sectaire*, Paris, LGDJ, 2003

GUIMEZANES, N., *Introduction au droit français*, Auflage, Baden-Baden, 1999

GUYARD, R. (dir.), *Les sectes et l'argent : rapport fait au nom de la Commission d'enqueťe sur la situation financière, patrimoniale et fiscale des sectes, ainsi que sur leurs activités économiques et leurs relations avec les milieux économiques et financiers*, Paris, Assemblée Nationale, 1999

HAFIZ, C.-E. et G. DEVERS, *Droit et religion musulmane*, Paris, Dalloz, 2005

HAMON, F. et M. TROPER, *Droit constitutionnel*, 29e éd., Paris, LGDJ, 2005

HENNEBEL, L., *La Convention américaine des droits de l'Homme : mécanisme et étendue des droits et libertés*, Bruxelles, Bruylant, 2007

JACQUARD, A., *Dieu ?*, Paris, Stock/Bayard, 2003

JARROSSON, B., *Décider ou ne pas décider*, Paris, Maxima, 1994

JAUME, L., *La liberté et la loi*, Paris, Fayard, 2000

JÉZÉQUEL, M. (dir.), *La justice à l'épreuve de la diversité culturelle*, Cowansville, Yvon Blais, 2007

—, *Les accommodements raisonnables : quoi, comment, jusqu'où ?*, Cowansville, Yvon Blais, 2007

KELSEN, H., *Théorie pure du droit*, 2e éd., Paris, Dalloz, 1962 (traduction par Charles Eisenmann)

KLEIN, G., *Les sectes et l'ordre public*, Besançon, Presses universitaires de Franche-Comté, 2005

KOUNKOU, D., *La religion, une anomalie républicaine ?*, Paris, L'Harmattan, 2003

KYMLICKA, W., *La citoyenneté multiculturelle : une théorie libérale du droit des minorités* [traduit de l'anglais par Patrick Savidan], Montréal, Boréal, 2001 (version originale publiée en 1995 : KYMLICKA, W., The Multicultural Citizenship, Oxford, Oxford University Press)

LAFLAMME, A.-M., *Le droit à la protection de la santé mentale au travail*, Cowansville, Yvon Blais, 2008

LAMOTHE, M., *La renonciation à l'exercice des droits et libertés garantis par les chartes*, Cowansville, Yvon Blais, 2007

LANDHEER-CIESLAK, C., *La religion devant les juges français et québécois de droit civil*, Coll. Minerve, Cowansville, Yvon Blais, 2007

LAROUCHE, J.-M., *La religion dans les limites de la cité*, Montréal, Liber, 2008

LEGRAND, P., *Le droit comparé*, coll. Que-sais-je ?, Paris, PUF, 2006

LAURENT, A., *La philosophie libérale : histoire et actualité d'une tradition intellectuelle*, Paris, Les belles lettres, 2002

LAUZON, I. et L. BERNIER, *Charte et vie privée au travail : tout ce que l'employeur doit savoir*, Cowansville, Yvon Blais, 2005

LENOIR, F., *Les métamorphoses de Dieu : la nouvelle spiritualité occidentale*, Paris, Plon, 2003.

LEWIS, J.R., *The Order of the Solar Temple : the temple of death*, Aldershot, Ashgate, 2006

LOCKE, J., *Lettre sur la tolérance et autres textes*, Paris, GF-Flammarion, 1992

LUCHAIRE, F., *Le Conseil constitutionnel*, Tome 1, Paris, Economica, 1997

MALOUX, M., *Dictionnaire des proverbes, sentences et maximes*, Paris, Larousse, 2006, p. 152

MANTRAN, R., *L'expansion musulmane : VII-XIe siècle*, Paris, PUF, 2001

MARION, Mathieu, *Ludwig Wittgenstein : une introduction au Tractatus logico-philosophicus*, Paris, PUF, 2004

MARTEL, Y., *Histoire de Pi*, Montréal XYZ, 2003

MARX, K., *Contribution à la critique de la « philosophie du droit » de Hegel*, Paris, Aubier-Montaigne, 1971

MESSNER, F., P.-H. PRÉLOT et J.-M. WOEHRLING (dir.), *Traité de droit français des religions*, Paris, Juris-Classeur, 2003

MICHEL, M., *Décolonisations et émergence du Tiers-Monde*, Paris, Hachette, 2005

MILL, J. S., *De la liberté*, Paris, Gallimard, 1990 (texte original paru en 1859)

MONDOU, C., *Droit des libertés fondamentales*, Paris, Ellipses, 2005

MONJAL, P.-Y., *Droit de l'Union européenne*, Paris, Dalloz, 2007

MONTOUX, A., *Dicojob 2009 : Concepts et Vocabulaire des organisations*, Paris, Publibook, 2009

MORANGE, J., *Manuel des droits de l'Homme et libertés publiques*, Paris, PUF, 2007

MORIN, A., *Le droit à l'égalité au Canada*, Montréal, Lexis Nexis, 2008

MOURGEON, J., *Les droits de l'Homme*, coll. Que sais-je ?, Paris, PUF, 2003

NADEAU, A.-R., *Vie privée et droits fondamentaux*, Cowansville, Yvon Blais, 2000

NIETZCHE, F., *La volonté de puissance*, tome 2, L. III, section 701, IV-IX, 1885 (réédité : Paris, Gallimard, 1995)

——, *Le gai savoir*, Paris, GF Flammarion, 1997

NOTIN, J.-C., *Foch*, Paris, Perrin, 2008

OGILVIE, M.H., *Religious Institutions and the Law in Canada*, 2e éd., Annandale, Federation Press, 2003

ONORIO (dir.), J.-B. d', *L'héritage religieux du droit en Europe : Actes du congrès européen de l'Union internationale des juristes catholiques (Principauté de Monaco, 20-23 novembre 2003)*, Paris, Pierre Téqui, 2004

OSSIPOW, L., *Le végétarisme : vers un autre art de vivre ?*, Montréal, Fides, 1989

PALMER, R.R., *Le gouvernement de la Terreur : l'année du Comité de salut public*, Paris, Armand Colin, 1989

PASCAL, *Pensées*, Paris, Flammarion, 1976 (texte original publié en 1897)

PAUWELYN, J., *Conflict of Norms in Public International Law*, Cambridge, Cambridge University Press, 2003

PÉCHEUL, A., *Droit communautaire général*, Paris, Ellipses, 2002

PENDU, M., *Le fait religieux en droit privé*, Paris, Defrénois, 2008

PICARD C. et Y. BROCHU (dir.), *Droits et libertés en milieu de travail*, Farnham, Publications CCH, 1997 (mis à jour annuellement)

POTVIN, M., *Crise des accommodements raisonnables : une fiction médiatique ?* Montréal, Éditions Athéna, 2008

PRÉLOT, P.-H., *Droit des libertés fondamentales*, Paris, Hachette, 2007

PUECH, H.-C. (dir.), *Histoire des religions*, tome 1, Paris, Gallimard, 1976

RANC, P., *Une secte dangereuse : la Scientologie*, Saint-Léger, Contrastes, 1993

RAWLS, J., *A Theory of Justice*, Cambridge, Belknap Press, 2005 (texte original publié en 1971)

READER, I., *Religious Violence in Contemporary Japan : The Case of Aum Shinrikiô*, Surrey, Curzon Press, 2000

REDOR, M.-J. (dir.), *Ordre public ou ordres publics ? Actes du colloque de Caen, les 11 et 12 novembre 2000*, Bruxelles, Bruylant, 2001

RENUCCI, J.-F., *Droit européen des droits de l'homme*, Paris, L.G.D.J., 1999

ROBERT, M.-P., *La défense culturelle : un moyen de défense non souhaitable en droit pénal canadien*, Cowansville, Yvon Blais, 2004

ROUSSEAU, J.-J., *Discours sur l'origine et les fondements de l'inégalité parmi les hommes*, Paris, Nathan, 1998 (texte original publié en 1755)

ROUSSILLON, H., *Le conseil constitutionnel*, 4e éd., Paris, Dalloz, 2001

ROUX, D., *Le principe du droit au travail : juridicité, signification et normativité*, Montreal, Wilson & Lafleur, 2005

ROYER, J.-C., *La preuve civile*, 2e éd., Cowansville, Yvon Blais, 1995

SARIS, A., *La compénétration des ordres normatifs : étude des rapports entre les ordres normatifs religieux et étatiques en France et au Québec*, thèse de doctorat, Université McGill, 2005

SCHNAPPER, D., *La communauté des citoyens : sur l'idée moderne de nation*, Paris, Gallimard, 1994

SEPULVEDA, M., *The Nature of the Obligations Under the International Covenant on Economic, Social, and Cultural Rights*, New York, Intersentia, 2003

SEYMOUR, M., *De la tolérance à la reconnaissance*, Montréal, Boréal, 2008

SIGOUIN, M.-J., L. BERNIER et J.-F. SÉGUIN, *L'obligation d'accommodement : mythes et réalités*, Cowansville, Yvon Blais, 2008

SMITH, R. K.M., *Textbook on International Human Rights*, Oxford, Oxford University Press, 2007

SPINOZA, B. de, *Traité théologico-politique*, réédité en 1965 : Paris, GF Flammarion

——, *Traité théologico-politique*, 1670, réédité en 2007 : Paris, Hatier

SSENYONJO, M., *Economic, Social and Cultural Rights in International Law*, Oxford, Hart, 2009

STASI, B., *Laïcité et République*, Paris, La Documentation Française, 2004

STATISTIQUE CANADA, *Recensement de 2001, série « analyses » : les religions au Canada*, Ottawa, Industrie Canada, 2003

STEGMANN, A., *Édits des guerres de religion*, Paris, Librairie philosophique J. Vrin, 1979

SUPIOT, A., *Critique du droit du travail*, Paris, PUF, 2002

TARNOPOLSKY, W.S., *The Canadian Bill of Rights*, 2e éd., Toronto, Carleton, 1975

TAWIL, E., *Norme religieuse et droit français*, Aix-en-Provence, Presses universitaires d'Aix-Marseille, 2005

TREMBLAY, L.B. et G. C.N. WEBBER (dir.), *Les limitations des droits de la Charte : essais critiques sur l'arrêt R. c. Oakes*, Montréal, Thémis, 2009

TRUDEL P. et F. ABRAN (dir.), *Droit du public à l'information et vie privée : deux droits irréconciliables ?*, Montréal, Thémis, 1992

TURPIN, D., *Libertés publiques et droits fondamentaux*, Paris, Le Seuil, 2004

UITZ, R., *La liberté de religion*, Strasbourg, Éditions du Conseil de l'Europe, 2008

VADEBONCŒUR, P., *Essais sur la croyance et l'incroyance*, coll. Bellarmin, Montréal, Fides, 2005

VAN DE KERCHOVE, M., *Théorie pure du droit : l'influence de Kelsen sur les théories du droit dans l'Europe francophone*, Neufchâtel, La Baconnière, 1988 (reproduit dans les notes de cours Épistémologie juridique du professeur Bjarne Melkevik, Québec, Université Laval, hiver 2006)

VAN DIE, M. (dir.), *Religion and public life in Canada : Historical and comparative perspectives*, Toronto, University of Toronto Press, 2001

VERGE P. et G. MURRAY, *Le droit et les syndicats : aspect du droit syndical québécois*, Québec, PUL, 1991

VERKINDT, P.-Y., *Le droit du travail*, Paris, Dalloz, 2005

VOLTAIRE, *Traité sur la tolérance*, Paris, Gallimard, 2004

WALZER, M., *Traité sur la tolérance*, Paris, Gallimard, 1998

WARD LA COUR, D., *Artists in Quotation : A Dictionary of the Creative Thoughts of Painters, Sculptors, Designers, Writers, Educators, and Others*, Jefferson, McFarland & Company Inc., 1989

WHELAN, D.J., *Indivisible Human Rights : a History*, Philadelphia, University of Pennsylvania Press, 2010

ZIZEK, S., *Plaidoyer en faveur de l'intolérance*, Paris, Flammarion, 2007

Articles tirés de périodiques scientifiques et d'ouvrages collectifs

AKANDJI-KOMBÉ, J.-F., « Droits économiques, sociaux et culturels », dans Joël ANDRIANTSIMBAZOVINA *et al.* (dir.), *Dictionnaire des droits de l'Homme*, Paris, PUF, 2008, p. 322

ALLARD, F., « La Charte des droits et libertés de la personne et le Code civil du Québec : deux textes fondamentaux du droit civil québécois dans une relation d'*harmonie ambiguë*, (2006), n° spécial de la *Revue du Barreau* consacré au 30e anniversaire de la Charte québécoise, hors-série, p. 33

BARNY, R., « Robespierre, Rousseau et le problème religieux : De la "religion civile" à l'époque révolutionnaire », (1993) 293 *La Pensée* 5

BARTHÉLÉMY, J., « La liberté de religion et le service public », (2003) 6 *RFD Admin.* 1066

BEAUDOIN, M., « Droits et libertés : deux écoles de pensée s'affrontent », *Journal du Barreau*, vol. 42, n° 4, (avril 2010), p. 5

BEAULAC, S., « L'interprétation de la Charte : Reconsidération de l'approche téléologique et réévaluation du rôle du droit international », dans Gérald-A. BEAUDOIN et Errol MENDES (dir.), *Charte canadienne des droits et libertés*, 4e éd., Markham, Lexis Nexis Butterworths, 2005, p. 27

BÉGIN, L., « Enjeux identitaires et droits : l'affaire des tribunaux islamiques », dans Myriam JÉZÉQUEL (dir.), *La justice à l'épreuve de la diversité culturelle*, Cowansville, Yvon Blais, 2007, p. 171

BELORGEY, J.-M., « De quelques problèmes liés à la prohibition et à l'élimination des discriminations : essai de clarification des concepts et éléments de droit comparé », (juil.-août 2002) 7-8 *Droit social* 683

BERNATCHEZ, S., « La hiérarchisation et la conciliation contextuelle du droit à l'égalité et de la liberté de religion », dans Marie-France BUREAU (dir.), *Sexualité et démocratie : Perspectives multidisciplinaires francophones*, Sherbrooke, Éditions de la Revue de droit de l'Université de Sherbrooke, 2009, p. 77

BILGE, S. et O. ROY, « La discrimination intersectionnelle : la naissance et le développement d'un concept et les paradoxes de sa mise en application en droit antidiscriminatoire », (2010) 25 *Canadian Journal of Law and Society* 51

BLACK W. et L. SMITH, « The Equality Rights », dans Gérald-A. BEAUDOIN et Errol MENDES (dir.), *Charte canadienne des droits et libertés*, 4e éd., Markham, Lexis Nexis Butterworths, 2005, p. 925

BLOCH, R., « La religion romaine », dans Henri-Charles PUECH (dir.), *Histoire des religions*, tome 1, Paris, Gallimard, 1976, p. 874

BOSSET, P., « Accommodement raisonnable et égalité des sexes : tensions, contradictions et interdépendance », dans Paul EID *et al.* (dir.), *Appartenances religieuses, appartenances citoyennes : un équilibre en tension*, Québec, PUL, 2009, p. 181

——, et P. EID, « Droit et religion : de l'accommodement raisonnable à un dialogue internormatif ? », dans CONFÉRENCE DES JURISTES DE L'ÉTAT, *Actes de la XVIIe Conférence des juristes de l'État*, Cowansville, Éditions Yvon Blais, 2006, p. 63

——, « Les fondements juridiques de l'obligation d'accommodement raisonnable », dans Myriam JÉZÉQUEL (dir.), *Les accommodements raisonnables : quoi, comment, jusqu'où ?*, Cowansville, Yvon Blais, 2007, p. 3

BRELICH, A., « Prolégomènes à une histoire des religions », dans Henri-Charles PUECH (dir.), *Histoire des religions*, tome 1, Paris, Gallimard, 1976, p. 3

BROWN, D.M., « Neutrality or Privilege ? : A comment on Religious Freedom », (2005) 29 *S.C.L.R.* (2d) 221

BRISSEAU, C., « La religion du salarié », (2008) 9/10 *Droit social* 969

BRUN, H., « Feu la *DCD* : l'arrêt *Miller* et la peine de mort », (1977) 18 *C. de D.* 567

BRUNELLE, C., « Les droits et libertés fondamentaux », dans BARREAU DU QUÉBEC, *Droit public et administratif, vol. 7, Collection de droit 2008-2009*, Cowansville, Yvon Blais, 2009-2010, p. 19

——, « Les droits et libertés fondamentaux », dans BARREAU DU QUÉBEC, *Droit public et administratif, vol. 7, Collection de droit 2008-2009*, Cowansville, Yvon Blais, 2008-2009, p. 19

——, « La sécurité et l'égalité en conflit : la structure de la *Charte québécoise* comme contrainte excessive ? », dans TRIBUNAL DES DROITS DE LA PERSONNE et BARREAU DU QUÉBEC, *La Charte des droits et libertés de la personne : pour qui et jusqu'où ?*, Cowansville, Éditions Yvon Blais, 2005, p. 343

CABRILLAC, R., « Corps humain », dans Joël ANDRIANTSIMBAZOVINA *et al.* (dir.), *Dictionnaire des droits de l'Homme*, Paris, PUF, 2008, p. 219

CALVÈS, G., « Discrimination positive », dans Joël ANDRIANTSIMBAZOVINA *et al.* (dir.), *Dictionnaire des droits de l'Homme*, Paris, PUF, 2008, p. 293

CANIVET, G., « Activisme judiciaire et prudence interprétative : introduction générale », (2006) 50 *Arch. philo. droit* 9

CARTER, M., « An Analysis of the « No Hierarchy of Constitutional Rights » Doctrine », (2006) 12 (1) *Rev. d'études cons.* 19

CHÉLINI-PONT, B., « L'héritage culturel français face au pluralisme religieux », (2005) 1 *Annuaire : Droit et religions* 293

CHEVRETTE, F., H. CYR et F. TANGUAY-RENAUD, « La protection lors de l'arrestation et la protection contre l'incrimination rétroactive », dans Gérald-A. BEAUDOIN et Errol MENDES (dir.), *Charte canadienne des droits et libertés*, 4e éd., Markham, Lexis Nexis Butterworths, 2005, p. 595

CLARK, W., « Religion – évolution de la pratique religieuse au Canada », (2003) 68 *Tendances sociales canadiennes* 2

CORNISH M. et H. SIMAND, « Religious Accommodation in the Workplace », (1992) 1 *C.L.L.J.* 166

COUTU, M., « Les libertés et droits fondamentaux, entre individu et société », dans *La Charte québécoise des droits et libertés après 25 ans*, vol. 2, Montréal, CDPDJ, 2003, p. 190

—, et L.-L. FONTAINE et G. MARCEAU, « L'arrêt *Health Services and Support* de la Cour suprême du Canada : La constitutionnalisation du régime québécois des relations industrielles ? », (automne 2008) 13 *Lex electronica* 1

CROMWELL, J.B., « Cultural discrimination : the reasonable Accommodation of Religion in the Workplace », (1997) 10 *Employee Responsibilities & Rights Journal* 155

CURTIS, K., « Democracy, Freedom of Association and the ILO », dans Juan SOMAVIA *et al.* (dir.), *Les normes internationales du travail : un patrimoine pour l'avenir – Mélanges en l'honneur de Nicolas Valticos*, Genève, BIT, 2004, p. 89

DECROIX, A., « La réception de la norme religieuse par les juridictions civiles : l'exemple canadien », (2005) 1 *Annuaire : Droit et religions* 313

DHOMMEAUX, J., « De l'universalité du droit international des droits de l'homme : du pactum ferendum au pactum latum », (1989) 35 *Annuaire français de droit international* 399

DONEGANI, J.-M., « Le religieux *à la carte* : une individualisation des pratiques et des croyances », dans Philippe TRONQUOY (dir.), *Les religions dans la société*, Paris, La Documentation française, 2007, p. 45

DORÉ, L., « Surveillance vidéo *vs* respect du droit à la vie privée », dans BARREAU DU QUÉBEC, Développements récents en droit de l'accès à l'information 2005, Cowansville, Yvon Blais, 2005, p. 26

DRAGO, R., « Laïcité, neutralité, liberté ? », (1993) 38 *Arch. de philo. du droit* 221

DUMONT, G.-F., « Les nouvelles logiques migratoires au XXIe siècle », (2006) 17 *Outre-Terre* 15

DUVERT, C., « Droit et religion(s) : genèse et devenir d'un rapport méconnu » (1996) 3 *R.R.J.* 737

EATON, M., « Patently Confused : Complex Inequality and *Mossop* v. *Canada* », (1994) 1 *R. of Const. St.* 203

EID, P., « Accommoder la différence religieuse dans les limites du raisonnable : regards croisés du droit et des sciences sociales », dans Myriam JÉZÉQUEL (dir.), *La justice à l'épreuve de la diversité culturelle*, Cowansville, Yvon Blais, 2007, p. 105

ELBERG, B. A. et M. C. POWER, « Freedom of Conscience and Religion », dans Gérald-A. BEAUDOIN et Errol MENDES (dir.), *Charte canadienne des droits et libertés*, 4e éd., Markham, Lexis Nexis Butterworths, 2005, p. 219

ESAU, A.J., « *Islands of exclusivity* : Religious Organizations and Employment Discrimination », (2000) 33 *U.B.C.L. Rev.* 719

FAHD, T., « L'islam et les sectes islamiques », dans Henri-Charles PUECH (dir.), *Histoire des religions*, vol. 3, Paris, Gallimard, 1976, p. 3

FAHMY, M., « The Private school funding debate : a second look through the Charter first principles », (2004) 13 *Education & Law Journal* 397

FAVOREU, L., « La décision de constitutionnalité », (1986) 38 *R.I.D.C.* 611

FORTIER, V., « Le juge, gardien du pluralisme confessionnel », (2006) 3 *R.R.J.* 1

FORTIN, S. et J. REMINGTON GRAHAM, « La constitutionnalité de l'enseignement religieux dans les écoles publiques du Québec », (1999/2000) 30 *R.G.D.* 239

GALSTON, W., « Religion and the limits of Liberal Democracy », dans Douglas FARROW (dir.), *Recognizing Religion in a secular society : Essays in Pluralism, Religion and Public Policy*, Montréal, McGill University Press, 2004, p. 41

GARANT, P., « La nouvelle confessionalité scolaire au Québec », (2001) 31 *R.G.D.* 437

——, « Vie, liberté, sécurité et justice fondamentale », dans Gérald-A. BEAUDOIN et Errol MENDES (dir.), *Charte canadienne des droits et libertés*, 4e éd., Markham, Lexis Nexis Butterworths, 2005, p. 455

GARAY, A., « Régulation étatique et groupes religieux en France », dans Pauline CÔTÉ et T. Jeremy GUNN (dir.), *La nouvelle question religieuse : Régulation ou ingérence de l'État ?*, coll. Dieux, Hommes et Religions, Bruxelles, PIE Peter Lang, 2006, p. 195

GARDNER, D. et D. GOUBAU, « L'affaire *Vallée* et l'exploitation des personnes âgées selon la Charte québécoise : quand l'harmonie fait défaut », (2005) 46 *C. de D.* 961

GARRETA, G., « Du pluralisme ontologique au pluralisme épistémique : genèse et transformations du *pluralisme culturel* », dans Stéphane VIBERT (dir.), *Pluralisme et démocratie*, Montréal, Québec Amériques, 2007, p. 61

GAUDREAULT-DESBIENS, J.-F., « Quelques angles morts du débat sur l'accommodement raisonnable à la lumière de la question du port de signes religieux à l'école publique : réflexions en forme de points d'interrogation », dans Myriam JÉZÉQUEL (dir.), *Les accommodements raisonnables : quoi, comment, jusqu'où ?*, Cowansville, Yvon Blais, 2007, p. 241

GAUDU, F., « Droit du travail et religion », (2008) 9-10 *Droit social* 959

GENIN, J.-C., « État et religion dans les civilisations de l'Antiquité », dans Gilles BOLLENOT (dir.), *Religions, Églises et droit : Actes des journées d'études qui se sont déroulées à Saint-Étienne – juin décembre 1989*, Saint-Étienne, Presses de l'Université de Saint-Étienne, 1990, p. 33

GERVAIS, S. et M. ROY, « Au-delà des diversités culturelles et religieuses, la nécessité d'une identité québécoise », ÉDITIONS DE LA REVUE DE DROIT DE L'UNIVERSITÉ DE SHERBROOKE, *Le droit face aux diversités culturelles et religieuses*, Sherbrooke, R.D.U.S., 1997, p. 1, aux pages 29-33

GIRARD, C., « L'énigme du lieu commun », dans Pierre LEGRAND (dir.), *Comparer les droits, résolument*, p. 313

GLANERT, S., « Comparaison et traduction des droits : à l'impossible, tous sont tenus », dans P. LEGRAND (dir.), *id.*, p. 279

GONZALEZ, G., « L'exigence de neutralité des services publics », dans Gérard GONZALEZ (dir.), *Laïcité, liberté de religion et Convention européenne des droits de l'Homme*, Bruxelles, Bruylant, 2006, p. 153

—, « Liberté de pensée, de conscience et de religion », dans Joël ANDRIANTSIMBAZOVINA *et al.* (dir.), *Dictionnaire des droits de l'Homme*, Paris, PUF, 2008, p. 636

GORR, M., « Rawls on Natural Inequality », (1983) 33 *The Philosophical Quaterly* 1

GÖZLER, K., « La question de la hiérarchie entre les normes constitutionnelles », (1998) 48 *Annales de la Faculté de droit d'Istambul*, 65

GRAVEL, E., « Les mécanismes de contrôle de l'OIT : bilan de leur efficacité et perspectives d'avenir », dans Jean-Claude JAVILIER et Bernard GERNIGON (dir.), *Les normes internationales du travail : un patrimoine pour l'avenir / Mélanges en l'honneur de Nicolas Valticos*, Genève, BIT, 2004, p. 3

GRATTON, L.-P., « La liberté de presse au Québec, une liberté américaine ? Étude sur le droit à la vie privée et la liberté de presse », (1997) 57 *R. du B.* 913

GREWE, C., « Méthodes d'interprétation », dans Joël ANDRIANTSIMBAZOVINA *et al.* (dir.), *Dictionnaire des droits de l'Homme*, Paris, PUF, 2008, p. 540

GUNN, J., « The Complexity of Religion and the Definition of "Religion" in International Law », (2003) *Harvard Human Rights J.* 191

HERNU, R., « Égalité et non-discrimination », dans Joël ANDRIANTSIMBAZOVINA *et al.* (dir.), *Dictionnaire des droits de l'Homme*, Paris, PUF, 2008, p. 357

HORWITZ, P., « The Sources and Limits of Freedom of Religion in a Liberal Democracy : Section 2 (a) and Beyond », (1996) 54 *U.T. Fac. L. Rev.* 1

IVANKOVICH, I.F., « The *Religious* Employee and Reasonable Accommodation Requirements », (1987/1988) 13 *Can. Bus. L.J.* 313

JEAMMAUD, A. et M. LE FRIANT, « L'incertain droit à l'emploi », (1999) 2 *Travail, Genre, société*, 29

KELSEN, H., « Qu'est-ce que la théorie pure du droit ? », (1992) 22 *Droit & Société* 551 (texte original écrit en 1953 – traduction de Philippe Coppens)

KISSANGOULA, J., « Vie (Droit à la) », dans Joël ANDRIANTSIMBAZOVINA *et al.* (dir.), *Dictionnaire des droits de l'Homme*, Paris, PUF, 2008, p. 977

LAGASSÉ, M., « L'obligation d'accommodement raisonnable comme outil d'intégration des québécoises et québécois des minorités ethnoculturelles et religieuses », dans ÉDITIONS DE LA REVUE DE DROIT DE L'UNIVER-

SITÉ DE SHERBROOKE, *Le droit face aux diversités culturelles et religieuses*, Sherbrooke, R.D.U.S., 1997, p. 83

LAMARCHE, L., « Les droits sociaux et la *Charte canadienne des droits et libertés* : quelques réflexions indisciplinées et prospectives », dans Marc VERDUSSEN (dir.), *Les droits culturels et sociaux des plus défavorisés*, Bruylant, Bruxelles, 2009, p. 495

LAMPRON, L.-P., « Convictions religieuses individuelles versus égalité entre les sexes : ambiguïtés du droit québécois et canadien », dans Paul EID *et al.* (dir.), *Appartenances religieuses, appartenances citoyennes : un équilibre en tension*, Québec, P.U.L., 2009, p. 207

—, « La résolution du conflit entre la liberté religieuse et l'égalité des hommes et des femmes : occasion manquée ou manœuvre d'évitement réussie ? », dans Louise LANGEVIN *et al.*, « L'affaire *Bruker* c. *Marcovitz* », (2008) 49 *C. de D.* 655, 678

—, « Pour que la tempête ne s'étende jamais hors du verre d'eau : réflexions sur la protection des convictions religieuses au Canada », (2010) 55 *R.D.McGill* 743

LANDHEER-CIESLAK, C., « Jupiter, Hercule et Minerve : trois modèles d'élaboration du droit des croyants par le juge étatique », (2006) 47 *C. de D.* 623

LANSING, P. et Maureen FELDMAN, « The Ethics of Accommodating Employee's Religious Needs in the Workplace », (1997) *Lab. L. J.* 371

LAQUIÈZE, A., « Libérales (Les doctrines – classiques et les droits de l'homme, 1789-1914) », dans Joël ANDRIANTSIMBAZOVINA *et al.* (dir.), *Dictionnaire des droits de l'Homme*, Paris, PUF, 2008, p. 613

LEBEL-GRENIER, S., « La religion comme véhicule d'affirmation identitaire : un défi à la logique des droits fondamentaux », dans Paul EID *et al.* (dir.), *Appartenances religieuses, appartenances citoyennes : un équilibre en tension*, Québec, P.U.L., 2009, p. 123

LEBRETON, G., « Liberté », dans Joël ANDRIANTSIMBAZOVINA *et al.* (dir.), *Dictionnaire des droits de l'Homme*, Paris, PUF, 2008, p. 619

LÉVESQUE, E., « Les exigences légales entourant le consentement dans la recherche avec des enfants et des adultes inaptes : une piste de solution aux difficultés posées par les articles 21 et 24 C.c.Q. », (2006) 51 *McGill L.J.* 385

LOKIEC, P., « Tenue correcte exigée : des limites à la liberté de se vêtir à sa guise », (Fév. 2004) 2 *Droit social* 132

LYON, N., « The Teological Mandate of the Fundamental Freedoms Guarantee : what to do with Vague but Meaningful Generalities », (1982) 4 *S.C.L.R.* 57

MARTINEZ, J., « Les mouvements d'extension du droit de la santé au travail », (2009) 16-17 *JCP ed. soc.* 1170

MESCHERIAKOFF, A.-S., « Association (Liberté d'-) », dans Joël ANDRIANTSIMBAZOVINA *et al.* (dir.), *Dictionnaire des droits de l'Homme*, Paris, PUF, 2008, p. 76

MIET, J., « Le droit local des cultes en Alsace-Moselle », (avril 2004) *Cahiers de la fonction publique* 14

MOON, R., « Religious Commitment and Identity : *Syndicat Northcrest* v. *Amselem* », (2005) 29 *Sup. Ct. L. Rev.* 201

MOORE, B., « Le droit de la famille et les minorités », (2003-2004) *R.D.U.S.* 229

MOREAU, M.-A., « La justification des discriminations », (décembre 2002) 12 *Droit social* 1112

NEUMAN, G. L., « Human Rights and Constitutional Rights : Harmony and Dissonance », (2002-2003) 55 Stanford L. R. 1882

NORMAN, K., « Freedom of Association », dans Gérald-A. BEAUDOIN et Errol MENDES (dir.), *Charte canadienne des droits et libertés*, 4e éd., Markham, Lexis Nexis Butterworths, 2005, p. 325

OTIS, G. et C. BRUNELLE, « La *Charte des droits et libertés de la personne* et la tenue vestimentaire à l'école publique », (1995) 36 *C. de D.* 599

PATERSON, H. M.G., « The Justifiability of Biblically Based Discrimination : Can Private Christian Schools Legally Refuse to Employ Gay Teachers ? », (2001) 59 *U.T. Fac. L. Rev.* 59

PLANTEY, A., « Définition et principes de l'ordre public », dans Raymond POLIN (dir.), *Ordre public : actes du colloque tenu à Paris, les 22 et 23 mars 1995*, Paris, PUF, 1996, p. 27

PONTIER, J.-M., « Préface », dans Nicolas FONT, *Le travail subordonné entre droit privé et droit public*, Paris, Dalloz, 2009, p. XII

PRÉLOT, P.-H., « Définir juridiquement la laïcité », dans Gérard GONZALEZ (dir.), *Laïcité, liberté de religion et Convention européenne des droits de l'Homme*, Bruxelles, Bruylant, 2006, p. 115

PROULX, D., « L'objet des droits constitutionnels à l'égalité », (1988) 29 *C. de D.* 567

PUTMAN, E., « Vie privée », dans Joël ANDRIANTSIMBAZOVINA *et al.* (dir.), *Dictionnaire des droits de l'Homme*, Paris, PUF, 2008, p. 984

PUTNAM, R.D., « *E Pluribus Unum :* Diversity and Community in the Twenty-first Century », (2007) 30 *Scandinavian Political Studies* 137

RICHARDSON, J.T., « Scientology in Court : A look at some Major Cases from Various Nations », dans James R. LEWIS, *Scientology*, Cambridge, Oxford University Press, 2009, p. 283

ROBERT, J., « La liberté de religion, de pensée et de croyance », dans Rémy CABRILLAC, Marie-Anne FRISON-ROCHE et Thierry REVET (dir.), *Libertés et droits fondamentaux*, 11e éd., Paris, Dalloz, 2005, p. 350

ROBITAILLE, D., « Les droits économiques et sociaux dans les relations État-particuliers après trente ans d'interprétation : normes juridiques ou énoncés juridiques symboliques ? » dans Alain-Robert NADEAU (dir.), *La Charte québécoise : Origines, enjeux et perspectives*, Montréal, Yvon Blais, 2006, p. 455

—, « Non-universalité, illégitimité et surcomplexité des droits économiques et sociaux ? Des préoccupations légitimes mais hypertrophiées : regard sur la jurisprudence canadienne et sud-africaine », (2008) 53 *R.D. McGill* 243

RYDER, B., « State Neutrality and Freedom of Conscience and Religion », (2005) 29 *Sup. Ct. L. Rev.* 169

SAINT-JAMES, V., « Hiérarchie et conciliation des droits de l'Homme », dans Joël ANDRIANTSIMBAZOVINA *et al.* (dir.), *Dictionnaire des droits de l'Homme*, Paris, PUF, 2008, p. 477

SARIS, A., « La gestion de l'hétérogénéité normative par le droit étatique », dans Paul EID *et al.* (dir.), *Appartenances religieuses, appartenance citoyenne : un équilibre en tension*, Québec, PUL, 2009, p. 141

SAVATIER, J., « Liberté religieuse et relations de travail », dans Jean-Maurice VERDIER (dir.), *Droit syndical et droits de l'Homme à l'aube du XXIe siècle : Mélanges en l'honneur de Jean-Maurice Verdier*, Paris, Dalloz, 2001, p. 455

—, « Conditions de licéité d'un licenciement pour port du voile islamique » (2004) 4 *Droit social* 354

SCOFFONI, G., « L'actualité constitutionnelle dans les pays de common law et de droit mixte (janvier-juin 2002) : Canada, Royaume-Uni », (2003) 53 *Revue française de droit constitutionnel* 1

SLATTERY, B., « The Pluralism of the *Charter* : Revisiting the *Oakes* Test », dans Luc B. TREMBLAY et Grégoire C.N. WEBBER (dir.), *Les limitations des droits de la Charte : essais critiques sur l'arrêt R. c. Oakes*, Montréal, Thémis, 2009, p. 13

SPITZ, J.-F., « Introduction », dans John LOCKE, *Lettre sur la tolérance et autres textes*, Paris, GF-Flammarion, 1992, p. 1

TAYLOR, C., « The Politics of Recognition », dans Amy GUTMANN (dir.), *Multiculturalism and « the Politics of Recognition »*, Princeton, Princeton University Press, 1992, p. 25

TORFS, R., « Les nouveaux mouvements religieux et le droit dans l'Union européenne », dans CONSORTIUM EUROPÉEN POUR L'ÉTUDE DES RELATIONS ÉGLISES-ÉTAT, *Les nouveaux mouvements religieux et le droit dans l'Union européenne*, Milan, Giuffrè, 1999, p. 37

TREMBLAY, L.B. « L'interprétation téléologique des droits constitutionnels », (1995) 29 *R.J.T.* 460

TRUDEAU, G., « L'obligation d'accommodement en milieu de travail : évolution ou révolution ? », dans Jean-François GAUDREAULT-DESBIENS (dir.), L*e droit, la religion et le raisonnable*, Montréal, Thémis, 2009, p. 169

VALET, O., « L'émigration redistribue les cartes », dans Jean-Pierre DENIS et Alain FRACHON (dir.), *L'Atlas des religions : pays par pays, les clés de la géopolitique*, coéd. La vie/Le Monde, Paris, Malherbes, 2007, p. 30

—, « Les grandes religions planétaires », dans Jean-Pierre DENIS et Alain FRACHON (dir.), *L'Atlas des religions : pays par pays, les clés de la géopolitique*, coéd. La vie/Le Monde, Paris, Malherbes, 2007, p. 16

VIALA, A., « Sûreté », dans Joël ANDRIANTSIMBAZOVINA *et al.* (dir.), *Dictionnaire des droits de l'Homme*, Paris, PUF, 2008, p. 915

VIAN, F., « La religion grecque à l'époque archaïque et classique », dans Henri-Charles PUECH (dir.), *Histoire des religions*, tome 1, Paris, Gallimard, 1976, p. 489

VIBERT, S., « Sociétés pluralistes ou pluralisme des sociétés ? De deux types irréductibles et potentiellement contradictoires de *pluralisme culturel* », dans Stéphane VIBERT (dir.), *Pluralisme et démocratie*, Montréal, Québec Amériques, 2007, p. 211

VILLIERS, M. de, « Hiérarchie des normes », dans Michel DE VILLIERS, *Dictionnaire de droit constitutionnel*, Paris, Armand Colin, p. 122

WACHSMANN, P., « Liberté d'expression », dans Joël ANDRIANTSIMBAZOVINA *et al.* (dir.), *Dictionnaire des droits de l'Homme*, Paris, PUF, 2008, p. 628

WAUQUIEZ-MOTTE, L., « Laïcité et neutralité de l'État », (avril 2004) *Cahiers de la fonction publique* 7

WEBBER, G. C.N. « La disposition limitative de la *Charte canadienne* : une invitation à définir les droits et libertés aux contours indéterminés », dans Luc B. TREMBLAY et Grégoire C.N. WEBBER (dir.), *Les limitations des droits de la Charte : essais critiques sur l'arrêt R. c. Oakes*, Montréal, Thémis, 2009, p. 37

WINSTON, K.I., « The Religious Convictions of Public Officials : Review of Kent Greenawalt's Religious Convictions and Political Choice », (1990) 3 *Can. J. L. & Juris* 129

WOEHRLING, J., « L'obligation d'accommodement raisonnable et l'adaptation de la société à la diversité religieuse », (1998) 43 *Revue de droit de McGill* 325

—, « Quelle place pour la religion dans les institutions publiques ? », dans J.-F. GAUDREAULT-DESBIENS (dir.), *Le droit, la religion et le « raisonnable »*, Montréal, Thémis, 2009, p. 115

WOEHRLING, J.-M., « Les minorités religieuses en droit français », dans Jean-Pierre BASTIAN et Francis MESSNER, *Minorités religieuses dans l'espace européen : approches sociologiques et juridiques*, Paris, PUF, 2007, p. 131

ZHOU, H.-R., « Le test de la personne raisonnable en responsabilité civile » (2001) 61 *Revue du Barreau du Québec* 451.

Ressources électroniques et articles de quotidiens

AFP, « Procès de la Scientologie pour escroquerie : jugement rendu le 27 octobre [2009] », 17 juin 2009, *Le Point*, [en ligne : http://www.lepoint.fr/actualites-societe/2009-06-17/proces-de-la-scientologie-pour-escroquerie-jugement-rendu-le-27-octobre/920/0/353349], (page consultée le 22 août 2010)

ALBERTA HUMAN RIGHTS COMMISSION, *Home*, [en ligne : http://www.albertahumanrights.ab.ca/], (page consultée le 23 août 2010)

ANONYMOUS, *Pourquoi manifestons-nous ?*, [en ligne : http://www.whyweprotest.net/fr/], (page consultée le 22 août 2010)

ASSEMBLÉE NATIONALE, *Archives de la XIe législature : Loi n° 2001-504*, [en ligne : http://www.assemblee-nationale.fr/11/dossiers/sectes_pn.asp], (page consultée le 22 août 2010)

ASSOCIATION CANADIENNE DES COMMISSIONS ET CONSEILS DES DROITS DE LA PERSONNE, *History of CASHRA*, [en ligne : http://www.cashra.ca/history.html], (page consultée le 23 août 2010)

BAILEY, M. *et al.*, *La polygamie au Canada : conséquences juridiques et sociales pour les femmes et les enfants*, Ottawa, Condition féminine Canada, 2005, [en ligne : http://www.creum.umontreal.ca/IMG/pdf/rapports_condition_feminine.pdf], (page consultée le 22 août 2010)

BARIL, D., *Tolérer ne veut pas dire se taire (communication présentée au débat-conférence « Kirpan, kippa, voile : la tolérance, jusqu'où ? » le 20 mai 2004)*, [en ligne : http://www.tolerance.ca/Article.aspx?ID=72], (page consultée le 22 août 2010)

—, *et al.*, *Déclaration des intellectuels pour la laïcité : pour un Québec laïque et pluraliste*, *Le Devoir*, 16 mars 2010, [en ligne : http://www.ledevoir.com/societe/actualites-en-societe/285021/declaration-des-intellectuels-pour-la-laicite-pour-un-quebec-laique-et-pluraliste], (page consultée le 30 octobre 2010)

BARNETT, L., *Signes religieux dans la sphère publique et liberté de religion*, Ottawa, Bibliothèque du Parlement, 2008, [en ligne : http://www2.parl.gc.ca/Content/LOP/ResearchPublications/prb0441-f.pdf], (page consultée le 30 octobre 2010)

BARREAU DU QUÉBEC, *Les droits fondamentaux : une protection pour toutes et tous*, Mémoire présenté à la Commission de consultation sur les pratiques d'accommodement reliées aux différences culturelles, décembre 2007, [en ligne : http://www.accommodements.qc.ca/documentation/memoires/A-N-Montreal/barreau-du-quebec-audiences-nationales.pdf], (page consultée le 22 août 2010)

—, *Mémoire déposé à la Commission des institutions du Québec dans le cadre des consultations relatives au projet de loi n° 94 intitulé «* Loi *établissant les balises encadrant les demandes d'accommodement dans l'Administration gouvernementale et dans certains établissements »*, 30 avril 2010, [en ligne : http://www.assnat.qc.ca/media/Process.aspx?MediaId=ANQ.Vigie.Bll.DocumentGenerique_33985&process=Default&token=ZyMoxNwUn8ikQ+TRKYwPCjWrKwg+vIv9rjij7p3xLGTZDmLVSmJLoqe/vG7/YWzz], (page consultée le 22 août 2010)

BÉLAND, G., « Accommodement raisonnable : les policières invitées à s'effacer devant des hassidim », *Journal La Presse*, 15 novembre 2006, p. A-5

BIBLIOTHÈQUE JEANNE-HIRSCH, *Déclaration des droits / Bill of Rights : Angleterre, 13 février 1689*, [en ligne : http://www.aidh.org/Biblio/Text_fondat/GB_04.htm], (page consultée le 23 août 2010)

BOSSET, P., *Le droit et la régulation de la diversité religieuse en France et au Québec : une même problématique, deux approches*, Montréal, CDPDJ, 2004 [en ligne http://www.cdpdj.qc.ca/fr/publications/docs/diversite_religieuse_approches_France-Quebec.pdf], (page consultée le 23 août 2010),

—, Dominique LEYDET, Jocelyn MACLURE, Micheline MILOT et Daniel WEINSTOCK, « Manifeste pour un Québec pluraliste », *Le Devoir*, 3 février 2010, [en ligne : http://www.ledevoir.com/societe/actualites-en-societe/282309/manifeste-pour-un-quebec-pluraliste], (page consultée le 30 octobre 2010)

BOYD, M., *Résolution des différends en droit de la famille : pour protéger le choix, pour promouvoir l'inclusion*, Toronto, Ministère du Procureur général, 2004, [en ligne : http://www.attorneygeneral.jus.gov.on.ca/french/about/pubs/boyd/], (page consultée le 22 août 2010)

BRITISH COLUMBIA HUMAN RIGHTS TRIBUNAL, *Home Page*, [en ligne : http://www.bchrt.bc.ca/], (page consultée le 24 août 2010)

BUREAU INTERNATIONAL DU TRAVAIL, *International Labour Standards*, [en ligne : http://webfusion.ilo.org/public/db/standards/normes/libsynd/index.cfm?Lang=FR&hdroff=1], (page consultée le 22 août 2010)

CANTHEISM, *What is Cantheism ?*, [en ligne : http://cantheism.com/aboutus.aspx], (page consultée le 22 août 2010)

CBC, *Solar Temple : a cult gone wrong*, mars 1993, [en ligne : http://archives.cbc.ca/society/crime_justice/topics/501/], (page consultée le 7 juin 2010)

CDPDJ, *Portrait ethnoreligieux du Québec en quelques tableaux*, Québec, CDPDJ, 2008, [en ligne : http://www.cdpdj.qc.ca/fr/placedelareligion/docs/portrait_ethnoreligieux.pdf], (page consultée le 22 août 2010)

—, *Commentaires sur la politique d'accommodement appliquée par la société de l'assurance-automobile du Québec lors de l'évaluation de conduite*, Québec, CDPDJ, janvier 2009, [en ligne : http://www.cdpdj.qc.ca/fr/publications/docs/accommodements_politique_SAAQ_commentaires_Commission.pdf], (page consultée le 22 août 2010)

—, *Programmes d'accès à l'égalité*, [en ligne : http://www.cdpdj.qc.ca/fr/programme-acces-egalite/index.asp?noeud1=1&noeud2=13&cle=0], (page consultée le 7 juin 2010)

—, *Avis sur les directives de la régie d'Assurance-maladie du Québec en matière d'accommodement raisonnable*, Québec, CDPDJ, mars 2010, [en ligne : http://www2.cdpdj.qc.ca/publications/Documents/Avis_RAMQ_Accommodement.pdf], (page consultée le 23 août 2010)

—, *Accueil*, [en ligne : http://www2.cdpdj.qc.ca/Pages/Default.aspx], (page consultée le 23 août 2010)

CHOUINARD, T., « Accommodement à la SAAQ : la question soulève un tollé », *Journal La Presse*, 2 février 2007, [en ligne : http://www.vigile.net/Accommodement-a-la-SAAQ-la], (page consultée le 22 août 2010)

CIA, *World Factbook*, [en ligne : https://www.cia.gov/library/publications/the-world-factbook/geos/xx.html#People], (page consultée le 22 août 2010)

CODH, *Balancing conflicting Rights : Towards an Analytical Framework*, Toronto, CODH, 2005, [en ligne : http://www.ohrc.on.ca/en/resources/discussion_consultation/balancingrights/pdf], (page consultée le 22 août 2010)

COLLARD, N., « Accommodements canadiens », *La Presse*, 9 octobre 2007, [en ligne : http://www.vigile.net/Accommodements-canadiens], (page consultée le 22 août 2010)

COLLÈGE UNIVERSITAIRE HENRI DUNANT, *De l'Édit de Nantes à la Déclaration universelle*, [en ligne : http://www.aidh.org/uni/Formation/00Home_f.htm], (page consultée le 30 octobre 2010)

COMMISSION CANADIENNE DES DROITS DE LA PERSONNE, *Page d'accueil*, [en ligne : http://www.chrc-ccdp.ca/default-fr.asp], (page consultée le 23 août 2010)

COMMISSION DE CONSULTATION SUR LES PRATIQUES D'ACCOMMODEMENT RELIÉES AUX DIFFÉRENCES CULTURELLES, *Notes biographiques de Charles M. Taylor*, [en ligne : http://www.accommodements.qc.ca/commission/taylor-bio.html], (page consultée le 22 août 2010)

COMMISSION DES DROITS DE LA PERSONNE DU MANITOBA, *Equality of Opportunity and Freedom from Discrimination*, [en ligne : http://www.gov.mb.ca/hrc/], (page consultée le 26 août 2010)

COMMISSION DES DROITS DE LA PERSONNE DU NOUVEAU-BRUNSWICK, *Accueil*, [en ligne : http://www.gnb.ca/hrc-cdp/index-f.asp], (page consultée le 23 août 2010)

COMMISSION NATIONALE CONSULTATIVE DES DROITS DE L'HOMME, *Les droits de l'Homme en France : regards portés par les instances internationales, rapport 2009*, Paris, la Documentation française, 2009, [en ligne : http://www.cncdh.fr/IMG/pdf/Droitsdel_Homme_France_CNCDH_1.pdf], (page consultée le 7 juin 2010)

—, *La laïcité aujourd'hui : rapport d'étape*, Paris, La Documentation française, 2003, [en ligne : http://lesrapports.ladocumentationfrancaise.fr/BRP/034000728/0000.pdf], (page consultée le 31 octobre 2010)

COMMISSION ONTARIENNE DES DROITS DE LA PERSONNE, *Les droits de la personne au travail*, 3e éd., Ottawa, CODP, 2008, [en ligne ; http://www.ohrc.on.ca/fr/resources/policies/atwork?page=atworkfr-III_.html], (page consultée le 22 août 2010)

—, *Page d'accueil*, [en ligne : http://www.ohrc.on.ca/fr], (page consultée le 23 août 2010)

—, *Approche intersectionnelle de la discrimination*, Toronto, COHR, 2001, [en ligne http://www.ohrc.on.ca/fr/resources/policy/intersectinal/pdf], (page consultée le 1er novembre 2010)

CONSEIL CONSTITUTIONNEL FRANÇAIS, *Qui peut saisir le Conseil constitutionnel ?*, [en ligne : http://www.conseil-constitutionnel.fr/conseil-constitutionnel/francais/le-conseil-constitutionnel/la-saisine/comment-saisir-le-conseil-constitutionnel-/comment-saisir-le-conseil-constitutionnel.17421.html], (page consultée le 22 août 2010)

—, *12 questions pour commencer*, [en ligne : http://www.conseil-constitutionnel.fr/conseil-constitutionnel/francais/la-question-prioritaire-de-constitutionnalite/12-questions-pour-commencer.47107.html#5], (page consultée le 7 juin 2010)

—, « Circuit des saisines (lois ordinaires) », [en ligne : http://www.conseil-constitutionnel.fr/conseil-constitutionnel/root/bank_mm/textes/saisine.pdf], (page consultée le 22 août 2010)

—, *La question prioritaire de constitutionnalité*, [en ligne : http://www.conseil-constitutionnel.fr/conseil-constitutionnel/francais/la-question-prioritaire-de-constitutionnalite/la-question-prioritaire-de-constitutionnalite-qpc.47106.html], (page consultée le 7 juin 2010)

CONSEIL D'ÉTAT FRANÇAIS, *Rapport public 2001 : les autorités administratives indépendantes*, Paris, La Documentation française, 2001, [en ligne : http://www.conseil-etat.fr/cde/media/document//rapport-public2001.pdf], (page consultée le 22 août 2010)

DEBRAY, R., « Êtes-vous démocrates ou républicain ? », 30 novembre 1989, *Nouvel Observateur*, p. 49

DÉFENSE NATIONALE CANADA, « Hutterian Brotherhood », dans DÉFENSE NATIONALE CANADA, *Religions in Canada*, [en ligne : http://www.cmp-cpm.forces.gc.ca/pub/rc/rel/hb-sh-eng.asp], (page consultée le 22 août 2010)

DESJARDINS, F., « Wal-Mart s'attaque à un site Internet syndical », *Journal Le Devoir*, 4 novembre 2009, [en ligne : http://www.ledevoir.com/economie/actualites-economiques/275474/wal-mart-s-attaque-a-un-site-internet-syndical], (page consultée le 29 août 2010)

DIRECTION DE L'INFORMATION LÉGALE ET ADMINISTRATIVE DE FRANCE, *Découverte des institutions/approfondissement : les traités internationaux et la Constitution*, [en ligne : http://www.vie-publique.fr/decouverte-institutions/institutions/approfondissements/traites-internationaux-constitution.html], (page consultée le 7 juin 2010)

DOWD, M.-A., « L'accommodement raisonnable : éviter les dérapages », *Le Devoir*, 21 novembre 2006, p. A-7

EDMOND HARNDEN, « Perception, mythes et stéréotypes : la Cour suprême du Canada se prononce sur le handicap », *Au Point*, juillet 2000, [en ligne : http://www.emond-harnden.com/publications/jul00/cityofmtlsn_f.shtml], (page consultée le 30 octobre 2010)

EID, P., *La ferveur religieuse et les demandes d'accommodement religieux : une comparaison intergroupe*, Montréal, Commission des droits de la personne et des droits de la jeunesse, 2007, [en ligne : http://www.cdpdj.qc.ca/fr/publications/docs/ferveur_religieuse_etude.pdf], (page consultée le 22 août 2010)

EVENE, « Michel-Ange : sculpteur, architecte, peintre et poète italien », [en ligne : http://www.evene.fr/celebre/biographie/michel-ange-2234.php], (page consultée le 22 août 2010)

—, « Les citations de Ferdinand Foch », [en ligne : http://www.evene.fr/celebre/biographie/ferdinand-foch-397.php?citations], (page consultée le 23 août 2010)

FÉDÉRATION FRANÇAISE DE BOXE, *Catégorie de poids – Hommes*, [en ligne : http://ffboxe.com/rubriques-70-categories_de_poids_hommes.html], (page consultée le 22 août 2010)

FENECH, G., et P. VUILQUE (dir.), *Rapport de la commission d'enquête relative à l'influence des mouvements à caractère sectaire et aux conséquences de leurs pratiques sur la santé physique et mentale des mineurs*, Paris, Assemblée nationale, 2006, [en ligne : http://www.assemblee-nationale.fr/12/rap-enq/r3507.asp], (page consultée le 22 août 2010)

FORTIER, V., « Le prosélytisme au regard du droit : une liberté sous contrôle », (2007) 3 *Cahiers d'étude du religieux*, [en ligne : http://www.msh-m.fr/article.php3?id_article=503], (page consultée le 23 août 2010)

FORUM DES FEMMES JURISTES DE L'ASSOCIATION DU BARREAU CANADIEN – SECTION QUÉBEC, *L'égalité entre les femmes et les hommes : une valeur fondatrice essentielle de l'identité québécoise*, Mémoire présenté à la Commission des affaires sociales du Québec dans le cadre de la consultation générale relative au projet de loi n° 63 modifiant la Charte des droits et libertés de la personne du Québec, Montréal, Association du Barreau canadien, 2008, [en ligne : http://www.bibliotheque.assnat.qc.ca/01/mono/2008/02/961174.pdf], (page consultée le 26 août 2010)

GENDARMERIE ROYALE DU CANADA, *L'uniforme de la Gendarmerie Royale du Canada*, [en ligne : http://www.rcmp-grc.gc.ca/unif/index-fra.htm], (page consultée le 22 août 2010)

GERMAIN, A. et F. DANSEREAU (dir.), *Les pratiques municipales de gestion de la diversité à Montréal*, Montréal, Institut national de la recherche scientifique, 2003, pp. 23 et 33, [en ligne : http://im.metropolis.net/GESTION_DIVERSIT__MONTR_AL_FINAL-030616.pdf], (page consultée le 22 août 2010)

GROUPE DE PROFESSEURES ASSOCIÉES À LA CHAIRE CLAIRE-BONENFANT-FEMMES, SAVOIRS ET SOCIÉTÉS, *Mémoire déposé à la Commission des institutions du Québec dans le cadre des consultations relatives au projet de loi n° 94 intitulé «* Loi établissant les balises encadrant les demandes d'accommodement dans l'Administration gouvernementale et dans certains établissements *»* [en ligne : http://www.assnat.qc.ca/media/Process.aspx?MediaId=ANQ.Vigie.Bll.DocumentGenerique_34375&process=Default&token=ZyMoxNwUn8ikQ+TRKYwPCjWrKwg+vIv9rjij7p3xLGTZDmLVSmJLoqe/vG7/YWzz], (page consultée le 22 août 2010)

HALDE, *Délibération n° 2009-117 du 6 avril 2009*, [en ligne : http://www.halde.fr/Deliberation-relative-aux-regles.html], (page consultée le 7 juillet 2010)

—, *Missions et pouvoirs*, [en ligne : http://www.halde.fr/Missions-et-pouvoirs.html], (page consultée le 22 août 2010)

HÉBERT, J.-C., « Le kirpan : un jugement tranchant », *Journal du Barreau du Québec*, vol. 38, n° 4, avril 2006, p. 11

HIYAMA, H., « Quinze ans après, un film hommage aux victimes de la secte Aum au Japon », *Le Point.fr*, 18 mars 2010, [en ligne : http://www.lepoint.fr/culture/2010-03-18/quinze-ans-apres-un-film-hommage-aux-victimes-de-la-secte-aum-au/249/0/435028], (page consultée le 7 juin 2010)

IDRISSA, V., « Voile islamique : Dalila réintégrée avec son voile », *Journal Fidès.com*, 19 juin 2003, [en ligne : http://fidesjustice.free.fr/html/voile3.html#], (page consultée le 22 août 2010)

INDIANA UNIVERSITY SCHOOL OF LAW, *The Declaration of Independence of the Thirteen Colonies*, [en ligne : http://www.law.indiana.edu/uslawdocs/declaration.html], (page consultée le 23 août 2010)

JAHANGIR, A., *Rapport de la Rapporteuse spéciale sur la liberté de religion ou de conviction*, Doc. Off. Conseil des droits de l'Homme de l'ONU, 10e sess., Doc. NU A/HRC/10/8 (2009), en ligne : http://daccess-dds-ny.un.org/doc/UNDOC/GEN/G09/176/49/PDF/G0917649.pdf?OpenElement], (page consultée le 22 août 2010)

JÉZÉQUEL, M., « Vent de colère et accommodements : quand trop… c'est trop ? », *Journal du Barreau*, vol. 39, n° 2, février 2007, p. 1

KOCH, François, « Scientologie : enquête sur une secte qui fait peur », 13 mai 2009, *L'Express*, [en ligne : http://www.lexpress.fr/actualite/societe/enquete-sur-la-scientologie-une-secte-qui-fait-peur_760242.html&cid=1303155042&ei=LOoKSuaSCaC4MYPxme4G&usg=AFQjCNE0KjN1X1DSU9D1ZTGGo54_WP_HRw], (page consultée le 22 août 2010)

KYMLICKA, W., *Biography*, [en ligne : http://post.queensu.ca/~kymlicka/biography.php], (page consultée le 22 août 2010)

LAMPRON, L.-P., « Un sophisme malheureux mais prévisible », *Cyberpresse.ca*, 17 octobre 2009, [en ligne : http://www.cyberpresse.ca/le-soleil/opinions/points-de-vue/200910/15/01-911635-un-sophisme-malheureux-mais-previsible.php], (page consultée le 22 août 2010)

—, « La gestion du pluralisme religieux au Québec – Comment déroger à la Charte canadienne sans déroger à la liberté de religion », *Le Devoir*, 8 mars 2010, p. A-7, [en ligne : http://www.ledevoir.com/societe/ethique-et-religion/284502/la-gestion-du-pluralisme-religieux-au-quebec-comment-deroger-a-la-charte-canadienne-sans-deroger-a-la-liberte-de-religion], (page consultée le 22 août 2010)

LAMY-LIAISONS SOCIALES, « Convictions religieuses : dans quelle mesure peuvent-elles s'exprimer dans l'entreprise ? » (2009) 524 *Social Pratique* 2, 4, [en ligne : http://www.wk-rh.fr/actualites/upload/SPR524_halde.pdf], (page consultée le 22 août 2010)

LANDRIN, S., « Six mois de prison avec sursis pour Abdelkader Bouziane, *Le Monde*, 16 octobre 2005, [en ligne : http://www.lemonde.fr/cgi-bin/ACHATS/acheter.cgi?offre=ARCHIVES&type_item=ART_ARCH_30J&objet_id=919143&clef=ARC-TRK-NC_01], (page consultée le 7 juillet 2010)

LEBARS, S., « Une Marocaine en burqa se voit refuser la nationalité française », *Le Monde*, 11 juillet 2008, [en ligne : http://www.lemonde.fr/societe/article/2008/07/11/une-marocaine-en-burqa-se-voit-refuser-la-nationalite-francaise_1072401_3224.html], (page consultée le 7 juillet 2010)

LE PORS, A., « Les fonctionnaires, citoyens de plein droit », Paris, *Le Monde*, 1er février 2008, [en ligne : http://anicetlepors.blog.lemonde.fr/2008/01/31/obligation-de-reserve-les-fonctionnaires-citoyens-de-plein-droit-le-monde-31-janvier-2008/], (page consultée le 22 août 2010)

LEROY, A., « L'obligation de reclassement de l'employé inapte », (juin 2008) *Travail et sécurité* [en ligne : http://www.travail-et-securite.fr/archivests/archivests.nsf/%28alldocparref%29/TS685page48_1/$file/TS685page48.pdf?openelement], (page consultée le 30 octobre 2010)

LEVY, E., « Jean Beaubérot : Liberté, Laïcité, diversité », *Voir*, 29 mai 2008, [en ligne : http://www.voir.ca/publishing/article.aspx?zone=1&section=11&article=58533], (page consultée le 7 juillet 2010)

MARTINEAU, R., « À couteaux tirés », *Journal Voir-Québec*, 9 mars 2006, p. 4

MILIVUDES, « La Mission interministérielle : présentation », [en ligne : http://www.miviludes.gouv.fr/], (page consultée le 22 août 2010)

MINISTÈRE DU TRAVAIL CANADIEN, *Dispositions législatives de portée générale sur la négociation collective dans le secteur privé*, [en ligne : http://www.rhdcc-hrsdc.gc.ca/fra/travail/legislation_travail/rel_travail/votes.shtml], (page consultée le 23 août 2010)

MOUVEMENT LAÏQUE QUÉBÉCOIS, *Interventions*, [en ligne : http://www.mlq.qc.ca/interventions-militantes/], (page consultée le 23 août 2010)

NADEAU, R., « Accommodements raisonnables : le PQ dénonce le laissez-faire », *Le Journal de Québec*, 12 février 2010, [en ligne : http://lejournaldequebec.canoe.ca/journaldequebec/politique/provinciale/archives/2010/02/20100212-215512.html], (page consultée le 22 août 2010)

NEWFOUNDLAND AND LABRADOR HUMAN RIGHTS COMMISSION, *Welcome to the Newfoundland and Labrador Human Rights Commission*, [en ligne : http://www.justice.gov.nl.ca/hrc/], (page consultée le 24 août 2010)

NOLEN, D., *Leibniz : la monadologie*, Paris, Librairie Germer Baillière et cie, 1881, [en ligne : http://books.google.ca/books?id=x3NkFt3EWhgC&hl=fr], (page consultée le 22 août 2010)

NORTHWEST TERRITORIES HUMAN RIGHTS COMMISSION, *About us*, [http://nwthumanrights.ca/about-us], (page consultée le 23 août 2010)

NOVA SCOTIA HUMAN RIGHTS COMMISSION, *Home*, [en ligne : http://www.gov.ns.ca/humanrights/], (page consultée le 23 août 2010)

OFFICE QUÉBÉCOIS DE LA LANGUE FRANÇAISE, *Le grand dictionnaire terminologique*, [en ligne : http://www.granddictionnaire.com/btml/fra/r_motclef/index800_1.asp], (page consultée le 22 août 2010)

ORGANISATION INTERNATIONALE DU TRAVAIL, *ILO LEX : Base de données sur les normes internationales du travail*, [en ligne : http://www.ilo.org/ilolex/french/convdisp1.htm], (page consultée le 22 août 2010)

PICHÉ-MESSIERS, M., « Modifications à la Charte : Réalités juridiques ou uniquement politiques ? », dans ASSOCIATION DU JEUNE BARREAU DE MONTRÉAL, *Publications*, février 2008, [en ligne : http://www.ajbm.qc.ca/fr/presse/modifications-a-la-charte-realites-juridiques-ou-uniquement-politiques-15] (page consultée le 22 août 2010)

PRESSE CANADIENNE, « Un quart des Canadiens ne croient en aucun Dieu », *La Presse Canadienne*, 31 mai 2008 [En ligne : http://www.matin.qc.ca/articles/20080601085607/pres_dun_quart_des_canadiens_croient_aucun_dieu_selon_sondage.html], (page consultée le 22 août 2010)

PRINCE EDWARD ISLAND HUMAN RIGHTS COMMISSION, *Welcome to the Human Rights Commission*, [en ligne : http://www.gov.pe.ca/humanrights/], (page consultée le 25 août 2010)

PRISME, SOCIÉTÉ, DROIT ET RELIGION EN EUROPE, *Projet EUREL*, [en ligne : http://www.eurel.info/FR/index.php], (page consultée le 22 août 2010)

RADIO-CANADA, « Sondage : le kirpan ne passe pas », [en ligne : http://www.radio-canada.ca/nouvelles/societe/2007/01/31/003-Sondage-charte-ottawa.shtml], (page consultée le 22 août 2010)

—, « Port du niqab : une étudiante expulsée d'un cours », *Radio-canada.ca*, 2 mars 2010, [en ligne : http://www.radio-canada.ca/nouvelles/Politique/2010/03/02/003-quebec_niqab.shtml], (page consultée le 22 août 2010)

RELIGIOUS FREEDOM RESSOURCES, « Religious Accomodations in the Workplace : your Rights and Obligations », [en ligne : http://www.adl.org/religious_freedom/resource_kit/religion_workplace.asp], (page consultée le 25 août 2010)

ROUSSEAU, P., « Le fin mot de l'histoire : *Tuez-les tous, Dieu reconnaîtra les siens* – Arnaud Amaury », *Journal Le Devoir*, 30 juin 2003, p. A-7, [en ligne : http://www.ledevoir.com/2003/06/30/30862.html], (page consultée le 22 août 2010)

SASKATCHEWAN HUMAN RIGHTS COMMISSION, *Home*, [en ligne : http://www.shrc.gov.sk.ca/], (page consultée le 23 août 2010)

SCHMIDT, E., *La liberté de religion du fonctionnaire en France et en Allemagne*, Mémoire de master en administration publique, cycle international long, Strasbourg, École nationale d'administration, 2005, [en ligne : http://www.ena.fr/index.php?page=ressources/rapports/memoires/master/liberte], (page consultée le 22 août 2010)

SCIORTINO, G., « Débat autour de l'accommodement raisonnable : quand on craint pour sa quiétude », *Le Devoir*, 18 janvier 2007, p. A-7

SECRÉTARIAT DU CONSEIL DU TRÉSOR, *Déclaration assermentée – opposition à la retenue de cotisations syndicales pour motifs religieux*, [en ligne : http://www.tbs-sct.gc.ca/tbsf-fsct/340-52-fra.pdf], (page consultée le 23 août 2010)

SENK, P., « D'où vient la foi : entrevue avec Frédéric Lenoir », (janvier 2006) *Psychologies magazine*, [en ligne : http://www.psychologies.com/Culture/Philosophie-et-spiritualite/Savoirs/Interviews/D-ou-vient-la-foi], (page consultée le 22 août 2010)

SHIELDS, A., « Tempête *identitaire* au Québec : Charest affirme que *les Québécois ne sont pas racistes ;* Dumont rejette le *vieux réflexe minoritaire* », *Le Devoir*, 16 janvier 2007, p. A-1

STATISTIQUES CANADA, « Recensement de la population : immigration, lieu de naissance et lieu de naissance des parents, citoyenneté, origine ethnique, minorités visibles et peuples autochtones », *Le Quotidien*, 21 janvier 2003, [en ligne : http://www.statcan.ca/Daily/Francais/030121/q030121a.htm], (page consultée le 22 août 2010)

TÉMOINS DE JÉHOVAH EN FRANCE, « Extrait de l'ordonnance du tribunal administratif de Rennes en date du 21 février 2002 », [en ligne : http://www.temoinsdejehovah.org/page.aspx?REF=fca73020-1ad3-473c-8e0e-0d9ca9f17ef8], (page consultée le 22 août 2010)

—, « Extrait de l'ordonnance du tribunal administratif de Poitiers en date du 13 juin 2002 », [en ligne : http://www.temoinsdejehovah.org/page.aspx?REF=2f2af5f5-a67b-4d51-b767-7e4b3ca82ef5], (page consultée le 22 août 2010)

TERSIGNI, S., « Prendre le foulard : les logiques antagoniques de la revendication », (2003) 30 *Mouvements* 116, 119-120, [en ligne : http://www.cairn.info/article.php? ID_REVUE=MOUV&ID_NUMPUBLIE=MOUV_030&ID_ARTICLE=MOUV_030_0116], (page consultée le 22 août 2010)

TF1 NEWS, « Six mois avec sursis pour l'ex-imam de Vénissieux », 14 octobre 2005, [en ligne : http://lci.tf1.fr/france/2005-10/six-mois-sursis-contre-imam-venissieux-4860052.html], (page consultée le 7 juillet 2010)

UNITED SIKHS, *Le turban des sikhs*, [en ligne : http://www.unitedsikhs.org/rtt/french_press_room/pdf/7.pdf], (page consultée le 22 août 2010)

U.S. NATIONAL SECURITY COUNCIL, *National Strategy for combatting terrorism*, Washington, U.S. Government, septembre 2006, [en ligne : http://www.cbsnews.com/htdocs/pdf/NSCT0906.pdf], (page consultée le 22 août 2010)

WEINSTOCK, D., « Religion, démocratie et laïcité », (2007) 3 *Les cahiers du 27 juin* 18

WIKIPEDIA, *Dastar*, [en ligne : http://en.wikipedia.org/wiki/Dastar], (page consultée le 22 août 2010)

WOEHRLING, J., « La place de la religion à l'école publique », (avril 2006) 10 *L'autre forum* 10

YUKON HUMAN RIGHTS COMMISSION, *Welcome to our Website*, [en ligne : http://www.yhrc.yk.ca/], (page consultée le 23 août 2010)

Table de la législation

CANADA

Textes constitutionnels

Charte canadienne des droits et libertés, partie I de la Loi constitutionnelle de 1982 [annexe B de la Loi de 1982 sur le Canada (1982), R.-U., c. 11)]

Loi constitutionnelle de 1867, 30 & 31 Vict., R.-U., c. 3

Loi constitutionnelle de 1982 [annexe B de la Loi de 1982 sur le Canada (1982), R.-U., c. 11)

Textes fédéraux

Code canadien du travail, L.R.C. (1985), c. L-2

Déclaration canadienne des droits, L.R.C. (1985), c. H6

Loi canadienne sur les droits de la personne, L.R.C. (1985), c. H6

Loi de 1976 modifiant le droit pénal, n° 2, S.C. 1974-75-76, ch. 105

Loi sur le dimanche, S.R.C. 1970, chap. L-13

Loi sur le multiculturalisme canadien, L.R.C (1985), ch. 24 (4e suppl.)

Textes provinciaux

ALBERTA

Alberta Bill of Rights, R.S.A. 2000, c. A-14

Labour Relations Code, R.S.A. 2000, c. L-1

COLOMBIE-BRITANNIQUE

Human Rights Code, R.S.B.C. 1996, Ch. 210

Labour Relations Code, R.S.B.C. 1996, ch. 244

ÎLE-DU-PRINCE-ÉDOUARD

*Human Rights Ac*t, R.S.P.E.I. 1988, c. H-12

MANITOBA

Human Rights Code, C.C.S.M. c. H175

NOUVEAU-BRUNSWICK

Human Rights Act, R.S.N.B. 1973, c. H-11

NOUVELLE-ÉCOSSE

Human Rights Act, R.S.N.S. 1989, c. 214,

QUÉBEC

Charte des droits et libertés de la personne, L.R.Q., c. C-12

Code civil du Québec, L. Q. 1991, c. 64

Code du travail, L.R.Q., c. C-27

Loi établissant les balises encadrant les demandes d'accommodement dans l'Administration gouvernementale et dans certains établissements, projet de loi 94, 1re session, 39e législature, (Québec)

Loi modifiant diverses dispositions législatives de nature confessionnelle dans le domaine de l'éducation, L.Q. 2005, c. 20

Loi sur la protection des personnes dont l'état mental présente un danger pour elles-mêmes ou pour autrui, L.R.Q., c. P-38.001

Loi sur la protection du consommateur, L.R.Q., c. P-40.1

Loi sur les normes du travail, L.R.Q., c. N-1.1

Loi sur l'instruction publique québécoise, L.R.Q. c. I-13.3

ONTARIO

Human Rights Code, R.S.O. 1990, c. H-19, partie I

Loi de 1995 sur les relations de travail, L.O. 1995, ch. 1

Religious Freedom Act, R.S.O. 1990, c. R.22

SASKATCHEWAN

Saskatchewan Human Rights Code, S.S. 1979, c. S-24.1

Trade Union Act, réf. R.S.S. 1978, c. T-17

TERRE-NEUVE

Newfoundland Human Rights Code, R.S.N.L. 1990, c. H-14

TERRITOIRES-DU-NORD-OUEST

Human Rights Act, S.N.W.T. 2002, c. 18

YUKON

Human Rights Act, R.S.Y. 2002, c. 116

EUROPE (Traités, Conventions et Protocoles)

Charte sociale européenne (révisée), 2151 R.T.N.U. 277 (entrée en vigueur le 1er juillet 1999), [en ligne : http://conventions.coe.int/Treaty/fr/Treaties/Html/163.htm], (page consultée le 22 août 2010)

Convention de sauvegarde des droits de l'Homme et des libertés fondamentales, 4 novembre 1950, 213 R.T.N.U. 221, (entrée en vigueur le 3 septembre 1953), [en ligne : http://conventions.coe.int/treaty/fr/Treaties/Html/005.htm], (page consultée le 22 août 2010)

Protocole additionnel à la Convention de sauvegarde des Droits de l'Homme et des Libertés fondamentales tel qu'amendé par le Protocole n° 11, 20 mars 1952, S.T.E. 9, (entrée en vigueur : 1er novembre 1998), [en ligne : http://conventions.coe.int/treaty/fr/treaties/html/009.htm], (page consultée le 17 juillet 2009)

FRANCE

Textes constitutionnels

Constitution du 27 octobre 1946

Constitution du 4 octobre 1958

Déclaration des droits de l'Homme et du citoyen de 1789, [en ligne : http://www.legifrance.gouv.fr/html/constitution/const01.htm], (page consultée le 7 juin 2010)

Lois

Code de la défense

Code du travail

Code pénal

Loi constitutionnelle n° 2008-724 du 23 juillet 2008 de modernisation des institutions de la Ve République, J.O. 24 juillet 2008, p. 11890

Loi organique n° 2009-1523 du 10 décembre 2009 relative à l'application de l'article 61-1 de la Constitution, J.O. 11 décembre 2009, p. 21379

Loi du 9 décembre 1905 concernant la séparation des Églises et de l'État, J.O. 11 décembre 1905, p. 7205

Loi n° 73-1227 du 31 décembre 1973 autorisant la ratification de la Convention européenne de sauvegarde des droits de l'Homme et des libertés fondamentales signée à Rome le 04-11-1950 et de ses protocoles additionnels, J.O. 3 janvier 1974, p. 67

Loi n° 74-904 du 29 octobre 1974 portant révision de l'article 61 de la Constitution, J.O. 30 octobre 1974, p. 11035

Loi n° 80-460 du 25 juin 1980 autorisant l'adhésion de la République Française au Pacte international relatif aux droits civils et politiques, ouvert à la signature le 19-12-1966 à New York, J.O. 26 juin 1980, p. 1569

Loi n° 80-461 du 25 juin 1980 autorisant l'adhésion de la République française au Pacte relatif aux droits économiques, sociaux et culturels, ouvert à la signature le 19-12-1966 à New-York, J.O. 26 juin 1980, p. 1569

Loi n° 81-357 du 15 avril 1981 autorisant l'approbation de la Convention internationale du travail 111 concernant la discrimination en matière d'emploi et de profession, adoptée par la Conférence internationale du travail à Genève le 25-06-1958, J.O. 17 avril 1981, p. 1087

Loi n° 83-634 du 13 juillet 1983 portant droits et obligations des fonctionnaires, J.O. 14 juillet 1983, p. 2174

Loi n° 99-174 du 10 mars 1999 autorisant l'approbation de la charte sociale européenne (révisée), J.O. 11 mars 1999, p. 3631

Loi n° 2001-504 du 12 juin 2001 tendant à renforcer la prévention et la répression des mouvements sectaires portant atteinte aux droits de l'homme et aux libertés fondamentales (aussi appelée la Loi About-Picard), J.O. 13 juin 2001, p. 9337

Loi n° 2004-1486 du 30 décembre 2004 portant création de la haute autorité de lutte contre les discriminations et pour l'égalité, J.O. 31 décembre 2004, p. 22567

Loi n° 2008-496 du 27 mai 2008 portant diverses dispositions d'adaptation au droit communautaire dans le domaine de la lutte contre les discriminations, J.O. 28 mai 2008, p. 8801.

INTERNATIONAL (Conventions, Déclarations, Traités et Résolutions)

Convention internationale du travail n° 111 concernant la discrimination en matière d'emploi et de profession, R.T.A.F. 1982, n° 51, [en ligne : http://www.ilo.org/ilolex/cgi-lex/convdf.pl?C111], (page consultée le 22 août 2010)

Déclaration et programme d'action de Vienne, Doc. Off. AG NU, 48e sess., Doc. NU A/CONF.157 (1993) 23, [en ligne : http://www.unhchr.ch/huridocda/huridoca.nsf/%28symbol%29/a.conf.157.23.fr], (page consultée le 14 octobre 2010)

Déclaration sur l'élimination de toutes les formes d'intolérance et de discrimination fondées sur la religion ou la conviction, Rés. AG 36/55, Doc. Off. AG NU, supp. n° 51, Doc. NU A/36/684, (25 novembre 1981)

Déclaration universelle des droits de l'Homme, Rés. AG 217 (III), Doc. Off. AG NU, 3e sess., supp. n° 13, Doc. NU A/810 (1948) 71, [en ligne : http://www.un.org/fr/documents/udhr/index.shtml], (page consultée le 22 août 2010)

Pacte international relatif aux droits civils et politiques, 19 décembre 1966, 999 R.T.N.U. 171, art. 9-14, (entrée en vigueur : 23 mars 1976), [en ligne : http://www.unhchr.ch/tbs/doc.nsf/317ab54d16e0e6aac1256bdd0026bd27/deca71961fe80f9bc1256ea1003679f3/$FILE/G0440940.pdf], (page consultée le 22 août 2010)

Pacte international relatif aux droits économiques, sociaux et culturels, 993 R.T.N.U. 3, (entrée en vigueur : 3 janvier 1976), [en ligne : http://www.unhcr.org/refworld/pdfid/3ae6b36c0.pdf], (page consultée le 22 août 2010)

Rédaction de deux projets de Pactes internationaux relatifs aux droits de l'homme, Nations Unies, Assemblée générale, résolution 543 (VI) (1952), [en ligne : http://www.un.org/french/documents/view_doc.asp?symbol=A/RES/543%28VI%29&Lang=F], (page consultée le 24 octobre 2010)

TABLE DES JUGEMENTS

Jurisprudence canadienne

COUR SUPRÊME DU CANADA

A.C. c. *Manitoba*, [2009] 2 R.C.S. 181

Adler c. *Ontario*, [1996] 3 R.C.S. 669

Ahani c. *Canada (Ministre de la Citoyenneté et de l'Immigration)*, [2002] 1 R.C.S. 72

Alberta c. *Hutterian Brethren of Wilson Colony*, 2009 CSC 37

Andrews c. *Law Society of British Columbia*, [1989] 1 R.C.S. 143

Aubry c. *Vice-Versa*, [1998] 1 R.C.S. 591

Augustus c. *Gosset*, [1996] 3 R.C.S. 268

Authorson c. *Canada (Procureur général)*, [2003] 2 R.C.S. 40

B.C.G.E.U. c. *Colombie-Britannique (P.G.)*, [1988] 2 R.C.S. 214

B (R.) c. *Children's aid Society of Metropolitan Toronto*, [1995] 1 R.C.S. 315

Béliveau St-Jacques c. *FEESP*, [1996] 2 R.C.S. 345

Bhinder c. *Cie des chemins de fer nationaux du Canada*, [1985] 2 R.C.S. 561

Blencoe c. *Colombie-Britannique (Human Rights Commission)*, [2000] 2 R.C.S. 307

Bruker c. *Marcovitz*, [2007] 3 R.C.S. 607

Canada (Commission des droits de la personne) c. *Taylor*, [1990] 3 R.C.S. 892

Canada (Procureur général) c. *JTI-MacDonald Corp.*, [2007] 2 R.C.S. 610

Central Alberta Dairy Pool c. *Alberta (Human Rights Commission)*, [1990] 2 R.C.S. 489

Central Okanagan School District n° 23 c. *Renaud*, [1992] 2 R.C.S. 970

Centre universitaire de santé McGill (Hôpital général de Montréal) c. *Syndicat des employés de l'Hôpital général de Montréal*, [2007] 1 R.C.S. 161

Chaoulli c. *Québec (Procureur général)*, [2005] 1 R.C.S. 791

Colombie-Britannique (Public Service Employee Relations Commission) c. *BCGSEU*, [1999] 3 R.C.S. 3

Colombie-Britannique (Superintendent of Motor Vehicles) c. *Colombie-Britannique (Council of Human Rights)*, [1999] 3 R.C.S. 868

Commission ontarienne des droits de la personne c. *Simpsons-Sears*, [1985] 2 R.C.S. 536

Commission régionale de Chambly c. *Bergevin*, [1994] 2 R.C.S. 525

Communications Inc. c. Davidson, [1989] 1 R.C.S. 1038

Compagnie des chemins de fer nationaux du Canada c. *Canada (Commission canadienne des droits de la personne)*, [1987] 1 R.C.S. 1114

Congrégation des témoins de Jéhovah de St-Jérôme-Lafontaine c. *Lafontaine (Village)*, [2004] 2 R.C.S. 650

Conseil des Canadiens avec déficiences c. *VIA Rail Canada Inc.*, [2007] 1 R.C.S. 650

Corbière c. *Canada (Ministre des Affaires indiennes et du Nord canadien)*, [1999] 2 R.C.S. 203

Dagenais c. *Société Radio-Canada*, [1994] 3 R.C.S. 835

De Montigny (Succession) c. *Brossard*, 2010 CSC 51

Devine c. *Québec (Procureur général)*, [1988] 2 R.C.S. 712, parag. 35

Dickason c. *Université de l'Alberta*, [1992] 2 R.C.S. 1103

Dubois c. *R.*, [1985] 2 R.C.S. 350, parag. 43

Dunmore c. *Ontario (Procureur général)*, [2001] 3 R.C.S. 1016

Eaton c. Conseil scolaire du comté de Brant, [1997] 1 R.C.S. 241

Edmonton Journal c. *Alberta (Procureur général)*, [1989] 2 R.C.S. 1326

Egan c. *Canada*, [1995] 2 R.C.S. 513

Eldridge c. *Colombie-Britannique (Procureur général)*, [1997] 3 R.C.S. 624

États-Unis c. *Burns*, [2001] 1 R.C.S. 283

Ford c. *Québec (Procureur général)*, [1988] 2 R.C.S. 712

Forget c. *Québec (Procureur général)*, [1988] 2 R.C.S. 90

Frenette c. *Métropolitaine (La), Cie d'assurance-vie*, [1992] 1 R.C.S. 647

Gilles E. Néron Communication Marketing Inc. c. *Chambre des notaires du Québec*, [2004] 3 R.C.S. 95

Godbout c. *Longueuil (Ville de)*, [1997] 3 R.C.S. 844

Gosselin c. *Québec (Procureur général)*, [2002] 4 R.C.S. 429

Gosselin (Tuteur de) c. *Québec (Procureur général)*, [2005] 1 R.C.S. 238

Granovski c. *Canada (Ministre de l'Emploi et de l'Immigration)*, [2000] 1 R.C.S. 703

Greater Vancouver Transportation Authority c. *Fédération canadienne des étudiantes et étudiants – Section Colombie-Britannique*, [2009] 2 R.C.S. 295

Haig c. *Canada (Directeur général des élections)*, [1993] 2 R.C.S. 995

Harper c. *Canada (Procureur général)*, [2004] 1 R.C.S. 827

Health Services and Support – Facilities Subsector Bargaining Assn. c. *Colombie-Britannique*, [2007] 2 R.C.S. 391

Hill c. *Église de Scientologie de Toronto*, [1995] 2 R.C.S. 1130

Hodge c. *Canada (Ministre du Développement des ressources humaines)*, [2004] 3 R.C.S. 357

Hunter c. *Southam*, [1984] 2 R.C.S. 145

Hydro-Québec c. *Syndicat des employé-e-s de techniques professionnelles et de bureau d'Hydro-Québec, section locale 2000 (SCFP-FTQ)*, 2008 CSC 43

Insurance Corporation of British Columbia c. Heerspink, [1982] 2 R.C.S. 145

Irwin Toy Ltd c. *Québec (Procureur général)*, [1989] 1 R.C.S. 927

Lac D'Amiante du Québec Ltée c. *2858-0702 Québec Inc.*, [2001] 2 R.C.S. 743

Lavigne c. *Syndicat des employés de la fonction publique de l'Ontario*, [1991] 2 R.C.S. 211

Lavoie c. *Canada*, [2002] 1 R.C.S. 769

Law c. *Canada (Ministre de l'Emploi et de l'Immigration)*, [1999] 1 R.C.S. 497

Libman c. *Québec (Procureur général)*, [1997] 3 R.C.S. 569

Marcoux c. *Bouchard*, [2001] 2 R.C.S. 726

Miron c. *Trudel*, [1995] 2 R.C.S. 418

Montréal (Ville) c. *2952-1366 Québec Inc.*, [2005] 3 R.C.S. 141

Multani c. *Commission scolaire Marguerite-Bourgeoys*, [2006] 1 R.C.S 256

Nelles c. *Ontario*, [1989] 2 R.C.S. 170

Office canadien de commercialisation des œufs c. *Richardson*, [1998] 3 R.C.S. 157

Operation Dismantle c. *La Reine*, [1985] 1 R.C.S. 441

P. (D.) c. *S. (C.)*, [1993] 3 R.C.S. 141

Plourde c. *Compagnie Wal-Mart du Canada Inc.*, 2009 CSC 54

Prud'homme c. *Prud'homme*, [2002] 4 R.C.S. 663

Québec (Commission des droits de la personne et des droits de la jeunesse) c. *Montréal (Ville)*, [2000] 1 R.C.S. 665

Québec (Curateur public) c. *Syndicat national des employés de l'hôpital St-Ferdinand*, [1996] 3 R.C.S. 211

R. c. *Advance Cutting & Coring Ltd.*, [2001] 3 R.C.S. 209

R. c. *Beare*, [1988] 2 R.C.S. 387

R. c. *Big M Drug Mart Ltd*, [1985] 1 R.C.S. 295

R. c. *Boersma*, [1994] 2 R.C.S. 488

R. c. *Butler*, [1992] 1 R.C.S. 452

R. c. *Conway*, 2010 CSC 22

R. c. *Dyment*, [1988] 2 R.C.S. 417

R. c. *Edwards*, [1996] 1 R.C.S. 128

R. c. *Edwards Books and Art Ltd.*, [1986] 2 R.C.S. 713

R. c. *Godoy*, [1999] 1 R.C.S. 311

R. c. *Guignard*, [2002] 1 R.C.S. 472

R. c. *Jones*, [1986] 2 R.C.S 284

R. c. *Kapp*, [2008] 2 R.C.S. 483

R. c. *Keegstra*, [1990] 3 R.C.S. 697

R. c. *Knox*, [1996] 3 R.C.S. 199

R. c. *Little Sisters Books and Art Emporium* c. *Canada (Ministre de la Justice)* ; [2000] 2 R.C.S. 1120

R. c. *Lucas*, [1998] 1 R.C.S. 439

R. c. *M. (M.R.)*, [1998] 3 R.C.S. 393

R. c. *Mills*, [1999] 3 R.C.S. 668

R. c. *Oakes*, [1986] 1 R.C.S. 103

R. c. *Patrick*, 2009 CSC 17

R. c. *Richard*, [1996] 3 R.C.S. 525

R. c. *S. (S.)*, [1990] 2 R.C.S. 254

R. c. *Sharpe*, [2001] 1 R.C.S. 45

R c. *Stillman*, [1997] 1 R.C.S. 607

R. c. *Sullivan*, [1991] 1 R.C.S. 489

R. c. *Zundel*, [1992] 2 R.C.S. 731

Renvoi relatif à la Public Service Employee Relations Act (Alb.), [1987] 1 R.C.S. 313

Renvoi relatif à l'article 193 et à l'alinéa 195.1 (1)c) du Code criminel (Man.), [1990] 1 R.C.S. 1123

Renvoi relatif au mariage entre personnes du même sexe, [2004] 3 R.C.S. 698

RJR – MacDonald Inc. c. *Canada (Procureur général)*, [1995] 3 R.C.S. 199

Rocket c. *College Royal des chirurgiens-dentistes d'Ontario*, [1990] 2 R.C.S. 232

Rodriguez c. *Colombie-Britannique*, [1993] 3 R.C.S. 519

Ross c. *Conseil scolaire du district n° 15 du Nouveau-Brunswick*, [1996] 1 R.C.S. 825

SDGMR c. *Dolphin Delivery Ltd.*, [1986] 2 R.C.S. 573

S.D.G.M.R., section locale 558 c. *Pepsi-Cola Canada Beverages (West) Ltd.*, [2002] 1 R.C.S. 156

Singh c. *Ministre de l'emploi et de l'Immigration*, [1985] 1 R.C.S. 177

Slaight Communications Inc. c. *Davidson*, [1989] 1 R.C.S. 1038

Société Radio-Canada c. *Lessard*, [1991] 3 R.C.S. 421

Société Radio-Canada c. *Procureur général du Nouveau-Brunswick*, [1996] 3 R.C.S. 480

Suresh c. *Canada (Ministre de la Citoyenneté et de l'Immigration)*, [2002] 1 R.C.S. 3

Syndicat international des débardeurs et magasiniers – Canada, section locale 500 c. *Canada*, [1994] 1 R.C.S. 150

Syndicat Northcrest c. *Amselem*, [2004] 2 R.C.S. 551

T.U.A.C., section locale 1518 c. *K-Mart Canada Ltd.*, [1999] 2 R.C.S. 1083

Terre-Neuve (Conseil du Trésor) c. *N.A.P.E.*, [2004] 3 R.C.S. 381

Thomson Newspaper Co. c. *Canada (Procureur général)*, [1998] 1 R.C.S. 877

Tremblay c. *Daigle*, [1989] 2 R.C.S. 530

Vancouver (Ville) c. *Ward*, 2010 CSC 27

Vann Niagara Ltd. c. *Oakville (Ville)*, [2003] 3 R.C.S. 158

Weatherall c. *Canada (Procureur général)*, [1993] 2 R.C.S. 872

Winnipeg School Division n° 1 c. *Craton*, [1985] 2 R.C.S. 150

Young c. *Young*, [1993] 4 R.C.S. 3

AUTRES INSTANCES

A.P. c. *L.D.*, [2001] R.J.Q. 16 (C.A.)

Acier Argo Ltée et Association internationale des travailleurs du métal en feuilles, section locale 133 (F.T.Q.), (1998) R.J.D.T. 1426 (T.A.)

Agropur, Coopérative agro-alimentaire et Syndicat national des produits laitiers de Sherbrooke, D.T.E. 89T-334 (T.A.)

Amselem c. *Syndicat Northcrest*, [2002] R.J.Q. 906 (C.A.)

Archibald c. *Canada*, [2000] 4 C.F. 479 (C.A.)

Aspinall c. *York University*, [1983] O.J. n° 1234

Association A.D.G.Q. c. *Commission des écoles catholiques de Montréal*, [1980] C.S. 93

Baie d'Urfé (Ville de) c. *Québec (Procureur général)*, [2001] R.J.Q. 1589 (C.S.)

Barker et Section locale 938 des Teamsters, D.T.E. 86T-439 (C.C.R.T.)

Bhinder c. *Cie des chemins de fer nationaux du Canada*, 1981 CanLII 4 (T.C.D.P.)

Bigsby c. *Alberta (Pensions Administration)*, (2005) 127 C.R.R. (2d) 243 (C.A. Alberta)

Brisson c. *Virtually Magazine*, [2002] R.R.A. 866 (C.S.)

Burnett c. *British Columbia (Worker's Compensation Board)*, (2003) 228 D.L.R. (4th) 551 (C.A. C.-B.)

Cardin c. *Ministre du Revenu national*, (1998) 223 N.R. 81 (C.A.F.)

Centrale de l'enseignement du Québec c. *Québec (Procureur général)*, [1998] R.J.Q. 2897 (C.A.)

Centre hospitalier juif de l'espérance/Jewish Hospital of Hope c. *Québec (Procureur général)*, 1996] R.J.Q. 1809 (C.A.)

Clavet c. *Sourour*, 2009 QCCA 942

Comité conjoint des matériaux de construction c. *Accent architectural*, D.T.E. 98T-550 (C.Q.)

Commission des droits de la personne du Québec c. *Dupont, Desmeules et Associés Inc.*, [1994] R.J.Q. 2092 (T.D.P.)

Commission des droits de la personne du Québec c. *Montréal (Ville de)*, (1983) 4 C.H.R.R. D/1444 (C.S.)

Commission des droits de la personne et des droits de la jeunesse c. *Institut Demers Inc.*, [1999] R.J.Q. 3101 (T.D.P.Q.)

Commission des droits de la personne et des droits de la jeunesse c. *Hôpital général juif Sir Mortimer B. Davis*, 2007 QCTDP 29

Commission des droits de la personne et des droits de la jeunesse c. *Sûreté du Québec*, J.E. 2000-1322 (T.D.P.)

Commission scolaire des Phares c. *Québec (Commission des droits de la personne et des droits de la jeunesse)*, [2006] R.J.Q. 378 (C.A.)

Commission scolaire Marguerite-Bourgeoys c. Singh Multani, [2004] R.J.Q. 824 (C.A.)

Compagnie d'assurances Guardian du Canada c. *Leblanc*, [1999] R.R.A. 670 (C.S.)

Comstock c. *Public Service Alliance of Canada*, 2007 CF 335

Comstock c. *Public Service Alliance of Canada*, 2008 CAF 197

Corporation professionnelle des médecins du Québec c. *Désaulniers*, [1992] R.J.Q. 267 (C.Q.)

Corporation Sun Media c *Syndicat canadien de la fonction publique*, D.T.E. 2007T-630

Côté c. *Darkin*, [1988] R.J.Q. 1924 (C.S.).

Daigle c. *Tremblay*, [1989] R.J.Q. 1735 (C.A.)

Deacon c. *Canada (Procureur général)*, [2006] 2 R.C.F. 736 (C.F.)

Desroches c. *Québec (Commission des droits de la personne)*, [1997] R.J.Q. 1540 (C.A.)

Dixon c. *Manitoba (Labour Board)*, (1981) 127 D.L.R. (3d) 752 (Man. Q.B.)

Director of Child Welfare (P.E.I.) v. *S.P.L and H.L.*, (2002) Nfld & P.E.I.R. 197 (C.S. Î.P.E.)

Doyle et Association internationale des machinistes et des travailleurs de l'aérospatiale, D.T.E. 93T-1077 (C.C.R.T.)

Drogt et al., c. *Robson-Lang Leathers Ltd. et al.*, (1971) 21 D.L.R. (3d) 38 (C.C. Simcoe)

Église de scientologie c. *L'Office de la protection du consommateur et Québec (Procureur général)*, [1997] R.J.Q. 2233, (C.S.)

Entreprises W.F.H. Ltée c. *Québec (Procureur général)*, [2001] R.J.Q. 2557 (C.A.)

Ferrell c. *Ontario (Attorney General)*, (1997) 149 D.L.R. (4th) 335 (Div. Gen. Ont.)

(1999) 168 D.L.R. (4th) 1 (C.A. Ont.)

Fraternité des policiers de la Régie intermunicipale du service de protection publique de Dorion-Vaudreuil c. *Régie intermunicipale du service de protection publique de Dorion-Vaudreuil*, D.T.E. 88T-127 (T.A.)

Funk c. *Manitoba (Labour Board)*, (1976) 66 D.L.R. (3d) 35 (Man. C.A.)

Gabriel c. *Directeur de l'état civil*, [2005] R.J.Q. 470 (C.S.)

Gauthier c. *Roy*, [1999] R.D.I. 87 (C.S.)

Gladstone c. *Dankoff*, [2003] R.J.Q. 1534 (C.S.)

Granata-Rossi c. *Urgences-santé Inc.*, [2006] R.R.A. 989 (C.S.)

Grant c. *Canada (Procureur général)*, [1995] 1 C.F. 158

Grant c. *Canada (Procureur général du Canada)*, (1995) 120 D.L.R. (4th) 556 (C.A.F.)

Guertin et Association canadienne des maîtres de poste, D.T.E. 87T-526 (C.C.R.T.)

Habachi c. *Commission des droits de la personne*, [1999] R.J.Q. 2522 (C.A.)

Hardy c. *Fortier*, J.E. 2006-687 (C.Q.)

Hill c. *Hamilton Wentworth Regional Police Services Board*, (2006) 259 D.L.R. (4th) 676 (C.A. Ont.)

Hilton International Québec c. *Syndicat des travailleuses et travailleurs de l'Hôtel Hilton Québec (C.S.N.)*, [1986] D.L.Q. 285 (T.A.)

Hutterian Brethren of Wilson Colony c. *Alberta*, 2007 ABCA 160
2006 ABQB 338

Journal de Québec (Le) c. *Beaulieu-Marquis*, [2002] R.R.A. 797 (C.A.)

Lapalme c. *Union des producteurs agricoles*, [2000] R.J.Q. 1115 (C.S.)

Lapierre c. *Barrette*, [1988] R.J.Q. 3274 (C.A.)

Lebedev c. *Canada (Ministre de la Citoyenneté et de l'Immigration)*, [2007] A.C.F. n° 975

Levy c. *McClelland and Stewart Ltd.*, REJB 2003-49076 (C.Q.)

Maurice c. *Canada (Attorney General)*, (2002) 210 D.L.R. (4th) 186 (C.F.)

McFayden c. *R.*, (2001) 55 D.T.C. 5055 (C.A.F.)

Montreal Bible and Gospel Halls c. *Dorval (Ville de)*, J.E. 93-1111 (C.S.)

Montréal (Communauté urbaine de) c. *Fraternité des policiers et policières de la Communauté urbaine de Montréal*, [1995] R.J.Q. 2549 (C.A.)

Mussani c. *College of Physicians and Surgeons of Ontario*, (2003) 226 D.L.R. (4th) 511 (C.D. Ont.)

Nancy B. c. *l'Hôtel-Dieu de Québec*, [1992] R.J.Q. 361 (C.S.)

New Brunswick Broadcasting Co. Ltd., c. *Conseil de la radiodiffusion et des télécommunications canadiennes*, (1984) 2 C.F. 410 (C.A.)

O'Sullivan c. *M.R.N.*, (1992) 1 C.F. 522

Ontario (Human Rights Commission) c. *Brockie*, (2003) 222 D.L.R. (4th) 174 (C.S. Ont.)

Peel (Regional Municipality) c. *Great Atlantic & Pacific Co. of Canada*, (1991), 78 D.L.R. (4e) 333 (C.A.)

Prentice c. *Canada*, [2006] 3 R.C.F. 135 (C.A.)

Price c. *British Columbia (Attorney General)*, [1976] 5 W.W.R. 656 (B.-C. S.C.)

Prior c. *Canada*, [1988] 2 C.F. 371 (C.F.)

Protection de la jeunesse – 224, (1986) R.J.Q. 2711 (T.J.)

Québec (C.D.P.D.J.) c. *Martin*, (1997) 33 C.H.H.R. D/487 (T.D.P.)

Québec (Ministre de la Justice) c. *Canada (Ministre de la Justice)*, [2003] R.J.Q. 1118 (C.A.)

Québec (Procureur général) c. *Boisclair*, [2001] R.J.Q. 2449 (C.A.)

Québec (Procureur général) c. *Église de scientologie du Québec*, [1995] R.J.Q. 2526 (C.Q.)

Québec (Procureur général) c. *Lambert*, (2002) R.J.Q. 599 (C.A.)

Québec (Ville de) c. *C.D.P.*, (1989) R.J.Q. 831 (C.A.)

R. c. *A.N.*, C.Q. Montréal (Chambre criminelle), n° 500-01-003139-927, 13 janvier 1994, j. Verreault

R. c. *A.N.*, [1994] J.Q. n° 522 (Quicklaw) (C.A.)

R. c. *Allen*, (2005) D.L.R. (4th) 458 (C.A. N.-É.)

R. c. *Church of Scientology of Toronto*, (1988) 30 C.R.R. 238 (C.A. Ont.)

R. c. *Little*, 2008 NBCP 2

R. c. Lucien, [2000] A.Q. n° 2 (Quicklaw) (C.A.)

R. c. Ly, (1987) 33 C.C.C. (3d) 31 (B.C.C.A.)

R. c. *Morgentaler*, (1986) 52 O.R. (2e) 353

R. c. *Ratelle*, [1994] R.J.Q. 1485 (C.A.)

R. c. *Woldrich*, (1998) 126 M.R. (2d) 157 (C.A.)

Re Ontario Public Service Employees Union and Forer et al., (1985) 52 O.R. (2d) 705 (Ont. C.A.)

Salvation Army, Canada East c. *Ontario (Attorney-General)*, (1992) 88 D.L.R. (4th) 238

School District n° 39 (Vancouver) c. *B.C.T.F.*, (2003) 224 D.L.R. (4th) 63 (C.A. C.-B.)

Section locale 143 du Syndicat canadien des communications, de l'énergie et du papier c. *Goodyear Canada Inc.*, (2008) R.J.D.T. 24 (C.A.)

Syndicat canadien de la fonction publique, section locale 302 c. *Verdun (Ville de)*, [2000] R.J.Q. 356 (C.A.)

Syndicat des communications graphiques, local 41M c. *Journal de Montréal division du Groupe Quebecor Inc.*, (1994) R.D.J. 456 (C.A.)

Syndicat des employées et employés de la Société des casinos du Québec – CSN c. *Société des casinos du Québec Inc.*, 2009 QCCA 1034

Syndicat des professionnelles du Centre jeunesse de Québec – CSN c. *Desnoyers*, [2005] R.J.Q. 414 (C.A.)

Syndicat des travailleuses et travailleurs de Bridgestone/Firestone de Joliette (C.S.N.) c. Trudeau, [1999] R.J.D.T. 1075 (C.A.)

Syndicat des travailleuses et travailleurs de Volailles Marvid (CSN) et Volailles Marvid Canada Inc., [2005] R.J.D.T. 254 (C.R.T.)

Syndicat national catholique des employés des institutions religieuses de St-Hyacinthe Inc. et Laliberté Associés Inc., D.T.E. 95T-58 (C.T.)

Télé-mobile Co. c. *Telecommnications Workers Union*, (2004) 328 N.R. 336 (C.A.F.)

The Gazette (Division Southam) c. *Valiquette*, [1997] R.J.Q. 30 (C.A.)

Tremblay c. *Daigle*, [1989] R.J.Q. 1980 (C.S.)

Tremblay c. *Procureur général du Québec*, [2001] R.J.Q. 1293 (C.S.)

Union des producteurs agricoles c. *Rocheleau*, J.E. 2006-1528 (C.S.).

Vancouver Rape Relief Society v. *Nixon*, 2005 BCCA 601 (B.-C. C.A.)

Vendermeulen c. *Manitoba (Labour Board)*, (1988) 48 D.L.R. (4th) 714 (Man. Q.B.)

West Island Teachers' Association c. *Nantel*, [1988] R.J.Q. 1569 (C.A.)

Westmount (Ville de) c. *Québec (Procureur général)*, (2001) R.J.Q. 2520 (C.A.)

Wiebe et Association canadienne des maîtres de poste, D.T.E. 87T-705 (C.C.R.T.)

Yorkton Union Hospital c. *Chernipeski*, (1993) 109 Sask.R. 198 (Sask. C.A.)

Jurisprudence française

CONSTITUTIONNELLE

C. const., 15 janvier 1975, *Loi relative à l'interruption volontaire de la grossesse*, Rec. Cons. const., p. 19

C. const., 23 novembre 1977, *J. Off. du 25 nov. 1977*, p. 5530

C. const. 19 janvier 1984, *Loi relative à l'activité et au contrôle des établissements de crédit, Rec. Cons. const.*, p. 23

C. const., 25 janvier 1985, *Rec. Cons. const.*, p. 43

ADMINISTRATIVE

C.A.A. Paris, 22 mars 2001, M. Crouzat, RFD Admin 2001, p. 938

Conseil d'État, 10 mai 1912, Abbé Bouteyre, Rec. Conseil d'État, p. 553

Conseil d'État, 28 avril 1938, Dlle Weiss, Rec. Conseil d'État, p. 379

Conseil d'État, 29 juin 1949, Rec. Conseil d'État, p. 394

Conseil d'État, 4 avril 1952, Syndicat national des quotidiens d'Algérie, JCP 1952.2.7138

Conseil d'État, 28 octobre 1960, M. De la Boulaye, Rec. Conseil d'État, p. 570

Conseil d'État, 24 novembre 1961, Fédération nationale des syndicats de police, p. 658

Conseil d'État, 25 janvier 1989, RJS 5/89, n° 423

Conseil d'État, 20 octobre 1989, Nicolo, D. 1990, p. 135, note P. Sabourin

Conseil d'État, 3 mai 2000, Avis Dlle Marteaux, RFD adm 2001, p. 146, note R. Schwartz

Conseil d'État, 15 octobre 2003, Jean-Philippe O. c/ Ministère de l'éducation nationale et de la recherche, Les Petites affiches, 25 juin 2004, n° 127, p. 14, note Benoît TABAKA

Conseil d'État, 27 juin 2008, n° 286798, [en ligne : http://www.legifrance.gouv.fr/affichJuriAdmin.do?oldAction=rechJuriAdmin&idTexte=CETATEXT000019081211&fastReqId=1273356285&fastPos=1], (page consultée le 7 juin 2010)

Trib. admin. de Paris, 3 juin 1999, n° 9602510/5

Trib. admin. de Poitiers, 1re chambre, ordonnance n° 013040 du 13 juin 2002, Association locale pour le culte des Témoins de Jéhovah de La Rochelle c. Commune de La Rochelle

Trib. admin. de Rennes, ordonnance n° 02507 du 21 février 2002, Association locale pour le culte des Témoins de Jéhovah de Lorient

JUDICIAIRE

C. appel Basse-Terre, 6 novembre 2006, n° 06/0095, [en ligne : http://www.droitdesreligions.net/pdf_ca/20060611.pdf],

C. appel Grenoble, 26 mai 1986, *Jurisdata*, n° 047998

C. appel Lyon, 28 juillet 1997, *D.* 1997, p. 197

C. appel Lyon, 14 octobre 2005, inédite

C. appel Paris, 4 décembre 1912, *D.* 1914, p. 213

C. appel Paris, 25 mai 1990, *JCP* E, 1990, I, 20122

C. appel Paris, 19 juin 2003, *RJS* oct. 2003, n° 1116

C. appel Pau, 18 mars 2002, *Jurisdata* n° 189986

C. appel Rouen, 25 mars 1997, n° 95/04028

C. appel Saint-Denis de la Réunion, 9 septembre 1997, *D.* 1998, p. 546

C. appel Toulouse, 9 juin 1997, *Cah. Prud'h.* n° 9/97, p. 156

C. appel Versailles, 22 mars 2001, *Droit ouvrier*, 2002, n° 642, p. 79

C. Cass. crim., 14 avril 1992, *Gaz Pal.* 3-4 décembre 1993, p. 547

C. Cass. mixte, 24 mai 1975, *Jacques Vabre*, *D.* 1975, p. 497

C. Cass soc., 29 mai 1986, *Bull. V*, n° 262, p. 261

C. Cass. soc., 17 avril 1991, *Droit social* 1991, 489, note J. Savatier

C. Cass. soc., 24 mars 1998, *Droit social* 1998, p. 614, note J. Savatier

C. Cass., 30 juin 1999, *D.* 2000, p. 655, note Bénédicte Giard

C. Cass. 3e civ., 18 décembre 2002, *Bull. 2002 III*, n° 262, p. 227

C. Cass. 3e civ., 8 juin 2006, *Bull. 2006 III*, n° 140, p. 115

C. Cass. soc., 16 juin 2009, *Bulletin 2009 V*, n° 147

C. Cass. soc., 23 septembre 2009, *Bulletin 2009 V*, n° 189

Trib. corr. Lyon, 21 juin 2005, inédite

Trib. prud. Lunéville, 13 jan. 1984, *Les Petites affiches*, 15 octobre 1986, n° 124

Trib. prud. Paris, 17 décembre 2002, *Droit social* 2004, n° 4, p. 360 note J. Savatier

Diversitas

Cette collection cherche à étudier la diversité sous les angles politique, juridique, culturel et social en privilégiant le prisme de l'interdisciplinarité. La démarche scientifique proposée fait appel à la fois à la philosophie politique, au droit, à la science politique, à l'histoire de même qu'à la sociologie. Au moment où les sociétés sont de plus en plus traversées par la diversité, les auteurs publiés dans cette collection exploreront des avenues en vue de gérer le pluralisme communautaire et identitaire. Sont mis à l'étude tout aussi bien les pays fédéraux, les pays en voie de fédéralisation que les pays non fédéraux. Des efforts importants seront consentis afin d'enrichir notre compréhension des nations dites sans État, pensons à la Catalogne, à l'Écosse, à la Flandre et au Québec. Une volonté affirmée de mettre en parallèle les enseignements tirés des expériences civilistes et de celles propres au droit coutumier sera au rendez-vous. Les modèles monistes et concurrents seront mis dos à dos afin de saisir la capacité propre à chacun de fournir des réponses à l'instabilité politique tout en poursuivant la quête de justice pour les sociétés minoritaires. La place des métropoles au chapitre de la gestion de la diversité retiendra notre attention de même que les questions de migration des populations et du métissage communautaire. Une sensibilité à la trame historique viendra enrichir la démarche scientifique proposée. Les ouvrages publiés dans cette collection auront en commun leur volonté de faire avancer les débats de société sans privilégier aucune école de pensée.

***Directeur de la collection** : Alain-G. Gagnon, titulaires, Chaire de recherche du Canada en études québécoises et canadiennes et directeur du Centre de recherche interdisciplinaire sur la diversité.*

Dans la collection Diversitas

N° 1 – François CHARBONNEAU et Martin NADEAU (dir.), *L'histoire à l'épreuve de la diversité culturelle*, 173 p., 2008

No.2 – Hugo CYR, *Canadian Federalism and Treaty Powers. Organic Constitutionalism at Work*, 305 p., 2009

No.3 – Ricard ZAPATA-BARRERO (ed.), *Immigration and Self-government of Minority Nations*, 177 p., 2009

N° 4 – Ferran REQUEJO, *Fédéralisme multinational et pluralisme de valeurs. Le cas espagnol*, 199 p., 2009

N° 5 – Charles GAUCHER et Stéphane VIBERT, *Les Sourds : aux origines d'une identité plurielle*, 228 p., 2010

N° 6 – Christophe PARENT, *Le concept d'État fédéral multinational. Essai sur l'union des peuples*, 495 p., 2011.

No 7 – Daniel INNERARITY, *The Transformation of Politics. Governing in the Age of Complex Societies*, 154 p., 2010

N° 8 – Jacques BEAUCHEMIN (dir.), *Mémoire et démocratie en occident. Concurrence des mémoires ou concurrence victimaire*, 136 p., 2011.

N° 9 – Alain-G. GAGNON et Ferran REQUEJO (dir.), *Nations en quête de reconnaissance. Regards croisés Québec-Catalogne*, 241 p., 2011

N° 10 – Michel SEYMOUR et Guy LAFOREST (dir.), *Le fédéralisme multinational. Un modèle viable ?*, 343 p., 2011

N° 11 – Ramón MÁIZ, *The Inner Frontier*, 225 p., 2012

N° 12 – Louis-Philippe LAMPRON, *La hiérarchie des droits. Convictions religieuses et droits fondamentaux au Canada*, 396 p., 2012

N° 13 – Min REUCHAMPS, *L'avenir du fédéralisme en Belgique et au Canada*, 266 p., 2012

www.peterlang.com

FSC
www.fsc.org
MIX
Papier | Fördert
gute Waldnutzung
FSC® C083411

Kolibri 360 GmbH
Ferdinand-Jühlke-Straße 7
99095 Erfurt, Deutschland
produktsicherheit@kolibri360.de